W0224034

Équateur

PAYS DE LA DIVERSITÉ

Bienvenue en Equateur ! Continent au sein du continent tant le pays offre une diversité culturelle, géographique et biologique unique. De la côte pacifique à l'Amazonie en passant par les Andes, vous irez à la rencontre de peuples aussi divers que chaleureux. D'une superficie comparable à la moitié de la France, l'Equateur est certes le plus petit des pays andins mais il n'a rien à envier à ses voisins. Quito, sa capitale, est un incontournable et le point de départ idéal, quel que soit votre programme. Que vous alliez vers le sud en traversant la Sierra et en suivant la route des volcans, spectacle unique à eux seuls ; vers l'est pour découvrir l'Amazonie ou vers le nord et l'ouest pour traverser la forêt tropicale humide avant de découvrir les côtes du Pacifique et leurs superbes plages, c'est à Quito que vous passerez sereinement vos premiers jours d'acclimatation à l'altitude. N'hésitez pas à découvrir l'intérieur du pays et les régions moins fréquentées comme la province de Riobamba pour ses activités en extérieur ou la province de Guayas, riche en magnifiques *haciendas*, héritage des premiers colons et de leurs descendants, souvent transformées en hôtels de charme aujourd'hui. Et bien entendu, si votre budget le permet et que vous aimez la nature à l'état brut, une excursion vers l'archipel des Galápagos sera un voyage dans le voyage. La nature y est intacte grâce aux efforts considérables mis en place pour protéger ce parc national et patrimoine mondial de l'Unesco depuis 1978.

Retrouvez cette offre en page 38

SOMMAIRE

Les lamas s'en donnent à cœur joie au sein du Parque Nacional El Cajas. © JEAN-BAPTISTE THIBAUT

Marché d'Otavalo. © SL-PHOTOGRAPHY - SHUTTERSTOCK.COM

6 INSPIRER

Les bonnes raisons d'y aller, les fêtes importantes et de nombreux conseils pour bien préparer votre voyage. Egalement quelques idées de séjours dont vous pourrez vous inspirer pour construire le vôtre.

39 DÉCOUVRIR

De l'histoire de ce beau pays, à sa géographie complexe, en passant par les thèmes de société comme les croyances ou les origines des peuples, vous trouverez ici les clés pour tout comprendre.

109 QUITO ET SA REGION

Ville aux quatre saisons en une journée, Quito révèle sa beauté et son multiculturalisme. Ce n'est pas par hasard si son cœur historique est classé au patrimoine mondial de l'Unesco !

Panorama gagné après une ascencion vertigineuse de la basilique del Voto Nacional. © STÉPHAN SZEREMETA

Tortue géante des Galápagos. © 4FR - ISTCOKPHOTO.COM

La Laguna Cuichoca. © NORADOA - SHUTTERSTOCK.COM

Parc national El Cajas. © BROTESTUDIO - ISTOCKPHOTO.COM

Océan Pacifique
Atacames
Súa
Telembí
Viche
Hoja Blanca
MOMPICHE ★★
Quinindé
OTAVALO ★★★
Monterrey
Jama
SANTO DOMINGO DE LOS COLORADOS ★
San Isidro
CANOA ★
Bahía De Caráquez
ISINLIVI
CHUGCHILÁN ★
Salinas
LAGUNA DEL QUILOTOA ★★★
MONTECRISTI ★★
Quevedo
Jipijapa
Balzar
Palestina
PARQUE NACIONAL MACHALILLA ★★
PUERTO LÓPEZ ★
Daule
MONTAÑITA ★★
MANGLARALTO ★
Jambelí
GUAYAQUIL ★★
BOSQUE PROTECTOR CERRO BLANCO ★
Milagro
ALAUSÍ ★
Salinas
BALLENITA ★
El Triunfo
Puerto Chanduy
El Tambo
Playas
CAÑAR ★
CUENCA ★★★
Aguada
Shumiral
MIRADOR DE TURI ★★
Océan Pacifique
ARCHIPEL DE JAMBELI ★
VALLE DE YUNGUILLA
Santa Rosa
Tumbes
PIÑAS ★
Portovelo
ZARUMA ★
SANTUARIO DE EL CISNE ★
LOJA ★
Mancora
Totoras
Celica
Zamora
VILCABAMBA ★★★
Cariamanga
Macará
Lalamor
PÉROU
Amaluza
50 KM

San Lorenzo
Pedro
Piedrancha
Pasto
Sibundoy
Albania
Playa Rica
Cumbal
COLOMBIE
Solita
La Linea
EL ÁNGEL
Julio Andrade
El Cedral
La Bonita
Yurilla
ICOCHA
IBARRA
Puerto El Carmen De Putumayo
La Dorada
PEGUCHE
Comandante
TACACHI
LAGUNAS DE MOJANDA
Tarapoa
Nueva Loja
Sigüe
CAYAMBE
MITAD DEL MUNDO
Dashino
Puerto Francisco De Orellana
RESERVA DE CUYABENO
TO
REFUGIO DE VIDA SILVESTRE PASOCHOA
PAPALLACTA
PARQUE NACIONAL YASUNÍ
RESERVA LA ESPERANZA
COCA
Samona
Zancudo
PARQUE NACIONAL COTOPAXI
Kupi 4
SAQUISILÍ
Caserío
Llanchama
LATACUNGA
TENA
Ñuneno
Santa Clara
PÍLLAROQUERO
QUERO
Mihuanoyacu
Tuishcachi
BAÑOS
PUYO
Villano
Lorocachi
Palora
Sarayacu
Conambo
Guayusa
GUAMOTE
Montalvo
Santa Rosa
PARQUE NACIONAL SANGAY
Canus
Laspa Yacu
Taisha
Doce De Octubre
RESERVA ECOLÓGICA
KAPAWI
Teniente Lopez
Logroño
TE
Los Jardines
Yunganza
ORDELEG
Remolinos
Puranchim
CUEVA DE LOS TAYOS
Huagramona
Santa
Isabel
Ankuash
Wijint
El Pangui
Soledad
PÉROU
Progreso
tzaza
Wichim
Caterpiza
Mangual
Fernando Rosas
Union Zancudo
Yujagkim
Puerto Alegria
Kusu Kubaim
Lupunayo
Ciro Alegría

QUAND Y ALLER

JANVIER

8° / 22°

LA DIABLADA
(PÍLLARO)

© EDGAR DANIEL YANCHAPAXI - SHUTTERSTOCK.COM

Une des fêtes les plus colorées de l'Equateur. On y danse avec les dizaines de diables déguisés en défilant dans le village.

$$

FÉVRIER

8° / 22°

CARNAVAL
Le Carnaval est un moment important dans toute l'Amérique latine et se déroule durant les quatre jours précédant le carême.

$$

MARS

8° / 22°

FIESTA DE LA FRUTA Y DE LAS FLORES
(AMBATO)
40 jours avant la Semaine sainte, les fruits et légumes sont mis à l'honneur à Ambato, sur fond de défilés en musique et de danses.

$$

JUILLET

7° / 22°

FIESTAS DE SANTIAGO DEL MAYOR
(GUAYAQUIL)
Le 25 juillet de chaque année, Guayaquil fête son saint patron Santiago del Mayor. Nombreux défilés, festivals et concerts.

PASEO DEL CHAGRA
(MACHACHÍ)
A Machachi, le 20 juillet, belle procession avec vaches et chevaux.

$$$

AOÛT

7° / 23°

FÊTE NATIONALE
Dans tout le pays. Commémoration de l'indépendance de la capitale, Quito, obtenue en 1809. Jour férié et défilés traditionnels.

$$$

SEPTEMBRE

7° / 23°

YAMOR
(OTAVALO)
Cérémonie de remerciement à la Terre Mère pour ses bienfaits. Défilés, danses, musique et élection de la reine au programme.

LA MAMA NEGRA
(LATACUNGA)
Un important défilé avec la représentation de la Mama Negra, qui est en réalité un homme habillé en femme, peint en noir.

$$

Etant donné la diversité de climats en Equateur, on peut y aller toute l'année. La haute saison touristique pour les touristes étrangers s'étend entre juillet et août, ainsi qu'entre Noël et le Jour de l'An (on croise également des touristes équatoriens). La Semaine sainte quant à elle, entraîne d'importants flux de population vers les villes touristiques. Il est donc vivement conseillé de réserver vos hébergements et vos titres de transport longtemps à l'avance pour cette période.

AVRIL

8° / 21°

FIESTA DE LA CHONTA
(TENA)
La principale fête du peuple shuar célèbre la fin de la récolte de la *chonta* par des danses pendant la préparation de la *chicha*.

SEMANA SANTA
Parfois à la fin du mois de mars, c'est notre semaine de Pâques. Les processions du jeudi et du vendredi sont les plus importantes.

$ $ $

MAI

8° / 21°

BATAILLE DE PICHINCHA
(QUITO)
A Quito, les commémorations de cette bataille qui signa l'indépendance du pays font la part belle aux défilés en musique.

$ $

JUIN

7° / 22°

INTI RAYMI
(OTAVALO)

© FOTOS593 - SHUTTERSTOCK.COM

La fête du soleil indigène, au moment du solstice d'hiver de l'hémisphère Sud, une journée très importante pour les Quichua.

$ $

OCTOBRE

8° / 22°

DÍA DE LA RAZA - RODEO MONTUBIO
Commémoration de la découverte de l'Amérique par Christophe Colomb, l'occasion de beaux rodéos dans la région de Guayaquil.

INDÉPENDANCE DE GUAYAQUIL
(GUAYAQUIL)
Fête de l'indépendance de Guayaquil, obtenue le 9 octobre 1820. Occasion de défilés et expositions artistiques dans la ville.

$ $

NOVEMBRE

7° / 22°

INDÉPENDANCE DE CUENCA
(CUENCA)
Santa Ana de los Ríos de Cuenca de son vrai nom, célèbre son indépendance le 3 novembre, l'occasion d'un très beau feu d'artifice.

$ $ $

DÉCEMBRE

8° / 22°

PASE DEL NIÑO
(CUENCA)
A Cuenca. Défilé d'enfants déguisés en personnages bibliques et costumes traditionnels pour rendre hommage à l'Enfant Jésus.

$ $ $

LES BONNES RAISONS D'Y ALLER

© ECUADORPOSTALES - SHUTTERSTOCK.COM

POUR ÊTRE AU PLUS PRÈS DU SOLEIL

Le sommet du Chimborazo, à 6 263 m, est le point de la Terre le plus proche du soleil.

© GUSTAVO FRAZAO / SHUTTERSTOCK.COM

LA MYTHIQUE AMAZONIE

On le sait peu, mais l'Amazonie avec sa nature sauvage couvre la moitié de l'Équateur.

© KEVIN OKE PHOTO - SHUTTERSTOCK.COM

LA BIODIVERSITÉ EXCEPTIONNELLE

Des Galápagos à l'Amazonie en passant par les Andes, une rare biodiversité vous attend.

L'ARCHIPEL DES GALÁPAGOS

Un parc national unique au monde, haut lieu de la protection animale et de la plongée.

POUR L'ADRÉNALINE

Tyrolienne, rafting, escalade, canyoning, requins : sensations fortes garanties.

RENCONTRES AVEC LES AUTOCHTONES

Le tourisme communautaire se développe rapidement et permet de nouvelles rencontres.

LES MAJESTUEUX VOLCANS

Du nord au sud, profitez d'une occasion rare d'être en permanence à portée d'un volcan.

LES BONNES RAISONS D'Y ALLER

LE CENTRE HISTORIQUE DE QUITO

Classé au patrimoine mondial de l'Unesco, il offre une richesse architecturale rare.

© BOGDAN LAZAR - ISTOCKPHOTO.COM

© WRANGEL - ISTOCKPHOTO.COM

OBSERVER DES OURS À LUNETTES

Ce plantigrade andin est très présent en Equateur où l'on peut l'observer à coup sûr.

ACHETER UN PANAMA

Ce chapeau mythique est en effet originaire et fabriqué exclusivement en Equateur.

© LISASTRACHAN - ISTOCKPHOTO.COM

LES 12 MOTS-CLÉS

#BANANE

La banane est LE fruit incontournable en Equateur, et l'un des éléments de base du régime alimentaire de la population locale. Le pays en exporte près de 7 millions de tonnes par an, ce qui représente environ 18 % de l'ensemble de ses exportations. On la trouve sous toutes ses formes : fraîche, frite, préparée... un accompagnement incontournable.

© SL-PHOTOGRAPHY - SHUTTERSTOCK.COM

#BUEN VIVIR

Le *buen vivir* (bien vivre) est un principe central de la vision du monde des peuples originaires de la région andine et amazonienne, pour un développement centré sur le bien-être et le respect du milieu naturel. Cette véritable philosophie et vision de la vie, vise en fait le vivre ensemble dans la diversité, en harmonie avec mère nature.

#CACAO

L'Equateur est souvent cité comme le pays producteur du meilleur cacao. En effet, depuis plusieurs années ce dernier reçoit les plus grands prix au monde et les médias n'ont de cesse de relayer son nom. La récente découverte de céramiques datant de 3300 av. J.-C. et contenant des restes de cacao, prouve que le pays est le berceau de cette plante.

© IVAN M. QUIJANO - SHUTTERSTOCK.COM

#CREVETTE

On le sait peu, mais l'Equateur est le deuxième pays exportateur de crevettes vers les Etats-Unis et l'exportation de ce crustacé est la deuxième en importance pour le pays, juste après celle de l'or noir. C'est le premier fournisseur de crevettes pour la France. Les crevettes équatoriennes sont réputées pour leur qualité et leur traçabilité.

#DANSE

Si vous voulez avoir du succès auprès du peuple équatorien, il est bon de savoir danser ; non pas le rock'n'roll, que nul ne connaît en Equateur, mais plutôt la salsa, le merengue ou la cumbia. Ici, c'est bien simple, tout le monde danse ! L'Equateur vit en musique, et n'importe quelle fête est prétexte à se déhancher jusqu'au petit matin.

#INDIGÈNE

Alors que ce terme peut avoir une connotation péjorative aux yeux des Européens, en Equateur, on parle communément des indigènes – et non des Indiens – pour faire référence aux peuples ancestraux. Le pays compte seize nationalités autochtones distinctes. Chacune d'elles possède sa propre langue et ses propres traditions et coutumes ancestrales.

© FOTOS593 - SHUTTERSTOCK.COM

#INTI RAYMI

La fête du soleil (en quechua) est la fête la plus importante d'Equateur et à lieu le 21 juin pour célébrer le solstice d'hiver de l'hémisphère Sud. Cette fête d'origine inca est célébrée principalement dans les Andes, par des défilés, des danses et des repas conviviaux, auxquels participent les indigènes en costumes traditionnels multicolores.

LES 12
MOTS-CLÉS

#LA CONDAMINE

Cet explorateur et scientifique français est certainement beaucoup plus connu des Equatoriens que des Français, le lycée français de Quito porte d'ailleurs son nom. Il fit en effet partie de la première mission géodésique française en Equateur, de 1736 à 1743, au cours de laquelle les scientifiques réussirent à mesurer un arc de méridien terrestre.

#LATITUDE 0°

Vous voici au milieu du monde ! L'équateur est cette ligne imaginaire marquant la séparation entre l'hémisphère Nord et l'hémisphère Sud. Si l'équateur traverse principalement les océans, il traverse l'Equateur à plusieurs endroits. Du volcan Cayambe, à l'île d'Isabela aux Galápagos, il traverse aussi le cœur de la région amazonienne à Cuyabeno.

#MERCADOS

Un voyage en Equateur se doit d'être agrémenté par une visite au marché. Du plus célèbre des marchés d'Amérique du Sud à Otavalo, au grand marché à bestiaux du jeudi matin à Saquisili il y a de quoi faire. Les petits artisans, producteurs et agriculteurs s'installent sur les places pour le plus grand plaisir des locaux mais aussi des touristes.

#PÉTROLE

Découvert en Amazonie en 1970, il a révolutionné l'économie du pays, transformant l'Equateur en second pays exportateur d'Amérique latine derrière le Venezuela. De nombreuses compagnies étrangères sont présentes dans le pays pour l'extraction comme pour la commercialisation, et l'on peut observer, le long des routes, les *pipelines* le transportant.

#QUINOA

Cultivé depuis plus de 5 000 ans, c'est la plante sacrée des Incas, qui la surnommaient « mère de tous les grains ». Cette céréale très digeste possède un grand pouvoir nutritif : sans gluten, pauvre en lipides, riche en fer et en protéines. Au moment de la conquête, les Espagnols, soucieux d'imposer leur culture, le remplacèrent par le blé.

© FOTOS593 - SHUTTERSTOCK.COM

VOUS ÊTES D'ICI, SI…

- **Vous vous montrez courtois,** tout comme les Equatoriens, et saluez les personnes présentes en entrant dans un lieu.
- **Vous aimez le cochon d'Inde rôti** (*cuy asado*) un mets de choix typiquement andin.
- **Vous salivez à l'odeur du *canelazo*,** cette boisson alcoolisée à base d'*aguardiente* (alcool de canne), de sucre et de cannelle.
- **Vous arrêtez votre voiture aux carrefours** des grandes villes pour acheter une glace aux vendeurs de rue.
- **Vous aimez passer les fins de semaine** dans une des nombreuses stations thermales de la Sierra.
- **Vous attachez une importance** au-dessus de la moyenne à la protection de la faune et de la flore.
- **Vous fêtez l'Inti Raymi** tout en allant à l'église le dimanche.
- **Vous appréciez les petits déjeuners copieux et variés,** quitte à vous passer de déjeuner mais sans oublier d'emporter un petit en-cas au cas où.
- **Vous arrivez à dépasser les 30 km/h** de moyenne en voiture car bien qu'en bon état, les routes sont souvent sinueuses et enveloppées de brouillard dans les Andes.

MON EQUATEUR

Par Olivier Ané, auteur du guide

Interview

Vivant en Amérique latine depuis 20 ans, Olivier est tombé amoureux de l'Equateur pour la diversité de ses paysages et la richesse de sa vie sauvage. Passionné de nature, de plongée et d'activités nautiques, il y a trouvé son bonheur et partage avec vous dans le présent guide, ses meilleurs tuyaux pour découvrir le pays comme si vous y habitiez depuis toujours.

DISTANCES

TEMPS DE TRAJET

	BAÑOS	CUENCA	ESMERALDAS	GUAYAQUIL	LOJA
BAÑOS		330 KM 6h15	421 KM 7h	305 KM 5h45	541 KM 9h45
CUENCA	330 KM 6h15		592 KM 10h	175 KM 3h15	213 KM 3h45
ESMERALDAS	421 KM 7h	592 KM 10h		471 KM 7h30	818 KM 13h30
GUAYAQUIL	305 KM 5h45	175 KM 3h15	471 KM 7h30		402 KM 7h
LOJA	541 KM 9h45	213 KM 3h45	818 KM 13h30	402 KM 7h	
MINDO	282 KM 4h30	501 KM 8h45	230 KM 3h45	374 KM 6h15	736 KM 12h30
LAGO AGRIO	395 KM 7h30	721 KM 12h15	583 KM 10h15	669 KM 11h30	842 KM 15h30
OTAVALO	275 KM 4h30	553 KM 9h	321 KM 5h15	501 KM 8h30	763 KM 12h30
PUYO	61 KM 1h30	348 KM 6h15	479 KM 8h30	365 KM 6h45	509 KM 9h30
QUITO	190 KM 3h	469 KM 7h45	318 KM 5h30	417 KM 7h	679 KM 11h
RIOBAMBA	75 KM 1h30	266 KM 4h30	437 KM 7h30	230 KM 4h15	476 KM 7h45
TENA	138 KM 2h30	425 KM 7h30	505 KM 8h30	442 KM 8h	586 KM 10h45

Pour découvrir l'Equateur en solo, deux solutions s'offrent à vous : le bus ou la voiture de location. Le réseau de cars national est dense et permet d'accéder à tout le pays (à part les Galapagos bien entendu) dans d'acceptables conditions de confort. Si vous choisissez la voiture, vous aurez plus de liberté et les axes routiers étant en bon état général, vous pourrez découvrir plus de lieux en moins de temps. Comptez sur une vitesse moyenne de 30 kilomètres à l'heure cependant.

MINDO	LAGO AGRIO	OTAVALO	PUYO	QUITO	RIOBAMBA	TENA
282 KM 4h30	395 KM 7h30	275 KM 4h30	61 KM 1h30	190 KM 3h	75 KM 1h30	138 KM 2h30
501 KM 8h45	721 KM 12h15	553 KM 9h	348 KM 6h15	469 KM 7h45	266 KM 4h30	425 KM 7h30
230 KM 3h45	583 KM 10h15	321 KM 5h15	479 KM 8h30	318 KM 5h30	437 KM 7h30	505 KM 8h30
374 KM 6h15	669 KM 11h30	501 KM 8h30	365 KM 6h45	417 KM 7h	230 KM 4h15	442 KM 8h
736 KM 12h30	842 KM 15h30	763 KM 12h30	509 KM 9h30	679 KM 11h	476 KM 7h45	586 KM 10h45
	365 KM 6h45	166 KM 3h	342 KM 5h45	98 KM 2h	300 KM 4h45	285 KM 5h
365 KM 6h45		335 KM 6h30	329 KM 5h30	271 KM 5h30	462 KM 8h	251 KM 4h30
166 KM 3h	335 KM 6h30		335 KM 5h30	91 KM 1h30	294 KM 4h30	257 KM 4h30
342 KM 5h45	329 KM 5h30	335 KM 5h30		250 KM 4h15	134 KM 2h45	78 KM 1h30
98 KM 2h	271 KM 5h30	91 KM 1h30	250 KM 4h15		204 KM 3h	194 KM 3h30
300 KM 4h45	462 KM 8h	294 KM 4h30	134 KM 2h45	204 KM 3h		212 KM 4h
285 KM 5h	251 KM 4h30	257 KM 4h30	78 KM 1h30	194 KM 3h30	212 KM 4h	

IDÉES DE SÉJOUR

Compte tenu du coût du billet d'avion, de la durée du trajet et du décalage horaire (6 heures en hiver, 7 heures en été par rapport à l'Europe), il faut prévoir au minimum deux semaines pour découvrir l'Équateur. La plupart des visiteurs restent entre trois semaines et un mois, et certains chanceux en profitent pour planifier dans la foulée un circuit de plusieurs mois à travers les pays andins voisins : Pérou, Colombie et Bolivie. Il est cependant dommage de ne pas se consacrer entièrement à l'Équateur lui-même, tant la diversité du pays est grande. Les budgets les plus importants pourront visiter l'Amazonie, les Andes, la côte Pacifique et les Galapagos en un seul voyage d'au moins un mois pour ne pas changer tous les deux jours de camp de base. Si votre budget est limité, oubliez les Galapagos et rabattez-vous sur la côte Pacifique, ses îles et ses baleines à bosse de juin à octobre, elle en vaut la peine. Bon voyage !

LES INCONTOURNABLES DE L'ÉQUATEUR

L'Équateur a beau être un petit pays, il faut prévoir 10 jours minimum pour en avoir un premier aperçu. Il conviendra de privilégier l'une des deux options majeures qu'offre le pays : une croisière dans les îles Galápagos ou un séjour en forêt amazonienne (dans les deux cas, prévoir un budget conséquent), sans oublier de passer quelques jours à Quito pour découvrir son centre historique classé.

› Jour 1 - Visite de Quito

Visite de la ville coloniale ★★★★, de ses églises et ses maisons coloniales. Profitez des points de vue qu'offrent la colline du Panecillo (p.135), le Teleférico (p.138) ou le parc Itchimbía (p.133).

› Jour 2 - Suite de la visite de Quito

Matinée à Quito, pour compléter la visite du centre historique ou découvrir le superbe Musée archéologique de la Banque Centrale. Départ dans l'après-midi pour Otavalo ★★★ (p.180) - privilégier un mercredi ou un samedi pour la visite du marché.

› Jour 3 - Marché d'Otavalo

Tôt le matin, visite du marché aux animaux puis du gigantesque marché artisanal. Retour à Quito en fin d'après-midi.

› Jour 4 - Cap vers l'Amazonie

Immersion dans la forêt amazonienne (4 à 5 jours). Préférez la région de Cuyabeno (au nord-est du pays) pour apercevoir plus d'animaux. Comptez deux jours pour le trajet aller-retour depuis Quito et l'acheminement en pirogue vers le lodge.

› Jour 5 - Explorations amazoniennes

Au programme : excursions diurnes et nocturnes dans la forêt, observation de la faune et de la flore, visite de communautés indigènes.

Vue sur Quito depuis la colline du Panecillo.

› Jour 6 - Explorations amazoniennes, la suite

Continuez l'exploration.

› Jour 7 - Explorations amazoniennes, la suite

Continuez l'exploration.

› Jour 8 - Direction Cuenca

Retour à Quito dans l'après-midi. Correspondance possible pour Cuenca. Soirée et nuit à Cuenca.

› Jour 9 - Visite de ce bijou de l'architecture coloniale

Découverte de la ville coloniale de **Cuenca** ★★★ (p.240), véritable joyau historique également classé au patrimoine mondial par l'UNESCO.

› Jour 10 - Transit par Quito

Retour à Quito ou escale à Guayaquil avant de prendre votre vol pour les Galapagos ou bien de vous diriger vers la côte Pacifique.

› Jour 11 - On s'envole pour les Galápagos ?

Option moins coûteuse : départ depuis Quito ou Cuenca pour **Puerto Lopez** ★ (p.345) et/ou sa région. Choix en fonction de vos envies : **Montañita** ★★ (p.339) pour les surfeurs et les fêtards, **Canoa** ★ (p.359) ou **Mompiche** ★★ (p.369) pour ceux qui recherchent la tranquillité. Ce circuit est développé ci-dessous.

Option plus coûteuse : croisière dans les îles Galápagos et découverte, notamment, des îles de Santa Cruz, San Cristobal et Isabela. Voyage organisé via une agence locale (cette option permet de gagner du temps et de faire un maximum d'activités : excursions en bateau, découverte des îles et de certains îlots, visite des sites incontournables, possibilités de pratiquer la plongée). Privilégiez une arrivée sur l'île de Santa Cruz.

› Jour 12 - Plage de los Frailes

Autour de Puerto Lopez, excursion dans le Parc national de Machalilla jusqu'à la superbe **plage de los Frailes** (p.351) où l'on passera une journée entière, entre randonnée et baignade.

› Jour 13 - Isla de la Plata, le « Galápagos des pauvres »

Visite de l'île de la Plata ★★ où cohabitent frégates, fous à pattes bleues et rouges et autres oiseaux, et activité snorkeling. En saison, excursion en bateau pour observer les baleines à bosse (de juin à septembre).

› Jour 14 - L'heure du retour

Direction Guayaquil ou Quito pour prendre votre vol international le lendemain. Derniers moments dans l'une de ces deux villes.

UN MOIS POUR DÉCOUVRIR LE MEILLEUR DE L'ÉQUATEUR

Un mois serait la durée idéale pour percevoir les différentes facettes du pays. De l'Oriente (Amazonie) à la côte Pacifique en passant par les Andes, sans oublier de faire une escale à Quito et Cuenca (villes classées au patrimoine mondial de l'Unesco) et peut-être même aux Galápagos, l'Équateur réserve bien des surprises.

› Jour 1 - Visite de la capitale

Découverte de **Quito** ★★★★ (p.109). Visite de ses églises, couvents et musées. On vous conseille notamment la visite du **Palacio del Gobierno** (p.135), l'**église de la Compania** (p.130), la **Casa del Alabado** (p.129) et bien sûr grimper les marches de la **Basilique del Voto** (p.128) pour s'offrir une des plus belles vues panoramiques sur la ville ! Le soir, profitez de la vie nocturne animée du quartier de la Mariscal (le Quito moderne et touristique) ou des restaurants branchés de La Floresta.

› Jour 2 - A la moitié du monde

On pourra se rendre à la **Mitad del Mundo** ★★★ *(p.161)* pour le symbole. De là, vous pouvez ensuite partir faire une première excursion dans la forêt tropicale, à **Mindo** ★★★ (p.163) (la balade des 7 cascades est superbe).

› Jour 3 - Dans la forêt nuageuse de Mindo

Mindo ★★★ (p.163) est situé juste à côté de Quito, c'est l'endroit idéal pour partir à l'observation d'oiseaux dans le forêt nuageuse (*bosque nublado*), mais aussi faire du rafting sur la rivière. Vous pourrez également y visiter une fabrique de chocolats, incontournable en Équateur.

› Jour 4 - Le marché d'artisanat d'Otavalo

La ville d'**Otavalo** ★★★ (p.180) est connue pour son marché le samedi ou le mercredi de préférence, il s'agit du plus grand marché d'artisanat du pays.

› Jour 5 - Balades autour d'Otavalo

De nombreuses balades sont à faire dans les environs d'Otavalo : **Lagune de Cuicocha** ★★★ (p.191), **lagune de Mojanda** ★★★ (p.189), **cascade de Peguche** (p.188). Rencontre de communautés du pays et visite de leurs ateliers d'artisanat. On pourra aussi se rendre jusqu'à **Ibarra** ★★ (p.192) et faire le tour du **lac San Pablo** ★★ (p.186).

© XENI4KA

Les ruines incas du site d'Ingapirca.

› Jour 6 - Cap vers l'Amazonie

Partez pour un séjour de 4 jours en Amazonie, préférer la région de Cuyabeno (nord-est, via **Lago Agrio** (p.291)). Compter deux jours pour un aller-retour depuis/vers Quito (bus de nuit de préférence) et l'acheminement en pirogue jusqu'au lodge.

› Jour 7 - Première exploration amazonienne

Au programme : excursions diurnes et nocturnes dans la jungle, observation de la faune et de la flore, balades sur le fleuve, rencontre des enfants du pays... Un souvenir mémorable ! A noter : il est indispensable de passer par une agence locale.

› Jour 8 - Amazonie, suite de l'exploration

Suite de l'exploration dans l'Amazonie.

› Jour 9 - Amazonie, suite de l'exploration

Suite de l'exploration dans l'Amazonie.

› Jour 10 - Amazonie, suite de l'exploration

Suite de l'exploration dans l'Amazonie.

› Jour 11 - Sur les flanc du volcan Cotopaxi

Rejoindre **Latacunga** ★★ (p.204). De là, prévoir un trek d'une journée au **parc national Cotopaxi** (p.202), une ascension jusqu'au refuge du volcan basé à 4 800 m.

› Jour 12 - Latacunga et sa région

Depuis Latacunga également, découverte de la **lagune de Quilotoa** ★★★ (p.209) et du village de **Zumbahua** ★★ (p.208). C'est la première étape de ce périple à travers la Sierra (selon un axe nord-sud).

› Jour 13 - Riobamba et le volcan Chimborazo

Visite de la ville de **Riobamba** ★★ (p.228) en une demi-journée : marchés, **cathédrale** (p.229), église de la Concepción, rues pavées et parc **Maldonado** (p.230). Prenez le temps de prévoir une excursion vers le volcan de **Chimborazo** ★★★★ (p.236), à vélo par exemple.

› Jour 14 - Les mines de glace du Chimborazo

Si le temps le permet, comme c'est souvent le cas le matin, rendez-vous à Cuatro Esquina, près de la Moya et gravissez le chemin pentu qui mène aux **mines de glace** (p.236), aidé d'un cheval. Une journée inoubliable avec les autochtones, en haute montagne.

› Jour 15 - Visite de Cuenca

Consacrez une bonne demi-journée à la visite de la ville coloniale de **Cuenca** ★★★ (p.240), classée au patrimoine mondial de l'Unesco.

› Jour 16 - Les alentours de Cuenca

Partez à la rencontre des villages de **San Joaquín** ★ (p.258), de **Chordeleg** ★★ (p.262) et de **Gualaceo** ★ (p.261). Consacrez une journée à la découverte des lacs du **parc national El Cajas** ★★★ (p.259), superbes...

› Jour 17 - Ruines incas d'Ingapirca

Depuis Cuenca, partez en excursion jusqu'au site préhispanique d'**Ingapirca** ★ (p.258), l'unique site inca du pays.

› Jour 18 - Faites une pause

Loja et Vilcabamba, au sud de la cordillère équatorienne. Séjour dans la région du printemps éternel et du village de Vilcabamba ★★★ (p.268) où les habitants ont, paraît-il, une espérance de vie plus longue que les autres.

› Jour 19 - Faites une pause, la suite

Repos et balade dans la nature.

› Jour 20 - Faites une pause, la suite

Repos et balade dans la nature.

› Jour 21 - Cap vers la côte Pacifique

Rejoignez Guayaquil ★★ (p.308) par bus de nuit depuis Loja ou par avion. Visite de la plus grande ville du pays. Une journée est suffisante pour visiter la ville. Guyaquil est un bon point de départ pour un séjour sur la côte ou vers les Galápagos. A noter pour les voyageurs au petit budget : le droit d'entrée dans le parc national des Galápagos coûte assez cher.

› Jour 22 - Croisière dans les îles Galápagos

Depuis Guayaquil, croisière dans les îles Galápagos au départ de l'île de Santa Cruz ★★ (p.376) ou San Cristobal ★★ (p.388), soit en voyage organisé (option plus onéreuse mais qui permet de gagner du temps et de faire et voir un maximum de choses), soit en individuel (que l'on vous recommande), avec achat de prestations sur place. Arrivé sur Santa Cruz, prenez le bateau rapide pour Isabela ★★★ (p.394), où vous passerez deux nuits.

› Jour 23 - A Isabela (dans les Galápagos)

Deuxième nuit à Isabela. Ne ratez pas l'excursion de plongée Los Tuneles (p.394), incontournable, ainsi que l'ascension du volcan Wolf (p.399).

› Jour 24 - A San Cristobal (dans les Galápagos)

Départ ensuite pour San Cristobal où vous passerez deux nuits. Excursions au Leon Dormido ★★ (p.393).

› Jour 25 - A San Cristobal (dans les Galápagos)

Deuxième nuit à San Cristobal. Excursion au volcan Punta Pitt ★★ (p.393).

› Jour 26 - A Santa Cruz (dans les Galápagos)

Prendre le bateau pour Santa Cruz où vous passerez une dernière nuit. Profitez d'une journée sur la superbe Tortuga Bay (p.380) et d'une visite à la fondation Darwin (p.379). Repartez ensuite pour Guayaquil.

› Jour 27 - Plage de Los Frailes

Remontez la côte Pacifique vers le nord. Depuis Puerto Lopez ★ (p.345), rendez-vous au parc national de Machalilla et sa superbe plage de Los Frailes.

› Jour 28 - Surf et farniente à Montanita

Vous pourrez ensuite partir à la découverte de Montañita ★★ (p.339), paradis du surf et de la fête.

› Jour 29 - Montañita, la suite

Continuez à vous reposer et faire la fête sur la plage de Montañita.

› Jour 30 - Retour au point de départ

Retour vers Quito ★★★★ (p.109), en bus de nuit de préférence (8 heures de route).

Option alternative jours 21 à 26 : si vous ne souhaitez pas vous rendre aux Galápagos, profitez-en pour découvrir d'avantage la côte Pacifique. Depuis Puerto Lopez, vous pourrez visiter l'île de la Plata ★★ (observation des oiseaux tels les frégates, fous à pattes bleues et rouges, etc.) et snorkeling. Possibilité aussi d'y observer les baleines de juin à septembre. Longez jusqu'à Canoa ★ (p.359) (les plages sont magnifiques) puis direction les paisibles villages balnéaires d'Atacames (p.364), Súa (p.366), Mompiche ★★ (p.369) via Santo Domingo de los Colorados ★ (p.171). On pourra rejoindre Quito en prenant un bus de nuit depuis Esmeraldas (p.362).

LA BOUCLE DES AVENTURIERS

Pendant une semaine vous pourrez vous adonner à des activités sportives ou ludiques, mais toujours amusantes : rafting, canyoning, canoë, kayak, saut à l'élastique, *canopy* (tyrolienne), vélo, randonnées équestres... Assurez-vous du sérieux de l'agence avant de vivre la grande aventure, en veillant notamment à la qualification des guides et en vérifiant que l'équipement est aux normes.

› Jour 1 - Sur les hauteurs de Quito

Commencez votre aventure par un trek d'acclimatation à travers une végétation alto-andine jusqu'au Rucu Pichincha : volcan surplombant la ville de Quito à 4 735 m). Commencez par prendre le téléphérique (p.130), qui vous mènera jusqu'à 4 100 m d'altitude, puis vous pouvez profiter d'une superbe vue sur Quito et l'avenue des volcans. Bien que ce soit un trek d'acclimatation, on monte en altitude très vite, surtout respirez lentement et habillez-vous chaudement. Il vous faudra compter quatre ou cinq heures pour monter le volcan avant de redescendre vers la capitale, donc partez tôt !

Selon les envies, on propose aussi une balade à cheval, en haut du périphérique, à la base du volcan. Cette option, très appréciée des enfants, vous fera découvrir les sentiers du plateau en prenant le temps de s'amuser et d'admirer les panoramas. Retour à Quito pour dormir.

› Jour 2 - La Réserve de Faune Cuyabeno

La Réserve de Faune Cuyabeno ★★★ (p.293) est à la frontière entre l'Équateur, la Colombie et le Pérou, elle s'étend sur plus de 6 000 km² de forêt vierge : une immense forêt tropicale à la très riche biodiversité. Depuis Quito, prenez le bus qui part du terminal Quitumbre au sud de la ville vers Lago Agrio (p.291) (Nueva Loja). Partez tôt car le trajet dure environ 8 heures. Pour ceux qui ont un budget un peu plus large, prenez l'avion de Quito à Lago Agrio. Il y a des vols qui partent deux fois par jour, comptez 40 minutes de voyage dans les airs. Pour découvrir le parc, faites une balade de nuit avec un guide, vous aurez la chance d'apercevoir une variété incroyable d'animaux et d'insectes qui se cachent pendant la journée.

› Jour 3 - Excursion en canoë

Partez pour une aventure en canoë sur le Río Aguarico, une rivière d'eau vive où se trouve le très furtif dauphin rose d'Amazonie. Avant de se coucher, il ne faut absolument pas rater le coucher spectaculaire de soleil sur la Laguna Grande, une vraie explosion de couleurs.

› Jour 4 - Rivières amazonienne depuis Tena

Une virée en rafting est une bonne façon de découvrir les grandes rivières amazoniennes et la forêt tropicale. Une forte densité de rivières autour de Tena ★ (p.280) a donné sa réputation à la ville comme le centre pour le rafting en Équateur. Parmi les plus populaires est le Haut Napo (Jatunyacu), un chemin de débutants typique, tandis que le Río Misahuallí est approprié pour les pagayeurs plus avancés. D'autres options à Tena incluent el Río Hollín, Río Anzu, et le Río Quijos et ses affluents.

› Jour 5 - Sur les flancs du volcan Sumaco

Ascension du volcan Sumaco au Parc national Napo-Galeras à 30 min au nord de Tena ★ (p.280). Vous aurez besoin d'un guide (dans une agence à Tena) car le volcan est entouré de ravins profonds et d'une jungle dense.

En chemin vous observerez une grande diversité de faune et de flore. En haut du volcan, à 3732 mètres au-dessus de la jungle, c'est une vue inoubliable. Retour à Tena pour dormir.

› Jour 6 - Une touche cholocatée

Visite d'une fabrique de chocolat à Misahuallí (p.283), à 30 minutes au sud de Tena. Après une courte promenade en bateau le long de la rivière Napo, et une courte promenade dans la jungle, vous arriverez à la fabrique de chocolat. Super opportunité de voir la fermentation, le séchage, la classification, la préparation de fèves de cacao. En récompense, un chocolat chaud, rien à voir avec ce qu'on a à la maison!

Prenez le temps de marcher sur la plage avant de repartir vers Tena pour dormir car vous verrez beaucoup de singes capucins qui sont très sympathiques mais attention à vos affaires, ce sont des vrai *pickpockets* !

› Jour 7 - Moment de détente aux eaux thermales de Baños

Depuis Tena, prenez le bus jusqu'à Baños ★★★ (p.215). Pour un peu de relaxation en fin de journée et après un long voyage en bus, une visite aux sources thermales « Las Salinas (p.336) » est fortement recommandée.

Transport collectif sur le Río Napo.

© MDMWORKS

La vue sur la lagune de Quilotoa surprend tous les voyageurs venus à sa rencontre.

› Jour 8 - Canyoning et vélo le long des cascades

Les amateurs de sensations fortes vont aimer **Baños** ★★★ (p.215). Partez faire une demie journée de canyoning. Dans l'après-midi, louez des VVT pour faire la balade de 18 km sur un superbe chemin le long des cascades.

› Jour 9 - Prenez de la hauteur

Montez jusqu'à la **casa del arbol** (p.217) (maison de l'arbre) pour une super vue du **volcan** (p.218) Tungurahua et tester la fameuse « balançoire de la fin du monde » d'où l'on se lance dans le vide. Redescendez la montagne le long des sentiers et arrêtez-vous au **mirador de la virgen** (p.218) pour une superbe vue sur la ville. Arrêtez-vous au marché dans la halle centrale pour un *asado* ou un *batido* bien frais.

› Jour 10 - Escalade et sauts à l'élastique

Passez une journée au Parque Aventura San Martín qui propose des pistes d'escalade pour tous les niveaux sur de magnifiques falaises. Et si cela ne vous suffit pas, il y a aussi le « puenting » ou saut à l'élastique ; frissons garantis ! Vous laisserez-vous tenter? Il y en a un aussi situé juste à l'entrée de la ville, à moins de 15 minutes à pied de la place centrale.

› Jour 11 - Retour à Quito

C'est la fin de cette boucle forte en émotions, prenez un bus pour **Quito** ★★★★ (p.109).

LA BOUCLE DE QUILOTOA, INITIATION AUX RANDONNÉES DANS LES ANDES

Le Quilotoa fait partie des lieux à ne pas rater. Pour découvrir ce cratère il y a deux options : pour ceux qui ont un itinéraire chargé, faire le tour du cratère suffit pour avoir une expérience magique. Pour ceux qui ont un peu plus de temps de faire l'expérience de la campagne andine, la boucle de Quilotoa est une randonnée idéale. Ce parcours ne présente pas de difficultés particulières.

› Jour 1 - De Quilotoa à Chugchilan (environs 5h / 13 km)

Le parcours débute dans le village de **Quilotoa** ★★★ (p.209), à 3 900 m d'altitude, à partir duquel vous longerez la crête du cratère avant de redescendre vers le village de Guayama puis de zigzaguer entre les bords du canyon de Rio Toachi pour atteindre le village de **Chugchilán** ★ (p.211).

Autre option : Le tour du cratère en une journée. Il est aussi possible de faire le tour du cratère en une seule journée. Comptez alors 4-5 heures de marche pour faire ce tour de 10 km à 3 667 m d'altitude. Depuis **Latacunga** ★★ (p.204) prenez un bus tôt le matin (pas plus tard que 7h) pour arriver à Quilotoa deux heures plus tard. Trouvez le point d'observation pour une première vue sur ce somptueux cratère, vestige d'un volcan qui est entré en éruption il y a 800 ans. Celui-ci s'est progressivement rempli d'eau de pluie, qui en se mélangent au soufre volcanique, lui donne sa surprenante couleur turquoise.

Commencez votre circuit sur la gauche, et suivez le sentier indiqué. Le mérite de ce parcours c'est qu'il descend autant qu'il monte, donc pas trop dur sur les jambes ! Le sommet le plus haut, environ au milieu du parcours est à environ 4 000 m. Profitez-en pour faire la pause pique-nique et admirer le contraste entre la profondeur du cratère et le relief vallonné de l'autre côté.

IDÉES DE SÉJOUR

La côte Pacifique offre de bons spots de surf.

› Jour 2 - De Chugchilan à Isinlivi (environs 5h / 13 km)

Le village d'**Isinlivi** ★ (p.210) fait pratiquement face à **Chugchilán** ★ (p.211). Il est atteint facilement après avoir descendu et traversé le profond canyon de la rivière Toachi qui sépare les deux villages. Malgré le fait qu'Isinlivi est un tout petit village, c'est une des plus belles balades en campagne andine. Le sentier passe par le fond du canyon, on marche le long de la rivière avec la montagne de chaque côté, avant de remonter à travers les champs jusqu'au village d'Isinlivi. Si vous avez de la chance vous apercevrez même quelques chevaux sauvages !

› Jour 3 - D'Isinlivi à Sigchos puis Latacunga (environs 4h / 11km)

Pour cette dernière randonnée, vous arriverez jusqu'au village de Sigchos. Vous suivrez la rivière, traverserez une forêt d'eucalyptus pour remonter doucement jusqu'en haut de la vallée. Vous passerez par le village de Chinalo Bajo, où il y a un centre artistique qui fait travailler des jeunes des communautés aux alentours, notamment ils y fabriquent de très beaux meubles en bois. Arrivés à Sigchos vous pourrez prendre un bus pour revenir à **Latacunga** ★★ (p.204) et au terminal de bus. Le **parc national de Cotopaxi** ★★★★ (p.201) est seulement à 3h30 de bus si vous souhaitez continuer votre aventure !

PLAGES ET SURF SUR LA CÔTE PACIFIQUE

Montañita et Manta sont des sites balnéaires populaires parmi les touristes étrangers et équatoriens car il est possible de combiner playa et fiesta. Pour ceux qui cherchent une atmosphère plus relax, trouvez Esmeraldas ou Bahía de Caráquez. Enfin pour les amoureux de la glisse et des plages excentrées, Mompiche, Canoa, ou bien la playa Santa Marianita sont des *must*.

› Jour 1 - Esmeraldas, loin des circuits touristiques habituels

De Quito, prenez le bus jusqu'à son terminus **Esmeraldas** (p.362) ou alors en voiture (5h). Plus connue sous le nom de « ville du Soleil », **Esmeraldas** (p.362) est réputée pour ses belles plages de sable fin et ses eaux limpides. Le visiteur y goûte la cuisine propre à la côte, le *ceviche* (poissons ou crustacés cuits puis marinés dans un mélange de citron vert et d'oignons) tout en buvant la boisson nationale, la *chicha*, sorte de bière de maïs et d'arachide.

› Jour 2 - Mompiche, village de pêcheurs où le temps s'est arrêté

A environ deux heures de route au sud d'**Esmeraldas** (p.362), situé à l'extrémité sud d'une grande baie en forme de crochet de poisson, **Mompiche** ★★ (p.369) porte bien son nom comme petit village de pêcheurs. Célèbre pour ses vagues de classe mondiale et sa magnifique bande de 7 km de plage de sable vierge, **Mompiche** ★★ (p.369) reste encore un petit village où tout le monde connaît tout le monde. Il n'y a pas grand-chose à faire à part du surf et se baigner, et c'est bien ça le charme de **Mompiche** ★★ (p.369). Là-bas on se lève et on se couche avec le soleil.

› Jour 3 - Canoa, pour les passionnés de surf

Poursuivez votre descente de la côte jusqu'au paisible village de pêcheurs de **Canoa** ★ (p.359). Considéré comme un des meilleurs spots de surf d'Équateur, on y trouve des vagues moins spectaculaires mais peut-être plus techniques qu'à Montañita.

› Jour 4 - Bahía de Caráquez, pêche sous-marine et plongée

A 30 minutes au Sud de **Canoa** ★ (p.359), vous traversez un pont au-dessus du Rio Chone pour arriver à **Bahía de Caráquez** (p.356). Bahía est une petite niche, plus fréquentée par des Équatoriens en vacances que les touristes. Prenez le temps de vous balader dans cette destination balnéaire innovante car elle s'est reconstruite sur le principe d'Ecocity, après le tremblement de terre en août 1998. C'est ici qu'on peut faire de la pêche sous-marine et de la plongée tout particulièrement.

› Jour 5 - Manta, la ville portuaire de la côte

Manta (p.354) est une ville portuaire animée et prospère, la cinquième plus grande ville de l'Équateur et la station balnéaire la plus populaire parmi les Équatoriens. Profitez d'une journée tranquille pour bronzer sur la plage de sable blanc **el Murcielago** (p.355). Le soir profitez de la multitude de bars, restaurants et discothèques où l'on rencontre des gens de partout dans le monde. Un endroit idéal pour la *fiesta* !

› Jour 6 - Playa de Santa Marianita, sports de glisse et de voile

A quelques kilomètres de **Manta** (p.354) au sud (30 min de voiture), on trouve la **playa de Santa Marianita** (p.352). Kite-surf, pêche, wakeboard et plongée sous-marine sont au programme sur cette plage de 7 km. La zone est entourée de restaurants et de bars où vous pourrez manger un *asado con frutas del mar*, un plat de riz épicé avec des fruits de mer fraîchement pêchés. En soirée, vous pourrez faire une longue balade digestive le long de cette plage de sable brun 100 % naturel et admirer les surfeurs, les oiseaux et les palmiers.

› Jour 7 - Montañita, surf moins technique, ambiance très festive !

Montañita ★★ (p.339) est le spot pour en faire avant que les hordes de surfeurs du monde entier n'y déferlent. C'est un *must* pour initiés et, pendant la haute saison, l'ambiance métissée entre Équatoriens et *gringos* y est aussi chaude qu'à Hawaï. Une belle vague avec un long *beach break* garanti.

› Jour 8 - C'est la fin...

Continuez à longer la côte vers le sud en direction de **Guayaquil** ★★ (p.308), puis du Pérou pour ceux qui continuent le voyage. Ou bien reprenez un bus pour **Manta** (p.354), puis pour Quito pour ceux ayant leur vol retour.

IDÉES DE SÉJOUR

SE REPÉRER / SE DÉPLACER

DE L'AÉROPORT AU CENTRE-VILLE

Il y a deux aéroports internationaux en Equateur : le nouvel aéroport de Tababela, à Quito, et José Joaquin de Olmedo à Guayaquil.

Si vous arrivez à Quito. L'aéroport Mariscal Sucre, qui se trouvait à l'intérieur même de la ville, a fermé ses portes début 2013 pour être remplacé par l'aéroport Mariscal Antonio José de Sucre, situé à l'est de Quito, à Tababela, à 37 km du centre-ville. De nombreux services sont proposés dont : distributeurs automatiques de billets, bureau de change, restaurants, cafés, boutiques. Wifi gratuit.
De nombreuses compagnies aériennes internationales desservent cet aéroport : Air France-KLM, American Airlines et Iberia, entre autres. Pour rejoindre la ville, il faut compter environ 1 heure de trajet, selon la densité du trafic et selon le quartier de destination. La route rejoignant le centre est parfaite, ce qui permet de nettement fluidifier le trafic, en particulier lorsque vous arrivez tôt le matin, ou tard le soir.
Pour rejoindre le centre historique, comptez environ 25 à 30 US$ en taxi ; pour les quartiers de la Mariscal, Bellavista, La Carolina ou La Floresta, comptez 25 US$ (le tarif est fixé avant le départ, la nuit comptez 5 US$ supplémentaires pour certains taxis).
Un bus public assure la liaison avec plusieurs stations du centre (Terminal Río Coca, Terminal Quitumbe et Terminal Carcelén). Comptez 2 US$. De là, compter autour de 5 US$ pour rejoindre le centre en taxi ou en VTC. Aeroservicios est un bus rouge et blanc plus confortable que le bus public. Il vous déposera au parque Bicentenario pour 8 US$. Liaisons toutes les 30 minutes environ. On pourra ensuite gagner le centre en taxi pour moins de 10 US$.

Si vous arrivez à Guayaquil. L'aéroport de Guayaquil est implanté à environ 5 km au nord de la ville. Les compagnies Avianca ou LATAM assurent notamment plusieurs vols quotidiens vers Quito.
La gare routière se trouve près de l'aéroport. Les bus desservent les principales villes du pays. Depuis l'aéroport ou le terminal des bus, cela vous coûtera environ 6 US$ pour rejoindre le centre-ville en taxi en une quinzaine de minutes.

ARRIVÉE EN TRAIN

Malheureusement, en 2020, suite à de grave problèmes financiers liés à une mauvaise gestion du réseau ferroviaire, l'état a déclaré l'entreprise publique Ferrocarril de Ecuador en faillite et arrêté le fonctionnement de tous les trains du pays. Il aura fallu attendre 3 longues années pour trouver des investisseurs privés intéressés par une reprise partielle du réseau. Les six lignes les plus touristiques devraient reprendre progressivement au cours des années 2024 et 2025. La première ligne à rouvrir est la plus célèbre, celle qui relie Alausi à la fameuse Nariz del Diablo et sur laquelle furent testés les équipements pour la reprise. A l'heure où nous écrivons ces lignes aucune certitude n'existe cependant quant à la reprise finale effective des activités. Rappelons que sur les presque 1 000 km de réseau ferré existants, seuls 120 km sont en état de fonctionnement. De nombreux rails et accessoires ont en effet disparu pendant cette longue période de non fonctionnement.

ARRIVÉE EN BATEAU

Manta et Guayaquil sont deux ports importants que l'on peut rejoindre en bateau. De nombreux paquebots de croisière y font escale et permettent d'y descendre pour visiter les environs mais aussi pour y rester si tel est votre intention. Il est cependant impossible de rallier les Galapagos par la mer, à moins de posséder son propre navire.

Au sein des Galapagos, différentes lignes de bateaux rapides à moteur permettent d'aller de San Cristobal à Santa Cruz ou Isabela au prix d'environ 3 heures d'une navigation parfois pénible.

3061 kgCO_2e / personne
Aller-retour Paris-Quito

→ Le calcul de cette consommation CO_2 est fait à partir de Paris. L'idée est ici de montrer concrètement l'empreinte carbone de ce trajet, même s'il n'existe pas d'autre alternative que l'avion pour se rendre dans cette destination de manière directe.

© BROTESTUDIO - ISTOCKPHOTO.COM

Comme tous les pays d'Amazonie, l'Equateur dispose aussi d'un réseau de transports fluviaux indispensable pour visiter cette région difficile d'accès. Que ce soit au départ de Port Misahualli, de Napo ou de Tena, il n'est pas difficile de trouver des embarcations utilisées ici comme des autobus avec des horaires réguliers pour rejoindre les communautés les plus reculées.

TRANSPORTS EN COMMUN

Le réseau de cars longue distance est bien développé en Equateur ce qui permet de découvrir le pays à moindres frais. Les villes ont toute leur gare routière, certaines, comme Quito, en ayant plusieurs. C'est à la gare routière que vous obtiendrez les informations les plus fiables et pourrez acheter vos billets sans risquer de vous tromper. Certaines compagnies disposent d'un service de billetterie en ligne mais ils ne fonctionnent pas toujours.

Dans les centres-villes le réseau de bus est fiable même si les horaires sont parfois fantaisistes. Et attention aux *pick-pockets*. Le taxi est très courant et assez bon marché. A Guayaquil, la nouvelle télécabine de transport public est à signaler. Elle traverse la ville et mène à Duran pour un prix modique et avec une vue exceptionnelle sur la ville depuis les airs.

VÉLO, TROTTINETTE & CO

Le vélo est un excellent moyen de transport aux Galapagos et dans les petites villes comme Baños ou sur la côte. On trouve facilement des loueurs sur place. A Quito, on peut louer également des vélos électriques, bien pratiques dans cette ville entourée de sommets.

AVEC UN CHAUFFEUR

Aujourd'hui les taxis des grandes villes voient la concurrence des services de VTC leur prendre une grosse part de clientèle. Les grandes plateformes comme Uber sont fiables et les prix similaires à ceux des taxis jaunes (de 1 US$ à 5 US$ la course en centre-ville en général).
Pour visiter l'Equateur il est aussi parfois intéressant de se faire accompagner d'un guide disposant d'un véhicule, il y en a bon nombre, certains francophones, vous pouvez vous adresser à l'association des guides ou aux agences locales reprises dans nos pages.

EN VOITURE

La location de voiture est une excellente option pour découvrir le pays. Les routes sont en bon état en général, mais dès qu'on sort des grands axes ça se complique souvent. Un véhicule 4X4 est idéal. Les grandes enseignes internationales ainsi que quelques entreprises locales de location de voitures, que vous retrouverez dans nos pages, ont un choix assez vaste pour un prix comparable à l'Europe. Attention, il y a de très nombreux radars de vitesse en Equateur, soyez prudents et vigilants pour ne pas avoir de surprise à la fin de votre périple ! Quoi qu'il en soit, il vous sera difficile de dépasser une vitesse moyenne supérieure à 35 km/h en parcourant le pays, les routes sont en bon état, mais il y a de nombreux camions qui ralentissent la circulation, donc rien ne sert de courir !

- Attention, sur les routes équatoriennes, vous serez souvent dépassés par d'autres véhicules alors que vous longez une ligne blanche, ne soyez pas surpris mais ne suivez pas l'exemple, ce n'est qu'une habitude illégale et dangereuse.

ACCESSIBILITÉ

De nombreux sites sont aménagés dans le pays pour les personnes à mobilité réduite et les hôtels, quelle que soit leur taille, doivent prévoir des accès et des logements aménagés. La loi prévoit la gratuité pour les personnes à mobilité réduite dans les transports en commun mais elle n'est que très rarement appliquée, uniquement sur certaines lignes longue distance. D'autre part, les personnes handicapées et pouvant le justifier, ont droit à une réduction de 50 % sur les vols intérieurs.

LES PHRASES CLÉS

Bonjour, comment puis-je me rendre à…
Hola, ¿cómo puedo llegar a….?

Est-ce loin à pied ? Y a-t-il le métro ou un bus… pour y aller ?
¿Está lejos a pie? ¿Hay metro o autobús… para llegar allí?

Pouvez-vous me montrer cet endroit sur la carte s'il vous plait ?
¿Puede mostrarme el lugar en el mapa, por favor?

Où puis-je acheter les tickets de transport ? Est-ce que je peux payer en carte de crédit ?
¿Dónde puedo comprar los billetes de transporte? ¿Puedo pagar con tarjeta de crédito?

Où est la sortie ? A gauche, à droite ou tout droit ?
¿Dónde está la salida? ¿A la Izquierda, derecha o todo recto?

Je suis perdu et je suis en retard, s'il vous plait, aidez-moi ! Merci beaucoup !
Estoy perdido y llego tarde; ¡ayúdeme, por favor! Muchísimas gracias.

PRATIQUE

A VOIR / A FAIRE

HORAIRES

Les musées et autres lieux touristiques sont en général ouverts de 9h à 17h avec parfois une pause pour le déjeuner.

A RÉSERVER

Il est recommandé de réserver en amont votre séjour aux Galapagos et les excursions dans l'archipel, car une fois sur place il est parfois compliqué de trouver de la place. N'hésitez pas à consulter les sites internet des opérateurs touristiques qui y publient souvent des promotions.

BUDGET / BONS PLANS

L'Equateur n'est pas une destination chère si on vit comme un local : *almuerzos* (menu du jour) pour environ 3,50 US$ un peu partout, taxis à 1 ou 2 US$ en centre ville. Il existe des réduction sur beaucoup de prestations publiques (musées, transports...) jusqu'à 12 ans et à partir de 60 ans. Pour vos visites et circuits, n'hésitez pas à vérifier sur les sites internet des opérateurs qui font souvent de belles promotions de dernière minute.

LES ÉVÉNEMENTS

L'évènement le plus important dans les Andes est sans aucun doute Inti Raymi, la fête du soleil qui célèbre le solstice d'hiver de l'hémisphère Sud, le 21 ou 22 mars. Le Carnaval, comme dans toute l'Amérique latine est l'occasion de superbes défilés dans tout le pays, excellente époque pour le visiter et rapporter de superbes photos aux couleurs éclatantes !

VISITES GUIDÉES

Une compagnie de transport, Wanderbus (www.wanderbusecuador.com), se démarque des autres en offrant une visite du pays par étapes pour un forfait permettant de faire escale pour un ou plusieurs jours à chaque étape du circuit.

C'est un bon moyen de découvrir le pays par étapes sans avoir besoin de louer une voiture et sans les inconvénients du car traditionnel (bagages en sécurité aux étapes, guides locaux à bord pour vous accompagner aux escales si vous le souhaitez).

Il existe également de nombreux guides professionnels en Equateur, certains parlent même très bien le français et seront de très bon conseil pendant votre voyage, mais pour l'instant, la législation du pays oblige à passer par une agence de voyages pour contracter leurs services.

Aux Galapagos, toutes les visites au sein du parc national qui couvre 97 % des îles, sont encadrées par un guide officiel.

© GONZALO BUZONNI - SHUTTERSTOCK.COM

Le site d'Ingapirca.

FUMEURS

La situation des fumeurs est comparable à celle qu'ils connaissent en France. On peut fumer en extérieur.

LES ATTRAPE-TOURISTES

Les guides officiels doivent être contractés au travers des services d'une agence de voyage agréée. Cette règle est cependant en cours d'évolution, certains guides ayant monté leurs propres structures et disposant parfois de leurs véhicules. Vous pouvez consulter l'association des guides officiels, la cgTE, pour vous assurer que celui que vous aurez choisi soit en règle (https://www.facebook.com/corporacionguias-turismo).

C'EST TRÈS LOCAL

Les grands marché du pays comme celui d'Otavalo ou de Gualaceo pour ne citer qu'eux, sont des lieux où se retrouvent de nombreux autochtones pour discuter, boire un verre et même manger sur place. Ne ratez pas l'exposition d'animaux en tous genre, particulièrement locale !

LES PHRASES CLÉS

Bonjour, puis-je avoir deux entrées adultes et un enfant s'il vous plait ?
Hola, ¿me da dos entradas de adulto y una para niño, por favor?

Le tarif enfant est jusqu'à quel âge ? Et pour les seniors, est-ce qu'il y a une réduction ?
¿Hasta qué edad comprende la tarifa infantil? Y ¿hay descuento para los mayores?

Est-ce qu'il y a des visites guidées en français ou un audioguide ?
¿Hay visitas guiadas en español o una audioguía?

Combien de temps faut-il pour faire la visite ?
¿Cuánto tiempo se tarda en visitarlo?

J'ai du mal à monter les escaliers, avez-vous un ascenseur ?
Tengo problemas para subir las escaleras, ¿hay ascensor?

Excusez-moi, pouvez-vous me dire où sont les toilettes ? Merci beaucoup.
Disculpe, ¿puede decirme dónde está el baño? Muchísimas gracias.

SE RÉGALER

HORAIRES

On déjeune en général entre midi et 15h. Prévoyez de dîner assez tôt car les cuisines ferment vers 21h30 dans la plupart des restaurants. Nombre de restaurants sont fermés le dimanche.

BUDGET / BONS PLANS

Un menu du jour avec boisson coûte en général autour de 3,50 US$ dans les petits restaurants locaux. Prévoyez un budget européen si vous allez déjeuner ou dîner dans un restaurant de spécialités. Tous les restaurants proposent d'emporter la nourriture excédentaire. Si vous souhaitez apporter votre bouteille de vin il ne vous sera en général demandé qu'un faible droit de bouchon.

EN SUPPLÉMENT

Les pourboires (ce que vous laissez si vous êtes satisfaits du service) ne sont pas compris mais en général le service (qui représente souvent le seul salaire des serveurs) est compris dans la note et dans les prix au menu. Vérifiez bien que la TVA (IVA) soit intégrée dans le prix.

C'EST TRÈS LOCAL

Les plats sont copieux comme dans beaucoup de pays d'Amérique mais rien ne vous empêche de partager un plat à plusieurs. Si vous aimez votre steack saignant (*jugoso*), signalez-le au serveur. Si vous aimez les découvertes culinaires, vous ne quitterez pas le pays sans gouter au *cuy asado*, le cochon d'Inde rôti, spécialité andine surprenante.

Sur la côte, c'est le *ceviche* (poisson cru mariné) qui ravira vos papilles avec sa sauce au *mani*, la cacahuète, qui l'accompagne normalement.

Les équatoriens déjeunent en général d'un *almuerzo* (menu du jour) souvent très peu cher en comparaison de la carte. Il est la plupart du temps composé d'une soupe, d'un plat principal (*plato fuerte*) et d'un jus de fruits, parfois agrémenté d'un dessert.

A ÉVITER

Nous vous recommandons de ne pas consommer l'eau du robinet, même dans les grandes villes et d'éviter les glaçons tant que faire se peut. Les glaces souvent vendues au bord des routes sont également à proscrire, leur conservation est rarement conforme aux normes d'hygiène.

FUMEURS

Il est interdit de fumer dans les salles de restaurant mais de nombreuses terrasses sont à disposition des fumeurs.

LES PHRASES CLÉS

Bonjour, je voudrais réserver une table pour deux personnes pour ce midi ou ce soir.
Hola, me gustaría reservar una mesa para dos personas para este mediodía o esta noche.

Avez-vous un menu en français ou en anglais ?
¿Tiene una carta en español o en inglés?

Je suis végétarien, y a t-il des plats sans viande ?
Soy vegetariano, ¿hay platos sin carne?

Je n'ai vraiment plus faim mais avez-vous une carte des desserts ?
No tengo más hambre, pero ¿tienen carta de postres?

Puis-je avoir l'addition s'il vous plait ? Je peux payer par carte ou en espèces ?
¿Me pasa la cuenta, por favor? ¿Puedo pagar con tarjeta o en efectivo?

C'était très bon, nous reviendrons. Merci et à bientôt.
Estaba todo muy bueno, volveremos. Gracias y hasta pronto.

PRATIQUE

FAIRE UNE PAUSE

HORAIRES

Attention, beaucoup de bars et cafés sont fermés le dimanche. Ils sont en général ouverts dès 8h le matin et ferment assez tôt (18h) en dehors des grandes villes.

Au cours de la journée, les équatoriens des grandes villes aiment à faire une pause en buvant un bon café local, n'oublions pas que le pays est un grand producteur ce ce fruit merveilleux.

Le *happy hour* est une pratique très courante en Equateur mais il ne concerne en général que les boissons locales ou certains cocktails. Il commence vers 17h le plus souvent et dure jusqu'à 20h.

BUDGET / BONS PLANS

Comptez de 1 à 2 US$ le café. 3 US$ pour une bière dans un bar et entre 6 et 12 US$ pour un cocktail.

Le vin est assez cher, difficile de trouver une bouteille à moins de 20 US$ dans un bar ou un restaurant.

A PARTIR DE QUEL ÂGE

Il est interdit de consommer de l'alcool avant 18 ans, prévoyez une pièce d'identité si vous avez l'air très jeune !

C'EST TRÈS LOCAL

Lors d'un pot entre amis, si vous ne finissez pas le premier shot d'une traite et laissez un peu d'alcool au fond du verre, vous entendrez peut-être vos amis crier « *gota doble* ! » et vous devrez en boire tout de suite un deuxième !

Depuis quelques années, les bières artisanales fleurissent de toutes parts et sont devenues LA boisson à partager entre amis. Mais dès que l'on s'écarte des grandes villes, particulièrement dans les Andes, on se voit proposer divers *canelazos*, boisson alcoolisée chaude à base d'*aguardiente* (alcool local fort de type rhum) et à la cannelle. Les variations se font avec divers jus d'orange, de fruit de la passion ou d'autres fruits du pays.

Attention, si vous demandez une bière nationale (souvent une Pilsener) elle risque d'arriver en bouteille d'1 l ... renseignez-vous au préalable.

FUMEURS

La plupart des bars disposent d'une zone réservée aux fumeurs, en terrasse car il est normalement interdit de fumer à l'intérieur.

LES ATTRAPE-TOURISTES

Attention aux faux *happy hours* avec les restrictions en toutes petites lettres qui excluent en général ce que vous avez choisi...

LES PHRASES CLÉS

Bonjour, quelle est la spécialité de la maison ? Nous voulons découvrir.
Hola, ¿cuál es la especialidad de la casa? Nos gustaría probarla.

Avez-vous de la place en terrasse ?
¿Tiene sitio en la terraza?

Quel est votre nom ? Je m'appelle... Ravi de vous rencontrer !
¿Cómo se llama? Mi nombre es.... ¡Encantado de conocerle!

A votre santé ! Zut, j'ai renversé mon verre... pouvez-vous m'aider ?
¡A su salud! ¡Maldita sea!, se me ha derramado la bebida.... ¿puede ayudarme?

C'était très bon. Nous allons reprendre la même chose s'il vous plait.
Estaba muy bueno. Tomaremos lo mismo otra vez, por favor.

PRATIQUE

(SE) FAIRE PLAISIR

HORAIRES

Les magasins sont en général ouverts de 9h à 17h sauf dans les centres commerciaux où ils ouvrent plutôt vers 10h pour fermer vers 20h dans les grandes villes.

BUDGET / BONS PLANS

Vous ne ferez pas de grandes affaires en faisant du shopping en Equateur, les taxes sont importantes à l'importation. C'est sur les marchés que vous trouverez probablement de jolis vêtement typiques à bas prix. Les cigarettes sont également beaucoup moins chères qu'en Europe. La bonne affaire : un vrai chapeau Panama *super fino* dans les 150 US$, ils valent une fortune en Europe !

Dans les marchés, s'il est agréable d'obtenir une petite ristourne sur ses souvenirs, un marchandage trop acharné serait déplacé.

C'EST TRÈS LOCAL

- **Les tissus chatoyants d'Otavalo** plairont à tous et sont très abordables. Si vous passez par Chordeleg, dans la région de Cuenca, vous vous laisserez certainement séduire par un bijou de fabrication locale, ils sont très originaux avec leurs arabesques d'argent.
- **Le chapeau panama,** appelé ici *paja toquilla* est bien entendu LE souvenir d'Equateur lesplus tentant, d'autant plus que de bonne qualité, il peut être roulé pour le transporter dans une petite boîte de *balsa* souvent offerte par les fabricants pour les modèles les plus chers (*superfino*).
- **Si vous passez par Cotacachi,** vous ne manquerez pas un passage dans la rue principale où se retrouvent des dizaines de magasins de fabricants d'articles en cuir. Les prix sont intéressants même s'ils le sont un peu moins chaque année, les artisans devenant de plus en plus connus à l'étranger et exportant souvent pour de grandes marques européennes ou américaines, ils connaissent et pratiquent les tarifs mondiaux. C'est l'endroit idéal pour faire fabriquer un article en cuir sur mesure, il pourra même vous être livré à Quito si vous le souhaitez.
- **Au gré de vos visites,** vous verrez de nombreuses petites échoppes de producteurs de cafés locaux mais la qualité n'étant pas toujours au rendez-vous, nous vous conseillons de goûter avant de vous jeter sur tel ou tel marque ou provenance.

LES ATTRAPE-TOURISTES

Attention aux cigarettes de contrebande en provenance de Colombie le plus souvent, elles sont facilement identifiables si vous tentez de les rapporter en France. Elle sont en général vendues dans la rue. Amende carabinée envisageable au retour.

LES PHRASES CLÉS

Bonjour, c'est superbe, mais combien ça coûte ?
Hola, es genial, pero ¿cuánto cuesta?

Vous auriez ma taille ? Où se trouvent les cabines d'essayage ?
¿Tiene uno de mi talla? ¿Dónde están los probadores?

Est ce que je pourrai vous le rapporter et l'échanger si ça ne va pas ?
¿Puedo devolverlo y cambiarlo si no está bien?

J'ai trop dépensé aujourd'hui, pouvez-vous me faire une réduction sympa ?
Hoy he gastado demasiado, ¿puede hacerme un buen descuento?

Je prendrai celui-ci. Pouvez-vous me faire un paquet cadeau ?
Yo me quedo con este. ¿Puede envolvérmelo en papel de regalo?

Vous prenez la carte de crédit ? Où puis-je trouver un distributeur de billets ?
¿Aceptan tarjeta de crédito? ¿Dónde puedo encontrar un cajero automático?

PRATIQUE

BOUGER & BULLER

BUDGET / BONS PLANS

Amateurs de jogging, les parcs et jardins de Quito vous attendent pour vous adonner à votre sport préféré ! Si vous préférez les randonnées en montagne, la boucle du Quilotoa est un *must* également. Comptez environ 500 US$ pour un trek de 4 jours dans les contreforts du Chimborazo et environ 400 US$ pour aller découvrir l'Altar et ses lacs d'altitude en 2 à 3 jours.

Et si vous aimez nager, point n'est besoin de piscine sur la plupart du territoire. Les plages du Pacifique sont immenses, les lagunes en Amazonie avec leur eau très douce, bien agréables et les sources thermales un peu partout dans les Andes, les remplacent avantageusement et gratuitement. De nombreux thermes municipaux comme celui de Papallacta vous accueillent pour un prix d'entrée modique de l'ordre de 10 US$ pour la journée, mais vérifiez toujours avant car certains établissements thermaux peuvent être hors de prix.

C'EST TRÈS LOCAL

Connaissez-vous l'Ecuavoley ? C'est un sport à 6, deux équipes de 3 joueurs, fortement inspiré du volley et inventé en Equateur dans les années 40. On le pratiquer avec un ballon de football. Vous serez surpris, en traversant le pays, de voir autant de terrains de volley dans un pays où le football est roi. De nombreux tournois locaux et nationaux d'Ecuavoley sont organisés, c'est le véritable sport populaire national.

VOS PAPIERS SVP

Les plongeurs le savent, si vous désirez découvrir les superbes fonds sous-marins des Galapagos, voire de la côte, il vaut mieux être munis de votre carnet de plongée ainsi que d'un certificat médical d'aptitude à ce loisir.

A RÉSERVER

La plongée et les sorties en bateau, que ce soit sur la côte ou aux Galapagos doivent faire l'objet d'une réservation, mais d'une manière générale en dehors des jours fériés, la plupart des activités est accessible sans réserver à l'avance. La réservation est indispensable pour assister à un éventuel match de football si vous êtes passionné.

LES ÉVÉNEMENTS

Le dimanche, de nombreuses rues de Quito, principalement dans le centre historique et à la Mariscal, sont réservées aux cyclistes. C'est l'occasion de faire un tour de la ville avec les habitants, en toute liberté et en toute sécurité.

LES PHRASES CLÉS

Bonjour, comment puis-je me rendre à… ? Est-ce loin ?
Hola, ¿cómo puedo llegar a…? ¿Está lejos?

J'aimerais aller courir. Il y a un coin sympa pour cela dans la ville ?
Me gustaría salir a correr. ¿Hay algún buen lugar en la ciudad para hacerlo?

J'adore cuisiner. Savez-vous où je peux trouver des cours de cuisine ?
Me encanta cocinar. ¿Sabe dónde imparten clases de cocina?

Vous pourriez m'indiquer une salle de sport pas très loin ?
¿Podría indicarme un gimnasio que no esté muy lejos?

Quel est le sport national ?
¿Cuál es el deporte nacional?

Pensez-vous que nous pourrions voir cela ou même participer ?
¿Cree que podríamos verlo o incluso participar?

HORAIRES
La vie nocturne s'anime particulièrement en fin de semaine, du jeudi au dimanche, un peu comme en France. Les veilles de jours fériés sont souvent animées également. Les boites de nuit ouvrent vers minuit mais sont souvent précédées par un passage dans un établissement ou boisson et musique font bon ménage. Nous vous recommandons La Oficina brew pub, près de la place San Blas de Quito à ces fins.

BUDGET / BONS PLANS
Comptez environ 10US$ pour une entrée en boite de nuit. Les boissons sont autour de 5 à 10 US$ le verre.

A RÉSERVER
Pour les spectacles (théâtres et concerts) la réservation est indispensable, comme pour assister à un éventuel match de football si vous êtes passionné.

TRANSPORTS NOCTURNES
La nuit, quelle que soit la ville, on rentre en taxi ou en VTC réservé à l'avance pour éviter les entourloupes et rester en sécurité.

A PARTIR DE QUEL ÂGE
La consommation d'alcool est interdite au mineurs de moins de 18 ans et l'entrée an boîte de nuit est également réservée aux majeurs. Pensez à votre carte d'identité ou votre passeport (une copie suffira) si vous paraissez plus jeune que votre âge !

FUMEURS
Il est interdit de fumer dans les lieux clos en Equateur mais de nombreux lieux de la nuit disposent d'une terrasse pour les fumeurs.

LES ATTRAPE-TOURISTES
Attention aux vendeurs de drogues en tous genres que vous pourrez rencontrer dans les grandes villes principalement. C'est non seulement illégal mais en plus, les produits sont souvent frelatés, voire dangereux.

LES PHRASES CLÉS

Bonsoir, comment puis-je me rendre à…
Buenas noches, ¿cómo puedo llegar a....?

Est ce que cet endroit est tranquille ? Il n'y a pas de problème de sécurité ?
¿Es un lugar tranquilo? ¿Hay problemas de seguridad?

J'aimerais voir un spectacle typique ! Qu'est-ce qu'il y a en ce moment ?
Me gustaría ver un espectáculo típico del lugar. ¿Hay alguno programado para hoy?

Je ne comprends pas… pouvez-vous répéter s'il vous plait ? Merci.
No entiendo... ¿puede repetirlo, por favor? Gracias.

Est-ce que je peux vous offrir un verre ? Quel est le meilleur cocktail de la maison ?
¿Puedo invitarle a una copa? ¿Cuál es el cóctel especialidad de la casa?

J'ai la gueule de bois, auriez-vous quelque chose pour que j'aille mieux ?
Tengo resaca, ¿tiene algo que me haga sentir mejor?

PRATIQUE

SE LOGER

BUDGET / BONS PLANS

Prévoyez un budget d'environ 50 € par nuit pour une chambre double dans les hôtels de standing intermédiaire. Suivant les villes, vous trouverez de petites structure où passer la nuit pour une vingtaine de dollars à deux, le petit-déjeuner étant souvent compris. Aux Galapagos, la donne est différente, comptez environ 50 % d'augmentation par rapport aux grandes villes du continent. Difficile de se loger correctement là-bas pour moins de 50 € la chambre double.

A RÉSERVER

Il est fortement conseillé de réserver son logement à l'avance, surtout en très haute saison (Noël, Carnaval, semaine Sainte) mais on peut toujours compter sur un prix de dernière minute en acceptant le risque de ne pas trouver exactement le standing recherché. Les auberges de jeunesse sont souvent complètes en période de vacances scolaires. Aux Galapagos, il est vraiment nécessaire de réserver à l'avance.

C'EST TRÈS LOCAL

Les locations de logement de particuliers que l'on trouve sur les plateformes internationales commencent à concurrencer sérieusement les auberges de jeunesse et les petites maisons d'hôtes.

POUR LES GOURMANDS

Beaucoup d'hôtels et maisons d'hôtes incluent le petit-déjeuner dans leurs tarifs. Il se présente souvent sous forme de buffet à volonté vous permettant d'envisager de sauter le déjeuner, surtout si vous êtes lève-tard.

LES ATTRAPE-TOURISTES

Attention, sur les plateformes de location de courte durée, les photos sont parfois trompeuses sur l'environnement direct du logement, voire sur le logement lui-même.

LES PHRASES CLÉS

Bonjour, avez-vous de la disponibilité pour une chambre double pour ce soir ou demain soir ?
Hola, ¿dispone de una habitación doble para esta noche o para mañana por la noche?

Avez-vous un code wifi… les enfants ne tiendront pas sans !
¿Tiene la contraseña del wifi? ¡Los niños no pueden estar sin él!

C'est bruyant, est ce que je peux changer de chambre ?
Hay mucho ruido, ¿puedo cambiar de habitación?

Jusqu'à quelle heure est-ce que nous pouvons aller à la salle de sport et à la piscine ?
¿Hasta qué hora podemos ir al gimnasio y a la piscina?

Est-ce que je peux laisser mon bagage et revenir plus tard le récupérer ?
¿Puedo dejar mi equipaje y volver más tarde a recogerlo?

Est-ce que vous pouvez nous appeler un taxi ? Merci beaucoup.
¿Puede llamarnos un taxi? Muchísimas gracias.

PRATIQUE

VIE QUOTIDIENNE

ALLO ?

Pour appeler de l'Equateur vers la France, il faut composer le +33 et pour joindre l'Equateur depuis la France, le +593.
Tous les numéros internes commencent par 0 , il est à supprimer de la numérotation internationale. Exemple : le numéro de la Villa Colonna à Quito est le 02 295 5808 mais composé depuis la France il deviendra le +593 2 295 5808.

En arrivant, vous pourrez acheter une carte Sim locale pour votre téléphone GSM. Comptez environ 10 US$ par mois avec un forfait contenant souvent un montant considérable de « gigas » pour naviguer sur internet et sur les réseaux sociaux. Attention, l'utilisation de votre téléphone, particulièrement des données, en itinérance sur votre ligne française peut coûter une fortune (jusqu'à 10 € le Mo, soit 10 000 € par giga) !

ACCESSIBILITÉ

Les musées et sites touristiques sont en général équipés pour les personnes à mobilité réduite. Les plages, en revanche, sont rarement accessibles en fauteuil. Aux Galápagos, étant donné le nombre de déplacements en bateau nécessaires, les contraintes seront nombreuses.

SANTÉ

Nous vous recommandons de vérifier les risques sanitaires et les vaccins recommandés, sur le site de l'Institut Pasteur (www.pasteur.fr) avant votre voyage et de ne jamais boire l'eau du robinet à moins que ce soit spécifiquement précisé.
Sur place et sur le plan sanitaire, les situations sont très différentes entre la zone côtière, les grandes villes, les régions centrales montagneuses et la forêt amazonienne. Un trekking en haute montagne nécessite une préparation spéciale. Les médicaments sont accessibles dans les pharmacies locales, mais il vaut mieux se munir du minimum indispensable avant le départ.

En forêt. Il est fréquent de se faire piquer par des insectes dont certains transmettent des maladies de peau (leishmaniose, pucechique...) qui peuvent se révéler après le retour. De plus, les piqûres d'insectes se surinfectent facilement en milieu tropical et il faudra être attentif aux petits bobos. Veillez à éviter les piqûres principalement par une couverture vestimentaire correcte et un bon produit anti-moustiques. Prévoir éventuellement avec votre médecin un traitement anti-palu. Le Zika a quant à lui disparu d'Equateur.

Altitude. En montagne, il faudra se méfier du mal de l'altitude. La meilleure prévention est de ne pas monter trop haut, trop vite. En général, il faut compter quelques jours pour s'habituer à l'altitude. Les personnes souffrant de problèmes cardiaques devront être particulièrement vigilantes. Il faut noter que la consommation d'alcool accentuera l'effet de l'altitude. Les pharmacies françaises vendent des pastilles qui permettent de remédier aux éventuels maux de tête et nausées. Mais elles n'auront aucun effet sur l'essoufflement lors d'efforts !

URGENCES SUR PLACE

Où que vous vous trouviez en Equateur, en cas d'urgence, quelle qu'elle soit, le numéro à retenir est le 911. Si vous ne parlez pas espagnol, trouvez un interprète afin de bien vous faire comprendre de l'opérateur.

SÉCURITÉ

L'Equateur fut longtemps un des pays les plus sûrs de l'Amérique latine, mais les choses ont changé et le taux de mortalité par armes a beaucoup augmenté ces dernières années, soyez prudent, particulièrement dans les grandes villes. Moins vous porterez de bijoux, moins vous risquerez d'être importuné. Les *pickpockets* sont nombreux sur les sites touristiques des grandes villes, mais tant à Quito qu'à Guayaquil, la police touristique veille et n'est jamais bien loin. En cas de doute, n'hésitez pas à vous rapprocher d'un agent, sous leurs airs patibulaires à la Robocop, ils sont en général très avenants.

▶ **Il est déconseillé de fréquenter certains quartiers des grandes villes** (Quito, Guayaquil, Esmeraldas) et des centres touristiques (de la côte essentiellement) après la tombée de la nuit. Ne pas hésiter à demander conseil aux patrons d'hôtels, aux restaurateurs (en général ils le font d'eux-mêmes). Il faut également être vigilant dans les marchés où d'habiles *pickpockets* armés de cutters ou juste de leurs mains repèrent les touristes.

▶ **Autre règle capitale : ne jamais laisser ses bagages sans surveillance** ni arborer ostensiblement tout signe extérieur de richesse (montres et bijoux de valeur, argent, appareils photo, smartphone, ordinateur) ; ne pas non plus les laisser dans les chambres d'hôtel. Le mieux est de les déposer avec vos passeports, billets d'avion et argent liquide dans le coffre de l'hôtel.
Munissez-vous d'une photocopie (ou d'une photo dans votre téléphone) de votre passeport, de monnaie en petites coupures pour vos petites balades d'une journée.

▶ **Evitez les visites des quartiers pauvres** et le Quito colonial la nuit et même les rues désertes du quartier de la Mariscal. A Guayaquil, évitez de porter montres, bracelets, bagues et bijoux, surtout si vous prenez le bus, toujours bondé. Si au cours d'une balade vous vous sentez en insécurité, prenez un taxi immatriculé (c'est-à-dire possédant un numéro d'immatriculation) pour vous ramener en lieu sûr. D'une manière générale, prenez toujours un taxi jaune avec numéro et plaque d'immatriculation. Vous pouvez aussi faire le choix de commander un véhicule affilié à une des grandes plateformes de type Uber, les chauffeurs sont en général sympathiques et identifiés.

▶ **Drogues.** Le pays produit de façon marginale des produits dérivés de la coca. Le trafic en Equateur est faible, malgré de turbulents voisins. Il est cependant une zone de transit de la drogue pour d'autres destinations. En revanche, il est beaucoup question de blanchiment d'argent de la drogue, notamment dans la construction. Comme dans beaucoup de contrées de cette région du monde, la cocaïne injecte invisiblement beaucoup de fonds à l'économie du pays. Certains endroits du pays où les touristes abondent sont particulièrement sensibles et surveillés par la police (Baños, Montañita, entre autres). Trafic, détention et consommation de drogues sont sévèrement punis par la loi.
Dans les grandes villes, on recense aussi des cas d'agressions causés par l'usage ou le trafic de la scopolamine, une drogue connue sous le nom de « souffle du Diable ». Il s'agit d'une drogue provoquant en outre d'intenses hallucinations délirantes, de l'amnésie et des pertes de conscience. Faites surtout attention dans les lieux festifs (bars et boîtes de nuit). Ne touchez pas des objets ou papiers tendus par des inconnus et surveillez vos verres, sans tomber dans la paranoïa, car la plupart du temps, le voyage se passera sans encombre !
A l'instar d'autres grandes villes d'Amérique latine, Quito expose ses visiteurs à certains risques et dangers qu'il est toutefois possible de contourner. Que ce soit dans le quartier de la Mariscal ou dans la vieille ville, rôdent de rusés *pickpockets*.

▶ **Dans la rue,** parmi les arnaques les plus courantes, il faut citer celle du ketchup. En pleine flânerie, vous risquez d'être touché, dans le dos ou sur l'épaule, par un projectile de ketchup (ou autre sauce grasse). Dans la seconde qui s'ensuit, vous verrez débarquer une « âme charitable » très présentable qui vous proposera gentiment de l'aide. Généralement, la plupart des touristes enlèvent leur sac à dos/à main pour pouvoir nettoyer la tache et c'est alors qu'ils sont dépouillés. Ne faites confiance à personne, et ne vous baladez pas sans accompagnement une fois la nuit tombée.

Dans le *trolebus*, le bus ou le *metrobus*, méfiez-vous des voleurs. Ne prenez jamais sur vous toutes vos économies, laissez à l'hôtel vos objets de valeur, cachez votre appareil/caméra dans un sac et ne portez aucun bijou de valeur. De manière générale, essayez de garder vos affaires personnelles sur vos genoux. Surtout de nuit ! Vous remarquerez que même les locaux mettent leur sac à dos sur l'avant lorsqu'ils attendent le bus...

Dès la nuit tombée, il est conseillé de prendre un taxi ou un VTC pour sortir. Appeler un taxi depuis son hôtel, depuis un restaurant ou utiliser les applis de VTC bien connues comme Uber.

LGBTQ

L'Equateur est un des pays d'Amérique dont la législation a le plus évolué dans ce domaine. Le mariage entre personnes de même sexe est autorisé depuis juin 2019. Plus aucune interdiction, mais la mentalité doit maintenant évoluer à son tour, particulièrement hors des grandes villes. Vous ne ressentirez cependant aucune agressivité si vous vous promenez main dans la main dans la rue. Il existe malheureusement encore des établissements de « santé » supposés soigner l'homosexualité, les fermer est l'un des combats de la société LGBTQ équatorienne... la route reste longue, mais elle va dans la bonne direction.

AMBASSADE ET CONSULATS

L'ambassade de France à Quito (+593 2 294 3800 - ec.ambafrance.org) a déménagé dans l'Edificio T6, au 10e étage, sur l'avenue du 6 décembre, au croisement de l'avenue Juan Boussingault. Ses horaires d'attention au public sont les suivants : du lundi au mercredi de 14h à 16h30, les mardis et jeudis de 9h à midi.

POSTE

Le service des postes d'Equateur, au bord de la falllite depuis 2019 a été mis en liquidation en août 2020 et n'a pas rouvert à ce jour. Rien n'est certain quant à une réouverture et nous vous conseillons d'utiliser plutôt les entreprises de courrier privées si vous devez envoyer un colis ou une carte postale. Pour les cartes postales, pensez aussi aux applications spécifiques vous permettant de concevoir votre carte sur place et de la faire envoyer, imprimée, depuis la France, le jour même.

MÉDIAS LOCAUX

El Universo et *El Comercio* sont les deux quotidiens les plus diffusés en Equateur, intéressantes sources d'informations sur le pays, à consulter pendant votre voyage pour vous sentir encore plus dans la peau d'un local.

LES PHRASES CLÉS

Bonjour, mon téléphone ne fonctionne pas, pouvez-vous m'aider s'il vous plait ?
Hola, mi teléfono no funciona, ¿puede ayudarme, por favor?

Je ne me sens pas bien, pouvez-vous m'amener à l'hôpital le plus proche ?
No me siento bien, ¿puede llevarme al hospital más cercano?

Est-ce que vous avez un médecin qui parle français ?
¿Hay un médico que hable español?

Je viens de me faire voler mes papiers, où est le poste de Police le plus proche ?
Me acaban de robar la documentación, ¿dónde está la comisaría más cercana?

Est-ce un quartier dangereux ou je peux y aller sans crainte ?
¿Es un barrio peligroso o puedo ir allí sin problema?

Avez-vous des timbres pour une carte postale à envoyer en France ? C'est combien ?
¿Tienen sellos para enviar una postal a España? ¿Cuánto cuesta?

DÉCOUVRIR

L'Equateur est un petit pays recelant les richesses d'un continent sur lequel se croisent de nombreuses ethnies avec chacune sa particularité. Afin de vous aider à découvrir toutes les pépites de ce formidable pays, nous vous présentons dans les pages qui suivent, les aspects les plus marquants de chaque thème susceptible de vous intéresser. La diversité de la faune et de la flore, une synthèse de l'histoire tumultueuse de l'Equateur, un aperçu des croyances religieuses et des traditions ancestrales et bien d'autres informations encore. Que vous consacriez votre voyage aux Andes, à l'Amazonie ou simplement aux Galápagos, vous trouverez ici les informations utiles pour ne rien rater d'essentiel au cours de votre voyage ou pour le préparer au mieux avant votre départ. Nous vous souhaitons de merveilleuses découvertes dans ce pays aux mille couleurs et aux ethnies accueillantes et sympathiques.

LES GALAPÁGOS, SANCTUAIRE DE LA BIODIVERSITÉ

Les Galápagos sont un véritable sanctuaire primitif pour une faune et une flore, non seulement exceptionnelles, mais intactes. Amoureux de la nature, botanistes, ornithologues et biologistes en herbe y vivront des moments forts. Malgré des règles d'observation strictement appliquées afin de protéger les animaux de l'Homme – qu'ils ne craignent plus –, ce dernier peut approcher la faune des Galápagos de tout près, comme nulle part ailleurs. Le plus grave problème affectant la biodiversité des îles vient des espèces animales et végétales introduites au fur et à mesure de la colonisation et qui menacent les espèces endémiques. Et malgré les quotas de visites, le tourisme s'est développé à une vitesse vertigineuse et constitue une menace permanente pour l'environnement. En 2007, l'UNESCO a classé l'archipel sur la liste rouge du patrimoine mondial en péril, avant de le retirer dès 2010 au vu des efforts fournis par les autorités.

DÉCOUVRIR

Le plus grand parc national du pays

Le Parc des Galápagos a été créé le 14 mai 1936 puis classé parc national en 1959. Le souhait du Gouvernement est alors de préserver la faune et la flore exceptionnelles de l'archipel d'actions néfastes qui pourraient être menées par l'homme. Il est alors décrété que 97 % des terres de l'archipel sont protégées, soit un total de 800 000 hectares. En 1978, le parc est même inscrit sur la liste du Patrimoine mondial de l'UNESCO. Alors que seulement deux miles nautiques sont protégés dans le cadre du parc national, dès 1998, cette surface est largement agrandie puisqu'elle atteint 40 miles nautiques. La Réserve marine des Galápagos voit ainsi le jour et s'étend sur 133 000 km². En 1984, le parc est reconnu en tant que réserve de Biosphère de l'UNESCO. Au total, on y recense 560 espèces de plantes (dont 180 endémiques). On peut ajouter à cela, 700 espèces qui ont été introduites comme résultat de la colonisation ou de l'action humaine.

Une faune unique au monde et protégée

L'archipel des Galápagos étant situé très loin des terres et hors des routes maritimes fréquentées, ses habitants originels s'y sont développés comme nulle part ailleurs sur la planète. Dès qu'on pose le pied à San Cristóbal ou Santa Cruz, on peut se rendre compte de la hiérarchie différente du reste du monde, les Hommes ne sont plus prioritaires ! En ce qui concerne la faune, le parc national abrite 17 espèces de mammifères, 152 d'oiseaux, 22 de reptiles et près de 2 000 espèces d'invertébrés. Et on continue de découvrir de nouvelles espèces, comme cet iguane rose qui malgré sa présence depuis toujours aux Galapagos, n'a été identifié qu'en 2009.

© FOTOGRIN - SHUTTERSTOCK.COM

Les îles Galapagos.

Fou à pieds bleus.

Tortue géante des Galápagos.

De plus, grâce à leur éloignement du continent et aux ressources alimentaires présentes sur terre et sous les eaux, les animaux ont connu leur évolution propre et sont à eux seuls, une raison de découvrir l'archipel pour peu que l'on soit un amoureux de la nature sauvage. Que vous souhaitiez fréquenter les otaries à San Cristóbal, photographier les tortues terrestres géantes de la Fondation Darwin (p.379) ou découvrir les manchots d'Isabela, vous pouvez faire confiance aux agences officielles.

Une flore ancestrale en danger

De nombreuses espèces végétales trouvées dans les îles Galápagos sont aussi intéressantes et uniques que la vie animale renommée des îles. Pourtant, de nombreux visiteurs novices sont surpris par le paysage aride et presque lunaire qui les accueille lorsqu'ils descendent de l'avion. Comparées à de nombreuses régions d'Amérique du Sud continentale ou à d'autres groupes d'îles tropicales à travers le monde, les iles Galápagos abritent relativement peu d'espèces végétales endémiques et ne sont pas particulièrement luxuriantes, sauf à des altitudes plus élevées sur les plus grandes îles comme Santa Cruz. Trente pour cent des plantes indigènes n'existent plus nulle part ailleurs sur Terre et on a recensé plus de 180 plantes endémiques. Les scientifiques dénombrent environ 600 espèces de plantes indigènes, ce qui est peu si l'on considère que l'Equateur continental à lui seul en abrite plus de 20 000 !

Laboratoire de l'évolution

Le plus célèbre touriste des Galápagos fut, sans nul doute, Charles Darwin qui explora l'archipel en 1835 pendant quelques semaines. Etonné par la faune spécifique des îles, il étudia plus particulièrement les différentes espèces de pinsons qui s'y trouvent. Ses études lui ont permis d'élaborer sa théorie de l'évolution des espèces à partir du processus de sélection naturelle qu'il a observé aux Galápagos.
Les Galápagos sont en effet, de par leur éloignement des côtes et leur position en plein Océan pacifique, le lieu idéal de la diversification des espèces comme l'a démontré Darwin dans sa théorie contestée initialement. Les îles étant éloignées les unes des autres, les animaux terrestres sont en général cloîtrés dans un territoire et s'y adaptent au fil des siècles. Certaines espèces, comme le Pinson, ont la capacité d'évoluer en seulement deux générations, ce qui facilite les constatations scientifiques en ce sens.

Un nouveau sanctuaire de biodiversité sous-marine

Les Galápagos, de par leur situation géographique, au large de tous les continents, sont bien entendu également une vaste réserve naturelle sous-marine. Malheureusement, l'Homme étant ce qu'il est, de nombreuses espèces sous-marines ont disparu au cours du XXe siècle. En mars 2016, l'ancien président de l'Equateur, Rafael Correa, a annoncé la création d'un sanctuaire marin

© MOHAMED ALQUBAISI - SHUTTERSTOCK.COM

Plongée sous-marine dans les eaux de l'île Wolf.

de 47 000 km^{2} autour des îles Galápagos. L'archipel abrite en effet la plus grande population de requins au monde, mais également de nombreuses espèces, dont diverses tortues marines, de nombreux iguanes et des milliers d'otaries. L'inauguration de cette réserve a permis de limiter la pêche et l'exploitation humaine. En 2020, plus de trente espèces sous-marines ont ainsi été découvertes dans l'archipel ! Il s'agit de quatre espèces de langoustes Okupa, une quinzaine d'espèces de corail, une espèce d'étoile de mer et onze espèces d'éponges, et ce n'est que le début !

Wolf et Darwin, îles du bout du monde

Les îles Galápagos sont connues comme l'une des sept merveilles sous-marines du monde, et les îles Darwin et Wolf sont les meilleurs sites de plongée de l'archipel des Galápagos. C'est donc l'un des meilleurs spots de plongée de la planète offrant une richesse sous-marine de classe mondiale ! La région autour des îles Wolf et Darwin est visitée en permanence par une diversité rare de créatures marines. Requins-marteaux, requins-baleines, dauphins et une multitude écrasante de poissons tropicaux s'ébattent au milieu des récifs coralliens et des falaises volcaniques. En fait, ces eaux ont la plus grande biomasse de requins de la planète. C'est pourquoi Darwin et Wolf sont des spots parfaits pour les plongeurs expérimentés passionnés par les grandes créatures. Ajoutez des formations rocheuses et des paysages volcaniques intéressants, ainsi que d'abondants oiseaux de mer nichant dans les falaises, et vous commencez à apprécier ce qui rend les îles de Darwin et Wolf si spéciales et attirent tant de visiteurs qui ne peuvent y accéder qu'en faisant une croisière organisée par l'un des opérateurs locaux dont les meilleurs se trouvent recensés dans le présent ouvrage. Les visiteurs de Wolf et Darwin sont bien entendu accompagnés en permanence d'un guide local garantissant la protection des lieux.

LES TORTUES GÉANTES

SYMBOLES DE LA THÉORIE DE L'ÉVOLUTION

La tortue géante des Galápagos est une espèce clé de l'archipel et sa population a malheureusement beaucoup diminué au fil du temps en raison de l'activité humaine. Aux XVIIIe et XIXe siècles, les baleiniers s'arrêtaient en effet aux îles Galápagos, réserve appréciable d'eau douce, et en profitaient pour chasser les tortues géantes afin de nourrir leur équipage.

Une espèce décimée par l'homme

Les tortues géantes ont continué d'être ciblées à mesure que les colonies des îles se développaient et que la demande humaine de nourriture augmentait. Leur population était estimée à environ 250 000 dans les années 1500 alors qu'il n'en resterait actuellement qu'environ 60 000 spécimens. Les recherches suggèrent que 13 000 tortues géantes ont été capturées dans les îles entre 1800 et 1870 par des équipages de chasse à la baleine. D'autre part, les Hommes ont introduit de nombreuses espèces d'animaux non endémiques de l'archipel qui font une lourde concurrence aux habitants originels. Les chiens, les porcs, les rats et les chats sont en effet de gros prédateurs, car ils détruisent souvent les pontes de nos charmantes reines des Galápagos. Le déclin de la population de tortues géantes a eu un impact important sur les écosystèmes des Galápagos, car elle en était un des habitants les plus utiles d'un point de vue écologique. Les espèces végétales et animales indirectement affectées par l'activité humaine envers les ressources alimentaires disponibles dans l'archipel ont commencé à connaître de grands changements de population. Les tortues géantes des Galápagos façonnent leurs habitats en broutant des plantes, en dispersant des graines de plantes et en piétinant des zones de végétation. Elles jouent donc un rôle important dans la germination des graines, ainsi que dans l'éclaircissage et l'ouverture de nouvelles zones de terrain pour la croissance de différents types de végétation. Sans les tortues géantes qui modifient constamment l'environnement, quelques espèces végétales à croissance rapide pourraient dominer un écosystème beaucoup moins riche en biodiversité.

Une espèce désormais protégée

A ce jour, sur les 14 espèces reconnues, on dénombre 12 espèces de tortues géantes des Galápagos dont un représentant au moins est encore en vie, chacune étant endémique et s'étant différenciée des autres au fil des millénaires pour s'adapter au mieux à son milieu. Celle du volcan de Darwin, qui dispose d'un petit territoire, est par exemple, la plus petite des espèces connues, elle s'est adaptée au fil des siècles à la taille de son territoire. Toutes les espèces de tortues des Galápagos sont aujourd'hui totalement protégées et diverses fondations, au premier rang desquelles la Fondation Charles Darwin (p.379) de Puerto Ayora, se chargent de récolter des fonds pour financer les programmes de redynamisation des populations endémiques. En 2021, une coalition d'organisations, comprenant une organisation nouvellement formée, Re:wild, soutenue par l'acteur Leonardo Di Caprio, a mobilisé plus de 40 millions de dollars pour financer les efforts visant à restaurer les habitats dégradés dans les îles Galápagos.

L'initiative implique plus de 40 partenaires, allant des Organisations non gouvernementales locales aux gouvernements en passant par les organisations internationales, tirant parti de décennies d'expérience collective de travail à travers l'archipel. Le projet concernant les Galápagos est le premier projet de Re:wild sous sa nouvelle marque, mais le groupe prévoit d'étendre son travail mondial existant, en mettant un accent renouvelé sur le concept de « ré-ensauvagement », consistant à restaurer les espèces et les écosystèmes aux niveaux antérieurs d'abondance et de santé.

Un marqueur de la théorie de l'évolution

Charles Darwin, qui a étudié de près les populations animales des Galápagos, s'est appuyé sur ses observations des pinsons, des iguanes et des tortues des Galápagos, en particulier, pour étayer sa théorie de l'évolution et prouver que les espèces se diversifient en fonction de leurs conditions de vie locales et d'autres paramètres liés au milieu dans lequel elles évoluent.

En lisant l'œuvre de Darwin, il est facile de voir combien les Galápagos ont impressionné le jeune naturaliste et même si sa visite a été très brève, ce fut une relation mutuellement bénéfique !

Alors que les îles ont fourni à Darwin la preuve dont il avait besoin pour ses théories révolutionnaires, Darwin a fourni aux îles un rôle unique dans l'histoire naturelle et en matérialisant ces îles éloignées sur les cartes, il a participé sans aucun doute, involontairement, au *boom* touristique qu'elles connaissent de nos jours.

TOP 10

FAUNE

Les îles des Galápagos comptent un nombre d'espèces endémiques unique au monde, mais plusieurs espèces comme certaines tortues géantes ou même certains iguanes, tant terrestres que marins, sont réellement emblématiques de l'archipel et sont reprises dans la liste ci-dessous qui n'est pas exhaustive !

CRABE ROUGE

Un superbe crabe au rouge éclatant qui se dore la pilule sur les marches des pontons et les rochers.

© TRISTAN BARRINGTON - SHUTTERSTOCK.COM

TORTUE GÉANTE

Animal emblématique de l'archipel, la tortue géante des Galápagos y est présente partout.

© BENJAMINT - SHUTTERSTOCK.COM

IGUANE TERRESTRE

Trois espèces endémiques colonisent les îles de Baltra, Fernandina, Isabela, North Seymour et Santa Cruz.

© GUDKOV ANDREY - SHUTTERSTOCK.COM

ALBATROS

La seule espèce d'Albatros vivant en zone tropicale se reproduit exclusivement sur l'île d'Española.

© MARIDAV - SHUTTERSTOCK.COM

IGUANE MARIN

Diverses espèces d'iguanes marins de couleurs variées colonisent les côtes de l'archipel.

© FOTOGRIN - SHUTTERSTOCK.COMDR

FOU À PATTES BLEUES

Un bel oiseau au pattes toutes bleues qui se reproduit à North Seymour et vit aussi à Santa Cruz.

© MARIDAV - SHUTTERSTOCK.COM

PINSON

C'est l'oiseau que Darwin à étudié de près, car 2 générations lui suffisent pour évoluer notablement.

© DR

CORMORAN APTÈRE

Un cormoran qui n'a plus de prédateurs et n'a plus besoin de savoir voler, il pêche pour se nourrir.

© HUGH LANSDOWN - SHUTTERSTOCK.COM

MANCHOT

Le manchot des Galápagos, le seul à vivre dans la zone tropicale, est aussi le plus petit au monde.

© TODAMO - SHUTTERSTOCK.COM

OTARIE

Les otaries des Galápagos sont présentes dans tout l'archipel et en grand nombre à San Cristóbal.

© BRIAN LASENBY - SHUTTERSTOCK.COM

GÉOGRAPHIE

L'Equateur est délimité au nord par la Colombie, au sud et à l'est par le Pérou et à l'ouest par l'océan Pacifique. Les îles Galápagos, situées à quelque mille kilomètres du continent, font également partie du territoire équatorien, depuis 1832. L'ensemble du territoire, continental comme insulaire, est traversé par la ligne équatoriale. A la suite du conflit qui l'a opposé au Pérou dans la première moitié du siècle et aux termes du protocole de Rio, l'Equateur a perdu 200 000 km² de territoire amazonien, lesquels constituent toujours un litige entre les deux pays, et comme en témoigne le bref conflit de 1995, également appelé la guerre de Cenepa, un motif d'affrontements frontaliers. On distingue quatre régions en Equateur : les Andes, la côte, l'Oriente ou Amazonie et les Galápagos. Ce petit pays qui fait environ la moitié de la France offre une diversité de paysages rare, digne d'un continent à lui tout seul.

Les Andes et la Sierra

Composant une véritable épine dorsale nord-sud, la cordillère des Andes délimite trois régions naturelles : la côte au bord du Pacifique ; la Sierra, région montagneuse en altitude ; l'Oriente, plus communément appelé Amazonie. En Equateur, la cordillère est divisée en deux chaînes parallèles, chacune comprenant plusieurs volcans avoisinant ou dépassant les 5 000 m. Le point culminant est le Chimborazo (6 263 m) dans la Cordillère occidentale, mais le Cotopaxi (5 897 m), plus haut volcan actif du monde est situé dans la Cordillère orientale. Le Chimborazo, de par sa position proche de l'équateur, est le point de la terre le plus proche du soleil. La Sierra occupe environ le quart du territoire équatorien et s'étend sur 600 km depuis Tulcán, à la frontière colombienne, jusqu'à la région de Loja au sud. Les nombreux volcans (dont certains sont encore en activité) ont donné naissance à des lacs et des sources thermales. Vingt-deux de ces sommets culminent entre 4 270 m et 6 000 m ; leur enfilade majestueuse a été surnommée par Alexander Von Humboldt « l'avenue des Volcans ».

La Costa

La Costa (côte ou littoral) est une plaine alluviale, chaude et humide, irriguée par des fleuves puissants. Sa largeur varie de 30 km à 200 km sur une longueur de 800 km. Deux grands fleuves, l'Esmeraldas (320 km) au nord, et le Guayas (160 km) au sud, ainsi que leurs affluents, en font l'une des régions les plus fertiles du pays (culture de la banane, de la mangue et de la canne à sucre notamment). Sous l'influence du courant froid de Humboldt et du courant chaud de Panamá, le centre de la

Le volcan Cotopaxi.

DÉCOUVRIR

Reserva de Cuyabeno, Amazonie.

Costa bénéficie d'un climat tempéré, avec deux saisons distinctes. La principale ville de cette région est Guayaquil, important port sur le Pacifique et ville la plus peuplée du pays.

L'Amazonie

La région orientale, l'Oriente, forme une vaste plaine couverte de forêts naturelles irriguées par de gigantesques fleuves, le Napo, le Zamora, le Tigre, l'Aguarico, le Yasuni et le Paute, qui rejoignent l'Amazone. Cette région peu accessible, au climat tropical humide, fait partie de la forêt amazonienne ; elle concentre la quasi-totalité des ressources pétrolières du pays. Mais au-delà de cette ressource au fort impact environnemental, l'Oriente est avant tout une fascinante réserve naturelle… et le berceau de peuples ancestraux comme les Quechuas, les Secoya, les Siona, les Shuar et les Huaorani (notamment).

Les Galápagos

Ce territoire insulaire a été rattaché à l'Equateur en 1832. Autrefois connu sous le nom d'archipel de Colón, il est constitué de 19 îles (dont 4 sont habitées) d'origine volcanique et d'un chapelet d'îlots et de récifs perdus dans l'océan Pacifique, à 965 km au large des côtes, sur l'équateur. Sa superficie totale représente 8 006 km². La capitale de la province des Galápagos est Puerto Baquerizo Moreno, située sur l'île de San Cristóbal, mais la porte d'entrée principale est l'île de Santa Cruz. Le parc national (8 000 km²) et la réserve marine (133 000 km²) constituent un site classé au patrimoine mondial de l'UNESCO.

Les deux régions oubliées

Tout dépend souvent de comment l'on regarde et l'on comprend les choses. En termes de biogéographie, il est important de bien intégrer le rôle et l'importance des points chauds de biodiversité qui constituent les grandes bio-régions de chaque continent. En ce qui concerne les néo-tropiques (pays tropicaux du Nouveau Monde), dont l'Equateur fait partie, ce concept est encore plus important de par l'interaction de multiples facteurs géographiques, climatiques, géologiques et biologiques. Il n'est pas rare de lire que l'Equateur héberge 4 grandes régions qui sont, de l'est à l'ouest : le bassin amazonien, les Andes, la côte pacifique et le plus remarquable : l'archipel des Galápagos. Si ces macro-écosystèmes composent les zones de visites les plus renommées et les plus connues du pays, on fait souvent omission des deux plus importants hot spots de biodiversité du pays : le Chocó et la région tumbésienne. Localisés à chaque extrémité du pays, ces fragiles biotopes hébergent probablement (avec le Yasuni) les plus hauts taux d'endémisme et les plus importantes concentrations de richesses naturelles. Appelé localement Noroccidente, le Chocó est coincé entre les Andes occidentales et le littoral pacifique. Son climat tropical humide est dû à la présence constante du courant chaud de Panama (courant du Niño). Même si ses quelque 200 000 km² couvrent une partie du Panama et tout le littoral colombien, son accès depuis la capitale équatorienne reste la meilleure porte d'entrée. Sa nature exubérante est composée d'une mosaïque d'étages altitudinaux abritant le plus haut taux d'endémisme au monde. Région pionnière dans le tourisme vert en Amérique du Sud, beaucoup de ces zones de visite sont considérées comme des incontournables.

Depuis Quito, il ne faut que 1 heure 30 pour se rendre à la réserve de Yanacocha. Cette relique de forêt alto-andine, ancrée sur les versants du volcan actif Pichincha, héberge l'endémique érione à ventre noir, le colibri à la plus petite distribution au monde. Plus bas, les magiques forêts de nuages de la vallée de Tandayapa constituent une véritable muraille de nature, résistant aux pressions anthropogènes grâce à de nombreux projets de conservation et d'investigation. La route sinueuse menant vers la côte croise la vallée de Mindo, premier IBA (Important Birding Area) d'Amérique, qui s'est positionné depuis plus de 20 ans comme la Mecque du *birdwatching* en Equateur. En continuant encore plus vers l'ouest, le petit village de Mashpi, tiraillé entre agriculture intensive et projet minier, a su tirer son épingle du jeu en développant les premières plantations bio de cacao d'arôme fin du pays. Son chocolat artisanal est reconnu comme l'un des meilleurs du monde. Isolées géographiquement dans l'extrême nord-ouest, les dernières forêts tropicales du Chocó équatorien sont les plus fragiles, mais aussi les plus remarquables. C'est ici que subsiste l'une des plus importantes populations de singes araignées à tête brune (*Ateles fusciceps*), classés parmi les 25 espèces de primates les plus menacées au monde.

Même si plus éloignée et moins accessible, la région tumbésienne est tout aussi changeante, riche et envoûtante que le Chocó. Engoncée entre le sud de l'Equateur et le nord du Pérou, elle est composée d'une grande diversité de biotopes. Baignée par le courant froid de Humboldt, elle se place comme une zone de transition entre les forêts humides adjacentes du Nord et les paysages arides du désert de Sechura du Pérou voisin. Ces paysages semi-décidus, plus secs et plus soumis à la saisonnalité, couverts de végétations caduques (par opposition aux forêts pérennes du Nord) sont facilement accessibles depuis les villes de Guayaquil, Cuenca, Loja ou Machala. De la péninsule de Santa Elena et ses grandes colonies d'oiseaux pélagiques aux surprenantes forêts pétrifiées de Puyango, les opportunités de visites ne manquent pas. Sans oublier les denses mangroves et écosystèmes ripariens de Churutes (refuge du singe hurleur noir), les forêts demi-sèches côtières couronnées de kapokiers et de faux caroubiers, les zones de broussailles, agaves et bromélias terrestres de la vallée de Catamayo et les forêts humides basses de la vallée de Piñas et leur avifaune et herpétofaune endémique ! La région tumbésienne offre donc un kaléidoscope naturel surprenant.

Ces écosystèmes fragiles et riches à la fois sont devenus, au fil des dernières années, des incontournables pour les naturalistes et les photographes, car ils hébergent des espèces uniques et d'excellentes opportunités d'observations. Les différentes offres d'hébergement touristique développées sur place offrent des alternatives uniques et permettent de redistribuer le flux touristique d'une manière plus équitable sur le territoire national. (par Xavier Amigo de l'agence Ecuador Experience).

Le réveil des géants

Parmi tous les volcans en activité que compte l'Equateur, le Tungurahua est l'un des plus menaçants (avec le Reventador, surnommé le « Destructeur », et le volcan Sangay qui sont

Toucan montagnard dans la vallée de Mindo.

Éruption du volcan Tungurahua en 2016.

comme lui en activité permanente). Ce volcan situé dans la cordillère Royale, à 135 km de la capitale et seulement 10 km de la ville de Baños, s'élève à 5 016 m d'altitude. Régulièrement, ce mastodonte dont le nom signifie « Gorge de feu » connaît un regain d'activité éruptive générant d'importants nuages de cendres et de gaz pouvant s'élever jusqu'à 8 km d'altitude. En éruption depuis octobre 1999, son activité éruptive avait déjà repris en mai 2010 et continue encore en 2023 avec des émissions récurrentes de gaz et de cendres. En 2017, le volcan Tungurahua est de nouveau entré en éruption, projetant une grande colonne de cendres haute de 4 km. Depuis, la population reste plus que jamais attentive aux alertes géographiques et biologiques.

Autre volcan capricieux, le Reventador est lui aussi situé dans la cordillère Royale et culmine à 3 562 m. Sa dernière éruption date de novembre 2022 lorsqu'il expulsa gaz et cendres à plus de 1 000 m au-dessus de son cratère. Mais le Reventador étant situé dans une zone non habitée, ses éruptions ne menacent pas la population. Il connaît toujours une activité importante et reste sous surveillance permanente. En juin 2015, deux volcans ont fait beaucoup parler d'eux. Le Cotopaxi (situé à près de 60 km de Quito) montre des signes d'une éruption proche, après 75 ans de sommeil et 138 ans après la dernière éruption qui avait fait des milliers de morts ! En août 2015, le Cotopaxi entre en éruption et déverse une avalanche de cendres sur les villages avoisinants. Les populations en danger sont déplacées. Rappelons que le Cotopaxi, qui s'élève à près de 6 000 m d'altitude, est le volcan le plus dangereux du monde. Un panache de vapeur a même été observé au-dessus de ce dernier début 2017, inquiétant un peu plus la population aux alentours. En juin 2015, le volcan Wolf situé sur l'île d'Isabela aux Galápagos (la plus grande de l'archipel) s'est réveillé après 33 ans d'inactivité. L'éruption a généré des effusions de lave et la profusion de fumée dans l'air sur plus de 10 km.

Le Sangay quant à lui est en éruption à nouveau depuis 2019. Ces volcans témoignent de l'activité géologique de la région, qui a contribué et contribue toujours à façonner des paysages fabuleux.

Quand la terre tremble

Les tremblements de terre sont une réalité à ne pas oublier lorsqu'on visite le pays. Une réalité qui se traduit souvent dans les bâtiments parfois effondrés qu'on peut trouver ci et là dans le pays. Le dernier épisode important qu'a connu le pays s'est déroulé en 2016. Il est très exactement 18h58 lorsqu'un séisme d'une magnitude de 7,8 se fait ressentir le 16 avril 2016, dans la ville de Muisne. Un séisme si puissant qu'il affecte la zone côtière et plus particulièrement les provinces de Manabí et Esmeraldas. Le bilan est lourd : 668 morts, 8 disparus, 6 274 blessés et 29 067 sans-abri. Le séisme principal a connu 713 répliques. Pedernales, ville la plus touchée où résident 40 000 habitants, est entièrement détruite ! En avril 2023 la terre trembla à 70 km de Guayaquil, sous le coup d'un tremblement d'une magnitude de 6,8 qui fait 4 morts et de nombreux dégâts dans la région. En Equateur, les tremblements de terre font partie du quotidien et ne surprennent personne sinon les visiteurs.

NATURE

Ce petit pays par la taille présente une très grande biodiversité et comblera les amateurs de voyages en pleine nature. En quelques jours, vous pourrez grimper les plus hauts volcans du monde, nager avec des dauphins, approcher (sans toucher !) de nombreuses espèces endémiques aux Galápagos, véritable laboratoire naturel, admirer les baleines à l'Isla de la Plata, côtoyer plusieurs espèces de singes en Amazonie, séjourner dans un des nombreux écolodges et vivre ne serait-ce que quelques jours, coupé du reste du monde. De plus, 15 % des oiseaux du monde séjournent ou transitent sur un territoire grand comme la moitié de la France. Bref, l'Equateur vous surprendra par la richesse de son patrimoine naturel réparti sur l'ensemble du territoire. Depuis janvier 2013, l'entrée des parcs nationaux et aires protégées est gratuite, à l'exception de l'entrée du Parc national des Galápagos qui coûte 100 US$.

Une biodiversité sous haute surveillance

Ces dernières années, le pays a pris conscience de la richesse extraordinaire de sa faune et de sa flore, et de nombreuses zones naturelles sont désormais protégées. Depuis peu, autorités locales, associations et fondations privées redoublent de vigilance. Ainsi, les parcs et réserves nationales mettent à l'abri de l'avidité et de l'agressivité humaine bon nombre d'espèces végétales et animales. De la jungle à la Sierra en passant par les Galápagos, les amoureux de la Nature s'en donneront à cœur joie. Sans oublier de faire un détour par la réserve ornithologique de Mindo, située dans la province de Pichincha, où sont recensées plus de 300 espèces d'oiseaux. Si vous aimez les ours, nous ne saurions mieux vous conseiller que de visiter le Choco Andino, territoire d'observation privilégié pour une espèce particulièrement surprenante, l'ours à lunettes, appelé ainsi pour son pelage qui donne l'impression que cet ours porte des lunettes ! Les plus aventuriers pourront choisir de consacrer quelques jours à la découverte de l'Amazonie en pirogue, accompagnés d'un guide local bien entendu, et observer une multitude d'animaux sauvages qui peuplent la forêt tropicale. Les nuits seront souvent organisées sous forme de petits campements en pleine nature, mis en place par les indigènes, aujourd'hui habitués à recevoir des visiteurs, c'est une expérience inoubliable. Certaines agences sont spécialisées dans ce tourisme d'aventure, vous les retrouverez dans les pages du présent guide.

Enfin, amoureux de la mer, n'oubliez pas que de juin à septembre environ, les baleines à bosse, *Megaptera novaeangliae*, choisissent les eaux chaudes qui bordent le pays le long de la côte pacifique pour mettre au monde leur progéniture. Ces géants qui peuvent mesurer jusqu'à 16 mètres et peser 40 tonnes vous offriront un spectacle rare autour de Ballenita et Puerto Lopez. Chaque année, plus de 500 baleines occupent la baie de Puerto Lopez où une méthode d'identification basée sur la forme de leur nageoire caudale a été mise au point, permettant de les recenser. Du grand spectacle !

© TOMAS DRAHOS - SHUTTERSTOCK.COM

Observation des baleines.

Menace pour la nature

C'est à partir de ses recherches effectuées aux Galápagos en 1835 que le biologiste anglais Charles Darwin a élaboré sa théorie sur l'évolution naturelle des espèces, puis publié son livre *L'Origine des Espèces* (1859). À cette époque, aucune menace ne planait sur la nature en Equateur et l'archipel des Galápagos était un laboratoire à ciel ouvert pour n'importe quel savant de la planète. Les temps ont changé et si l'archipel, grâce à une mobilisation mondiale, est encore préservé, le reste du pays n'a pas résisté au développement et à l'industrialisation. Au cours du XXe siècle, l'exploitation agricole à grande échelle menace les écosystèmes de la côte et des régions andines. L'Amazonie

L'Amazonie compte un grand nombre d'espèces d'orchidées.

reste épargnée jusqu'à la fin des années 1960, époque à laquelle débute l'exploitation pétrolière dans cette région.

En quelques années, la destruction de la nature est tellement avancée que les autorités équatoriennes décident de créer plusieurs parcs nationaux. Mais c'est en 1978 que l'Equateur prend un tournant décisif pour son avenir en termes de protection de la nature. Pour sauvegarder ce patrimoine naturel est créée la Fundación Natura, qui a fermé ses portes en 2012. Une ONG soutenue par les grands organismes internationaux comme le Fonds mondial pour la nature (WWF), qui a su acquérir une notoriété nationale et parvient à être sur tous les fronts dans le domaine de la protection de la nature. Pour autant, le dynamisme et l'omniprésence ne permettent pas de résoudre tous les maux. Dans ce pays où la nature devrait être reine, sa protection ne figure pas au premier rang des préoccupations de l'Etat et des multinationales. Il reste beaucoup à faire pour parvenir à un équilibre entre développement et écologie, notamment pour diminuer le taux de pollution. D'autres associations telles que Acción Ecológica (www.accionecologica.org) et, bien sûr, la Fundación Charles Darwin (p.379) (www.darwinfoundation.org), entre autres, militent pour la protection de l'environnement.

Les Galápagos, un territoire unique au monde

Autrement connues sous le nom d'archipel de Colón, les Galápagos constituent un monde à part surgi il y a des millions d'années au cœur de l'océan Pacifique, à quelque mille kilomètres des côtes, où le temps est suspendu. C'est là, en 1835, que le biologiste Charles Darwin y étudie l'évolution et la sélection naturelle des espèces. Au milieu de paysages lunaires, iguanes, otaries (ou lions de mer), tortues géantes et des milliers d'oiseaux (fous masqués ou à pattes bleues, pélicans, flamants roses, frégates, hérons, huîtriers des Galápagos, merles moqueurs, pinsons de Darwin, cormorans, etc.) cohabitent dans une harmonie déconcertante, sans craindre la présence de l'Homme. Des animaux au physique préhistorique donc, mais aussi une multitude d'habitants sous-marins peuple les profondeurs : raies mantas, crabes rouges et noirs, requins (des Galápagos, gris, marteau, tigre, baleine et requin à cornes) et une flopée de poissons multicolores.

Une flore luxuriante

Les chiffres sont impressionnants. L'Equateur renferme 10 % des espèces de plantes répertoriées sur la planète. Les divers climats ont donné naissance à 25 000 espèces d'arbres, dont environ 10 000 poussent dans la région andine. L'Amazonie, quant à elle, compte 8 200 espèces de plantes dont 2 725 espèces d'orchidées. Les îles Galápagos comptent 600 espèces natives et/ou endémiques et 250 espèces introduites au moment de la colonisation. Parmi quelques espèces exotiques, citons le *ceibo* au tronc dodu qui donne du kapok, l'hévéa connu pour le latex, le *balsa* au bois très léger, les mangliers (mangrove) aux racines fichées dans l'eau saumâtre, les multiples palmiers dont on tisse les fibres et qui ne poussent qu'en Equateur (comme la paille *toquilla*). Beaucoup de ces arbres possèdent des vertus médicinales à découvrir principalement en région amazonienne où les espèces géantes peuvent dépasser 60 m de hauteur. Quant aux arbres fruitiers, bananiers, arbres à cacao, arbres à pain aux fruits démesurés, papayers, manguiers et bien d'autres, ils vous assureront un plateau de fruits bien garni ! Attention, il est interdit d'emporter quelque plante que ce soit dans ses bagages, les contrôles sont assez stricts à ce sujet.

CLIMAT

L'Equateur, compte tenu de ses innombrables contrastes géographiques, offre un inventaire de tous les climats du monde. Ainsi, eu égard aux différences d'altitude, il a été observé qu'entre deux points distants de 10 à 12 km, la différence des précipitations pouvait être de l'ordre de 1 000 mm. Il est à noter qu'à l'instar du reste de la planète, l'Equateur subit les conséquences du dérèglement climatique et les différentes saisons y sont de moins en moins marquées. On peut cependant noter deux saisons principales. Un été s'étalant de juin à novembre et présentant un temps sec et des températures souvent fraîches et un hiver qui s'étend de décembre à mai et pendant lequel il fait en général chaud et pluvieux. Hors le cas général, il est nécessaire de prendre en compte quatre grandes régions climatiques, les Andes, la côte pacifique, l'Amazonie et les Galápagos. Quito, quant à elle, connaît souvent les 4 saisons dans la même journée.

Les Andes

Le climat des hauts plateaux des Andes est tempéré et relativement sec, la saison la plus sèche se situe entre juin et septembre, tandis que la saison des pluies se situe entre janvier et mai, les précipitations annuelles moyennes restent comprises entre 500 et 1 500 mm.

Les températures moyennes annuelles varient entre 13 °C et 16 °C, cependant, la différence de température entre le jour et la nuit est très importante et les précipitations varient beaucoup en fonction de l'altitude du lieu concerné. De 400 à 1 800 mètres d'altitude, les températures moyennes varient entre 20 °C et 25 °C avec des pluies importantes et abondantes. Alors qu'entre 1 800 et 2 000 mètres d'altitude, les températures moyennes varient entre 15 °C et 20 °C avec des pluies modérées. De 2 000 à 3 200 mètres d'altitude, les températures moyennes varient entre 10 °C et 15 °C avec des précipitations modérées autour de 1 000 mm par an. Enfin, au-dessus de 3 200 mètres, les températures moyennes peuvent atteindre des valeurs négatives. Lorsqu'on parcourt les routes andines, il faut toujours s'attendre à être enveloppé d'un épais brouillard, particulièrement sur les flancs sous le vent des volcans, comme sur la route qui mène de Riobamba à Cuenca, systématiquement dans le brouillard à partir de 15h. Prévoyez vos itinéraires en conséquence !

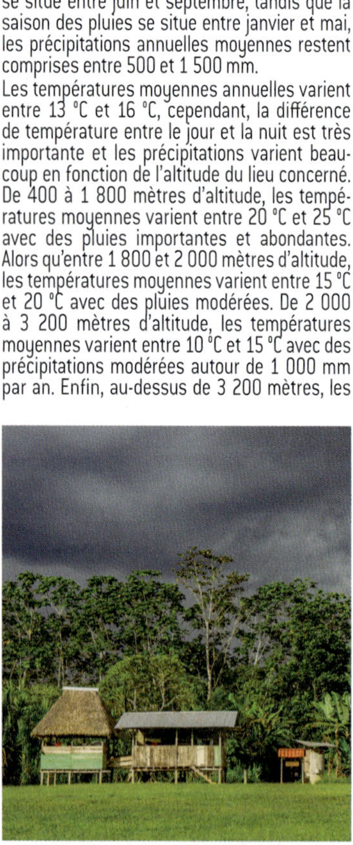

© FOTOS593 - SHUTTERSTOCK.COM

L'Amazonie équatorienne a un climat humide.

L'Amazonie

Le bassin amazonien connaît un climat chaud et humide typique des forêts équatoriales, avec des pluies toute l'année. Les mois entre septembre et décembre sont les plus secs, tandis que juillet et août sont les plus pluvieux. Dans certaines régions, les précipitations dépassent 5 000 mm par an. Les températures moyennes sont comprises entre 25 °C et 28 °C tout au long de l'année. Quoi qu'il en soit, en Amazonie, on ne sort jamais sans son poncho imperméable et des chaussures ou bottes adaptées.

La Costa

La côte de l'Equateur le long de l'océan Pacifique connaît un climat tropical chaud et humide avec une saison des pluies très intense entre décembre et mai. Les températures moyennes tournent autour de 23 °C / 26 °C tout au long de l'année. Plus vous irez vers le Sud, plus le climat sera aride, tandis que vers le nord, il tombe environ 2 500 / 3 000 mm de pluie par an. Les plages du Sud comme la superbe plage de Ballenita sont entourées de cactus et succulentes, alors que plus au Nord vous devrez parfois compter avec un épais brouillard sur la route de bord de mer comme entre Puerto Lopez et Manta. La ville de Guayaquil, comme le reste de la province de Guayas, connaît un climat tropical et humide. Comme sur pratiquement toute la côte, il y fait chaud toute l'année, de l'ordre de 30 °C dans la journée.

© DFLC PRINTS - SHUTTERSTOCK.COM

La plage de Ballenita.

Les Galápagos

Les îles Galápagos ont un climat doux mais sec, cela est dû à l'influence du courant froid du Pérou qui circule autour des îles, modérant les températures et rendant le climat des îles agréable toute l'année. Le climat sur les grandes îles varie avec l'altitude. La température diminue progressivement avec l'altitude, tandis que les précipitations augmentent avec l'altitude en raison de la formation d'humidité dans les nuages sur les pentes des montagnes. La quantité de pluie varie considérablement d'un endroit à l'autre sur les îles. Les pluies sont rares, en particulier dans les plaines côtières, où tombent en moyenne 350 mm à 400 mm de pluie par an, et elles sont plus fréquentes dans les montagnes, où dans certaines zones elles peuvent atteindre et dépasser 2 000 mm par an. Le long de la côte des îles Galápagos, la courte saison des pluies s'étend de janvier à avril, tandis que les autres mois de l'année, les pluies sont peu fréquentes. Les températures maximales moyennes varient entre 30,1 °C en mars et 24,6 °C en septembre, tandis que les températures minimales moyennes varient entre 18,7 °C en septembre et 22,6 °C en février.

Le climat de Quito

La ville de Quito est située sur les hauts plateaux andins du nord de l'Equateur, à plus de 2 800 mètres d'altitude et il n'est pas rare de se lever avec un soleil de montagne sur fond d'air frais, de déjeuner sous un parapluie, de faire la sieste à l'ombre d'un grand arbre et de devoir mettre un pull en fin de journée. En raison de sa position par rapport à l'équateur et de son altitude, Quito connaît un climat subtropical de haute altitude qui se caractérise par deux saisons, l'une humide et l'autre sèche. La température annuelle moyenne à Quito est de 13,7 °C. Les températures maximales moyennes varient entre 20,3 °C en août et septembre et 19,1 °C en janvier, février et mars. Les températures minimales moyennes varient entre 9,9 °C en avril et décembre et 8,6 °C en juillet. Le climat de Quito varie principalement en fonction des précipitations : la saison sèche dure quatre mois de juin à septembre et la saison des pluies dure huit mois. Les précipitations moyennes sont d'environ 1 100 mm par an. Juillet et août sont les mois les plus secs, avec moins de 30 mm de pluie chacun, tandis qu'avril avec près de 150 mm de pluie est le mois le plus humide. Pendant la saison des pluies, on peut souligner une période encore plus arrosée qui s'étend de février à mai, et une période relativement sèche entre novembre et janvier.

Les meilleurs mois pour se rendre à Quito sont ceux de la saison sèche, c'est-à-dire ceux qui vont de juin à septembre. Les autres mois de l'année – en particulier entre novembre et février – sont malgré tout souvent bien agréables, on peut donc découvrir la capitale en toute saison.

Les forêts humides tropicales

Les forêts humides tropicales, appelées ici *bosque humedo*, connaissent un climat très particulier. Il y pleut tous les jours, mais il y fait également très chaud et humide. Ces forêts sont en général situées à faible altitude et sont des refuges de la biodiversité, les animaux et les plantes tropicales s'épanouissant en effet parfaitement dans ces conditions. Le brouillard est très dense et souvent quotidien, particulièrement au lever du jour, offrant des paysages somptueux lorsqu'on est positionné juste au-dessus, comme c'est le cas certains matins privilégiés. Si vous choisissez de passer quelques jours à Mindo ou par exemple à la Quinta de Goulaine où se trouve un superbe élevage de papillons, vous découvrirez un climat de ce type. N'oubliez pas les bottes !

ENVIRONNEMENT

L'Equateur est constitué d'une mosaïque de territoires aux écosystèmes remarquables. Parmi eux, le bassin amazonien fait partie des zones dites de « mégadiversité biologique » de la planète, qui présentent en outre un taux d'endémisme important. Ces milieux naturels, où humains et non-humains ont longtemps cohabité, sont aujourd'hui menacés. En cause, les cultures agricoles intensives (notamment culture de la banane, huile de palme), mais aussi les activités extractives (pétroles, minerais). Si l'Etat a inscrit dans sa constitution les droits de la Terre-mère (Pachamama), le territoire reste l'objet de luttes pour la préservation des milieux naturels et des populations autochtones. Ces combats sont aussi ponctués de belles victoires et de projets alternatifs, en agro-écologie, écotourisme, ou mise en place de filières durables. Nous aussi pouvons tous agir à notre échelle et au quotidien, pour préserver le vivant, ne serait-ce que par nos choix de consommation.

Parcs nationaux et préservation de la biodiversité

Le pays compte une cinquantaine d'aires protégées (dont onze parcs nationaux), représentant près de 20 % de sa superficie. Elles protègent des espaces aux climats et biotopes différents, allant des plaines côtières occidentales (Costa), au bassin amazonien (Oriente), en passant par les Andes (sierra), et les îles Galápagos.

Situé au sud de Quito, dans la cordillère des Andes, le Parc national de Cotopaxi protège une biodiversité remarquable, au sein de différents biomes : forêt humide, toundra, páramo (grandes plaines herbacées des hauts plateaux), et neiges éternelles. Il abrite le plus haut volcan en activité du monde, à 5 897 mètres d'altitude, le Cotopaxi, que tenta de gravir Alexander von Humboldt, savant humaniste, en 1802. Le Cotopaxi, comme l'ensemble des glaciers équatoriaux, pourrait disparaître d'ici la fin du siècle. En cause, le réchauffement climatique, qui aurait déjà fait fondre plus de la moitié de la surface des sept glaciers du pays.

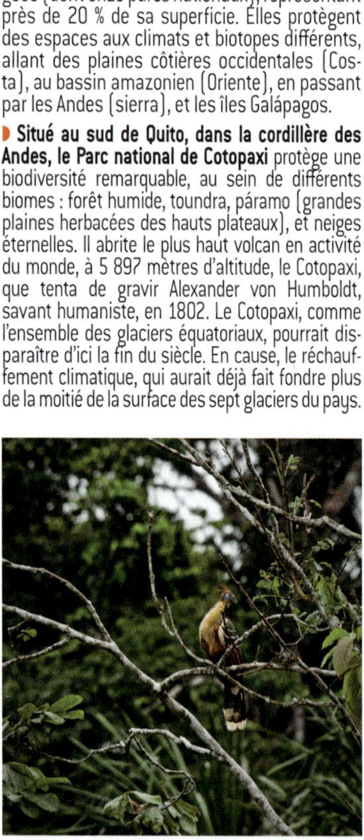
© PXHIDALGO - ISTOCKPHOTO.COM

Hoazin huppé, parc national Yasuni.

Le Parc national Cajas, situé lui aussi dans les Andes, protège des zones humides de hauts plateaux. Classé site Ramsar, il accueille une grande variété d'oiseaux et abrite des vestiges incas, dont un sentier qui peut être suivi sur plusieurs kilomètres.

Le Parc national Machalilla, situé en bordure littorale, et classé lui aussi Ramsar pour ses zones humides remarquables, préserve une exceptionnelle biodiversité, incluant des espèces menacées (baleines à bosse, albatros des Galápagos).

Le pays compte également le parc national des îles Galápagos, situé dans les îles éponymes, dont les espèces endémiques permirent à Charles Darwin, lors de son exploration en 1835, d'établir sa théorie de l'évolution. En novembre 2021, l'ancien président Guillermo Lasso a proposé une extension de près de la moitié de la superficie de la réserve marine des Galápagos en échange d'un aménagement de la dette du pays. Cette proposition innovante a abouti en 2022 à l'extension d'environ 60 000 km² du parc et à la création dès 2023 de « bonos azules », des emprunts d'état dont le capital est affecté exclusivement à la protection des océans. Cette opération fut possible grâce à l'intervention du crédit Suisse qui racheta concomitamment plus de 800 millions de dollars de la dette extérieure du pays. L'idée est de constituer un corridor écologique avec d'autres zones protégées des pays frontaliers, afin entre autres de protéger la migration des espèces marines.

Dans la partie amazonienne du pays, on citera le parc national Yasuni. Réserve de biosphère de l'Unesco, le parc fait partie des 19 régions du monde dites de « megabiodiversité ». Ce territoire exceptionnel, où des communautés autochtones ont su cohabiter de manière équilibrée avec le non-humain, est cependant menacé par l'extraction pétrolière. L'ancien président Rafaël Corréa avait à l'époque initié un projet entre 2007 et 2013, afin de protéger

© IRENEUKE - SHUTTERSTOCK.COM

Randonnée dans le parc national Cajas.

la zone de l'exploitation pétrolière, en échange de l'octroi d'une contribution financière internationale (initiative Yasuní-ITT). Suite à une levée de fonds insuffisante, l'extraction pétrolière fut finalement mise en place. Les communautés autochtones dont la vision du monde repose sur un continuum humain-non humain (comme l'a montré l'anthropologue Philippe Descolan qui a vécu plusieurs années auprès d'Achuar), ont su maintenir des équilibres avec l'ensemble du vivant. Ils portent aujourd'hui des projets de développement : écotourisme dans la zone de Kawapi pour les Achuar, centre de soin Naku pour les Sapara. On notera également l'initiative *Cuencas Sagradas*, en partenariat avec des organisations autochtones et la fondation Pachamama pour la mise en place d'une zone protégée de toute exploitation. Cette initiative a abouti en 2023 à un référendum confirmant l'interdiction d'exploitation des sous-sols du Yasuni.

Quand l'agriculture et l'élevage menacent le vivant

L'agriculture intensive, destinée à l'exportation (fleurs, bananes, huile de palme,) constitue une menace tant pour la biodiversité que pour le climat. Elles induisent des déforestations, la segmentation des milieux naturels par la construction de routes, ou encore la dégradation des terres par les intrants chimiques. Les déboisements contribuent à aggraver le réchauffement climatique, à favoriser l'érosion et l'appauvrissement des sols. Le ruissellement d'eaux chargées en pesticides participe à la contamination des milieux naturels. L'élevage industriel de crevettes contribue quant à lui à la destruction des mangroves, réservoirs de biodiversité, stockages de carbone, filtres protecteurs des nappes phréatiques et barrières contre l'érosion côtière. Ce type d'élevage entraîne également une surpêche de poissons… destinés à nourrir les crevettes. Ces activités, qui se pratiquent au détriment des cultures vivrières menacent également la souveraineté alimentaire du pays. Le système économique en place ne favorise pas l'agriculture paysanne, en octroyant des avantages fiscaux aux gros exploitants. Ainsi, les exportateurs d'huile de palme sont exempts de taxes sur la sortie des devises. Cependant, il est à souligner que des projets alternatifs, fondés sur l'agroécologie, portés par les populations locales et soutenus par des ONG essaiment dans le pays.

L'extraction et l'énergie au cœur des luttes

Le bassin amazonien est l'objet de luttes entre les défenseurs de la Terre-mère et les promoteurs de l'extractivisme. Si le pays a inscrit dès 2008 dans sa Constitution les droits de la Terre-mère (Pachamama) et du *buen vivir*, la réalité du terrain est plus fluctuante. Ainsi, pour ne citer qu'un exemple, la communauté Huaoranis, avec à sa tête la figure emblématique de Nemonte Nenquimo (prix Goldman pour l'environnement 2020) a pu gagner son procès en 2019 contre une compagnie pétrolière, après une plainte déposée pour contamination des terres et de l'air par les torchères (447 torchères seraient en activité au sein du territoire en question). La justice du pays donna gain de cause à la communauté, avec l'interdiction d'exploitation dans la zone. Parmi les jalons structurant de la lutte écologique, on notera en 2021 la ratification par l'Équateur de « l'accord d'Escazu », premier traité environnemental à l'échelle de l'Amérique latine et des Caraïbes. Outre l'exploitation pétrolière, des projets d'extraction (mine d'or à ciel ouvert), et de barrages hydroélectriques menacent les écosystèmes et les populations locales. La construction d'éoliennes a entraîné la surexploitation du *balsa*, bois utilisé dans les pales d'éolienne. Là encore des avancées ont vu le jour, avec la création d'une filière durable de *balsa* par une coopérative Huaroanis.

HISTOIRE

L'histoire de l'Equateur peut être divisée en quatre étapes : étape préhispanique, étape hispanique, indépendance et république. Les ethnies préhispaniques étaient principalement constituées de chasseurs et cueilleurs venus du Nord, jusqu'à l'invasion inca suivie de la conquête espagnole. Ensuite , avec les fondations de San Francisco de Quito, San Gregorio de Portoviejo, Santiago de Guayaquil et Inmaculada Concepción de Loja, commence l'ère politico-administrative espagnole qui durera jusqu'à l'époque de l'indépendance qui arrivera en 1822. Simon Bolivar, « el Libertador » prendra une part importante dans la définition des limites du territoire équatorien ainsi que dans la mise en place des institutions. La nouvelle constitution, mise en place en 2008 par Raphaël Correa, ancien président de gauche, définit l'Equateur comme un Etat interculturel et plurinational, reconnaissant enfin les indigènes et leurs langues vernaculaires à part entière.

10 000 À 3 500 AV J-C

Occupation humaine sur la côte et dans la Sierra. Outils en pierre. Période précéramique.

5800 AV JC

Le maïs est déjà connu en Equateur.

3000 AV. J.-C.

Real Alto, près de Valdivia, est une métropole où vivent 1 500 à 3 000 habitants. Les études archéologiques ont révélé qu'ils appartenaient aux cultures Valdivia, Machallilla, Guangala et Manteño-Huancavilca.

3500 À 500 AV. J.-C.

Période formative

La culture Valdivia est la plus vieille culture formative d'Equateur, où elle s'est principalement développée dans les zones côtières des provinces de Guayas d'El Oro et de Santa Elena. Il en reste de vastes collections de céramiques dans les divers musées du pays.

Elle fut suivie vers 1800 av. J.-C. de la culture Machalilla qui s'en distingue par des céramiques particulières, souvent creuses qui servaient probablement de récipients et représentaient majoritairement des femmes.

La culture Chorrera qui s'épanouira de 1300 à 300 av. J.-C. environ est quant à elle une des plus répandues de l'Equateur précolombien, s'étendant de la côte aux Andes et jusqu'à la frontière colombienne.

200 AV. J.-C. À 700-800

Organisation des groupes ethniques

Période du développement régional, sur la base de groupes ethniques organisés, sur la côte et dans la Sierra. Travail des métaux (or, cuivre, plomb, argent et platine).

700 À 1500

Période d'intégration culturelle

Regroupement et début d'Etats embryonnaires. A partir du VIIIe siècle, apparition des Caras, qui fonderont le royaume de Quito.

Royaume de Quito

1000 À 1475

Le royaume de Quito s'étend du sud de la Colombie au nord du Pérou. Les Caras, arrivés de la côte pour trouver des terres plus fertiles se rendirent maîtres, vers l'an 1000, de la région de Quito et y imposèrent leur système monarchique dont le chef est désigné sous le nom de Scyris. Il y eut une quinzaine de Scyris entre l'an 1000 et l'an 1475.

Arrivée des Incas

1455-1460

Début de la conquête par les Incas du royaume de Quito. Les Caras-Quitus et les Incas entrent en guerre et les Incas commencent à gagner des batailles, à commencer par celle de la forteresse de Tiojacas.

Victoire des Incas

1460-1475

Le dernier Scyri fut tué par les Incas au lac Jaguacocha en 1475 et le roi des Incas Huayna Capac épousa sa fille. A sa mort, ce dernier léguera son royaume à son fils, Atahualpa, né de cette union.

12 OCTOBRE 1492

Découverte des Amériques

Christophe Colomb fait découvrir l'Amérique à l'Europe.

Arrivée des Espagnols en Equateur

21 SEPTEMBRE 1526

Le pilote espagnol Bartolomé Ruíz débarque sur la côte équatorienne après avoir conduit Pizarro, Diego de Almagro et leurs 160 hommes en Colombie qu'ils envahiront. Il poursuit ensuite jusqu'en Equateur, qu'il sera le premier Européen à découvrir. Il explorera toute la côte et nommera le cap San Francisco en l'honneur de Pizarro.

1527

Arrivée de Atahualpa au pouvoir

Mort de l'Inca Huayna Cápac et sacre de Atahualpa.

Guerres des frères Incas Huascar et Atahualpa

Guerre entre les deux frères empereurs incas Huascar et Atahualpa, le premier étant finalement vaincu, puis assassiné.

1530-1532

Atahualpa, son demi-frère né vers 1500 de l'union de son père Huayna Capac avec la fille du dernier des Scyris, prendra le pouvoir après cette guerre fratricide et est encore aujourd'hui considéré comme le dernier empereur Inca. Il sera capturé par ruse par Pizarro qui après avoir obtenu une énorme rançon d'or du peuple Inca, se débarrassera de lui prétendant avoir été trahi.

1531

Les conquistadores arrivent

Francisco Pizarro débarque à Tumbéz, au nord du Pérou actuel.

24 SEPTEMBRE-15 NOVEMBRE 1532

Pizarro se rend à Cajamarca et envoie des émissaires auprès de Atahualpa, l'un des chefs incas en proposant une entrevue non armée.

16 NOVEMBRE 1532

Bataille de Cajamarca

Pizarro capture le chef inca Atahualpa par traîtrise, les conquistadores sont venus armés alors que les Incas ont tenu parole...

29 AOÛT 1533

Execution d'Atahualpa

Atahualpa livre à Pizarro six tonnes d'or afin d'obtenir sa libération, mais contrairement à la promesse qui lui a été faite, il ne retrouve pas la liberté. Afin d'éviter un soulèvement, Pizarro le fait exécuter après un procès expéditif et proclame un nouvel Inca, Topa Hualpa, frère cadet d'Atahualpa, nouveau chef des Incas. Mais celui-ci meurt du choléra peu de temps après.

6 DÉCEMBRE 1534

Fondation de Quito

Après avoir aidé Pizarro dans des combats contre les Incas, Sebastián de Benalcázar part à la conquête de Quito. Quito était la ville de la région la plus septentrionale de l'Empire inca, mais avant l'arrivée de Benalcázar, le général inca Rumiñahui envoie le trésor de la ville au fin fond des Andes et brûle la ville. Benalcázar fondera la nouvelle ville de Quito avec Diego de Almagro et la nommera « San Francisco de Quito ». Fondation du premier évêché de Quito.

1537-1538

Fondation (définitive) de Guayaquil par Francisco de Orellana.

MAI 1541

Découverte de l'Amazone par Orellana

Départ vers l'Oriente d'une expédition conduite par Francisco de Orellana qui espère découvrir de l'or et le rapporter à la couronne.

26 JUIN 1541

Mort de Francisco Pizarro

Les partisans de Diego de Almagro investissent le palais de Pizarro à Lima (dont dépendait à l'époque l'actuel Equateur) et l'assassinent de plusieurs coups de couteau. C'est Vaca de Castro qui lui succédera après avoir décapité le jeune Almagro choisi initialement pour remplacer Pizarro.

1541-1542

Découverte de l'Amazonie

L'expédition vers l'Est, menée par Francisco de Orellana, découvre l'Amazonie et descend l'Amazone. L'expédition arrivera en Atlantique en août 1542 alors que tout le monde pense que ses membres ont disparu pendant ce long voyage.

1541-1548

Dissensions entre conquistadores

Cette période voit une guerre intestine entre les partisans de Gonzalo Pizarro, frère de Francisco et les partisans d'Almagro. Cette guerre durera 7 années, jusqu'à ce que Gonzalo Pizarro qui était en désaccord avec la couronne espagnole doive se rendre et soit décapité.

29 AOÛT 1563

Création de l'audience royale de Quito

L'audience royale (real audiencia) de Quito deviendra la plus haute cour de la couronne espagnole dans les territoires de la province ou de la présidence de Quito, au sein de la vice-royauté du Pérou, qui a ensuite fait partie de la vice-royauté de la Nouvelle-Grenade.

1569 Installation à Lima d'un tribunal de l'Inquisition, avec juridiction sur l'Equateur.

Fondation de Riobamba

1575 Riobamba est considérée comme la première ville espagnole fondée sur les terres de l'actuel Equateur en 1534, sous le nom de Santiago de Quito. Le 9 juillet 1575, Antonio de Rivera et Don Ruy Díaz de Fuenmayor l'ont renommée San Pedro de Riobamba.

Arrivée des jésuites à Quito

1586 En juillet 1586, les quatre premiers jésuites s'établissent à Quito : les prêtres Baltasar Piñas, Diego González, Diego Hinojosa et le frère Juan de Santiago ». Le prosélytisme et l'éducation étaient les objectifs fondamentaux des enfants d'Ignacio de Loyola en Amérique.

Révolution des Alcabalas

JUILLET 1592 - AVRIL 1593 Ce fut l'une des premières manifestations politiques du peuple de Quito contre les autorités espagnoles. Elle a eu lieu entre juillet 1592 et avril 1593, à une époque où Don Manuel Barros de San Millán était président de l'audience royale de Quito. Elle tient son origine dans la création d'un nouvel impôt par la couronne espagnole. Elle fut un échec et ses organisateurs durement réprimés.

Fondation de la ville d'Ibarra

1606 La Ville de San Miguel de Ibarra a été fondée le 28 septembre 1606 par le capitaine Cristóbal de Troya, sous l'ordre de Miguel de Ibarra, alors président de la Cour royale de Quito et sous le mandat du roi Felipe d'Espagne.

La variole décime l'Equateur

1690 Une épidémie de variole touche l'Equateur, anéantissant un tiers de sa population d'origine. A cette époque, le nombre d'autochtones est estimé à 1 million d'individus avant cette pandémie.

Première mission géodésique française

1736 En 1736, la première mission géodésique française, organisée par l'Académie des sciences de Paris, atteint la côte équatorienne pour mesurer un arc du méridien de la Terre et, par ce moyen, définir la forme exacte de notre planète. Les participants à cette mission étaient le mathématicien Louis Godin à la tête de l'expédition, le mathématicien et astronome Pierre Bouguer et le géographe Charles de La Condamine. Ils étaient accompagnés d'un naturaliste, d'un médecin et de quelques techniciens.

La révolution des ivrognes

1765 La Révolution des ivrognes ou Révolution des quartiers de Quito, fut une émeute contre la fiscalité dans la ville de Quito. La population de Quito s'est soulevée contre une augmentation des taxes sur les alcools (tabacs) par les autorités coloniales, qui est devenue transversalement un conflit entre les Espagnols coloniaux (appelés « chapetones » dans le conflit) et les créoles de la ville.

1767

Expulsion des jésuites

Voyant le pouvoir que prennent les jésuites en Equateur comme dans le reste des colonies espagnoles, Charles III décide de les expulser.

NOVEMBRE 1780

Révolution de Tupac Amaru II

Cacique inca, José Gabriel Condorcanqui, adopta le nom de Tupac Amaru II prétendant être descendant du fameux Cacique Tupac Amaru et mena la plus formidable révolution indigène de l'ère coloniale, pour protester contre les mauvais traitements subis par les Indiens.

18 MAI 1781

Exécution de Tupac Amaru. La lutte indigène se poursuit pendant plusieurs mois.

10 AOÛT 1809

Le premier cri d'indépendance

Le premier cri d'indépendance sera entendu en 1809 en provenance des créoles qui réclament plus d'autonomie sans réellement viser l'indépendance car ils ne veulent pas encore perdre le soutien de la couronne espagnole. Quito deviendra indépendant quelques mois avant d'être reprise par la couronne espagnole, en 1810, sous le contrôle du vice-roi du Pérou. Cette date d'août 1809 n'en restera pas moins une date importante dans la construction de l'Equateur moderne, elle a d'ailleurs été retenue comme date de la fête nationale.

9 OCTOBRE 1820

Indépendance de Guayaquil

L'indépendance de la ville de Guayaquil est un processus d'indépendance qui a eu lieu dans le but de rompre les liens coloniaux qui existaient entre le territoire de la province de Guayaquil et l'empire espagnol, et qui a fait place à l'émergence de la Province Libre de Guayaquil. L'indépendance de Guayaquil marque le début de la guerre d'indépendance de l'Audience royale de Quito dans le cadre des guerres émancipatrices de l'Amérique espagnole. Parmi les facteurs les plus influents pour son déchaînement, on peut mettre en exergue la volonté des créoles, qui avaient un statut social et économique élevé, d'obtenir le pouvoir politique.

1822

Simón Bolívar arrive à Quito

Succès des forces armées patriotes à Riobamba (21 avril), puis victoire de Pichincha (24 mai) sur les Espagnols. Entrée de Bolívar à Quito. Entrevue des deux libérateurs, Simón Bolívar et José de San Martín, le 26 juillet, à Guayaquil. Bolívar mène campagne pour intégrer Quito, Riobamba et Loja à la Colombie. Seule Guayaquil reste indépendante, ce qui amène Bolívar à se rendre à Guayaquil en juillet 1822 afin d'intégrer la province à la Colombie, comme ses voisines.

1783-1830

Simón Bolívar

Né en 1783 à Caracas, Simon Bolivar va devenir un des plus grands résistants contre la couronne Espagnole. Issu d'une famille de créoles (Descendants d'Espagnols nés dans le pays) il consacrera sa vie à la défense des minorités. Considéré comme un héros en Colombie, au Venezuela, au Pérou, et en Equateur il est, encore aujourd'hui, appelé « El Libertador » par la plupart des peuples du Nord de l'Amérique du Sud.

1828-1829

Les tensions dans la région entre le Pérou, la Grande-Colombie et l'Equateur mèneront à l'indépendance de l'Equateur qui promulguera bientôt sa première constitution de république indépendante.

Première constitution de l'Etat d'Equateur

23 SEPTEMBRE 1830

L'Equateur rompt avec la Grande-Colombie qui disparait en tant qu'Etat et se déclare libre et indépendant. La première constitution de l'Etat d'Equateur est écrite par un groupe de 21 représentants des différentes provinces du pays. Le général Juan José Flores est nommé premier président de l'Etat d'Equateur. Flores se voit contraint d'abandonner à la Colombie une grande portion de territoire (en 1822, l'Equateur couvrait une superficie de 700 000 km²).

Mort de Simón Bolívar

17 DÉCEMBRE 1830

Accusé de visées impérialistes, seul et désespéré, Bolívar meurt en décembre 1831, à Santa Marta, en Colombie. « El Libertador », Simón Bolívar est officiellement mort de la tuberculose, mais nombre d'experts pensent aujourd'hui qu'il mourut d'un lent empoisonnement à l'arsenic.

Les Galápagos

1832

Incorporation des îles Galápagos à la nouvelle république indépendante de l'Equateur qui en fait une prison et un lieu de travaux forcés.

Abolition de l'esclavage

1851

En 1851, le général José María Urbina prend le pouvoir et publie un décret pour libérer les esclaves. Un an plus tard, l'Assemblée constituante ratifie l'ordonnance.

Gabriel García Moreno

1859

C'est cette année-là que Moreno prend les pleins pouvoirs. Son « règne » durera jusqu'à son assassinat en 1875. Issu d'une famille aristocratique de propriétaires terriens, il a participé au mouvement révolutionnaire qui a abouti à la destitution du président Juan José Flores et au triomphe de l'administration Roca en 1846.

1893

Les Salésiens prennent en charge l'évangélisation des Shuar (Jivaros).

Révolution libérale

1895

La révolution libérale en Equateur fut un processus de transformation politique et économique au sein de la République d'Equateur qui opposa les libéraux et les conservateurs au pouvoir, jusqu'à mener à une guerre civile. Les libéraux en sortirent vainqueurs et Eloy Alfaro devint président de la République en janvier 1897.

Début de construction du chemin de fer.

1897

Cette année sera celle du commencement du chemin de fer avec la mise en place de la ligne Guayaquil-Quito.

JANVIER 1912

Assassinat de Eloy Alfaro.

Grève de Guayaquil

15 NOVEMBRE 1922

Répression sanglante de la grève générale de Guayaquil qui fera un millier de morts.

DÉCOUVRIR

GARCÍA MORENO
GRAND CONSERVATEUR ET RÉFORMATEUR

Né à Guayaquil en 1821 et décédé à Quito en 1875, García Moreno a été président de l'Equateur dans les périodes 1861-1865 et 1869-1875. Pendant son mandat, les grands travaux publics prospérèrent et l'éducation fut réformée, mais il imposa un régime autocratique, supprima la liberté de la presse et institua des tribunaux ecclésiastiques. Sa présidence est marquée par la proclamation d'une Constitution dont le conservatisme lui vaut le surnom de « lettre d'esclavage », et par la persécution virulente des libéraux ; il est assassiné lors d'une campagne déclenchée contre lui après sa réélection en 1875.

Une éducation conservatrice et catholique

Huitième fils du mariage formé par Mercedes Moreno, de Guayaquil, et Gabriel García Gómez, Espagnol, García Moreno a grandi dans une famille traditionnelle liée à la société locale la plus sélecte. Il reçut la première éducation dans sa maison, des mains d'un frère mercédaire nommé Betancourt.

À l'âge de 15 ans, en septembre 1836, sa famille décide de l'envoyer au Convictorio de San Fernando de Quito, qui vient d'être sécularisé par le président Vicente Rocafuerte et rebaptisé Collège national de l'Université. Il donne des cours de latin dans les classes inférieures, pour lesquelles il obtint une bourse d'Etat, une aide bien accueillie, car à cette époque sa situation économique était quelque peu précaire.

En 1838, son penchant religieux précoce se manifeste : lors du séjour à Quito de l'évêque de Guayaquil, il reçoit les ordres mineurs ; il portait la tonsure et le col d'un prêtre, bien qu'il ne portait pas de soutane. Cependant, cette même année, il abandonne sa vocation ecclésiastique naissante et se consacre entièrement à des études pour commencer, en 1840, une carrière de droit.

Un homme aux multiples talents

La pluralité des facettes qu'offre García Moreno tout au long de sa vie est déjà évidente dans ces années : docteur en droit depuis 1844, passionné de chimie et de mathématiques, écrivain prolifique, journaliste en herbe et homme politique dans l'opposition, il manifesterait alors aussi un enthousiasme pour l'alpinisme et volcanologie. Son intérêt et sa formation pour les sciences exactes s'approfondissent des années plus tard avec ses deux voyages en Europe, en 1846 et 1855, notamment au cours de ce dernier, alors qu'il réside environ un an et demi à Paris.

En 1845, une fois la Révolution « Marcista » contre le régime de Florès consolidée, la participation directe de García Moreno à la vie politique nationale commença. Sa première nomination fut celle de commissaire aux guerres dans la juridiction du Nord, puis comme échevin du Cabildo de Quito, en octobre 1846. En novembre 1847, le président Roca le nomma gouverneur de Guayaquil en raison du besoin d'un homme déterminé, et d'une autorité suffisante pour imposer l'ordre face aux attaques antifloréanistes croissantes. Entre 1849 et 1859, d'autre part, il se consacre à attaquer José María Urbina, qui contrôle directement ou indirectement la vie nationale au cours de ces années. Ce fut sa période d'exil et, avec eux, de consolidation de sa personnalité. En 1859, il dirige la réaction conservatrice qui renverse Francisco Robles et rejoint, avec Patricio Chiriboga et Jerónimo Carrión, le triumvirat qui occupe le pouvoir jusqu'en 1861, année où il est élu président par le Congrès.

Créateur des institutions

Gabriel García Moreno a exercé la présidence constitutionnelle du pays à deux reprises : la première entre 1861 et 1865, et la seconde entre 1869 et 1875. Au cours de son administration, il proposa, par la répression et la formation religieuse, de restaurer la morale chrétienne seul gage pour lui de l'unité de la République. Porte-drapeau d'un programme de modernisation, il approuve la loi organique de l'Instruction publique, promeut la fondation d'instituts d'enseignement et de l'Observatoire météorologique, crée l'Académie nationale scientifique et littéraire, réorganise l'université.

Il sera assassiné le 12 août 1875, au lendemain de l'élection présidentielle qui fera de lui le premier président élu après son décès !

9 JUILLET 1925

Révolution de juillet

La révolution de juillet a commencé lorsque la soi-disant Ligue militaire a renversé le président Gonzalo Córdova le 9 juillet 1925, le remplaçant par une junte gouvernementale composée de huit membres. Cette révolution, disent les historiens, fut d'une importance vitale pour l'Equateur. Le pouvoir resta au mains de la junte révolutionnaire jusqu'en 1931 quand le président Ayra dut démissionner face aux nombreuses manifestations populaires sur fond de crise économique mondiale.

DÉCEMBRE 1933

Première présidence de José María Velasco Ibarra.

5-30 JUILLET 1941

Guerre avec le Pérou

La guerre entre le Pérou et l'Equateur, également connue sous le nom de guerre de 41, a été l'un des nombreux conflits armés qui ont éclaté entre ces deux pays sud-américains en raison de leur différend territorial séculaire et en raison de l'absence de frontières reconnues et acceptées par les deux pays.

JANVIER 1942

L'Equateur réduit de moitié

Après la guerre, les deux pays signèrent le protocole de Rio de Janeiro, qui ôta à l'Equateur, au profit du Pérou, près de la moitié de son territoire, principalement en Amazonie et au sud de la Sierra.

11 JUILLET 1963

Putsch

Les militaires prennent le pouvoir et le garderont jusqu'en 1966. La junte au pouvoir développera une politique progressiste et sociale tout en se démarquant de Cuba par exemple dans sa politique internationale. Elle sera à l'origine de la première réforme agraire en 1964 éliminant de fait le Huasipungo, forme d'emploi des indigènes proche de l'esclavage qui avait cours dans les campagnes. Cette réforme prévoit également la récupération des terres de l'Eglise et de l'Etat, et la distribution de terres vierges d'Amazonie (appartenant en fait aux ethnies indigènes) aux colons venant de la Sierra. La junte mécontente les grands propriétaires fonciers ; le peuple est déçu ; le développement et le retour à la démocratie tardent à venir. Le 23 mars 1966, alors que le boom bananier touche à sa fin, la chambre de commerce de Guayaquil appelle à la grève générale. Elle est largement suivie. Le 29 mars, la junte renonce au pouvoir (17e Constitution).

1968

Velasco Ibarra est élu président pour la cinquième fois (1934-1935, 1944-1947, 1952-1956, 1960-1961 et 1968-1972). Au cours de ce dernier mandat, l'Equateur adhère au Pacte andin (avec le Venezuela, le Pérou, la Colombie et la Bolivie) dont l'objectif est l'indépendance économique et la protection des économies nationales de chacun des cinq pays (cet objectif, fortement compromis par l'insuffisance de leurs voies de communication, les guerres frontalières, et l'absence d'une infrastructure industrielle, a dernièrement changé de sens). Il s'agit d'attirer les capitaux étrangers et de s'ouvrir à la libéralisation des économies latino-américaines. Investi de pouvoirs dictatoriaux, Ibarra suspend la Constitution en 1970. En 1972, il sera déposé par les militaires et remplacé par le général Guillermo Rodríguez Lara.

26 MAI 1969

Pacte andin

Signature du Pacte andin, organisme d'intégration économique auquel adhère l'Equateur.

15 JUIN 1972

Le général Guillermo Rodríguez Lara compose un gouvernement nationaliste et révolutionnaire. Ce nouveau gouvernement militaire se propose de réagir contre la mainmise des grandes compagnies internationales sur les richesses pétrolières de l'Equateur. Cette mainmise s'était opérée depuis 1964, pratiquement sans aucune contrepartie pour le pays. Or un tiers du territoire, dont tout le golfe de Guayaquil, fait l'objet de concessions d'exploitation. Parmi les premières mesures visant à assurer à l'Etat le contrôle du pétrole figurent la restriction de l'étendue et de la durée des concessions aux compagnies étrangères.

1975

Putsch militaire

En 1975, un putsch militaire contraint Rodríguez Lara à remettre le pouvoir à un Conseil suprême de gouvernement représentant les trois armées. Le Conseil promet de remettre le pouvoir aux mains des civils au bout de deux ans. La fin de son règne sera marquée par l'abandon de la politique de réforme et par une violente répression des mouvements ouvriers (la grève des ouvriers de la raffinerie de sucre AZTRA s'achève, en octobre 1977, dans un bain de sang).

25 AVRIL 1979

Retour à la démocratie

Les élections de 1978 sont marquées par l'adoption de la dix-huitième Constitution et par l'accession au pouvoir de Jaime Roldós (qui sera le président le plus aimé des Equatoriens). Si Jaime Roldós n'est pas porté par des forces assez puissantes pour remettre en cause les structures socio-économiques du pays, il saura cependant mettre en œuvre une grande campagne d'alphabétisation ainsi que plusieurs grands travaux d'intérêt public. Mais c'est surtout sa politique étrangère qui en fait une figure de premier plan : une défense résolue des Droits de l'homme, des intérêts du tiers-monde en général et des pays andins en particulier.

Une telle politique ne va pas tout à fait dans le sens désiré par les Etats-Unis. Ronald Reagan, qui arrive au pouvoir en 1981, a bien l'intention de tenir l'Amérique latine. D'où une série de tentatives de déstabilisation du président Roldós, menées par les Services secrets américains, et l'implantation, par ces mêmes services, d'antennes d'espionnage, entre autres l'Institut linguistique d'été, censé diffuser des traductions de la Bible dans les diverses langues des Indiens de la forêt.

22 MAI 1981

Accident d'avion

Le 24 mai 1981, deux jours après avoir signé le décret d'expulsion de l'institut linguistique d'été, le président Roldós, son épouse et plusieurs membres du gouvernement trouvent la mort dans un accident d'avion. Quelques semaines plus tard, c'est dans un autre accident d'avion que disparaît un autre opposant à la politique des Etats-Unis, le général panaméen Omar Torrijos. Depuis la mort de Jaime Roldós, les principes du néo-libéralisme sont appliqués en Equateur. Comme dans toute l'Amérique latine, la politique économique imposée par le Fonds monétaire international s'accompagne de l'augmentation du chômage, et d'une pauvreté accrue. Le secteur public est privatisé, l'exploitation des richesses nationales est ouverte aux compagnies étrangères. Et, comme dans les autres pays du Pacte andin, l'argent de la cocaïne aide à soutenir une économie chancelante.

JUIN 1990

Les indigènes se rebellent

Premier grand soulèvement des indigènes. Dans la mémoire collective de l'Equateur, à partir des années 90, la structure organisationnelle du mouvement indigène est devenue une référence pour les mouvements, les organisations et les collectifs sociaux.

MAI 1992
Reconnaissance des terres indigènes
11 000 km² reconnus propriétés de trois groupes d'indigènes d'Amazonie.

10 AOÛT 1992
Election du président Sixto Durán Ballén.

7 JUILLET 1996
Election du président de la République Abdalá Bucaram Ortíz (Parti Roldosiste équatorien).

30 OCTOBRE 1996
Accord avec le Chili
Signature à Santiago du Chili d'un nouvel accord de paix entre le Pérou et l'Equateur, censé mettre fin au conflit frontalier qui oppose ces deux pays depuis 1942.

FÉVRIER 1997
Destitution de Bucaram
Après son élection en 1996, Abdala Bucaram Ortíz va précipiter le pays dans une nouvelle crise politique. Son comportement plus que déroutant, ses programmes d'austérité qui entraînent une reprise de l'inflation et ses déclarations intempestives amènent le Parlement à le destituer pour « incapacité mentale et physique » en février 1997, à la suite d'une grève générale.

1998
Crise pétrolière
En juillet 1998, Jamil Mahuad, chrétien démocrate, ancien maire de Quito, est élu. La crise économique et financière liée à l'effondrement de l'économie asiatique l'amène à déclarer l'état d'urgence à plusieurs reprises.

2000
Dollarisation
Dollarisation de l'économie et de la monnaie équatorienne par le président Jamil Mahuad, immédiatement renversé par une junte militaire (menée par le Colonel Lucio Gutiérrez) soutenant la révolte du peuple. Le général Mesa, à la tête d'une autre junte, évince alors Gutiérrez. Le président Gustavo Noboa du même parti que Mahuad prend la tête de l'Equateur.

2002
Lucio Gutiérrez est élu président de la République, grâce à l'appui du parti indigène MUPP-NP.

2005
Le président Gutiérrez, en perte de crédibilité, dissout la Cour suprême de justice en la recomposant pour permettre le retour d'anciens présidents condamnés pour corruption : Bucaram, Noboa et Dahik. Malgré l'appui des Etats-Unis, Gutiérrez est renversé par le peuple équatorien rassemblé en masse à Quito. Le 21 avril, Alfredo Palacio est nommé président par intérim de la République d'Equateur, jusqu'à la fin du mandat de Lucio Gutiérrez. De nouvelles élections présidentielles sont programmées pour 2006.

2006
Révolution citoyenne
Rafael Correa est élu président le 26 novembre sur un programme prônant une révolution citoyenne au travers de réformes radicales notamment en faveur des plus pauvres, la renégociation de la dette du pays, la remise à plat des accords pétroliers, la non-reconduction de l'accord avec les Etats-Unis sur la base de Manta, et la fin d'un pouvoir aux mains d'élites politiques corrompues.

2007

Rafaël Correa arrive au pouvoir

Rafael Correa est investi président le 14 janvier à Zumbahua, village des Andes, devant 20 000 Indiens et en présence du Vénézuélien Hugo Chávez et du Bolivien Evo Morales. Correa est le premier président élu avec un réel programme de gauche, assimilé par ses opposants à Hugo Chavez. C'est un économiste ayant fait ses études en Belgique et il est plébiscité par les classes populaires du pays. En mars 2007, il y aura déjà des manifestations dans le pays, alors que 57 parlementaires refusant l'idée d'une Assemblée constituante s'opposent à Rafael Correa et au Tribunal suprême. La même année, le président propose à la communauté internationale de financer la non-exploitation du pétrole situé dans le parc de Yasuni, sous la forêt Amazonienne. Plus riche réservoir en biodiversité du pays. Le financement n'arrivera jamais...

29 SEPTEMBRE 2008

Adoption par référendum, avec près de 70 % de « oui », de la nouvelle Constitution posant les bases du « socialisme du XXIe siècle ».

26 AVRIL 2009

Deuxième mandat

Rafael Correa est réélu président de la République de l'Equateur avec près de 52 % des voix.

30 SEPTEMBRE 2010

Tentative de putsch policier

Une crise politique entraîne une mutinerie de la police. Le président Rafael Correa est mis en danger, mais les militaires rétablissent la situation.

7 MAI 2011

Dans le cadre d'une politique de réformes, le gouvernement a organisé un référendum constitutionnel, une consultation populaire permettant à la population de donner son avis sur 10 questions relevant des domaines suivants : système judiciaire, sécurité, environnement, système bancaire et moyens de communication (entre autres).

JUIN 2012

Julian Assange

Rafael Correa accorde l'asile politique à Julian Assange, le fondateur australien de Wikileaks, poursuivi pour viol et espionnage. Réfugié dans l'ambassade de l'Equateur à Londres, il ne peut rejoindre l'Amérique latine au risque d'être arrêté par les autorités britanniques. Le geste du président équatorien a été jugé « anti-impérialiste » par de nombreux pays.

17 FÉVRIER 2013

Troisième mandat

Rafael Correa est réélu avec 56,7 % des suffrages, contre 23,3 % des voix pour son principal rival Guillermo Lasso, un ancien banquier et membre de l'Opus Dei. Le président renonce au projet de protection du Yasuni en Amazonie faute de soutien international.

NOVEMBRE 2014

La Cour constitutionnelle rend possible le changement de la constitution permettant le renouvellement de tous les mandats à l'infini, y compris celui du Chef de l'Etat.

JUILLET 2015

Visite du pape François en Amérique du Sud et donc en Equateur (à Guayaquil puis Quito).

JUILLET 2015

Manifestations dans tout le pays des opposants au gouvernement Correa. La foule souhaite voir le président s'en aller l'accusant de corruption. Ce dernier dénonce quant à lui une conspiration de l'opposition de droite.

La terre tremble

16 AVRIL 2016

Un séisme d'une magnitude de 7,8 se fait ressentir dans la ville de Muisne, proche d'Esmeralda, sur la côte pacifique. Le bilan est lourd : 668 morts, 8 disparus, 6 274 blessés et 29 067 sans-abri. En juillet, deux nouvelles secousses d'une magnitude de 6,2 et 5,9 frapperont la région, fragilisant toujours plus les édifices.

Changement de président

AVRIL 2017

Lenín Moreno, 64 ans, candidat du parti de gauche Alianza País, s'impose d'une courte tête au second tour de la présidentielle équatorienne. Il succède au président Correa dont il fut longtemps le Premier ministre, mais dont il se détache très rapidement après son élection.

Sortie de l'UNASUR

13 MARS 2019

Lenín Moreno annonce le retrait de l'Equateur de l'Union des nations sud-américaines (UNASUR). Divers pays contestent en effet l'efficacité de cet organisme et l'accusent de promouvoir une idéologie, ce qui n'est pas son rôle initial. Avec le départ de l'Equateur, l'UNASUR devient une coquille presque vide puisque des 12 pays qui la constituaient initialement, n'en restent que 5 (Venezuela, Bolivie, Guyana, Suriname et Uruguay). Il est à noter que le siège de l'UNASUR était à Quito et que ses locaux immenses sont aujourd'hui à l'abandon, dans l'attente d'un projet concret de réutilisation. Les pays conservateurs d'Amérique latine ont initié une nouvelle union excluant en particulier le Venezuela, elle se nomme PROSUR, espérons qu'elle saura fédérer ces 12 pays qui n'ont jamais réussi à faire bloc au niveau international jusqu'à aujourd'hui.

Pandémie

2020-2021

Comme dans la plupart des pays du monde, la pandémie de Covid-19 prend le dessus de toutes les préoccupations. La ville de Guayaquil est particulièrement touchée au début de la crise.

Changement de cap politique

11 AVRIL 2021

Guillermo Lasso, ancien président de l'association des banques privées d'Equateur, réussi à son troisième essai à prendre le pouvoir. Il se qualifie de justesse pour le second tour en devançant le candidat indigène, Andrès Arauz, de seulement 0,4 % des votes (19,74 % contre 19,39 %), mais loin derrière le candidat de Correa qui obtient 32,72 % au premier tour. Le candidat centriste et une grande partie des indigènes décident de barrer la route aux soutiens de Correa et Guillermo Lasso est élu avec 52,4 % des voix, mais ne bénéficie pas de la majorité absolue à l'Assemblée nationale, il devra faire des alliances pour gouverner.

Muerte cruzada, une option rarissime

MAI 2023

Le Président Guillermo Lasso, au cœur d'une tempête politique, décide d'appliquer ce qu'on appelle ici « la muerte cruzada », c'est-à-dire la dissolution de l'Assemblée jumelée à la démission du président. Il décide même de ne pas se représenter aux nouvelles élections. De nouvelles élections doivent donc avoir lieu en août et octobre 2023 afin d'élire un président qui restera en exercice jusqu'à la fin du mandat initial, soit en mai 2025.

Un nouveau Président pour 18 mois

OCT-OBRE 2023

Après une campagne électorale violente et parsemée de meurtres, dont celui d'un des candidats, Fernando Villavicencio, les élections présidentielles se soldent par l'élection de Daniel Roy Gilchrist Noboa Azín, né à Miami et héritier d'une des familles les plus riches d'Equateur, spécialisée dans l'exportation de bananes au départ de Guayaquil et sa région.

TOP 10

PERSONNAGES HISTORIQUES

Des Incas aux Espagnols, divers personnages ont compté plus particulièrement dans l'histoire de l'Equateur, en bien ou en mal suivant les points de vue et leurs actes. Quoi qu'il en soit, leur impact pour le pays, voire le monde, fut incontestable. Découvrez-les ici.

BENJAMÍN CARRIÓN

Originaire de Loja, il fut avocat, ministre de l'Education, professeur à l'Université Centrale.

ATAHUALPA

Né vers 1500 et mort le 29 août 1533, ce fut le dernier empereur de l'Empire inca indépendant.

© ZU_09 - ISTOCKPHOTO.COM

SIMÓN BOLÍVAR

Appelé El Libertador dans toute l'Amérique latine, il est le père de l'indépendance de l'Equateur.

© SOURABHJ - ISTOCKPHOTO.COM

PEDRO VICENTE MALDONADO

Né en 1704, il est considéré comme étant le scientifique et géographe le plus important d'Amérique latine.

© PODOLNAYA ELENA - SHUTTERSTOCK.COM

FRANCISCO DE ORELLANA

Premier Européen à découvrir l'Amazone en 1542 à l'occasion d'une expédition à la recherche d'or.

© GERMAN VIZULIS - SHUTTERSTOCK.COM

GABRIEL GARCÍA MORENO

Homme d'Etat catholique, il est le président des réformes et de la mise en place des institutions.

© JOHAN10 - ISTOCKPHOTO.COM

NINA PACARI

Avocate de formation, elle est la première femme indigène à s'imposer dans la politique du pays.

RAFAEL CORREA

Président de gauche de l'Equateur de 2007 à 2017, il est en exil politique en Belgique aujourd'hui.

EUGENIO DE SANTA CRUZ Y ESPEJO

Grand journaliste à l'origine du premier journal du pays en 1792 (*Primicias de la cultura de Quito*).

© PRACHAYA ROEKDEETHAWEESAB - SHUTTERSTOCK.COM

ELOY ALFARO

Ce militaire et guérillero équatorien fut deux fois président du pays à la suite de coups d'Etat !

© STOCKCAM - ISTOCKPHOTO.COM

ENJEUX ACTUELS

Une nouvelle page de l'histoire de l'Equateur s'est tournée en octobre 2023 alors qu'après avoir dissous l'Assemblée nationale et démissionné de son poste de Président, Guillermo Lasso ne s'est pas représenté et a été remplacé par Daniel Noboa, un des hommes les plus riches du pays, à la présidence de la république. Générer l'unité nationale dans un pays divisé, accélérer le processus d'éradication des narcotrafiquants et relancer l'économie sont les défis les plus immédiats auxquels le responsable de droite doit faire face. A plus long terme, les défis écologiques, migratoires et de santé publique seront au cœur des préoccupations du nouveau gouvernement qui devra compter avec une assemblée assez éclectique, ce qui ne facilitera pas son travail. En effet, suite aux élections législatives d'octobre 2023, Daniel Noboa qui n'est là qu'en transition, fait face à une chambre divisée dans laquelle son parti est sous-représenté.

Santé publique

Grâce à la grande prudence des Equatoriens et à leur respect des règles sanitaires, le pays fut l'un des premiers à rouvrir ses portes au tourisme en 2021 et est aujourd'hui pratiquement sorti de cet épisode compliqué. La restructuration du système de santé est en cours, elle prendra du temps d'autant plus que la démission de Guillermo Lasso en mai 2023 a mis le pays quasiment à l'arrêt d'un point de vue législatif. Le service public hospitalier manque cruellement de moyens et les cliniques privées sont inaccessibles au peuple dans sa grande majorité. Mais l'incertitude politique n'est évidemment pas favorable à une politique sanitaire de long terme, d'autant plus que le mandat actuel ne durera que 10 mois.

Economie

L'économie est sans aucun doute un autre des grands défis que Daniel Noboa et son prochain successeur aient devant eux, étant donné la gigantesque dette nationale de l'Equateur et son manque de liquidités. La situation économique difficile dont Moreno a dit avoir hérité en 2017 s'est aggravée depuis 2019 en raison du manque de liquidités, et s'est effondrée en 2020 avec une baisse de 7,8 % du PIB en raison de la pandémie, ce qui a entraîné des pertes d'emplois et un accroissement de la pauvreté. La reprise pointe cependant son nez depuis même si elle est inégale, laissant de côté, comme souvent les habitants les plus touchés par la crise, particulièrement les indigènes de la Sierra et d'Amazonie. Cela représente un risque important pour le gouvernement car en Equateur, les indigènes sont toujours prêts à paralyser le pays s'ils sentent qu'ils sont laissés pour compte, comme ce fut souvent le cas par le passé. Le pétrole restant aujourd'hui la première ressource du pays, la transition énergétique sera également un chantier important et le développement des autres sources de revenus pour le pays essentiel. Heureusement, le pays est un grand exportateur de fruits et de crevettes, secteurs d'avenir et en pleine croissance.

La migration et sa multi-dimensionnalité

Le contexte économique relativement favorable contribue, malgré l'insécurité croissante, à inverser le flux migratoire : de nombreux émigrants reviennent dans leur pays. Les présidents successifs depuis Rafaël Correa jusqu'à Guillermo Lasso, ont incité leurs ressortissants à rentrer au pays (la plupart d'entre eux sont en Espagne) et ainsi à contribuer à l'essor du pays. On estime qu'environ 70 % des 400 000 Equatoriens qui se trouvaient en Espagne avant 2018, exprimaient le désir de rentrer ; la crise économique en Europe y étant pour beaucoup. Les différents gouvernements récents ont cherché à faire venir des profils qualifiés, notamment ingénieurs et scientifiques, dans le but de développer la recherche. Mais en parallèle, la migration de plus de six millions de Vénézuéliens vers la sous-région andine à cause de la crise économique sévère qui sévit dans ce pays voisin, met toute la région en difficulté. C'est la plus grande crise humanitaire que l'Amérique latine ait connue. Ces millions d'êtres humains qui parcourent les routes recherchent des jours meilleurs pour eux-mêmes et leurs enfants mais ne facilitent pas la tâche des gouvernements locaux qui peinent déjà à juguler le chômage pour leurs citoyens. Les tensions entre les Equatoriens et les migrants du Venezuela sont souvent palpables même si de nombreux Vénézuéliens s'intègrent rapidement dans la société équatorienne comme l'avaient fait des milliers d'Equatoriens par le passé, au Venezuela.

© PHENSRI NGAMSOMMITR - SHUTTERSTOCK.COM

L'Équateur grand exportateur de crevettes.

Extractions illégales

L'Equateur disposant de gigantesques ressources naturelles (or, argent, plomb, zinc, cuivre et pierres précieuses, sans compter le pétrole), l'appétit des prospecteurs est grand et les mines illégales foisonnent. Malheureusement, l'exploitation minière comme la recherche d'or dans les *ríos* a des conséquences catastrophiques sur le milieu. Le nouveau gouvernement a précisé dès sa mise en place que ce thème serait prioritaire pour lui. En parallèle, l'extraction pétrolière officielle est un véritable enjeu économique et social. En effet, les gisements les plus importants de pétrole en Equateur sont situés dans les zones du pays où la nature est la plus fragile, comme le Parque nacional Yasuni. Des centaines de rivières sont aujourd'hui gravement polluées et le taux de déforestation n'a cessé de croître jusqu'aux dernières élections. Heureusement, le peuple équatorien s'est exprimé par référendum en août 2023 contre l'exploitation des sous-sols du Yasuni qui semble enfin protégé de cette gangrène. Espérons que cela dure.

La transition écologique

En juin 2021, Guillermo Lasso, a donné le signal de départ de la course à la transition écologique en lui attribuant une partie d'un ministère. Le ministère de l'Environnement et de l'eau est en effet devenu également celui de la transition écologique, thème essentiel pour la préservation de la planète. Bien que subtil, ce changement montre l'intérêt porté par les nouvelles institutions à ce thème. La volonté politique en ce sens n'est pas une nouveauté, la constitution de 2008 intégrait en effet déjà le concept de *Sumak Kawsay*, le bien vivre, qui sous-entend la protection de la terre mère, mais dans les faits l'évolution est trop lente. Une étude de l'INEC de 2018, montre en effet que seulement 1/4 des entreprises équatoriennes fonctionnent avec une autorisation environnementale et à peine 0,7 % des employés des entreprises étudiées se consacrent à des tâches impliquant la protection de l'environnement. Après les textes, l'état doit maintenant inciter la sphère privée et forcer la sphère publique à entrer dans l'action. Le nouveau président, Daniel Noboa s'y est engagé depuis son élection en octobre 2023 mais il n'aura que 18 mois à peine pour mettre en place des structures qui risquent d'être à nouveau chamboulées en 2025, après les prochaines élections.

En ce qui concerne la protection de la nature, essentielle dans tout processus de transition écologique intelligent, l'Equateur, qui jouit d'une biodiversité exceptionnelle, et malgré l'intégration à sa constitution du concept d'intérêt public de la protection de la nature et de la biodiversité, est régulièrement sanctionné ou montré du doigt par les institutions internationales compétentes. Les peines prévues par la loi en termes de sanctions sont probablement trop faibles pour avoir du poids sur les trafiquants d'animaux par exemple, encore nombreux dans le pays comme le démontrent les saisies régulières faites aux frontières.

ARCHITECTURE

Plus discret et modeste que celui de ses voisins, le patrimoine architectural de l'Equateur recèle pourtant bien des trésors. A vous la découverte de l'architecture rituelle des civilisations précolombiennes. A vous le charme des villes coloniales aux grandes places bordées de somptueuses maisons et édifices religieux mêlant influences européennes et indiennes. Vous découvrirez aussi avec étonnement un mélange inédit de lignes néoclassiques et de réalisations modernistes. Aujourd'hui, et contre toute attente, l'Equateur est devenu le nouvel eldorado des *starchitects* qui y rivalisent d'audace. En parallèle, les créateurs locaux s'inspirent des richesses vernaculaires pour imaginer une architecture durable capable de résister aux assauts incessants de la terre. Un défi de taille pour le plus petit des pays andins !

Trésors précolombiens

l'Equateur abrite des vestiges étonnants des premières civilisations sud-américaines. Il y a 5 500 ans, les Mayo-Chinchipe-Maranon ont développé, au cœur de l'Amazonie, un art de la pierre très raffiné. L'un des sites phares de cette culture est celui de Santa-Ana-La-Florida. On peut y observer les vestiges d'une grande place circulaire, ainsi que des cheminées à vocation cérémonielle, le tout témoignant d'une organisation de l'espace pensée en adéquation avec les rites sacrés. Un élément que l'on retrouve chez le peuple Yumbo, célèbre pour ses vastes piscines purificatrices, dont la plus célèbre se trouve à Tulipe. Mais les vestiges que l'on retrouve en plus grand nombre en Equateur sont les tertres. Ces monticules de terre artificiels peuvent être ronds, carrés ou en forme de pyramide tronquée souvent flanquée d'une rampe d'accès menant à une plateforme supérieure. Selon leur taille, ils peuvent servir de tumuli surplombant une sépulture ou de centres cérémoniels. La Vallée d'Upano est riche de nombreux tertres attribués à la culture Huapula. On y découvre également des trous de poteaux, fosses et foyers laissant deviner un habitat individuel. Les tertres sont également indissociables de la culture Mantena dont on trouve de nombreux témoins sur la côte de Manabi et dans le Parc national Machalilla. Le site de Japoto est un des plus célèbres avec des tertres pouvant atteindre 80 m de long, 20 m de large et parfois plus de 3 m de haut. Ces monticules étaient construits par apports successifs en strates horizontales offrant une meilleure résistance à l'érosion. Parmi les autres grands sites archéologiques du pays, ne manquez pas les pyramides tronquées de Cochasqui. Au nombre de 15, elles formeraient, selon les archéologues, un grand calendrier solaire. La civilisation Otavalo est aussi célèbre pour ses tertres et pyramides, telle celle de Zuleta aux dimensions impressionnantes : sa base fait 84 m de côté, les côtés de sa plateforme mesurent 60 m et sa rampe d'accès s'allonge sur 180 m ! A cette architecture religieuse s'ajoute une architecture militaire symbolisée par les forteresses, telle celle de Rumicucho. Ces structures défensives furent en grande partie réutilisées par les Incas. On les repère aux anneaux concentriques composés de fossés et murs en pierre ceinturant les sommets de nombreuses collines. Originellement bâti par le peuple Canari, le célèbre site d'**Ingapirca** ★ (p.258) a été remanié par les Incas. Disposés autour d'une vaste plateforme centrale baptisée Temple du Soleil, les différents vestiges sont typiques de l'architecture inca : leurs portes aux formes trapézoïdales et leurs pierres parfaitement taillées et agencées dans des structures sans mortier ont été pensées pour mieux résister aux séismes. Autre grand témoin de la puissance inca : le Qhapaq Ñan, le célèbre réseau de routes andin. Le long de la route entre Achupallas et Ingapirca, vous pourrez découvrir des forteresses, telle celle de Qallana Pucara, et des *tambos* ou auberges, telles celles de Cuchishiana et de Paredones de Culebrillas. S'y ajoutent ponts, escaliers et systèmes d'évacuation des eaux, témoins de la puissance des bâtisseurs incas, capables de maîtriser un terrain hostile à l'aide de simples outils de pierre et de bois !

Héritage colonial

Comme dans l'ensemble de l'Amérique latine, les colons espagnols ont importé en Equateur leurs règles strictes d'urbanisme, organisant leurs villes selon un plan en damier, dont l'espace principal est la grande place centrale, appelée *Plaza de Armas* ou *Plaza Mayor*, réunissant tous les pouvoirs (cathédrale, palais de justice, hôtel de ville). Les rues pavées desservent de nombreux parcs et espaces publics. Les maisons coloniales bordant ces rues se reconnaissent à leurs silhouettes simples, mais élégantes faites de blocs d'adobe chaulés de blanc ou de couleurs pastel et s'élevant sur un ou deux étages, à leurs façades ornées de balcons en bois sculpté, à leurs portes et fenêtres décorées de moulures raffinées et à leurs toits de tuiles.

L'intérieur s'organise autour d'un ou plusieurs patios. Les galeries donnant sur les patios et desservant les différentes pièces de la maison sont agrémentées de somptueuses balustrades et colonnades en bois sculpté. Si les centres historiques de Cuenca et Quito possèdent les plus beaux témoins de cet urbanisme colonial, ne manquez pas non plus les belles maisons de Riobamba et d'Ibarra, surnommée la ville blanche, et bien sûr les belles arcades et colonnades des rues de Guayaquil.

En parallèle de cette architecture civile, les colons espagnols ont développé une riche architecture religieuse. **La Cathédrale Immaculada** (p.242) à Cuenca, avec ses deux imposantes tours jumelles et sa silhouette austère, n'est pas sans rappeler les églises-forteresses des premiers missionnaires. Mais progressivement, cette austérité a fait place à l'exubérance baroque, comme en témoignent les somptueux édifices religieux de Quito, dont l'église de la Compagnie de Jésus, avec ses plafonds verts et dorés, ses murs rouge sang, ses colonnes torsadées et ses décors couverts de dorures. Mais regardez bien en détail ce décor… vous y découvrirez des visages indigènes, ainsi que des références à l'astronomie et aux rites indiens. Ce métissage des cultures est l'apanage de la célèbre Ecole de Quito, mêlant le baroque européen au savoir-faire indien, notamment en matière de peinture, sculpture et travail de l'or. Ce métissage est pour les colons la clé d'une évangélisation réussie. Rien d'étonnant donc à ce que beaucoup d'églises aient été bâties sur des sites précolombiens.

La maîtrise du territoire s'est, elle, accompagnée de l'apparition des haciendas, grandes fermes-villas. L'édifice principal est la maison de maître, qui suit le plus souvent un plan en quadrilatère avec ses ailes encadrant un vaste patio, pavé ou arboré. D'élégants escaliers mènent aux arcades et galeries desservant les différentes pièces de la maison, qui fait l'objet de toutes les attentions décoratives avec ses piliers et colonnes stylisés, ses balustrades et balcons sculptés et ses décors et moulures en stucs. Le toit de tuiles à double versant possède des avancées permettant de protéger les façades du soleil et de la pluie. En plus de la maison de maître, l'hacienda se compose d'habitations de service, d'espaces de stockage et d'une chapelle organisés autour de cours, jardins et puits. L'ensemble de la propriété est protégé par un mur d'enceinte. Bois, torchis, pisé et surtout adobe en sont les matériaux privilégiés. Parmi les plus belles haciendas du pays, ne manquez pas celles de Tilipulito, de la Herreria, de la Merced ou bien encore les **Haciendas Zuleta** (p.193) et Ibarra.

De la République au modernisme

Au XIXe siècle, l'Équateur se lance dans la construction du Trans-Andin, « le train le plus difficile du monde », ses nombreux tunnels et ponts de métal et d'acier devant s'adapter à la topographie accidentée. De nombreuses villes se sont créées le long du chemin de fer, à l'image d'**Alausi** ★ (p.239), célèbre pour sa superbe gare et pour ses maisons en bois avec porches extérieurs apportant une atmosphère côtière au cœur des montagnes et témoignant ainsi des échanges entre régions permis par le train ! C'est également à cette époque que la ville minière de **Zaruma** ★ (p.335) connaît un nouvel essor. La ville développe alors une architecture parfaitement adaptée à l'environnement. Plantes et jardins rafraîchissent les maisons, tandis que les structures en bois, torchis et terre sèche apportent une meilleure résistance au climat et surtout aux séismes, tout en permettant un somptueux travail de décor en façade.

La fin du XIXe siècle est, elle, marquée par un style néoclassique très européen. A Cuenca,

Le temple du Soleil sur le site d'Ingapirca.

© MINDSTORM - SHUTTERSTOCK.COM

L'école Beligno Malo.

la Maison Coco, datant de 1890, est un parfait exemple de ce style baptisé « style République » avec ses frises, colonnes et cadres en plâtre, ainsi que ses décors en feuille d'étain importées de France. Ce style s'est poursuivi jusque dans les années 20-30, comme en témoignent d'autres édifices de Cuenca telles : l'École Benigno Malo, imaginée comme une réplique de l'Université de Lyon ; la Cour de Justice ; ou bien encore la Clinique Bolivar. Balcons en fer forgé, colonnes corinthiennes, motifs floraux, tourelles et arcatures stylisées caractérisent ce style. Si le béton fait son apparition dès les années 20-30, le modernisme, lui, peine à s'imposer, du fait notamment d'une loi obligeant toute construction moderne à faire référence au passé ! Il faut attendre les années 50-60, pour voir apparaître les premières réalisations véritablement modernistes, tels **l'Hôtel Quito** (p.144) ou le ministère des Affaires étrangères. Dans les années 70, l'architecte Milton Barragán Dumet va poursuivre ce travail du béton dans des édifices prônant un brutalisme détonant comme le Temple de la Douleur de Quito avec ses volumes saillants, ou bien encore le Centre International des Etudes Supérieures de Communication pour l'Amérique latine, qui reprend la forme d'un arbre. A l'opposé de ce style international, d'autres architectes vont proposer une architecture multipliant les références aux cultures et traditions locales. Les grands représentants de ce mouvement sont Eduardo Kingman et Oswaldo Guayasamin. Ce dernier a notamment dessiné les plans de la Chapelle de l'Homme, d'inspiration cubiste, qui accueille aujourd'hui un musée consacré à son œuvre.

Effervescence contemporaine

Dans les années 90, la ville de Guayaquil lance **MALECON 2000** (p.316), grand projet de régénération urbaine accompagnant la réhabilitation du malecón Simón Bolívar, longue promenade créée au XIXe siècle. Le nouveau parcours se divise en trois grandes zones (commerciale, résidentielle, culturelle) ponctuées de places, parcs, kiosques et jardins. Le projet s'accompagne également d'une revitalisation du centre historique de la ville. Les rues sont repavées, les belles façades coloniales et néoclassiques repeintes et places et parcs sont redessinés, telle la Plaza Baquerio Moreno et son bâtiment central aux allures de cube métallique flottant.

Mais en matière d'architecture contemporaine, c'est aujourd'hui vers Quito que tous les regards se tournent. Le siège social de l'Union des Nations Unies d'Amérique, dessiné par Diego Guayasamin, est un vaste bâtiment aux volumes imposants composés de panels en aluminium blanc et de vitres teintées noires, avec une structure en porte-à-faux longue de plus de 50 m s'avançant sur une grande esplanade ornée de miroirs d'eau. Souvent critiqué pour son monumentalisme quelque peu ostentatoire, cet édifice marque pourtant le début de la transformation de Quito, accélérée depuis 2013, avec la transformation de l'ancien aéroport Mariscal Sucre en un vaste espace vert, le Parc La Carolina. Le déplacement de l'aéroport en périphérie entraîne de fait l'abrogation de la loi imposant une hauteur maximale de 4 étages aux bâtiments. Les projets de tours les plus fous peuvent désormais voir le jour ! La tour Yoo Quito ne passe pas inaperçue avec ses 22 étages couronnés d'un immense nuage d'aluminium imaginé par Philippe Starck. Bjarke Ingels, lui, a dessiné deux tours étonnantes le long de la future ligne de métro: l'Epiq Tower (24 étages) aux teintes rosées rappelant la terra-cotta locale, et l'Icon Tower (33 étages) à l'étonnante silhouette de cubes empilés. Toutes deux possèdent des toits-terrasses végétalisés offrant une prolongation verticale du parc La Carolina.

© ALAN FALCONY - SHUTTERSTOCK.COM

Malecón Simón Bolívar à Guayaquil.

Autres grands projets à venir : la Corner Tower de Moshe Safdie avec ses 24 étages, ses terrasses à double niveau et son mur végétalisé ; ou bien encore l'Unique Tower de Carlos Zapata à la silhouette de verre de 23 étages. Mais le projet le plus fou conçu à Quito est sans aucun doute le complexe résidentiel Aquarela, imaginé par Jean Nouvel dans le quartier de Cumbaya. Ce complexe aux allures de jungle urbaine offre un étonnant dialogue entre la minéralité des façades, le bois des volets à lamelles et la verdure omniprésente. Un projet qui devrait être totalement achevé d'ici le deuxième semestre 2024. En parallèle, Quito réhabilite son patrimoine historique avec d'élégants projets faisant dialoguer tradition et modernité. Le Republica Rosa Boutique Hotel avec son superbe patio, et le Centre Culturel abritant la maison rénovée du célèbre écrivain Benjamin Carrion tout en transparence et en lumière, en sont les deux plus beaux exemples.

Richesses vernaculaires et durables

Dans les régions côtières, palmiers, mangroves, bambous et chaumes sont mis à l'honneur… bambou, palmier et chaume que l'on retrouve dans l'Oriente amazonien. Dans la Sierra, eucalyptus, tiges d'agave, terre, herbe des pampas et chaume sont utilisés en abondance. Dans les zones humides, les habitations sont construites sur pilotis, mais de façon générale, quelle que soit la zone, les maisons sont le plus souvent surélevées à des fins d'aération et d'isolation. La grande conférence HABITAT III organisée par l'ONU à Quito après le séisme dévastateur de 2016 a mis en lumière le fait que les seules constructions à avoir su résister aux secousses étaient les structures en bambou, prônant dès lors la nécessité d'un retour immédiat aux traditions vernaculaires. Matériaux locaux, surélévation des structures, relation accentuée entre intérieur et extérieur dans un respect permanent de la nature caractérisent les créations des architectes équatoriens aujourd'hui. L'Agence Natura Futura, notamment, multiplie les projets avec sa Tea Room sur pilotis à Babahoyo, sa cabane sur pilotis mêlant briques de terre cuite et bois à Villamil et surtout son somptueux refuge pour randonneurs entre Guarando et Babahoyo tout en bois mais entièrement recouvert de miroirs pour se fondre dans le paysage.

A Guayaquil, un très beau projet est en cours : celui du Faro Verde, tour en bambou de 6 étages pensée comme un grand espace communautaire. Le centre culturel de Chamanga, lui, mêle retour aux sources et ingéniosité durable comme le prouve son toit en feuilles Tetrapak recyclées. Le recyclage est à la base de la maison Dark Matter imaginée par le jeune collectif Al Borde. Désireux d'offrir à chacun la possibilité d'habiter dignement, ces architectes ont imaginé une maison en matériaux recyclés basée sur les principes simples de l'auto-construction. Adaptabilité et modularité qui sont aussi à la base de la Paper Log House imaginée par le célèbre architecte japonais Shigeru Ban pour venir en aide aux victimes du séisme de 2016. Fondations en casiers à bière en plastique remplis de sacs de sable, murs en tubes de carton imperméabilisés, ignifugés et reliés par des tiges métalliques et couverture de toile sont les grands principes de cet ingénieux habitat. L'Equateur prouve ainsi plus que jamais que c'est à l'architecture de s'adapter à la nature, et non l'inverse !

BEAUX-ARTS

Le patrimoine culturel de l'Equateur est un concentré d'histoire latino-américaine. Pour preuve, l'offre muséale de ce pays à taille humaine n'a rien à envier à ses voisins. La civilisation des Incas reste profondément ancrée dans la culture équatorienne. A cela s'ajoutent des influences précolombiennes, créoles puis coloniales. Un art religieux original, implanté dans les paysages andins. La condition des populations indigènes apparaît comme un fil conducteur, une préoccupation majeure transmise de génération en génération. De ce brassage d'influences, émergent des personnages passionnants. Les musées individuels invitent à plonger dans leur univers, comme la **Casa Museo Guayasamín** (p.136). Une scène contemporaine talentueuse vous attend dans les galeries et les centres d'art florissant à Quito, Cuenca ou Guayaquil. Le **Centro Cultural Metropolitano** (p.129) de Quito se démarque par sa programmation. De belles découvertes en perspective !

De Valdivia au patrimoine inca

Les origines de la culture équatorienne remontent au quatrième millénaire avant notre ère. La civilisation de Valdivia (3500-1800 av. J.-C.) compte parmi les plus anciens peuples sédentaires de l'histoire des Amériques. Elle se distingue par la fabrication précoce de figures féminines en terre. Etablis dans les provinces du Guayas et de Santa Elena, les Valdiviens ont développé une céramique remarquable à dominante de rouge et de gris. Chaque figure féminine étant unique, ces « Vénus » représenteraient des membres de la communauté. Malgré de précieux sites archéologiques, on sait peu de choses sur l'histoire de l'Equateur avant le XVe siècle. Les vestiges incas sont cependant plus parlants. De nos jours, l'influence inca continue de se faire sentir à travers les traditions, la langue et le savoir-faire équatoriens. Ce peuple est présent dans la région dès le XIe siècle mais il faut attendre le XVe siècle pour que l'Empire inca connaisse une expansion fulgurante. Le plus grand site inca et l'un des rares sites précolombiens d'Equateur, le Sitio arqueológico de Ingapirca, se trouve à 80 km de Cuenca. Conçu par le peuple cañari, il était à l'origine dédié à la lune avant que les Incas le consacrent au soleil et érigent le Temple du Soleil. Non loin, la Cara del Inca présente un visage géant à même la roche. Le pays est riche en collections archéologiques. Le **Museo Municipal de Guayaquil** (p.317) a ceci d'intéressant qu'il couvre l'histoire de la ville à travers toutes les époques, dont de beaux vestiges en pierre sculptée. Toujours à Guayaquil, le Museo Antropológico y de Arte Contemporáneo (MAAC) rend hommage à toutes les cultures équatoriennes, avec de rares sculptures anthropomorphes précolombiennes. Il dispose en prime d'une vue imprenable sur le Cerro Santa Ana. On peut également admirer de l'art précolombien à Quito. Les pièces du **Museo Nacional del Ecuador (MUNA)** (p.137) nous entraînent aussi loin que la préhistoire. A l'étage, l'histoire des civilisations équatoriennes est racontée à travers le regard des peintres contemporains. Un contrepoint des plus enrichissants !

Ecole de Quito

Conséquence de la colonisation, la religion catholique est imposée aux Amérindiens. Les ordres religieux franciscains, dominicains et jésuites s'établissent un peu partout. La ville de Quito, qui a prospéré sous les Incas, se hisse en seconde place des cités équatoriennes. D'autres villes coloniales voient le jour comme Cuenca, Ibarra et Riobamba. Aujourd'hui encore, ces localités regorgent d'art baroque.

À l'époque coloniale, Quito acquiert une solide renommée pour la qualité de son art religieux. On doit aux frères franciscains Jodoco Ricke et Pedro Gocial la création de l'Ecole des Arts de Quito en 1551. Sous leur tutelle, les étudiants produisent peintures et sculptures d'une qualité reconnue de tous. Leur originalité tient à leur façon d'allier thèmes chrétiens et indigènes. Des figures religieuses sont mises en scène dans des paysages andins. Dans la cathédrale de Quito, *la Cène* montre Jésus et ses disciples soupant d'un cochon d'Inde (*cuy*) – plat traditionnel andin. L'école de Quito atteint son apogée aux XVIIe et XVIIIe siècles, portée par Manuel Caspicara Chili, Bernardo Legarda et Miguel de Santiago. Où admirer leurs œuvres ? A Quito, au **Museo Franciscano Fray Pedro Gocial,** (p.131) ou encore au **Museo de Arte Colonial** (p.133) qui conserve le *Christ ressuscité* de Manuel Chili. Le **Museo de arte religioso de la Concepcion** (p.230) à Riobamba dispose de 14 salles de peintures et de sculptures de l'école de Quito, ainsi que d'objets de l'époque coloniale, sans oublier le célèbre ostensoir d'or et de pierres précieuses.

En Equateur, nombre de couvents abritent de magnifiques salles d'exposition. L'un des plus beaux exemples est le musée Miguel de Santiago de **l'Iglesia y monasterio de San Augustín** (p.132). L'art religieux perdure les siècles suivants, comme on peut le constater au **Museo Pumapungo** (p.245) de Cuenca. Après les salles archéologiques, une intéressante collection d'art religieux du XIXe siècle renferme les Christs de Sangurima et de Vélez.

Age de l'indépendance

L'Espagne perd le contrôle de ses colonies au cours du XIXe siècle. L'Indépendance est proclamée en 1830. Parmi les peintres de la période de l'indépendance, Antonio Salas Avilés (1784-1860) élabore une œuvre imprégnée de mysticisme, sans se détacher des paysages andins chers à la période coloniale. Grand portraitiste, il fait partie du *costumbrismo*, courant qui se veut le reflet des us et coutumes locaux. Il peint aussi bien des personnages religieux que des indigènes. A l'âge de 25 ans, il est déjà considéré comme un peintre majeur. Son influence est immense. En parallèle, le XIXe siècle est marqué par un élan néoclassique.

Mouvement Indigenista

Le XXe siècle voit émerger le mouvement indigéniste mené par Camilo Egas (1889-1962). Né à Quito, ce peintre et enseignant se marie à la danseuse Marta Gibbons. Il séjourne fréquemment à Paris, faisant carrière en Europe et en Amérique. A son retour en Equateur en 1926, il monte sa première galerie d'art. Son art idéalisé se rapproche lentement de la réalité sociale. Sensible à la cause indienne, il joue un rôle clé dans l'émergence du mouvement *indigenista* qui réunit Diógenes Paredes, Bolívar Mena Franco, Pedro León, et les deux figures de proue, Eduardo Kingman et Oswaldo Guayasamín. Dans le centre historique de Quito, le **Museo Camilo Egas** (p.132) présente une exposition permanente de son œuvre.

Oswaldo Guayasamín (1919-1999) tombe très jeune dans la marmite des arts plastiques. Après des études à l'Ecole des Beaux-Arts de Quito, il expose pour la première fois à l'âge de 23 ans. Dès le début, le quotidien du peuple sud-américain apparaît comme son thème de prédilection. Il l'évoque à travers des sujets de société comme l'injustice et les conflits raciaux (*Huacaynan*). En 1957, il est couronné Meilleur peintre sud-américain à la Biennale de São Paulo. Entre 1960 et 1990, il produit la série de 150 tableaux *L'Âge de la colère*, qui exprime sa révolte contre les dictatures. A l'inverse, *L'Âge de la tendresse*, nous parle d'amour et de douceur. Marqué par Picasso et Goya, il brosse des fresques murales comme celles de l'Unesco à Paris. Outre son cycle de *Peintures murales*, celui des *Portraits* imprègne la culture équatorienne. A Quito, on ne manquera pas de visiter la **Casa Museo Guayasamín - Capilla del Hombre** (p.136), son ancienne demeure devenue musée.

Né à Loja d'un père américain, Eduardo Kingman (1913-1997) se forme à Quito, au Venezuela, au Pérou, en Bolivie puis en Californie. Il se fait connaître alors qu'il collabore avec Camilo Egas à l'aménagement du Pavillon de l'Equateur pour l'Exposition Universelle de New York de 1939. Surnommé le « peintre des mains », il reprend ce motif pour sensibiliser à la maltraitance des indigènes. Ses peintures comme ses gravures crient son désarroi et sa peine face aux injustices sociales. On ira se familiariser avec son œuvre expressionniste à Sangolquí, près de Quito au **Museo Eduardo Kingman** (p.170).

Autre membre du mouvement *indigenista*, Diógenes Paredes porte le titre de « peintre des aborigènes ». Né à Tulcán en 1910, il conçoit l'art comme un vecteur destiné à porter la parole du peuple. Il documente leur réalité quotidienne dans l'espoir de défendre leur cause.

Opposé aux visions de Guayasamín, l'artiste Tabara (1930-2021) se tourne très tôt vers l'abstraction, le constructivisme, puis fréquente le cercle d'André Breton et de Joan Miró durant les années qu'il passe en Europe. A son retour en 1964, ses recherches aboutissent au courant ancestraliste, implanté dans les cultures précolombiennes. Il fonde le groupe Informaliste VAN, qui propose une autre approche d'un art profondément équatorien.

Héritage de Tigua

A la croisée de la tradition et de la modernité, les petites peintures colorées de l'école de Tigua attireront un peu partout votre regard. Elles montrent des scènes de la vie quotidienne, des paysages champêtres, des lamas, des condors, des volcans enneigés, des Equatoriens en costume traditionnel. Sachez que ce courant indigène est né d'une rencontre entre le peintre Julio Toaquiza, originaire de Tigua et un touriste. Ce dernier, en visite à Tigua en 1971, admire les motifs peints par Julio et lui commande un paysage sur bois. Julio a un déclic : il produira des tableaux typiques faciles à transporter. Son succès est tel que le style de Tigua fait école. La valeur patrimoniale de la technique, désormais transmise au sein des familles, est reconnue par l'Unesco. Il est vrai que l'art de Tigua trouve ses racines dans la mythologie et les rituels ancestraux. Derrière leur apparente naïveté, les motifs ont leur symbolique. Le volcan évoque la fertilité, l'énergie vitale ; le couple renvoie aux valeurs familiales. Des images uniques de l'Equateur à glisser dans sa valise.

Art contemporain

Pour dénicher de l'art latino-américain, rendez-vous à la Biennale d'art contemporain de Cuenca qui se déroule au printemps. Tout au long de l'année, l'art contemporain s'épanouit à Quito, où sont réunis plusieurs lieux dédiés. Citons le **Centro de Arte Contemporáneo de Quito** (p.129) dans le quartier San Juan, et le très prisé **Centro Cultural Metropolitano** (p.129). Sur ces deux étages, on peut notamment admirer de la photographie. Si la discipline se cherche encore en Equateur, plusieurs photographes font bouger les choses. Paolo Paredes s'intéresse aux questions sociales (santé mentale, genre) en relation avec la culture et la religion. Santiago Serrano a fondé le collectif Paraducs pour soutenir les photographes porteurs de projets en solo ou en groupes. A titre personnel, Serrano expose dans le monde entier.

Retour à Cuenca, où se tient le Festival des cultures urbaines. L'Alliance française multiplie les événements en faveur du *street-art*, par le biais de commandes de fresques. Elle convie également des street-artistes internationaux comme Katjastroph, qui combine influences multiethniques et imaginaire. Son travail orne désormais les rues de Quito, Cuenca, Loja, Portoviejo et Guayaquil. En hommage à la culture andine, le français The Sémor a composé une peinture murale sur la façade du Marché 10 de Agosto (Cuenca), juste en face du street-artiste équatorien Mathiz Skillz. Le saviez-vous ? La première grande figure féminine du *street-art* est équatorienne ! Lady Pink s'est imposée sur la scène internationale, après avoir été pionnière du graffiti new-yorkais dans les années 1980. Pink se démarque rapidement par sa palette vive, presque psychédélique, et ses motifs issus de la culture pop. Elle passe ensuite à la peinture sur toile, sans cesser de réaliser des fresques sur commande. Ses œuvres sont entrées dans les grands musées américains (le Whitney, le Met, le Brooklyn museum).

L'art urbain trouve doucement sa place dans les villes équatoriennes. A Guayaquil, entre deux bâtiments du centre, une société privée a installé le Museo al Aire Libre, des peintures locales exposées en plein air. Dans le centre de Quito, la street-artiste engagée Mona Caron a habillé de motifs végétaux la façade d'un immeuble un peu trop gris.

MUSIQUES ET SCÈNES

Il est le plus petit des pays andins. Mais l'Equateur sait compenser la modestie de sa taille par l'envergure de sa culture. Niché entre le Pérou et la Colombie, le pays est façonné par le mélange des cultures indigènes et coloniales qu'il a digérées d'une manière singulière. Haut lieu de la musique andine – naturellement nichée dans la Sierra – l'Equateur vibre aussi depuis des décennies au rythme langoureux du *pasillo*, sorte de valse locale à la mélancolie pas si éloignée d'un fado. Mais loin d'avoir les yeux rivés sur le rétro, l'Equateur vit au présent et possède une jeune garde des plus dynamiques partagée entre musique électronique, pop ou rock, toujours traversée par ce je-ne-sais-quoi de typiquement équatorien. Le seul moyen d'obtenir un point de vue authentique et complet sur l'Equateur, c'est de l'écouter.

La musique traditionnelle

Comme dans la plupart des contrées d'Amérique latine, la musique est un des noyaux de la culture locale. Dans ce pays relativement petit, il existe des styles musicaux étonnamment variés, changeant de couleurs selon les régions. Par exemple, dans la province d'Esmeraldas règne la musique afro-équatorienne tandis que la musique andine, elle, se joue et s'écoute à travers la Sierra et varie selon les communautés.

Dans les provinces du nord, cœur de la population afro-équatorienne du pays, la musique est donc influencée par les racines africaines et se divise en deux familles : la musique marimba, tirant son nom de l'utilisation importante de *marimbas* (aux côtés de *bombos*, *guasas* et *conunos*) et le style bomba, originaire de la vallée de Chota et nommé d'après le tambour *bomba*. L'instrument emblématique – et homonyme – de la marimba est une percussion disposée comme un xylophone mais constituée de barres de bois produisant des sons aussi brillants que doux. Généralement, des rythmes très marqués de style ouest-africain soutiennent les arrangements choraux et des danses traditionnelles comme le *bambuco* peuvent accompagner la musique. Dans la bomba, le tambour est joué en mesure simple ou double, généralement accompagné d'un ensemble de trois guitares et de chants.

Si elles apparaissent aujourd'hui essentiellement lors des célébrations et des fêtes, ces musiques traditionnelles ont été essentielles pour aider le peuple afro-équatorien à maintenir son identité vivante, portées par des entités comme le remarquable Grupo Bambuco, basé à Esmeraldas ou le Grupo Ochún. Deux formations populaires et très représentatives de cette musique afro-équatorienne.

Autre esthétique traditionnelle essentielle, la musique andine remonterait aux premiers âges de la culture précolombienne, des archéologues et historiens ayant mis en évidence la présence d'instruments de musique (flûtes et percussions) à l'époque, en particulier dans les Andes centrales (Equateur, Pérou et Bolivie). De même, des instruments étaient représentés sur de nombreuses céramiques de la région, dans le cadre de scènes religieuses ou de chasse jusqu'à la période inca. Tradition purement orale jusqu'à l'époque inca, la musique andine est à l'origine essentiellement constituée de chants dont les paroles se transmettaient génération après génération. Avec l'arrivée des Espagnols, puis le trafic d'esclaves en provenance d'Afrique, la musique andine s'enrichit de nouveaux instruments et d'une nouvelle grammaire musicale. La guitare empruntée aux Ibériques occupe dès lors une place prépondérante dans la musique andine et ce, jusqu'à nos jours, même si le *charango* (petite guitare) qu'on dit dater du XVIIIe siècle existait probablement avant l'époque coloniale sous une autre forme.

La musique andine est immédiatement reconnaissable par ses mélodies lascives et teintées de nostalgie. Un sentiment exacerbé par le son du *rondador*, l'instrument national de l'Equateur. Cette flûte de pan emblématique du genre (c'est elle que l'on entend dans *El Condor Pasa*) se distingue d'autres instruments andins tels que la *zampoña* et la *quena*, par sa rangée unique de tuyaux de bambou organisée en une succession de tronçons de taille croissante. Si l'on décèle volontiers un sentiment commun traversant la musique andine dans son ensemble, cette dernière se décline en formes et style régionaux. Par exemple, les montagnes de la Sierra, sont le berceau d'un style de musique et de danse cérémonielles appelé *Sanjuanito*, caractérisé par son rythme joyeux et sa mélodie mélancolique. Parmi les autres rythmes folkloriques susceptibles d'être entendus les jours de fête, citons le *cachullapi*, le *yumbo* ou encore la *danzante*.

© BARNA TANKO - SHUTTERSTOCK.COM

Flûtes de pan traditionnelles.

Des musiciens comme le groupe Huayanay, José Luis Pichamba, illustre ambassadeur de la musique Otavalo ou encore le plus farfelu Delfin Quishpe – il interprète des chansons du folklore andin dans un style comique-techno – ont largement contribué à populariser la musique andine équatorienne dans le monde. Autrement, il existe dans le pays, des endroits où l'on est sûrs de pouvoir goûter aux traditions musicales locales : les *peñas*. C'est dans ces tavernes que la musique andine se joue, scènes privilégiées des groupes de musique folklorique. Parmi les plus recommandables, on se dirigera à Quito vers Ñucanchi, véritable institution à l'ambiance conviviale et à Otavalo, on se rendra à Amauta, certainement la *peña* la plus cotée de la région, réputée pour son ambiance, son décor et la qualité de sa musique (andine). Hormis les *peñas*, quelques adresses plus axées autour de la danse raviront les curieux comme le **Ballet Folklorique National Jacchigua** (p.159) qui, au travers de chorégraphies riches et colorées, offre un beau panorama sur les traditions religieuses et païennes des différentes ethnies indigènes du pays. Dans le même esprit, citons la **Fundacion Cultural Humanizarte** (p.159), ballet folklorique reprenant les thèmes classiques de la culture andine dans un cadre intimiste.

Les fêtes et diverses célébrations, qu'elles soient religieuses ou non, sont également d'excellentes occasions d'approcher de près le folklore. A commencer par le Carnaval, l'une des festivités les plus remarquables du pays. Célébré dans la plupart des villes équatoriennes durant les quatre jours précédant le Carême, il réunit dans une ambiance fiévreuse défilés traditionnels, musique folklorique et déguisements délirants. Parmi les autres rendez-vous immanquables, citons Corpus Christi, se tenant chaque année à la mi-juin à Pujilí. On y vient de toutes les régions du pays mais aussi du Pérou et de Bolivie pour remercier la terre fertile et il est l'occasion de nombreuses danses folkloriques et de défilés. N'oublions également pas de mentionner le Festival de la Cosecha de Maíz, fête de la récolte du maïs se tenant le 16 août à Tarqui (près de Cuenca) célébrée en grande pompe avec des danses folkloriques et des groupes de musique locaux ou encore la Commémoration de la fondation de Quito, chaque 6 décembre, conviant son lot de musique folklorique et de défilés de chars décorés.

La musique populaire

Si vous demandez à quiconque sur place quel est le grand style équatorien, d'aucuns vous répondront qu'il s'agit du *pasillo*. Véritable musique nationale, qui connut son heure de gloire dans les années 1960 avec le succès de Julio Jaramillo, la légende du genre, ce dérivé de la valse apparait au XIXe siècle durant les guerres d'Indépendance. Souvent lentes et mélancoliques, ces chansons poignantes abordent les thèmes de la désillusion, du chagrin d'amour et de la nostalgie ou du regret. Tombé un brin dans la désuétude un moment donné, ces dernières années, un regain d'enthousiasme pour le style semble se faire sentir, le *pasillo* s'invitant même parfois dans des morceaux de rock local.
Comme mentionné précédemment, la voix d'or du *pasillo* fut Julio Jaramillo (1935-1978). Originaire de Guayaquil, le chanteur est devenu une légende de son vivant grâce à des chansons éternelles comme *Nuestro Juramento*. Lors de sa disparition prématurée à 42 ans, quelque 250 000 personnes vinrent lui rendre un dernier hommage lors de ses funérailles.

Parmi les autres grands noms nationaux du genre, impossible de ne pas mentionner Olimpo Cardenas (1919-1991), l'autre grand représentant du *pasillo* avec Jaramillo, Francisco Paredes Herrera (1891-1952) qui fut surnommé le « *roi du pasillo équatorien* », Carlos Rubira Infante (1921-2018), auteur de nombreux hymnes, Rafael María Carpio Abad (1905-2004) compositeur de *pasillos* qui trempait beaucoup ses œuvres de musiques andines comme le *sanjuanito*, Carlos Brito Benavides (1891-1943), le compositeur du très célèbre *pasillo Sombras* ou encore Nicasio Safadi (1902-1968), musicien équatorien d'origine libanaise qui formait avec Enrique Ibáñez le fameux Dúo Ecuador et a écrit quelques fameux *pasillos* comme *Guayaquil de mis amores* (popularisé par Julio Jaramillo).

Hors du *pasillo*, l'Equateur a aussi quelques vedettes de la variété qu'il est plus que courant d'entendre une fois sur place : Jaime Guevara, autrefois figure du rock local, Wendy Vera, chanteuse si populaire qu'elle fut membre de l'Assemblée nationale équatorienne ou encore Juan Fernando Velasco, chanteur romantique.

La musique classique

S'il n'y a pas en Equateur de véritable tradition de musique classique, le genre comporte tout de même quelques noms importants pour le pays. C'est notamment le cas de Carlos Amable Ortiz (1859-1937), violoniste, pianiste et compositeur, auteur de *No te Olvidaré*, véritable hymne national, Segundo Cueva Celi (1901-1969), compositeur de quelques-unes des mélodies les plus connues du pays, Sixto Duran Maria (1875-1947), grand pianiste qui a partagé son œuvre entre musique folklorique, classique et musique de chambre ou encore Carlos Bonilla Chávez (1923 -2010), un des pionniers de la guitare classique dans le pays. N'oublions pas non plus de mentionner Antonio Neumane, Corse qui a composé l'hymne national, Enrique Espín Yépez, violoniste talentueux qui a écrit quelques pasillos très sophistiqués et a insufflé les sonorités équatoriennes dans ses symphonies ou encore Segundo Luis Moreno, chercheur et compositeur nationaliste qui a collecté les musiques populaires et indigènes pour établir un style équatorien.

Dans le registre contemporain, l'Equateur s'illustre via les compositions de Diego Luzuriaga autant influencées par la musique andine que spectrale, Messie Maiguashca, proche collaborateur de Stockhausen, Arturo Rodas, qui ont touché à toutes les avant-gardes savantes du XXe siècle ou encore Jorge Luis Valverde qui écrit aussi bien des symphonies que des sonates dans un style qu'il qualifie lui-même d'équatorien. N'oublions pas non plus de mentionner le chef d'orchestre Freddy Cadena, interprète équatorien le plus réputé à l'international, très actif sur la scène moscovite et ancien enseignant au Conservatoire Tchaikovsky. Comme pratiquement tous les pays, l'Equateur possède son Orchestre symphonique national, qui se produit à la Casa del Musica. Autrement la plupart des concerts de classique ont lieu au **Théâtre National Sucre** (p.159), le plus vieux théâtre de la ville où le Tout-Quito se presse pour ses pièces de théâtre, ballets ou concerts de musique classique ainsi qu'à la **Fundación Teatro Bolívar** (p.159) qui, derrière sa belle façade Art déco, abrite une programmation à surveiller.

Les musiques actuelles

Moins remarquée – peut-être parce que plus tardive – que chez ses voisines colombiennes et péruviennes, la scène équatorienne a elle aussi connu une vraie explosion ces dernières années. Une ébullition constante qui a permis l'émergence de nouvelles figures comme Nicola Cruz. Si ce dernier est né en France, il vit et travaille à Quito depuis de très nombreuses années où il produit une musique électronique hybride pleine de couleurs équatoriennes. Révélé grâce à Nicolas Jaar, il a sorti son premier album en 2015 *Prender el alma*, unanimement salué par la critique. Dans son sillage, Mateo Kingman, originaire de l'Amazonie équatorienne produit une musique électronique sensorielle et organique remplie de paysages équatoriens. Dans cette talentueuse fourmilière qu'est la jeune scène équatorienne se distinguent aussi des groupes et artistes tels qu'EVHA qui réinterprète le folklore national avec des synthétiseurs ; Swing Original Monks, fusion hyper colorée qui mélange le folklore équatorien, le rock, le swing et l'électro ; Quixosis, de l'*ambient* doucement psychédélique proche de ses racines équatoriennes ; Maria Usbeck, figure locale de la pop indé désormais installée à Brooklyn ; Elia Ezker, outsider pop indé basé, lui, à Seattle et enfin Paola Navarrete, reine de la pop alternative équatorienne quant à elle restée sur ses terres.

Si l'on se penche sur les raisons d'une telle effervescence, il suffit d'observer la quantité de lieux où voir des concerts dans la capitale. Ici, il y en a pour tous les goûts, chaque genre à sa scène permettant au public de découvrir largement et soutenir les groupes locaux. Cafe Democratico, La Cafetina, Ochoymedio, La Juliana ou encore le **Centro de Arte Contemporáneo** (p.129) (qui programme des concerts) autant d'adresses où découvrir la jeune garde locale.

Et, bien évidemment, comme dans pratiquement chaque pays d'Amérique du Sud, le reggaeton est ici une vraie friandise nocturne que l'on trouve dans tous les clubs de Quito ou Guayaquil. Si le pays importe les plus gros tubes du voisin colombien, quelques Equatoriens excellent aussi dans le domaine comme Don Day, Johann Vera, Bebo Yau, Diego Villacis ou encore Mad Fuentes et Bombotunes.

LITTÉRATURE

Fièvre de l'or et têtes coupées, découvertes scientifiques et voyages littéraires, le petit pays qu'est l'Equateur – si on le compare à ses immenses voisins – n'en finit pas d'enflammer nos imaginaires. Lui aussi aura subi les ravages de la colonisation au XVIe et gagné son indépendance trois siècles plus tard, puis viendra le temps de la démocratie, parfois celui de la dictature, et des constitutions si nombreuses qu'on n'en finit plus de les compter. Il fait pourtant plutôt bon vivre dans ce pays luxuriant à la longue histoire. L'un des indices de ce bonheur partagé est le respect accordé au kichwa et au shuar, reconnues langues de communication interculturelle en 2008, un autre est l'effervescence de sa littérature. Bien que la barrière linguistique ne permette pas toujours aux textes de franchir les océans, certains écrivains ont tout de même trouvé le chemin de nos libraires, et d'autres n'ont pas hésité à s'emparer du français !

De la colonisation à l'indépendance

1532 ne fut pas une année douce : le pays est alors à feu et à sang suite à la rivalité opposant deux frères se disputant le territoire. Si Huascar possède la partie sud et a érigé Cuzco au rang de capitale, Atahualpa – qui s'est vu attribuer le Nord et Quito – ne cesse ses attaques répétées, avant de tomber lui-même entre les mains du conquistador Francisco Pizarro qui le fera mettre à mort l'année suivante. Voilà pour la réalité qui signe le début de la colonisation de l'Equateur, bien loin de la fiction qu'inventa Laurent Binet dans l'uchronie *Civilizations* (Grasset, 2019) quand il imagina que la traversée de l'Atlantique – et la conquête territoriale – se firent dans l'autre sens. Pour autant, cet épisode dramatique a tout de même fait l'objet d'une recension… qui coûta à son auteur la prison. En effet, Jacinto Collahuazo, chef indigène d'Otavalo né vers 1670, rédigea une chronique des guerres civiles équatoriennes, mais usa pour cela non pas de l'espagnol, qui lui avait été enseigné, mais du quechua, sa langue natale. Cela déplut aux colons qui le firent emprisonner et ordonnèrent la destruction de son œuvre, dont un fragment – dans une traduction espagnole – fut miraculeusement découvert plusieurs siècles plus tard : *Elegía a la muerte de Atahualpa*. Une autre littérature apparaît avec les hommes d'Eglise, au titre desquels on pourrait citer par exemple Juan Bautista Aguirre (1725-1786) qui s'essaya à la poésie, religieuse mais aussi amoureuse, ou Juan de Velasco, également né en Equateur deux ans plus tard, qui signa *Historia del Reino de Quito en la América Meridional* en 1789.

Un virage d'importance est pris avec Eugenio Espejo (1747-1795). D'origine métisse, son enfance n'a rien d'idyllique, il réussit pourtant à poursuivre ses études, tout d'abord dans le domaine de la médecine puis dans celui du droit. Doté d'une belle intelligence et d'un sens critique exacerbé, influencé par les Lumières, le Quiténien va rapidement s'attirer de sérieux ennuis pour avoir dressé un portrait sans concession de la gouvernance coloniale. Entretenant des alliances avec des intellectuels des pays voisins, plus précisément la Colombie, Espejo va surtout planter la première graine de l'indépendance. Le satiriste qu'il fut a laissé derrière lui une œuvre abondante, dont le cinglant *El nuevo Luciano de Quito* publié sous pseudonyme ou un très remarqué *Discurso sobre la necesidad de establecer una sociedad patriótica*. Par ailleurs, il lança le premier journal équatorien, *Primicias de la cultura de Quito*, qui ne compta malheureusement que sept numéros, preuve de l'oppression dont il fut victime. Enfin, ses recherches médicales firent l'objet de publications qui ne manquent pas de rappeler que son époque fut aussi témoin d'une célèbre expédition scientifique, celle que fit le Français Charles Marie de La Condamine en Equateur de 1735 à 1743 dans le but de prouver, conformément à la théorie d'Isaac Newton, que la Terre n'était pas parfaitement ronde. Au début du siècle suivant, en 1835, c'est le naturaliste Charles Darwin qui prendra la route des îles Galápagos, mais cela est déjà une autre histoire à retrouver dans son *Journal de bord du voyage du Beagle* (éditions Honoré Champion).

© VLADIMIR KOROSTYSHEVSKIY - SHUTTERSTOCK.COM

Statue d'Eugenio Espejo à Quito.

DÉCOUVRIR

© PRACHAYA ROEKDEETHAWEESAB - SHUTTERSTOCK.COM

Juan Montalvo.

Comme l'avait pressenti Eugenio Espejo, un vent de révolte et de liberté va souffler sur l'Équateur. Plusieurs soulèvements agitent Quito puis la Sierra, et bien que les insurgés soient défaits en 1812, l'appui du Bolivien Simón Bolívar et la puissance de la « Grande Colombie » tracent peu à peu le chemin vers l'indépendance qui sera actée en 1830. Plusieurs écrivains endossent alors un rôle patriotique, et l'un des plus renommés est certainement José Joaquin Olmedo (1780-1847) que l'on associe volontiers au Vénézuélien Andrés Bello (1781-1865) et au Cubain José-Maria de Heredia (1842-1905). Olmedo occupera de hautes fonctions politiques mais ses livres lui permettront d'alimenter son combat. Pour ce faire, il choisira d'adopter un style néo-classique – bien loin de la mode du Romantisme qui alors conquiert le continent et auquel adhèrent Numa Pompilio Llona et Julio Zaldumbide – en utilisant l'épinicie, forme servant à glorifier les athlètes au temps de la Grèce antique. Son poème le plus connu est *Canto a Bolívar*. Tout aussi engagé, tout autant reconnu, Juan Montalvo (1832-1889) a lui aussi fortement marqué les lettres équatoriennes, notamment avec ses *Sept Traités* (imprimés à Besançon en 1883), qui ne sont pas sans rappeler les travaux de Montaigne, et avec ses pamphlets, en grande partie rédigés en exil, lapidaires à l'encontre du président conservateur Gabriel García Moreno – dont il dira que c'est sa plume qui l'a tué – et du dictateur Ignacio Veintemilla. En 1895, il fera enfin paraître *Capítulos que se le olvidaron a Cervantes*, les « chapitres oubliés » du grand écrivain espagnol, père de Don Quichotte, qui lui vaudront l'admiration de ses pairs de par le monde. Pourtant, celui qui est considéré comme le premier romancier équatorien est Juan León Mera qui, outre les paroles de l'hymne national *Salve, Oh Patria*, signa en 1879 *Cumandá o Un drama entre salvajes*.

Une littérature engagée

Appartenant au courant de l'indigénisme, qui se préoccupe de la condition des Amérindiens, Mera met en scène l'Equateur du XVIIIe siècle où il campe les amours de Cumandá, qui donne son nom au roman, et de Carlos, et où – surtout – il livre une réflexion sur l'esclavage et les dommages de la domination des colons sur les tribus ancestrales, tout en se faisant le chantre de la beauté de la nature. Devenue un classique, son œuvre fera l'objet de maintes adaptations postérieures, notamment à l'opéra et au cinéma. Dans le même temps, Luis Cordero Crespo, progressiste qui fut président de 1892 à 1895, se passionne pour la langue kichwa à laquelle il consacrera un dictionnaire. Tandis que la fin du siècle voit s'étoffer le corpus de Remigio Crespo Toral (*Mi Poema*, 1885 ; *Últimos pensamientos de Bolívar*, 1889 ; *Canto a Sucre*, 1897) qui sera proclamé Poète National en 1917, le début du XXe se pare d'une teinte moderniste qui se retrouve tout spécialement dans les poèmes de Humberto Fierro (1890-1929), assimilé à la Generación decapitada. Notons que le lien qui l'unit aux autres membres de « génération décapitée » – Medardo Ángel Silva, Ernesto Noboa y Caamaño, Arturo Borja – réside dans le fait qu'ils ont tous choisi de se donner la mort. A leur suite, Hugo Mayo (1895-1988) incarna l'ultraïsme, un courant avant-gardiste qui ne rencontra que peu de succès en Equateur mais lui fit un nom à l'étranger. Enfin, celui qui devint incontestablement célèbre au-delà des frontières de son pays est Alfredo Gangotena (1904-1944) qui poursuivit ses études en France dès ses 16 ans. S'étant fait un devoir de maîtriser la langue de son pays d'adoption aussi bien que sa langue natale, c'est en français qu'il rédigea la majeure partie de ses textes. Ses affinités électives l'amenèrent à côtoyer les plus grands, de son compatriote Jorge Carrera Andrade à Max Jacob, de Jean Cocteau à Henri Michaux à qui il fit visiter l'Équateur où l'écrivain belge rédigea son fameux, *Ecuador* paru en 1929. *Les Poèmes français* de Gangotena se découvrent en deux volumes aux éditions de la Différence.

Du côté de la littérature, Luis Alfredo Martinez (1869-1909) introduit le mouvement réaliste. Issu d'une famille nombreuse, il est renvoyé de l'école en raison de son indiscipline, son père décide alors de le faire travailler comme agriculteur dans l'une de ses fermes. C'est là que s'imposent à lui ses premières velléités d'écrivain en herbe, là peut-être qu'il commence à faire germer l'idée de *A la costa*, considéré comme son chef-d'œuvre. Au-delà de la triste histoire de Salvador, c'est une véritable fresque équatorienne qu'il élabore, lucide et acerbe jusque dans son écriture, à mille lieues du lyrisme de Mera.

Si avec José de la Cuadra (*Los Sangurimas*, 1934), le Réalisme se fait magique, le ton se durcit avec certains écrivains qui mettent leur voix au service de la dénonciation de faits historiques, à l'image de Joaquín Gallegos Lara qui dans *Las Cruces sobre el agua* raconte la grève générale survenue en 1922 à Guayaquil ou de Nelson Estupiñan Bass, pressenti pour le Prix Nobel de Littérature en 1997, qui dans *Cuando los guayacanes florecían* évoque la guérilla faisant suite à l'assassinat du président Eloy Alfaro. Pour sa part, Jorge Icaza (1906 1978), creuse la délicate et douloureuse question de l'identité indienne, notamment dans *L'Homme de Quito*, traduit en français par Albin Michel en 1993, mais désormais malheureusement épuisé, et d'autant plus dans *Huasipungo*, paru en 1934, roman dans lequel s'illustraient les massacres dont furent victimes les populations indigènes. Il faudrait encore citer Alfredo Pareja Díez-Canseco (1908-1993), qui rejoindra lui aussi le Groupe Guayaquil, dont les romans *Baldomera* ou *Las tres ratas* complètent parfaitement l'œuvre de son aîné, ou Humberto Salvador Guerra (1909-1982) qui avec *En la ciudad he perdido una novela*... démontre à quel point il répondait aux exigences du Réalisme social tout en flirtant avec l'avant-garde. Adalberto Ortiz (1914-2003) allia à la perfection ces deux approches grâce à une langue chamarrée s'affranchissant des codes en vigueur, ce qui lui valut le Prix Eugenio Espejo en 1995.

C'est encore avec l'esprit de clan que les nouvelles générations continuent d'explorer les limites de la littérature, le *tzantzismo* initié par Marco Muñoz et Ulises Estrella en est un parfait exemple puisque ce groupe réunira en son sein des écrivains aussi importants que Jorge Enrique Adoum (*Entre Marx y una mujer desnuda*, 1976) ou Abdón Ubidia (*Sueño de lobo*, 1986). D'autres marquent l'époque de leur empreinte personnelle, tels Jorge Davila Vazquez qui bouleverse l'ordre établi avec l'audacieux – dans la forme et dans le fond – *María Joaquina en la vida y en la muerte* (1976), ou Alicia Yánez Cossió, née en 1928, qui demeure longuement à Cuba, mais est la première femme à recevoir le Prix Eugenio Espejo (2008) pour ses écrits tant poétiques (*De la sangre y del tiempo*) que romanesques (*Bruna, Soroche y los tíos*). Avec la nouvelle génération, la littérature équatorienne tend en effet à se féminiser, comme le démontre le succès rencontré par María Fernanda Espinosa – qui par ailleurs occupe le prestigieux poste de présidente de l'Assemblée générale de l'ONU – couronnée par le Prix National de poésie pour *Caymándote*, un recueil où elle affûtait sa poésie mi-érotique, mi-écologique. Quant à Gabriela Alemán, également représentative de ces nouvelles perspectives, elle se découvre enfin en français grâce au travail de traduction des éditions marseillaises L'Atinoir qui publient *La Mort siffle un blues*, étonnant ensemble de nouvelles. Enfin, Rocío Durán Barba, journaliste née à Quito en 1956, mais voyageuse infatigable, est devenue l'une des plus grandes porte-parole des préoccupations contemporaines de son pays natal. Son essai *Hymne à l'éternel printemps* (éditions Caractères) a été publié à l'occasion du bicentenaire de l'indépendance de l'Equateur.

Statue de Numa Pompilio Llona à Guayaquil.

TOP 10

LECTURE

Il ne faudrait pas se laisser tromper par la taille modeste de l'Equateur car, parmi ses 16 millions d'habitants, de plus en plus de belles plumes se révèlent et ne demandent qu'à s'exporter. Mais le pays inspire aussi les voyageurs… et les amoureuses qui n'hésitent pas à le traverser à pied pour rejoindre leur bien-aimé. Une littérature vivifiante, dans tous les styles.

POLAR

Mourir, la belle affaire. A Quito, la belle Maria del Carmen se suicide. Elle avait pourtant promis à l'inspecteur de l'épouser… voilà qui va exacerber l'envie de celui-ci de comprendre ce qui s'est vraiment passé.
Alfredo Noriega, *éditions J'ai Lu*

LITTÉRATURE

© ÉDITIONS BOURGEOIS

Mortepeau. Un jeune homme s'adresse à son père, enterré dans le jardin familial. Mais l'histoire a commencé il y a bien plus longtemps, à l'arrivée de deux intrus…
Natalia García Freire, *éditions Bourgois*

DOCU-BD

© ÉDITIONS LES ARÈNES

Texaco. Une journaliste, un avocat et un reporteur au service d'un même combat : que le pétrolier Texaco dédommage l'Amazonie équatorienne polluée pendant 20 ans.
Sophie Tardy-Joubert, Pablo Fajardo, Damien Roudeau, *éditions Les Arènes*

ROMAN GRAPHIQUE

© ÉDITIONS DES RONDS DANS L'O

Sur l'autre rive. Le sous-titre est explicite : « 6 mois de pérégrination en Equateur ». Dans cette BD, l'auteure raconte la mission qu'elle a effectuée au sein d'une ONG.
Isatis, *éditions Des ronds dans l'O.*

BANDE DESSINÉE

© ÉDITIONS ÇA ET LÀ

Anxiété chérie. Peut-on rire de tout ? A en croire le coup de crayon d'Alberto Montt, oui ! Son anxiété se décline en effet en strips, plus drôles les uns que les autres.
Alberto Montt, *éditions Ça et Là*

NOUVELLE VOIX

© ÉDITIONS GALLIMARD

Mâchoires. Malgré son jeune âge – elle est née en 1988 – l'auteure publie un roman qui risque de faire frissonner plus d'un lecteur. Tout débute quand une lycéenne est kidnappée par sa professeure…
Monica Ojeda, *éditions Gallimard*

HISTOIRE

© ÉDITIONS PAYOT

La femme du cartographe. L'histoire folle – mais vraie ! – d'une femme qui entreprit un périple de 4 800 km, de l'Equateur à la Guyane, pour rejoindre son mari… qu'elle n'avait pas vu depuis 19 ans !
Robert Whitaker, *éditions Payot. Année 1769*

ESSAI

Encore des flammes. Du Mai-68 français aux révolutions mondiales, une relecture du XXe siècle qui se lit comme un roman. Brillant !
Rocío Durán Barba, *éditions Unicité*

POÉSIE

Poèmes français (2 volumes). Né à Quito en 1904, mais ayant longuement vécu en France, Alfredo Gangotena fut l'ami des plus grands, de Jean Cocteau à Henri Michaux, en passant par Max Jacob.
Alfredo Gangotena, *éditions La Différence*

RÉCIT DE VOYAGE

© ÉDITIONS GALLIMARD

Ecuador. À l'invitation de son ami Alfredo Gangotena, l'écrivain de Namur entreprend en 1928 un voyage qui le bouleversera longtemps.
Henri Michaux, *éditions Gallimard*

A L'ÉCRAN

Durant les débuts du cinéma en Équateur, comme souvent ailleurs, les premières images tournées ont été documentaires. Les films étaient utilisés pour enregistrer et montrer des événements célébrant le pouvoir. Ainsi, en 1912, durant la toute première projection au Teatro Olmedo de Guayaquil, les spectateurs purent admirer sur écran le torero Luis Mazzantini à Séville, un défilé militaire à Paris, et le jubilé de la reine Victoria à Londres. La production de films en Équateur est historiquement en grande partie documentaire, avec un fort engagement social ; cependant, la politique culturelle actuelle vise à développer activement l'industrie cinématographique. Les acteurs de la culture équatorienne souhaitent de plus en plus produire et diffuser largement les films tournés localement. Ainsi on a pu notamment apprécier en 2004 le film *Crónicas* de Sébastian Cordero au festival de Cannes dans la catégorie « Un certain regard ».

Les premiers films

Au tout début du vingtième siècle, c'est grâce à un cinématographe (projecteur inventé par les frères Lumières) que les spectateurs ébahis ont pu découvrir des images tournées en Europe. Le cinéma équatorien ne s'est vraiment développé qu'à partir du début des années 1920. Le premier long métrage réalisé par Augusto San Miguel s'intitule *El Tesoro de Atahualpa* (« Le trésor d'Atahualpa ») et raconte l'histoire d'un apprenti médecin qui part sur les traces d'un trésor inca. Il fut diffusé le 7 août 1924 – date que Raúl Vallejo, alors ministre de la Culture, choisit de célébrer comme le jour du cinéma national en 2006. Pendant la même décennie, l'italien Carlo Crespi a tourné le premier documentaire : *Los Invencibles Shuaras del Alto Amazonas* (Les Shuar invincibles des monts Amazonas). Ce film muet, un des premiers documentaires ethnographiques d'Amérique latine, montre le travail des missionnaires auprès des Shuar, peuple indigène d'Amazonie le plus nombreux.

Une production documentaire importante

Entre 1930 et 1931, l'arrivée des films parlants a freiné l'essor du cinéma équatorien, qui ne bénéficiait pas encore de cette technique. Pour contourner ce retard, certains cinéastes ont imaginé une autre forme de spectacle. Ils ont en effet mis en place des projections avec *sonorización en vivo,* c'est-à-dire du son en direct grâce à l'adjonction de textes et de chansons déclamés en même temps que le film. Belle tentative qui ne suffit pas cependant à lancer le cinéma de fiction en Equateur. C'est pourquoi, jusqu'en 1950 environ, la production de films s'est limitée aux documentaires, aux films à visée touristiques. Dans les années 1960, les réalisateurs équatoriens ont commencé à collaborer avec leurs homologues mexicains. Ainsi de nombreuses coproductions ont vu le jour et le genre du documentaire s'est affirmé, avec notamment en 1977, la création de l'Association des auteurs de cinéma d'Equateur. La cinémathèque nationale Ulises Estrella, créée en 1981, possède à ce propos une incroyable collection de films anciens, et compte dans son fonds d'archive près de 4 000 films et 10 000 documents d'origine !

Développement du cinéma et succès critique

A partir des années 1980, le cinéma de fiction s'est à nouveau développé. Un bel exemple de cette époque serait le film *La Tigra* (1989) de Camilo Luzuriaga, une adaptation d'une œuvre de José de la Cuadra, écrivain équatorien et l'un des meilleurs représentants du réalisme magique.

Le film *Ratas, ratones, rateros* (1999) de Sebastián Cordero a quant à lui fait parler du cinéma équatorien en Europe. Né à Quito en 1972, après des études de cinéma à la Southern California University, le réalisateur décide de rentrer en Equateur avec l'envie d'y développer l'industrie du cinéma, alors quasi inexistante. Il s'est illustré avec son film *Crónicas*, qui a été diffusé à Cannes dans la catégorie « Un certain regard » en 2004 et nominé pour le Grand prix du jury au Sundance Film Festival. En 2011, son film *Pescador* est nommé au festival de San Sebastián. Il a depuis réalisé deux nouveaux films : *Europa Resort* (2013) et *Sin muertos no hay carnaval* (2016).

De nos jours, la production nationale reste donc modeste, mais néanmoins prometteuse, et force est de constater que l'émergence de cette nouvelle génération de cinéastes donne ses lettres de noblesse au cinéma équatorien aux yeux des Européens. Ainsi, au cours des dix dernières années, des cinéastes comme Victor Arregui, Mateo Herrera, Anahí Hoenesein et Daniel Andrade ont fait leur entrée sur la scène cinématographique équatorienne. La réalisatrice Tania Hermida, après son premier film *Qué tan lejos* (« Si loin ») sorti en 2006, est quant à elle devenue membre de l'assemblée constituante du pays.

L'État et la production nationale

Le dynamisme de la production équatorienne a amené le gouvernement à approuver l'adoption de la première Loi du cinéma en 2006. Cette loi visant au développement du cinéma national a accéléré la croissance et la consolidation de l'industrie cinématographique équatorienne, et permet de soutenir de nouveaux projets cinématographiques (longs métrages de fiction ou documentaires), d'appuyer la post-production de longs métrages, de courts métrages et de films d'animation ou expérimentaux.

Le CNCINE, Consejo Nacional de Cinematografía, est aujourd'hui une institution chargée du développement de l'industrie cinématographique et audiovisuelle dans le pays, et de la promotion du cinéma national à l'étranger. La production, motivée par le soutien financier du gouvernement, se développe (20 films seront par exemple réalisés pour la seule année 2014 !).

Parallèlement, un cinéma marginal produit en dehors des circuits culturels et commerciaux, le « cine bajo tierra » (comme on nomme cette nouvelle vague *underground*), rencontre un certain succès. Le documentaire *Más allá del Mall* (Miguel Alvear, 2010) traite du sujet avec humour.

Le cinéma équatorien en Europe

Une « Semaine du Cinéma équatorien » est organisée à Paris depuis 2011 à l'Institut Cervantes, sous le patronage de l'Ambassade de l'Equateur en France et de l'association ARC. Cet événement a pour but de faire découvrir la création contemporaine équatorienne en France. En 2019, pour la neuvième édition, le public a eu l'occasion de découvrir lors de la clôture le très beau documentaire *La Playa De Esmeraldas* de Patrice Reynal qui aborde l'invisibilisation des afro-descendants. Des réalisateurs comme Javier Izquierdo, Lionel Retornaz, ou encore Isabel Centeno ont également pu présenter leurs films.

Régulièrement, des films documentaires circulent en France, en festival ou parfois en salle. Ainsi deux documentaires équatoriens se sont démarqués au festival Ciné latino de Toulouse en avril 2014 : *El grill de Cesar* de Dario Aguirre, qui aborde sa quête de l'amour paternel à travers son propre parcours d'intégration pour acquérir une citoyenneté allemande, et *La mort de Jaime Roldós* de Lisandra Rivera et Manolo Sarmiento. Ce film parle de la courte présidence de Jaime Roldos, premier président élu démocratiquement, avant son crash en avion.

En 2016, un film intitulé *On revient de loin*, réalisé par les Français Pierre Carles et Nina Faure, sort dans les salles françaises. Un documentaire portant sur le redressement du pays et l'action de l'ancien président Correa.

POPULATION

Le dernier recensement effectué en 2022, montre que l'Equateur compte aujourd'hui 17 millions d'habitants répartis de façon très variée sur le territoire. 40 % des habitants sont concentrés entre Quito et Guayaquil, très proches en nombre d'habitants en 2023. La province de Guayas, où se situe Guayaquil, compte 4,4 millions d'habitants alors que celle de Pichincha, où est située Quito, n'en compte que 3 millions. La population équatorienne est mixte, diversifiée et métissée. Elle compte une population métisse, indigène, européenne, créole et afro-équatorienne. D'autres groupes ethniques sont aussi représentés en Equateur, notamment les Chinois, venus dans le pays au XIXe siècle participer à la construction des deux voies ferrées reliant Quito à Guayaquil d'une part et Quito à San Lorenzo d'autre part. Les actifs représentent 1/3 de la population et se répartissent de façon équitable entre l'agriculture, les services et l'industrie.

Démographie

Densité. Les données générées par l'INEC (Institut Equatorien des Statistiques et Recensements) indiquent qu'au dernier recensement de 2022, 16 938 986 personnes vivent en Equateur. La densité de population est d'environ 60 habitants/km², ce qui en fait le pays le plus densément peuplé d'Amérique du Sud avec une densité similaire à celle de l'Irlande, de la Croatie ou du Mexique. Mais cette densité générale ne reflète pas la densité de toutes les régions du pays. 16 millions d'habitants se concentrent en effet sur moins de la moitié du territoire, atteignant une densité de population de 125 habitants/km². En revanche, l'Est (région amazonienne), qui constitue plus de 50 % de la superficie du pays, n'abrite qu'un petit million d'habitants, soit une densité de population très faible de 7,81 habitants/km². Les îles Galápagos quant à elles, comptent 28 583 habitants.

L'espérance de vie en Equateur est de 78 ans, 76 ans pour les hommes et 80 ans pour les femmes, en 2023, ce qui en fait le 76e pays au monde. L'Equateur était le quatrième pays d'Amérique latine dont la longévité était la plus élevée. A titre d'exemple, dans la vallée de Vilcabamba située dans la province de Loja à seulement 30 km de la ville de Loja, un grand nombre de centenaires ont été dénombrés et Vilcabamba en a hérité du joli surnom de ville des centenaires.

Le taux de croissance de l'Equateur est descendu à 1,3 % en 2022, très inférieur à celui des 5 précédentes années qui était principalement stimulé par la migration, notamment celle des réfugiés.
La croissance la plus importante se trouve dans les zones amazoniques et la plus lente dans les Andes du sud.

Distribution

En Equateur, 63 % de la population réside en milieu urbain et 37 % en milieu rural. Compte tenu de la forte densité de population et de son extension territoriale réduite, la concentration des villes est élevée, de sorte que les villes et les villes rurales sont très proches les unes des autres (en particulier dans la Sierra). La population rurale équatorienne est la troisième population rurale avec la meilleure qualité de vie en Amérique latine après l'Uruguay et Cuba, il est évident que la population équatorienne est principalement basée dans les zones urbaines de l'Equateur, 44 % de la population urbaine est répartie dans les 15 plus grandes villes du pays. Les agglomérations de Guayaquil (2,7 millions d'habitants) et Quito (2,7 millions), à elles seules, concentrent 60 % de la population urbaine du pays. Ces dernières années, l'amélioration des conditions de vie rurale a cependant incité de nombreux citadins à s'établir hors des villes, tendance qui ne pourra que s'accentuer avec la peur des pandémies futures éventuelles. Cuenca est la troisième ville en population et en extension, avec presque 600 000 habitants, devenant la ville la plus importante de la région sud de l'Equateur. C'est une ville qui a attiré ces dernières années, un grand nombre de retraités nord-américains séduits par les conditions de vie idéales pour cette phase de la vie. Ils représentent aujourd'hui environ 20 000 résidents permanents à Cuenca.

Projection démograpique

L'Equateur a un comportement démographique en phase avec ce qui se passe dans la région, où il faut s'attendre à un processus lent, mais constant, allant vers le vieillissement de la population. Ainsi, bien que l'Equateur ait encore un âge moyen relativement jeune, il augmente chaque année, sans signe de changement attendu.

Pour l'INEC, l'année 2030 sera un moment clé dans la transition démographique du pays, puisque cette année-là l'Equateur aura réalisé un bonus démographique, c'est-à-dire, si les calculs se confirment, parmi les 20 millions d'Equatoriens qui existeront d'ici là, la majorité sera dans la tranche d'âge adulte (plus de 18 ans), mais en parallèle, le taux de fécondité devrait s'établir à environ 2 enfants par femme (similaire au taux de fécondité actuel en France ou aux Pays-Bas), ce qui signifie que sans variables contextuelles imprévues, l'Equateur entamera un véritable processus de vieillissement en ne pouvant garantir le renouvellement des générations, et sa croissance démographique stagnera. Avec tout cela, les projections actuelles pour 2050 tablent sur une population de 23,4 millions d'habitants dont 70 % auront plus de 18 ans. De même, on s'attend à ce que d'ici 2050 l'espérance de vie des Equatoriens soit de 80,55 ans, plus élevée pour les femmes, qui vivront en moyenne 83,5 ans, et les hommes 77,6 ans. La population urbaine devrait être supérieure à 70 % de la population totale, ce qui demandera un effort important dans les districts métropolitains de Quito et Guayaquil, et particulièrement dans les villes de moyenne importance telles que Cuenca, Loja, Ambato, Machala, Ibarra, Manta, Portoviejo et Riobamba. Les quartiers résidentiels actuels, comme la Vallée des Chillos, à l'est de Quito, ou encore Cumbayá, Tumbaco, Puembo, Nayón et Sangolquí verront une forte expansion de leur population en parallèle. Ce sera probablement également le cas de Samborondón et Durán, deux villes en pleine expansion dans la périphérie de Guayaquil.

© SANTIAGO SALINAS- SHUTTERSTOCK.COM

Femme en habits traditionnels d'Otavalo.

Les métis

Ceux que l'on nomme les métis en Equateur sont les descendants d'Amérindiens et Européens. Ils représentent environ 65 % de la population totale du pays. Parmi les métis, on trouve trois groupes : Montubio, Coaiquer et Chalo. Les Montubio sont, pour la plupart, des agriculteurs et éleveurs de chevaux et de vaches. Ils vivent dans les montagnes et le long des rivières de la Costa. Ils cultivent la banane, le café et le cacao pour l'exportation et tressent les chapeaux de paille (le fameux panama). On les reconnaît justement à leur tenue : chapeau, bottes de caoutchouc et machette. Les Coaiquer sont originaires de la province d'Esmeraldas (sur la côte), mais beaucoup ont émigré, notamment en Colombie. Les Chalo (issus du métissage des populations indigène et espagnole), eux, se rencontrent presque exclusivement sur la côte.

Les indigènes

Les indigènes représentent environ 1/4 de la population du pays. Ce sont les populations d'origine amérindienne, descendant des habitants présents avant la conquête du pays par l'Espagne au XVIe siècle. Les estimations de cette population en Equateur sont extrêmement variables. En 2011, l'INEC estimait que cette population représentait 6,8 % de la population du pays (soit 830 418 personnes), alors que l'ONU estimait ce chiffre à 43 % en 2004 (4 100 000 personnes). Le faible chiffre obtenu par l'INEC s'explique par le fait que le recensement se base sur la méthode de l'autodéfinition : seules sont comptabilisées les personnes qui « ont accepté d'être indigènes malgré les multiples complications sociales que signifie faire partie de cette population ». Le mouvement indigène prédominant estime à 40 % la population indigène du pays (se rapprochant ainsi de l'estimation des Nations Unies). Les estimations de l'INEC étant fondées sur des réponses à des questionnaires exclusivement publiés en espagnol sont manifestement peu fiables et vous constaterez au cours de votre voyage que les indigènes sont encore aujourd'hui la population la plus représentée dans le pays.

Les différentes nationalités indigènes. Selon le COPENDE (Conseil de développement des nationalités et peuples de l'Equateur), les nationalités indigènes reconnues sont au nombre de 13. Elles sont réparties selon les régions. Sur la côte Pacifique (Costa) : Awa, Chachi, Epera et Tsa'chila. Dans la région amazonienne (Oriente) : A'i Cofán, Secoya, Siona, Waorani (Huaorani), Zápara, Shiwiar, Achuar et Shuar. La nationalité quichua (quechua ou kichwa) forme 13 peuples. Dans la région andine (Sierra) : Kichwa Karambi, Kichwa Natabuela, Kichwa Otavalo, Kichwa Kayambi, Kichwa Kitu kara, Kichwa Panzaleo, Kichwa Chibuleo, Kichwa

© AMMIT JACK - ISTOCKPHOTO.COM

Autochtone d'Amazonie.

Salasaka, Kichwa Waranka, Kichwa Puruhá, Kichwa Kañari et Kichwa Saraguro. Dans la région amazonienne (Oriente) : Kichwa de l'Amazonie. Un 14e peuple est actuellement en processus de recherche et de reconstitution de culture et d'identité, dans la région côtière (Costa) : Manta-Huancavilca-Puná.

Les Jivaros, ces mystérieux guerriers « réducteurs de têtes ». En Equateur, trois peuples indigènes d'Amazonie sont regroupés sous le nom de Jivaros : les Shuar (les plus nombreux), les Achuar et les Shiwiars. Leurs territoires sont actuellement coupés en deux entre l'Equateur et le Pérou, depuis la guerre de 1941 qui a réduit le territoire de l'Equateur de moitié. Lors de la conquête espagnole, ils ont été désignés sous le nom de Jivaros par les conquistadores ; nom qui signifie littéralement « sauvages » ou « barbares ». C'est sans nul doute la coutume des *tsantzas*, têtes réduites, qui a le plus marqué l'imagination des Occidentaux et contribué à la réputation des Jivaros. Suites aux conflits fréquents entre les différents groupes ethniques, les têtes des ennemis tués étaient rapportées comme trophées et transformées au cours d'un long et complexe rituel, pour s'imprégner de la force de l'âme de la victime et éviter que celle-ci ne vienne se venger. La tête était donc vidée, désossée, desséchée à l'aide de cendres et de pierres chaudes, remplie de sable, cousue et remodelée et enfin maquillée. Elle était ensuite arborée fièrement au cou de son propriétaire. Un grand nombre d'explorateurs espagnols et européens, parmi lesquels des missionnaires, firent les frais de cette coutume ancestrale, ce qui popularisa en Occident cette image glaçante des Jivaros coupeurs et réducteurs de têtes sanguinaires et fit la joie de nombreux auteurs de romans d'aventure. La pratique ne fut interdite par le gouvernement que dans les années 1960. On peut aujourd'hui voir des têtes réduites dans la plupart des musées ethnologiques du pays, en revanche celles qui vous sont proposées sur les marchés ne sont, heureusement, que de grossières reproductions en peau de chèvre ou de singe...

Les créoles

Les créoles sont les descendants directs des Européens qui colonisèrent le pays. Ils sont pour la plupart issus de familles bourgeoises espagnoles dont les plus jeunes ont parfois décidé de s'installer définitivement dans le pays. Ils représentent environ 7 % de la population du pays et sont souvent propriétaires d'exploitations agricoles.

Les Afro-Equatoriens

Cette communauté minoritaire qui représente environ 3 % de la population nationale, compte les Mulatos et les Zambos. Les Afro-Equatoriens vivent principalement dans la province d'Imbabura (vallée du Chota) et dans celle d'Esmeraldas, au nord du pays. Ce sont souvent des descendants d'anciens esclaves libérés ou abandonnés qui se sont installés à leur compte.

L'immigration récente

Ces dernières années, l'Equateur a vu l'arrivée de très nombreux Vénézuéliens ayant fui la pauvreté ou le régime politique de leur pays. Souvent jeunes, ces nouveaux immigrés économiques prennent petit à petit une place importante dans la société de consommation, acceptant souvent des salaires au rabais que n'auraient pas accepté les autochtones. Ils représentent aujourd'hui plus de la moitié des étrangers vivant dans le pays. (54 %).

SOCIÉTÉ

En raison de son grand nombre d'ethnies, la société équatorienne est très métissée. Ces métis, qui vivent le plus souvent en ville, ont adopté un mode de vie à l'occidentale. La majorité de la population est de confession catholique et la société équatorienne est, dans l'ensemble, pieuse et conservatrice. La famille tient une place prépondérante dans la vie des Equatoriens. Si la femme est progressivement intégrée au monde professionnel (occupant des postes dans les services, essentiellement), elle reste dévouée à son foyer dans la plupart des milieux. Il existe une rivalité entre les habitants des Andes (Sierra) et de la Costa (côte), plus précisément entre Quiteños et Guayaquileños. Vous pourrez le constater par vous-mêmes si vous vous rendez dans les villes de Quito et Guayaquil. Guayaquil est devenu petit à petit la capitale économique indiscutable du Pays, mais Quito reste la capitale administrative et culturelle incontestée.

Education

Une des priorités de Raphaël Correa à son élection était de réformer le système d'accès à l'éducation et de permettre à tous d'accéder à l'éducation dans les mêmes conditions. Il a également profondément remodelé le programme d'enseignement afin, selon ses propres déclarations, d'améliorer le niveau général d'enseignement dans le pays. Par ailleurs, le gouvernement a essayé de valoriser et préserver les langues indigènes et leur usage, ainsi que le savoir ancestral des peuples autochtones. Cette politique s'inscrit dans le cadre du programme de Buen Vivir (littéralement « bien vivre »). Le Président Moreno qui a succédé à Raphaël Correa, avait pour objectif de rendre les études supérieures encore plus accessibles à l'ensemble des jeunes Equatoriens durant son mandat. Il y est parvenu en partie, mais la pandémie de Covid-19 ne lui a pas facilité les choses, privant l'Equateur d'enseignement scolaire et universitaire pendant une année scolaire complète. La tâche reste encore vaste pour le tout nouveau président, Daniel Noboa.

Droits de l'Homme

Les Droits de l'Homme en Equateur ont connu des avancées et des reculs au cours de la décennie qui s'est terminée. Au cours des dix dernières années, plusieurs minorités oubliées ont eu plus de visibilité, mais de nombreux citoyens innocents ont été persécutés par l'Etat. Un rapport sur les violations des Droits de l'Homme des deux dernières décennies a été publié pour la première fois en 2019 et le mariage homosexuel a été approuvé, mais il reste encore le souvenir des violations des Droits de l'Homme comme le refus de la consultation populaire aux habitants du Yasuni au sujet de l'exploitation pétrolière sur leur sol en 2019 ou encore les arrestations d'opposants politiques comme celle connue sous le nom des « 10 de Luluncoto » en 2012. Pour les femmes, ce fut une décennie douce-amère : le féminicide a été inscrit dans le Code pénal pour la première fois de l'histoire, les premières marches ont été organisées pour dénoncer les violences de genre, davantage de collectifs ont été créés et la lutte féministe a été rendue plus visible. Cependant, en 2023, les votes nécessaires à la dépénalisation de l'avortement pour viol n'ont pas été obtenus et le nombre de femmes ayant donné la vie à la suite d'un viol n'a pas diminué.

Pauvreté

La pauvreté en Equateur s'est stabilisée à 27% en 2023, après avoir atteint plus de 32% des habitants en 2021 après la pandémie de COVID19, selon le dernier rapport de l'Institut national des statistiques et des recensements (INEC). Le document indique que la pauvreté et l'extrême pauvreté régressent légèrement depuis 2021. Le chiffre de 27 % reflète la situation moyenne au niveau national, bien qu'en milieu urbain il soit plus bas, s'établissant à 18 %, en nette régression alors qu'il monte à 46,4 % en milieu rural. En juin 2023, le seuil de pauvreté en Equateur s'élevait à 89 dollars par mois et par habitant, tandis que le seuil d'extrême pauvreté s'élevait à 50 dollars par mois et par habitant. De nombreux Equatoriens se sont vus contraints de s'endetter pendant la pandémie et supportent aujourd'hui le poids de la dette malgré la reprise économique notable.

Retraite

L'Equateur fait partie des pays les plus attractifs au monde en ce qui concerne le système de retraite qui y est présent. Placé tout en haut de la liste, bien devant ses voisins d'Amérique du Sud. On y trouve en effet une communication de facteurs plutôt favorable : le coût de la vie, les bas prix de l'immobilier, le système de santé très bien construit et une offre importante de services culturels, sportifs et touristiques. Le système de santé présent en Equateur est le meilleur système de toute l'Amérique du Sud. Cela s'explique par le grand nombre de docteurs et médecins qui ont suivi leurs études aux Etats-Unis ou en Europe. Les réglementations en termes d'hygiène sont au-delà de ce que l'on peut trouver dans le reste des pays andins. De plus, une couverture médicale complète est assurée aux patients au-delà de leurs 65 ans couvrant ainsi les frais médicaux, moyennant une cotisation mensuelle comprise entre 60 et 200 US$ par mois. Les expatriés sont également éligibles à ce système de santé publique couvrant les frais médicaux. Il est également important de préciser qu'au-delà du système de santé, une série d'avantages non négligeables concernent les seniors à partir de leur 65e année. Ces derniers peuvent en effet prétendre à des réductions (jusqu'à -50 %) sur les événements sportifs, culturels, mais aussi des charges moins élevées et la possibilité de se faire rembourser les taxes. Bien sûr, ce système commence à attirer les internationaux, car outre que le système des retraites est intéressant, le cadre de vie en Equateur est relativement attractif : plages, montagnes, volcans et le climat font du pays un véritable havre de paix où venir passer sa retraite. Nombreux sont les étrangers à y être déjà venus s'installer. Cuenca au sud compte près de 8 000 expatriés, Vilcabamba encore plus au sud, a vu sa population doubler en quelques années.

Santé publique

Le système de santé publique équatorien date de 1967. C'est le ministère de la Santé publique qui en est l'entité responsable. Le plan d'action principal de ce système de santé tourne autour de la santé communautaire et préventive. Ce système de soins de santé publique permet aux patients d'obtenir une consultation (en pédiatrie, gynécologie, clinique ou chirurgie) dans les hôpitaux généraux publics, sans prise de rendez-vous au préalable et d'être vus par des professionnels. L'Etat est plutôt bien équipé en termes d'hôpitaux. Bien que beaucoup se trouvent dans les grandes villes ou capitales des provinces, il y a des hôpitaux de base (ou centres de soins) partout ailleurs. La plupart des communautés rurales en Equateur ont une population importante d'autochtones. Les médecins affectés à ces communautés, appelés aussi médecins en milieu rural, sont en charge de petites cliniques pour répondre aux besoins de ces patients de la même façon que les hôpitaux de jour dans les grandes villes.

Droits LGBT

En Equateur, l'homosexualité a beau être légalisée (depuis 1997), la communauté LGBT (lesbiennes, gays, bisexuels et transsexuels) demeure toutefois victime de discrimination. Un écart qui se comble néanmoins de plus en plus, comme en témoigne la validation en juin 2019 du mariage entre personnes du même sexe par la Cour constitutionnelle d'Equateur. A noter qu'en 2011, un groupe d'activistes nommé Fundación Causana a lancé une pétition sur le site Change.org pour réclamer la fermeture de plus de 200 cliniques mettant en œuvre des cures pour « soigner » l'homosexualité. Les activistes dénoncent des actes de tortures et de violence à l'égard des patients. Depuis 2011, un bon nombre de cliniques ont fermé leurs portes, mais il en existe encore quelques-unes à travers le pays. En 2015, l'ancien président Rafael Correa qui, en 2013, critiquait ouvertement, et au nom du pays, l'idéologie du genre qu'il jugeait d'ailleurs comme dangereuse, affirma qu'il s'ouvrait à la reconnaissance des gays et lesbiennes, mais aussi des bisexuels et transsexuels, leur promettant la création d'une politique globale incluant ainsi de nouvelles lois, telles que la reconnaissance juridique des unions homosexuelles. Une grande avancée qui a mené le pays à octroyer d'autres droits à ces communautés. Depuis l'élection de Lenín Moreno en 2017, les personnes transsexuelles ont ainsi pu voter dans les bureaux réservés à leur genre, sans tenir compte de leur sexe, grâce à l'adoption d'une loi le permettant en 2016. C'est un des rares pays acceptant, dans les registres électoraux par exemple, de différencier officiellement le genre du sexe de ses citoyens. L'Equateur devient ainsi l'un des pays les plus à la pointe sur ces thématiques.

Coutumes

Les treize communautés autochtones du pays ont conservé l'ensemble de leurs coutumes variées et ancestrales ; les populations autochtones de l'Oriente sont reconnues pour leur connaissance de la médecine traditionnelle. D'autre part, la communauté d'Otavalo (dans la Sierra, à 2 heures de route de Quito) est mondialement connue pour son savoir-faire artisanal, un des plus illustres d'Amérique latine. Au fil du temps, la population afro-équatorienne de la Costa a su préserver et pérenniser sa culture, notamment à travers la musique et la danse. Où que vous alliez en Equateur, vous aurez l'occasion de constater combien les mœurs et coutumes traditionnelles sont pérennes.

Sécurité

La sécurité des citoyens et des visiteurs est en Equateur comme dans la plupart des pays d'Amérique latine, un sujet au premier plan des préoccupations des dirigeants et Guillermo Lasso, qui vient de démissionner, n'échappait pas à la règle. Il avait d'ailleurs décidé en octobre 2021, quelques mois après son élection, de déclarer l'état d'exception dans plusieurs provinces, afin de permettre à l'armée de venir en soutien des forces de police en cas de besoin. Les indices d'insécurité, en particulier le nombre d'homicides qui est passé à 26 pour 100 000 en 2022, sont en effet au rouge et inquiètent les gouvernements successifs. En ce qui concerne les vols avec violence, une augmentation exponentielle a également été observée. L'Equateur fait malheureusement partie, aujourd'hui, des pays les plus dangereux d'Amérique latine. Cette insécurité croissante est due à plusieurs facteurs à prendre en compte pour comprendre quels sont les enjeux de l'administration actuelle, de la société civile et de l'Etat lui-même. Les récentes violences dans les prisons (plus de 400 morts entre octobre 2021 et 2022) sont le reflet de la réorganisation des organisations criminelles dans le pays, souvent en liaison avec les cartels de drogue des pays voisins, car l'Equateur est depuis longtemps une plateforme de transit.

L'enjeu actuel en termes de sécurité est d'ordre public, et nécessite un large déploiement de politiques en matière éducative, industrielle, frontalière ou judiciaire. Le tout nouveau président, Daniel Noboa, à de nombreux défis à relever.

RELIGIONS ET CROYANCES

La plupart des habitants de l'Equateur sont catholiques, une religion qui a été introduite dans la majeure partie de l'Amérique latine lors de la conquête espagnole. La liberté de culte est garantie par la constitution équatorienne, c'est pourquoi de nombreuses autres religions sont pratiquées par de plus petites communautés en Equateur. Le catholicisme s'est répandu en Equateur après l'arrivée des Espagnols au XVIe siècle. Conséquence de la création d'écoles catholiques qui ont permis d'éduquer la population tout en dispensant un enseignement religieux. Dans les années 1960, les prêtres catholiques ont été touchés par la théologie de la libération, courant de pensée chrétien visant à rendre la dignité aux plus défavorisés en les libérant d'intolérables conditions de vie. L'Eglise s'est mise à promouvoir le changement social en participant à des campagnes d'alphabétisation et en encourageant la redistribution des terres aux autochtones.

La religion catholique

Depuis la fin du XIXe siècle, la religion a toujours joué un rôle prépondérant, essentiel jusque dans la vie quotidienne de la population. Le président de l'époque, Gabriel García Moreno, avait décrété qu'il fallait être catholique afin d'obtenir à la fois la nationalité équatorienne et le droit de vote. Heureusement, cette loi n'est plus en vigueur aujourd'hui. Ce qui ne veut pas dire que pour cette raison la religion soit moins pratiquée. Il suffit de contempler la beauté des cathédrales et le nombre incroyable d'églises qu'il y a dans tout l'Equateur pour s'en convaincre. De nos jours, plus de 80 % de la population équatorienne se considère comme catholique alors qu'au total, 90 % des Equatoriens disent être adeptes d'une religion. L'influence de l'église peut être observée dans l'éducation et les événements importants de la vie : y compris les baptêmes, les mariages et les funérailles. Des églises catholiques se trouvent sur presque toutes les places de la ville et des sanctuaires catholiques sont souvent vus au sommet des montagnes. En outre, vous remarquerez que de nombreuses festivités et festivals du pays sont sans surprise liés à la religion. Si par hasard il y a une fête religieuse programmée pendant votre séjour en Equateur, n'hésitez plus et allez-y ! Le dévouement de la population est quelque chose d'incroyable à observer. Pour ces occasions, de nombreuses processions auxquelles participent un grand nombre de personnes sont généralement organisées.

Basilique du voeu national à Quito.

Cérémonie avec un chaman.
© AMMIT JACK - SHUTTERSTOCK.COM

Les religions minoritaires

Le protestantisme a des adeptes, en particulier dans les régions les plus reculées du pays, où les missionnaires travaillent pour améliorer la vie physique et spirituelle des groupes indigènes. Même ainsi, la religion indigène est toujours forte dans la société équatorienne. De nombreuses tribus indigènes telles que celles de la Sierra, mélangent les rites catholiques avec leurs propres croyances, créant une fusion intéressante de la foi. Le mormonisme, le judaïsme, l'islam, le bouddhisme et les baha'is ont peu d'adeptes en Equateur.

L'Eglise évangélique. Comme dans beaucoup de pays d'Amérique, la religion évangélique est en plein essor en Equateur. On estime aujourd'hui la population se reconnaissant évangélique à 13 % de la population totale ce qui en fait la deuxième religion *de facto* dans le pays. Les grands centres évangéliques du pays sont regroupés à Guayaquil. L'Eglise évangélique soigne sa présence politique dans le pays et l'ancien président Lasso, élu en 2021, a même invité un pasteur évangélique à sa prise de fonctions à la tête de la nation.

Les croyances ancestrales et la religion

Afin de convertir les autochtones, les prêtres et missionnaires de l'époque coloniale n'avaient d'autre choix que d'accepter un mélange entre leur religion et les croyances locales. Bénir la terre ou les animaux faisait partie des tâches qu'ils accomplissaient fréquemment. Aujourd'hui encore, les fidèles continuent de prier un Christ solaire et une Vierge lunaire. En fait, certains considèrent que cette dernière n'est autre que la Pachamama, mère de tous les volcans. L'Eglise accepta ce mélange de croyances pour préserver intacte la dévotion de la population. Il n'est pas rare de voir, par exemple, des ouvertures dans les murs des églises. Celles-ci permettaient l'entrée des rayons du soleil afin qu'une statue de la Vierge puisse être baignée de lumière pendant les solstices. Cela a toujours un effet sur la population indienne. Et en dehors des villes, les traditions deviennent encore plus importantes. Ainsi, le guérisseur, nommé Yachac et connu sous le nom de Chaman, dispose d'un carnet de rendez-vous bien plus rempli que celui du médecin classique. Et personne n'oserait construire une maison sans d'abord enterrer un fœtus de lama dans les fondations et ériger une croix chrétienne.

Les Chamans. Guerriers guérisseurs pour divers peuples d'Amérique latine, ils sont aujourd'hui très recherchés par les visiteurs étrangers qui souhaitent faire l'expérience de la « *limpieza* », sorte de nettoyage spirituel faisant souvent appel à l'utilisation de breuvages à base de plantes, dont le fameux *ayahuasca* amazonien. Pour les habitants du pays, ils sont principalement des guérisseurs et consultés comme on consulte un médecin chez nous. Attention aux charlatans qui ne sont chamans que pour les touristes !

La Cosmovision andine

Depuis 5 000 ans, les peuples autochtones ont concentré leurs croyances et religions dans un concept connu sous le nom de Cosmovision. Ils l'appelaient « Illa Teqsi » qui signifie « Fondation de la Lumière » « Lumière primordiale » « Lumière éternelle » parce que les ancêtres croyaient que tout provenait de « Illa », l'énergie à partir de laquelle l'univers a été formé. Dans la culture andine, tout est imprégné de « Illa » considérée comme l'énergie positive (Sami). Aujourd'hui, la lumière originelle est souvent représentée par le soleil « Inti » qui fait d'ailleurs l'objet d'une vénération absolue et de nombreuses manifestations religieuses comme « Inti Raymi », la fête du Soleil qui a lieu chaque année au moment du solstice d'hiver de l'hémisphère Sud, le 21 ou 22 juin. En Equateur, l'Inti Raymi est célébré dans tout le pays. Chaque province célèbre le festival d'une manière différente, en fonction des traditions des peuples autochtones qui y vivent (bien que chaque festival tourne autour du soleil). En plus d'être une fête de la moisson, la célébration de l'Inti Raymi permet à ses participants de retrouver son identité indigène disparue pendant des siècles. Cette fête offre aux indigènes équatoriens un moment d'unité et de fierté pour leur culture et leur patrimoine.

Sumak Kawsay (bien vivre). Le concept de *buen vivir*, hérité de la cosmovision andine, fut intégré à la constitution par Rafaël Correa dans l'objectif d'utiliser les croyances ancestrales aux fins de soutien au développement durable, un thème prépondérant pour tous les politiques d'aujourd'hui. Ce concept, qui implique que pour atteindre le bien-être personnel il faille passer par le bien-être collectif à l'avantage d'être bien connu des peuples d'Equateur et s'inscrit parfaitement dans le schéma d'un développement durable plus global pour les communautés et par conséquent pour le pays.

QUE RAPPORTER ?

Vous trouverez, sur les marchés et dans les boutiques, de quoi satisfaire tous vos goûts : tissages, céramiques, objets en bois, sculptures, bijoux, articles en cuir, vannerie ou encore les fameux chapeaux panamas qui en réalité viennent d'ici. Les achats varieront en fonction de la région : dans les provinces de la côte et dans les Galápagos, on trouve des objets fabriqués avec des coquillages, de l'écorce de noix de coco, de l'ivoire végétal (*tagua*), du corail, des fibres végétales, de la paille, du cuir, du bois, du fer-blanc, du laiton, du *balsa* et du bambou d'Amérique ; et dans la Sierra, on trouve un artisanat réalisé à partir de laine naturelle, de terre cuite, de bois, de cuir, d'agave, de coton, de céramique, de massepain, de crin de cheval, de fer-blanc, de laiton, de fer forgé, de cire, de verre, de peaux, de paille, de tissu, d'ivoire végétal, de cornes de bovins, de bronze, de marbre, d'or, d'argent et autres métaux.

Les articles en cuir de Cotacachi

Le *boom* du cuir à **Cotacachi** ★★★ (p.189) a commencé pendant la Seconde Guerre mondiale, générant un lien fort avec les Etats-Unis grâce à la fabrication d'étuis à cigarettes pour les soldats. Du portefeuille aux pulls élégants, ce sont les objets touchant à l'art qui sont conçus et fabriqués dans cette charmante ville connue sous le nom de « Pays de Jora ». Au début du XXe siècle, la population de Cotacachi s'aventure dans les activités de sellerie. De là, le canton est devenu l'un des principaux producteurs d'articles en cuir et d'artisanat du pays. Les artisans travaillent tous les types de cuir : taureau, veau, génisse, agneau. Le meilleur cuir est choisi pour tailler les vestes puis le processus d'assemblage qui dépend du modèle et du moule est suivi avec amour pour obtenir un vêtement de qualité. Depuis quelques années, les artisans se concentrent sur la création de vêtements design et exclusifs. La grande clientèle, faite d'étrangers et de nationaux, recherche des articles uniques et Cotacachi est l'endroit idéal pour les trouver ou les commander.

Le marché multicolore d'Otavalo

Le grand marché d'**Otavalo** ★★★ (p.180), un des plus grands d'Amérique du Sud est l'endroit idéal pour faire quelques emplettes avant de retourner à la maison. C'est un marché coloré, tenu par de nombreux autochtones de la région qui revendent leurs créations ou celles de villages éloignés qui les leur apportent sur place. Ponchos multicolores, attrape-rêves virevoltants et bijoux dorés à l'or fin se retrouvent ici en quantités impressionnantes, mais attention, surveillez la qualité avant d'acheter, vous éviterez les déceptions au déballage. En fouillant les petites boutiques ou en trouvant, au coin d'une rue, une vendeuse de bijoux locale, vous aurez peut-être la chance de pouvoir acheter un ou plusieurs de ces superbes colliers faits de perles dorées que les femmes autochtones portent en grand nombre autour du cou. Leur nom local est *wallka* et leur nombre autour du cou de leur propriétaire donne une indication sur la richesse de la famille de celle-ci. C'est probablement le souvenir de voyage le plus original que vous puissiez trouver.

DÉCOUVRIR

Le marché d'Otavalo est idéal pour dénicher un souvenir à rapporter.

© REBECAZ - SHUTTERSTOCK.COM

Le chocolat, souvenir incontournable.

Un chocolat d'exception

Connu comme l'un des meilleurs d'Amérique du Sud, ses bienfaits confirment sa renommée. Non seulement parce que le cacao est cultivé ici-même, mais aussi parce que la technique de ses producteurs est unique. Il existe de nombreux chocolatiers dans tout le pays, mais chacun essaie d'apporter sa petite touche personnelle à la fabrication de son chocolat. L'une des principales particularités réside dans l'élaboration du chocolat lui-même. Sa haute qualité est due à l'utilisation de beurre de cacao, au lieu d'huiles végétales. Cela ajoute de l'onctuosité et une saveur plus prononcée au produit final. C'est sans aucun doute le meilleur cadeau que vous puissiez faire à vos amis à votre retour d'Equateur. Ne manquez pas les dégustations proposées par certaines marques. Y participer vous permettra de découvrir ce qui caractérise chaque tablette de chocolat, selon le lieu où le cacao a été récolté. N'hésitez pas à vous intéresser à des chocolats de petits producteurs, souvent bios, vous pourriez être surpris du résultat !

Un café de qualité

Ces dernières années, un gros effort a été fait sur la qualité du café produit en Equateur, il égale maintenant souvent les meilleurs cafés de Colombie, pays voisin d'où viennent nombre de producteurs équatoriens. Que vous le préfériez moulu ou en grains, vous trouverez divers endroits pour en acheter quelques paquets, et même essayer différentes variétés avant de faire votre achat. Ne manquez pas l'occasion de découvrir les différentes marques et torréfactions avant de décider lequel est votre préféré.

Les meilleurs lieux pour acheter du bon café sont bien entendu les exploitations où il est produit, mais vous trouverez également quelques magasins spécialisés. Attention, le café est assez cher en Equateur.

La joaillerie artisanale

L'Equateur est connu pour le travail artisanal des bijoux en or et en argent. Les pièces réalisées généralement avec des fils très fins (filigrane) permettent de fabriquer des bijoux à porter comme de grandes pièces ornementales, accompagnées de pierres qui ajoutent de la couleur. Les rues de Chordeleg en sont une parfaite illustration, chaque lampadaire est une pièce d'orfèvrerie locale ! De plus, si vous avez une idée précise, vous pouvez demander qu'on vous fabrique un bijou sur place. Les artisans se feront un plaisir de le réaliser et même souvent de vous le livrer à votre hôtel.

Tissus en alpaga

Il n'y a rien de plus doux et plus chaud que la laine d'alpaga. Vous pouvez la trouver sous la forme d'un chapeau, de bas, de couvertures et de ponchos. Si vous êtes adeptes du tricot, profitez-en pour acheter quelques pelotes que vous tricoterez l'hiver au coin du feu ;-) Tenez compte du fait que certains produits viennent du Pérou ou sont faits d'alpaga mélangé à de la laine de mouton ou à un autre matériau synthétique.

Les couvertures typiques d'Equateur, sont fabriquées à la main en utilisant des techniques traditionnelles. Si vous souhaitez rapporter un cadeau qui durera de nombreuses années, vous trouverez votre bonheur dans ce type de produit indémodable et très résistant.

LE PANAMA
DE SON VRAI NOM, PAJA TOQUILLA

Découvert à Montecristi

En 1534, une flotte espagnole en provenance d'Amérique centrale formée de quelques navires, avec 500 soldats et 250 chevaux, débarque à Bahía de Caráquez. Ces troupes venaient à la rescousse des conquistadores qui, plus à l'est dans les Andes, étaient confrontés aux guerriers de Rumiñahui, le propre frère de l'empereur inca Atahualpa. En remontant vers la Sierra, les Espagnols traversent les villages de Jipijapa et Montecristi. Le père José María Cobos est alors surpris par les étranges coiffes que portent les habitants pour se protéger du soleil. Leur finesse et leur découpe rappellent les ailes des chauves-souris, et les Espagnols pensent alors qu'elles sont confectionnées avec la peau de ces bêtes. Le père Cobos découvre qu'il s'agit en fait d'une fibre végétale provenant de la feuille d'un palmier autochtone. Il faut attendre 1630 pour qu'un autre Espagnol, venant de Panamá, retrouve les ailes de chauve-souris décrites par le père Cobos. Installé dans la province de Manabí, ce nouveau venu, Francisco Delgado, admire l'habileté des natifs à travailler cette fibre végétale appelée *paja mocora*. Extraite d'un palmier qui ne pousse que dans cette région, la *paja mocora* se présente sous plusieurs qualités, la meilleure étant la plus fine et la plus blanche. Delgado fait alors fabriquer quelques toques ; la souplesse du travail permet de les modeler, de les rouler pour les mettre dans la poche puis de les sortir sans qu'elles ne soient froissées pour se protéger du soleil. Delgado les nomme *tocas* (« toques », en espagnol). Puis le diminutif *toquillas* apparaît et cette appellation remplace définitivement celle de *mocora*.

Naissance du *toquilla*

Les chapeaux de paille *toquillas* sont nés, mais il faut attendre plus de deux siècles avant qu'ils ne soient connus sous le nom de « panamas ». Jusqu'au milieu du XIXe siècle, les chapeaux de paille *toquillas* sont entrés dans la tradition locale. La région de Guayaquil et la province de Manabí cultivent le palmier, dont la fibre est travaillée à Cuenca, à Azogues et dans les villages environnants (au sud de la Sierra). Cette région devient le centre des *toquillas* et de nombreuses familles se spécialisent dans leur confection ; c'est encore le cas aujourd'hui. Les chapeaux sont alors portés un peu partout, du Pérou à l'Amérique centrale, mais leur fabrication reste artisanale et ne connaît pas de véritable essor. Puis, en 1830, lors de l'éclatement de la Grande Colombie, la garnison des soldats républicains de Cuenca est coiffée de *toquillas*, qui ne passent pas inaperçus. En 1835, la première industrie voit le jour à Cuenca ; la région se met alors à produire plus de 3 000 chapeaux par an. En 1881, les Etats-Unis entreprennent les travaux du canal de Panamá et des milliers d'ouvriers originaires de divers pays y sont affectés. Très vite, les services sanitaires rendent obligatoire le port du chapeau pour se protéger du soleil ; légers, confortables et pratiques, les *toquillas* équatoriens font l'unanimité. Ils se négociaient à l'époque à prix d'or : environ 100 US$ la pièce. Les Américains les nomment *Panama hats*, une appellation qui est aujourd'hui désuète, les Equatoriens revendiquant le nom de *sombrero de paja toquilla*. C'est ainsi que les chapeaux de paille équatoriens feront le tour du monde. Cinq ans après l'inauguration officielle du canal de Panama (1925), les fabriques de Cuenca, qui employaient 50 000 personnes, avaient déjà produit plus de 1 500 000 chapeaux, destinés à l'exportation. C'était pour l'industrie équatorienne une affaire très rentable : la matière première et la main-d'œuvre étaient bon marché et le chapeau se vendait cher (environ 25 US$ l'unité) Jusqu'en 1972, ce chapeau équatorien est le premier produit manufacturé d'exportation du pays. En 1977, cette production atteint le chiffre record de plus de 5 millions d'unités (plus de 8 millions de dollars) et les fameux chapeaux sont vendus dans plus 120 pays.

Patrimoine culturel de l'UNESCO

En 1990, la production baisse d'un million de chapeaux par an. Par ailleurs, le marché commun andin (ou Pacte Andin) qui, depuis 1987, régit les lois commerciales entre les pays membres, apparaît comme une menace pour la commercialisation du chapeau équatorien. Celui-ci, comportant un label de qualité, est considéré comme un produit de luxe à l'exportation vers les pays du Pacte et se trouve donc taxé en conséquence. Pour sauvegarder cette production artisanale et locale unique au monde, le chapeau de paille équatorien a été inscrit sur la liste du patrimoine culturel de l'UNESCO en décembre 2012.

SPORTS ET LOISIRS

En Equateur, comme dans toute l'Amérique du Sud, c'est évidemment le football qui est le sport roi. A noter aussi, l'attrait pour les sports traditionnels comme la *pelota*, sorte de pelote basque locale, et l'ecua-volley, la version équatorienne du volley-ball. Côté loisirs, la diversité des paysages permet de s'adonner à une multitude d'activités. Sportifs, vous ne saurez plus où donner de la tête : parcourir des sentiers de randonnées en observant les multiples espèces d'oiseaux, partir pour des treks de plusieurs jours à l'assaut des sommets andins, galoper dans le vent, s'essayez au canoë, au rafting, au canopy (tyrolienne), au saut à l'élastique ou au canyoning avant de s'enfoncer dans la nature à cheval ou à VTT. Les surfeurs gagneront eux les meilleurs spots de la côte Pacifique, tandis que les autres se feront plaisir canne à pêche en main ou bouteille de plongée sur le dos aux Galápagos ou au large de Puerto Lopez.

Des sports traditionnels très pratiqués

▸ **L'ecua-volley.** Il s'agit d'un volley-ball réadapté par les Equatoriens eux-mêmes, en transformant les règles. Il se distingue du volley-ball par le nombre de joueurs (3 dans chaque équipe), le ballon (un ballon de football en plastique) et le style de jeu (la réception et les passes se font avec la paume des mains). Le **Parque la Carolina** (p.137) à Quito rassemble tous les week-ends des centaines de pratiquants.

▸ **La *pelota nacional*.** Les règles de ce jeu populaire dans le nord des Andes sont directement inspirées de celles de la pelote basque. Deux équipes de cinq joueurs s'affrontent dans une partie en 3 sets. Le but du jeu est de faire rebondir la balle 2 fois dans le terrain adverse sans que celle-ci ne puisse être récupérée par l'autre équipe. On frappe la balle avec de grosses raquettes en bois de près de 1 m avec des dents de caoutchouc.

Le football, le sport le plus populaire

Comme sur tout le continent, le football déchaîne les passions. Les premières participations de l'équipe nationale des Condors aux Coupes du Monde de 2002 et 2006 ont été des événements particulièrement marquants pour tout le pays. Notamment la deuxième fois, lorsque les Equatoriens atteignent les 8e de finale avant de tomber face à l'Angleterre de David Beckham. Au niveau national, l'équipe n° 1 et la plus titrée du pays est le Barcelona de Guayaquil qui évolue dans un stade de 60 000 places, El Monumental. Même s'il ne faut pas oublier ses principaux rivaux : Emelec (Guayaquil), mais aussi l'ennemi juré car il vient de la Sierra et de la capitale, le Nacional de Quito.

A l'assaut de la nature et des sommets

Le pays est propice aux treks : vous pourrez ainsi sillonner le *paramó* andin pendant plusieurs jours sans croiser âme qui vive, mais aussi gravir des volcans aux cratères incandescents et des montagnes aux sommets enneigés, qui tutoient par-

© SL_PHOTOGRAPHY - ISTOCKPHOTO.COM

Randonnée autour du lac Quilotoa.

fois le ciel à plus de 6 000 m. Les sommets andins justifient à eux seuls un voyage en Equateur. Trekkings, randonnées ou escalade de tout niveau sont envisageables. Les amateurs chevronnés pourront faire un trekking d'une semaine à dix jours (nuits en refuge ou campement selon l'altitude) dans la Sierra, où trônent en maîtres le Cotopaxi, plus haut volcan actif du monde (5 897 m) et le Chimborazo, autre volcan et point culminant du pays (6 268 m). Les alpinistes initiés, eux, s'attaqueront aux Illinizas, par exemple, tandis que les novices attirés par les hauts sommets pourront tenter l'ascension du Cotopaxi, ne serait-ce que jusqu'au refuge basé à 4 800 m d'altitude, ou même atteindre le second refuge du Chimborazo (5 000 m) d'altitude. Pour ceux qui ont le temps, le volcan Sangay, qui domine le parc national du même nom, peut se gravir en une semaine, avec des guides des communautés locales ; une bonne manière de promouvoir le tourisme communautaire (nuits dans des refuges de communautés indigènes). Les agences spécialisées de Quito proposent par ailleurs des programmes adaptés à tous les niveaux – débutants à professionnels –, d'un à plusieurs jours de marche.

A cheval aussi, de superbes randonnées

Vous pourrez pratiquer l'équitation qui est un excellent moyen de découvrir certaines régions peu accessibles, comme les régions de montagne (autour du Cotopaxi notamment). A vous les randonnées à flanc de montagnes pour découvrir de splendides *haciendas* isolées ou pour gravir les pentes escarpées des volcans et profiter de paysages inaccessibles.

Vive les sensations fortes !

Depuis la plupart des villes situées aux portes d'entrée de l'Amazonie – Baños, Puyo, Iena, Misahualli –, vous pourrez vous adonner à des activités sportives ou ludiques, mais toujours amusantes : rafting, canyoning, canoë, kayak, saut à l'élastique, canopy (tyrolienne), VTT... Les amateurs de sensations fortes vivront une expérience inoubliable grâce à une demi-journée de canyoning, c'est-à-dire une descente en rappel dans les cascades, à Baños notamment. Et si cela ne vous suffit pas, il y a aussi le « puenting » ou saut à l'élastique ; frissons garantis ! La concurrence est rude entre les agences qui proposent toutes les mêmes activités, alors un conseil : comparez les prix, les prestations et assurez-vous du sérieux de l'agence avant de vivre la grande aventure, en veillant notamment à la qualification des guides et en vérifiant que l'équipement est aux normes.

Rafting. Des aventuriers du monde entier viennent découvrir les innombrables possibilités qu'offrent les fleuves et les rivières entre les rives escarpées de la Costa ou au milieu d'une végétation sauvage dans la Sierra. Pour la Costa, les plus intéressants sont le *río* Toachi, près de Santo Domingo, entre Alluriqu'n et Valle Hermoso. Plus au sud, le plus beau est le Pyango. Dans la Sierra, le *río* Paute est le plus indiqué. En Amazonie, de nombreuses rivières offrent des descentes de difficultés variées. On pourra emprunter le *río* Quijos et les *ríos* Anzu et Bobonaza, dans la province de Pastaza. Partout, des clubs louent matériel et proposent des guides.

© DOLEESI - SHUTTERSTOCK.COM

Surf à Montañita.

Un paradis pour les pêcheurs

On peut pêcher sans problème en eau profonde ainsi qu'en bord de plage ou en rivière. Les meilleurs sites de la Costa sont Atacames, Bahía de Caráquez, Pedernales, Jambelí ou Puerto Bolívar. Dans la Sierra, on préférera les lacs les plus calmes et très poissonneux comme le sont Mojanda, Papallacta, San Pablo, Mica ou Colta. La truite y est la plus recherchée.
Enfin, l'Amazonie est le paradis du pêcheur. Le Napo, l'Aguarico, le Tiputini ou le Jivino pullulent de silures, piranhas et autres anguilles électriques, et les lacs comme Limoncocha, Yuturi ou Pañacocha ne sont pas en reste.

D'excellents spots de surf

La Costa équatorienne connaît un franc succès depuis quelques années. Les surfeurs avertis – ou débutants – passent tous par Montañita où, le soir, la fête bat son plein, mais aussi par Canoa, encore un peu moins connu. Les hébergements proposent souvent des cours de surf et des boutiques de location de matériel ont ouvert leurs portes.

Plonger aux Galápagos

Les Galápagos sont un véritable sanctuaire primitif. Les amateurs de vie sauvage, les botanistes, ornithologues et biologistes se régalent. Quelques centaines d'espèces de poissons multicolores évoluent ici sans compter les tortues marines et les baleines, thons, dauphins, raies venimeuses, marlins, barracudas, mérous, orques et autres requins. Cependant, les conditions de plongée sont assez difficiles : l'eau est glacée et il y a beaucoup de courant.

DÉCOUVRIR

GASTRONOMIE

La gastronomie équatorienne a su tirer parti de l'immense variété des ressources naturelles locales. Grâce à des paysages infiniment variés, plusieurs microclimats et un grand nombre de groupes ethniques, la cuisine nationale se décline en une foule de plats aux saveurs originales mettant à l'honneur les produits locaux. Ainsi on ne mange pas les mêmes spécialités en Amazonie, dans les hauts plateaux andins ou sur la côte Pacifique. Cette cuisine fait honneur à une large gamme de viandes, de poissons, de fruits de mer, de légumes et de féculents, comme la pomme de terre, qui pousse naturellement dans les Andes, ou le riz, que l'on retrouve à tous les repas, sans oublier le manioc et la banane plantain. La diversité de fruits tropicaux ravira également les plus curieux et complète agréablement un petit nombre de desserts savoureux. On citera également des boissons traditionnelles très originales et quelques alcools insolites comme la chicha.

Produits caractéristiques

Bien que variée, la cuisine équatorienne utilise de manière récurrente quelques ingrédients de base comme le riz, la pomme de terre et le maïs, sans oublier d'autres féculents comme le manioc, les haricots secs ainsi qu'une foule de légumes divers et variés. La pomme de terre a été domestiquée il y a près de 10 000 ans aux alentours du Lac Titicaca puis sa culture fut progressivement étendue dans le reste des Andes. Le maïs, domestiqué au Mexique, arriva jusqu'en Equateur via les échanges marchands.

En règle générale, la cuisine équatorienne n'est pas très épicée, mais l'ají – sauce à base de piments rouges frais, d'oignons et de coriandre – est très appréciée et accompagne de nombreux plats. Le cumin est également très utilisé, tout comme l'achiote ou roucou, une épice rouge sang à l'arrière-goût de noix de muscade.

La banane fut longtemps considérée comme l'or vert de ce pays qui est le 5e producteur mondial. Les bananeraies s'étendent à l'infini dans la région de Machala, surnommée la capitale mondiale de la banane. Les variétés les plus courantes sont le *plátano* (banane plantain), le *guineo* (banane) et l'*orito* (banane naine délicatement sucrée, de la taille d'un doigt). L'Équateur également est l'un des premiers producteurs mondiaux de cacao.

Grâce à ses divers microclimats, on trouve aussi bien des fruits exotiques : ananas, mangue, papaye, goyave, noix de coco ou fruit de la passion (*maracuya*) ; que des fruits de climat tempéré (pomme, fraise, poire, mûre, raisin). Sans oublier des espèces locales plus insolites comme le tamarillo ou to*mate de árbol*, à l'arrière-goût de tomate, la chérimole (*chirimoya)* à la pulpe blanche très sucrée ou encore le babaco, un

© EVA KALI - SHUTTERSTOCK.COM

Céviches.

cousin de la papaye au délicat parfum d'ananas. La viande est grandement consommée et le porc, le poulet, le bœuf et la chèvre sont les produits carnés les plus communs. Le pays possède aussi une vaste côte très poissonneuse. On retrouve ainsi thon, rouget, mérou, sardine, bar, vivaneau, sans oublier divers coquillages comme les huîtres ainsi que d'autres fruits de mer tels les calmars, crabes, homards, poulpes et ainsi de suite. L'Equateur est l'un des plus gros producteurs de crevettes d'élevage du monde.

La gastronomie équatorienne est non seulement très nourrissante, mais également diversifiée d'une région à l'autre. La cuisine de la Sierra – très ancrée dans des traditions préhispaniques – est la plus roborative du pays. Cette cuisine andine met à l'honneur la pomme de terre et le riz, sans oublier maïs, blé et quinoa. On retrouve de nombreuses recettes de soupes, soit légères (*sopa*, *caldo*) soit épaisses (locro, chupe) et souvent préparées à base de lait, de pommes de terre, de fromage, de quinoa ou de légumes (avocat, pois, tomates). On pêche aussi des truites dans les lacs et les cours d'eau des Andes.

L'Amazonie possède des spécialités culinaires originales comme le *jabalí* (sanglier sauvage), le mono (singe), voire le *serpiente* (serpent) pour les plus aventureux, même s'il est toujours mieux de faire attention à l'origine de cette viande de brousse, certaines espèces chassées étant parfois menacées. Ici la pomme de terre est remplacée par le manioc (*yuca*). Dans les nombreuses rivières, on goûtera une multitude de poissons, comme le poisson-chat ou même le piranha. Sur la côte Pacifique la diversité des produits de la mer semble infinie. On les retrouve ainsi *frito* (frit), *empanado* (pané) ou a la plancha (grillé). Ici, les bananes sont omniprésentes et cuisinées sous toutes les formes.

Classiques de la cuisine équatorienne

Si on retrouve certains plats à travers tout le pays, un grand nombre de spécialités équatoriennes viennent de la région de la Sierra. Citons ainsi l'*hornado de cuero*, du porc cuit à l'étouffée avec une peau bien croustillante, façon cochon de lait, servie avec du maïs et une sauce à l'oignon. La *fritada de chancho* est une viande de porc qui – malgré son nom – n'est pas frite mais mijote avec du jus d'orange et des oignons. Elle est accompagnée de banane, de purée de maïs et de manioc. Les meilleures *fritadas* se dégustent vers Calderón, au nord de Quito. Spécialité d'Ambato répandue dans toute la Sierra, les *llapingachos* sont des croquettes de pommes de terre au fromage que l'on sert habituellement avec de l'*hornado* ou des œufs au plat.

Le terme *seco* se traduit par ragoût comme avec le *seco de chivo* (viande de chèvre, maïs, riz et tomates). Il existe aussi des *secos* de bœuf (*res*) et de poulet (*pollo/gallina*). La *fanesca* est un plat typique consommé pendant la Semaine sainte, dans la Sierra et le reste du pays. Cette soupe très épaisse contient une multitude d'ingrédients (plus de 12 en moyenne) et notamment de la morue, de la courge sambo, petits pois, maïs égrené, haricots secs, fèves, chou, cacahuètes, ail, riz, oignons, lait, fromage frais et piment. Le *sancocho* est un ragoût de porc, proche d'une soupe, très commun en Equateur garni de maïs, banane verte, manioc, oignons et herbes aromatiques.

Les soupes sont en effet populaires dans le pays. Citons l'immanquable *caldo de gallina*, une soupe riche au poulet, avec pommes de terre, patate douce, manioc, riz, oignons et coriandre. Le *locro de papas* plaira aux végétariens et se compose de pomme de terre, d'avocat et de fromage. Plus déroutant, le *locro de cuero* est une soupe de couenne de porc et de pomme de terre. Enfin le *yaguarlocro* est une soupe de tripes épicée servie avec de l'avocat.

L'*arroz con pollo* est un plat de riz servi avec des morceaux de poulet frit. Il existe des variantes au poisson (*pescado*), crevettes (*camarones*) et coquillages (*conchas*). C'est un plat très populaire en Amérique du Sud. Tout comme les empanadas, des chaussons frits fourrés de fromage ou de viande. Goûtez l'empanada de morocho, farcie de *morocho* (maïs blanc craqué), porc haché et petits légumes. Les touristes en mal d'exotisme testeront le cuy ou cochon d'Inde. L'animal entier est grillé à la broche, servi avec ses abats et accompagné de pommes de terre et de maïs. Sa consommation est une tradition culinaire ancestrale et il est très prisé surtout par les communautés indigènes, notamment à l'occasion des grands événements.

Sur la côte Pacifique on retrouvera évidemment une multitude de spécialités à base de produits de la mer comme l'*encebollado*, un ragoût de poisson (thon), manioc, tomate et coriandre avec une belle quantité d'oignon rouge. Le ceviche est un autre plat typique de la côte. Contrairement à la version péruvienne composée de poisson cru, le ceviche équatorien ressemble à une soupe froide à base de tomates, poivrons, oignons et citron frais, garni de crevettes, poisson, huîtres ou calamars cuits. Elle est accompagnée de *chifles* (chips de bananes grillés) ou de *choclo tostado* (le pop-corn local). L'*encocado* est un plat aux influences africaines qui se compose soit de poissons, soit de crevettes cuits dans une riche sauce épicée au lait de coco. Si on connaît souvent le *churrasco* brésilien sous la forme d'un gargantuesque barbecue, en Equateur on parle en réalité d'une pièce de bœuf grillé accompagnée d'un œuf au plat, d'avocat, de tomate, salade, oignons, riz et frites de manioc.

En Amazonie on retrouve beaucoup de grillades comme l'*ayampaco*, une recette de poisson cuit au feu de bois, à l'étouffée, dans une feuille de bananier. Ces dernières servent à cuire les empanadas ou les *humitas* (pâtés de farine de maïs cuite à l'étouffée et farcie d'œufs, de fromage, de beurre). Les *patacones,* tronçons de bananes plantain vertes écrasées et frites, accompagnent tous les plats principaux. La *salprieta* est un condiment à base de maïs et de cacahuètes grillées, réduit une poudre puis mélangé avec coriandre, origan et sel, que l'on saupoudre sur des bananes. À moins de préférer le *bolón de verde*, un beignet de banane plantain au fromage.

Desserts et boissons

Les desserts équatoriens sont assez peu variés mais on retrouve les immanquables flans aux œufs, parfumés à la vanille, à la noix de coco ou à l'ananas. L'*espumilla* est une mousse à base de meringue et de pulpe de goyave. La *dulce de zapallo* est une préparation de courge confite servie avec du fromage frais. Les *biscochos de Cayambe* sont des biscuits croquants en forme de doigt. Enfin? les *cocadas esmeraldeñas* sont des confiseries à base de noix de coco et de sucre caramélisé.

La *colada morada* est une boisson traditionnelle préparée pour la Toussaint, composée de jus de fruits rouges épaissi avec de la fécule de maïs violet et parfumé de diverses épices. On la sert généralement avec un *t'anta wawa* ou *guagua de pan*, des petits pains en forme de bébés, finement décorés et fourrés de garnitures sucrées (confiture, Nutella, etc.). Le *morocho* est une boisson très épaisse à base de lait sucré, de *morocho* (maïs blanc craqué) garnie de raisins secs et de cannelle. Les gourmands savoureront les *batidos*, des sortes de milkshakes aux fruits (mûre, banane, coco, etc.).

Si l'Equateur exporte une quantité conséquente de café, les aficionados de bons expressos risqueront d'être déçus, car beaucoup de boissons chaudes sont à base de café instantané en poudre. Sinon rattrapez-vous avez un bon chocolat chaud. Les locaux consomment beaucoup de sodas et vous pourrez tester la *fioravanti,* une limonade rose à la fraise, très populaire. Même si bien sûr rien ne vaut un bon jus de fruits (*jugo* ou *licuado de fruta*). Si on retrouve les classiques (ananas, fruit de la passion, etc.), goûtez le jus de *naranjilla*, un fruit local similaire à une orange, mais avec un arrière-goût de tomate acidulé.

Côté alcool, les bières (*cervezas*) les plus populaires sont la Pilsener, tchèque, en bouteille d'un demi-litre, et la Club, en canette de 330 ml, brassée en Equateur. On trouve aussi des bières d'importation venues d'Europe, du Mexique ou du Brésil. L'alcool national est l'eau de feu (aguardiente), fabriquée à partir du sucre de canne. On le désigne assez souvent sous le terme générique de « trago ». S'il est extrêmement corsé tout seul, une fois mélangé à du jus de *naranjilla* et à de la cannelle, on obtient un délicieux *canelazo* qui se boit chaud par les soirées fraîches de la Sierra.

Le rhum (*ron*) local, servi sec ou en cocktail, peu cher, est de qualité assez moyenne. Il est omniprésent dans les fêtes équatoriennes (*pachanga*), souvent additionné de Coca-Cola et de morceaux de citron vert (lime) pour donner le fameux cuba libre. Les rhums étrangers, notamment des Caraïbes, sont plus prisés. La chicha est confectionnée par fermentation plus ou moins longue du maïs donnant une boisson plus ou moins corsée. Dans la jungle amazonienne, les indigènes produisent une chicha plus inattendue en mâchant longuement le manioc et le recrachent dans un récipient où la chicha va fermenter sous l'action des enzymes de la salive. Cette boisson s'offre habituellement aux étrangers en guise de bienvenue et il est très mal vu de la refuser.

Espumilla.

AGENDA

En Equateur, les fêtes catholiques et indigènes se mêlent souvent et c'est tout au long de l'année que célébrations et commémorations sont l'objet de défilés et de danses populaires à travers le pays. La fête la plus importante pour les indigènes des Andes est sans aucun doute Inty Raymy, la célébration du solsctice d'hiver de l'hémisphère Sud, au moment du passage à l'été en Europe. Elle est l'occasion de nombreuses fêtes pendant plusieurs jours dans toutes les bourgades et villes andines. C'est le moment idéal pour visiter Otavalo et sa région.

Quelques semaines auparavant aura eu lieu le Carnaval, que nous connaissons tous, mais qui atteint en Equateur son paroxysme dans la ville de Guaranda, lieu de défilés multicolores inoubliables que l'on vient voir de tout le pays et même de l'étranger. Le mois de Pâques est comme dans toute l'Amérique latine un mois de célébrations religieuses et de fêtes également.

LA DIABLADA

PÍLLARO

Une des fêtes les plus colorées d'Equateur qui est revenue à la mode depuis une dizaine d'années. Elle met en scène, du 1er au 6 janvier, des dizaines de personnages déguisés en diables, qui investissent le centre-ville à l'origine pour protester contre les contraintes fixées par l'église. Aujourd'hui, la Diablada est devenue une sorte de carnaval pour lequel chacun fait des efforts incroyables pour décrocher le titre de plus beau diable ! Cette manifestation fut déclarée patrimoine culturel immatériel de l'Equateur en 2009 et de nombreux touristes y assistent.

EL DÍA DE LA AMAZONÍA

Le 12 février.

Depuis 1944, c'est le 12 février de chaque année que les peuples d'Amazonie (Oriente) célèbrent la découverte de l'Amazone par le capitaine Francisco de Orellana à l'occasion d'une expédition à la recherche de trésors et d'espèces inconnues alors. Il a nommé ce nouveau fleuve *Amazonas*, pensant qu'il était sur le chemin des légendaires, belles et vaillantes guerrières de la mythologie grecque. Dans toute la région, on peut assister à des danses traditionnelles et à cette occasion, on boit la *chicha*, une boisson alcoolisée très appréciée.

FIESTA DE LA FRUTA Y DE LAS FLORES

AMBATO

En février ou mars (selon le calendrier), en fin de semaine, avant le début du Carême

C'est à Ambato, au cœur de la Sierra, que la fête bat son plein. Pendant presque un mois, commençant quarante jours avant la Semaine sainte, les fruits et les fleurs sont à l'honneur. A cette occasion, défilés, spectacles, feux d'artifice et danses ont lieu. Des chars grandiloquents arpentent les rues de la ville, en musique et en couleurs. Cette grande fête est inscrite au registre du patrimoine culturel immatériel de l'Equateur depuis 2009, grâce à son importance dans l'imaginaire local et à son identité culturelle particulièrement reconnue.

© GUSTAVO RAMIREZ - SHUTTERSTOCK.COM

La Diablada.

CARNAVAL

En fin de semaine avant le Carême.

Le Carnaval, l'une des festivités les plus remarquables du pays, est célébré dans la plupart des villes équatoriennes. Si vous avez la chance d'effectuer votre voyage en février, vous pourrez profiter de son effervescence haute en couleur. Il se déroule pendant les quatre jours précédents le Carême. Difficile de trouver des commerces ouverts à ces dates, car tout le monde s'en donne à cœur joie pour participer aux festivités. A cette occasion, les plages équatoriennes sont bondées de fêtards en liesse, au même titre que les villes où se concentrent les festivités, avec au programme, batailles d'eau, jets de farine, *espuma de carnaval* (mousse de Carnaval)... Et bien sûr, défilés traditionnels, musique folklorique et déguisements délirants.

On pense que ce sont les colons espagnols qui ont fait voyager jusqu'en Amérique latine cette tradition populaire qui s'est ici mêlée aux traditions locales. Les Andins associent en effet ces célébrations au cycle des récoltes.

▸ **C'est d'abord à Guaranda** qu'il faut voir comment se célèbre un carnaval ! C'est la ville la plus exubérante, connue pour son fameux défilé de chars truculent. Une reine et un papa sont élus pour présider les festivités. A Ambato, pendant le Carnaval, ce sont les fleurs et les fruits qui sont à l'honneur. Les chars rivalisent d'inventivité et de couleurs, auxquels s'ajoutent des corridas de taureaux comme dans beaucoup de villes, on mélange ici les rites catholiques et les rites incas. On y célèbre par exemple, en plus du carême, la fertilité de la terre selon des coutumes incas. C'est l'occasion de se jeter de l'eau, de la farine, des œufs et autres produits comestibles, dans plus grande joie enfantine. Pensez aux vêtements de rechange !

▸ **Sur la côte,** là encore, la fête bat son plein. Sur le Malecón d'Atacames, un festival de tambour est organisé, *El Marimbódromo*. A Montañita, ce sont les compétitions de surf. A Manta, les concours de t-shirts mouillés...

Plus au nord, dans la province d'Esmeraldas, les festivités se teintent de culture afro-américaine exaltée lors des défilés et pendant le festival du Marimba (un xylophone qui a probablement été apporté en Amérique du Sud par des esclaves africains).

▸ **Si le Carnaval se célèbre aussi dans les grandes villes du pays,** telles Cuenca, Guayaquil ou Quito (où l'on a d'ailleurs limité l'usage récréatif de l'eau), ce ne sont pas forcément les meilleurs endroits pour fêter le Carnaval. Beaucoup de citadins se rendent en effet sur la côte pour profiter du climat et de l'animation.

FIESTA DE LA CHONTA

TENA

La fête de la *Chonta* est la festivité la plus importante de l'année pour les Shuar d'Amazonie. Elle marque la fin de la récolte et les remerciements du peuple Shuar à la Pacha Mama pour la production annuelle de *chonta*, ce grand palmier épineux (*bactris gasipaes*) domestiqué par l'homme depuis les périodes pré-colombiennes. Les Shuars utilisent ses fruits pour en faire une boisson, la *chicha*, et son cœur pour en faire des *palmitos*. La chicha est préparée à l'occasion de cette grande fête dansante, goûtée toutes les demi-heures jusqu'à ce qu'elle soit prête.

SEMANA SANTA

www.semana-santa.org

Semaine sainte, en mars ou en avril (selon le calendrier).

Point d'orgue des fêtes catholiques en Amérique latine, la période de Pâques est un moment très agréable pour visiter le pays. Défilés et processions dans la capitale (et les autres grandes villes du pays) sauront vous attirer et vous offrir des clichés colorés. Les différentes congrégations arborent les représentations du Christ et de la Vierge des Douleurs, notamment. Les processions du Jeudi et du Vendredi saints sont les plus importantes. Les fidèles défilent avec des boulets aux pieds, en tenue de pénitent, déguisés en Christ...

BATAILLE DE PICHINCHA

QUITO

Le 24 mai.

A Quito. Commémoration de la bataille de Pichincha livrée le 24 mai 1822 dans le cadre des guerres d'indépendance en Amérique du Sud. Elle opposa une armée de patriotes indépendantistes commandée par Antonio José de Sucre à une armée royaliste espagnole dirigée par Melchor de Aymerich. La défaite des royalistes entraîna la libération de Quito et assura l'indépendance des anciennes provinces de la Real Audiencia de Quito, juridiction administrative coloniale espagnole, appelées à devenir plus tard la République de l'Equateur.

© FOTOS593 - SHUTTERSTOCK.COM

Inti Raymi.

CORPUS CHRISTI

PUJILÍ

Chaque année à la mi-juin.

S'il y a bien un événement à ne pas rater à Pujilí, ce sont les fêtes du Corpus Christi. On y vient de toutes les régions du pays mais aussi du Pérou et de Bolivie pour remercier la terre fertile. De nombreuses danses et processions toutes plus belles, lumineuses et colorées les unes que les autres se succèdent. Au cœur de ces fêtes, un personnage principal : le Danzante. Il est, depuis 2014, reconnu au patrimoine mondial immatériel de l'UNESCO. Celui-ci, dont l'apparence est assimilée au condor des Andes, danse de joie suite à la récolte du maïs.

FIESTAS DE SANTIAGO DEL MAYOR

GUAYAQUIL

En juillet.

Lors des festivités du Saint Patron de Guayaquil, de grands drapeaux blancs et bleu clair, couleurs de la ville, ornent la plupart des balcons. Pour célébrer l'année sainte de Compostelle 2021, une statue en bronze de l'apôtre saint Jacques, créée par Nixon Córdoba, a été inaugurée à Guayaquil le 10 mai 2019. Le monument met en lumière l'importance du Chemin de Saint-Jacques de Compostelle et les relations entre l'Equateur et l'Espagne, où des milliers d'Équatoriens ont émigré.

INTI RAYMI

OTAVALO

Les 21 et 22 juin. La fête du Soleil (Inti signifie Soleil en quechua).

Les festivités en l'honneur du Dieu Soleil ont lieu au moment du solstice d'hiver de l'hémisphère Sud dans la province d'Imbabura et sont concentrées dans la ville d'Otavalo. Les communautés indigènes en habits traditionnels occupent la place principale pour symboliser leur révolte contre les colons. Pour initier cette cérémonie, des rituels sont portés pour honorer les éléments qui ont aidé à la bonne récolte de l'année : la terre, le feu, l'eau, le vent. Le jour du solstice, un bain rituel est pris à Peguche. Une date incontournable pour les Equatoriens !

PASEO DEL CHAGRA

MACHACHÍ

Le 20 juillet.

Le 20 juillet, Machachí, dans la province de Pichincha, reçoit ses visiteurs vêtus de *zamarros, ponchos*, écharpes et chapeaux. Vivez la fête la plus colorée d'Equateur. Cette célébration débute par une messe en plein air, puis est suivie d'une procession avec vaches et chevaux, et d'une course de taureaux. A l'occasion de cette célébration, les cow-boys des Andes, appelés *chagras*, participent à de nombreuses festivités dans la province de Pichincha, mais leur plus grande fête est le Paseo Procesional del Chagra qui donne lieu à de belles démonstrations de dressage.

ANNIVERSAIRE DE SIMÓN BOLIVAR

Le 24 juillet.

Commémoration de la naissance de celui que l'on surnomme le Libertador (né en 1783 à Caracas au Venezuela, et mort le 17 décembre 1830 à Santa Marta en Colombie). Anti-impérialiste et nationaliste, il est une figure emblématique de l'émancipation des colonies espagnoles d'Amérique du Sud et a participé à l'indépendance de l'Equateur. La commémoration de sa naissance donne lieu à diverses festivités dans tout le pays. C'est une fête nationale, accompagnée de défilés militaires et scolaires, particulièrement à Guayaquil qui fête sa fondation le lendemain.

YAMOR

OTAVALO

Première ou deuxième semaine de septembre.

A Otavalo, dans la Sierra. Lors de ce festival, les peuples indigènes remercient la Terre Mère pour ses bienfaits, et notamment pour la production de maïs de la saison. On déguste une boisson locale d'origine pré-Inca, faite à base de sept types de maïs différents. Le nom Yamor vient en effet de la contraction de *yak* (sagesse) et de *mur* (graine) et signifie « la *chicha* (boisson) de la sagesse ». C'est l'occasion d'assister à de magnifiques défilés, danses et concerts. L'élection de la reine du Yamor a été éliminée de ces festivités en 2019 par la municipalité.

FÊTE NATIONALE

Le 10 août.

Dans tout le pays. Commémoration de l'indépendance de la capitale, Quito, obtenue en 1809 pour quelques semaines et souvent surnommée *El primer grito de independencia*, le premier cri d'indépendance. C'est en effet le jour marquant la première véritable victoire contre la couronne espagnole, qui reprit Quito quelques semaines plus tard. Ce jour d'août 1809, le président de l'audience royale de Quito, Manuel Urriés Conde Ruiz de Castilla fut destitué et remplacé par une junte souveraine de gouvernement, présidée par Juan Pío Montúfar.

LA MAMA NEGRA

LATACUNGA

Les 26 et 27 septembre (et 11 novembre).

La fête la plus importante de l'année à Latacunga est sans aucun doute la Mama Negra et elle attire des visiteurs de tout le pays, voire du monde entier. Cette fête, dont le personnage principal, la Mama Negra est en fait un homme au visage effacé et vêtu de riches habits colorés qui parcourt les rues de la ville à cheval, représentant la libération d'une esclave noire. C'est un spectacle unique auquel vous pouvez assister fin septembre, recommandé si vous êtes dans la région à cette époque. C'est un des plus beaux festivals du pays, alliant culture et tradition.

FIESTA DE LA LUZ

QUITO

Sur plusieurs jours autour du 10 août.

La première édition s'est tenue en 2016. A l'occasion de la Fête de la lumière, la ville se transforme quelques jours durant, la nuit venue. Les bâtiments les plus célèbres de la capitale se parent de couleurs et de lumières (on comptait une vingtaine d'installations en 2018). Un spectacle sublime auquel la ville de Lyon a apporté toute son expertise à travers un partenariat international. C'est un très beau spectacle qui tend petit à petit à faire partie des incontournables célébrations annuelles, d'autant qu'il a lieu concomitamment au jour de l'indépendance.

INDÉPENDANCE DE GUAYAQUIL

GUAYAQUIL

Le 9 octobre.

Ce jour férié est l'occasion de la commémoration de l'indépendance de Guayaquil obtenue le 9 octobre 1820 et qui fut un événement clé de la victoire dans la guerre d'indépendance de l'Equateur. Cette indépendance fut obtenue pratiquement sans aucune effusion de sang, Guayaquil se proclama indépendante de l'Espagne, sans grande résistance de la part de la couronne, devenant la « Provincia Libre de Guayaquil » et José Joaquín de Olmedo dont l'aéroport international de Guayaquil porte le nom, fut nommé premier maire de la ville libre.

DÍA DE LA RAZA - RODEO MONTUBIO

Le 12 octobre. Dia de la raza.

Le 12 octobre, jour de l'interculturalité et de la plurinationalité, est le jour de la commémoration de la découverte de l'Amérique par Christophe Colomb, en 1492 et par la même, la célébration de l'héritage espagnol, conséquence indirecte de cette découverte. Cette fête est spécialement importante dans les provinces de Guayas et Los Ríos, où le rodéo est alors une véritable démonstration d'habileté à cheval. Nombre de cavaliers habiles et courageux se mesurent aux taureaux et on élit la « Criolla bonita » parmi les femmes représentant diverses haciendas.

FONDATION DE QUITO

QUITO

Le 6 décembre.

C'est le 6 décembre que Quito fête sa fondation en 1534, par le conquistador espagnol Sebastián de Benalcázar (ou Belalcázar) A l'époque, l'Empire inca était en proie à une cruelle querelle de pouvoir entre Atahualpa et son frère Huascar. Le premier défendait son hégémonie depuis Quito alors que le deuxième était basé à Cuzco (au Pérou actuel). Huascar, humilié au combat, accepta la mort et Atahualpa, victorieux, accepta de se réunir avec les Espagnols qui l'assassinèrent. Benalcazar qui arrivait du sud à la recherche du trésor d'Atahualpa s'empara de la ville.

INDÉPENDANCE DE CUENCA

CUENCA

Le 3 novembre.

Quelques semaines après Guayaquil qui proclama son indépendance le 3 octobre 1820, de nombreux soulèvements eurent lieu dans le pays et la ville de Cuenca, inspirée par ses voisins, déclara son indépendance le 3 novembre 1820. Cette indépendance est aujourd'hui célébrée par divers événements culturels, artistiques et institutionnels, comme ferias, concerts et défilé. L'événement le plus connu et pour lequel les Equatoriens se déplacent de loin est le feu d'artifice, connu sous le nom de « noche cuencana », la nuit de Cuenca. Pensez à réserver votre logement !

PASE DEL NIÑO

CUENCA

Le 24 décembre.

Le Pase del Niño de Cuenca est sans aucun doute une des manifestations religieuses populaires les plus importantes du pays. Il fait référence au Niño viajero, l'Enfant Jésus voyageur, une sculpture de doña Josefa Heredia datant de 1823 et que Monseigneur Miguel Cordero Crespo a emportée avec lui en 1961 pour un pèlerinage dans divers lieux saints de la planète. A la fin de ce pèlerinage, l'Enfant Jésus en question fut béni par le pape Jean XXIII. C'est à son retour que les habitants de Cuenca le baptisèrent « Enfant Jésus voyageur ».

Guirlandes de confiseries lors du Pase del Niño.

PASSPORT

QUITO ET SA REGION

Au cœur des Andes équatoriennes et à 22 km de la ligne équinoxiale, Quito est la deuxième capitale la plus haute du monde (2 850 m d'altitude, derrière La Paz, en Bolivie, située à 3 600 m). La capitale de l'Equateur s'étire sur un vaste plateau au pied du colossal volcan Pichincha et de son sommet enneigé (4 747 m) qui semble veiller sur elle. On imagine alors très bien une petite forteresse abritant tout de même la bagatelle de 2 millions de Quiteños, ses habitants.

Quito au-delà du fait d'être un véritable musée à ciel ouvert présente de nombreux atouts, du plus festif au plus historique. Premièrement, il s'agit de la capitale sud-américaine la mieux conservée et d'un formidable exemple de fusion entre les cultures équatoriennes et européennes. Son cœur historique, qui est entré au patrimoine mondial de l'UNESCO, a été maintenu intact et sublimé grâce aux efforts des différentes gouvernances qui se sont succédé à la tête du pays.

El Corazon
Quince De Mayo
Tortugo
La Unión
Celica
Coop. Conrad Adenaver
Pacto
Nanegal
Gualea
El Cofal
Pedro Vicente Maldonado
El Triunfo
Nanegalito
Simon Bolivar 2
San Miguel De Los Bancos
Los Zurros
1 De Mayo
Virgen De Guadalupe
San Isidro
Rio Macas
MINDO
4 De Febrero
Bernardo Valdiviezo
Río Nambillo
Río Cinto
El Placer
10 De Agosto
Rancho Piedadsita
12 De Octubre
Iberoamérica
La Victoria
SANTO DOMINGO
DE LOS COLORADOS
La Magdalena
El Volante
Saloya
Julio Moreno
Alluriquin
Río Lelia
Palo Quemado
Manuel Cornejo
Los Cristales
San Francisco De Las Pampas
Astorga Tandapi
Los Ángeles
Los Olivos
Río Bolo
Sarapullo Alto
El Mirador
Miraflores Del Valle
Rio Negro
San Miguelito De Chala
RESERVA ECOLÓGICA
LOS ILINIZAS
Antimpe
10 KM
Sandomo
Sigchos

Garcia Moreno
Quinllachupa
PEGUCHE ★★
OTAVALO ★★★
LAGO DE SAN PABLO ★★
E 35
Huaycopungo
San José De Minas
Curipogrio
LAGUNAS DE MOJANDA ★★★
San Joaquín
Perucho
Tupigachi
Puéllaro
Cebadal
CAYAMBE ★★
VOLCÁN PULULAHUA ★★
Cubinche
MITAD DEL MUNDO ★★★
Calacali
San Antonio De Pichincha
s Cedros
Buena Esperanza
San Jorge
Nono
Guayllabamba
Cangahua
E 28
CALDERÓN
Carapungo
El Quinche
Atucucho
Quito et sa région
Yaruquí
QUITO ★★★★
TUMBACO ★
Hospitalillo
Lloa
ALLE DE LOS CHILLOS ★
Chuspiyacu
El Carmen
Conocoto
E 20
E 28A
SANGOLQUI
Amaguaña
Pintag
PAPALLACTA ★★
REFUGIO DE VIDA SILVESTRE PASOCHOA ★★★
Rumipamba
Alóag
Vers RESERVA LA ESPERANZA ★★
MACHACHI ★
Santa Ana Del Pedregal
RESERVA ECOLÓGICA ANTISANA
aupi
Río Antisana
La Dolorosa
PARQUE NACIONAL COTOPAXI
Boliche

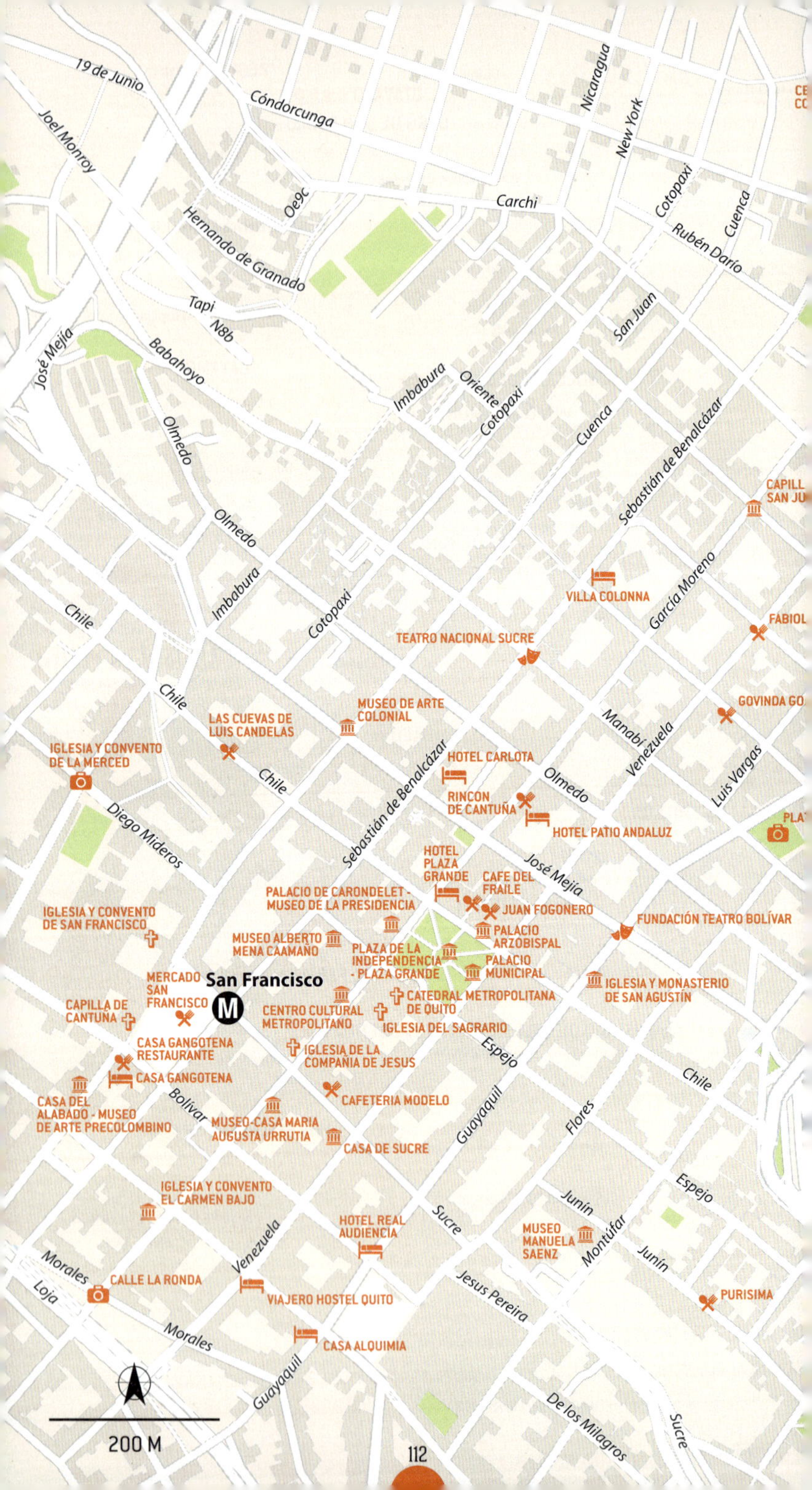
19 de Junio
Cóndorcunga
Joel Monroy
Nicaragua
New York
Carchi
Oe9c
Hernando de Granado
Cotopaxi
Cuenca
Rubén Darío
Tapi
N8b
San Juan
José Mejía
Babahoyo
Imbabura
Oriente
Cotopaxi
Cuenca
Sebastián de Benalcázar
Olmedo
Olmedo
Imbabura
Cotopaxi
García Moreno
VILLA COLONNA
Chile
TEATRO NACIONAL SUCRE
Chile
MUSEO DE ARTE COLONIAL
LAS CUEVAS DE LUIS CANDELAS
Manabí
Venezuela
Luis Vargas
IGLESIA Y CONVENTO DE LA MERCED
HOTEL CARLOTA
Chile
Sebastián de Benalcázar
Olmedo
RINCON DE CANTUÑA
HOTEL PATIO ANDALUZ
Diego Mideros
José Mejía
HOTEL PLAZA GRANDE
CAFE DEL FRAILE
PALACIO DE CARONDELET - MUSEO DE LA PRESIDENCIA
JUAN FOGONERO
FUNDACIÓN TEATRO BOLÍVAR
IGLESIA Y CONVENTO DE SAN FRANCISCO
PALACIO ARZOBISPAL
MUSEO ALBERTO MENA CAAMAÑO
PLAZA DE LA INDEPENDENCIA - PLAZA GRANDE
PALACIO MUNICIPAL
MERCADO SAN FRANCISCO
San Francisco
M
IGLESIA Y MONASTERIO DE SAN AGUSTÍN
CATEDRAL METROPOLITANA DE QUITO
CAPILLA DE CANTUÑA
CENTRO CULTURAL METROPOLITANO
IGLESIA DEL SAGRARIO
CASA GANGOTENA RESTAURANTE
IGLESIA DE LA COMPAÑIA DE JESUS
Espejo
Chile
CASA GANGOTENA
Bolívar
CAFETERIA MODELO
CASA DEL ALABADO - MUSEO DE ARTE PRECOLOMBINO
MUSEO-CASA MARIA AUGUSTA URRUTIA
Guayaquil
Flores
CASA DE SUCRE
Espejo
IGLESIA Y CONVENTO EL CARMEN BAJO
Junín
HOTEL REAL AUDIENCIA
Sucre
MUSEO MANUELA SAENZ
Montúfar
Junín
Venezuela
Morales
CALLE LA RONDA
Loja
VIAJERO HOSTEL QUITO
Jesus Pereira
PURISIMA
Morales
CASA ALQUIMIA
Guayaquil
200 M
De los Milagros
Sucre

Ville coloniale
La Alameda
PARQUE LA ALAMEDA
OBSERVATOIRE ASTRONOMIQUE
Laguna Artificial La Alameda
BASÍLICA DEL VOTO NACIONAL
MANSION DEL ANGEL
HOSTEL REVOLUTION
HOSTAL CASA CARPEDM
CARPEDM ADVENTURES
OLD TOWN QUITO SUITES
CONVERGENCIA ALIMENTO DE TODOS LOS TIEMPOS
SECRET GARDEN
OFICINA BREW PUB
CAFE SAN BLAS
BALLET FOLKLORIQUE NATIONAL JACCHIGUA
COLONIAL HOUSE
HUASI LODGE B&B
PARQUE ITCHIMBIA
Yata Pajtá
Avenida Tarqui
Feliciano Checa
Venezuela
Montevideo
Luis Davila
Julio Matovelle
Antonio Ante
Manuel Larrea
Luis Felipe Borja
San Luis
Santa Prisca
Avenida 10 de Agosto
Avenida 12 de Octubre
Luis Saa
Sodiro
Pedro Briceño
Luis Vargas
Francisco Caldas
Antonio Elizalde
E4D
Los Rios
Valparaíso
Julio Castro
Ramon Egas
Oriente
José Antepara
Los Rios
Esmeraldas
Manuel Samaniego
Manuel Lopera
Olmedo
Don Bosco
Valparaíso
José María Aguirre
Vicente Leon
Pedro Calixto
Chile
Vicente Leon
Avenida Pichincha
N4c
Inclana
Lavayen

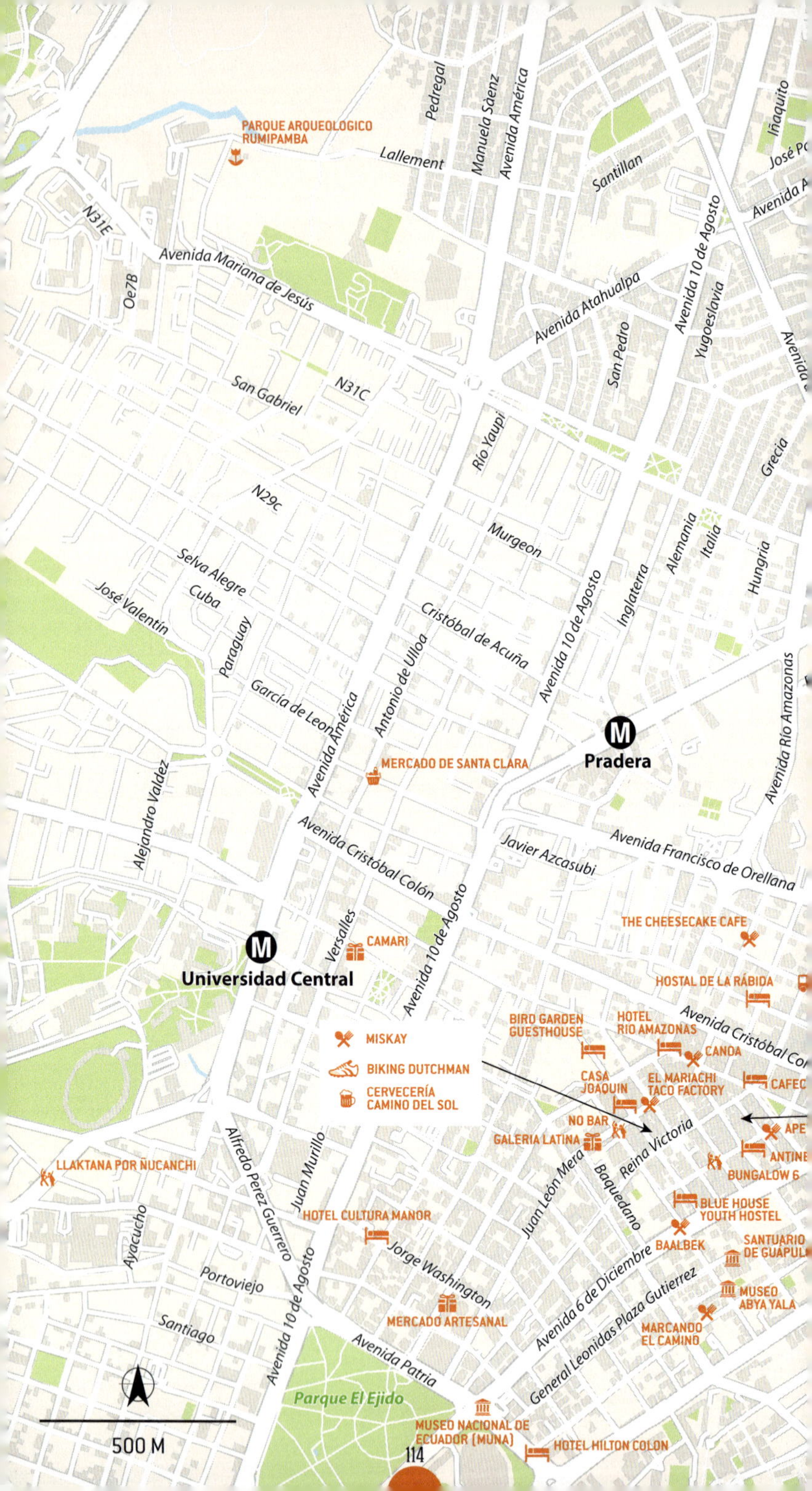

PARQUE ARQUEOLOGICO
RUMIPAMBA
Pedregal
Manuela Sáenz
Avenida América
Lallement
Santillan
Iñaquito
José Pa
Avenida A
N31E
Avenida Mariana de Jesús
Oe7B
Avenida 10 de Agosto
Avenida Atahualpa
San Pedro
Yugoeslavia
Avenida
San Gabriel
N31C
Río Yaupi
Grecia
N29c
Murgeon
Alemania
Italia
Hungria
Selva Alegre
Cuba
José Valentín
Paraguay
Cristóbal de Acuña
Avenida 10 de Agosto
Inglaterra
Antonio de Ulloa
García de Leon
Avenida América
M
Pradera
Avenida Río Amazonas
MERCADO DE SANTA CLARA
Alejandro Valdez
Avenida Cristóbal Colón
Javier Azcasubi
Avenida Francisco de Orellana
Avenida 10 de Agosto
THE CHEESECAKE CAFE
M
Universidad Central
Versalles
CAMARI
HOSTAL DE LA RÁBIDA
BIRD GARDEN
GUESTHOUSE
HOTEL
RIO AMAZONAS
Avenida Cristóbal Co
MISKAY
BIKING DUTCHMAN
CERVECERÍA
CAMINO DEL SOL
CANDA
CASA
JOAQUIN
EL MARIACHI
TACO FACTORY
CAFEC
NO BAR
GALERIA LATINA
Reina Victoria
APE
ANTINE
BUNGALOW 6
LLAKTANA POR ÑUCANCHI
Alfredo Perez Guerrero
Juan Murillo
Juan León Mera
Baquedano
BLUE HOUSE
YOUTH HOSTEL
HOTEL CULTURA MANOR
Ayacucho
Jorge Washington
BAALBEK
SANTUARIO
DE GUAPUL
Avenida 6 de Diciembre
Portoviejo
Avenida 10 de Agosto
MERCADO ARTESANAL
MUSEO
ABYA YALA
General Leonidas Plaza Gutierrez
Santiago
MARCANDO
EL CAMINO
Avenida Patria
Parque El Ejido
MUSEO NACIONAL DE
ECUADOR (MUNA)
HOTEL HILTON COLON
500 M

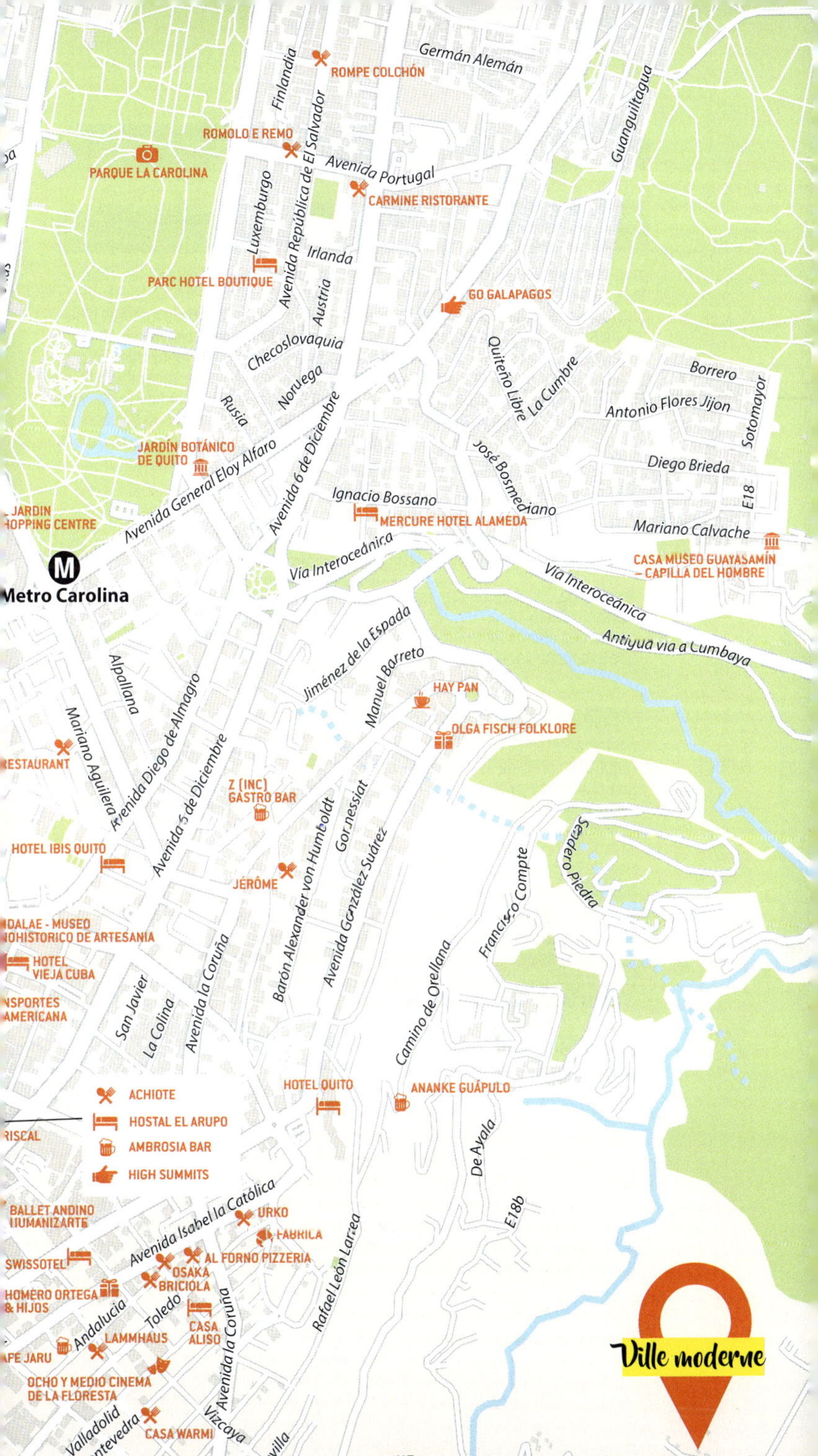
Ville moderne
Germán Alemán
ROMPE COLCHÓN
Finlandia
ROMOLO E REMO
Avenida República de El Salvador
PARQUE LA CAROLINA
Avenida Portugal
CARMINE RISTORANTE
Guanguiltagua
Luxemburgo
Irlanda
PARC HOTEL BOUTIQUE
Austria
GO GALAPAGOS
Checoslovaquia
Noruega
Rusia
Quiteño Libre
La Cumbre
Borrero
Antonio Flores Jijon
Sotomayor
JARDÍN BOTÁNICO DE QUITO
Avenida General Eloy Alfaro
Avenida 6 de Diciembre
José Bosmediano
Diego Brieda
Ignacio Bossano
MERCURE HOTEL ALAMEDA
E18
Mariano Calvache
CASA MUSEO GUAYASAMÍN – CAPILLA DEL HOMBRE
JARDIN
HOPPING CENTRE
Metro Carolina
Vía Interoceánica
Vía Interoceánica
Antiyua via a Cumbaya
Jiménez de la Espada
Manuel Barreto
HAY PAN
Alpallana
Mariano Aguilera
Avenida Diego de Almagro
OLGA FISCH FOLKLORE
RESTAURANT
Avenida 5 de Diciembre
Z (INC) GASTRO BAR
Sendero Piedra
HOTEL IBIS QUITO
Barón Alexander von Humboldt
Gor nessiat
Avenida González Suárez
Francisco Compte
JÉRÔME
IDALAE - MUSEO
IOHISTORICO DE ARTESANIA
HOTEL VIEJA CUBA
NSPORTES
AMERICANA
San Javier
La Colina
Avenida la Coruña
Camino de Orellana
ACHIOTE
HOSTAL EL ARUPO
AMBROSIA BAR
HIGH SUMMITS
HOTEL QUITO
ANANKE GUÁPULO
De Ayala
RISCAL
E18b
BALLET ANDINO
HUMANIZARTE
Avenida Isabel la Católica
URKO
FABRICA
AL FORNO PIZZERIA
SWISSOTEL
OSAKA
BRICIOLA
HOMERO ORTEGA
& HIJOS
Andalucia
Toledo
CASA ALISO
Rafael León Larrea
AFE JARU
LAMMHAUS
Avenida la Coruña
OCHO Y MEDIO CINEMA DE LA FLORESTA
Valladolid
Pontevedra
CASA WARMI
Vizcaya
Sevilla

QUITO ET SA REGION

QUITO

Mégapole bourgeoise au parfum colonial, Quito s'éveille souvent sous un ciel capricieux et une pluie tiède et battante. Et parfois, le soleil équatorial apparaît majestueusement au-dessus des cimes des volcans et brille toute la journée d'une lumière crue. Ses nuits claires permettent de contempler les constellations des deux hémisphères, Nord et Sud. Il peut être intéressant de prévoir 2-3 jours à son arrivée ou au départ afin de se consacrer à la visite de Quito et de ses environs. Parce qu'il y a déjà beaucoup à voir, mais aussi parce qu'il vous faudra sans doute un peu de temps pour vous adapter au climat, à l'altitude et récupérer de votre décalage horaire ! Une ville pleine de contrastes, à l'égal du pays, entre passé glorieux, dynamisme culturel et social et pauvreté. Une capitale à échelle humaine où il fait bon vivre. Tout voyage en Equateur ne peut s'envisager sans quelques jours passés dans cette ville.

SE REPÉRER SE DÉPLACER

On arrive en général à Quito en taxi, depuis l'aéroport Mariscal Sucre situé à environ 45 minutes du centre de la capitale. Il est également possible de prendre un bus depuis l'aéroport, jusqu'au centre de la ville nouvelle. Une fois en ville, les taxis et les VTC sont nombreux et très disponibles tout en restant peu chers, il est difficile de dépasser 5 US$ pour une course. Le réseau de transports en commun est cependant bien développé et a été renforcé par le métro dont la construction s'est achevée en 2023. Les principaux lieux touristiques sont répartis entre la ville coloniale, parsemée d'églises de diverses époques et de superbes maisons coloniales souvent bien rénovées et la ville moderne, lieu de fêtes et siège de nombreux restaurants. Quito est une ville qui bouge de jour comme de nuit, mais le soir, nous vous recommandons d'utiliser taxi ou VTC plutôt que les transports en commun moins sûrs.

QUITO

AEROPUERTO INTERNACIONAL MARISCAL SUCRE

Nuevo Aeropuerto Internacional de Quito, Tababela S/N - Via Yaruqui
✆ +593 2 395 4200
www.aeropuertoquito.aero
L'aéroport se trouve à 18 km du centre-ville.

De nombreuses compagnies aériennes desservent cet aéroport : KLM et Iberia, entre autres. Pour rejoindre la ville, il faut compter environ 1 heure de trajet, selon la densité du trafic et selon le quartier de destination. La route rejoignant le centre est en parfait état. Pour aller de l'aéroport au centre de Quito en taxi, comptez 25 US$ de 1 à 3 personnes. Vous pouvez opter pour le car public ou la ligne de bus privés Aeroservicios qui proposent ce trajet pour 2 à 8 US$ par personne.

FLOTA IMBABURA

Manuel Larrea y Portoviejo
✆ +593 2 565 620
https://fi.novoerponline.com/eboleto
Possibilité d'acheter ses billets en ligne.

Née en 1950 à l'initiative d'une poignée d'entrepreneurs d'Imbabura, la Flota Imbabura est une compagnie locale de transport offrant un service de qualité. Elle dessert les villes de Cuenca, Guayaquil, Manta, Ibarra et Tulcán au départ de Quito. Les autocars sont en très bon état et très bien entretenus. Départ toutes les heures environ vers chacune de ces destinations. Il est conseillé d'acheter son billet à l'avance par l'intermédiaire du site internet ou en se rendant dans une des nombreuses agences de la Flota Imbabura afin de garantir son voyage.

TREN ECUADOR

La ligne Alausi-Nariz del diablo est la seule à avoir repris pour le moment, depuis la faillite de l'entreprise d'État.

Pour la petite histoire, la présence du chemin de fer en Equateur date de 1873, et la présidence de Gabriel García Moreno ; la première ligne couvre alors 41 km entre Yaguachi et Milagro, sur la côte. En 1895, avec le triomphe de la *Revolución Liberal* du dirigeant Eloy Alfaro Delgado, les travaux reprennent. En 1897, la Guayaquil and Quito Railway Company est créée pour construire la ligne de chemin de fer du Sud (Ferrocarril del Sur). En 1902, sur la colline surnommée Cóndor Puñuna (« le nid du Condor ») est construite la fameuse ligne de la Nariz del Diablo.

TERMINAL DE BUS DE CARCELÉN (NORD)

Avenida Eloy Alfaro
✆ +593 2 396 1600
A environ 15 km au nord de la ville. S'y rendre pour avoir des informations garanties.

Ce terminal dessert les villes au nord et au nord-ouest de Quito (Guayllabamba, Nanegalito), les cantons de Tabacundo, San Miguel de los Bancos et Cayambe, et le nord de la Sierra (province d'Imbabura, pour Otavalo et Carchi, par exemple). C'est aussi de là que partent les bus pour Mindo. Pour se rendre du terminal Nord de Carcelén au terminal Sud de Quitumbe ou au centre-ville, le taxi (ou ses substituts modernes) est le moyen de transport le plus pratique et le plus rapide.

TERMINAL DE BUS DE QUITUMBE [SUD]

✆ +593 2 398-8200

A environ 15 km au sud de la ville. S'y rendre pour avoir des informations garanties.

Pour se rendre dans la Sierra sud, sur la côte ou encore dans la région de l'Oriente, il faut prendre un bus à la gare routière de Quitumbe, un immense terminal terrestre moderne et très bien organisé situé au sud de la capitale, qui a ouvert ses portes en 2009 pour fluidifier la circulation à l'intérieur même de Quito. Dans la station, vous trouverez distributeurs, magasins alimentaires, pharmacies, consigne à bagages, et même un bureau d'information.

TRANS ESMERALDAS

Calle Marcos Escorza S/N y Carlos Freire Zaldumbide ✆ + 593 2 392 2300

www.transesmeraldas.com

Quito-Esmeraldas : 10 US$, Quito-Machala : 17 US$, Esmeraldas-Cuenca : 15 à 20 US$.

Trans Esmeraldas Internacional [TEISA] a commencé ses opérations en 1970, couvrant les routes entre les provinces de Pichincha, Guayas et Esmeraldas. A partir de 1977, elle s'est constituée sous la forme d'une société anonyme qui regroupe plusieurs copropriétaires et qui a également conduit à la construction de ses propres terminaux.

Cette entreprise de transport de passagers s'est développée au fil du temps et couvre les 10 provinces d'El Oro, Orellana, Esmeraldas, Azuay, Guayas, Santo Domingo de los Tsáchilas, Sucumbíos, Manabí, Pichincha et Santa Elena.

TRANSPORTES ECUADOR

Teodoro Gómez de la Torre S12-236 y Alonso de La Fuente

✆ +593 2 264 1205

transportesecuador.com.ec

Quito-Guayaquil à partir de 11 US$.

Spécialisée dans le transport de passagers de Quito à Guayaquil, cette coopérative de transport propose des autocars de très grande qualité où il est facile de faire une sieste pendant le trajet qui dure souvent une dizaine d'heures. La ligne propose plus de 15 départs par jour, principalement depuis le terminal de Quitumbe, mais aussi 3 départs quotidiens depuis le terminal de Carcelen, au nord de la ville. Il est recommandé d'acheter son billet à l'avance, par internet ou dans les agences de la coopérative, souvent situées dans les terminaux des gares routières.

TRANSPORTES PANAMERICANA

Av. Colón 852 y Reina Victoria

✆ +593 2 2557133

https://www.panamericana.ec/

A partir de 90 US$ pour un aller simple Quito-Lima.

Une belle compagnie de transport de passagers à l'international au sein de l'Amérique du Sud. Reliant Caracas à Lima, Panamericana propose des arrêts tout au long de la chaîne andine, offrant ainsi un autre moyen de découvrir les Andes, du nord au sud. Les autocars sont confortables et la route magnifique. Avec un peu de chance, vous prendrez plusieurs volcans en photo le long du chemin. Les véhicules s'arrêtent environ toutes les 3 heures, surveillez bien le départ, car les chauffeurs sont souvent impatients et peu à cheval sur le comptage des passagers à bord.

AVIS RENT A CAR

Avenida de los Granados E11-26 y 6 de Diciembre

✆ +593 2 225 9333

www.avis.com

Du lundi au vendredi de 7h à 22h, le samedi de 9h à 18h et le dimanche de 9h à 18h. à partir de 35 US$ la journée.

Avis est un loueur présent dans toute l'Amérique latine comme la plupart des grands loueurs. En Equateur, l'agence propose une belle flotte de véhicules récents et est présente dans sept villes du pays : Quito, Esmeralda, Manta, Guayaquil, Santo Domingo, Cuenca et Ambato. Vous pourrez ainsi louer votre véhicule pour les déplacements entre les villes et le restituer à la ville suivante, c'est bien pratique et plus économique dans un pays où le stationnement dans les grandes villes est en général payant. Les meilleurs tarifs sont sur le site internet.

BUDGET RENT A CAR

Avenida Eloy Alfaro S40-153

✆ +593 2 3822340

www.budget.com

Ouvert du lundi au vendredi de 7h à 21h, samedi et dimanche de 8h à 16h.

Une chaîne de location de voitures internationale bien connue qui dispose d'une flotte de qualité, tant au départ de l'aéroport que du centre-ville de Quito. En louant auprès d'un tel opérateur, vous vous assurez de la possibilité de louer votre véhicule à un point du pays et de le laisser à un autre endroit, vous évitant ainsi de fastidieux kilomètres inutiles. Vous obtiendrez facilement un surclassement si vous louez le même véhicule pour tout votre séjour. Attention, pensez à louer un tout-terrain si vous comptez vous écarter des grands axes.

SIMON CAR RENTAL

Avenida Amazonas y Río Curaray
✆ +593 243 1019
www.simoncarrental.com
Livraison gratuite du véhicule à l'aéroport et à votre hôtel. Catégorie A à partir de 30 US$ par jour.

Simon car rental est une entreprise de location de voitures 100 % équatorienne, bonne alternative aux chaînes internationales. Dotée d'une flotte de véhicules récents et bien entretenus, l'entreprise vous propose des tarifs très compétitifs et un service personnalisé bien appréciable. Une ligne téléphonique d'assistance 24h/24 est à votre disposition pendant toute la durée de votre location. Simon car rental dispose de 2 établissements dans le centre de Quito et propose un service de dépose du véhicule dans d'autres villes du pays.

SIXT

N35-126 Av Rep. de El Salvador
www.sixt.fr
A partir de 35 US$ par jour, assurance comprise, pour un véhicule de première catégorie.

Une agence de location de voiture classique, disposant de deux bureaux, un dans le centre de Quito et un à l'aéroport. Les tarifs pratiqués par Sixt sont très concurrentiels, n'hésitez pas à consulter leur site internet avant de faire votre choix de voiture de location. Il est souvent intéressant de réserver plus de 7 jours à l'avance pour profiter des meilleurs tarifs. Les voitures sont en bon état. Il faut prévoir une carte de crédit internationale pour la caution que ne manquera pas de vous demander le loueur, comme c'est la coutume.

UBER

www.uber.com

Depuis quelques années, comme dans la plupart des villes du monde, les plateformes de VTC se développent à vitesse exponentielle et l'Equateur n'est pas en reste. Pour vous déplacer dans Quito et aux alentours, Uber, bien qu'encore dans un flou juridique, est une des solutions les plus utilisées par les locaux. La sécurité étant toujours primordiale ici, les plateformes de ce type offrent une protection intéressante dans la mesure où leurs chauffeurs sont tenus de confirmer leur identité pour travailler. Les tarifs sont légèrement inférieurs à ceux des taxis.

ECOVÍA

Avenida Maldonado
www.trolebus.gob.ec
0,35 US$ pour un voyage avec correspondance.

L'Ecovía, service dépendant de la métropole et complémentaire au Trolebus, dessert l'est de Quito en suivant l'Avenida 6 de Diciembre, entre le Terminal Quitumbe au sud et Río Coca au nord. C'est une ligne de bus qui vous permettra d'éviter les gros embouteillages de début ou de fin de journée à Quito et qui par la même occasion vous fera découvrir une partie peu fréquentée d'ordinaire par les visiteurs. Le prix du billet incluant la correspondance avec le système conventionnel de transport, vous pouvez vous rendre dans tout Quito à moindre prix.

METRO DE QUITO

✆ +593 2 382 7860
https://metrodequito.gob.ec/
0,45 US$ le ticket standard. 50 % de réduction pour les jeunes et les personnes âgées.

Après de nombreuses années de retard dans la construction, le métro de Quito a enfin commencé à fonctionner en 2023, à la grande joie des Quiteños. Il permet en effet, grâce à une ligne (la seule pour le moment) de 15 stations, de relier les deux bouts de la ville à une vitesse bien plus importante que ne le permettait le *trolebús*. De Labrador à Quitumbe, la ligne serpente du nord au sud, sous la ville, et s'arrête aux points les plus importants de la capitale. Centres commerciaux et quartier historique ne sont plus désormais qu'à moins d'un quart d'heure !

TROLEBÚS

Avenida 10 de Agosto
www.trolebus.gob.ec
Le trolebús Quito est le meilleur mode de transport pour relier les extrémités nord et sud de la ville (et vice versa).

Le Trolebus traverse la ville selon un axe nord-sud en suivant Maldonado et l'Avenida 10 de Agosto, reliant le terminal de Carcelén au nord et le Terminal Quitumbe au sud. Il passe par le centre historique en longeant Guayaquil vers le sud et Flores et Montúfar vers le nord. Il est maintenant avantageusement complété par un réseau de métro mis en service en 2023 et qui permet de relier le centre à la ville nouvelle de façon beaucoup plus rapide. Les voies réservées au Trolebus lui permettent d'être souvent une option plus rapide, et moins coûteuse, que le taxi.

QUARTIERS DE QUITO

Quito s'étire telle une étroite bande urbaine du nord au sud selon un tracé original qui respecte la topographie capricieuse des lieux, une succession de collines, de vallées et de volcans. Ces dernières décennies sont apparus de hauts édifices à l'architecture moderne (mais désordonnée), et l'implantation de villas luxueuses a repoussé toujours plus loin les quartiers pauvres. Notez qu'il n'est pas toujours facile de se repérer dans la ville, la façon dont les adresses sont indiquées n'est pas forcément simple à comprendre et il faut prendre en considération la rue perpendiculaire à celle que vous souhaitez rejoindre. Les adresses sont en effet indiquées par deux noms de rues ; celle que vous cherchez est notée en premier et l'autre correspond à son intersection. Les numéros de rue sont souvent précédés des points cardinaux correspondant à l'ancienne nomenclature, mais dont vous n'aurez pas à vous préoccuper pour arriver à bon port.

Une ville aux multiples facettes

Quito inscrite au patrimoine mondial de l'UNESCO - Son cœur historique, qui est entré au patrimoine mondial de l'UNESCO, a été maintenu intact et sublimé grâce aux efforts des différentes gouvernances qui se sont succédé à la tête du pays. Les tremblements de terre répétés ayant touché la capitale auraient également pu tout mettre à terre, mais il n'en est rien.

Une vie nocturne active - La ville est aussi réputée pour son aspect festif ! On se tournera alors vers la partie moderne de la ville, située au nord, autour du quartier « le Mariscal » et le Floresta. C'est là que se trouve la majorité des bars, restaurants et hostels. Un lieu où la jeunesse cosmopolite, venue de tout horizon, se rejoint pour passer la nuit.

De grands espaces verts - Cette belle cité est entourée d'espaces verts constitués par la colline de San Juan et le parc de la Carolina au nord, la colline de la vierge du Panecillo au sud, les flancs du volcan Pichincha à l'ouest et la colline d'Itchimbia à l'est. Avant la conquête espagnole, les trois collines quiténiennes – Panecillo, San Juan et Itchimbia – étaient couronnées de temples dédiés au soleil, à la lune et aux morts. Mégapole bourgeoise au parfum colonial, Quito s'éveille souvent sous un ciel capricieux et une pluie tiède et battante. Et parfois, le soleil équatorial apparaît majestueusement au-dessus des cimes des volcans et brille toute la journée d'une lumière crue. Ses nuits claires permettent de contempler les constellations des deux hémisphères, nord et sud.

Un temps d'adaptation - La circulation automobile rend l'air difficilement respirable aux heures de pointe, sans compter que l'oxygène est déjà rare à cette altitude. Il peut être intéressant de prévoir 2-3 jours à son arrivée ou au départ afin de se consacrer à la visite de Quito et de ses environs. Parce qu'il y a déjà beaucoup à voir, mais aussi parce qu'il vous faudra sans doute un peu de temps pour vous adapter au climat, à l'altitude et récupérer de votre décalage horaire !

Ville coloniale

La vieille ville regorge de merveilles ! Une quarantaine d'églises et de chapelles, une quinzaine de couvents et de monastères, et autant de petites places et parvis, de salles capitulaires et de réfectoires. Il y a aussi plus d'une dizaine de musées, de nombreuses maisons légendaires, et une activité incessante qui transforme chaque coin de rue en lieu de vie. Le centre historique, classé au patrimoine culturel de l'Humanité par l'Unesco le 8 septembre 1978 est dépositaire d'une histoire encore plus ancienne que celle de ses édifices. Située au cœur de la ville, détruite et reconstruite à plusieurs reprises au cours des siècles, l'ancienne capitale du royaume de Quito et des civilisations précolombiennes témoigne de la splendeur de l'Amérique latine baroque, mélange d'influences espagnoles et flamandes. Ses racines indiennes sont encore ancrées dans la ville et ce métissage fait son charme. Différents styles d'architecture datant de la fin du XVIe siècle aux dernières décades du siècle passé, se déploient dans le centre historique. Nobles demeures aux murs blancs et aux toits de tuiles et à l'allure andalouse, églises et anciens couvents foisonnant d'œuvres d'art religieux, rues pavées en zigzag, cafétérias traditionnelles, places animées, patios secrets et ombragés, hautes murailles protégeant de vieilles bâtisses, la vieille ville se dévoile un peu plus à vous à mesure que vous flânez dans les rues de la ville. Les rues du quartier colonial ont deux noms, on peut donc vous indiquer l'un ou l'autre. Pas de problème cependant, on trouve les plaques avec les deux noms à chaque angle de rue (*esquina*). Tous les dimanches, le centre historique devient piéton, entièrement fermé à la circulation automobile : c'est le moment idéal pour découvrir les joyaux architecturaux de la vieille ville.

© ECUADORPOSTALES - SHUTTERSTOCK.COM

Vue sur la ville de Quito.

Ville moderne

Zona Norte. Les zones résidentielles, commerciales et d'affaires occupent le nord de l'agglomération. Avec son quartier d'affaires hérissé de hauts buildings à l'architecture futuriste, parois de verre et lignes audacieuses ; ses centres commerciaux à l'américaine où le dollar est roi au même titre que les enseignes internationales ; sans oublier ses rues commerçantes animées ! Bref, la ville moderne a des airs de grande ville européenne, mais dont le pouls colle bien au rythme sud-américain.

Le quartier de la Mariscal, traversé par l'avenida Amazonas, concentre la majorité des établissements destinés aux touristes : hôtels, agences de voyages, bars et discothèques, notamment autour de la plaza Foch, récent complexe ultra moderne. Cela lui vaut d'ailleurs le surnom de « Gringolandia » (pays des *gringos* !) tant le quartier leur est dédié. Le panel d'hébergement est large dans la Mariscal, plus que dans la vieille ville, même si cette option sera pourtant privilégiée par les voyageurs en quête d'authenticité. Attention, ce quartier a beaucoup changé pendant la pandémie et à ce jour il est difficile de prédire son avenir. En juin 2021, il était déserté, voire dangereux, mais le retour des touristes internationaux devrait lui permettre de redécoller.

La Floresta. Le quartier résidentiel cool, chic et tranquille de Quito, très apprécié pour ses galeries, ses nombreux cafés modernes et joliment décorés, sa concentration de bons restos et de demeures de style néo-classique. Ses ruelles bordées d'arbres lui donnent du cachet et ses murs peinturlurés de graffitis lui confèrent une ambiance *arty*. C'est aussi une zone stratégique pour séjourner, non loin du centre-historique et de la Mariscal, mais plus calme.

D'autres quartiers valent le déplacement, comme celui de Guápulo (qui s'étend entre le quartier résidentiel et plutôt huppé de Bellavista, au nord, et le quartier branché de La Floresta, au sud), ou celui de La Carolina. Quartier *arty* et bohème par excellence, Guápulo est le Q.G. de nombreux artistes et abrite des cafés bohèmes. Les nouveaux quartiers résidentiels, souvent sous forme de lotissements (*urbanización*), cachés derrière de hauts murs jalousement gardés, se nichent dans les vallées, vers Cumbaya, Tumbaco, Los Chillos.

Les quartiers populaires, bruyants et pollués, grouillant d'activité, se trouvent au sud de la ville. Cette partie pauvre (et oubliée) exhibe principalement une architecture de fortune. Mais ces dernières années, des entreprises commencent à s'y installer et un habitat plus structuré s'y développe avec l'arrivée d'habitants un peu plus fortunés. Comme tout quartier pauvre, la zone sud a la réputation d'être dangereuse, de jour comme de nuit, notamment pour les touristes, qui sont facilement repérables. Les quartiers sud ne sont donc pas recommandés aux étrangers. Ils n'offrent aucun intérêt touristique, sinon sociologique, pour le visiteur. Si vous voulez vivre une expérience des plus locales, c'est ici qu'il faut aller !

À VOIR / À FAIRE

La plupart des points d'intérêt de Quito se trouvent dans son magnifique quartier historique. La cité originale fut construite selon le plan en damier, de rigueur dans l'Empire espagnol, autour de la plaza Mayor. Tout autour se dressent le palais municipal, le palais du gouvernement et l'archevêché. Les premiers architectes durent recourir à de complexes systèmes d'arches souterraines du fait de la présence de rivières et de failles. Divers styles architecturaux cohabitent, du XVIIe siècle jusqu'aux dernières décennies du XIXe siècle. Quelques exemples de l'architecture religieuse du XVIe subsistent. Aujourd'hui, le centre historique n'a pas perdu son unité architecturale même si de nombreuses demeures seigneuriales sont devenues des boutiques ou des maisons. Les anciennes maisons coloniales reproduisent le style andalou aux influences romaines avec des pièces distribuées autour d'un patio principal et d'autres autour de cours annexes.

OFFICE DE TOURISME DE QUITO

Palacio Municipal – Plaza Grande
✆ +593 2 257 2445
www.quito-turismo.gob.ec
Ouvert tous les jours de 9h à 18h, le dimanche de 10h à 16h.

L'office de tourisme de la ville sera en mesure de vous fournir toutes sortes d'informations sur les activités, les musées, les incontournables. Accueil en espagnol et en anglais. Le personnel se tient disponible avec une bonne documentation. Une boutique attenante vend de l'artisanat local. C'est ici que vous aurez de plus amples informations sur les visites guidées de Quito.
Autres adresses : Reina Victoria y Foch (plaza El Quinde) et à l'aéroport Mariscal Sucre.

CAPAC ÑAN

Flores Jijón E17-74 y Sotomayor
✆ + 593 997711383
www.capacnan.com
Agence locale francophone basée à Quito. Ouvert 7j/7 de 8h à 22h.

L'agence Capac Ñan Equateur vous accueille dans sa maison d'hôtes exclusive, en plein cœur du Quito colonial, et propose des circuits privés et insolites à travers tout le pays et aux Galápagos. Philippe et Marie, les créateurs de l'agence, vous offrent un suivi ultra personnalisé, la découverte de lieux secrets ainsi qu'un accueil chaleureux dans leurs maisons d'hôtes. Aux Galápagos, l'agence a sélectionné pour ses clients les meilleures croisières et excursions de plongée et snorkeling, pour une découverte approfondie de la faune de l'archipel.

CARPEDM ADVENTURES

Francisco de Caldas E1-106 y plaza San Blas
✆ +593 98 738 2070
www.carpedm.ca
Agence de voyages pour backpackers présente sur les 4 régions du pays. Identifiant Skype : Carpedm Adventures.

Paul, un Canado-équatorien, et sa jeune et dynamique équipe proposent des séjours aux *backpackers* du monde entier. Sa palette est variée : immersion en Amazonie dans la réserve de Cuyabeno, séjour aux Galápagos pour toutes les bourses, excursion d'une journée dans la Sierra (Otavalo, Latacunga, Quilotoa, Cotopaxi) ou dans la vieille ville de Quito... Et pourquoi pas une expérience culturelle (et solidaire) au sein d'une communauté indigène ? Une bonne adresse si vous êtes jeune (de préférence), curieux et ouvert. Les clients viennent du monde entier.

ITK VOYAGE EQUATEUR

Rio Chinchipe y General Enriquez
✆ +33 9 70 40 68 62
www.incatrek-ecuador.com
Agence de voyages 100 % francophone.

ITK Voyage Equateur & Galapagos, créée en 2010 et basée à Quito, est l'agence spécialiste des voyageurs francophones souhaitant découvrir les richesses d'Equateur. Entourés de leur équipe locale, Vanessa et Antoine sauront vous conseiller et vous faire découvrir des sites magnifiques, souvent isolés et hors des sentiers battus. Séjour dans une hacienda à la recherche du condor, découverte d'un marché indien fréquenté par les locaux, trek au milieu des volcans, immersion à la rame en forêt amazonienne et croisière aux Galápagos sont au programme.

HISTOIRE DE QUITO
DES INCAS AU MÉTRO

La Quito précolombienne

Avant la Conquête, Quito était le point central d'une grande confédération de villages que le père Juan de Velasco, le premier historien équatorien, appela le royaume de Quito. Quito était à la fois un centre cérémoniel et un marché important où affluaient les produits du nord, du sud, de la côte et de la forêt orientale. Lorsque l'actuel territoire équatorien fut conquis par les Incas, Huayna Capac fit de la ville sa résidence. Quito devint ainsi la seconde capitale de l'immense Empire inca (la première était Cuzco). Huayna Capac y fit édifier un grand palais sur les ruines duquel les franciscains élevèrent plus tard l'église et le couvent de San Francisco.

Les deux fils de Huayna Capac, Huascar et Atahualpa, se partagèrent le royaume de leur père, héritant respectivement du royaume de Cuzco et du royaume de Quito. Après avoir vaincu son demi-frère, Atahualpa devint le souverain de tout l'Empire inca. Il fut exécuté par Pizarro le 29 juin 1533, mais ses généraux résistèrent farouchement aux envahisseurs tout en se repliant vers le nord. Le dernier d'entre eux, Rumiñahui, inaugura la technique de la terre brûlée en incendiant Quito.

Fondation de San Francisco de Quito

San Francisco de Quito fut fondée le 6 décembre 1534 par Sebastián de Benalcázar sur les ruines de la vieille cité. Le tracé de la ville respectait le modèle espagnol de damier, rendu toutefois difficile par les caprices de la topographie locale. La construction de Quito fut une entreprise colossale qui dura près de trois siècles. En 1541, la ville obtint son blason (un château d'argent en équilibre sur deux pics montagneux, couronné par une croix d'or soutenue par deux aigles noirs), et devint un siège épiscopal. La même année, Gonzalo Pizarro quittait la ville pour partir à la recherche de l'El Dorado. Son capitaine, Francisco de Orellana découvrit l'Amazone, qui prit le nom de Río de Quito.

Quito la coloniale

Quito devint le siège de la Real Audiencia entre 1563 et 1717, puis entre 1723 et 1822, dépendit tour à tour de la vice-royauté du Pérou et de celle de Nueva Granada (toutes deux sous domination de la Couronne d'Espagne). Pendant toute la période de la colonisation, la vie culturelle fut intense dans la ville. En 1792, Eugène Espejo fondait le premier journal quotidien quiteño, *Primicias de la Cultura de Quito*.

Le foyer de l'Indépendance

Après plusieurs révoltes mineures contre l'autorité espagnole, le premier cri d'indépendance se fit entendre le 10 août 1809 ; c'est alors le début d'un long processus d'autonomie. Un gouvernement indépendant fut créé, mais ses principaux membres ne tardèrent pas à être assassinés en 1811. Ceci marqua le début d'une résistance héroïque de la ville qui s'acheva, après la victoire de Pichincha le 24 mai 1822. La nation prend son indépendance et devient la République de l'Equateur en 1830.

La ville aujourd'hui

Quito est une ville à deux visages, une capitale pleine de contrastes, à la fois moderne et conservatrice. Elle offre aux visiteurs les attraits d'une cité coloniale avec ses monuments historiques et ses rues pavées, mais aussi, ceux d'une ville moderne, branchée et cosmopolite, où la fête bat son plein tous les soirs. La ville nouvelle semble être en permanente ébullition : parmi les plus grands projets urbains de son histoire, la construction du métro de Quito – qui est opérationnel depuis mi 2023 – a profondément transformé le fonctionnement de la capitale équatorienne. Une première ligne d'orientation nord-sud s'étend sur 22 km et comporte 15 stations. Le projet s'accompagne également d'une réorganisation du réseau de bus avec pour objectif de désengorger la circulation automobile, très dense aux heures de pointe.

GASTON SACAZE

Calle Gregorio Munga N39-249
y Gaspar de Villarroel
✆ +593 99 930 6775
www.gaston-sacaze.com

Produits sur mesure à tarifs adaptés.

Gaston Sacaze Equateur est une agence de voyages installée dans 6 pays d'Amérique du Sud depuis plus de 20 ans. Son équipe franco-équatorienne basée à Quito et spécialiste du voyage sur mesure vous fait voyager dans tout l'Equateur et les Galápagos de manière classique, mais aussi, insolite et personnalisée en fonction de vos intérêts. Des parcours et visites culturels entre Quito et Cuenca, des treks sur l'Avenue des Volcans, une immersion en Amazonie, la rencontre des communautés locales ou encore une croisière inoubliable dans les îles Galápagos.

LATITUD 0°

Valladolid N24-353 et Vizcaya,
✆ + 593 2 254 7921
www.latitud0.com

Agence généraliste (voyages d'aventure) et réceptif local.

Depuis 1989, Latitud 0° est spécialisée dans le tourisme d'aventure (randonnées pédestres, équestres, à vélo, ascensions...) et organise des voyages pour les personnes à mobilité réduite. Cette agence francophone créée par Etienne Moine, un Français arrivé en Equateur à la fin des années 1970, propose aussi des séjours classiques, culturels ou à thème pour des groupes ou en individuel. Faire appel à Latitud 0°, c'est adhérer à un état d'esprit, des valeurs éthiques et responsables, voyager en respectant l'environnement et ses habitants.

NATURE EXPERIENCE

Gregorio Munga N38-09 y Portete
✆ +593 2 243 0494
www.nature-experience-group.com

Tour-opérateur réceptif francophone spécialisé dans les séjours naturalistes et le tourisme scientifique.

Cette agence francophone montée par Xavier, un Catalan français amoureux de la nature et guide ornithologue vivant en Équateur depuis plus de vingt-cinq ans, est spécialisée dans les séjours naturalistes les voyages scientifiques et le tourisme participatif. Elle propose de nombreux séjours aux thématiques rares comme l'observation de reptiles ou d'orchidées, des voyages photographiques, stages aquarelle, trekkings naturalistes et plongées aux Galápagos. Leur point fort reste les voyages ornithologiques, dont ils sont les pionniers dans la langue de Molière.

RESPONSIBLE TRAVEL

Wilson OE7-56 y Diego de Almagro
✆ +593 99 158 1574
https://responsibletravelsa.com/fr/

Cette agence locale propose des circuits sur mesure en Equateur et aux îles Galápagos, permettant aux voyageurs de découvrir les merveilles de la nature et de la culture de la région. Que ce soit pour explorer les Andes, l'Amazonie, la côte Pacifique ou les îles Galápagos, l'agence propose des expériences uniques et personnalisées. Cette agence est également disponible pour donner des conseils sur les achats d'artisanat local et pour aider les voyageurs à planifier leurs activités de plein air et d'aventure et cerise sur le gâteau, on y parle le français.

© RESPONSIBLE TRAVEL

© RESPONSIBLE TRAVEL

TERRA ECUADOR

Av De Los Shyris N37-313 y N39 El Telegrafo. Edificio Rubio
✆ +33 9 77 21 80 37
www.voyages-equateur.com
Agence réceptive francophone en Equateur faisant partie du réseau Terra.

© TERRA ECUADOR

Une agence qui vous proposera des rencontres authentiques dans des communautés où l'agence s'engage socialement, vous montrera les secrets des cultures millénaires, vous invitera à découvrir les paysages magiques des Andes avec ses volcans enneigés ou encore la faune amazonienne dans sa région la plus sauvage au monde et pourquoi pas découvrir au mieux les Galapagos, paradis naturel. Elle fait partie d'un réseau qui saura vous proposer des programmes à cheval sur plusieurs pays, au travers d'un unique interlocuteur à votre écoute.

SURTREK SOUTHAMERICAN TRAVEL

E10-114 San Ignacio and Placido Caamaño
✆ +593 999 735 448
www.surtrek-adventures.com
Tour-opérateur. Bureau ouvert tous les jours en semaine de 9h à 18h.

Surtrek Tour Operator est une entreprise responsable, tant au niveau social qu'environnemental, spécialisée dans l'organisation de voyages « à la carte » individuels ou en groupe. Grâce à son expérience et à la passion de ses concepteurs de voyages, ce tour-opérateur basé à Quito réalise tous vos souhaits, dans les Andes, aux Galápagos et dans le reste de l'Amérique latine : trek, randonnée, croisière, plongée, andinisme, Amazonie, visites culturelles…

EDISON BENITEZ

✆ +593 99 956 2376

Guide national de tourisme, Edison est d'abord et avant tout un passionné de son pays. Il vit à Quito mais connaît l'Amazonie comme sa poche (il est guide dans les parcs de Yasuni et Cuyabeno également) et parle un français parfait. Edison se fera un plaisir de boire un café avec vous dans le centre de Quito tout en vous aidant à préparer votre voyage, c'est une mine de renseignements et il saura vous adresser aux meilleurs endroits. Il propose d'ailleurs un suivi à distance pour ceux qui souhaitent un soutien logistique pendant leur voyage. A contacter !

PALMAR VOYAGES

Juan Severino E8-14 y Diego de Almagro
✆ + 593 22569809
www.palmarvoyages.com
Bureau ouvert du lundi au vendredi de 9h à 17h30.

Cette agence est gérée depuis plus de 30 ans par Dominique Olivares, une Française passionnée et grande connaisseuse de l'Equateur, de sa méga biodiversité et de ses ethnies. De ce fait, elle et son équipe francophone, vous proposeront volontiers des voyages équitables, communautaires, éco dans les Andes, en Amazonie ou en forêt nuageuse de Mindo (où Palmar propose son Mindo Eco chalet), aux Galápagos, sur la côte Pacifique, ainsi que les meilleurs tarifs aériens. Dominique possède aussi de charmants chalets à Mindo et propose même une tente aménagée en « glamping ».

EXPERIENCIAS PATRIMONIALES

✆ +593 98 921 7961
Produits sur mesure.

Fausto Caballero, passionné d'histoire et de monuments historiques a créé une agence de tourisme d'un nouveau genre. Il a négocié avec nombre de responsables de monuments historiques, souvent chrétiens, la possibilité d'organiser des soirées ou repas dans les lieux les plus insoupçonnables qui soient. Si vous souhaitez dîner aux chandelles dans une chapelle du XVIIe siècle ou organiser un repas en famille entre les coupoles de l'église Santo Domingo, cette agence est faite pour vous !

QUITO CITY TOUR & TRAVEL

Av. Andalucía 324 y Francisco Galavis
✆ +593 2 60 42 429
www.quitocitytour.travel

A partir de 45 US$ pour un tour de 4 heures dans Quito. Equipe bilingue (espagnol, anglais).

Cette entreprise propose des tours de la ville à travers la découverte de son histoire, de sa culture et de l'héritage des civilisations pré-colombiennes. Parmi les visites, vous aurez le choix entre une balade nocturne dans le centre historique (Quito Eterno, 4h), tour dans le centre historique avec visite de la *Mitad del Mundo* (journée complète) ou encore le tour incluant le téléphérique et *La Mitad del Mundo* (journée complète). Une manière ludique et sympathique de voir la ville. Prix assez élevés, mais la qualité est au rendez-vous.

QUITO ETERNO

Juan de Dios Morales Oe3-89 (Calle de la Ronda 989)
✆ +593 98 488 1018
quitoeterno.org

Une agence spécialiste des tours culturels et historiques.

Cette entreprise propose entre autres d'intéressantes balades nocturnes dans le vieux Quito, avec des explications fournies par des guides locaux. Différents parcours sont à découvrir. Des mises en scène artistiques sont même parfois proposées, avec la collaboration d'écoles locales, pour rendre le récit encore plus compréhensible. L'association ne dépend pas de la ville ni de l'Etat et la structure repose sur la volonté et sur l'implication de chacun des membres de la fondation à partager ses connaissances sur la ville. Une expérience originale.

QUITO TOUR BUS

Avenida Naciones Unida y Shyris
✆ +593 983359796
quitotourbus.com

Une agence de tours guidés de Quito et de ses environs. A partir de 15 US$ par adulte à Quito.

Vous ne pourrez pas visiter la ville sans apercevoir ces bus à deux étages, d'inspiration londonienne. Plusieurs circuits sont proposés afin de balayer la ville et ses environs en un minimum de temps. Un bon moyen pour découvrir ou redécouvrir Quito, La Mitad del Mundo, Otavalo, le Cotopaxi, le Quilotoa, Papallacta, et Baños. Une manière simple et confortable de visiter ce pays riche en surprises. Les tarifs sont un peu excessifs si on s'éloigne de Quito, en particulier pour se rendre à la Mitad del Mundo. Le tour au Cotopaxi est en revanche très intéressant.

WANDERBUS ECUADOR

✆ +593 9 9875 1533
www.wanderbusecuador.com

Pass 1 jour : 159 US$. Quito Guayaquil en 7 jours : 719 US$. Tour du pays en 11 jours au départ de Quiro : 1 199 US$.

© WANDERBUS

Un service de bus « hop on hop off ». On réserve son *pass* en ligne, selon les points d'intérêt que l'on souhaite visiter, on monte dans le bus, et c'est parti ! Parmi les *pass* proposés, le *Wander pass* offre un tour complet de l'Equateur en desservant les principales villes du pays, de Quito à Cuenca en passant par Guayaquil ou Montañita, avec au programme, 10 activités incluses et pas moins de 20 stops sur la route. Pratique pour les plus pressés et ceux qui veulent se simplifier la vie tout en découvrant les recoins du pays grâce aux guides à bord.

QUITO

BASÍLICA DEL VOTO NACIONAL ★★★

Carchi 122 y Venezuela
✆ +593 96 390 4065
Tous les jours de 9h à 17h sauf le week-end de 6h à 18h30. Entrée : 2 US$ pour l'accès au sommet.

La construction de la Basílica del Voto Nacional débuta en 1882 et elle n'est pas encore achevée… Selon la légende, lorsqu'elle le sera, un cataclysme frappera la ville de Quito ! Aujourd'hui, cette basilique est la construction gothique la plus grande d'Equateur, et même de toute l'Amérique latine. L'édifice est orné de gargouilles incroyables inspirées de la faune du pays et des Galápagos : iguanes, tatous, tortues, singes, pumas. Si vous allez la visiter, n'oubliez pas de grimper en haut des tours. L'organisation n'est pas la meilleure qui soit puisqu'il vous faudra certainement attendre quelques minutes avant de pouvoir monter, mais de là-haut, la vie est impressionnante ; on aperçoit l'ensemble de la vallée, du Quito moderne au Quito colonial jusqu'à la colline du Panecillo. Après un passage sur une passerelle au-dessus de la nef, il faut grimper d'étroites échelles métalliques. Ceux qui ont le vertige s'abstiendront ! C'est une ascension difficile pour les personnes âgées ou les enfants en bas âge, mais qui promet un spectacle imprenable. Pour vous remettre de vos émotions, vous pourrez vous rafraîchir au café de la basilique et faire quelques emplettes dans la boutique d'artisanat. Une des photos les plus classiques de la ville coloniale est à prendre depuis le haut de la flèche, on y cadrera la Vierge de Quito (la Virgen du Panecillo) entre les deux tours de la basilique, un incontournable pour les amateurs de photographie touristique.

CALLE LA RONDA ★

Morales
Aujourd'hui appelée rue Juan de Dios Morales.

C'est une des plus jolies rues du vieux Quito. Il ne faut pas manquer d'y faire un tour à condition toutefois de se montrer vigilant, car elle n'est pas toujours bien fréquentée ; éviter de s'y promener seul(e) et avec des objets de valeur ou de l'argent, la nuit tombée. Cette rue conserve tout le charme de la ruelle traditionnelle d'un village espagnol, étroite et escarpée avec son enfilade de vieilles maisons aux façades coloniales, aux murs blancs, aux toits de tuiles et aux balcons ouvragés. Preuve de sa valeur esthétique, la rue Ronda est souvent reproduite par les aquarellistes du parc El Ejido. La maison située aux numéros 949 et 963 (elle possède deux entrées), véritable bijou colonial, est l'une des plus anciennes de Quito. Les nonnes de ce Hogar de La Paz (foyer de la paix) accueillent les enfants déshérités (visite possible). Dans les années 1900, la rue était le repaire des artistes et des intellectuels, poètes, écrivains, peintres et chanteurs, plus ou moins connus. Elle était célèbre pour ses bars et ses cabarets. De nos jours, elle abrite de petits restaurants proposant une cuisine équatorienne typique, des cafés littéraires et bohèmes, une légendaire *picantería*, ainsi qu'une confiserie traditionnelle très célèbre à Quito. Quelques fabricants de bougies décoratives, des voyants, des guérisseurs et des musiciens, sont également installés dans la rue de La Ronda où vous pourrez par ailleurs déguster les célèbres *canelazos* de Quito accompagnés d'excellentes *empanadas de viento*.

Vue sur Quito depuis les tours de sa basilique.

CAPILLA - CONVENTO DE SAN JUAN EVANGELISTA ★

Galápagos y Benalcázar

Ouvert du mardi au dimanche de 9h à 17h.

A côté de cette chapelle de plus pure tradition espagnole, datant du XVIe siècle, se trouve un charmant couvent. On peut se reposer sur le petit belvédère (les rues du quartier sont très pentues) tout en découvrant (et photographiant) une partie de Quito qui trône juste en face. Dans le couvent, on peut acheter élixirs, collyres, crèmes pour guérir les maux de foie, de dos, de cœur, pour revivifier l'épiderme, universelles panacées préparées par les nonnes.

CASA DE SUCRE ★★

C/ Venezuela 573 y Sucre

✆ +593 2 295 2860

Tous les jours de 9h à 17h30. Visite guidée obligatoire. Pensez à prendre votre passeport.

La superbe demeure coloniale de la famille du maréchal Sucre, construite à la fin du XVIIe siècle dans le style colonial, est devenue propriété du gouvernement en 1972. Restaurée et décorée comme le fut à l'époque la demeure des époux Sucre, cette somptueuse maison est devenue un musée en 1974. Les pièces sur deux niveaux surplombent une galerie encadrant un charmant patio, rafraîchi par une fontaine et décoré de plantes vertes. Les œuvres d'art, dues à des artistes anonymes, sont d'origine. L'épopée du Maréchal est retracée dans une salle qui lui est dédiée.

CASA DEL ALABADO - MUSEO DE ARTE PRECOLOMBINO ★★

Cuenca N1-N41 y Bolivar

✆ +593 2 228 0772

alabado.org

Ouvert du mercredi au dimanche de 9h à 17h. Entrée : 6 US$ par adulte et 3 US$ par enfant.

La Casa del Alabado se situe en plein cœur du Quito historique dans une superbe et grande maison coloniale datant du XVIIe siècle. On compte près de 5 000 pièces relatives aux cultures précolombiennes, un patrimoine archéologique hallucinant ! On suit une muséographie thématique dévoilant des séries de figurines, poteries ou pierres datent de plusieurs millénaires, des premiers villageois Valdivia à l'occupation inca. Le musée accueille par ailleurs diverses expositions temporaires.

CENTRO CULTURAL METROPOLITANO ★

García Moreno y Espejo

✆ +593 2 395 2300

Du jeudi au samedi de 11h à 13h et de 13h30 à 17h30. Le dimanche de 11h à 13h et de 13h30 à 16h. Entrée libre.

Cet édifice bâti par les jésuites est un mariage entre deux bâtiments : le siège de l'Audience royale de Lima, qui date du XVIIe siècle, et l'ancienne université centrale construite en 1915. Aujourd'hui entièrement restauré, avec un très large patio à la toiture de verre, il accueille le musée Alberto Mena Caamaño et une bibliothèque sur plusieurs étages. Il accueille par ailleurs un grand nombre d'expositions temporaires (art contemporain, photos, peintures, etc.).

CENTRO DE ARTE CONTEMPORÁNEO DE QUITO ★★

Montevideo y Luis Dávila

✆ +593 2 394 6990

https://fundacionmuseosquito.gob.ec/

Du jeudi au dimanche de 10h30 à 17h30. Gratuit. Arrêt Trole : La Alameda. Dernière entrée à 16h30. Réservation en ligne.

Le centre d'Art contemporain (CAC) se trouve dans l'enceinte de l'ancien hôpital militaire, dans l'emblématique quartier de San Juan, au cœur de la ville. La construction de cette impressionnante œuvre architecturale débuta en 1900 et fut achevée en 1929 pour devenir un hôpital consacré à la lutte contre la tuberculose. Aujourd'hui, ce bâtiment a été rénové afin d'accueillir un centre culturel et artistique de grande ampleur. Sous la menace de l'ouverture d'un hôtel 5 étoiles en lieu et place de ce musée, la ville a finalement repoussé ce projet et converti ce centre culturel en vrai musée dédié à l'art contemporain. Le CAC est un espace culturel avec une programmation riche et intense qui comprend des expositions et des activités parallèles, des ateliers et des activités éducatives, ainsi que des événements artistiques et culturels. Toutes les informations concernant les activités du centre d'art contemporain sont mises à jour hebdomadairement sur le site internet et les réseaux sociaux. Les expositions du CAC sont pour la plupart temporaires et vont de l'exposition d'œuvres d'artistes équatoriens destinées à la décoration des hôtels de luxe jusqu'à des rencontres internationales entre artistes passionnés d'un même thème, toujours dans l'intention de promouvoir et développer l'art contemporain au cœur de la cité. Attention, si vous souhaitez faire des photos dans le musée, il faut en demander l'autorisation au préalable, au moment de votre réservation.

CONVENTO DE SAN DIEGO ★★

Calicuchima 117 y Farfán
✆ +593 2 295 4026
Ouvert du lundi au samedi de 10h à 13h et de 14h à 17h. Le dimanche jusqu'à 14h.

A l'écart du centre-ville, au pied du Panecillo, ce monument offre certainement l'une des plus belles visites du Quito colonial. Mieux vaut s'y rendre en taxi pour des raisons de sécurité car le quartier n'est pas le plus tranquille de la ville. Le monastère est en parfait état (il a été rénové avec la participation du Banco Central). Il faut le visiter dans sa totalité, sans oublier les chapelles. Le couvent fut fondé en 1597 par les franciscains pour en faire un monastère de retraite. Sa construction s'acheva au début du XVIIe siècle.

IGLESIA DEL SAGRARIO ★★

Garcia Moreno 881 y Espejo
✆ +593 2 228 4398
Ouvert tous les jours de 8h à 18h (16h le samedi et 13h le dimanche). Gratuit.

Le terme *Sagrario* est réservée aux chapelles attenantes à une grande cathédrale à laquelle elles sont annexées. Celle-ci, la principale chapelle de la cathédrale métropolitaine de Quito, était à l'origine dédiée au culte du Saint-Sacrement et date du XVIIe siècle. La somptueuse entrée, avec ses colonnes salomoniques couvertes de décorations et de têtes d'angelots, nous rappelle le style de l'artiste Bernardo Legarda. A l'intérieur, on peut admirer de nombreuses œuvres de l'école *quiteña*, également représentatives du style de Legarda.

IGLESIA DE LA COMPAÑIA DE JESUS ★★★

García Moreno y Sucre
✆ +593 2 258 1895
fundacioniglesiadelacompania.org.ec/
Tlj à partir de 9h30, le dimanche de 12h30 à 16h. Entrée 5 US$, gratuit 1er dimanche du mois. Guide sur demande.

La construction de cette église a demandé cent soixante-dix ans aux jésuites, entre 1605 et 1775. De style baroque exceptionnel, c'est l'une des églises les plus riches de toute l'Amérique latine. Sa façade édifiée en pierre volcanique est magnifiquement sculptée, ornée de doubles colonnes salomoniques, copie de celles du Bernin au Vatican. La somptueuse décoration intérieure est d'inspiration maure et comprend fruits, oiseaux, cariatides, le tout recouvert de feuilles d'or. L'autel principal reproduit, dans une extraordinaire débauche d'or, les colonnes salomoniques de la façade. La Sainte-Trinité et les statues représentant saint Francis et saint Ignatius sont de l'artiste Bernardo de Legarda. Dans la seconde chapelle, on peut admirer une superbe sculpture de Caspicara, illustrant la Passion du Christ. Le pupitre et les confessionnaux de bois sculptés sont admirables. On y trouve aussi le cercueil de Marianita de Jesús, la patronne de la ville. Au cours des vingt dernières années, un important travail de restauration a été mené en grande partie suite à un incendie qui ravagea une grande partie de la nef. Cette église est considérée comme l'une des sept merveilles d'Equateur. Et on comprend bien pourquoi ! La Residencia de San Ignacio et la Fundación Iglesia de la Compañía, en charge de la conservation et de l'entretien du lieu, vous invitent à visiter cette belle église et ainsi à vous engager dans la préservation de cet héritage culturel.

IGLESIA Y CONVENTO DE LA MERCED ★★★

Mejia OE6-111 y Cuenca
✆ +593 228 0743
Du lundi au vendredi de 9h à 17h. Gratuit.

Construit à partir de 1559 dans un style mauresque et baroque, ce lieu religieux (église et couvent) s'appelait à l'origine San Juan de Letran. Ce couvent protège un vaste échantillon d'œuvres d'art de diverses périodes. Au début, les religieuses de ce cloître étaient même chargées de s'occuper de la dépouille de Mariscal Sucre. Il renferme des sculptures de Bernardo de Legarda, dont un retable élaboré au XVIIIe siècle, ainsi que des œuvres de Miguel de Santiago, de Goribar, des peintures à l'huile de Samaniego (époque coloniale) et autres grands artistes. On y trouve aussi des œuvres d'artistes du XIXe siècle comme Luis Cadena et Joaquin Pinto (Via crucis del Templo) et les *Miracles de la Vierge de la Merced* du peintre Luis Mideros, réalisés dans la première moitié du XXe siècle. La grande tour de l'église conserve les vestiges d'un mur inca, bien qu'elle ait été reconstruite plusieurs fois en raison de différents tremblements de terre. Sa bibliothèque contient plus de 22 000 livres ! De l'extérieur, une jolie coupole se détache sur le mur blanc de l'enceinte. On remarquera enfin la belle fontaine de pierre qui murmure au centre du patio, au milieu des statues des apôtres. Dans les années 1990, les alentours ont été envahis par les marchands ambulants. Au début des années 2000, durant le mandat du maire Paco Moncayo, la place a été réhabilitée et la ville y a beaucoup gagné, car la splendeur du lieu a été ressuscitée. Les éclairages nocturnes sont de toute splendeur.

IGLESIA Y CONVENTO DE SAN FRANCISCO ★★★

Cuenca 477 y Sucre
✆ +593 2 2281124
Du lundi au samedi de 9h à 17h. Le dimanche de 9h à 13h. Entrée : 2 US$.

Sur la grande place San Francisco se dresse l'église la plus ancienne de Quito ainsi que son monastère. La construction de cette église commença en 1534, quelques semaines seulement après la fondation de Quito. Elle fut terminée 70 ans plus tard. L'ensemble fut créé par le franciscain Fray Jodoco Rico ; une statue sur le parvis lui rend d'ailleurs hommage. Il faut savoir que ce complexe religieux s'étendant sur 3 hectares, est l'un des plus vastes d'Amérique du Sud. La rumeur populaire dit que le diable aida à sa construction. Derrière la façade de style maniériste de l'église, se cachent des sculptures et des peintures de l'école quiteña et des œuvres de Michel de Santiago. Les plafonds sont de style mauresque, les autels baroques exubérants sont ornés d'argent et de miroirs. L'autel principal comporte l'original de la Virgen de Quito de Legarda, une sculpture d'une Vierge ailée que vous verrez depuis la plupart des endroits de la ville qu'elle surplombe depuis le Panecillo. Cette représentation ailée est unique sur le continent. Le couvent abrite également la première Brasserie d'Equateur, un travail réalisé par les frères franciscains de manière exemplaire et optimale. C'est le plus ancien couvent d'Equateur, mais également le plus important pour son contenu historique et artistique. Son grand salon-réfectoire qui était le lieu de repas des moines franciscains et fait 360 m² est aujourd'hui utilisé pour divers évènements culturels ou diplomatiques.

MUSEO FRANCISCANO FRAY PEDRO GOCIAL ★★

Cuenca 477 y Sucre
✆ +593 2 295 2911
Du lundi au samedi de 9h à 17h et le dimanche de 9h jusqu'à 14h30. Entrée : 2 US$.

Derrière l'imposante façade blanche de l'église de San Francisco se trouve le musée religieux le plus important d'Amérique latine. Dans l'enceinte du couvent, les pères franciscains y avaient établi leur école : El Colegio de Arte y Escultura San Andrés où l'on y enseignait l'art de la peinture et de la sculpture. Les œuvres sont aujourd'hui réparties dans les différentes églises de la ville. Ce havre de paix contraste avec l'agitation de la place et des rues alentour. Le musée Fray Pedro Gocial expose l'une des plus belles et complètes collections d'art *quiteño*, avec des pièces picturales, sculpturales, d'orfèvrerie, de papier et de textile, qui nous racontent le génie et le talent des habitants de cette terre du XVIe au XVIIIe siècles. De plus, vous pourrez apprécier la beauté unique de deux de ses six cloîtres monumentaux et du chœur et de l'intérieur de l'église. Les moines vivent encore dans ce bâtiment dont le cloître principal est un jardin rafraîchi par une superbe fontaine centrale et ceint d'arcades sous lesquelles sont exposés divers retables. De nombreuses pièces d'art religieux du XVIe au XIXe siècle, notamment des œuvres de Miguel de Santiago et un crucifix attribué à Caspicara, sont exposées dans une succession de salles récemment rénovées. On peut accéder au chœur de l'église mitoyenne qui abrite 61 sièges, et dominer la nef centrale d'une vue plongeante. L'orgue d'origine européenne date de 1938 et rythme encore régulièrement les offices religieux.

CAPILLA DE CANTUÑA ★★

C/ Cuenca y Bolívar
✆ +593 2 228 1124

On trouve la chapelle sur le flanc de l'église de San Francisco, au cœur du centre historique. Cantuña est l'Indien qui termina la construction de l'église après avoir passé un pacte avec le diable. La chapelle qui lui est dédiée est magnifiquement décorée et comporte un autel somptueux, pièce maîtresse du sculpteur Bernardo de Legarda (1700-1773). L'artiste a sculpté des colonnes, panneaux, frise, corniche, arches, et éléments ornementaux d'une beauté époustouflante. La chaire sculptée dans du bois recouvert de feuilles d'or paraît aussi être l'œuvre de Legarda.

MONASTERIO DE SANTO DOMINGO ★★★

Flores 150 y Bolívar
Eglise ouverte tous les jours de 7h à 12h50 et de 17h à 18h30. Entrée gratuite.

L'église domine la place au centre de laquelle se dresse un monument dédié au maréchal Sucre. Construite à partir de 1581, sous la direction de Francisco de Becerra, un architecte espagnol originaire d'Estrémadure, l'église connaîtra des restaurations qui lui redonneront un peu de sa splendeur originale dont témoignent encore le ciel étoilé de la nef principale et la représentation de la Vierge, cadeau de Charles V. La chapelle baroque, rouge et or, est remarquable.

QUITO

IGLESIA Y CONVENTO EL CARMEN BAJO ★★

Olmedo y Venezuela
✆ +593 2 258 1739
De 9h à midi et de 14h30 à 15h30. Prix libre.

L'histoire de ce site remonte à 1705 lorsque la communauté carmélite a émigré à Quito après avoir évacué son siège à Latacunga où elle s'était installée au XVIe siècle. Le transfert vers la capitale de l'Audience Royale de Quito d'alors était dû à la destruction du temple par le violent tremblement de terre de 1698 qui a dévasté la ville andine susmentionnée. L'évêque Paredes a encouragé la construction de l'église sur le site qu'elle occupe aujourd'hui. La construction se prolongea de 1706 à 1745 pour aboutir au Carmen Bajo d'aujourd'hui.

Sur les portes en bois de la façade, de nombreux spécialistes trouvent des lignes mauresques et indigènes et dans le retable principal où se trouve le maître-autel, la Virgen del Carmen apparaît en évidence. Selon les documents historiques, le sphinx a été sculpté par la mère María Magdalena Dávalos y Larráspuro, considérée comme l'une des rares artistes féminines de l'époque coloniale de Quito. Rappelons que le trésor patrimonial de ce site a été caché pendant de nombreuses années jusqu'à ce qu'en 2018 il soit décidé de le montrer afin que le public puisse l'apprécier dans toute sa dimension. Lors de la célébration du 350e anniversaire de la fondation de l'Ordre des Moniales déchaussées de la bienheureuse Vierge Marie du Mont-Carmel, un ordre contemplatif, en septembre 2019, les religieuses ont finalement organisé une visite unique des sous-sols du cloître, afin d'impliquer tous les habitants de Quito dans sa sauvegarde.

IGLESIA Y MONASTERIO DE SAN AGUSTÍN ★

Guayaquil 924 y Chile
✆ +593 2 295 5525
Ouverte de 9h à 17h du mardi au vendredi. Gratuit.

Derrière les lourdes portes en bois, couvertes par une entrée taillée dans la pierre, se trouve une superbe église datant du XVIe siècle. Ses travées sont décorées de peintures de l'artiste Miguel de Santiago représentant la vie de saint Augustin et ornées de magnifiques retables somptueusement ouvragés. Le plafond est également remarquable. Endommagée par les tremblements de terre successifs, elle a été restaurée à plusieurs reprises. Dans la salle capitulaire s'ouvre une crypte profonde. La chaise et la table ont servi à la signature de l'acte d'indépendance nationale le 10 août 1809. A côté, le monastère est appelé « le couvent d'or » pour la richesse de ses décorations. Au centre du cloître, une fontaine est taillée dans un seul bloc de pierre. Le plafond de la galerie est particulièrement remarquable. L'atrium taillé dans la pierre rapportée de Pichincha, se distingue des autres atriums du centre historique car il comporte 4 marches qui descendent vers la porte d'entrée de l'église. La façade est du plus pur style de la Renaissance tardive appelé Maniérisme, avec une superposition architecturale d'ordres classiques dorique dans la partie inférieure et ionique dans la partie supérieure. La voûte centrale est en croix gothique renforcée par des arcs transversaux laissant pénétrer au mieux la lumière à l'intérieur de l'église. Il faut prévoir de payer une entrée pour accéder au musée, à la salle capitulaire et aux salles d'expositions.

MUSEO ALBERTO MENA CAAMAÑO ★★

García Moreno 887 y Espejo
✆ +593 2 395 2300
Ouvert du lundi au samedi de 9h à 17h30 et le dimanche de 10h à 16h30. Entrée : 1,50 US$.
Arrêt Trole : Plaza Grande.

Ce musée fait partie du Centro Cultural Metropolitano. La salle permanente « De Quito al Ecuador » fut inaugurée en 2002. Elle couvre 1 006 m² et renferme une collection d'objets et de documents historiques datant de la Real Audiencia de Quito, depuis 1736 jusqu'à l'instauration de la République en 1830. Des visites y sont proposées, en anglais ou en espagnol. Ne manquez pas de jeter un œil à la prison reconstituée au sous-sol où ont été massacrés certains partisans de l'indépendance.

MUSEO CAMILO EGAS ★★

Venezuela 1302 y Esmeraldas
✆ +593 2 257 2012
Du lundi au vendredi de 9h à 17h et le samedi de 10h à 16h. Entrée gratuite.

La collection du musée Camilo Egas se trouve dans une belle demeure du XVIIe siècle, construite avec de hautes fenêtres étroites et autour d'un patio. La maison est devenue propriété de la banque centrale d'Equateur en 1980. Bâtie sur des ruines de l'époque inca, cette maison a la particularité d'avoir le sol pavé de vertèbres de vaches. Elle se dédie avant tout à la conservation, la promotion et la diffusion de l'œuvre moderne du talentueux précurseur du mouvement indigéniste Camilo Egas (1889-1962), qui séjourna à Madrid et Paris et étudia auprès de Picasso.

MUSEO-CASA MARIA AUGUSTA URRUTIA

Garcia Moreno N2-60
✆ +593 2 258 0103
Ouvert tous les jours, sauf le lundi, de 10h à 18h. Samedi, dimanche et jours fériés de 9h30 à 17h30. Entrée : 2 US$.

C'était la maison de Doña María Augusta Urrutia, construite au XIXe siècle et décorée de pièces artistiques vieilles de plus d'un siècle. A l'intérieur, vous pourrez apprécier les coutumes et le mode de vie du début du siècle dernier, c'est un bâtiment typique du centre historique avec plusieurs salles spacieuses et deux grands patios centraux. Il est décoré d'importantes œuvres d'art, de meubles importés principalement d'Europe et d'une collection de peintures de Víctor Mideros.

MUSEO DE ARTE COLONIAL ★★

Cuenca 415 y Mejia
✆ +593 2 228 2297
Ouvert du mardi au samedi de 9h30 à 17h. Fermé le lundi et le dimanche. Gratuit.

Ce musée fait partie intégrante de la Maison de la culture équatorienne qui fut inaugurée sous la présidence de José María Velasco Ibarra en août 1944. Dans cette belle demeure coloniale datant du XVIIIe siècle, avec patio intérieur et fontaine, on découvre retables, sculptures et peintures des XVIe, XVIIe et XVIIIe siècles. Une salle est consacrée à de remarquables miniatures religieuses. Ce musée renferme les trésors artistiques du patrimoine national. Au total, dix salles d'expos permanentes et deux salles pour des expos temporaires.

MUSEO DE LA CIUDAD ★★

García Moreno E1-47 y Rocafuerte
✆ +593 2 381 3340
fundacionmuseosquito.gob.ec/mdc/
De 9 h à 17h30 de mercredi à dimanche. Entrée 3 US$. 4 US$ pour un guide anglophone.

Installé dans une belle demeure coloniale du XVIe siècle qui abritait l'hôpital de la Misericordia de Nuestro Señor Jesucristo, ensuite appelé San Juan de Dios, ce musée, qui est l'un des plus intéressants de Quito, retrace l'histoire de la capitale et raconte le mode de vie de ses premiers habitants jusqu'au XVIIe siècle, à travers des reconstitutions d'intérieurs de maison, événements et fêtes, avec une belle collection de costumes notamment. Une visite très instructive et des expositions temporaires variées. Interactivité appréciée des enfants.

MUSEO MANUELA SAENZ ★★

Junín 709 y Montufar
✆ +593 2 228 3908
museo-manuela-saenz.negocio.site/
Ouvert tous les jours de 10h à 17h. Entrée : 4 US$.

Ouvert en 1994, ce musée occupe une vieille maison du centre colonial, merveilleusement restaurée. Les collections englobent la période indépendantiste de l'Equateur. C'est ainsi que le visiteur découvre divers témoignages de cette époque : armes, tableaux, objets personnels de Manuelita Sáenz, la maîtresse de Simon Bolívar et première révolutionnaire du pays, nombreuses lettres, sauvées par elle, échangées entre le *libertador* et le général Sucre. Une belle collection d'art religieux *quiteño*, du XVIIe au XIXe siècle parachève le tout.

PARQUE ITCHIMBIA

Av. Velasco Ibarra
Parc : tous les jours 5h30-18h. Centre culturel : lundi au vendredi de 9h à 17h et de 10h à 18h le samedi et dimanche.

Situé sur une colline face au volcan Pichincha et à la basilique del Voto Nacional, le parc offre un point de vue magnifique sur la ville et la vallée. Un poumon vert que cet espace récupéré pour y replanter des arbres, aménager des sentiers de promenade et des pistes cyclables où il fait bon s'aérer en famille. A l'entrée du parc, le Centro cultural Itchimbia, une maison de cristal, de verre et d'acier, accueille des expositions et événements culturels. Un bel exemple de projet d'aménagement d'espace vert visant à contrebalancer un rapide développement urbain.

PARQUE LA ALAMEDA

Le parc La Alameda est célèbre pour son observatoire astronomique, le plus vieux de l'Amérique latine. A l'extrémité du parc, en venant du centre historique, un imposant monument est dédié à Bolívar. La journée, de nombreux Quiteños viennent profiter de ce bel espace de verdure et la tradition veut que les amoureux fassent une petite promenade en barque sur le lac qui se trouve en son sein. Attention : il est recommandé de ne pas se balader seul(e) dans le parc la nuit tombée ou même de traverser le parc, car les voleurs rôdent.

OBSERVATOIRE ASTRONOMIQUE ★

Gran Colombia y 10 de Agosto
✆ +593 297 6300
oaq.epn.edu.ec
Possibilité de réserver des observations nocturnes les mardis, mercredis et jeudis, de 19h à 20h30. Tarif 3 US$.

L'observatoire de Quito est l'un des plus anciens d'Amérique latine. Il a pour particularité de permettre l'observation simultanée de l'hémisphère austral (sud) et de l'hémisphère boréal (nord). Situé au cœur du parc de la Alameda dans un édifice historique du XIXe siècle, le musée astronomique a été réalisé à l'initiative du jésuite et astronome allemand Juan Bautista Menten. La construction du bâtiment lui-même est inspirée de l'observatoire de Bonn, en Allemagne.

PLAZA DE LA INDEPENDENCIA - PLAZA GRANDE ★★★

Venezuela, entre Chile et Espejo

Plantée de magnolias, d'hibiscus, de jacarandas et de cocotiers, cette place est le lieu de rendez-vous des Quiteños retraités qui monopolisent les bancs et y flânent toute la journée (c'est pourquoi les plus jeunes l'appellent la place « des pigeons morts »). Un monument en marbre de Carrare, symbolisant l'hymne à la liberté, commémore le premier cri de l'indépendance. La bataille de Pichincha est célébrée ici par un monument moderne qui tient plus de l'art mural que de la sculpture.

CATEDRAL METROPOLITANA DE QUITO ★★★

Venezuela y Espejo 715
✆ +593 2 257 0371
Ouvert tous les jours, de 9h à 17h. Le dimanche de 10h à 14h Entrée : 3 US$. Entrée église + musée + chapelles : 4 US$.

Edifiée entre 1550 et 1562, elle fut réaménagée à diverses reprises. Mélange de styles andalou, gothique, néoclassique (entrée principale) et baroque, la cathédrale, traditionnelle croix latine, renferme de nombreuses œuvres de l'école quiteña : peintures de Miguel de Santiago (*la Muerte de San José* et *la Dormición de la Virgen*), de Manuel Samaniego (la Coronación de la Virgen), sculptures de Manuel Chilli, dit Caspicara. L'autel peint est particulièrement remarquable. Dans la chapelle contiguë à la sacristie, reposent les restes du maréchal Sucre, le héros de l'Indépendance. C'est ici que mourut l'évêque de Quito après avoir bu le poison versé dans la coupe du vin de la consécration lors de la cérémonie de Vendredi saint en 1877. Ses arcs gothiques, son plafond et son autel baroques, ses chœurs néoclassiques et son immense façade font de la cathédrale un édifice unique. Il y a trois types de dômes dans cette belle cathédrale : le plus petit se trouve au-dessus l'autel et est sculpté en forme de quadrilatère convexe ; le second, qui est le plus grand, à la figure d'un parfait ovale ; et le troisième dans un cercle parfait. Au cours des années 2000, le rez-de-chaussée de la Casa de Casillas qui servait de lieu d'accueil au personnel de l'église et aux sacristains, a été entièrement refait pour créer le musée, grâce auquel le grand public peut découvrir le processus d'évangélisation du peuple chrétien à travers des images et des objets d'art sacrés.

Place de l'Indépendance.

PALACIO ARZOBISPAL ★★

Chile y Venezuela

Du lundi au vendredi de 8h30 à 13h et de 14h à 16h30.

Construit à la fin du XVIIIe siècle, sur la place de l'indépendance, le Palacio Arzobispal est aujourd'hui un petit centre commercial bien agréable. Il est composé d'un ensemble de patios de style andalou. Encadrés de galeries et reliés entre eux, ils abritent de petits commerces, cafés et restaurants offrant d'agréables pauses lors des visites du centre historique. Cet imposant édifice classique aux colonnades et à la façade blanches s'illumine élégamment le soir venu et contribue à donner toute sa grandeur à la place de l'Indépendance.

PALACIO DE CARONDELET - MUSEO DE LA PRESIDENCIA ★★

Garcia Moreno y Chile ✆ +593 382 7000

www.presidencia.gob.ec/museo/

Visites guidées sur réservation du mardi au dimanche de 9h à 16h. Gratuit. Réserver, par téléphone.

Voici le palais présidentiel, édifié au XVIIe siècle, puis remanié au XIXe siècle. Le musée de la Présidence de la République équatorienne, situé au sein du palais gouvernemental, propose un retour guidé sur l'histoire du pays et les grandes dates qui ont marqué la république à travers onze salles très joliment décorées. De nombreux objets d'art, principalement offerts en cadeau au president, sont également exposés au cœur de la Casa de Gobierno sous forme d'un musée de la Présidence.

PALACIO MUNICIPAL ★

Venezuela

✆ +593 2 228 2646

Situé sur la Plaza de La Independencia et juste en face du Palacio del Gobierno, ce palais a été construit à la fin des années 1970 en remplacement d'un édifice colonial. A l'intérieur, se détachent trois peintures murales du peintre naïf équatorien Gonzalo Endara Crow, dont l'une représente Quito et les deux autres, l'Equateur. Le rez-de-chaussée de ce bâtiment recrée une extension de la Plaza de la Independencia. C'est un lieu de grande attraction touristique, car il se trouve au cœur du centre historique et est le siège du gouvernement local.

PLAZA DEL TEATRO SUCRE

Guayaquil y Flores

Cette charmante place bien restaurée abrite en son centre une petite fontaine. La façade du théâtre, construit en 1878, est d'une rare élégance explosant le soir venu lorsqu'elle est illuminée. Le théâtre lui-même a rouvert ses portes en 2004 et constitue l'un des hauts lieux de la culture de la capitale. Avant d'être un lieu de culture, l'endroit a été une halle de bouchers et abritait des corridas tous les samedis. Gabriel Garcia Moreno décida de les interdire en 1867 et fit construire le théâtre que nous connaissons aujourd'hui.

VIRGEN DE EL PANECILLO ★★

Ouvert du lundi au mercredi de 9h30 à 17h16 et du jeudi au dimanche de 9h30 à 21h. Entrée : 1 US$.

L'artiste espagnol Agustín de la Herrán Matorras a commencé la construction de la statue de la Vierge de Quito le 4 novembre 1955 et elle fut inaugurée le 28 mars 1975. Aux dires de certains, le vrai nom de cette vierge serait Shungoloma, qui signifie « la colline du cœur ». Auparavant, un temple d'adoration au Soleil était bâti sur ce site. Cette Vierge ailée venue d'Espagne, taillée dans la pierre et ornée de quelque 7 000 plaquettes d'aluminium, protège la ville. C'est une reproduction à grande échelle de la Vierge de Quito de Bernardo de Legarda (XVIIIe siècle) qui se trouve dans l'église de San Francisco ; celle-ci mesure 45 m de haut. Debout sur le globe terrestre, avec à ses pieds une couleuvre qui symbolise le mal, elle déploie ses ailes déployées sur la capitale en signe de protection. Les mauvaises langues disent d'elle qu'elle tourne le dos au sud de la ville, c'est-à-dire à la partie la plus pauvre de la ville. Le véritable intérêt de cette visite n'est pas la vierge en elle-même, mais plutôt la vue panoramique exceptionnelle que l'on découvre du sommet du Panecillo. Par ailleurs, de nombreux stands d'artisanat et quelques échoppes pour manger sur le pouce se sont installés sur le site.

Attention : il est vivement conseillé de vous y rendre en voiture, car le chemin qui mène au sommet du Panecillo traverse des quartiers où les touristes ne sont pas forcément bienvenus, si ce n'est pour servir de cible aux voleurs. Le trajet en taxi coûte entre 3 et 5 US$ depuis le centre-ville.

CASA MUSEO GUAYASAMÍN - CAPILLA DEL HOMBRE ★★★

Mariano Calvache E18-94 y Lorenzo Chávez.
✆ +593 99 498 6674
https://guayasamin.org.ec/casa-museo/
Ouvert tous les jours de 9h30 à 16h45. Fermé les dimanches et jours fériés. Entrée : 10 US$. 5 US$ étudiants, seniors.

Le peintre et sculpteur Oswaldo Guayasamín, vénéré des Equatoriens, a transformé sa magnifique demeure en un musée ayant pour vocation la préservation du patrimoine culturel équatorien. En parcourant les salles d'exposition, on chemine à travers l'histoire du pays, depuis les premières civilisations (salles d'archéologie) jusqu'à l'art contemporain, avec entre les deux l'art colonial. Les étonnantes œuvres du peintre sont évidemment exposées. Une jolie terrasse offre une vue panoramique sur la ville depuis le *barrio* qui porte bien son nom : Bellavista.

En contrebas, la Chapelle de l'Homme (Capilla del Hombre) fait partie du complexe dont la construction fut mise en œuvre par Guayasamín de son vivant, et interrompue à sa mort en 1999. Cet espace culturel architectonique se dresse comme un mémorial à l'Homme latino-américain, de l'époque précolombienne à aujourd'hui et, de ce fait, à l'Humanité tout entière. Les étapes de l'histoire vécues par cet Homme, ses souffrances, ses luttes sont au centre de la création de Guayasamín, considéré par Fidel Castro comme l'un des seuls artistes ibéro-américains. La première pierre de l'édifice a été posée le 3 août 1995 par un shaman d'une communauté quechua-pataza de l'Amazonie. L'architecte du projet n'est autre qu'Handel Guayasamín Crespo, neveu de l'artiste. De nombreuses toiles, en hommage aux victimes des guerres – dans le sous-continent et dans le monde – y sont exposées. C'est probablement LE musée à ne pas rater !

MINDALAE - MUSEO ETNOHISTORICO DE ARTESANIA ★★

Reina Victoria N26-166 y La Niña
✆ +593 95 881 2800
www.mindalae.com.ec
Du mardi au samedi de 9h à 17h. Entrée : 5 US$.

Ce musée abrite une importante collection d'artisanat équatorien provenant de toutes les régions, de la Sierra à l'Amazonie. L'exposition est très riche, diverse et fort intéressante, puisqu'on y trouve des objets du quotidien et religieux, des ornements corporels (bijoux, couronnes...), des tissages de différentes tribus (Huaroni, Cofan...), et des produits purement décoratifs. S'y trouvent également une boutique de commerce équitable et un restaurant.

MIRADOR - BARRIO DE GUÁPULO ★

Rendez-vous tout d'abord à l'hôtel Quito, en taxi ou à pied. Situé à gauche derrière l'hôtel, le mirador offre une vue panoramique sur les vallées de Tumbaco et de Cumbaya avec au loin le sommet enneigé du Cayambe. On peut y voir une statue de Francisco de Orellana, découvreur de l'Amazonie. Du mirador, un sentier et des escaliers à pic permettent de rejoindre la vallée en traversant un hameau pittoresque où se mêlent jardins populaires et villas cossues.

MUSEO ABYA YALA ★

Av. 12 de Octubre 1436 y Wilson
abyayala.org.ec/museo-abya-yala/
De lundi à vendredi de 8h30 à 13h et de 14h à 17h30. Entrée : 2 US$.

A côté de la librairie Abya-Yala se trouve le musée du même nom, proposant une exposition permanente sur l'archéologie, l'ethnologie, les arts, la faune et la flore de l'Amazonie. Une riche collection d'objets, d'ornements corporels nous informe sur les coutumes des différentes ethnies, Shuar, Achuar, Huaorani, Cofán… Des scènes de leur vie quotidienne sont reconstituées. Abya-Yala est le seul musée de Quito à être autorisé à exposer de vraies têtes réduites du peuple Shuar (ou Jivaros). La visite est accompagnée de musique et de sons traditionnels amazoniens.

PARQUE EL EJIDO

Entre av. Diez de Agosto, 12 de Octubre y Patria

Cet espace a servi de terrain d'atterrissage au premier avion qui s'est posé à Quito. Le parc doit son nom arabe à l'influence andalouse, et signifie « fin de la ville ». El Ejido marque la frontière entre la vieille ville et la nouvelle et abrite près de 1 500 espèces de plantes et d'arbres. Pour ceux qui séjournent dans le quartier de la Mariscal, c'est l'espace vert le plus proche. Le week-end, une partie du parc est envahi par des casetas, sorte de petites tentes qui proposent de l'artisanat local. C'est l'endroit idéal pour admirer le travail des artisans.

MUSEO NACIONAL DE ECUADOR [MUNA]

Av. 6 de diciembre y Av. Patria
✆ +593 93 952 0395
muna.culturaypatrimonio.gob.ec/
Gratuit et ouvert du jeudi au dimanche de 10h à 17h.

Le Musée national de l'Equateur a été inauguré en 1969 en tant que Musée archéologique de la Banque centrale de l'Equateur. Situé aujourd'hui dans le superbe bâtiment vitré de la *Casa de la cultura*, il abrite la plus grande collection d'œuvres d'art équatorienne. De l'art préhispanique à nos jours en passant par l'art religieux colonial, rien n'est oublié et tout est joliment mis en valeur. Plus de mille pièces de céramique sont présentées, certaines datant de plus de 14 000 ans. Depuis les étonnantes bouteilles-sifflet chorreras (environ 1000 av. J.-C.) aux *tzanzas* (têtes réduites) des Jivaros en passant par les crânes déformés pour des raisons esthétiques dans la culture machalilla, vous découvrirez ici l'essentiel de la culture équatorienne à travers des collections d'une rare densité. Vous ne manquerez pas les salles consacrées aux objets cultuels en or qui ont tant fait tourner les têtes et sans lesquelles les Espagnols n'auraient probablement trouvé que peu d'intérêt dans ce continent hostile de prime abord. Dans la Sala de Oro, vous pourrez découvrir un superbe et imposant masque représentant le soleil, en or massif, d'une valeur inestimable aujourd'hui. La visite peut se faire de façon séquentielle (dans l'ordre du temps) ou transversale (en suivant un thème) grâce à une ingénieuse scénographie que pourra vous expliquer le personnel de l'accueil. N'hésitez pas à venir visiter cette institution incontournable, le MUNA ne vous décevra pas !

PARQUE ARQUEOLOGICO RUMIPAMBA

Nuño de Valderrama s/n
✆ +593 2 224 2313
De mercredi à dimanche de 8h30 à 16h30. Entrée libre.

Rumipamba, mot kichwa, signifie pampa ou « plaine de pierre », c'est un musée « in situ » dont les vestiges correspondent à différentes périodes archéologiques. On peut se limiter, comme de nombreux Quiteños, à la visite du parc qui englobe une zone de fouilles archéologiques dans lesquelles ont peut voir l'habitat traditionnel des Quitus, ces premiers habitants de la région de Quito, qui vivaient à l'époque au bord d'un immense lac, au lieu même où se trouve la capitale de nos jours. Le parc fait 32 ha et permet d'agréables promenades sur les traces des Quitus, des Yumbos et bien entendu des Incas. Il reste encore les vestiges des chemins creusés dans le sol, comme des tranchées, utilisés par les indigènes Yumbo pour se rendre des Andes jusqu'à la mer tout en étant protégés des intempéries. Sur le site des fouilles, on peut également s'approcher de tombes ancestrales qui sont actuellement encore étudiées par les archéologues. Mais nous vous recommandons de ne pas rater la visite complète, avec un guide, gratuite de surcroît, au cours de laquelle vous visiterez également le musée construit sur place après l'arrêt du chantier de construction d'habitations qui a permis de découvrir le site, en 1990. Le guide vous accompagnera ensuite dans le parc, sur les sites archéologiques et dans les chemins yumbos. Il vous montrera également une belle reconstitution des cabanes traditionnelles des premiers aborigènes de l'Equateur. Une visite qui vaut vraiment un détour !

PARQUE LA CAROLINA

Avenida de los Shyris

Le parc La Carolina se trouve dans la partie nord de la ville, au nord de La Mariscal et au sud de l'aéroport, et s'étend sur 67 ha. Il est situé au cœur du quartier d'affaires entre l'Avenida de los Shyris et l'avenida Rio Amazonas. C'est ici que se cache le superbe jardin botanique de la capitale et que nous vous invitons à visiter sans hésiter. Le parc La Carolina est un lieu très prisé par les habitants qui viennent s'y promener, courir ou se reposer. Si vous cherchez où faire votre jogging quotidien, vous avez trouvé le bon spot !

JARDÍN BOTÁNICO DE QUITO ★★

Pasaje n°34, Rumipamba E6-264 y Av Shirys
✆ +593 2 333 2516
www.jardinbotanicoquito.com
Tous les jours de 10h à 15h. Entrée : 3,50 US$, 2 US$ pour les enfants et les étudiants. Visites guidées sur demande.

Le jardin botanique est une oasis de verdure qui s'étend sur près de 18 000 m². Il offre des parcours à la découverte des espèces d'arbres, de plantes et de fleurs représentatifs de la diversité florale de la Sierra. Le Jardin botanique de Quito oriente ses efforts avec dynamisme pour devenir une organisation leader, efficace et reconnue dans la gestion du patrimoine végétal des Andes équatoriennes. En prime, le jardin botanique abrite une collection de plus de 850 espèces d'orchidées dans une belle serre tropicale qui ravira les amateurs.

SANTUARIO DE GUÁPULO ★

Leonidas Plaza y Germánio S.

Ouvert tous les jours de 8h à midi et de 14h à 18h.

Une construction coloniale où se trouve la représentation de Notre-Dame de Guápulo, sculptée par Diego de Robles. Le sanctuaire a été conçu par l'architecte franciscain Fray Antonio Rodriguez dans la seconde moitié du XVIIe. La façade est de style néoclassique ; l'intérieur est resté intact malgré la destruction des retables sculptés par Cristóbal Gualoto et Juan Bautista Menacho, ce dernier étant le créateur du pupitre, une pièce exceptionnelle. Au mois de mai, le sanctuaire est ouvert toute la journée pour que les fidèles y honorent Nuestra Señora de Guadalupe.

TELEFERIQO ★★

Arnulfo y Av. Occidental

✆ +593 2 222 2996

teleferico.com.ec

Du lundi au jeudi de 10h à 18h et de 8h à 19h les vendredis, samedis et dimanches. Adultes : 9 US$, mineurs 7 US$.

© JESS KRAFT - SHUTTERSTOCK.COM

Ce téléphérique de fabrication française est l'une des grandes attractions de Quito. En 10 minutes, il vous transporte de 2 800 m à 4 000 m d'altitude jusqu'à la station de Cruz Loma, sur le flanc du volcan Pichincha. L'ascension est époustouflante et offre, depuis le sommet, un panorama exceptionnel sur Quito (si le ciel est dégagé). Vous pourrez admirer la chaîne de volcans et longer des sentiers très bien tracés. La station comporte cafés et boutiques, ainsi qu'un poste de premiers soins, utile pour les visiteurs qui souffriraient du mal de l'altitude !

VIVARIUM ★

Av. Amazonas 3008 y Rumipamba

✆ +593 99 892 6595

www.vivarium.org.ec

Ouvert du mardi au dimanche de 9h30 à 13h et de 13h30 à 17h30. Entrée : 4 US$.

Créée en 1989, la Fundación Herpetológica Gustavo Orces gère ce vivarium niché dans une jolie maison blanche du Quito moderne. On ira à la rencontre des serpents de la forêt humide amazonienne et de la forêt tropicale sèche, sans oublier quelques spécimens exotiques d'Asie et autres boas, couleuvres, vipères ou grenouilles venimeuses… Le Vivarium sert aussi de refuge à des animaux sauvages en voie d'extinction ou blessés qui, une fois soignés, sont renvoyés dans leur habitat d'origine. Une visite intéressante et riche en émotions.

VOLCAN PICHINCHA ★

Le Pichincha, communément appelé Guagua (enfant en *quichua*) Pichincha par les *Quiteños*, domine la capitale du haut de ses 4 776 m d'altitude et fait partie du quotidien des habitants. Il est encore en activité contrairement à son grand frère, le Rucu Pichincha, situé un peu plus au sud et qui culmine lui à 4 696 m. Il est plus ancien mais légèrement moins haut. Le Pinchincha est facile à découvrir car un téléphérique relie Quito à sa face est à une altitude de 3 945 m. Sa dernière éruption importante date de 1999. Quito avait alors été couverte de cendres.

VULQANO PARK

Calle Juana Miranda s/n y Av. Mariscal Sucre (Occidental) ✆ +593 98 314 3672

vulqanopark.com/

Lundi et jeudi de 12h à 19h, le vendredi jusqu'à 21h, les samedis, dimanches de 11h à 21h. Jeux payants.

Au pied du téléphérique se trouve le VulQano Park, petit parc d'attractions qui fait la joie des Quiteños les plus jeunes, mais sans grand intérêt touristique. C'est le plus grand parc d'attractions de ce type dans le pays, offrant 28 activités différentes pour toute la famille. Si vous souhaitez vous sentir comme un local, passez-y un peu de temps au retour du téléphérique par exemple. Le site du téléphérique étant assez excentré, un taxi vous y conduit pour quelques dollars. Pensez à négocier l'aller-retour avec le chauffeur !

QUITO

SE LOGER

Vous devrez choisir entre le centre historique et la ville nouvelle, en fonction de vos attentes et de vos aspirations. Ces deux quartiers sont assez éloignés l'un de l'autre, mais bus et taxis vous permettront de faire la navette facilement pour moins de 3 US$. Si vous souhaitez découvrir Quito la nuit et faire la fête, optez sans hésitation pour la ville moderne, où sont concentrés l'ensemble des bars et des boîtes, mais aussi la majorité des auberges de jeunesse. Pour découvrir une facette plus authentique de la capitale, ses églises, ses ruelles, ses vieilles maisons au style andalou, mieux vaut séjourner dans le centre historique. Sachez que la nuit, les rues de la vieille ville sont vides, toute l'animation se concentre autour de la plaza Foch dans la Mariscal. Une bonne alternative est de séjourner dans le quartier de la Floresta. Ce quartier calme et résidentiel abrite des hébergements de qualité et des restaurants à la mode.

L'AUBERGE INN €

Av. Gran Colombia N15-200 y Yaguachi
✆ +593 99 812 9876

A partir de 11 US$ par personne pour une chambre simple avec salle de bains commune. Petit déjeuner en sus. Restaurant.

Cette vieille demeure transformée par un Suisse francophone en un agréable hôtel plein de charme compte une trentaine de chambres très correctes disposées autour d'une cour intérieure. Très fréquentée par les francophones, c'est une adresse conviviale où l'on s'échange les bons plans. En plus des services mentionnés, il convient d'en mentionner d'autres (offerts) : consigne à bagages, billard, bibliothèque, laverie, transferts aéroport (sur demande). Juste à côté, se trouve l'agence Equateur Voyages Passion. Cours d'espagnol à la demande.

BASES D'ACCUEIL CHEZ LEON €

✆ +593 9 6834 1440
www.toutequateur.com/

A partir de 28 US$ pour 2 personnes. Livraison gratuite de votre voiture dans toutes les bases d'accueil « Chez Léon ».

Idéalement situées dans le centre historique, les bases d'accueil « Chez Léon » vous permettent de profiter pleinement de votre visite de Quito. Ces logements s'adaptent à toutes les envies et tous les budgets. L'équipe de Tout Equateur viendra vous y rencontrer pour le traditionnel briefing de bienvenue. Un rendez-vous toujours pratique pour faire le plein de bons conseils, de petites adresses et vous aider à démarrer votre *road-trip* du bon pied.

HOSTAL CASA CARPEDM €

Francisco de Caldas E1-106 y plaza San Blas
✆ +593 98 738 2070
www.casacarpedm.com/

14 US$ pour un lit en dortoir et 30 US$ pour une chambre double.

© OLIVIER ANÉ

Appartenant au même propriétaire que l'agence de voyages Carpedm, cette charmante guesthouse est tenue de main de maître par Fher, une aimable Equatorienne qui se mettra en quatre pour vous conseiller. Les chambres sont grandes, propres et calmes. Le dernier étage est une grande terrasse fermée avec une cuisine à disposition des hôtes. C'est un endroit idéal pour télétravailler avec vue sur le centre historique de Quito. L'emplacement est idéal, entre la ville coloniale et la ville moderne, juste à côté de la place San Blas.

BIRD GARDEN GUESTHOUSE €

Calle Joaquín Pinto E4-225 y Av. Amazonas
✆ +593 99 972 4123
www.birdgardenguesthouse.com
Single 35 US$, double 65 US$ et triple à 90 US$, avec petit déjeuner et taxes.

Voici une petite *guesthouse* bien agréable à la Mariscal. Elle est en effet située un peu à l'écart des endroits festifs dans une rue bien calme. Les chambres sont grandes, offrent des lits très confortables et disposent toutes de leur propre salle de bains. Elena, votre hôte, travaille dans le tourisme depuis plus de 30 ans et est une source d'information très utile pour organiser votre voyage en Equateur ce qui fait de l'endroit une base de départ idéale. Un parking fermé est même proposé pour un léger supplément si vous disposez d'un véhicule. On apprécie !

BLUE HOUSE YOUTH HOSTEL €

Joaquin Pinto E8-24 y Diego de Almagro
✆ +593 98 026 8620
www.bluehousequito.com
A partir de 13 US$ pour un lit en pods et d'environ 25 US$ pour une double. Petit déjeuner inclus.

Dans une belle petite maison avec parquet, cette auberge de jeunesse est essentiellement fréquentée par une clientèle anglophone. L'accueil y est très sympathique, les chambres et les sanitaires modernes et propres. Pour les couples, il y a deux chambres doubles, dont l'une avec terrasse. Une cuisine est à la disposition des résidents, de même qu'un salon avec cheminée. Il est aussi possible de prendre le petit déjeuner dans le jardin. Depuis cette année, le Blue House propose des Pods, intelligent système de dortoirs conservant l'intimité de chaque lit.

EL CAFECITO €

Luis Cordero 1124 y Reina Victoria
✆ +593 99 860 7874
www.cafecito.com
De 12 US$ pour un lit en dortoir à 30 US$ pour une chambre double avec salle de bain.

Une sorte de grande maison d'hôtes dédiée aux jeunes voyageurs. Au rez-de-chaussée, le café réputé pour ses copieux petits déjeuners et ses soirées chaleureuses à la lumière des bougies, dresse ses tables de bois autour de l'âtre. En haut, les dortoirs et chambres doubles aux noms de fruits exotiques accueillent des visiteurs plutôt couche-tard. En fonction de votre budget, vous partagerez la salle de bain ou non. Ceux qui aiment l'ambiance du Cafecito retrouveront la même adresse à Cuenca bien que les propriétaires soient aujourd'hui différents.

CASA BAMBU €

Solano E527 y Ave. Gran Colombia
✆ +593 99 969 1213
www.hotelbambuecuador.com
Dortoir à partir de 12 US$ par personne. 6 chambres privées avec salle de bains, la simple à partir de 30 US$ pour 2.

Il existe deux hôtels Casa Bambu en Equateur. Nous recommandons particulièrement celui de Quito pour son emplacement intéressant, car il est situé entre le Mariscal et le centre historique. Si l'activité nocturne n'est pas des plus importantes, l'endroit est parfait pour les visites diurnes. Un hôtel pour *backpackers* ou jeunes voyageurs à la recherche d'un hôtel confortable et sécurisé et désireux de découvrir la ville facilement. Enfin, la vue sur Quito depuis la terrasse est imprenable ! L'hôtel propose aussi des locations longue durée au meilleur prix.

COLONIAL HOUSE €

Olmedo 432
✆ +593 2 316 1810
www.colonialhousequito.com
10 US$ un lit en dortoir et de 20 à 25 US$ la chambre double avec sdb. Cuisine à disposition.

Cette jolie maison coloniale abrite une bien jolie petite adresse. Cet hostel est une des adresses favorites des *backpackers*. Bien aménagé, propre et bien situé (à quelques pas du cœur historique), on s'y sent en sécurité et presque comme à la maison. L'ambiance est chaleureuse et conviviale. Que vous voyagiez seul ou à plusieurs, l'endroit est propice aux rencontres ! Les options de logement vont du dortoir pour 7 personnes à la chambre double avec salle de bain privative en passant par des chambres triples ou familiales très agréables.

HOSTAL EL ARUPO €

Juan Rodríguez E7-22 y Reina Victoria
✆ +593 99 947 9373
www.casadelarupo.com
Compter environ 30 US$ pour une chambre simple, 45 US$ pour une double. Petit déjeuner inclus.

Dans une rue calme de la Mariscal, cette pension colorée tenue par une famille équatorienne propose une quinzaine de chambres chaleureuses donnant sur un patio fleuri. Brique, bois et céramique lui confèrent pas mal de cachet. La maison est d'ailleurs classée au patrimoine de la ville. La cuisine est accessible aux hôtes et le salon se distingue par sa belle cheminée très tentante lors des soirées un peu fraîches. La petite terrasse et l'accueil affable finissent de faire d'El Arupo une très bonne adresse (un peu chère pour les *backpackers* les moins fortunés).

HOSTEL REVOLUTION €

Los Rios N13-11 y Julio Castro
✆ +593 2 254 6458
www.hostelrevolutionquito.com
Comptez 8 US$ par personne en dortoir, 18 US$ pour une chambre double et 23 US$ pour une chambre triple.

Voici un bon plan pour les *backpackers* au budget serré. L'accueil est sympathique, et très vite, vous vous sentirez à l'aise dans cette vieille maison au charme certain. Dortoir ou chambre privée, à vous de choisir ! L'endroit est fait pour tous ceux qui recherchent le calme et la tranquillité tout en étant désireux de faire des rencontres. On aime le côté familial et chaleureux de cet établissement bien tenu. On apprécie aussi beaucoup la localisation qui permet d'aller aussi bien dans le centre historique que vers la ville nouvelle en quelques minutes.

HUASI LODGE B&B €

Olmedo E4-74 y Los Ríos
✆ +593 99 583 4440
www.huasilodge.com
Chambre double privée à partir de 18 US$ la nuit avec salle de bain partagée, et 30 US$ avec salle de bain privée.

Situé dans le quartier historique de Quito, plus précisément à la Tola, le Huasi Lodge, qui signifie maison en Quechua vous accueille toute l'année. Cette maison qui date du début du XXe siècle est une des plus anciennes de cette zone de Quito. L'endroit est très agréable et chaleureux. On choisit entre le dortoir et la chambre privée. Au petit matin, on nous sert un très bon petit-déjeuner continental inclus dans le prix de la chambre, dans l'agréable véranda. Personnel disponible et parlant anglais. Un très bon plan à Quito !

LA POSADA DEL MAPLE €

Juan Rodríguez E8-49 y 6 de Diciembre
✆ +593 2 254 4507
www.posadadelmaplequito.com/
A partir de 25 US$ la simple, 50 US$ la double. Chambres familiales disponibles. Petit déjeuner inclus. Wi-Fi.

Situé dans une rue paisible de la Mariscal, ce petit hostal dispose de jolies chambres agréables et propres, un peu sombres pour certaines. Il abrite un patio arboré où il fait bon bouquiner et se détendre. Ce qui fait le charme de cette adresse sympathique, c'est surtout son ambiance conviviale et familiale. Les voyageurs solitaires y feront des rencontres s'ils le souhaitent. Le petit déjeuner, sous forme de buffet, inclus dans le prix, est simple : jus de fruits frais, porridge, fruits, boissons chaudes, toasts et confiture.

SECRET GARDEN €

Antepara E4-60 y Los Ríos ✆ +593 99 198 0027
www.secretgardenquito.com
De 5 à 10 US$ en dortoirs. Chambre double de 25 à 45 US$. Comptez 3 US$ pour un petit déjeuner. Dîners. Connexion Wi-Fi.

Cet hostal niché dans un immeuble colonial tout en hauteur est décoré de couleurs vives. L'endroit est très apprécié des jeunes qui y font des rencontres dans une ambiance très décontractée. Les dortoirs sont vastes et les lits confortables. Le *must* est incontestablement la terrasse qui domine la ville, offrant un beau panorama sur les environs, la vierge du Panecillo et la basilique. Cours d'espagnol et possibilité d'organiser des excursions. Une bonne adresse pour rencontrer d'autres voyageurs, mais sachez que l'ambiance y est souvent festive et donc bruyante.

VIAJERO HOSTEL QUITO €

Calle Rocafuerte OE3 - 97 y Venezuela
✆ +593 2 257 0189
Chambres privées et 11 dortoirs. A partir de 8 US$ (dortoirs) et à partir de 40 US$ (privées).

Lovée en plein cœur du centre historique de Quito, Viajero est un véritable lieu d'échanges et de rencontres avec la communauté *quiteña*. Cette bâtisse coloniale de la fin du XIXe se situe à deux pas de la célèbre Calle de la Ronda avec ses restaurants et bars, et à seulement 5 minutes à pied de la Plaza Grande qui réunit les majeurs attraits touristiques de Quito. L'hôtel dispose d'une grande terrasse couverte, d'un beau jardin ombragé avec vue imprenable sur le Panecillo et d'un bar-restaurant proposant aussi bien des plats typiques qu'une cuisine internationale.

ANTINEA €€

Juan Rodriquez E8 - 20 y Diego de Almagro
✆ +593 99 572 1679
www.hotelantinea.com
A partir de 60 US$ la double standard, de 70 US$ la suite junior et de 90 US$ la suite deluxe. Petit déjeuner compris.

Dans une jolie rue calme de la Mariscal, cet hôtel de charme tenu par Fernando vous réserve un accueil personnalisé. Chaque chambre est différente, décorée avec soin. Confortables et lumineuses, les chambres offrent tout le confort nécessaire et sont parfaitement équipées : sèche-cheveux, salle de bains privée, téléphone, TV câblée, réfrigérateur, *room-service*, eau chaude... Le patio intérieur, au milieu des arbres et des fleurs, est le lieu parfait pour prendre le petit déjeuner, copieux (et à la française !), ou un thé après une journée bien remplie.

CASA ALISO €€

Francisco Salazar E 12-137 y Toledo
✆ + 593 2 252 8062
www.casaaliso.com
De 55 US$ à 90 US$ pour une chambre double, petit déjeuner inclus. Restaurant.

Ce charmant boutique-hôtel de 10 chambres, idéalement situé dans le quartier calme et très agréable de la Floresta, offre un service de qualité et un accueil discret et personnalisé. Le cadre est une invitation à la détente et l'on apprécie le joli jardin, la décoration soignée (fauteuils confortables, jolies teintes, fleurs fraîches, etc.). C'est une bien belle maison à l'écart du brouhaha de la capitale, mais proche de tout ce qu'elle a à offrir. C'est une adresse romantique où on n'hésitera pas à passer quelques jours avant d'aller à la découverte du pays.

CASA ROCAFUERTE €€

Fernandez Madrid N139 y Rocafuerte
✆ + 593 99 771 1383
capac-nan.com/
35 US$ par personne, petit déjeuner compris. Dîner en sus au prix de 15 US$.

Voici une belle maison d'hôtes dans le plus pur style colonial, très lumineuse, où David et son épouse vous accueillent en français ! La maison est en effet une exclusivité de l'agence Capac Ñan, et pour réserver il faut contacter Marie ou Philippe, les propriétaires francophones de l'agence, qui peuvent également vous aider à organiser le reste de votre voyage en Equateur. Les deux belles chambres donnent sur un charmant patio où vous pourrez vous détendre, bouquiner ou boire un verre après vos journées de visites. Le petit déjeuner est compris et copieux.

CASA ALQUIMIA €€

Av. Rocafuerte y Guayaquil
✆ +593 99 812 9299
casahotelalquimia.com
A partir de 60 US$ la double.

Une très belle adresse organisée autour d'un patio fleuri entouré de balustrades. Elle était connue comme « la maison des médecins », car c'est ici que García Moreno (chef suprême de la Nation équatorienne de 1859 à 1875) recevait ses prescriptions médicales. La demeure est bourrée de charme avec ses meubles anciens, ses tableaux et ses objets rares, un vrai musée ! Chambres douillettes et bien équipées avec parquet au sol, très bonne situation, petit déjeuner délicieux et accueil familial agréable. Une petite perle en plein cœur du Quito colonial.

HOSTAL DE LA RÁBIDA €€

La Rábida 227 y Santa Maria
✆ +593 2 2222169
www.hostalrabida.com
Compter entre 50 et 85 US$ la double. Petit déjeuner compris. Wi-Fi, laverie, parking privé, consigne à bagages.

Située dans un quartier résidentiel calme, au-dessus de la Mariscal, cette maison élégante propose une dizaine de chambres toutes blanches très confortables et disposant toutes de leur salle de bain privative. On peut prendre le petit déjeuner dans le jardin et bouquiner le soir dans le salon au coin du feu. Entre autres services, restaurant de spécialités équatoriennes et internationales. Accueil chaleureux par cette famille équatorienne passionnée de voyage. Un très bon rapport qualité/prix, sans compter que le personnel est très cordial (et parle anglais).

CASA JOAQUIN €€

E4-376 Joaquin Pinto ✆ +593 2 222 4791
www.hotelcasajoaquin.com
Comptez 80 US$ pour une chambre simple jusqu'à 120 US$ pour une suite de 3 personnes, petit déjeuner inclus.

Ce charmant hôtel saura vous mettre à l'aise. Son propriétaire d'origine belge a su faire de cet endroit un petit havre de paix. L'hôtel dispose d'un bar où l'on trouve un véritable expresso, une corbeille de fruits est à votre disposition 24h/24. Les chambres sont entièrement non-fumeurs mais la terrasse du dernier étage est disponible à toute heure si besoin. Le wifi est inclus et de très bonne qualité. Les salles de bains sont toutes rénovées et on y trouve de puissantes douches. Les matelas sont orthopédiques et les draps sont en coton égyptien. Un bon choix !

HOTEL IBIS QUITO €€

Avenida Diego De Almagro E8 19 Y Bello Horizonte
✆ +593 2 500 0800
A partir de 45 € la single et 53 € la double. Bar, restaurant, salle de sport.

Un hôtel du groupe Accor, appartenant à un groupe d'investisseurs équatoriens qui prévoit d'en ouvrir une dizaine en Equateur d'ici 2024. Les chambres sont très classiques, au format de la marque et très récentes car l'hôtel Ibis de Quito a ouvert début 2019. Le restaurant quant à lui est grand et la cuisine y est de qualité. De nombreux habitants de la capitale s'y retrouvent pour déjeuners d'affaires ou dîners entre amis. Si vous aimez les cocktails, vous ne serez pas déçus, ils sont exceptionnels. Demandez le mojito aux fruits de la passion, on en reprend !

HOTEL REAL AUDIENCIA €€

Bolivar 220 y Guayaquil Oe-318
✆ +593 2 295 0590
www.realaudiencia.com

A partir de 54 US$ pour une chambre simple, 80 US$ pour une double, et 100 US$ pour une suite. Petit déjeuner inclus.

Fort bien placé, cet hôtel s'élève au coin de la place Santo Domingo, au cœur du vieux Quito. Il offre une trentaine de chambres vastes et confortables, de style classique, avec salle de bains privée, TV câblée et téléphone. Celles du dernier étage avec mezzanine peuvent accueillir les familles. Pour bénéficier d'une vue exceptionnelle sur la ville et le Panecillo, demandez la suite 301, immense et pourvue d'un balcon. Le copieux petit déjeuner est servi dans la salle du restaurant panoramique offrant une vue imprenable sur la place.

HOTEL VIEJA CUBA €€

La Niña N26-202 y Diego de Almagro
✆ +593 2 2906 729
www.hotelviejacuba.com

Chambre double à partir de 60/70 US$. Petit déjeuner compris. Restaurant, TV, Wi-Fi.

Ce charmant hôtel de la ville moderne dispose de 26 chambres aménagées dans une jolie maison coloniale. Toutes sont vraiment sympathiques, colorées et originales ; l'accueil de l'équipe, menée par la charmante propriétaire cubaine, est très chaleureux. La suite n° 11 est un joli loft avec petit balcon. Vous pourrez savourer ici de délicieux mets cubains, au restaurant Orisha, et siroter des mojitos au bar, dans un cadre toujours chaleureux. La propriétaire, qui est aussi chanteuse, se produit régulièrement dans les bars, demandez-lui plus de renseignements.

HOTEL RIO AMAZONAS €€

Cordero 1342 y Amazonas
✆ +593 2 255 6666
www.hotelrioamazonas.com

A partir de 60 US$ pour une chambre simple, 75 US$ pour une double, et 120 US$ pour une suite. Wi-Fi.

Ce grand hôtel moderne de la Mariscal est un bon compromis entre luxe, modernité et fonctionnalité. Il offre 74 chambres tout confort et très bien équipées : salle de bains privée, TV câblée, téléphone, mini bar, coffre-fort. L'hôtel compte également un business center bien pratique pour les déplacements professionnels. Le restaurant La Canoa sert une cuisine de la mer et est ouvert 24h/24 ; quant au Café del Río, il propose non seulement de très bons petits déjeuners mais aussi des boissons chaudes, pâtisseries et autres encas sur le pouce.

HOTEL SAN FRANCISCO DE QUITO €€

Sucre Oe3-17 y Guayaquil ✆ +593 2 228 7758
www.sanfranciscodequito.com.ec

A partir de 65 US$ pour une chambre simple, 95 US$ la double, 105 US$ pour une triple, 130 US$ pour une quadruple.

Au cœur du centre historique, dans une demeure coloniale du XVIIe siècle, cet hôtel est décoré dans un esprit traditionnel vieillot. Il s'ouvre sur un patio pavé, orné de plantes, aux murs couverts de vieilles photos. On y trouve une trentaine de chambres, bien tenues, mais un peu petites, un brin bruyantes côté patio, mais on a vu pire ! Toutes les chambres disposent d'une salle de bain privée. Petit déjeuner compris. Wifi. Laverie, coffre-fort, restaurant et consigne à bagages.

HOTEL CULTURA MANOR €€€

Jorge Washington E2-43 Ulpiano Paez
✆ +593 99 495 4502
www.culturamanor.com

Comptez entre 120 US$ et 160 US$ la double suivant le type de chambre. Petit déjeuner inclus.

Dans cette bâtisse au charme incroyable, classée sur la liste des bâtiments historiques, vous entrez dans un autre monde. Il aura fallu 4 ans à Laszlo pour concevoir et surtout garder l'esprit de cet établissement. Ici, tout y est soigné à la perfection ; de la literie à la décoration. Des peintures Renaissance décorent parfaitement les murs et les plafonds. Du côté du restaurant, vous ne serez pas déçu non plus. Le chef conçoit une cuisine créative, parfaitement présentée. Une adresse unique pour un séjour parfait, non loin du parc El Ejido. Vivement recommandé.

CASA GANGOTENA €€€

Bolivar Oe6-41 y Cuenca
✆ +593 98 601 6610
www.casagangotena.com
De 450 US$ à 700 US$ suivant la chambre et la vue. Petit déjeuner inclus.

Cet imposant hôtel surplombant la Plaza San Francisco et l'église de La Compañía est un des hôtels les plus récents de Quito. Seul Relais & Château de Quito, il est décoré dans un élégant style Art déco et arbore une façade très moderne. La trentaine de chambres, très spacieuses et vraiment douillettes, sont aménagées sur trois étages, dans des tons sobres, ornées de fresques murales et meublées avec de beaux objets (céramiques, chandeliers, lustres). La terrasse très agréable avec vue sur le Panecillo permet de se requinquer après une journée de visites.

HOTEL CARLOTA €€€

Sebastián de Benalcázar N6-26
✆ +593 98 495 2689
www.carlota.ec
12 chambres uniques. Chambre simple à partir de 180 US$, pour une chambre double, 225 US$ la suite deluxe.

Hôtel boutique au design raffiné, il est situé au cœur du centre historique, à deux pas de la plaza de la Independencia. Un petit bijou proposant 12 chambres uniques, allant de la chambre simple au loft. Tout ici a été pensé avec soin. On se croirait dans un magazine de décoration. Pour un petit creux, le bistro propose une cuisine de choix pour le déjeuner et le dîner. Un tour dans l'un des deux jardins intérieurs et c'est parti pour un tour de la ville, sur les conseils du bureau d'informations de l'hôtel. Si vous avez le budget, ne manquez pas cet hôtel.

HOTEL HILTON COLON €€€

Av. Amazonas 110 y Patria av. 1
✆ +593 2 3828300
A partir de 140 US$ pour une chambre double. Piscine et salle de fitness, business center, baby-sitter sur demande.

Cet hôtel de luxe installé dans un immense édifice en verre, en face du parc El Ejido, est l'un des plus anciens et des plus connus de la ville. Ses 400 suites et chambres sont modernes et lumineuses, équipées de grands lits et de vastes salles de bains, et disposent en outre d'écrans plasma et du Wi-Fi. Le Hilton offre également d'autres prestations : piscine, gymnase, restaurants... Ainsi qu'un service personnalisé, attentif et très efficace. Petits déjeuners très copieux au café Colón et Kioto Sushi Bar (le dimanche, ouvert uniquement le soir).

HOTEL PATIO ANDALUZ €€€

García Moreno N6-52, Mejía y Olmedo
✆ +593 2 228 0830
www.hotelpatioandaluz.com
A partir d'environ 140 US$ pour une chambre double. Tarifs très fluctuants.

Au cœur de la ville coloniale. Cet hôtel propose une trentaine de chambres et suites de grand confort. Autrefois demeure de Juan José Flores, premier président de l'Equateur, cette résidence de plus de 400 ans d'âge fut un des hauts lieux de visites des héros de l'Indépendance. Le Patio Andaluz marie le charme de l'époque coloniale et le confort moderne. Le restaurant, El Rincón de Cantuña, installé dans le patio central, est un lieu de rendez-vous prisé par la bourgeoisie locale. L'hôtel abrite également la boutique-galerie d'artisanat Folklore Olga Fisch.

HOTEL PLAZA GRANDE €€€

García Moreno N5-16 y Chile
✆ +593 2 251 0777
www.plazagrandequito.com
A partir d'environ 255 US$ la nuit.

Sur la place de l'Indépendance, voici l'hôtel chic de Quito. Situé à l'emplacement de la demeure de Juan Diaz de Hidalgo, fondateur de la ville au XVIe siècle, ce superbe édifice d'architecture néoclassique abrita dans les années 1940 le célèbre hôtel Majestic, avant de tomber en désuétude pour céder la place à une banque et à des bureaux. Après une spectaculaire rénovation, ce lieu chargé d'histoire a retrouvé toute sa superbe pour accueillir les visiteurs dans l'une de ses quinze chambres spacieuses, qui allient élégance coloniale et confort ultra-moderne.

HOTEL QUITO €€€

González Suárez N27-142
✆ +593 2 396 4900
www.hotelquito.com
A partir de 70 US$ pour une chambre simple et de 80 US$ pour une double. Prix variables selon la saison.

Voici le premier palace de Quito, construit à la fin des années 1960. Il renferme 230 chambres dans un édifice moderniste légèrement démodé, loin toutefois des centres d'intérêt touristiques puisqu'il est situé sur la colline de Guápulo, dans la très chic avenue González Suárez. L'hôtel présente tout le confort requis pour un hôtel de ce standing et propose des chambres spacieuses et douillettes. Cafétéria et agréable piscine viennent compléter la palette des prestations. Nous vous conseillons le brunch du dimanche, pour la superbe vue !

MANSION DEL ANGEL €€€

Ríos N13-134 y Pasaje Ascencio Gándara
✆ +593 2 2557 721
www.mansiondelangel.com.ec
A partir de 160 US$ la chambre double. Petit déjeuner et taxes inclus. Wi-Fi, consigne à bagages, service de laverie.

Ce joli boutique-hôtel situé dans une vieille rue du quartier San Blas (à 10 minutes à pied du centre historique) est aménagé dans une superbe demeure et offre un très bon rapport qualité/prix. Toutes les chambres sont spacieuses, décorées avec soin dans un style classique et ornées de meubles d'époque tout en disposant d'un confort moderne. Vous apprécierez de prendre votre petit déjeuner dans le patio, sous la véranda. Une bonne adresse qui ne manque pas de cachet, dans un coin tranquille de la ville bien que peu fréquentable de nuit.

MERCURE HOTEL ALAMEDA €€€

Roca 653 y Av. Amazonas
✆ +593 2 299 4020
www.mercurequito.com.ec
A partir d'environ 130 US$ pour une chambre standard. Restaurants, consigne à bagages, parking gratuit, salle de gym.

Idéalement situé au cœur du quartier Amazonas, ce grand hôtel moderne se trouve à proximité de nombreux commerces et de l'animation nocturne. Il propose près de 150 suites et vastes chambres à la déco épurée, avec tout le confort d'un hôtel de luxe : lits king size, salles de bains avec baignoire, TV câblée, téléphone, room-service, coffre-fort... Le cadre est très confortable. Le petit déjeuner buffet se prend dans le restaurant adjacent (Spicy Bistro). Un business center est à la disposition des clients. Une très bonne adresse dans sa catégorie !

LE PARC HOTEL BOUTIQUE €€€

Av. República de El Salvador N34-349 e Irlanda
✆ +593 2 227 6800
www.leparc.com.ec
A partir d'environ 125 US$ la double. Petit déjeuner inclus. Spa, restaurant, rooftop avec piscine, salle de sport.

A côté du parc La Carolina, au nord de la ville nouvelle, ce boutique-hôtel 5-étoiles a ouvert ses portes en 2007. Les amateurs de design minimaliste apprécieront la trentaine de suites aux lignes épurées rehaussées d'une petite touche de fantaisie esprit 70's et le style plus baroque de la réception. Sur le toit-terrasse se trouve un bar branché où l'on peut déguster un cocktail accompagné de tapas ; on ira ensuite se régaler au tout aussi moderne Neu Bistro restaurant. L'hôtel offre bien sûr un service très haut de gamme, salle de sports et spa, business room.

SWISSOTEL €€€

Av.12 de Octubre, 1820 y Luis Cordero
✆ +593 2 393 5200
www.swissotel.com/hotels/quito/
Compter un minimum de 170 $ la chambre double. 277 chambres gigantesques et luxueuses, décorées de façon moderne.

Cet hôtel est une référence à Quito. Situé en plein cœur du quartier commerçant et résidentiel de la Floresta il fait maintenant partie du groupe Accor et est l'hôtel le plus luxueux de la chaîne en Equateur. Il compte bien entendu avec tous les services inhérents aux hôtels de luxe : salles de sport, courts de tennis et de squash, trois restaurants dont un excellent japonais, le Tanoshii où vous pourrez déguster de succulents sushis et makis. Les chambres sont très grandes et confortables. Une excellente option si le budget n'est pas un sujet !

VILLA COLONNA €€€

C/ Benalcázar 1128 y Esmeraldas
✆ +593 2 295 5805
www.villacolonnaquito.com/
A partir de 400 US$ pour une chambre double, petit déjeuner inclus. Réservation conseillée. WiFi.

Le boutique-hôtel Villa Colonna vous ouvre ses portes au cœur de Quito. Avec une vue à 360° imprenable sur le centre historique de Quito, cette somptueuse maison coloniale de charme récemment rénovée et idéalement située au cœur de la ville offre un concept unique à ses voyageurs. Fernando vous recevra chaleureusement et personnellement puisqu'il vit sur place. Un service sur mesure et attentionné, six chambres spacieuses à la décoration unique et un jeune chef équatorien qui vous préparera un dîner à la demande, Villa Colonna est une maison d'hôtes d'exception.

OLD TOWN QUITO SUITES €€€

José Antepara E3-61 y Vicente Leon
✆ +593 98 799 1392
www.oldtownquitosuites.com
A partir de 110 US$ pour un appartement pour deux personnes et jusqu'à 250 US$ en haute saison.

En entrant dans cette superbe maison de plus de 200 ans, vous pénétrez dans un lieu tout droit sorti d'un fastueux passé. Dirk et Bolivar, les propriétaires, ont passé les 4 dernières années à rénover cette superbe bâtisse pour lui enlever les scories laissées par les années. 7 appartements vous attendent dans ce petit palais. Décorés avec beaucoup de goût, les appartements proposent 1 ou 2 chambres et sont tous différents les uns des autres. L'accueil est au niveau d'un hôtel de luxe, les petits-déjeuners sont servis dans les chambres et sont inclus dans le prix.

SE RÉGALER

Quito, de par son métissage culturel, abrite des restaurants variés offrant de riches combinaisons de saveurs. L'exotisme et la fraîcheur de ses produits se retrouvent, la plupart du temps, dans l'assiette. C'est dans le quartier de la Floresta que sont regroupés les meilleurs restaurants de la ville, mais de nombreux petits restaurants locaux, dans toute la ville, proposent un « almuerzo » pour le repas de midi. Il consiste en général en une entrée de type soupe, un plat de résistance et un jus de fruits, et coûte souvent moins de 3 US$! Ne quittez pas Quito sans avoir goûté un des excellents *ceviches* que de nombreux restaurants proposent à la mode péruvienne, vénézuélienne ou *costeña*, très différents les uns des autres, mais tout aussi savoureux. Notre coup de cœur des restaurants de Quito cette année va sans hésiter au restaurant Marcando el Camino, entre la Mariscal et la Floresta, cuisine fusion équatorienne d'exception.

CAFE DEL FRAILE €

Chile Oe-422 y Venezuela
✆ +593 2 251 0113
Ouvert du lundi au samedi de 10h à 23h, le dimanche de 10h à 21h. Plats autour de 15/16 US$. Salades à partir de 10 US$.

Donnant sur une jolie cour intérieure, ce restaurant aux couleurs pimpantes offre un rapport qualité-prix correct, mais sachez qu'il est (très) touristique. Au choix : pâtes, sandwiches, salades et empanadas, plats de viande, de poissons et de fruits de mer... N'hésitez pas à goûter la *fritada quiteña*, spécialité locale délicieuse et très copieuse ici. Les végétariens apprécieront les *tallarines salteados con verdura*. Bon à savoir : le Café del Fraile est aussi un lieu agréable pour boire un verre le soir, avec à la carte un large choix de cocktails.

CONVERGENCIA ALIMENTO DE TODOS LOS TIEMPOS €

José Antepara y Vicente Leon
Plat, dessert, café : 13 US$ - Salade 5,50 US$ - Pizza à partir de 7,50 US$.

Voici la pépite de l'année à deux pas du centre historique. Un petit restaurant pouvant accueillir une douzaine de personnes dans une petite salle bien décorée et où les plats sont concoctés à base de produits locaux d'excellente qualité. Légumes et viandes sont fumés légèrement dans le fumoir maison, les sauces sont toutes faites maison et l'accueil est particulièrement sympathique. La musique est douce et accompagne parfaitement les excellentes salades, pizzas ou sandwiches.

CAFE SAN BLAS €

José Antepara E4-09 y Vicente León
✆ +593 98 701 5442
Restaurant-pizzeria. Du lundi au samedi de 18h à 22h. Plats entre 3 et 6 US$.

En face de l'incontournable auberge Secret Garden, ce petit restaurant est un bon plan (il n'y a qu'à voir la file d'attente le soir !). Non seulement la cuisine est savoureuse (pizzas, salades, pâtes ; le choix est cependant restreint) et en plus le cadre est typique. Sans compter que les propriétaires vous accueilleront avec un grand sourire ! Un lieu très prisé par les jeunes qui séjournent dans le quartier San Blas, d'autant que les bonnes adresses sont rares dans le coin. Le mieux est de réserver par WhatsApp au numéro ci-dessus.

EL VENTANAL €€

Carchi y Nicaragua
✆ +593 2 257 2232
www.elventanal.ec
Cuisine internationale. Du mardi au samedi de 17h à 22h. Environ 15-22 US$ le plat. Comptez 35 US$ par repas.

Ce restaurant branché se dresse sur les flancs du volcan Pichincha. Le décor moderne minimaliste met l'accent sur la grande baie vitrée qui offre une vue spectaculaire sur la vieille ville et l'avenue des volcans. Dans l'assiette, on retrouve une excellente cuisine fusion à base de produits frais locaux cuisinés de façon originale et recherchée, avec des influences méditerranéennes notamment. La carte des vins est à la hauteur du standing de ce lieu à la mode. Un peu éloigné du centre, il est conseillé de s'y rendre, et surtout d'en revenir en taxi.

CAFETERIA MODELO €

Av José de Sucre
✆ +59399 770 2771
Ouvert tous les jours de 8h à 20h, mardi et jeudi jusqu'à 17h et de 7h30 à 18h30 le dimanche.

La cafeteria Modelo est un mythe ! Vous n'y rencontrerez que très peu de touristes, mais l'endroit est très prisé des locaux. Fondée en 1950, c'est l'endroit où l'on prend rendez-vous pour déguster des spécialités locales en tous genres. *Seco de chivo*, *ponche*, *ceviches* ou encore le fameux *sandwich de pernil* (jambon cuit) raviront vos papilles de saveurs vraiment typiques de l'Equateur. Les prix sont modiques et l'accueil est vraiment sympathique ! Une très bonne adresse pour déjeuner sur le pouce, entre deux églises, en plein cœur de la ville.

FABIOLITA CAFETERIA €

Venezuela
✆ +593 228 4268
Ouvert tous les jours de 8h à 17h. Plats aux alentours de 5 US$.

Incontournable à Quito ! Cette petite cafétéria très familiale est très bien tenue par de charmants propriétaires. L'endroit qui existe depuis 1965 sert de très bons plats typiques. On vous conseille le *seco de chivo*. Pour le petit déjeuner, Fabiolita vous propose diverses options très saines. La plupart des produits utilisés ici sont bio et souvent récoltés par les employés de la maison. On se régale en toute simplicité de produits de qualité. En plus, depuis la terrasse la vue sur la Plaza Grande est sublime. Vivement recommandé !

GOVINDA GOPAL €

calle Venezuela 20

✆ +593 96 320 4863

Menu du midi à 3,50 US$, entrée, plat, dessert et jus de fruits. Ouvert tous les jours de midi à 16h.

Que vous soyez végétarien ou non, vous adorerez ce restaurant où l'on sert une cuisine indienne excellente à des prix imbattables. Il est situé dans le patio d'une belle maison coloniale qui sert de local à la communauté Krishna de Quito. Un petit magasin de produits indiens ouvre sur le même patio, on se croirait en Inde ! Produits frais et bio au menu, servis par un adepte de la communauté qui ne fait aucun prosélytisme. On se sent à l'aise ici, le décor est très agréable et le calme absolu, rythmé parfois par les chants provenant de l'étage. Un bon choix.

JUAN FOGONERO €

Patio du palais Arzobispal – Plaza Grande

✆ +593 022 573 360

Ouvert de 11h à 21h (23h le vendredi et le samedi soir). Plats à partir d'environ 15 US$. Fermé le dimanche.

Une belle adresse au cœur de ce patio Arzobispal. Ici on dévore de belles pièces de viande à un prix raisonnable. Si vous préférez les produits de la mer, vous trouverez une grillade de gambas de première qualité. N'oubliez pas de les accompagner d'une bonne sauce *chimichurri* un peu piquante, c'est un véritable délice. Plus aéré que ses voisins du dessus, Juan Fogonero au rez-de-chaussée est un très bon plan pour dîner dans le centre historique, d'autant plus que les rares restaurants ouverts le soir dans ce quartier sont situés ici.

LAS CUEVAS DE LUIS CANDELAS €

Benalcázar 713 y Chile

✆ +593 2 228 7710

Restaurant de spécialités espagnoles et de poissons. Ouvert de 10h30 à 18h du lundi au samedi. Plats à partir de 10 US$.

Ouvert en 1963, voici un restaurant aménagé dans une salle voûtée par un fan de tauromachie, d'ailleurs le décor vous le prouve. Le menu est appétissant et offre une bonne alternative à la cuisine équatorienne. Bien situé, à quelques *cuadras* de la plaza San Francisco. La *carne* aux champignons ou l'excellent plat typique d'Equateur, le *seco de chivo*, un ragoût d'agneau bien épicé, sont succulents. La *paëlla* est aussi très bonne, bref, le choix est large et le goût au rendez-vous.

MERCADO SAN FRANCISCO €

Plaza San Francisco

Ouvert tous les jours.

Il s'agit du plus vieux marché couvert de Quito ! S'il existe depuis près de 120 ans, les halles ont été rénovées il y a relativement peu de temps. On peut y flâner, y faire quelques courses et même y manger aux côtés de nombreux Quiteños ou visiteurs de province. La visite est incontournable, mais on vous conseille vivement de vous installer sur une des tables et de déguster un des *seco de pollo* ou autres spécialités qui vous donnent envie. Ici, on est loin des attrape-touristes, un des meilleurs plans pour les petits budgets !

LA PURISIMA €€

Junín E2-27 y Ortíz Bilbao

✆ +593 98 301 1740

Du mardi au samedi de midi à 22h et le dimanche jusqu'à 17h. Comptez 25 US$ par personne environ.

Le chef Carlos Fuentes a fait toutes ses études culinaires en France. Passionné de saveurs du terroir et d'histoire de la cuisine, il nous propose ici un menu original dans le joli patio du théâtre Bolivar, édifice Art déco construit en 1930 et qui abrite également une belle galerie d'art. Les plats sont recherchés qui, s'appuyant sur des recettes traditionnelles, nous offrent des saveurs revisitées avec talent. Si vous aimez le poisson, nous vous recommandons l'*aji de corvina*, une courbine grillée, accompagnée d'une délicieuse sauce aux cacahuètes.

EL RINCON DE CANTUÑA €€

García Moreno N6-52 Entre Mejía y Olmedo

✆ +593 2 228 0830

Spécialités espagnoles et locales. Ouvert tous les jours. Plat à partir de 10-12 US$.

Installé dans l'agréable hôtel Patio Andaluz, ce restaurant sert une cuisine qui se défend bien. C'est le rendez-vous de la bourgeoisie *quiteña* qui aime profiter du cadre très agréable. Les prix sont très acceptables vu le standing de l'endroit. Le *ceviche* de crevettes vaut le détour et en plat de résistance, nous vous recommandons fortement l'*encocado* de crevettes et poissons, une spécialité fleurant bon la noix de coco servie avec de succulents *tacones*, fameux accompagnements faits à base de banane. Une adresse à ne pas manquer dans le circuit des bonnes tables.

ACHIOTE €€

282 Juan Rodriguez
✆ +593 9 933 88489
achiote.com.ec

Un restaurant de cuisine équatorienne situé à la Mariscal et où on se sent tout de suite bien grâce à l'accueil chaleureux des propriétaires. La salle est très élégante, un arbre pousse même à l'intérieur, traversant le plafond de celle-ci car les propriétaires n'ont pas eu le cœur de le couper. *Ceviches* excellents, *seco de chivo* ou *cuy* rôti raviront vos papilles. Le chef Andrés s'assure personnellement auprès des convives que ses plats ont été appréciés. C'est un des meilleurs restaurants du quartier et les prix restent cependant raisonnables.

AL FORNO PIZZERIA €

Pje Moeler
✆ +593 222 6057
alforno.ec

Cuisine italienne (pizzas, pâtes). Ouvert tous les jours, midi et soir. Compter 10 US$.

Les avis sont unanimes, c'est l'une des meilleures pizzerias de la ville. Dans une petite salle rustique à l'atmosphère conviviale, une cinquantaine de pizzas cuites au feu de bois, et mélangeant saveurs et couleurs, sont proposées puis servies aux clients. Des pâtes et autres plats sont bien sûr proposés, ainsi que des vins italiens. Nous vous conseillons cependant de privilégier les pizzas qui sont de bien meilleure facture que les pâtes. C'est probablement parce que tout le monde vient ici pour elles ! L'addition est raisonnable au vu de la qualité.

APETITE MARISCAL €€

N24-304 Diego de Almagro
✆ +593 2 604 3303

Spécialités équatoriennes, du lundi au vendredi de 12h à 15h. Almuerzo entrée et plat pour 6US$.

Cuisine équatorienne au menu de ce bistrot français de la capitale ! Une adresse de choix avec des plats soignés, esthétiquement et gustativement parlant. Conseil : essayez l'entrée *locro de papas* (délicieux potage de pommes de terres avec Fromage et *achiote*, un des fruits typique de l'Equateur) et comme plat principal un *hornado* (à base de viande de porc). Le menu décline des spécialités de tout le pays, vous pourrez donc voyager de l'Amazonie à la Costa en passant par les Andes en un seul repas. Uniquement le midi mais un des meilleurs *almuerzos* du quartier.

BAALBEK €€

Av. 6 de Diciembre y Wilson ✆ +593 2 255 2766
www.restaurantbaalbek.com

Ouvert tous les jours de midi à 17h, du mercredi au samedi jusqu'à 21h30. Plat à partir d'environ 10 US$.

Non seulement l'accueil est très cordial, mais en plus la cuisine est délicieuse. L'endroit est propre, agréable et l'ambiance conviviale. Toutes les spécialités libanaises sont proposées, du houmous aux falafels en passant par le taboulé, le fatush (salade) et les boulettes de viande, sans oublier les douceurs orientales. Vous pourrez également accompagner votre repas d'un délicieux Kefraya, excellent vin libanais. Depuis 2020, le restaurant propose un service de livraison. Très bonne option, d'autant plus que cette cuisine se prête très bien à être réchauffée.

LA BRICIOLA €€€

Avenida Isabel la Católica y Francisco Salazar
✆ +593 2 254 5157
www.labriciola.com.ec/

Pizzas de 11 à 15 US$, plats principaux de 15 à 20 US$. Expresso 2,50 US$.

Si vous avez envie d'un bon repas italien, ne cherchez plus, à la Briciola, on se sent en Italie dès l'entrée. Le personnel est très professionnel et avenant et les tables bien espacées. Nous vous recommandons les *pizze* au feu de bois ou encore les lasagnes cuites dans le four à pizza, excellentes ! Si vous souhaitez un repas plus gastronomique, laissez-vous tenter par le lapin aux poivrons par exemple après bien entendu une bonne assiette de pâtes fraîches. *Agnolottis, tortellinis* et raviolis sont faits maison avec des ingrédients locaux de qualité. Un bon choix.

EL CAFECITO €

Luis Cordero 1124 y Reina Victoria
✆ +593 99 860 7874
www.cafecito.com

Petit déjeuner à partir de 6,25 US$, café illimité.

Prix un peu élevés, mais le cadre et l'ambiance relèvent la note de cet établissement très apprécié d'une clientèle internationale jeune et cool… Situé en plein cœur de la Mariscal, c'est un endroit idéal pour faire une pause durant les longues journées de découvertes du centre de la ville. Le petit déjeuner est un must, apprécié des voyageurs comme des Quiteños qui se retrouvent souvent ici avant leur journée de travail. Les pancakes servis au petit déjeuner sont gargantuesques et le café sélectionné avec soin. Jolie salle avec cheminée et couleurs chaudes.

LA CANOA €

Cordero E4-375 y av. Amazonas
✆ +593 2 250 1419
Cuisine traditionnelle de la Costa. Tous les jours. 24h/24h. Dans l'hôtel Rio Amazonas.

Le cadre très rustique de ce restaurant pourrait en effrayer certains ! Mais ne vous laissez pas désarçonner, et entrez. On sert ici toutes les spécialités de la côte (coquillages, *ostiones*, ceviche, poisson *a la plancha* avec riz et *patacones*, *encocados*...) sur des tables de style bistrot souvent juxtaposées pour les grandes tablées. Le luxe n'est pas le point fort de cet endroit mais la qualité est au rendez-vous, preuve est que l'arrière-salle est toujours pleine de monde ; principalement des locaux, qui semblent s'être passé le mot !

CARMINE RISTORANTE €€€

Catalina Aldaz N34-208 y Portugal
✆ +593 2 333 2829
www.carmineristorante.com
Cuisine gastronomique italienne. Entrées de 15 à 20 US$, plats de 20 à 30 US$. Ouvert du lundi au samedi de 12h à 23h.

Le restaurant Carmine est installé dans une belle demeure coloniale entièrement restaurée, au beau milieu d'un superbe jardin, dans le quartier de La Mariscal. L'aspect extérieur est aussi charmant et élégant que l'intérieur du lieu. Carmine transporte ses clients en Europe le temps d'un dîner. Vous dégusterez une délicieuse et savoureuse cuisine internationale d'inspiration italienne, superbement dressée. Très belle carte de vins (près de 200 références). Les prix sont bien entendu au diapason du standing du lieu, l'addition peut être salée.

CASA GANGOTENA RESTAURANTE €€€

bolivar y cuenca
✆ +593 97 999 9995
www.casagangotena.com/the-restaurant/
Menu dégustation de 7 plats à 69 US$ et 112 US$ avec les vins assortis.

Tout ici respire le luxe et la volupté. Grandes salles accueillant de superbes tables dressées au carré, personnel impeccable, nous sommes dans un des plus beaux restaurants de la capitale ! Ne ratez pas le crabe Pandora, un délicieux mille-feuille au crabe avec sa sauce vinaigrette aux fruits de la passion... un délice. Le reste de la carte est au diapason et même si l'addition est un peu salée, la qualité des plats et des produits la justifie largement. Recommandé.

CASA WARMI €

Pontevedra N24-240 y Guipúzcoa
✆ +593 98 445 8915
https://casa-warmi.negocio.site/
Cuisine équatorienne. Ouvert du mardi au dimanche de 9h à 15h30 mais jusqu'à 22h du jeudi au samedi. Environ 10 US$.

Au cœur du quartier de la Floresta, cette table *cosy* au décor bobo entièrement boisé et fait de bric-à-brac concocte une cuisine goûteuse aux influences andines et *costeñas* équatoriennes. Les produits sont souvent bio et les recettes originales. Une adresse au cadre aussi agréable que le service est sympathique, fréquentée dès le petit déjeuner (plusieurs formules proposées), mais aussi à l'heure du déjeuner où le menu entrée/plat/boisson présente un excellent rapport qualité-prix. Vente de confitures maison ainsi que de divers produits artisanaux sur place.

CEVICHERIA LAS PALMERAS €

CC Quicentro Sur ✆ +593 2 224 7007
www.laspalmeras.com.ec/
Ouvert tous les jours de 8h à 17h. Poissons et fruits de mer, spécialités de la Costa. Autour de 10 US$ le plat.

Cette *cevichería* avec grande terrasse est l'une des meilleures pour goûter aux spécialités de la région d'Esmeraldas. Animée toute la journée, on y déguste d'excellents *ceviches* frais (soupes fraîches avec citron vert, tomates, coriandre et oignons), de crevettes (*camarón*), de coquillages (*conchas*) et de poisson. Egalement des plats chauds, comme les fameux *arroz*, une sorte de paella à la mode tropicale, avec crevettes, crabes et *patacones*. Les propriétaires ont multiplié l'expérience dans la plupart des centres commerciaux de Quito (El Recreo, El Jardin, etc.).

EL MARIACHI TACO FACTORY €

Foch E4-318 and Juan León Mera
✆ +593 98 671 4745
Ouvert tous les jours de midi à 23h. Repas à partir de 10 US$.

El Mariachi Taco Factory est un bon restaurant mexicain situé dans le Mariscal autour de la fameuse place Foch. Ici, on mange de très bonnes spécialités mexicaines : tacos, tortillas, guacamole, fajitas... il y en a pour tous les goûts (portions généreuses). La viande est très bonne également. C'est un bon endroit pour le début de soirée, en plein centre du monde de la nuit de Quito. De nombreux Quiteños s'y retrouvent les soirs de match de football, dans une ambiance plus intime que sur la plaza Foch. Le personnel est très sympathique.

CHEZ JÉRÔME €€€

Whymper 3096 y Coruña
✆ +593 2 223 4067
www.chezjeromerestaurante.com
Cuisine française moderne. Du lundi au vendredi de 12h30 à 15h30 et de 19h à 23h.

Au beau milieu d'un joli jardin, attenant à une charmante maison, est installé le restaurant gastronomique de Jérôme, un chef français originaire du Sud-Ouest. Ce dernier prépare une cuisine créative, moderne et originale tout en conservant les traditions qui font la renommée de la gastronomie française. Les plats sont soigneusement dressés et régalent les papilles. Un mélange de saveurs, de couleurs et d'odeurs absolument délicieux ! Les habitants de Quito ne s'y trompent pas, on trouve ici une clientèle huppée appréciant la belle cuisine.

LAMMHAUS €€

Andalucia, N24-151
✆ +593 96 858 7875
www.lammhaus.com
Ouvert du mardi au dimanche de midi à 15h30 et de 18h30 à 22h. 20-25 US$ le repas.

Une table très appréciée à la Floresta pour manger de l'agneau *a la parrilla*. Ce dernier est ici mitonné sous toutes ses formes, en sauce ou encore grillé, sans oublier de mentionner les délicieuses côtelettes d'agneau. L'adresse est tenue par des Allemands installés en Equateur et qui se sont lancés dans l'élevage d'agneau sur les pentes du Sincholagua il y a une quinzaine d'années, aidés par des éleveurs mexicains spécialistes de l'agneau Peliguey. Tarifs un brin au-dessus de la moyenne, mais vaut le détour. Si vous n'aimez pas l'agneau, passez votre chemin.

LOS CEBICHES DE LA RUMIÑAHUI €

Cinquante adresses dont celle, pratique, du centre commercial Quicentro
✆ +593 2 225 7542
www.loscebichesdelaruminahui.com/
A partir de 5,25 US$ le ceviche. Copieux.

Los cebiches de la Rumiñahui sont une chaîne de restaurants spécialisés dans les *ceviches* à la façon équatorienne. Sorte de *fast food* du *ceviche*, les Equatoriens y viennent souvent en groupes le midi. Le *ceviche mixto* est particulièrement savoureux. Les plats sont très bons mais l'ambiance n'est pas toujours au goût des visiteurs internationaux. Il n'empêche que les prix sont très abordables et la qualité au rendez-vous. C'est finalement une option idéale pour manger comme un local !

MARCANDO EL CAMINO €€

Tamayo N23-75 ✆ +593 99 821 1219
www.marcandoelcamino.ec/
De mardi à vendredi de 8h30 à 21h30. Samedi de 8h30 à 16h30. Menu du jour à 10 US$. Carte à partir de 11 US$.

Véritable coup de cœur de l'année à Quito, voici un joli restaurant au bord de la Floresta où le chef Santiago vous propose une cuisine fusion à partager entre amis, souvent servie sur de jolies planches bien décorées. De l'espadon fumé avec sa sauce aigre-douce à la japonaise, au poulpe en sauce à l'ail, en passant par toute une gamme de viandes succulentes, le chef nous fait découvrir une inspiration rare dans une ambiance qu'apprécient les locaux comme les voyageurs. Ce restaurant est devenu la « cantine » de certains cadres du quartier. Recommandé !

MISKAY €€

Joaquín Pinto No. 312 y Reina Victoria.
✆ +593 998454213
miskay.ec/
Plat principal entre 10 et 20 US$.

Voici une excellente option, en plein cœur de la Mariscal, pour les visiteurs souhaitant déguster une cuisine équatorienne de type gastronomique à un prix somme toute abordable. Le personnel est sympathique et saura vous accompagner dans cette expérience riche en couleurs, saveurs et parfums. Les plats sont préparés principalement avec des produits locaux avec une touche d'originalité dénotant un véritable chef aux commandes. Le *cuy* croquant est la meilleure préparation de *cuy* que nous ayons testée dans tout le pays et le riz au lait en dessert vaut le détour.

OSAKA €€€

Avenida Isabel La Catolica, E12 17
✆ +593 2 322 8784
www.osakanikkei.com/es/local/quito
Cuisine japonaise et péruvienne. Ouvert chaque jour midi et soir, fermé le dimanche. A partir de 30 US$. Wi-fi.

Dans le quartier le Floresta, un restaurant au cadre on ne peut plus feutré (ça manque presque de lumière !) qui fusionne cuisine japonaise et péruvienne. Certes, les tarifs sont ici plus élevés qu'ailleurs, mais la qualité et la fraîcheur des produits ne trompent pas. A la carte, *ceviches, sushis, makis, temakis, tempuras, gyozas*... le tout saupoudré d'une touche andine, n'oublions pas que le Pérou à des relations très proches avec le Japon. Attention, les portions sont légères... Une table « chic » qui prépare également de bons cocktails.

RINCÓN DE FRANCIA €€

Roca N21-182 y 9 de Octubre
✆ +593 2 222 5053
Du lundi au vendredi de 12h à 15h et de 19h à 23h, et le samedi de 19h à 23h. Environ 30 US$ par repas.

Ce restaurant qui se vante d'avoir accueilli politiciens, toreros, riches hommes d'affaires et même des chefs d'Etat est l'un des rendez-vous préférés de la population aisée de Quito. Le Rincón de Francia propose une gastronomie raffinée dans un cadre classique et élégant. Le chef, Mario Aragón, prépare des plats d'influences française et espagnole. Parmi les spécialités de la maison, on peut citer la mousse de *hígado al Cognac*, la *pangora natural* (viande marinée, accompagnée de légumes vapeur) ou encore le *lomo fino a las tres pimientas* (filet mignon).

ROMOLO E REMO €

Av. Republica del Salvador N34-399
✆ +593 2 600 0683
romoloeremoecuador.com
Cuisine italienne. Ouvert du lundi au samedi de 11h à 22h, le dimanche de 11h à 18h. Plats à moins de 10 US$.

Dans le quartier moderne de la ville, Romolo e Remo est devenue au fil des années une des adresses préférées des habitants de Quito en termes de cuisine italienne. Le restaurant est tenu par un chef italien qui sert des plats simples, mais délicieusement préparés : pâtes, salades, pizzas, focaccia... On peut venir y déjeuner ou dîner entre amis, l'accueil est agréable et le service rapide. Mention spéciale pour le fameux *saltimbocca alla romana,* particulièrement savoureux. L'établissement fait également cafétéria. Un très bon rapport qualité-prix.

ROMPE COLCHÓN €

Republica del Salvador y, Suecia
✆ +593 99 975 6489
Ouvert tous les jours de 10h à 21h. Comptez entre 12 US$ et 15 US$ par personne.

Amateur de *ceviche*, vous allez être ravi dans ce petit restaurant du cœur de la ville moderne. Un seul plat au menu : *ceviche* ! Le principe est simple, vous choisissez parmi 4 saveurs aux noms amusants : Rompe Colchón, Mata Suegra, Levantamuerto ou naturel. Vous choisissez ensuite poisson, crevettes, calamars, crabe, coquillages, poulpe, ou même une combinaison et enfin votre accompagnement. Les plats sont préparés à la commande et sont un véritable délice. Attention, la saveur Levantamuerto porte bien son nom, elle est piquante à réveiller les morts !

THE CHEESECAKE CAFE €

Juan León Mera E4-434 y Colon
✆ +593 2254 3044
www.cheesecakecafequito.com/
Du lundi au vendredi de 9h à 17h. De 5 à 10 US$ par personne.

Avis aux gourmands ! Un très joli café bien décoré où l'on sert de superbes gâteaux et chocolats. L'endroit qui se prête parfaitement aux petits déjeuners et aux goûters, propose une vaste gamme de variations autour du cheesecake. Cheesecake aux fleurs de Jamaïque, aux figues, fruits de la passion ou encore aux mûres rivalisent de douceur avec les succulents brownies préparés sur place avec des produits de qualité. Quelques excellents sandwiches raviront les plus affamés. Mais attention, les desserts sont copieux... une petite sieste s'imposera peut-être !

URKO €€

Av. Isabel la Católica N24-862 y Quito
✆ +593 22563180
www.urko.rest
Menu dégustation à 55 US$ les 8 plats et 80 US$ les 11 plats. Du mardi au vendredi de 19h à 22h.

Sans doute l'une des tables les plus créatives de la ville. Urko propose une belle expérience culinaire visant à sublimer les produits régionaux. Des spécialités de la côte aux Andes en passant par l'Amazonie, on en prend plein les papilles. Si votre budget le permet, laissez-vous tenter par l'un des menus dégustation, un vrai voyage pour les papilles ! Le thème du restaurant est la cosmovision andine, base des croyances indigènes et les menus sont construits autour des 4 saisons de la cosmovision qui correspondent aux cycles agricoles.

ZAZU RESTAURANT €€€

Mariano Aguilera 331 y la Pradera
✆ +593 2 254 3559
www.zazuquito.com
Restaurant Relais & Châteaux. Gastronomie péruvienne et cuisine fusion. Comptez plus de 50 US$ le repas.

Un lieu très chic, une déco lounge épurée dans des tons foncés dans le plus pur style des étapes Relais & Châteaux. Le Zazu est un lieu unique à Quito. La cuisine du chef est moderne, créative, parfumée, et surprend le palais. Les produits de la mer sont à l'honneur, et nous vous recommandons notamment le canard confit aux gnocchis ou le fameux *cuy*, cochon d'Inde traditionnel. Les *ceviches*, préparés « à la péruvienne », sont, là encore, riches en saveurs variées. Les *ceviches* de thon et de foie gras attiseront sûrement la curiosité des gastronomes.

FAIRE UNE PAUSE

Pour boire un verre entre amis, faire des rencontres ou plonger dans la vie nocturne de Quito, dirigez-vous vers La Mariscal, autour de la plaza Foch. Certains bars, un peu plus éloignés de la place, dans le quartier de La Floresta par exemple, sont moins connus des touristes et plairont davantage à tous ceux qui chérissent les lieux plus tranquilles et authentiques. Que ce soit pour une pause gourmande où une petite bière entre amis, vous trouverez votre bonheur parmi les lieux que nous vous recommandons. Quito est une ville étendue où l'on marche beaucoup, n'hésitez pas à vous arrêter un moment pour prendre le temps de savourer l'ambiance de la ville. La bière artisanale, comme dans nombre de pays aujourd'hui, est à l'honneur dans différentes brasseries qui ouvrent souvent leurs portes aux amateurs désireux de goûter avant d'acheter, c'est l'occasion de découvrir la boisson universelle à la mode andine !

AMBROSIA BAR

Lizardo Garcia Y Reina Victoria,
✆ +593 98 458 7406
Ouvert du mercredi au samedi de midi à 17h, jusqu'à 2h du matin le mercredi. Vérifier les horaires sur la page Facebook.

Pour ceux qui ont envie de sortir un peu des sentiers battus, voici un des endroits les plus typiques de la ville, en termes de bar de quartier. Ici, on se retrouve le soir après le travail, entre amis ou en famille pour venir boire un verre (ou deux...), discuter et regarder le match lors des soirées foot. Une large gamme de bières artisanales équatorienne est proposée ici. Rien à voir avec les bars plus touristiques situés à quelques mètres seulement. Très bonne ambiance propice aux rencontres avec les habitants de Quito !

ANANKE GUÁPULO

781 Camino de Orellana
✆ +593 2 255 1421
www.anankeguapulo.com
Bar et pizzeria. Tous les jours de midi à 21h. Pizzas de 5,70 à 16 US$, selon garniture et taille.

Un petit local convivial perché au-dessus de l'église de Guápulo offrant une superbe vue depuis la terrasse. Deux amis équatoriens, tombés sous le charme de Guápulo ont ouvert ce lieu il y a maintenant une vingtaine d'années. Un lieu alternatif et « arty » où se retrouvent la jeunesse locale et quelques touristes qui se sont passés le mot. On y sert pizzas et calzones ainsi que de délicieuses *empanadas* à la viande ou au poulet. La carte des alcools est assez complète, proposant vins, bières et divers cocktails. Musique *live* certains soirs.

CACAO & CACAO

Juan Leon Mera N21-241 y Ramon Roca
✆ +593 2 223 2113
kacaoshop.com
Ouvert de 7h30 à 20h du lundi au vendredi et de 9h à 18h le samedi. Chocolat chaud à partir de 3,50 US$.

Amateurs de chocolat et de cacao, voici une petite boutique familiale idéale pour sortir des chaînes qui pullulent dans le pays, mais proposent souvent des produits industriels plus qu'artisanaux. Chez Cacao & cacao, vous trouverez non seulement un grand choix de chocolats et de boissons chocolatées, mais aussi une gamme de produits dérivés vous permettant d'afficher votre passion pour cette graine d'exception dont l'Equateur est le berceau. Ici, tout est artisanal et local. Belle gamme de cafés artisanaux locaux également. Une étape incontournable.

CAFE JARU

Galicia y Isabel la Católica
✆ +593 2 322 8272
Ouvert du lundi au vendredi de 8h à 21h et le samedi de 9h30 à 20h.

Vous aimez le café ? Voici une bonne adresse, très fréquentée par les jeunes de Quito, où vous pourrez déguster le café sous toutes ses formes. Un petit patio bien agréable vous permettra de vous réunir entre amis ou tout simplement de passer un moment tranquille loin de l'agitation de la ville. C'est un endroit idéal pour le petit déjeuner proposant toute une gamme de *muffins* faits maison. Les *smoothies* et *milkshakes* sont frais et faits à la commande. L'accueil est sympathique et on ne vous presse pas pour libérer la table, vous êtes ici chez vous.

CERVECERÍA CAMINO DEL SOL

Mariscal Foch E7-70 ✆ +593 2267 7483
www.caminodelsol.ec
Fermé le dimanche. Compter 12 US$ pour tester les 6 bières artisanales. A partir de 2,95 US$ les 350 ml.

Au cœur de la plaza Foch, centre névralgique des soirées du quartier La Mariscal, voilà une excellente adresse pour y savourer d'excellentes bières faites maison. La turtle pale ale, la black bird stout ou encore la red llama ale font partie des productions de *la casa* ! Toutes à l'effigie d'un animal emblématique du pays, elles sont un peu plus chères que les bières habituellement servies mais vous ne serez pas déçus. De bons plats sur le pouce sont également proposés.

LA OFICINA BREW PUB

Jose de Antepara y Los Rios
✆ +593 98 765 0837
2 bières et une pizza pour 9,50 US$.

Un établissement très apprécié des habitants de la capitale qui aiment s'y retrouver après le travail pour boire un verre et profiter de la musique *live*. Le jeudi est en général consacré au blues et le samedi divers groupes de jazz viennent animer l'endroit. Pour avoir le droit de boire de l'alcool, il faut commander quelque chose à manger et le choix n'est pas très large, mais on ne vient pas ici pour dîner, mais bien pour profiter de l'ambiance du lieu et savourer les diverses bières artisanales locales proposées au menu. Un lieu très branché.

LA FABRICA

Valladolid N24-771 y Málaga
✆ +593 98 337 2936
Baguette 1,50 US$, pain de campagne 2,50 US$. Croissant 0,99 US$.

On ne vient pas ici par hasard, car la rue n'est pas un axe habituel de promenades, on y vient pour le pain et surtout, le meilleur croissant que nous ayons goûté en Equateur ! On se serait cru dans un bar parisien tellement le feuilleté semblait d'un autre monde. Le boulanger a fait ses classes auprès des plus grands maîtres boulangers, il est même allé apprendre à faire les croissants à New York, auprès d'un boulanger français. Quelques tables permettent de se poser et de prendre un café accompagné d'une viennoiserie tout en préparant la suite de la journée.

LA ROCHELLE PANADERIA

Mallorca y Barcelona
Ouvert tous les jours à partir de 7h du matin. Croissant 0,90 US$. Café 1,50 US$. Baguette 2 US$.

Une nouvelle petite pépite de Quito pour ceux qui aiment la bonne baguette, les croissants bien croustillants ou autres gourmandises bien françaises. Gregory, boulanger originaire de La Rochelle et son épouse Equatorienne Cecilia vous accueillent dans une petite boutique bien sympathique et proposent tout ce dont un Français nostalgique peut rêver lors d'un séjour à l'étranger. Ils ont même du Ricard et du vin français pour accompagner les planches-apéro qu'ils vous proposent chaque jour avec de bons produits locaux et importés.

HAY PAN

Whymper N30-96 y La Coruña
✆ +593 98 832 8532
Petit-déjeuner complet 10 US$. Jus de fruits de 1,50 US$ à 2,50 US$.

C'est dans le jardin du restaurant gastronomique Chez Jérôme que vous découvrirez cette jolie cafétéria qui dispose de sa propre boulangerie où acheter pain et viennoiseries de qualité. On aime se donner rendez-vous ici pour le petit-déjeuner avant d'attaquer la journée, le café y est bon et les viennoiseries à la hauteur de leur réputation, parmi les meilleures. Le petit bâtiment vitré est très agréable, on ne se croirait pas en plein centre d'une capitale ! L'établissement est fréquenté par de nombreux Français de Quito, ne vous étonnez pas d'entendre le parler.

Z [INC] GASTRO BAR

Paul Rivet y Whymper
✆ +593 2 256 2846
www.zincquito.com/
Bar lounge et restaurant. Du mercredi au samedi à partir de midi jusque tard. Platos fuertes à partir de 15 US$.

Nouveau concept de bar-restaurant à Quito, le Zinc attire une clientèle aisée. Décor industriel très moderne, lumières tamisées, sièges en velours, bar à cocktails avec un grand choix de boissons qui changent au gré des saisons (prix élevés)... Dans une salle adjacente au bar se trouve le restaurant. Au menu, des plats internationaux (*picadas* en entrée) et des plats locaux tels que le ceviche ou le *lomo latino*, ou encore des pizzas, salades et burgers. Un lieu chic et *trendy*. Dommage que le restaurant soit si bruyant et qu'il n'ouvre que 4 jours par semaine.

(SE) FAIRE PLAISIR

L'Equateur, pays de couleurs et d'artisanat est un pays où il fait bon flâner dans les marchés ou les boutiques de décoration et de souvenirs. Ne ratez pas le marché artisanal de La Mariscal où vous retrouverez un concentré de ce qu'offre le pays en termes d'artisanat et de souvenirs. Nombre de petits artisans d'Otavalo ou des environs de Quito y tiennent un stand où vous pourrez négocier les prix si le cœur vous en dit. Quito abrite également plusieurs centres commerciaux où vous trouverez les magasins classiques de ce type d'endroits, mais les prix ne sont pas très intéressants en Equateur sur les produits importés. Dans le centre historique, vous trouverez des bagages à de très bons prix, mais attention, la marchandise proposée n'est pas toujours de grande qualité. Si vous aimez l'encens, ne ratez pas les vendeurs de *Palo Santo* qui circulent en général vers la place de l'indépendance, on les repère au parfum envoûtant qui les suit.

EL JARDIN SHOPPING CENTRE

Av. Amazonas N6-114 y República
✆ +593 2 298 0300
Ouvert du lundi au samedi de 10h à 20h30 et le dimanche de 10h à 20h.

Un centre commercial moderne implanté dans la zone financière et commerciale de Quito. Le *mall* El Jardín, comme l'appellent les Quiténiens, renferme de nombreuses boutiques et des restaurants au 3e étage, à la Feria de la comida. Ne cherchez pas les prix, ils sont souvent plus élevés qu'en Europe, mais les centres commerciaux sont également des lieux de promenade en Amérique du Sud, y passer quelques heures vous donnera l'impression de vivre comme un local.

QUICENTRO SHOPPING

Av. Naciones Unidas y 6 de Diciembre
✆ +593 2 246 4526
www.quicentro.com
Du lundi au samedi de 9h30 à 21h, et le dimanche de 10h à 20h.

Un grand centre commercial moderne, situé au nord de la ville. Sur trois étages sont répartis des boutiques de vêtements à la mode (enseignes locales et internationales comme Splash, Mango, Stradivarius, Adolfo Domínguez, etc.), un Supermaxi, une pharmacie, des librairies, des bijouteries, des boutiques de cosmétique et des parfumeries, et d'autres encore consacrées à la déco et à l'art de la table... On y trouve également des cafés, des restaurants et autres fast-foods (Los Cebiches de la Rumiñahui, KFC, Segundo Muelle, Crepes & Waffles).

CASA MONTECRISTI

Oe6-56 Calle Sucre y plasa San Francisco
www.casamontecristi.com
Panamas de qualité à partir de 80 US$ et jusqu'à 30 000 US$.

© OLIVIER ANÉ

Vous entrez ici dans l'antre des plus beaux panamas du monde, ces fameux chapeaux de « paja toquilla », tressés à Montecristi par les meilleurs artisans du pays. Le choix est phénoménal et les prix parfois surprenant mais la visite de ce magasin est un incontournable pour les amateurs de panamas. Le propriétaire est souvent celui qui reçoit la clientèle et il se fait un plaisir de faire découvrir au visiteur les différentes formes de panamas ainsi que leur processus de fabrication, encore totalement artisanal aujourd'hui. Faites-vous plaisir.

MERCADO DE SANTA CLARA

Antonio de Ulloa

Marché alimentaire couvert. Du lundi au samedi de 7h à 17h, le dimanche de 8h à 14h.

Au nord de la Mariscal, le marché Santa Clara est l'un des plus courus par les autochtones pour ses produits frais, sa viande, ses fleurs et ses bibelots. Vous pourrez ainsi fureter dans les étals à la recherche de fruits et de jus exotiques, d'herbes séchées, de nourriture pour un pique-nique, de paniers tissés... On peut y manger à toute heure de la journée, dans une ambiance bon enfant et pour une somme modique. On y côtoie les étudiants de l'université centrale voisine. Ce paisible quartier authentique mérite le déplacement.

HOMERO ORTEGA & HIJOS

Isabel la Católica N24 100 y Madrid

✆ +593 2 252 6715

www.homeroortega.com

Magasin de chapeaux. Ouvert du lundi au vendredi de 10h à 16h. De 80 US$ à 1.200 US$ pour un panama de qualité.

L'un des vendeurs et producteurs de chapeaux de paille *toquilla* (les fameux panamas) parmi les plus réputés. La famille est dans les affaires depuis cinq générations et ne fait appel qu'aux meilleurs artisans sélectionnés dans la région de Cuenca et de Montecristi. La sélection est restreinte, mais les chapeaux sont de qualité et les prix acceptables compte tenu du temps qu'il faut pour fabriquer un véritable panama. Vous y trouverez notamment les célèbres chapeaux fabriqués à Cuenca, où se trouve le siège de l'entreprise familiale.

CAMARI

Marchena OE2-38 y Versalles

✆ +593 2 254 9407

www.camari.org

Du lundi au vendredi de 8h à 18h30, le samedi de 8h à 16h30 et de 9h à 16h le dimanche.

Camari est un magasin proposant des victuailles alléchantes et de nombreux produits artisanaux issus du commerce équitable. La marque est en effet gérée par une fondation venant en aide aux artisans des communautés indigènes si nombreuses en Equateur. Vous y trouverez toutes sortes de produits : thés, gâteaux, savons aux plantes fabriqués à la main, de délicieux cacaos, cafés et chocolats, des objets en bois, des tapis tissés, du papier fait main, des figurines peintes... C'est l'endroit idéal pour faire les emplettes de souvenirs pour votre retour.

MERCADO ARTESANAL

Jorge Washington

Tous les jours de 8h à 19h (18h le dimanche). Souvenirs à partir de quelques US$.

Ce marché est fait pour tous ceux et celles qui n'auraient pas eu la chance de se rendre à Otavalo. Vous trouverez une centaine d'étals vendant tous les objets artisanaux fabriqués au sein des communautés indigènes quichuas : sacs, peintures, tapis en alpaga, bijoux, sculptures, chapeaux et même de jolis masques brodés... Des prix très raisonnables et un choix immense, mais n'hésitez pas à négocier un peu, raisonnablement, les vendeurs apprécient le jeu et vous feront peut-être découvrir quelques trésors d'arrière-boutique si vous sympathisez.

GALERIA LATINA

Juan León Mera N23-69 y Veintimilla Castilla

✆ +593 2 222 1098

www.galerialatina.com

Déco, artisanat haut de gamme, bijoux... Ouvert du lundi au samedi de 10h à 19h, dimanche et jours fériés de 11h à 18h.

Une belle boutique tout en bois donnant sur un jardin. Les propriétaires ont commencé à collectionner l'art populaire lors d'un voyage en Amérique latine il y a plus de 35 ans et ont rapidement ouvert une boutique à Quito présentant des objets d'artistes qu'ils ont personnellement rencontrés en Equateur, au Pérou, en Colombie et dans d'autres pays d'Amérique du Sud. Excellente sélection d'artisanat : bijoux et tissages de grande qualité, beaux chapeaux, vases et céramiques... Charme et bon goût pour des cadeaux originaux à votre retour.

OLGA FISCH FOLKLORE

Av. Colón E10-53 y Camaño

✆ +593 2 256 3085

www.olgafisch.com

Boutique-musée. Du lundi au vendredi de 9h à 17h, et les samedis de 10h à 18h.

Cette boutique-galerie élégante propose une superbe sélection d'artisanat local. La plupart des objets qui y sont présentés sont réalisés dans le pays, et beaucoup d'articles sont exclusifs. Céramiques, joaillerie, sculptures en bois, pierre et tagua, textiles, tapis et tissages, figurines précolombiennes... L'ensemble est bien mis en valeur et chaque objet est une tentation. On est loin de l'artisanat vendu dans la rue ! Il faut compléter la visite à l'étage où se trouve un extraordinaire musée privé qui est l'un des secrets les mieux gardés de la capitale.

BOUGER & BULLER

Les Quiteños sont adeptes de sport en extérieur et pratiquent souvent dans les parcs et jardins de la ville, aménagés à cet effet. N'hésitez pas à aller courir à la Carolina ou même au parc du Bicentenaire, l'ancien aéroport qui est peu à peu transformé en parc d'activités extérieures. Si vous souhaitez vous dépenser en salle, vous trouverez facilement un gymnase ouvert au public mais nous vous recommandons la salle d'escalade d'Estelle, El Cap, au cœur de la ville nouvelle, un endroit propice aux rencontres entre sportifs. Le vélo est également très prisé à Quito et diverses entreprises proposent des découvertes de la ville à vélos électriques ou non, bon moyen de conjuguer découverte et dépense d'énergie. Enfin, pour les adeptes de la balle jaune, vous trouverez 6 courts de tennis au parc de la Carolina, il suffit de prendre son tour pour jouer et sur place, vous pourrez devenir membre du club de la Carolina pour quelques dollars.

BIKING DUTCHMAN

La Pinta E -731 y Reina Victoria
✆ +593 2 256 8323
www.bikingdutchman.com

Agence spécialisée dans les excursions à VTT. Réservations en ligne. à partir de 120 US$ la journée bien remplie.

Cette agence, pionnière dans son domaine et très pro, propose des excursions en VTT de un à plusieurs jours. Depuis Quito, les cyclistes ont le choix parmi une grande diversité de tours de 1 à plusieurs jours : des sommets enneigés des volcans de la Sierra à la forêt subtropicale de Mindo ou la jungle en passant par les sources de Papallacta, les lagunes de Quilotoa, Cuicocha dans la région d'Otavalo, une ascension du Pichincha en jeep puis descente en VTT sur plusieurs kilomètres de pistes non pavées. La descente du Cotopaxi fait partie des incontournables.

EL CAP - QUITO ESCALADA

avenida 10 de agosto N36-31 y Mañosca
✆ +593 2 512 5930

Du lundi au vendredi de 6h à 13h et de 15h à 22h. Les fins de semaine de 11h à 19h. 7 US$ l'entrée.

El Cap est une salle d'escalade née de la rencontre de deux couples franco-équatoriens passionnés par ce sport. Les opportunités de grimper en milieu naturel ne sont pas très nombreuses autour de Quito, aussi, Estelle et ses amis ont-ils ouvert cette belle salle il y a quelques années. On s'y retrouve pour apprendre, s'entraîner, mais aussi passer de bons moments entre sportifs, parfois autour d'un verre (de jus de fruits bien entendu) au bar de la salle qui propose également d'excellents en-cas. Sauna et douches complètent le tout. Vivement recommandé !

E-BIKECUADOR

Eustorgio Salgado n19-312 y Santa Rosa
✆ +593 9 970 8918
www.biketourecuador.com

70 US$ par personne, minimum 4 personnes mais on peut se joindre à un groupe constitué.

José Luis Rodriguez est un guide francophone expérimenté qui connaît parfaitement son pays. Il a monté la première agence de tours de Quito à vélo électrique. Il propose un circuit touristique qui relie les collines de San Juan, El Panecillo, Itchimbía et Guangüiltagua à travers sa société « e-bike ». Le parcours se fait au guidon de vélos à assistance électrique, qui minimisent l'effort physique lors du pédalage et permet d'accéder ainsi à plus de lieux en moins de temps. Ce projet est une alternative à la circulation automobile soutenue par la municipalité.

KAWSAY BALLOONS

Jorge drom y Jose Arizaga
✆ +593 98 853 5013
kawsayballoons.com

A partir de 89 US$ par personne le vol captif de 15 minutes environ.

Première entreprise consacrée aux vols en ballons aérostatiques à air chaud en Equateur, Kawsay balloons propose des vols captifs de quelques minutes, principalement destinés aux célébrations de couples (anniversaire, mariage, naissance) et la plupart du temps sur le lac de San Pablo. Mais si Kawsay figure ici, c'est que l'entreprise est basée à Quito et peut également organiser d'autres types de vols, à la demande, dans tout le pays. Alors si vous en avez les moyens, faites appel à eux pour découvrir l'Equateur depuis les nuages, une expérience inoubliable.

SORTIR

La vie nocturne de Quito, la *farra*, est assez mouvementée. Les jeunes Quiteños savent s'amuser et en fin de semaine, les endroits à la mode ne désemplissent pas. Les options sont multiples. Les bars sont légion, principalement situés dans le quartier de La Mariscal. Plus tard, les discothèques prennent le relais et comptent avec une clientèle nationale et internationale. Pour boire un verre dans la ville coloniale en revanche, les choses sont plus compliquées. Nous vous conseillons le Café del Fraile, même si l'ambiance n'a rien à voir avec celle de La Mariscal ou de La Floresta.

En fin de semaine, rendez-vous dans l'historique calle de La Ronda, bordée de demeures coloniales. On se bouscule dans les nombreux bars et restaurants qui la jalonnent pour écouter de la musique *live* et siroter un *canelazo* (une boisson chaude à base d'aguardiente, de sucre, de *panela* et de cannelle). Ambiance garantie.

BUNGALOW 6

Jose Calama y Diego de Almagro
✆ +593 96 350 6707
http://bungalow6ecuador.com
Bar-club. Du mercredi au samedi de 20h à 3h.
Entrée payante.

Petite piste de danse et ambiance survoltée dans ce bar souvent pris d'assaut. Bungalow 6 est un spot à la mode connu des aficionados de la vie nocturne quiténienne. Le club organise des soirées de musique *live* et donne l'occasion au public – touristes et locaux – de connaître bon nombre d'artistes talentueux, dans tous les styles musicaux : pop, reggae et sons latino. Cours de salsa gratuits tous les samedis et *ladies night* (entrée gratuite pour ces dames) tous les jeudis. Si vous avez une petite faim, dévorez un bon burger. Un conseil : n'arrivez pas trop tard !

FINN MCCOOL'S

Diego de Almagro N24-64 and Joaquín Pinto
✆ +593 2 252 1780
Entrée gratuite.

Voici le seul *pub* irlandais de la capitale, mais ce n'est pas qu'un *pub* irlandais de plus ! On vient ici chaque jour pour une raison différente. Le lundi, c'est la nuit du poker, inscrivez-vous, jouez pour de modiques sommes symboliques et rencontrez d'autres amateurs. Le mardi, un grand quizz avec les lots à gagner participe à l'animation. Le mercredi, c'est *happy hour* toute la soirée ! Jeudi c'est soirée de *live music* avec de bons groupes équatoriens et enfin, les fins de semaine, DJ en *live* aux platines pour animer la nuit ! On ne s'ennuie jamais ici !

LLAKTANA POR ÑUCANCHI

Avenida Universitaria y Armero 593
✆ +593 2 254 0967
Bar-club. Vendredi et samedi de 20h à 2h (et le jeudi soir lorsque c'est férié).

Cette *peña* est une véritable institution. On y présente les meilleurs artistes équatoriens et latinos depuis 1979. Des groupes de musiques traditionnelles (des Andes, notamment) s'y produisent dans une ambiance conviviale et sereine. Un endroit parfait pour se retrouver entre amis autour d'un verre. Les propriétaires ont mis la pandémie à profit pour créer sur place un agréable petit restaurant et changer de nom pour s'appeler aujourd'hui Llaktana por Ñucanchi. Un peu excentré, il est conseillé de prendre un taxi pour s'y rendre et rentrer.

NO BAR

Calama E5-09 y Juan León Mera
✆ +593 2 255 9982
https://nobar-bar.negocio.site/
Bar-club. Du mercredi au samedi de 19h à 3h.

Ce lieu est un incontournable de la vie nocturne de Quito et ne désemplit jamais. Ce sont surtout les jeunes entre 18 et 25 ans qui se donnent rendez-vous dans ce cadre rustique, mais branché. Faute de place, on y va plus pour l'ambiance que pour danser... Musique de variété internationale et latino. Du côté des boissons, évitez les alcools artisanaux qui ne valent pas grand-chose même s'ils sont chers, orientez-vous plutôt sur des marques que vous connaissez. L'attention n'est pas des meilleures de Quito, mais la musique et l'ambiance compensent largement.

SALSOTECA LAVOE

Iñaquito E2-17 y NNUU
✆ +593 99 321 0464
www.salsotecalavoe.com/
Entrée à 8 US$.

Amateurs de salsa et de bachata, vous allez être comblés dans cette discothèque où la musique est bonne. Lieu de rendez-vous des meilleurs danseurs de salsa (ne soyons pas timides, la piste est à tout le monde) cette discothèque programme de la musique latino en boucle et vous ne serez que rarement seul sur la piste car on vient ici pour danser ! Les boissons sont assez chères (2,50 US$ la bière et 7 US$ le shot), mais l'ambiance est bonne et l'accueil correct. Cours de salsa compris dans le prix d'entrée tous les mardis à partir de 19h, n'hésitez pas !

FUNDACIÓN TEATRO BOLÍVAR

Espejo 847 y Guayaquil
✆ +593 2 2571911
www.teatrobolivar.org

Ce théâtre se trouve dans le centre historique, à deux pas de la place de l'Indépendance. Derrière une belle façade Art déco ayant reçu le prix d'architecture en 1933, voici l'une des salles de spectacles les plus célèbres de Quito. Très endommagé par un incendie en 1999, le théâtre fut complètement rénové et son activité a repris avec pièces de théâtre, spectacles de danse, expositions et concerts. Des compositions aussi bien classiques que modernes. On y retrouve tous les passionnés de théâtre et de musique classique de la capitale.

BALLET ANDINO HUMANIZARTE

Leonidas Plaza N24-226
✆ +593 98 750 0595

Abrité dans une grande demeure au parfum bourgeois, ce ballet folklorique vaut vraiment le coup. La salle, avec cheminée et tables éclairées à la chandelle (arriver tôt pour avoir une table), plonge le spectateur dans une atmosphère intimiste. Le ballet reprend les thèmes classiques de la culture andine : mythologie, fêtes traditionnelles et rites sur une chorégraphie colorée et entraînante. On est accueilli par une boisson locale, le *canelazo*. Un bon moment en perspective.

OCHO Y MEDIO CINEMA DE LA FLORESTA

Valladolid N24-353 y Viscaya
✆ +593 2 290 4721
www.ochoymedio.net
Cinéma indépendant. 5 US$ pour les adultes. 3 US$ pour les étudiants. Billetterie du mardi au dimanche de 15h à 21h.

Ocho y Medio est une organisation culturelle fondée en 2001 par un groupe de producteurs, de réalisateurs et d'artistes désireux de promouvoir le Septième Art. Films d'auteurs provenant du monde entier (et notamment de France), festivals thématiques, films pour enfants... En bref, une perle rare ! Le programme figure sur le journal ou sur le site Web. Les salles MAAC Cine à Guayaquil et Manta, sur la côte, proposent une programmation de qualité similaire.

BALLET FOLKLORIQUE NATIONAL JACCHIGUA

Antepara #407 y Vicente León
✆ +593 2 295 2025
www.jacchigua.org
Spectacles tous les mercredis à 19h30. A partir de 40 US$ le billet.

Ce ballet folklorique, célèbre au-delà des frontières équatoriennes, illustre les traditions religieuses et païennes des différentes ethnies indigènes du pays, à travers des chorégraphies riches et colorées (danse de Huasipungo ou du Corpus Christi). Une centaine de danseurs et musiciens, et 2 800 kg de costumes et accessoires sont nécessaires à la réalisation de ce spectacle qui se joue à différents endroits du centre historique suivant les dates.

TEATRO NACIONAL SUCRE

Manabí N8, 131
✆ +593 2 295 1661
www.teatrosucre.com
Billetterie ouverte du lundi au vendredi de 9h à 17h30. De 4 à 40 US$ suivant les spectacles.

Le plus vieux théâtre de la ville, une des plus anciennes salles d'opéra d'Amérique latine, est aussi un monument intéressant à découvrir d'un point de vue architectural. Construit de 1879 à 1886, il est inspiré des plus beaux opéras européens, dans un style très italien, et fut inauguré avant ceux de Bogota et de Manaus. Le Tout-Quito s'y presse lors de soirées chics et élégantes. Au programme : pièces de théâtre, ballets ou concerts de musique classique. Et pour prolonger la soirée, on pourra dîner ou boire un verre de vin au très bon restaurant Theatrum.

VALLE DE LOS CHILLOS ★

La vallée de los Chillos est située dans le bassin hydrographique de Guayllabamba au sud-est de la ville de Quito dans la province de Pichincha à 2 500 mètres d'altitude, entouré du nord au sud par les volcans inactifs Ilaló et Pasochoa et d'est en ouest par le volcan Antisana et Las Lomas de Puengasí. Elle connaît un climat subtropical qui varie entre 10 °C et 29 °C tout au long de l'année. Cette vallée est une zone résidentielle huppée de Quito. On y trouve de nombreuses sources thermales, très fréquentées le week-end. Parmi elles, le Tingo, l'une des plus anciennes de la vallée, est dominé par le mont Ilalo. 300 000 personnes vivent dans la vallée.

HOSTERIA MIRASIERRA €€

Los Piqueros y Avenida Ilaló
✆ +593 2 286 2025

Comptez 40 US$ par personne pour une nuit en chambre simple et 75 US$ pour une double, petit déjeuner inclus.

Un hôtel familial, dénué de charme mais agréable pour séjourner avec vos enfants dans la vallée de Los Chillos. Il compte une trentaine de chambres. Il appartient au CROE, sorte de comité d'entreprise des militaires équatoriens, mais ouvre ses portes avec plaisir au grand public. 1 piscine semi-olympique, 3 toboggans aquatiques géants et 3 saunas vous permettront de profiter de l'excellente eau de source de la zone. Terrains de sport, et orchestres le week-end. Deux restaurants, la *Cueva de los Tayos* et *El Aguacate* vous accueilleront pour les repas.

© KSENIA RAGOZINA - SHUTTERSTOCK.COM

Valle de los Chillos.

AVENTURECUADOR

OE12-132 Avenida Amazonas y Tiputini
✆ +593 99 921 7122
www.aventurecuador.com

Tour-opérateur réceptif francophone spécialisé dans les séjours d'aventure.

Née de l'union d'un couple franco-équatorien passionné de montagne et d'aventures, Aventurecuador est une agence réceptive spécialisée dans les voyages d'aventure en Equateur depuis 2001. Elle propose une grande variété d'activités pour découvrir la diversité du pays : trekking, trail, alpinisme, VTT, parapente, yoga, cheval, rafting, canyoning, 4x4, etc. Leur philosophie : le voyage est une expérience authentique et unique qui nous permet de nous ouvrir au monde et à autrui, de prendre le temps de vivre et de profiter pleinement de chaque instant.

CALDERÓN ★

À 10 km au nord de la capitale, la petite ville de Calderón ne mérite une visite que pour sa spécialité artisanale qui l'a rendue célèbre dans le pays : des figurines de farine (*mazapán*) très colorées et finement ciselées qu'on retrouvait dans beaucoup les boutiques d'artisanat de Quito mais qui sont de plus en plus difficile à trouver car remplacées par des figurines en plastique provenant souvent d'outre-Pacifique ! Oiseaux, étoiles, poissons et père Noël originaux rejoindront ainsi votre sapin.

Transports

Prendre un bus sur la plaza La Marin dans la vieille ville ou prendre un taxi qui vous coutera une vingtaine de dollars.

PISHKU WASI

106 Aromopamba, Guayllabamba - **QUITO**
✆ +593 98 949 3050
www.pishkuwasi.com/

Glamping : 25 US$ / personne – 40 US$ / couple. Chambres de 15 US$ à 20 US$ par personne. Repas 7 US$. Petit déj 5 US$.

C'est à 25 minutes de l'aéroport international et 40 minutes de la capitale, dans la vallée de Guayllabamba que Margaux et Esteban, couple franco-équatorien, vous recevront avec douceur dans leur jolie maison avec un beau jardin planté d'arbres fruitiers. Les 3 chambres sont agréables et fonctionnelles et la cuisine partagée est bien équipée. Cerise sur le gâteau, pour les amoureux de plein air, une belle tente aménagée vous attend dans le jardin, sous les étoiles, enveloppée du parfum des agrumes qui poussent tout autour dans le plus grand respect de la nature.

MITAD DEL MUNDO ★★★

A une vingtaine de kilomètres au nord de Quito, à une altitude de 2 483 m, au-delà des nouvelles banlieues cossues de la capitale et des villages de San Antonio et de Pomasqui, la route mène à la Mitad del Mundo, littéralement « la moitié du monde ». C'est là que se trouve la marque de la ligne équinoxiale séparant notre planète en deux hémisphères, Nord et Sud. C'est l'une des excursions les plus appréciées à proximité de la capitale, car on y trouve divers musées et parcs d'activités tournant autour du thème de l'équateur. Depuis peu, on y trouve un très intéressant musée dédié à la production du *miske*, alcool issu de l'agave, omniprésente ici.

Se restaurer

Vous trouverez de nombreux vendeurs ambulants pour vous nourrir en dehors du site principal. Des plats typiques sans grande originalité mais qui nourrissent bien ! Les week-ends, la feria bat son plein près du parc de l'autre côté du rond-point, près du parc pour enfants. De nombreux stands vous proposeront des spécialités locales. L'occasion de s'attabler pour déguster un jus de canne par exemple.

Transports

Pour s'y rendre depuis le centre-ville de Quito, il faut prendre le metrobus jusqu'à la station Ofelia (terminus) et de là, prendre un bus direction Mitad del Mundo (toutes les 5-10 minutes environ, comptez 45 minutes de trajet). Pour plus de confort, nombreux sont les hôtels ou agences qui proposent cette excursion. On peut aussi s'y rendre en taxi pour environ 30 US$.

CASA AGAVE

✆ +593 99 831 6455

Sur réservation, visite guidée, 10 US$ par adulte.

Casa Agave est un lieu de sauvegarde d'une tradition séculaire en Equateur, la production d'alcool à partir de l'agave. La visite commence par un tour du jardin botanique présentant tous les détails sur la plante ainsi que la pouponnière. L'agave est une immense plante dont on utilise le cœur pour en extraire un jus qui est ensuite transformé en alcool. Après le jardin, vous visiterez un joli musée consacré aux traditions locales et terminerez par une dégustation après avoir appris comment on distille l'agave pour la transformer en *miske*, un alcool fort.

CIUDAD MITAD DEL MUNDO ★★

✆ +593 2239 4803

https://mitaddelmundo.gob.ec/

Du lundi au vendredi de 9h à 17h et jusqu'à 18h le WE et les jours fériés. Entrée adulte : 5 US$, enfants : 2,50 US$.

C'est un peu le parc d'attractions du centre du monde ou l'exposition universelle d'Equateur ! La Ciudad Mitad del Mundo a connu ces dernières années une expansion incroyable qui a propulsé le site sur la première marche des sites touristiques visités du pays. Le site a donc bénéficié d'un développement incroyable pour proposer aujourd'hui un panel d'activités aux touristes. Mais parlons d'abord du cœur du site : le fameux monument historique qui symbolise les différents points cardinaux et cette fameuse ligne imaginaire. Erigé en 1979, ce monument est une réplique de 30 m de haut du monument historique élevé en 1936 pour marquer le bicentenaire de la mission géodésique. Une mission française voulue par le roi Louis XV, dans le but de mesurer la longueur d'un arc de méridien et d'en déduire la circonférence de notre planète. Il demeure encore sur la place centrale du village de Calacalí, situé sur la route de la côte et très exactement sur la ligne de l'Equateur. On accède au sommet par un ascenseur. On domine ainsi le tracé de l'Equateur et l'on peut observer un panorama intéressant sur une partie assez aride de la cordillère où poussent de nombreux agaves, ces belles plantes aux feuilles pointues et qui sont utilisées dans la région pour produire un alcool traditionnel, le *miske*. En redescendant par les escaliers, vous aurez un aperçu de l'ensemble des communautés équatoriennes, représentées par leurs coutumes et leurs costumes. Vous pourrez également vous peser et voir la différence de poids qu'il peut y avoir entre la Mitad del Mundo, le pôle Nord et la lune notamment. Tout autour du monument, de nombreuses attractions ont été créées afin de promouvoir la culture équatorienne et divertir les touristes... Vous pourrez visiter des habitations traditionnelles reconstituées, un musée dédié à la fabrication du cacao, un musée de la bière, une ancienne station de train ou encore une église présentant les différentes vierges du pays mais aussi du monde. Le planétarium vous permettra de vous plonger la tête dans les étoiles. D'autres bâtiments vous permettront de retracer l'histoire du pays. Intéressant, le pavillon français présente les apports de la première et de la deuxième mission géodésique française. Un grand stade propose par ailleurs, à plusieurs heures de la journée, des spectacles vivants mêlant danses et musiques traditionnelles. Enfin, pour les plus amoureux du pays, vous pourrez également vous marier dans la chapelle de l'église baroque. Histoire de marquer encore un peu plus le coup !

MUSEO DE SITIO INTIÑAN ★★

Autopista Manuel Cordova Galarza
✆ +593 2 239 5122
Tous les jours de 9h30 à 17h. Entrée : 4 US$, 2 US$ pour les enfants. Visites guidées en espagnol et anglais.

Une visite incontournable ! Cet amusant musée en plein air plaira à toute la famille. On y explique de façon claire, imagée, ludique et pratique les coutumes ancestrales de l'Equateur et son positionnement géographique dont il a tiré son nom. Le site offre aussi et surtout la possibilité de tenter plusieurs expériences amusantes sur la ligne équatoriale, à la latitude 0°. Ainsi vous pourrez essayer de faire tenir un œuf en équilibre sur un clou, mais aussi observer, en fonction de l'hémisphère où vous vous trouvez, dans quel sens tourne une feuille dans un bac d'eau une fois le siphon ouvert. Les guides vous inviteront à essayer de marcher droit en fermant les yeux sur la ligne équatoriale. Ne prenez pas les animations trop au pied de la lettre si vous êtes féru de physique, elles servent surtout à expliquer le principe de l'attraction terrestre et de la force de Coriolis et les guides utilisent parfois des subterfuges pédagogiques pour mettre en évidence des phénomènes qui bien entendu ne sont pas si faciles à déceler en réalité, car l'équateur n'est pas une ligne absolue. Les guides, très professionnels, assurent la visite en espagnol, en anglais ou en français s'il y a un groupe de francophones. Bon à savoir : si vous avez votre passeport sur vous le jour de la visite, vous pourrez obtenir un tampon « Mitad del Mundo » en souvenir de votre passage sur la ligne marquant la moitié de la planète. Une boutique d'artisanat des communautés indigènes vivant aux alentours est installée dans l'enceinte du musée. Prix raisonnables.

PUNTO CERO

Av. Manuel Córdova Galarza N2-27
✆ + 593 97 916 35 66
5 US$/personne avec une boisson de bienvenue et un diplôme certifiant la Latitude 0. Sur réservation WhatsApp 1h avant.

Voici un tout petit endroit, peu connu du public mais que traverse réellement l'Equateur, contrairement aux autres lieux plus connus aux alentours. Patricio, son propriétaire et fondateur est un véritable passionné et il vous prouvera sur un GPS très précis que vous êtes bien juste sur la ligne équatoriale. Pas de démonstrations mensongères comme ailleurs mais une explication bien plus honnête et de belles références à la cosmographie andine. Seul inconvénient, il faut réserver car Patricio ne vit pas encore des recettes de son musée et doit travailler à côté.

VOLCÁN PULULAHUA ★★

Des bus se rendent régulièrement de la Mitad del Mundo au cratère Pululahua. Ce volcan est aujourd'hui une vaste plaine fertile d'où émergent deux cheminées. Avec Yellowstone, c'est l'un des deux seuls cratères au monde à être peuplé. Une communauté d'agriculteurs vit en effet au cœur de ce milieu naturel unique. Du fait de ses ressources écologiques et de sa beauté naturelle, il a été déclaré parc national et réserve géobotanique. La route se termine à un belvédère dominant un paysage grandiose : le damier des parcelles cultivées déployant tous les tons de vert. Le plus souvent à partir de 15h, le brouillard envahit lentement la plaine.

COMUNIDAD YUNGUILLA

1h au Nord de Quito
✆ +593 98 021 5476
www.yunguilla.org.ec
Tourisme communautaire. Comptez environ 45 US$ par personne pour passer 24h, logement, repas et visites.

La communauté Yunguilla, située à environ 1 heure au nord de Quito, est une communauté pilote en termes de tourisme communautaire. Cela fait déjà 15 années que les habitants de Yunguilla ont pris le taureau par les cornes et ont décidé de développer le tourisme communautaire dans leur petit village. On y vient pour participer au quotidien de ce peuple d'agriculteurs qui ont réussi à lancer un projet ambitieux qui fonctionne à merveille aujourd'hui. Grand restaurant, confitures produites sur place et logement chez l'habitant sont au programme.

LA RINCONADA DE ROLANDO VERA €€

✆ +593 99 130 5355
Sur réservation.

Située à l'intérieur même du cratère, cette maison à l'architecture traditionnelle est un havre de paix. En plus de la possibilité d'y dormir dans des lits basiques, le grand terrain offre la possibilité de camper dans un cadre magnifique. Du côté du couvert, un restaurant classique, mais assez chic propose une cuisine équatorienne de qualité. Le tout avec une jolie terrasse ensoleillée. Du côté des activités, plusieurs excursions avec un guide, circuits à vélo ou balades à cheval.

MINDO ★★★

Mindo abrite d'innombrables espèces d'orchidées que l'on peut admirer dans la nature ou dans des fermes aménagées dans le cadre de projets de protection de la biodiversité. Pour profiter pleinement de ce havre de paix, l'expérience la plus mémorable sera de dormir dans l'un des lodges parfaitement intégrés à l'environnement. De nombreux Quiteños en quête de nature ou d'activité sportives de plein air viennent très régulièrement s'y retrouver. Pour les voyageurs disposant de peu de temps, Mindo sera une synthèse parfaite entre la Sierra et la Costa, avant un saut en Amazonie. En outre, le bourg de Mindo, constitué d'une rue principale, présente un visage détendu du pays. Il est très facile d'y trouver un hôtel ou une maison d'hôte correspondant à son budget. De plus en plus d'endroits proposent également des solutions de Glamping, ce nouveau mode de camping haut de gamme qui s'apparente à de petits lodges en pleine nature.

Balade

Sentiers de randonnée et circuits à travers les cascades plongent le visiteur dans une végétation luxuriante composée de palmiers et bambous géants, d'arbres fruitiers et de fleurs exotiques. Depuis peu, on peut emprunter un télésiège pour découvrir la forêt en survolant la canopée, une expérience très agréable et permettant de faire de belles photos sous un angle inhabituel. Une très belle balade d'environ une heure et demie vous conduira du sommet du télésiège à son départ en passant en bas de diverses cascades.

Faune et Flore

En plein cœur de la forêt de nuages subtropicale andine qui recouvre les flancs des Andes entre 900 m et 2 500 m d'altitude, la réserve écologique de Mindo-Nambillo est une zone d'une biodiversité extraordinaire qui abrite une profusion d'oiseaux, d'insectes, de papillons, de fleurs... et même des ours ! Avec plus de 500 espèces répertoriées (colibris, coqs de roche, toucans, quetzals, perroquets...), c'est un paradis pour l'observation des oiseaux. Ce qui en fait d'ailleurs l'une des réserves ornithologiques les plus riches au monde pour le plus grand plaisir des très nombreux scientifiques à venir chaque année sur ces lieux. Vous trouverez également plusieurs fermes à papillons dans lesquelles sont expliquées les différentes étapes de la formation de ces insectes éphémères.

Transports

▶ **Voiture**. Depuis Quito, prendre la sortie Nord, route Mitad del Mundo - Calacali - Nanegalito - Mindo (via la Independencia). Prévoir 2 heures de route. Après la Mitad del Mundo, on bifurque vers l'ouest en passant par Calacalí sur la route Pedro Vicente Maldonado. En quelques kilomètres, le paysage change radicalement ; on bascule d'un versant rocailleux et aride de la cordillère vers un paysage de vallées encaissées, couvertes d'une dense végétation, avant d'entrer dans la « cloud forest », la forêt de nuages.

▶ **Bus**. Avec la compagnie Flor del Valle (coopflordelvalle.com). Rendez-vous en metrobus jusqu'au terminal Terrestre Norte La Ofelia (à 30-40 min de la Mariscal). Du lundi au vendredi, plusieurs départs sont proposés : 8h, 9h, 11h, 13h et 16h. Les bus sont plus fréquents le samedi et le dimanche, entre 7h40 et 17h (16h le samedi) ; pour réaliser le trajet inverse, plusieurs départs possibles du lundi au vendredi : 6h30, 11h, 13h45, 15h30 et 17h. Pour le week-end : 6h30, 11h, 13h, 14h, 15h, 16h et 17h. Comptez 2h30. Pensez à réserver en avance pour un trajet le week-end, car les bus sont vite pleins de Quiteños en quête d'une parenthèse verte.

▶ **Taxi**. Des taxis acceptent de faire le trajet Quito-Mindo pour 80 US$ (l'aller simple). Se renseigner auprès de votre hôtel à Quito et, bien sûr, vérifier le prix avec le chauffeur !

▶ **Pour circuler** dans la petite ville de Mindo, vous pouvez louer un vélo ou tout simplement la parcourir à pied à moins de désirer monter vers les cascades, auquel cas il faut louer un VTT ou emprunter un taxi.

Nous vous conseillons d'y aller en semaine car la ville est saturée de visiteurs venant de Quito pendant les fins de semaines.

© STÉPHAN SZEREMETA

Les fermes de papillons de Mindo abritent des espèces multicolores.

HOSTERIA MINDO LAGO ★

✆ +593 2 217 0201
mindolago.com.ec
Logement en cabanes rustiques. A partir de 45 US$ la double. Concert de grenouilles chaque soir.

Ce complexe écotouristique en pleine nature vous permettra de découvrir la faune exceptionnelle de la région. Mindo Lago est l'un des hôtels écologiques et l'une des destinations touristiques en Equateur où il y a le plus de biodiversité par mètre carré. L'un des endroits d'Equateur où vous trouverez plus de 28 espèces de crapauds et de grenouilles. On vous proposera notamment un siège sur la terrasse afin de profiter d'un concerto naturel de grenouilles ! Possibilité de séjourner sur place dans des cabanes en bois, et de se restaurer.

REFUGIO PAZ DE LAS AVES ★★

Km 66 de la via Calacali la Independencia
✆ +593 98 725 3674
www.refugiopazdelasaves.com
Tour de 3 jours / 2 nuit : 355 US$ par personne. Tour demi-journée : 60 US$.

Dans un lieu unique préservé de toute nuisance sonore ou visuelle, le refuge de Las Aves mérite à lui seul un déplacement d'une ou plusieurs journées. Un lieu conçu pour et autour des oiseaux. Ici, on est là pour les observer mais aussi et surtout pour les chouchouter. Des tours sont organisés très tôt chaque matin (aux alentours de 5h45) afin d'observer les coqs de roche notamment. Mais pour profiter au mieux du site, un tour de trois jours et deux nuits est proposé. Vous aurez ainsi l'occasion d'observer des espèces toutes plus belles les unes que les autres.

JARDIN DE ORCHIDEAS ★

Sixto Duran Vallen y Lluvia de Oro, Casa 2, Manzana 49 ✆ +593 2 2170 131
www.birdingmindo.com
Entrée payante : 4 US$. Visite guidée en espagnol et en anglais. Cabanes à partir de 35 US$ la double.

Dans ce petit jardin luxuriant, les orchidées menacées d'extinction sont (plus ou moins bien) conservées et reproduites. Alicia et sa famille y entretiennent plus de 200 variétés d'orchidées plus belles les unes que les autres. Pour en profiter un peu plus longtemps et vous réveiller au beau milieu de ce cadre olfactif et visuel superbe, vous avez la possibilité de dormir sur place dans une des cabanes mises à disposition. Salle de bains et hamacs privés pour la plupart des chambres. L'hôtel se nomme cabañas Armonia et se trouve derrière le stade.

MINDO BIRD TOURS ★★

Excursions en espagnol et anglais. Le guide vous récupère à l'hôtel.

Plusieurs guides passionnés et spécialistes des oiseaux se sont réunis pour monter cette agence spécialisée dans l'observation des oiseaux à Mindo. Suivez ces experts du *birdwatching* (dont les talents légendaires de vision et d'écoute ne sont plus à prouver) à travers diverses excursions à Mindo et ses alentours, sur une journée ou sur une semaine complète. Pas de panique pour les ornithologues en herbe : le matériel (télescope, jumelles, appareil photo) peut vous être prêté ou loué à prix intéressant si vous souhaitez vous initier à la photographie par exemple.

MARIPOSAS DE MINDO ★★

Vía las Cascadas ✆ +593 99 920 2124
www.mariposasdemindo.com
Jardin de papillons. Ouvert tous les jours de 9h à 16h. Mardi et mercredi fermeture à 14h. Entrée adulte : 7,50 US$.

Un élevage de plus de 1 000 papillons multicolores que l'on observe dans leur environnement naturel, au beau milieu de fleurs tropicales cultivées en serre. Deux tours et une plateforme d'observation en bambou vous permettront d'être au plus près des papillons multicolores et probablement de faire de superbes photos. Restaurant de bonne facture où vous pourrez déguster nombre de plats traditionnels revisités. Le restaurant dispose d'une grande baie vitrée sur la nature et de mobilier en bambou local. Une boutique d'artisanat vous attend également sur place.

CABAÑAS ARMONIA €

✆ +593 2 217 0131
www.birdingmindo.com
Environ 20 US$ par personne pour une nuit en cabane rustique (salle de bains privée, petit déjeuner inclus).

Bienvenue dans cette petite entreprise familiale qui s'attache à préserver la nature. Vous serez logé au cœur d'un jardin d'orchidées – plus de 200 espèces – où sont bâties quelques cabanes en bois avec salles de bains, soit dix chambres au total. L'ensemble est rustique, mais c'est ce qui fait son charme. Vos hôtes se feront un plaisir de vous expliquer (en espagnol ou en anglais) les différentes variétés d'orchidées présentes dans le jardin. Situé derrière le stade de Mindo, l'endroit est idéal pour passer quelques jours dans ce charmant village.

TARABITA ET SANTUARIO DE CASCADAS ★★

Entrée du sanctuaire : 7,50 US$ comprenant le transport en Tarabita. Téléphérique optionnel : 5 US$.

Ce parcours permet de découvrir une quinzaine de cascades en pleine forêt subtropicale. Pour y accéder, il faut entreprendre une traversée en *tarabita*, une sorte de nacelle métallique jaune glissant le long d'un câble d'acier sur une longueur de 600 m, au-dessus des arbres. Une expérience à ne pas manquer ! C'est ensuite que la marche débute. Plusieurs trajets vous sont proposés. A droite, vous prenez la direction de la cascade Reina, la plus grande. Il vous faudra 2 heures, aller-retour. A gauche, vous prenez la direction d'une succession de plusieurs chutes. La plus proche (20 minutes aller-retour), la cascade Nambillo est la plus prisée des Equatoriens puisque vous pourrez vous y baigner dans un cadre parfaitement agréable. Un peu plus loin (2 heures aller-retour), vous enchaînerez les cascades plus ou moins belles, plus ou moins grandes (Ondinas, Guarumos, Colibries, Madre et Los Maderos). Le plaisir de la randonnée sera décuplé par une bonne baignade aux pieds des cascades (si l'eau n'est pas trop froide !). Depuis 2019, vous pouvez emprunter un téléphérique pour vous rendre au départ de la Tarabita et économiser ainsi le trajet en taxi ou la pénible marche en montée. Du haut de ce beau téléphérique, vous aurez une vue spectaculaire sur la canopée et aurez peut-être la chance d'apercevoir une famille de singes en balade ou une envolée de toucans à la recherche de leur repas. A lui seul, le trajet en téléphérique, qui en fait est un télésiège, vaut déjà le détour.

© FOTOS593 - SHUTTERSTOCK.COM

LA CASA DE CECILIA 🛏 €

A 5 minutes de marche de la place centrale du village, après l'usine de chocolat Quetzal (et à proximité de la rivière Canchupi).

✆ +593 2 217 0243 - www.lacasadececilia.com

A partir d'environ 26 US$ la twin. Dortoirs de 4 ou 5 lits à partir de 11 US$. Petit déjeuner en sus.

Depuis la place centrale du village, prendre la 9 de Octubre, puis à l'intersection en V, prendre à gauche. La Casa de Cecilia, du nom de sa propriétaire, est un de ces endroits où l'on aime poser son sac. L'hostal est perdu dans un joli coin de nature, au milieu des oiseaux et à proximité d'une rivière. La vaste maison est tenue par une très sympathique famille locale qui vous accueillera avec un grand sourire. Les chambres tout en bois sont basiques mais confortables. L'ambiance est conviviale. Pour un séjour agréable au grand air !

EL DESCANSO 🛏 €

Dans le village, près de l'arrêt de bus.

✆ +593 99 482 9587

Comptez 15 US$ par personne en dortoir, 45 US$ pour une chambre double avec salle de bains. Petit déjeuner inclus.

Décor rustique et sérénité absolue sont au rendez-vous dans cette grande maison en bois, située à quelques pas du village, au cœur d'un beau jardin depuis lequel on observe les oiseaux qui sont attirés par les plantes et fleurs du jardin. 4 chambres avec salle de bains privée et eau chaude ; possibilité également de loger dans un dortoir aménagé sous le toit (5 lits). Le petit déjeuner et les repas sont servis sur une agréable terrasse, tandis qu'une autre, équipée de hamacs, domine le jardin. Le propriétaire organise toutes sortes d'activités à la demande.

BELLA VISTA CLOUD FOREST RESERVE 🛏 €€

✆ +593 2 223 2313

www.bellavistacloudforest.com

73 US$ sous le dôme, 85 US$ en chambre standard et 120 US$ en supérieure. 41 US$/personne avec salle de bains partagée.

Situé avant Mindo, ce grand lodge en bambou avec toit de palme est une halte revigorante. Chambres de différentes capacités et différents types. Le sommet du dôme coiffé de paille est un excellent point d'observation de la forêt. La réserve est surnommée le paradis des colibris car ils y sont très nombreux. Balades et observations d'oiseaux menées par des guides spécialisés. On part explorer la forêt sur des sentiers balisés. On apercevra cascades, lagunes et sites archéologiques.

QUITO ET SA RÉGION

MINDO ECO SUITE €€

Vía al Mariposario km 2
✆ +593 99 480 2268
A partir de 60 US$ la nuit pour 2.

© OLIVIER ANÉ

Un joli petit chalet construit pendant la pandémie par Dominique, Française installée depuis toujours en Equateur, qui vous accueille dans une vaste propriété au bord d'une petite rivière à 15 minutes à pied d'une jolie cascade très peu connue. A 50 m du chalet, vous pourrez même profiter d'un bain à remous naturel formé par une retenue du petit *río*, un vrai bonheur. Le chalet est bien équipé, une belle chambre, un salon et une cuisine, avec vue sur la forêt par de larges baies vitrées. Le plus : une douche à ciel ouvert avec de l'eau chaude. Tout est solaire ici.

LA BICOK LODGE €€

Calle la Peña ✆ +593999421945
www.labicok.com
Chambre à partir de 63 US$ la nuit pour deux personnes. Petit-déjeuner et restauration simple le soir.

Un hôtel confortable tenu par un couple de Français, Sylvie et Sébastien, qui propose plusieurs cabanes à un prix très raisonnable. Les chambres sont soignées et parfaitement équipées. Le matin, le copieux petit déjeuner vous sera servi en face de la piscine. Dîner sur commande. Vous pourrez aussi profiter des oiseaux qui ont choisi ce lodge pour résidence. Afin de s'intégrer parfaitement dans son environnement, les cabanes sont réalisées avec des matériaux naturels tels que le bambou, le bois, la pierre et bien sûr la *paja toquilla*, utilisée comme le chaume.

ECOLODGE EL MONTE €€

Sur les rives du río Mindo
✆ +593 99 308 4675
www.ecuadorcloudforest.com
Comptez 140 US$ par jour et par personne dans une cabane privée, 3 repas et visite guidée par un naturaliste inclus.

A l'écart du village au bord de la rivière Mindo, El Monte offre un cadre luxuriant en pleine nature. Il faut traverser la rivière avec la *tarabita* (nacelle) pour accéder à la maison principale et aux six chalets écologiques. Tout est construit avec des matériaux naturels, bois tropical et pierre volcanique, des fondations aux meubles. Le lodge est alimenté grâce à l'énergie solaire. De délicieux petits déjeuners avec fruits tropicaux du jardin sont servis dans la maison, entièrement ouverte sur la jungle. On y propose aussi une excellente cuisine végétarienne.

MINDO LINDO €€

km 79, vía Quito - Los Bancos
✆ +593 99 807 5177
mindolindo.de
Prix sur demande en fonction de la saison, du service souhaité et des disponibilités.

Ce petit paradis de verdure est le lieu de vie d'un couple germano-équatorien passionné. Pedro est un ancien menuisier incollable sur les arbres et Heike est un ornithologue émérite. Tous deux entretiennent une superbe propriété sur laquelle Pedro a planté des centaines d'arbres au cours des 30 dernières années, reforestant ainsi un terrain qui autrefois servait de pâturage. Le résultat est incroyable tant la forêt s'est vite développée. Les oiseaux y sont heureux et les voyageurs qui arrivent à y réserver une des trois chambres, en bois bien sûr, encore plus.

QUINTA DE GOULAINE €€

A 1 heure de route de Mindo vers la côte.
✆ +593 998 460 303
quintadegoulaine.com/
90 US$ par jour par personne en pension complète, hors activités. 10% de réduction pour les moins de 12 ans.

Nous voici ici chez Janeth et Mathieu, un couple franco-équatorien qui a investi ses économies dans une propriété de 50 hectares de forêt tropicale humide pour y élever des papillons, c'est le métier-passion de Mathieu, et y faire pousser du cacao bio. La quinta de Goulaine propose également 3 chambres de charme en pleine nature, à tout juste trois heures de la capitale, mais dans un autre monde. Les trois chambres sont charmantes, propres et disposent d'un accès direct à la forêt qui vous donnera l'impression de dormir en pleine nature, mais dans le confort.

LA ROULOTTE €€

Via al Paraiso, km 2
✆ +593 9 8976 4484
www.hosterialaroulottemindo.com
5 roulottes en bois pour 2, 3 ou 4 personnes. Comptez 80 US$ la roulotte pour deux personnes, 110 US$ pour 3 personnes.

Un concept d'hébergement original et convivial. Vous séjournerez ici dans des roulottes en bois installées sur un vaste terrain fleuri bien entretenu. Celles-ci sont simples, colorées et agréables, avec de grands lits. On remarquera la salle du restaurant, tout en bois, où sont servis de bons repas. Parmi les spécialités de la maison : le *lomo* strogonoff, le filet de tilapia et les pizzas au feu de bois. Lors du petit déjeuner, vous pourrez apercevoir de nombreux oiseaux venir picorer près de la terrasse. Le maître des lieux fait un excellent pain maison.

SACHATAMIA €€

Km 78, via Quito-Calacali-La Independencia
✆ +593 2 361 5476
www.sachatamia.com
A partir de 80 US$ par personne pour une nuit en double et de 70 US$ en triple. Petit déjeuner inclus.

Sachatamia est une réserve écologique abritant un lodge confortable qui devrait plaire aux amoureux de la nature. Le vaste lodge tout en bois comprend des chambres standards et des suites agréables décorées avec soin, un salon plein de charme où il fait bon se reposer, un billard, une piscine couverte et un restaurant avec de grandes baies vitrées donnant sur la forêt. Renseignements et possibilité de s'inscrire à diverses activités : canopy (tyrollenne), visites pédestres guidées, observation des oiseaux, canyoning, tubing, etc...

GRAND HOTEL MINDO €€

Gallo de la Peña y Vicente Aguirre
✆ +593 98 701 3743
grandhotelmindo.com
A partir de 56 US$ la chambre double. Petit déjeuner inclus.

© GRAND HOTEL MINDO

Voici un bel hôtel en plein centre de Mindo avec une belle piscine. Récemment rénové et repris par de nouveaux propriétaires il est très bien entretenu et l'accueil y est très agréable. Les chambres peuvent accueillir de deux à cinq personnes et sont toutes décorées avec goût. Le bois est omniprésent dans cet hôtel, superbes planchers et escalier majestueux face à la réception. Emplacement idéal pour découvrir Mindo à pied et profiter des nombreux restaurants tout proches. Une adresse que nous recommandons particulièrement aux familles.

SANTA LUCIA ECOLODGE €€

Barrio La Delicia, Nanegal
✆ +593 2 215 7242
www.santaluciaecuador.com
A partir de 65 US$ par personne pour une chambre, 115 US$ en bungalow. Pack 2j/1n tout compris : 175 US$ par personne.

Au terme d'une marche de 2 heures (qui en vaut la peine), vous atteindrez cet écolodge situé au cœur d'une réserve à la biodiversité extrêmement riche. Le lieu est empreint de sérénité, il y fait bon se reposer en admirant la vue sur la forêt de nuages. Depuis la chambre, la vue est splendide ! Déco rustique, en osmose avec la nature environnante ; cuisine simple, saine et fraîche et les jus de fruits sont un régal. Le soir on s'éclaire à la bougie, ce qui rend le séjour plus authentique. La journée, on ne se lasse pas d'observer les oiseaux et les orchidées.

SEPTIMO PARAISO €€

A 2 km du Y de Mindo, via Mindo.
✆ +593 99368 4417
www.septimoparaiso.com
Comptez 95 US$ par personne, avec 3 repas inclus. Restaurant, piscines, bain bouillonnant, salle de billard.

Ce charmant complexe hôtelier est situé en retrait du village, dans une réserve de forêt de 420 ha où vivent notamment de nombreuses espèces d'oiseaux. L'hébergement se fait en chambres doubles, triples ou quadruples, aux tissus un peu vieillots mais au charme certain. 23 chambres au total, toutes décorées de manière singulière. Depuis l'hôtel, on peut effectuer des randonnées dans la réserve, visiter des chutes d'eau ou encore partir de bonne heure pour une promenade ornithologique guidée. Deux piscines et un bain bouillonnant sont à votre disposition.

MASHPI LODGE & RESERVE €€€

A deux heures de Mindo. ✆ +593 2 400 4100
www.mashpilodge.com
A partir de 1 000 US$ la nuit pour deux personnes. Pension complète, tour guidé dans la réserve, activités, transfert.

Superbe lodge de luxe au sein d'une gigantesque réserve privée, propice à l'observation de la faune et de la flore. Tout en verre et extrêmement moderne, l'hôtel est blotti au milieu de la forêt et offre un confort irréprochable, et des prestations très haut de gamme. Chaque chambre jouit d'une vue superbe sur la végétation et donne l'impression d'être immergé dans la forêt de nuages. Le restaurant sert une cuisine équatorienne, des Andes et de la côte, préparée avec les meilleurs ingrédients locaux. Une expérience véritablement unique.

EL QUETZAL DE MINDO €€

9 de Octubre
✆ +593 98 626 3805
www.elquetzaldemindo.com
Tous les jours de 10h à 18h. De 10 US$ à 15 US$ le repas. Tours autour du chocolat : 10 US$ par personne.

Un café-restaurant bio qui cuisine ses propres fruits et légumes frais. Les plats proposés mêlent les influences culinaires équatoriennes et américaines (pancakes, entre autres). Des recettes végétariennes sont proposées, mais on trouve aussi des plats à base de viande ou de crevettes… Parmi les desserts, truffes, brownies ou cookies, à accompagner d'un café torréfié sur place ou d'une bière artisanale, voire d'un succulent brownie avec une glace et chocolat faits maison. Tours de la fabrique de chocolat proposés tous les jours.

ECO CHALET €€

Los Arayanes
✆ +593 9 9480 2268
Autour de 110 US$ pour deux personnes et 10 US$ par personne supplémentaire. 3 chambres. Minimum 2 nuits.

Idéal pour les amoureux de la nature (en famille, en groupe d'amis ou en couple) qui désirent se relaxer dans un endroit tranquille en pleine forêt. A 30 min à pied du village de Mindo, ce chalet géré par Dominique, une Française qui vit en Equateur depuis plus de 35 ans, comprend 3 chambres (d'une capacité de 8 personnes en tout), salle de bains, cuisine et une terrasse avec hamacs où vous pourrez prendre le petit déjeuner en compagnie de colibris de toutes les couleurs ou simplement vous laisser bercer le soir par le bruit de la rivière qui le longe.

LA MECHA €€

✆ +593 98 057 4817
Pizzas à partir de 8 US$. Repas complet le midi environ 15 US$.

Le menu de la Mecha est un mélange parfait entre les délicieuses saveurs italiennes et les saveurs des terres du nord-ouest de l'Equateur, ce qui fait de chaque plat une proposition créative et inoubliable. A La Mecha, on travaille main dans la main avec des producteurs locaux, les ingrédients de la meilleure qualité possible sont choisis, les pâtes sont faites à la main. Carpaccio de truite, gnocchis gratinés, pizza Della Casa (avec poivrons et aubergines) faite au four à bois sont au menu. La Mecha est un arrêt obligatoire à Mindo.

EL CHEF €

Avenida Quito
✆ +593 95 887 0026
Lomo a la piedra de 200 g à 11,80 US$, poissons à 7,50 US$, poulet frit dès 5 US$, hamburgers à 3,50 US$.

La spécialité de la maison est le filet de bœuf cuit sur une pierre réfractaire et servi à table ainsi. Le bœuf est excellent, il vient de la région de Santo Domingo de los Colorados, et la cuisson est à la demande. Si vous préférez le poisson, nous vous conseillons la traditionnelle truite frite accompagnée des non moins fameux *patacones*. L'accueil est très sympathique, les portions copieuses et les saveurs au rendez-vous. Une belle carte de vins d'Espagne, du Chili et d'Argentine à moins de 25 US$ la bouteille, le tout pour le plaisir de vos papilles.

CAFE FRAJARES

Vía Calacalí-Los Bancos, km 60
✆ +593 99 748 2646
cafefrajares.com/
Du mercredi au dimanche et jours fériés : 8h30 à 18h. Café dès 3 US$. 32 US$ la journée avec le déjeuner et canopy.

Si vous aimez le café, vous ne serez pas déçus dans cette belle *finca* au cœur de la *cloudforest*, proposant une aire de dégustation du café produit sur place. Colombien d'origine, le propriétaire a gagné plusieurs prix internationaux pour son café. Sur place, vous trouverez également diverses activités pour les petits et les grands, permettant de passer la journée sur place si on le souhaite. Canopy, balançoires, jeux pour les enfants sont à disposition dans ce cas. Vous pouvez bien entendu acheter le café de la maison au prix de 20 US$ le kilo.

EL ZAGUAN

Vicente Aguirre y avenida Quito

Coopérative de commerce équitable.

El Zaguan, une coopérative de commerçants et producteurs locaux, est devenu un vrai lieu gastronomique et culturel à Mindo. Les commerces sont établis dans un bel édifice en bambou qui appartient aux propriétaires d'une *finca* locale. On y trouve deux restaurants, mais aussi une pâtisserie, une cafeteria proposant le café de la *finca* sous toutes ses formes, un magasin d'artisanat vendant également des produits issus du commerce équitable, et clou de l'endroit, une scène où viennent jouer divers musiciens de la région. Un endroit idéal pour faire une pause.

LA ISLA MINDO

✆ +593 99 327 2190

www.laislamindo.com

Canyoning, tubing, canopy, découverte de Mindo à cheval, observation des oiseaux, randonnée.

Depuis 2005, La Isla Mindo fait partie de ces tours-opérateurs locaux qui placent le respect de l'environnement au premier plan. Travaillant avec les guides touristiques et acteurs du tourisme locaux, la Isla Mindo vous propose un large choix d'activités (sport, hôtels, circuits, restauration) à Mindo et dans sa région tout en prônant le tourisme communautaire. L'agence est d'ailleurs spécialisée dans l'offre de circuits de canyoning (3 ou 10 km) et de *tubing*. Une agence recommandable et réputée pour son sérieux et son professionnalisme.

MINDO CANOPY ADVENTURE

A 2,5 km de Mindo, via Las Cascadas

✆ +593 99 4530 624 - www.mindocanopy.com

Tous les jours de 9h30 à 16h30. Compter 20 US$. 25 US$ pour le faire la nuit.

Une dizaine de câbles sur une distance de plus de 3 500 m, jusqu'à 400 m de hauteur ! Préparez-vous à vivre une super expérience. Cette entreprise a vu le jour au Costa Rica il y a près de 15 ans et ravit aujourd'hui les voyageurs en quête d'adrénaline. Le matériel et l'équipement sont certifiés et aux normes. Des guides très professionnels (et anglophones) vous accompagnent ; vous pouvez y aller les yeux fermés : sécurité et professionnalisme sont de rigueur. Au milieu de la forêt, le parcours comprend plusieurs descentes en tyrolienne.

TUMBACO ★

A 15 km à l'est de Quito, Tumbaco se trouve sur la route de l'Oriente et de Papallacta, qui bifurque également vers le nord en direction de Cayambe et Otavalo. Banlieue cossue et paisible Tumbaco est le lieu de résidence de nombreux équatoriens travaillant à Quito ou à l'aéroport. A l'époque précolombienne et juqu'au temps des colonies, Tumbaco était un centre d'échange entre la Sierra et l'Oriente et l'arrêt obligatoire pour les marchands et les visiteurs ; c'est ainsi qu'elle fut surnommé *le dortoir de la ville* et conserve toujours l'air d'un lieu de repos. Une option pour séjourner au calme, à quelques encablures de l'aéroport et de la capitale.

HOSTAL CASA MUSA €€

Pasaje Sombra Verde 88

✆ +593 99 836 1260

www.casamusa.com

Location d'appartements et de maisons (courts et longs séjours). Comptez 700 US$ par mois.

Suites et bungalows tout équipés dans une très grande résidence. Les chambres sont confortables et décorées avec goût dans un style d'inspiration andine avec bois apparent, pierre volcanique, murs aux revêtements blancs et ocre. Des espaces de relaxation et de lecture sont installés autour de patios équipés de hamacs colorés et de canapés. Cet endroit permet de fuir l'agitation de la capitale et de profiter d'espaces verts, d'une piscine et d'un spa. Un café, le Canela, sert de la cuisine équatorienne et internationale. Un établissement *gay friendly*.

SANGOLQUÍ

Sangolquí, également connue sous le nom de San Juan Bautista de Sangolquí, est la capitale du canton de Rumiñahui, ainsi que la deuxième ville la plus peuplée et la plus grande de la province de Pichincha. Elle est située dans la vallée de Los Chillos, à une altitude de 2 500 m. Sangolquí s'intègre dans le Secteur métropolitain de Quito. D'une population de 75 000 habitants, elle est avant tout un lieu de résidence pour les travailleurs *quiteños*. La ville s'organise autour d'une vaste place circulaire jalonnée de façades multicolores. Vous pourrez y visiter le très intéressant Museo Eduardo Kingman, figure majeure de l'expressionnisme en Equateur.

MUSEO EDUARDO KINGMAN ★★

Davila y Portoviejo
✆ +593 99 337 8787
Ouvert du lundi au vendredi de 10h à 16h.

Cette maison-musée expose les œuvres d'Eduardo Kingman (1913-1998), un peintre équatorien originaire de Loja. C'est dans cette ancienne boulangerie (on observe encore le four à pain à l'intérieur de la maison !) que l'artiste installa son atelier en 1969. L'ancien professeur de l'Ecole des Beaux-Arts de Quito diffuse dans sa peinture un caractère expressionniste remarquable, avec une attention particulière portée au clair-obscur. Il dépeint avec une grande expressivité les conditions des peuples autochtones, la pauvreté, la misère ou l'oppression.

REFUGIO DE VIDA SILVESTRE PASOCHOA ★★★

Cette réserve se trouve à une quarantaine de kilomètres au sud de Quito. Elle renferme une faune et une flore extrêmement variées. C'est également une zone protégée. On y recense 232 espèces de plantes, dont 23 espèces d'orchidées endémiques et une grande variété de plantes médicinales. Parmi les mammifères, vous pourrez croiser marsupiaux, lapins, belettes et peut-être même des pumas. Enfin, on compte 126 espèces d'oiseaux (dont 14 espèces différentes de colibris). Le Refuge est en bon état de conservation grâce à l'accord de coopération dans lequel sa gestion est confiée à la fondation Natura spécialisée dans la conservation.

REFUGIO DE VIDA SILVESTRE PASOCHOA ★★

areasprotegidas.ambiente.gob.ec
Tous les jours de 8h à 17h. Pensez à apporter votre pique-nique. Camping possible sur les aires réservées à cet effet.

A 1 heure de voiture de Quito (45 km), au pied du volcan Pasochoa, se trouve la réserve protégée de Pasochoa, qui s'étend sur près de 500 ha. Créée en 1986, cette réserve couvrant les flancs et le cratère du volcan est consacrée à la reforestation, à la recherche scientifique et à la préservation de la faune et de la flore. Possibilité de suivre différents itinéraires fléchés. Les sentiers font de 900 m à plusieurs kilomètres, d'une durée de 30 minutes à 8 heures, en altitude et avec un guide. Ces parcours permettent de se familiariser avec la flore locale et de découvrir l'exubérante nature équatorienne. Si on est là que pour une journée, on pourra sillonner les sentiers les plus courts (le bleu, le rouge et le jaune).

Les plus expérimentés pourront marcher jusqu'aux cimes du volcan dont le pic s'élève à 4199 m (en moyenne, compter 9h l'aller-retour). Une bonne mise en jambes avant l'ascension du Cotopaxi. L'ascension peut se faire du côté du Refugio de Vida Silvestre (celui de la réserve) ou du côté de la Central Hidroeléctrica. Ce chemin est plus facile mais les paysages sont moins intéressants. En empruntant le sentier depuis le refuge (première option), on atteint rapidement les 3 950 m et le paysage devient alors rocailleux (prudence donc si vous souhaitez aller jusqu'au sommet !). Pendant votre randonnée jusqu'au sommet du volcan : orchidées, opossums, aulne, pumas ou encore *polylepis* (autrement appelé arbre de papier) habillent le décor. Un très beau parc !

Reserva del Bosque protector del Pasochoa.

RESERVA LA ESPERANZA ★★

Région phare pour la conservation des reptiles, amphibiens, mammifères (singes capucins, agoutis, cervidés, ours à lunette...), de l'avifaune (perroquets, pinsons, tyrans, coqs de roche...) et de la flore (broméliacées, orchidées ...), le site est classé ZICO (Zone Importante pour la Conservation des Oiseaux) par Birdlife International. C'est en effet une zone de très grande importance pour la conservation des serpents, des mammifères et des oiseaux. La flore aussi y est variée, on y trouve bon nombre d'espèces de plantes endémiques. Des sentiers menant aux sites d'intérêt majeurs y ont été aménagés afin de faciliter l'observation de la nature.

SANTO DOMINGO DE LOS COLORADOS ★

Egalement connue sous le nom de Santo Domingo de los Tsáchilas, elle abrite une communauté qui est aujourd'hui menacée. On visitera la ville pour cette raison, ou tout simplement lors d'une étape sur la route menant à la Sierra ou à la côte, car ni son architecture banale ni son activité commerciale ne suscitent un véritable intérêt. Sauf peut-être pendant les fêtes de Santo Domingo, qui se déroulent début juillet, animées par des combats de coqs et des corridas. Attention, la ville est réputée également pour son insécurité... surveillez vos arrières et ne visitez pas la ville de nuit, l'idéal étant d'être accompagné d'un habitant connaissant la ville.

MUSEO ETNOGRÁFICO TSÁCHILA ★

Village de Chigüilpe
✆ +593 96 712 6827
Entrée : 3 US$ par personne. Durée de la visite : environ 40 minutes. Ouvert tous les jours.

La route qui conduit à Chigüilpe est en bon état jusqu'à la maison du gouverneur Nicanor Calazacon, fils de l'illustre guérisseur et chef de tribu Calazacon ; ensuite, il faut prendre la piste qui devient mauvaise. 1 km après le pont, on parvient au hameau. Là un hangar en bois, au centre de la place, abrite le petit musée Tsáchila, où sont rassemblés des objets du quotidien, outils, instruments de musique, ainsi qu'une collection de photos témoignant des traditions des *Colorados*.

PROJET COMMUNAUTAIRE SHUYUN TSÁCHILA ★

Via al Poste Shuyun Tsa'chila
✆ +593 98 057 5318
Entre 20 US$ et 30 US$ par personne pour une journée au sein de la communauté.

Pour côtoyer d'un peu plus près les Tsátchila et découvrir leur mode de vie traditionnel, nous vous recommandons de rendre visite à la communauté del Poste ou à celle des Naranjos. Au programme : visite d'une communauté, explication sur la culture et les traditions, danses et musiques, dégustation de plats typiques, chamanisme et médecine traditionnelle, randonnée dans la forêt et activités de reforestation, montée au Cerro Bomboli pour la vue panoramique.

HOTEL ZARACAY €€€

Av. Quito, km 1/2
✆ +593 98 147 7534
www.hotelzaracay.com
Chambre double autour de 150 US$.
Petit déjeuner compris.

L'hôtel Zaracay est une bonne option à Santo Domingo. Les chambres sont grandes et confortables. La décoration est moderne et conforme aux standards internationaux. Niché dans un écrin de verdure, poumon vert de Santo Domingo, l'hôtel propose également de nombreux services : bar, restaurant, terrains de sports (volley, basket, football), et même une très belle piscine pour vos fins d'après-midi de découverte. Le restaurant sert, enfin, une cuisine locale tout à fait convenable. Une adresse confortable, mais un peu chère tout de même pour la prestation !

PAPALLACTA ★★

Sur la « route de la cannelle », celle-là même que suivit Francisco de Orellana en 1542 quand il traversa les Andes à la recherche d'épices et d'or, avant de découvrir le fleuve Amazone, a lagune de Papallacta, formée par la réserve naturelle du fleuve Maspa, s'étend au cœur d'un paysage bucolique. De nombreux pêcheurs s'y donnent rendez-vous pour y taquiner la truite. Le village est devenu célèbre pour ses sources et piscines naturelles aux vertus curatives (jusqu'à 64 °C pour certaines !). Les installations touristiques se sont progressivement développées autour des thermes. C'est une étape revigorante agréable après une incursion en Amazonie.

HOSTAL COTURPA €

Vía Quito-Baeza (km 63)
✆ +593 6 289 5040
www.hostalcoturpa.com
A partir de 15,50 US$ la chambre simple, 27 US$ la double, 46 US$ la triple et 56 US$ la quadruple. Laverie, transport.

Situé juste à côté du Balneario Municipal (bains municipaux), cet hostal très central est surtout fonctionnel. Parfait pour les petits budgets, il propose des chambres simples, mais propres, dotées de salles d'eau privées et de la télévision. Une alternative bon marché aux thermes privés. L'accueil est particulièrement sympathique et la réception se fera un plaisir de vous indiquer les meilleures excursions dans le secteur. N'oubliez pas que vous êtes tout près de l'habitat des ours à lunettes, promesse de belles découvertes.

HOSTERÍA PAMPALLACTA TERMALES €€

Km 65 Via Interoceanica (Baeza)
✆ +593 99 828 7136
pampallactatermales.com
A partir de 85 US$ pour une chambre double avec cheminée et bain chaud d'eau thermale privé. Petit déjeuner compris.

Une excellente option dans sa catégorie. Construit dans les hauteurs de Papallacta (mais quand même tout près des thermes), il est empreint d'un charme atypique. Tout en pierre, l'ensemble compte une dizaine de petites cabines décorées avec attention et dotées de salles de bains privées. Une belle piscine avec spa vous attend sous un grand toit transparent. Le restaurant est vivement conseillé, la cuisine est délicieuse ! Le plus : baignoire d'eau thermale et cheminée dans la chambre.

GUANGO LODGE €€

✆ +593 2 289 1880
guangolodge.com/
170 US$ en single et 145 US$ en double par personne. Pension complète et entrée à la réserve incluses.

Guango Lodge, situé près du *paramo* (les plaines d'altitude) et des sources chaudes de Papallacta, est un paradis pour les amateurs de colibris et les photographes. Voir 14 espèces de colibris en une heure n'est pas rare, et le colibri à bec d'épée avec son immense bec en forme d'épée ne manquera pas de vous étonner. Les vues panoramiques et une variété de sentiers offrent au visiteur de grandes opportunités de randonnée dans un cadre magnifique entouré de montagnes couvertes de forêts. Ce petit lodge confortable est au cœur de ces merveilles.

TERMAS DE PAPALLACTA €€€

Via de Baeza (km 65) ✆ +593 2 398 0900
www.termaspapallacta.com
A partir de 140 US$ la double standard. 200 US$ avec bain bouillonnant. Cabanes familiales à partir de 246 US$ la nuit.

Dominé par les montagnes environnantes, ce grand et beau complexe bâti en pleine nature propose 32 chambres (salle de bains privée, bain bouillonnant pour certaines) en bungalow, aménagées dans un style rustique (bois et chaume) ; et 14 bungalows familiaux (jusqu'à 6 personnes) avec salon et cheminée. Très accueillantes et douillettes, les chambres encadrent les nombreuses piscines privées d'eaux thermales. L'ensemble confère une agréable sensation de bien-être. Le restaurant offre une cuisine locale et internationale dans un cadre à la fois convivial et élégant.

Papallacta.

Telle une colonne vertébrale rocheuse, les montagnes de la cordillère des Andes sillonnent en une ligne escarpée le couloir central de l'Equateur, du nord au sud. La Sierra (qui signifie montagne en espagnol), désigne le monde andin qui s'étend de la Colombie jusqu'au nord du Chili, en passant par le Pérou et la Bolivie. En termes géographiques, la Sierra équatorienne, composée de deux cordillères aux axes parallèles (cordillères occidentale et orientale), occupe le quart du territoire. A une altitude moyenne de 3 000 m au-dessus du niveau de la mer, la région inter-cordillères est traversée par la route panaméricaine, surnommée ici l'avenue des Volcans, en raison du nombre de sommets s'élevant de part et d'autre de la chaussée et culminant majestueusement entre 4 000 m et 6 000 m d'altitude. C'est sur ces hauts plateaux environnants que vit plus de 45 % de la population équatorienne (ville de Quito comprise).

Nord de la Sierra
COLOMBIE
Piedrancha
Gualpi Bajo
Gualpi Medio
Río Mira
Angostura
La Sabalera
Muellamues
El Chical
Cumbal
Punte Palo
Lita
La linea
El Carmen
La Plata
Chiles
TULCÁN
Cristal Alto
El Morán
San Francisco
El Limonal
RESERVA ECOLÓGICA EL ÁNGEL
San José
Hato Viejo
Pioter
EL ÁNGEL
La Merced de Buenos Aires
La Concepción
San Gabriel
Mira
LA PAZ
Piñán
Cahuasquí
Atal
Bolívar
EL CHOTA
Guamirla
Cuellaje
LAGO YAHUARCOCHA
Carpuela
SAN ANTONIO DE IBARRA
PIMAMPIRO
Río Conduе
IBARRA
LAGUNA CUICOCHA
COTACACHI
SAN CLEMENTE
PEGUCHE
Angochagua
OTAVALO
LAGO DE SAN PABLO
Perucho
LAGUNAS DE MOJANDA
San Joaquín
San Antonio de Pichincha
Río Azuela
VOLCÁN PULULAHUA
Tocachi
CAYAMBE
Nevado Cayambe
MITAD DEL MUNDO
Carapungo
Santa Rosa de Cuzubamba
CALDERÓN
El Quinche
El Verde
CAYAMBE COCA ECOLOGICAL RESERVE
Yaruquí
QUITO
TUMBACO
Guanimburo
Chuspiyacu
VALLE DE LOS CHILLOS
E 28A
E 20
SANGOLQUÍ
10 KM

Sierra centrale
ISINLIVI
CHUGCHILÁN
Mulaló
SAQUISILI
LAGUNA DEL QUILOTOA
Huayapicha
El Progreso
LATACUNGA
Tauripamba
Pilaló
ZUMBAHUA
PUJILI
Belisario Quevedo
Millín
SALCEDO
Tres Esteros
Mulalilló
E 35
Pinllopata
PÍLLARO
Catazán Grande
AMBATO
Verde Pungo
Poatug
Simiátug
Monoloma
Tamboloma
SALASACA
Pelileo
Vizcaya
La Palma
Poguios
QUERO
BAÑOS
Salinas De Bolívar
Cotaló
Yanayacu
VOLCÁN CHIMBORAZO
Tuntatacto
Pachanillay
Totoras Bajo
Ilapo
SAN FRANCISCO
DE CUNUGUACHAY
Guaranda
GUANO
La Candelaria
RIOBAMBA
San José De Chimbo
CAJABAMBA
Chambo
LAGUNA DE COLTA
Cañi
Bilován
Juan De Velasco (Pangor)
Changuil Alto
Columbe
La Tranca San Luis
GUAMOTE
Chanchan
Chillanes
SANGAY NATIONAL PARK
Pallatanga
Chismaute Yurac Rumi
Reten Ichubamba
Palmira
Las Rosas
Tixán
Bucay
HUIGRA
ALAUSÍ
E 487
10 KM

Sud de la Sierra
Río Norcay
Cañar
Chocar
Naranjal
6 De Julio
San Pedro De Yumate
Jaime Roldos
Biblián
Azogues
Paute
Parque Nacional El Cajas
Cuenca
San Joaquín
Gualaceo
Camino a Baños
Mirador de Turi
Chordeleg
Nero
Ingapirca
Gañansol
El Carmen De Pijilí
Area Nacional de Recreación Quimsacocha
Sígsig
Cumbe
San Vicente De Ferrer
Girón
Zhamar
Pucará
Santa Isabel
Shiña
Gramalote
Valle de Yunguilla
El Progreso
Uchucay
Susudel
Chilla
San Felipe De Oña
Lluzhapa
Tutupali
Yayurcu
Selva Alegre
Milagro
La Primavera
Saraguro
Río Negro
El Plateado
Zaruma
La Paz
Portovelo
Río Pindo
Minas
Kurintza
Guayquichuma
Yantzaza
Santuario de El Cisne
Chuquiribamba
Chaguarpamba
Zalapa Alto
Olmedo
El Tambo
Nambija Bajo
Catamayo
Loja
Catacocha
El Tambo
Zamora
Parque Nacional Podocarpus
Los Llanos
Rumishitana
Malacatos
Gonzanamá
Vilcabamba
10 KM

PAGES

●● NORD DE LA SIERRA

Les chroniques les plus anciennes rapportent qu'au VIe ou VIIe siècle, la province d'Imbabura et celle de Carchí subirent l'invasion d'un peuple venu de la Costa, les Caras (ou Caraques). Il instaura la dynastie des Shyris sur un territoire s'étendant de la frontière avec l'actuelle Colombie, jusqu'à Riobamba.

Au XVe siècle, les Incas, après de sanglantes luttes, soumettent les peuples de la région et les déportent dans les régions du lac Titicaca, au Pérou, pour étouffer toute résistance. L'Inca Huayna Cápac, après avoir tué le roi Shyri Cacha Duchicela, épouse sa fille Pacha. De cette union naîtra le célèbre Atahualpa.

Partir de Quito pour se rendre à Tulcán, aux portes de la Colombie, relève d'un parcours dans le temps qui plonge le voyageur au cœur des Andes équatoriales. Depuis la capitale, deux routes mènent à Otavalo, serpentant de part et d'autre d'un canyon surmonté de collines arides et poudreuses sur lesquelles frappe le soleil.

Au carrefour del Quinche, on peut admirer le sommet enneigé du Cayambe, troisième volcan le plus haut du pays, qui s'élève à 5 790 m. De là, le paysage constitué de falaises arides et abruptes se transforme en une vallée verdoyante, enserrée entre des sommets dominés par les volcans Imbabura et Cotacachi, dont le cratère le plus connu est celui de Cuicocha. On est ici en plein territoire *otavaleño*, où vivent des communautés quichuas mondialement connues pour la qualité de leur artisanat. Les Otavaleños sont réputés comme étant les meilleurs commerçants équatoriens. On ne manquera pas le marché d'Otavalo pour rapporter toutes sortes de souvenirs fabriqués, notamment, en laine d'alpaga. Les habitats d'*adobe* parsèment la campagne ; possédant une seule pièce, ils sont entourés d'un petit potager dans un coin duquel sèche le maïs. Des paysans indigènes travaillent pour les quelques familles de latifundiaires qui possèdent encore la quasi-totalité des terres, malgré les réformes agraires successives.

OTAVALO ★★★

A 100 km au nord de Quito. Dominée par le Taita Imbabura, un volcan aujourd'hui éteint, cette bourgade de 90 188 habitants, dont l'altitude élevée (2 530 m) est symbole de tranquillité, s'est fait une réputation dans tout le pays grâce à son marché d'artisanat coloré.

LAGUNAS DE MOJANDA ★★★

A 3 715 m d'altitude, la laguna de Mojanda est en réalité formée de trois lagunes nichées dans les cratères de volcans ; elles sont très prisées des campeurs et des pêcheurs qui viennent y taquiner la truite.

COTACACHI ★★★

Située à 22 km au sud d'Ibarra, cette coquette petite bourgade s'est taillé une solide réputation dans le domaine du tannage et le travail du cuir. La rue principale est bordée de boutiques proposant des articles de maroquinerie et des vêtements.

LAGUNA CUICOCHA ★★★

La lagune de Cuicocha s'étend sur quelque 9 km² dans l'un des cratères du volcan Cotacachi à 3 070 m d'altitude.

200 ● ● SIERRA CENTRALE

Dès la sortie de l'agglomération de Quito par la Panaméricaine Sud, on aperçoit les hauts sommets des volcans se dressant majestueusement et se succédant le long de la route, d'ailleurs surnommée l'Allée des Volcans. Du haut de leurs cimes enneigées, le Pasochoa (4 200 m), l'Atacazo (4 100 m), le Corazón (4 788 m), les Ilinizas (5 203 m), l'Antizana (5 704 m) et le Sincholahua (4 893 m) ponctuent votre itinéraire. Dans cette partie de la Sierra, on s'arrêtera entre autres au parc national du Cotopaxi qui renferme le volcan actif le plus élevé du monde (5 897 m), mais aussi à la belle lagune émeraude de Quilotoa, à la station thermale de Baños et éventuellement à Ambato.

Deuxième sommet le plus haut d'Equateur après le Chimborazo, le Cotopaxi est surtout le plus haut volcan actif au monde et le sommet le plus visité du pays. C'est un immanquable du pays pour tous les amoureux de la nature à l'état brut.

La lagune de Quilotoa, située à 3 800 m d'altitude promet une belle excursion à travers un paysage magnifique. Les Andes indiennes telles qu'on les imagine...

Nichée à 1 820 m d'altitude sur les contreforts des Andes et adossée au versant du terrible volcan Tungurahua, la douce Baños est l'ultime étape de la cordillère avant l'Amazonie. Haut lieu de villégiature pour les sportifs en tous genres, on peut y pratiquer le rafting, le VTT et bien d'autres sports de pleine nature.

OTAVALO ★★★

Bienvenue au cœur d'une culture millénaire qui grandit comme un arbre ancien et robuste dont les racines se nourrissent de la Pacha Mama, la terre nourricière. C'est d'ailleurs sur ces principes que se réalise chaque année l'Inti Raymi, dans le but de fêter les éléments qui ont permis les bonnes récolte. Son marché, le plus fréquenté du pays, est l'un des plus importants du continent sud-américain en termes de production artisanale. Ce marché – dont les deux jours les plus importants sont le mercredi et le samedi – attire tous les touristes de passage dans le pays, ainsi que tous les revendeurs de souvenirs qui viennent s'approvisionner auprès des artisans d'Otavalo. Avec son mélange de tradition et d'exigence commerciale, l'ambiance du marché est unique... et très touristique ! Ici tout le monde est commerçant, et travaille uniquement dans l'artisanat qui s'y décline sous toutes ses formes : lainages (pulls, bonnet, tapis, plaids aux couleurs de l'arc-en-ciel), vêtements en coton équatorien, chapeaux en feutrine ou en paille *toquilla* (panamá), bijoux fantaisie, instruments de musique, peintures... Le choix est vaste, même si parmi les centaines de stands, on a du mal à trouver un peu d'originalité tant la marchandise se ressemble ! Sachez que les commerçants *otavaleños* sillonnent la planète pour vendre leur production. Si vous souhaitez prendre des personnes en photo, posez la question à vos sujets au préalable.

Tourisme

Otavalo est une ville cossue où les fêtes se succèdent à un rythme effréné : la San José (19 mars) ; la San Luis (du 1er au 4 mai) ; Inti Raymi (mi-juin) ; la Virgen del Carmen (16 juillet) ; la Virgen de la Dolorosa (14 août) ; la Virgen del Transito (14 et 15 août) ; las Corazas (du 15 au 22 août) ; le Señor del Gran Poder (8 septembre) ; les fêtes du Yamor (de fin août à début septembre) donnent lieu à de nombreuses processions, attractions foraines et taurines, et à des bals nocturnes. Ripailles et beuveries (*chicha*) sont monnaie courante et la gastronomie locale est riche : *yaguarlocro, churos, cuy* (cochons d'Inde servis grillés), *chochos, champus, fritada con papas, canelazo*... Par ailleurs, il faut signaler qu'Otavalo se trouve au centre d'une région riche en ressources touristiques se prêtant à des excursions dans les villages indigènes ou à des balades en montagne.

Transports

▸ **En bus.** Le terminal de bus est situé à l'angle des rues Atahualpa et Ordoñez. Toutes les 20 minutes un départ pour Quito à environ 2h30 de route. Otavalo étant située sur la Panaméricaine, elle une base idéale pour se rendre dans le Nord d'autant plus qu'il y a des bus réguliers pour San Pablo à 20 minutes, Ibarra à 30 minutes, Cotacachi à 20 minutes et Tulcan près de la frontière colombienne à environ 2h. Attention, les jours de marché et en particulier le samedi, les bus du matin et du soir sont bondés, prévoyez une bonne marge.

▸ **En Taxi.** Comptez 1,50 US$ pour une course en ville, 12 US$ pour rejoindre Ibarra et au moins 75 US$ pour Quito.

© AUTHOR'S IMAGE

Des chapeaux pour tous les goûts sur le marché d'Otovalo.

IGLESIA SAN LUIS DE LAS ANGUSTIAS ★

✆ +593 6292 0470

Entrée gratuite.

Construite après le tremblement de terre de l'Imbabura en 1868 et terminée en 1890, elle a été déclarée sanctuaire national par Jean XXIII en 1963. Le sanctuaire a une tour octogonale, une base en pierre et des arcs et des colonnes de brique, sobre dans sa construction, austère dans ses lignes, beau dans l'équilibre de ses proportions de quatre étages qui se terminent gracieusement par une coupole couronnée d'un dôme avec huit fenêtres, dans lequel apparaît une belle croix de fer.

PARQUE CENTRAL

Encadré d'édifices de style colonial, dont l'Hôtel de Ville, il offre un havre de paix au milieu de la fébrilité de la ville. En son centre, une sculpture à la gloire de Rumiñahui, champion de la résistance des Incas contre les Espagnols. On y vient flâner la semaine et se reposer les jours de marché. C'est sans aucun doute l'endroit idéal pour observer les habitants de la région en tenues traditionnelles, et observer en particulier les somptueux colliers de perles dorées qu'arborent les femmes de tout âge. Plus elles en ont, plus elles sont respectées.

PARQUE CONDOR

En haut de la colline Pucara de Curiloma
✆ +593 98 431 1769
www.parquecondor.org
Du mercredi au dimanche et les jours fériés de 9h30 à 17h. Spectacles d'oiseaux de proie à 11h30 et 15h30 : 6 US$.

Du haut de cette colline avoisinant la ville, on peut voir de près des condors, dont le *condor andino* emblématique du pays, ainsi que d'autres rapaces. Les lieux ont pour vocation de protéger ces oiseaux de proie en voie de disparition, ainsi que certaines variétés de chouettes. Un sentier invite à en savoir un peu plus sur ces rapaces et autres oiseaux, diurnes ou nocturnes. De nombreux aigles sont également présents. Le spectacle vous permettra d'approcher au plus près ces beautés et les connaissances du dresseur satisferont aussi bien les petits que les grands.

CASA DE TURISMO

Calle Modesto Jaramillo et Manuel Quiroga
✆ +593 98 411 9870
www.facebook.com/otavalotravel
Du lundi au vendredi de 9h à 17h, le samedi jusqu'à 16h.

Le centre d'informations touristiques de la ville. Brochures, plan de la ville, conseils. Ici vous serez toujours accueillis avec un grand sourire et les jeunes d'Otavalo se feront un plaisir de vous indiquer les sites à visiter en priorité. Si vous souhaitez découvrir la région, l'office vous propose une liste de guides locaux qui pourront vous accompagner dans vos aventures. C'est ici que vous trouverez les meilleurs conseils pour découvrir le tourisme communautaire de la zone. De nombreuses communautés alentour proposent logement et repas chez l'habitant.

COMMUNAUTÉ CHILCAPAMBA ★

Prendre un bus pour Quiroga (20 min de trajet, 0,25 US$). À Quiroga, prendre un taxi en face de l'arrêt de bus jusqu'à la communauté. ✆ +593 98 769 0123
Comptez 20 US$ par jour et par personne (prix de base) pour une nuit et 3 repas inclus. 25 à 30 US$ par excursion.

Cette communauté indigène regroupe plusieurs familles qui vous feront découvrir les sites naturels de la région lors de randonnées à pied ou à cheval. Les versants du volcan Cotacachi constituent le cadre de vie somptueux de la communauté. C'est aussi l'occasion de découvrir leur savoir-faire médical (découverte des plantes médicinales) et artisanal ainsi que d'écouter leur musique en soirée. La cuisine peut être surprenante, mais elle est souvent délicieuse. Une petite association française participe à la scolarisation des enfants de la communauté.

FLYING DONKEY €

C/ Abdon Calderon 510 y Simon Bolivar
✆ +593 98 845 8268
Autour de 20/25 US$ la double.

Un *hostal* au confort simple proposant des tarifs imbattables en plein cœur du village. Cuisine commune relativement grande, fruits en libre-service chaque matin (pas de vrai petit déjeuner) et terrasse sur le toit. L'accueil est familial (vous croiserez sans doute les enfants des propriétaires qui jouent dans un coin). Pratique pour organiser des excursions partagées en taxi avec les autres voyageurs (n'hésitez pas à vous renseigner à l'accueil, des groupes se forment tous les jours). Simple et bien tenu. Pour les jeunes *backpackers* et les petits budgets.

HOSTAL EL GERANIO €

Ricaurte, entre Morales et Colón
✆ +593 6 292 0185
www.elgeranio.com
Compter entre 20 et 25 US$ par personne environ. Petit déjeuner compris.

El Geranio offre à ses visiteurs un espace de rencontre convivial et naturel au centre de la ville. C'est sans conteste l'une des meilleures adresses bon marché en ville. Ce petit hôtel familial possède deux parties : la première en dur (béton) ; la deuxième en bois, comprenant un ensemble de chambres bien plus charmantes. Toutes sont équipées d'une douche et de toilettes privées. Le confort est modeste, mais l'accueil chaleureux et c'est l'un des rendez-vous des *backpackers* de passage à Otavalo, occasion d'échanger sur le pays. Cuisine collective.

HOSTAL RIVIERA SUCRE €

Garcia Morena 380 y Roca
✆ +593 99 627 7160
www.rivierasucre.com

Autour de 60 US$ la chambre double avec salle de bains. Petit déjeuner en sus.

Jolie maison d'une vingtaine de chambres, sa belle architecture coloniale comprend deux bassins d'eau taillés dans la pierre et trois patios dans lesquels on peut s'asseoir, lire, écrire en profitant du soleil. Belle bibliothèque où lire au coin de la cheminée. Toutes les chambres disposent d'une télévision par satellite à écran plat et d'une salle de bains privative. 3 types de petits déjeuners vous seront proposés : maison, continental et américain. Un parking privé est disponible moyennant des frais supplémentaires. Accueil très sympathique.

HOTEL SANTA FE €

Colon 507 y Sucre
✆ +593 6 292 3640

Autour de 40 US$ la chambre double (avec salle de bains). Petit déjeuner compris.

A 5 minutes de la place des Ponchos, le cœur du marché d'Otavalo, et du parque Simón Bolivar, l'hôtel Santa Fé est une construction récente qui propose des chambres confortables. La literie est de qualité et la salle de bain soignée. Le calme est de rigueur dans cet établissement (loin de l'agitation des auberges de jeunesse au même prix). L'accueil est serviable et à l'écoute. Une autre adresse des mêmes propriétaires et dans la même gamme de prix se trouve à Roca y García Moreno. Le rapport qualité-prix est particulièrement intéressant.

PUCARA LOMA €

Loma de Pucara
✆ +593 99 521 6665

30 US$ la première personne et 15 US$ par personne supplémentaire. Petit déjeuner inclus.

Katihuska, une charmante équatorienne professeure d'espagnol depuis 20 ans et Lionel, son conjoint suisse vous proposent un hébergement confortable avec toutes les commodités modernes, dans un cadre naturel spectaculaire situé juste à l'extérieur des villes touristiques populaires de Cotacachi et Otavalo. 2 logements sont proposés aux amoureux de la nature, au cœur d'un joli jardin ressemblant à une petite ferme de bande dessinée. Le calme et la sérénité de l'endroit invitent à la méditation après de longues balades aux alentours. Vue imprenable !

HACIENDA PINSAQUI €€

Panamericana Norte km. 5 (route en direction d'Ibarra) ✆ +593 6 294 6116
www.haciendapinsaqui.com

A partir de 120 US$ la chambre double. Restaurant. Massages thérapeutiques, excursions à cheval, ateliers cuisine…

Une belle hacienda empreinte de caractère. La salle de lecture et les salons conviviaux avec de moelleux canapés invitent à la flânerie. Grandes chambres décorées dans un style ancien, avec du mobilier d'époque. Le personnel est attentif et de bon conseil. A la demande, on vous sellera un cheval pour partir à la découverte des environs, communautés autochtones et montagnes. Le restaurant, dont la salle est ornée de murs de pierre blanche, de rideaux bleus et de grandes baies vitrées, offre une jolie vue sur les alentours. Très bon choix.

HOTEL DOÑA ESTHER - ARBOL DE MONTALVO €€

Juan Montalvo 4-44 y Bolívar
✆ +593 6 292 0739
www.otavalohotel.com

Comptez 45 US$ pour une chambre simple, 65 US$ pour une double, 80 US$ pour une triple. Petit déjeuner compris.

Un petit hôtel absolument charmant, intime et très accueillant qui compte seulement 13 chambres. Décorées avec goût dans un style rustique coloré et chaleureux, elles encadrent un patio intérieur luxuriant et décoré de céramiques dans la tradition coloniale. Le personnel est aux petits soins. Service de laverie. Le restaurant El Arból de Montalvo sert les petits déjeuners, également une bonne table pour les autres repas, dans un style gastronomique méditerranéen.

INDIO INN €€

Bolivar 904 y Abdón Calderón
✆ +593 6 292 2922
www.hotelelindioinn.com

Comptez 43 US$ pour une chambre simple, 65 US$ pour une double et 97 US$ pour une triple. Petit déjeuner inclus. WiFi.

Un hôtel moderne situé en plein centre-ville, dont la façade n'incite pas vraiment à la poésie, mais qui cache un bien agréable endroit tenu par une famille d'Otavalo. Il est bâti sur plusieurs étages autour d'un patio intérieur et dispose de 33 chambres colorées, confortables et propres, avec salle de bains privée ; restaurant, cafétéria et même un (petit) spa sont en outre à votre disposition. Le personnel est très agréable et compétent, toujours prêt à vous donner les meilleurs conseils sur la ville. L'espace commun est bien entretenu et agréable.

LAS PALMERAS INN €€

Vía Quichinche, km 2
+593 6 266 8067
www.laspalmerasinn.com
A partir de 80 US$ pour 2 personnes. Dîners à partir de 20 US$. Itinéraire fléché.

De superbes palmiers encadrent cette jolie hacienda du XIXe siècle aménagée par ses propriétaires pour recevoir les visiteurs. Le confort est simple mais suffisant, la décoration de bon goût, l'ambiance familiale et conviviale. Jardin bio à disposition des cuisiniers pour vous concocter de bonnes petites recettes locales avec des ingrédients de première qualité. Dans le jardin luxuriant qui entoure la propriété, vous aurez même le loisir de faire connaissance avec quelques lamas qui vivent là, avec vue sur le magnifique volcan Imbabura en guise de toile de fond.

LA TABERNA BAR & GRILL €

Morales y Sucre
+593 6 292 8236
Bar, restaurant-grill. Ouvert du lundi au samedi de midi à 22h30 et le dimanche de midi à 20h30. Environ 10 US$.

La Taberna est un restaurant Tex-Mex ouvert depuis une dizaine d'années. Tenu par un jeune Équatorien qui parle le français (il a vécu plusieurs années à Paris). Accueil chaleureux et bons petits plats cuisinés. On recommande les hamburgers ! Pour plus d'intimité, rendez-vous à l'étage. Un des endroits préférés des voyageurs en soirée. Il est à noter que le *cheesecake de parchita*, un cheesecake aux fruits de la passion est fait maison et particulièrement savoureux. Depuis la pandémie, il est possible de se faire livrer à son hôtel en moins de 30 minutes.

SALINERITO €

Bolivar entre Calle Morales y Colon
+593 99 680 8990
Ouvert tous les jours, sauf le dimanche de 7h à 21h (jusqu'à 22h vendredi et samedi).

Salinerito est une petite adresse de restauration rapide très charmante où l'on sert de très bons sandwichs et pizzas cuisinés sur place, sous vos yeux. Idéal pour les petits creux. Salinerito Otavalo est une cafétéria aux installations confortables et chaleureuses où vous pourrez passer d'agréables moments en famille ou entre amis. Vous y trouverez une belle variété de pizzas, de délicieux sandwichs et snacks, ainsi que cappuccinos, mocacchinos, chocolats, cafés, etc. Le matin, vous pourrez profiter d'un délicieux petit déjeuner. Adresse intéressante.

BALCON DE IMBABURRA €

7-29 Modesto Jaramillo y saona
+593 6 925 049
Ouvert tous les jours. Compter moins de 10 US$.

Situé à l'étage d'une jolie maison coloniale, on recommande essentiellement ce restaurant pour la vue qu'il offre sur la Plaza de los Ponchos depuis le balcon. On y sert de copieux petits déjeuners et une cuisine locale correcte à petits prix. Vous pourrez également y déguster un très bon *canelazo*, cette boisson chaude traditionnelle faite d'épices et souvent additionnée d'alcool. Comme son nom l'indique, ce restaurant offre une jolie petite terrasse depuis laquelle vous pourrez observer les artisans se mettre en place ou s'activer les jours de marché.

SHENANDOAH PIE SHOP €

Salinas 5-15 y Modesto Jaramillo
+593 6 292 1465
Ouvert tous les jours. Comptez 1,50 US$ pour une part de gâteau.

Passage obligé dans ce *pie shop* qui vend les meilleures tourtes aux fruits frais de la ville (myrtille, fraise, fruit de la passion, mangue, etc.), et peut-être même du pays ! Depuis plus de 25 ans, la patronne des lieux est une experte autodidacte en pâtisserie. Jus, petits déjeuners et snacks également. Si vous le pouvez, on vous conseille de goûter toutes les tourtes ! Celles-ci peuvent être également accompagnées d'une boule de glace artisanale à la demande. Ce petit *coffee shop* vaut vraiment le détour pour les gourmands de passage à Otavalo.

EL RINCON DE BELÉN €

Vicente Roca 8-18 y Juan Montalvo
+593 6 292 1860
Cuisine traditionnelle. Tous les jours sauf le dimanche, de 8h à 16h. Autour de 5 US$.

Dans un cadre à la fois simple et authentique, vous mangerez un bon *almuerzo* composé de plats traditionnels, et cela pour une somme modique. La nourriture est sans surprise (nous avons testé le poulet au coca et la truite à la planche), mais tout à fait convenable. Les fruits et légumes sont locaux et bien souvent bio comme les excellentes *tomates de arbol* que nous avons goûtées en sirop, une tuerie ! Le menu est différent chaque jour et le menu du jour est publié sur la page Facebook de l'établissement. Accueil souriant et attentionné.

MI OTAVALITO €

Sucre 11-19 y Colon
✆ +593 6 292 0176
Cuisine équatorienne. Ouvert tous les jours de 9h à 21h. Ferme à 19h le dimanche. A partir de 10 US$.

Voici un sympathique restaurant très populaire où l'on se délecte d'une bonne cuisine locale. La carte propose une large sélection de plats : viande, poisson (truite, corvina...), pâtes et spécialités de la maison. Jolie décoration coquette aux couleurs des Andes et musique live certains soirs. Johanna est très sympathique et vous fera peut-être découvrir des plats dont elle a seule la recette, n'hésitez pas à le lui demander. La cheminée est un véritable avantage les jours de pluie, prenez une des tables proches et vos vêtements sécheront pendant le repas !

BLUE ROSE €€

Sucre s/n
✆ +593 6 292 2887
Pizzeria et cuisine italienne. Tous les jours de 12h à 22h. Plats autour de 7 US$. Livraisons.

En contrebas, ce restaurant coquet sert une savoureuse cuisine. Le patron concocte de bons plats, et nous vous conseillons notamment les pizzas ou les lasagnes (végétariennes également), accompagnées de pain à l'ail. Le service est un peu lent, mais on a le temps...Profitez-en pour commander un bon jus de fruits naturel, fait à la demande. La décoration aurait besoin d'un bon coût de frais, mais les plats servis rattrapent largement l'ensemble ! Si vous préférez rester à votre hôtel, n'hésitez pas à vous faire livrer, Blue Rose propose ce service depuis 2020.

LA TABERNA BAR & GRILL €

Morales y Sucre ✆ +593 6 292 8236
Bar, restaurant-grill. Ouvert du lundi au samedi de midi à 22h30 et le dimanche de midi à 20h30. Environ 10 US$.

La Taberna est un restaurant Tex-Mex ouvert depuis une dizaine d'années. Tenu par un jeune Équatorien qui parle le français (il a vécu plusieurs années à Paris). Accueil chaleureux et bons petits plats cuisinés. On recommande les hamburgers ! Pour plus d'intimité, rendez-vous à l'étage. Un des endroits préférés des voyageurs en soirée. Il est à noter que le *cheesecake de parchita*, un cheesecake aux fruits de la passion est fait maison et particulièrement savoureux. Depuis la pandémie, il est possible de se faire livrer à son hôtel en moins de 30 minutes.

SUMAG YAMOR €€

Bolívar 10-11 y Morales
✆ +593 99 136 7352
Cuisine locale. Ouvert tous les jours de 10h à 18h. Environ 10 US$ le déjeuner.

Ce restaurant est installé dans une maison familiale qui perpétue la tradition depuis des générations. Autour du jardin, la galerie abrite quelques tables où les plats typiques sont servis dans une ambiance conviviale, en particulier lors de la fête du Yamor, célébrée début septembre et au cours de laquelle les indigènes remercient la Terre-Mère pour tout ce qu'elle leur donne. Une boisson typique, à base de 7 types de maïs est préparée et vous pourrez en déguster ici si vous passez à Otavalo entre le premier et le huit septembre.

EL ARBOL DE MONTALVO €€

Juan Montalvo 444
✆ +593 6 292 0739
Du lundi au jeudi de 7h15 à 11h et de 18h à 21h, du vendredi au dimanche de 7h15 à 21h. Plats autour de 10 US$.

Malgré la devanture un peu froide et la localisation un peu à l'écart de l'agitation populaire, l'intérieur de ce sympathique restaurant au sein de l'hôtel Doña Esther bénéficie d'un joli décor chaleureux. Carte variée de pizzas cuites au feu de bois ! Pâtes, spécialités françaises, méditerranéennes et équatoriennes (*fritada, quinua*). Un petit orchestre folklorique anime souvent les fins de semaine. Service de petit déjeuner. On peut aussi manger dans le patio. Personnel attentif. On commence le dîner par un *canelazo* : succulent !

LA COSECHA CAFE

Calle Roca y Quiroga
✆ +593 6 292 0990
lacosechaec.com
Expresso à partir de 2 US$ et sandwiches de 4 US$ à 7 US$. De 8h à 20h tous les jours.

Cet agréable café est situé dans les anciens locaux de l'hostal Valle del Amanecer et propose un délicieux café issu de récoltes (*cosechas*) dans la zone Intag voisine. Récolter le café de la région d'Intag leur permet de contribuer à la culture artisanale locale tout en proposant des produits de grande qualité. La Cosecha propose également les petits déjeuners et de la petite restauration (sandwiches, bagels, salades). Si vous avez soif au cours de la visite du marché, n'hésitez pas à vous arrêter ici pour une bonne bière artisanale, de la région bien sûr !

EL GRAND CONDOR

Plaza Central
+593 6 269 0161
artesaniaelgrancondor.com
Ouvert tous les jours de 8h à 18h (jusqu'à 16h le dimanche).

Jolie boutique d'artisanat local tenue par José Ruiz et sa famille, purs Otavaleños depuis plusieurs générations. On y trouve toute une sélection de bijoux, de vêtements et d'objets locaux et d'excellentes idées de cadeaux et souvenirs. Si vous n'avez pas trouvé votre bonheur sur la place des Ponchos ou dans les rues adjacentes, peut-être le trouverez-vous ici, car la famille Ruiz est toujours à la recherche d'originalité et ne se contente pas de vendre les mêmes choses que sur le marché. Nombres d'objets proposés ici sont d'ailleurs introuvables ailleurs.

MERCADO 24 DE MAYO

Modesto Jaramillo y Garcia Moreno
Marché alimentaire couvert. Ouvert tous les jours, toute la journée (mais plus d'activité le matin).

Situé dans la halle couverte et tout autour, ce marché regorge de stands de fruits et de légumes, d'épices, de céréales, vendus par les petits paysans du coin. C'est le lieu de rendez-vous des habitants qui viennent y faire le plein de provisions fraîches et discuter des dernières nouvelles de la ville. Les senteurs et les couleurs valent à elles seules le détour. Allez-y vers l'heure du repas de midi afin d'en profiter pour goûter aux plats préparés par les Otavaleños ! On peut se délecter d'une bonne cuisine traditionnelle (*caldo de gallina* et *hornado*, etc.)

MERCADO DE OTAVALO

Plaza de los Ponchos
Ouvert tous les jours de la semaine, toute la journée. Jours importants : mercredi et samedi.

© STÉPHAN SZEREMETA

Le mercredi et le samedi sont les principaux jours à Otavalo ; les autres jours de la semaine, le marché est présent mais de moindre importance. Le samedi toute la ville est en effervescence dès le petit matin, car les « mayoristas » sont là. Ce sont ceux qui fabriquent et revendent leur production. Chaque place, rue, trottoir est investi par les marchands dont les étals colorés débordent de produits en tout genre. Le marché s'organise par section. L'artisanat se regroupe autour de la place de los Ponchos où chaque vendeur a son kiosque comme les rues adjacentes.

MERCADO DE ANIMALES

Sector occidental (à l'ouest de la ville)
Ouvert le samedi de 5h à 10h.

Un peu en dehors de la ville, on trouve au meilleur prix veaux, vaches, cochons, canards… et chiens. Beaucoup de ces échanges s'opèrent encore selon la vieille tradition du troc, qui perd vite du terrain au profit de l'échange de billets verts. De tous côtés, les indigènes s'affairent, reconnaissables à leurs costumes colorés : poncho bleu nuit sur pantalon blanc, espadrilles de corde, longue tresse et chapeau pour les hommes ; longue jupe de lainage bleu fendue sur jupon blanc, corsage blanc brodé, colliers de perles dorées pour les femmes… Soyez matinal.

DUCKS DISCOTEC

Av.31 de octubre y panamericana norte
Vendredi et samedi de 19h à 3h du matin. Bar diurne le reste de la semaine.

Vous séjournez à Otavalo et avez envie de danse ? Ca tombe bien, cette discothèque située dans la rue des fêtards vous attend le vendredi et le samedi soir pour vous déhancher sur la musique d'un DJ ou même d'un concert. Si vous prévoyez de visiter le marché d'Otavalo, mieux vaut sortir le samedi soir que le vendredi car une fois qu'on y est, on a plus envie d'en partir tôt. L'ambiance est sympathique et toute la jeunesse d'Otavalo se retrouve ici les fins de semaine. En ce qui concerne la musique, renseignez-vous avant sur la page Facebook.

CAYAMBE ★★

De nombreux élevages de truites jalonnent la route menant à Cayambe, ce sera l'occasion de goûter ce plat local. Si vous faites une halte, ne manquez pas de déguster un *queso en hoja con biscochos* : un fromage conservé dans une feuille, qui se mange avec des biscuits secs. Le dimanche est jour de marché sur la place centrale. Les spectaculaires fêtes de Cayambe, dont les origines proviennent de l'Inti Raymi (la fête du Soleil), se déroulent entre mi-juin et début juillet. Dans le village, on pourra visiter la zone archéologique de Puntiachil et, quelques kilomètres plus tôt, avant d'arriver à Tabacundo, le site de ruines pré-incaïques de Cochasquí.

PUNANTI HOSTEL €

Vía a Las termas ✆ +593 99 970 4947
www.punantihostel.com
Check-in : 14h/check-out : 10h. Nuit en dortoir (8 personnes) : 35 US$. Chambre privée : 1 pers 75 US$, 2 pers 100 US$.

Aux portes des Andes, l'Hostel Punanti est un havre de paix pour ses locataires de passage. Un accueil chaleureux complète un hébergement moderne, propre et confortable, en harmonie avec la nature. Les dortoirs et les chambres privées sont très confortables et les commodités bien entretenues. Les meubles et la décoration en bois de l'auberge sont en accord avec l'exceptionnelle situation géographique du lieu. L'équipe vous offre tous les conseils nécessaires pour partir explorer la région en toute sécurité, pour profiter au mieux de cette expérience inoubliable.

HACIENDA GUACHALA €€

Panamericana Norte, km 45 (avant Cayambe)
✆ +593 2 361 0912
Comptez 53 US$ pour une double. Simple 44 US$. Camping 5 US$ par pers. Petit déjeuner. Restaurant (cuisine locale).

Cette hacienda date du début de la colonisation espagnole (1580 environ). Il s'agit d'ailleurs de la plus ancienne d'Equateur. D'illustres propriétaires s'y sont succédé et ont marqué les pages de l'Histoire nationale. La propriété a été démantelée lors des réformes agraires successives et il ne reste que quelques hectares (12 000 à l'origine). La magnifique bâtisse, empreinte d'un charme d'antan, a été convertie en hôtel à partir de 1993. Le tremblement de terre de 1987 a endommagé les bâtiments qui ont été reconstruits dans le respect du style originel.

LA VACA LOCA €

Bolívar S-453 y Ascázubi
✆ +593 22111631
www.lavacaloca.com.ec/
Ouvert tous les jours de 12h à 21h. Déjeuner, dîner, café et boissons.

Restaurant ressemblant à un fast food, La Vaca Loca est plus que cela. On remarquera d'abord sa décoration soignée, vivante et joyeuse avec des vaches plein les murs. Plats relativement copieux et bien préparés. On fond pour leurs succulents desserts. Rien de très original, mais l'adresse est très prisée des locaux et des quelques touristes de passage. Et le personnel est sympatrique ! Les soirs de matches de foot, c'est ici qu'on se réunit pour soutenir son équipe favorite, entre amis et voisins. Vaut le détour si vous êtes dans la région.

LAGO SAN PABLO ★★

Environ 3 km avant Otavalo. A une altitude de 2 600 m, ce lac déploie ses eaux calmes au pied des volcans. Le panorama, somptueux, compose une mosaïque de toutes les nuances de vert qui, grignotant les flancs de la montagne, contrastent avec les eaux bleues que l'on voit miroiter plus bas. Les sportifs pourront pratiquer la voile ou le kayak. Le village de San Pablo est un bourg authentique peuplé par les Otavalos. Attention ! Une extrême prudence en voiture s'impose le samedi en fin de journée, quand les locaux rentrent du marché d'Otavalo, après des transactions copieusement arrosées...

Tourisme

Outre d'agréables balades autour du lac San Pablo, vous pourrez vous adonner à diverses activités, et notamment aller chiner au marché d'Otavalo (le grand jour de marché est le samedi, mais les étals sont là les autres jours) ; découvrir l'arbre du Lechero témoignage d'une jolie histoire d'amour - ou plutôt d'une légende - entre Nina Packcha et Gualtalqui (à 12 km) ; le parc du Condor (à 15 minutes de marche, entrée 5 US$, fermé lundi et mardi) ; la cascade de Peguche (40 m) formée à partir des eaux du lac San Pablo (à 15 minutes de marche). Et pour les amateurs de sensations fortes : rafting et saut à l'élastique (ou puenting) avec Natural Adventure. Enfin, non loin de là, à 30 minutes via la Panamericana Norte, se trouve Cotacachi, la ville du cuir.

LAS CABAÑAS DEL LAGO €€

✆ +593 6 291 8143
www.cabanasdellago.com.ec
De 115 US$ à 149 US$ pour un bungalow pour 2 personnes, suivant la vue et le confort.

Ce complexe de 15 bungalows (calme assuré en semaine, mais rendez-vous des Quiteños aisés le week-end) s'étend le long des rives du lac. L'endroit est très agréable pour se reposer et profiter de la nature. On loge dans de confortables chalets en bois bien équipés, avec salle de bains privée et télévision. L'ensemble est chaleureux, décoré de façon rustique, mais confortable. Une petite marina se trouve même au pied du complexe, on peut y louer des barques ou même demander un tour du lac en barque pilotée par un jeune du coin. Jolie expérience.

HACIENDA CUSIN €€€

✆ +593 6 291 8013
www.haciendacusin.com
Comptez 135 US$ pour une chambre simple, 160 US$ pour une double, 195 US$ pour une triple. Petit déjeuner inclus.

Cette authentique hacienda du XVIIe siècle propose des chambres claires et confortables avec poutres apparentes, balcons agréables et cheminée. L'artisanat local est utilisé pour décorer la maison et pour la literie. Une adresse de charme qui permet de profiter d'une belle vue sur le volcan Cotacachi. De beaux jardins où les enfants apprécieront le contact avec les animaux (lamas, alpagas, paons, cochons...). La cuisine de l'hacienda Cusin est de qualité et les cuisiniers sont aidés dans leur tâche par un magnifique potager bio à leur disposition sur la propriété.

PEGUCHE ★★

Le village de Peguche est une étape incontournable dans tous les circuits proposés aux touristes, ce qui explique pourquoi les prix y ont fortement augmenté ces dernières années. L'endroit est surtout visité pour sa superbe cascade (tous les jours de 8h à 18h, donation demandée). Celle-ci mesure 18 m de haut et 3 m de large, et est entourée d'une forêt d'eucalyptus dans laquelle il est possible de faire de belles balades. C'est un site sacré aux yeux de la population, veillez à le respecter comme il se doit

C'est dans ces mêmes cascades qu'a lieu chaque année le bain rituel, à minuit, marquant le début des festivités de l'Inti Raymi.

Tourisme

- **Une visite** à l'atelier-boutique d'instruments des Andes Ñanda Mañachi (situé à environ 400 mètres de l'église, ouvert tous les jours) vous familiarisera avec les traditions musicales locales. S'il est là, José Luis Pichamba, leader d'un groupe qui se produit partout dans le monde, vous jouera quelques airs avec les instruments les plus emblématiques de la Sierra.
- **Il faut également aller** chez José Cotacachi qui possède plusieurs boutiques à côté de l'église. Il achète les tapis aux paysans du coin, puis y appose sa signature. La qualité est au rendez-vous. C'est une sorte de coopérative qui profite surtout à un petit groupe. Possibilité de voir des démonstrations de *kallua*, un ancien métier à tisser la laine d'alpaga et de lama, dans l'atelier niché derrière l'église.

SIERRA

© PAUL S. WOLF - SHUTTERSTOCK.COM

Lago San Pablo.

La plupart des artisans qui commercialisent leurs produits à Otavalo vivent dans des villages voisins, et notamment à Peguche. Il est intéressant d'y observer le travail des tisserands dans leur atelier, qui travaillent, notamment, la laine d'alpaga et confectionnent écharpes, gants, ponchos et ceintures. Mais il ne faut pas s'attendre à acheter moins cher que sur le marché d'Otavalo. Par ailleurs, de talentueux luthiers fabriquent des harpes des Andes. Peguche est d'ailleurs le berceau de plusieurs groupes de musique célèbres dans le monde.

Transports

Pour relier Otavalo et Peguche, compter 40 min de marche. Depuis Otavalo, bus rouge de la cooperativa Imbaburapac ou taxi (compter 3 US$).

CASCADE DE PEGUCHE ★

A 10 minutes d'Otavalo.

A 1 km du village. Accès depuis Otavalo avec le bus cooperativa Imbaburapac (ou 40 minutes de marche).

Au milieu d'une forêt d'eucalyptus, la cascade de Peguche est une destination appréciée des habitants de la région. Ils y célèbrent leur carnaval à coup de batailles d'eau et de petites bombes à mousse appellées *cariocas*. La fête de Pawkar Raymi commence le week-end qui précède Mardi-Gras et se termine ce jour-là. A cette occasion, la fête bat son plein : on assiste à des concerts, à des danses folkloriques... Les habitants viennent aussi rendre hommage au Dieu-soleil pendant l'Inti Raymi, et plus particulièrement pour le bain nocturne rituel de l'Armay Tuta.

AYA HUMA HOTEL €

Dans le village de Peguche

✆ +593 6 269 0333

www.ayahuma.com

Comptez 23 US$ pour une chambre simple avec salle de bains privée, 37 US$ pour une double.

Un joli petit hôtel gai et coloré tenu par des locaux et où vous pourrez écouter des groupes traditionnels le week-end. Sa particularité est d'être traversé par une ancienne voie de chemin de fer. Accueil très sympathique et dépaysante immersion dans la communauté indigène de Peguche. Les chambres sont confortables et décorées avec des objets d'artisanat local. Le restaurant permet de goûter à des spécialités comme le cochon d'Inde rôti (Cuy) et autres plats traditionnels. On y sert également une cuisine végétarienne au cœur d'un jardin apprécié des colibris.

LA CASA SOL OTAVALO €€

A 3 km au nord d'Otavalo – Via Panamericana Norte ✆ +593 2 269 0500

www.lacasasol.com

Comptez 49 US$ pour une chambre simple, 59 US$ pour une double et 79 US$ pour une triple (hors taxes). En demi-pension.

Située à proximité de la cascade de Peguche, cette très belle maison d'hôtes est une extension de La Casa Sol de Quito. Ses propriétaires ont voulu restituer tous les éléments de l'architecture andine traditionnelle en intégrant des matériaux naturels comme la pierre volcanique, le bois d'eucalyptus et de nombreux textiles locaux. Le jardin est fleuri, l'intérieur parfaitement entretenu avec soin et délicatesse. Une vraie réussite ! Cafétéria, service de blanchisserie, accès Internet, location de VTT. Une adresse recommandée.

José Luis Pichamba et sa famille, ardents défenseurs de la cuture d'Otavalo.

LAGUNAS DE MOJANDA ★★★

En partant d'Otavalo, une randonnée à cheval permet de traverser de merveilleux paysages. Attention le climat est souvent frais, voire humide, donc pensez à bien vous couvrir avant de partir.

La lagune principale est celle de Caricocha située à 3 710 m et profonde de 86 m. L'autre lagune est celle de Huarmicocha, située au sud de la précédente. Elle se niche à environ 3 696 m. Enfin, la troisième est Yanacocha, aussi appelée la lagune noire (laguna negra), est située à l'est des deux autres et au pied de la montagne Yanaurco, qui se reflète dans ses eaux leur donnant ainsi une couleur obscure. Elle s'élève à 3 734 m au-dessus du niveau de la mer. Ses eaux noires provenant de la pluie et ses rives sont marécageuses. Il est possible de faire le tour de la lagune à pied ou en voiture. Vous serez ici au cœur du páramo : les paysages sont superbes.

Balade

Pour les randonneurs, plusieurs balades sont possibles.

- **La première part au pied de la grande lagune** et vous permet d'atteindre le sommet du volcan Fuyu Fuyu en 3 heures environ. Il s'agit d'une montée bien raide mais réalisable si vous êtes bien entraîné. Partir tôt le matin si vous voulez être sûr de voir quelque chose une fois arrivé en haut. La descente est ensuite beaucoup plus rapide.
- **La deuxième randonnée** vous permet de faire le tour de la lagune principale en 4 heures. Moins intéressant selon nous.
- **Le dernier parcours** vous permettra d'apprécier la beauté de trois lagunes (la Grande, la Chica et la Negra). Il est noté que vous pouvez faire le tour en 3 heures mais comptez plutôt 4 heures si vous voulez en profiter pleinement.

Transports

- **En bus**. Depuis Quito, prendre un bus (terminal terrestre de Carcelén) en direction d'Otavalo (compter 2h30 de route, 5 US$). De là, prendre un taxi qui vous conduira aux lagunes. Il faut compter 35 à 45 minutes de trajet et 45/50 US$ l'aller-retour avec possibilité de partager les frais avec d'autres résidents de votre hôtel.
- **Excursions** également proposées par les agences Ecomontes Tour et Runa Tupari, autour de 40 US$ (guide, transport, repas compris). Réservation anticipée.

COTACACHI ★★★

Le marché local de Cotacachi se tient le samedi, c'est le jour pour s'équiper de cuir ! La ville est en effet le siège de nombreux artisans et entreprises de cuir qui produisent tant pour le marché local que pour l'exportation. Autre facette, moins connue des touristes : Cotacachi est la capitale musicale du pays. On ne compte plus les groupes issus de son école de musique. Chaque année en septembre, Cotacachi célèbre la fête de la Jora qui évoque les cérémonies des adorateurs du Soleil au moment de l'équinoxe.

Cotacachi est aussi le nom d'un volcan éteint, situé au nord de Quito et culminant à 4 944 m. Sa dernière éruption date de deux ou trois mille ans. Son plus beau cratère est le Cuicocha, aujourd'hui devenu un lac très visité par les touristes.

Se restaurer

Nous vous conseillons de faire comme les habitants de la ville et de déjeuner au marché (Mercado de los Andes). Un lieu agréable, plein de vie, où l'on déguste des mets typiquement équatoriens et plus précisément andins. Sur place, le choix est vaste : fruits, légumes, assiette de maïs... Au 10 de Agosto y Salinas ; comptez de 1 à 3 US$.

Sports / Loisirs

Vous avez mal aux pieds après une longue journée de marche ? Ne cherchez plus et rendez-vous au spa de l'hôtel La Mirage. Vous y serez reçus avec gentillesse et pourrez profiter des installation en payant un droit d'entrée qui vous permettra de profiter de toutes les installations. Il est cependant conseillé de réserver au préalable comme dans tout lieu de ce standing.

Tourisme

- **Tourisme communautaire avec l'association Runatupari.** Cette initiative de tourisme rural communautaire date de 2001 ; c'est le fruit du travail de la Unión de Organizaciones Campesinas de Cotacachi (UNORCAC) et des communautés locales. Ensemble, la Unión et les communautés indigènes ont fondé l'agence Runatupari Native Travel, qui signifie « rencontre avec les indigènes » en quichua. Il s'agit là de promouvoir un tourisme plus humain et responsable, tourné autour de valeurs telles que la solidarité et l'entraide. Ainsi le visiteur s'implique dans le quotidien des familles locales, partage leur vie, leurs habitudes et se familiarise avec leurs traditions.

SIERRA

MUSEO DE LAS CULTURAS ★

García Moreno, entre Sucre y Bolívar
✆ +593 99 382 6154
La semaine de 8h à 17h. Samedi et dimanche de 9h à 14h. Entré libre.

Le musée de la culture de Cotacachi est situé au cœur du centre historique de la ville et il présente un très intéressant panorama de l'histoire de la ville et des traditions locales. On y expose des espadrilles traditionnelles, de la vannerie, des objets en cuivre ou encore des pièces en cuir, encore aujourd'hui spécialité de la ville. Des portraits de personnes illustres, dont des religieux, sont présentés à l'étage. Certains espaces sont par ailleurs consacrés à la musique et aux artistes locaux, sans oublier les costumes traditionnels. Une halte intéressante !

RUNA TUPARI NATIVE TRAVEL

Calle 10 de Agosto y Morales
✆ +593 99 633 7720
www.runatupari.com
Agence de tourisme communautaire.

Runa Tupari fait partie d'un réseau de tourisme culturel et communautaire constitué par des agriculteurs indigènes de la région d'Otavalo. Pour découvrir les environs : villages d'artisans, lac de San Pablo, randonnées jusqu'au volcan Cotacachi, trekking, tourisme rural dans les communautés. L'agence a tissé un réseau parmi les indigènes de la région souhaitant accueillir des voyageurs et organise votre séjour pour vous. Laissez-vous tenter par l'expérience d'une nuit chez l'habitant.

COMMUNAUTE RUNA TUPARI €€

Runa Tupari ✆ +593 999 590 646
www.runatupari.com
Tourisme communautaire. Prix variables en fonction de l'excursion et du nombre de personnes dans le groupe.

Les douze maisons (4 communautés différentes) sont situées dans les alentours de Cotacachi. Chaque maison a son propre potager et, au moins, une chambre avec 3 lits, une salle de bains privée avec eau chaude et cheminée. En plus des séjours communautaires, des activités sont proposées par des guides natifs : randonnée dans la forêt d'Intag, balade à cheval, excursions à pied jusqu'aux cimes d'Imbabura ou à vélo, visite des communautés locales... Les circuits durent de 1 à 5 jours. Consulter le site Web pour plus de précisions.

LA MIRAGE GARDEN HOTEL €€€

Prolongation de la Av. 10 de Agosto
✆ +593 99 488 0309 - www.mirage.com.ec
A partir de 240 US$ pour une double standard, et jusqu'à 280 US$ pour une suite et 396 US$ pour une suite familiale.

Fréquentée par les Quiténiens et les Colombiens fortunés, cette hacienda, membre des Relais et Châteaux, dispose d'une quarantaine de chambres et suites avec cheminée, salon et télévision. Elles sont décorées avec goût dans un style classique mais clinquant. Poutres en bois, meubles anciens, lits à baldaquin... rien n'est laissé au hasard ; tout est fait pour que vous passiez un séjour confortable. Parmi les autres prestations : tennis, piscine, grand et agréable jardin fleuri. L'hôtel vous offre également la possibilité de faire des balades à cheval.

CAFE RIO INTAG €

Plaza San Francisco
✆ +593 99 095 8242
http://aacri.com/
Ouvert tous les jours de 8h à 22h sauf le samedi.

Un lieu reposant où l'on peut bouquiner, se poser en sirotant une boisson accompagnée d'une pâtisserie (gâteau de carotte ou muffin, par exemple), et ce pendant des heures. A tester : le bon café Intag bio produit dans la région spécialité de cette association de producteurs artisanaux de café Bio équitable de la vallée d'Intag. Cocktails et vins à la carte également. Echange de livres sur place. Une halte bien sympa où vous pourrez également acheter un excellent café torréfié et même du café vert si l'envie de le torréfier vous-même vous titille.

MERCADO DE LOS ANDES €

10 de agosto y Salinas
De 2 US$ à 5 US$ le midi pour un almuerzo.

A Cotacachi, nous vous conseillons de faire comme les habitants de la ville et de déjeuner au marché (Mercado de los Andes). Un lieu agréable, plein de vie, où l'on déguste des mets typiquement équatoriens et plus précisément andins. Cochon grillé, soupe de poulet aux légumes, soupe de quinoa, autant de plats familiaux qu'on trouve rarement dans les restaurants traditionnels sauront ravir vos papilles au coin d'une table on ne peut plus locale. Les cuisinières seront ravies de vous faire découvrir leurs recettes ancestrales.

LA MARQUEZA €€

10 de Agosto 12-65, entre González Suarez et Bolívar

+593 98 888 3614

Tous les jours de 9h à 19h. A partir de 8-10 US$. Comptez 18 US$ pour un cuy asado.

Ce restaurant propose une cuisine traditionnelle, dont du *cuy*, le fameux cochon d'Inde rôti dont raffolent les équatoriens. La clientèle est surtout composée de groupes de touristes de passage dans le coin, à éviter donc si vous êtes en quête d'authenticité bien que depuis la pandémie le restaurant se soit tourné vers le marché local en étoffant sa carte de plats plus courants. Un menu du jour complète l'offre et permet de déjeuner à moindres frais dans une ambiance agréable et propice aux rencontres. Musique folklorique le soir en fin de semaine.

LAGUNA CUICOCHA ★★★

La lagune de Cuicocha occupe un des cratères du volcan Cotacachi à plus de 3 000 m d'altitude. On peut faire un tour en barque à moteur (promenade de 25 minutes) et accoster sur l'un de ses trois îlots, ou faire le tour du lac (12 km) en 4 à 5 heures de marche selon votre forme physique. Le chemin de crête est balisé ; un mirador à mi-parcours permet de faire une halte bienvenue à cette altitude.

Pensez à prendre de l'eau et des snacks pour votre chemin de randonnée puisque rien n'est proposé sur l'ensemble du parcours (ni fontaine à eau ni stand de nourriture). Possibilité de passer la nuit à l'Hostería Laguna Cuicocha.

Se restaurer

Près de la lagune, vous trouverez plusieurs stands proposant des en-cas et autres boissons rafraîchissantes. Un restaurant (ouvert seulement le midi), en bord d'eau, propose des plats traditionnels.

Sports / Loisirs

Si vous êtes passionné de plongée, contactez l'agence de plongée de Quito, buceo.ec, la seule à organiser des plongées dans la lagune de Cuicocha !

Transports

Bus depuis le terminal terrestre d'Otavalo en direction de Cotacachi et demander à descendre à Quiroga (0,70 US$). Prendre ensuite une camionnette depuis la place principale du village jusqu'à la lagune pour 6 US$. Sinon, comptez 25 US$ l'aller-retour en taxi depuis Otavalo.

BUCEO CERO

+593 99 566 6333

buceo.ec

95 US$ la plongée quand elle est réalisable. Matériel compris.

Plonger dans la lagune du volcan Cuicocha, c'est plonger dans le spot le plus près du soleil ! La lagune de Cuicocha étant très proche de l'équateur, elle est en effet plus proche du soleil que le lac Titicaca. Cette expérience unique est proposée par un seul homme, l'entraîneur des pompiers d'Otavalo qui doivent apprendre à plonger en altitudes extrêmes pour sauver d'éventuels accidentés dans les lieux les plus élevés du pays, Wilson Narvaez, ancien plongeur de combat, maître absolu des profondeurs en altitudes. Contactez-le en toute confiance.

SIERRA

© NORADOA - SHUTTERSTOCK.COM

La Laguna Cuichoca.

IBARRA ★★

Cette ville de 135 000 habitants fut fondée en 1606 par les Espagnols sous le nom de San Miguel de Ibarra. De nombreuses églises magnifiques et des bâtiments publics furent érigés, mais un tremblement de terre en a détruit une grande partie en 1868. En 1987, la ville fut de nouveau touchée par un tremblement de terre meurtrier qui endommagea ses bâtisses.

Pour l'esthète, Ibarra préserve toutefois ses racines coloniales et bénéficie d'une harmonie architecturale très intéressante. Ses petites rues étroites sont bordées de maisons basses aux murs blancs et aux toits de tuile. Pour le gourmet, la ville est à l'origine de nombreuses spécialités gastronomiques, et en particulier de desserts réputés : *las nogadas*, des friandises à base de noix ; les *helados de paila*, des sorbets préparés avec des jus de fruits purs, battus à la main dans une grande cuvette de bronze ; *el arrope de mora*, une sorte de confiture sirupeuse de mûres et les *empanadas de morocho*. Ibarra mérite une visite attentive, tant pour son charme suranné et son style colonial que pour l'atmosphère chaleureuse qui y règne.

Se restaurer

De passage à Ibarra, ne manquez pas de goûter l'une des spécialités locales inmanquables, les *empanadas de morocho* (maïs sec cuit dans du lait) garnies d'un mélange de légumes et de viande de porc, elles sont le régal des locaux qui en mangent à toute heure. Ces *empanadas* sont celles qui ressemblent le plus aux fameuses *empanadas* vénézueliennes, faites également avec la farine de maïs et servies en général le matin comme en-cas.

Shopping

Il y a de nombreux ateliers d'artisanat dans la ville. Si vous voulez acheter des souvenirs, rendez-vous plazoleta Francisco Calderón ou dans l'une des boutiques locales situées dans le parc Pedro Moncayo.

Tourisme

- **Les marchés** se tiennent le samedi, et le festival de la « Fiesta de los Lagos » (la fête du lac) a lieu le dernier week-end de septembre. Le 16 juillet de chaque année voit aussi deux parades très colorées appelées « El Pregón » et « Virgen del Carmen ».

- **L'office de tourisme** se trouve dans la Casa de la Ibarreñidad, Miguel Oviedo y Sucre, à l'angle del Coco (Tél. +593 6 260 8489 - www.touribarra.gob.ec).

Transports

- **En bus.** Une grande gare routière se situe à la jonction des avenues Espejo (de l'autre côté de la voie ferrée) et Galindo. Cette gare a été conçue comme un véritable centre commercial. Elle a l'avantage d'être proche du centre-ville. Départs réguliers pour Quito, Otavalo, Tulcán (à la frontière colombienne)...
Depuis et vers Quito (terminal terrestre de Carcelén, au nord de la ville) il faut compter 3h. Des bus partent aussi vers Cayambe, Latacunga, Ambato, Baños, Tulcán (2h30), Salinas (1h) et San Lorenzo, Guyaquil (11h), Cuenca (12h), El Angel, Urcuquí, Cahuasquí, Chachimbiro.

- **En taxi.** Depuis et vers Otavalo, le trajet vous coûtera environ 15 US$ (30 minutes).

BASILICA DE LA DOLOROSA ✝

Sucre y Mosquera
✆ +593 6 264 3754

Cette basilique de style néo-roman date de la fin du XXe siècle. Elle possède de grandes tours, mais ne présente malgré cela pas grand intérêt. En effet, la grande partie de la basilique est tombée lors du tremblement de terre de 1987. La construction actuelle date donc en grande partie de 1991-1992. Parmi les œuvres d'art que l'on peut voir à l'intérieur de l'église se trouvent le Christ crucifié et une peinture de la Virgen dolorosa (Vierge Douloureuse) qui lui a donné son nom. C'est un lieu de prière très fréquenté le dimanche.

BASÍLICA DE LA MERCED ✝

Parque de la Merced, 9 de Octubre

Située autour du parc du même nom, cette basilique de style roman date du XIXe siècle. Elle abrite des reliques de saints et de la vierge plutôt bien préservées. L'autel est doré à l'or fin et mérite une photo, car il brille de ses mille feux sous les rayons de soleil qui pénètrent jusqu'à lui. La basilique abrite également une belle collection de peintures retraçant les diverses étapes de la reconstruction de la ville qui fut touchée par deux fois par des tremblements de terre d'amplitude, en 1868 tout d'abord et plus récemment, en 1987.

CATEDRAL DE IBARRA

Parc Pedro Moncayo

Tous les jours de 7h à 21h.

Cette cathédrale de pierres, de style roman, affiche une belle façade blanche. Elle a été reconstruite après le tremblement de terre de 1868. A l'intérieur, on peut admirer de nombreuses œuvres d'artistes ayant été formés à la Escuela Quiteña. Le soir, sous les arcades, on pourra jouer quelques cents au Loto, appelé ici *quina*. Le parc Pedro Moncayo est le lieu de rendez-vous des habitants qui s'y retrouvent pour discuter, lire le journal, jouer aux cartes ou aux dominos ou encore, tout simplement, faire une petite sieste à l'ombre d'un grand arbre.

© STÉPHAN SZEREMETA

Nouvelles voitures bénies à la chaîne.

MUYU - COMMUNAUTÉ SAN CLEMENTE ★★★

A 4 km au sud d'Ibarra. De là, prendre un bus (Cooperative de Transportes La esperanza).

✆ +593 98 686 4675

Tourisme communautaire. Réservez à l'avance (indispensable). Comptez 35 ou 45 US$ par jour en pension complète.

La communauté San Clemente s'est ouverte au tourisme en 2002. Depuis quelques années, la famille Guatemal y a développé un joli projet en collaboration avec plusieurs familles du village. Ces dernières accueillent désormais les touristes soucieux de partager le quotidien des populations quichuas. Certaines habitations, spécialement aménagées à l'attention des visiteurs, offrent tout le confort (douche, eau chaude, cuisine savoureuse...), tandis que d'autres sont plus rudimentaires.

REFUGIO TERRA ESPERANZA €

La Esperanza

✆ +593 6 266 0228

A partir de 12 US$ la nuit. Petit déjeuner 2,50 US$.

Au pied du volcan Imbaburra, le village de la Esperanza est situé à quelques minutes sur les hauteurs de Ibarra. Là, les traditions sont encore bien vivantes. Loin des sentiers balisés, on y vient pour se reposer et se couper du reste du monde pendant quelque temps. Amoureux de la montagne, vous serez ici comblés ! Le propriétaire de cette charmante auberge vous accueille à bras ouverts et se fera une joie de vous faire découvrir ce coin de paradis. Profitez de cet endroit pour vous laisser aller à une belle balade à cheval sur les pentes de l'Imbabura.

CASA AIDA €

✆ +593 96 858 9026

https://casaaida.com/

Ouvert toute l'année. A partir de 12 US$ la nuit par personne. 6 US$ le repas. WiFi.

Voici une institution à Ibarra. Tout le monde connaît la maison de Aida. Sur les hauteurs de Ibarra, la Ezperanza est située à 10 minutes de Ibarra. On vous prévient tout de suite, vous trouverez peu d'endroits comme celui-là en Equateur. Aida vous ouvre les portes de sa maison comme si vous étiez de la famille. Elle vous raconte son histoire, ce qui l'a amenée à créer cette maison d'hôtes. Après une journée bien remplie, vous vous installerez au coin du feu et dégusterez un des plats délicieux concoctés par Aida. Un coup de coeur !

HACIENDA ZULETA €€

Angochagua

✆ +593 6 2662 182

zuleta.com

Comptez 490 US$ pour une chambre standard, 668 US$ pour une suite junior. 3 repas inclus.

Voici une superbe demeure pleine de charme, idéale pour passer un séjour au vert si vous avez les moyens de l'endroit plutôt luxueux. Au milieu de la campagne, vous ferez de belles balades à cheval et apercevrez même (peut-être) des condors. Aménagée dans un style classique avec du mobilier d'époque, la maison est accueillante et l'on s'y sent comme chez soi. Elle renferme une quinzaine de chambres cosy toutes personnalisées, avec cheminée. A noter, un personnel aux petits soins (hispanophone) qui fera son possible pour vous satisfaire.

SIERRA

HOTEL ROYAL RUIZ IMBABURA €€

Calle Olmedo 9-40 y Pedro Moncayo
✆ +593 6 264 4653
Chambre double à partir de 45 US$. Petit déjeuner compris. Parking gratuit.

Bien situé dans le cœur d'Ibarra, l'hôtel Royal Ruiz offre une jolie vue sur la ville et le volcan d'Imbaburra. Les chambres confortables, mais sans grand charme, disposent d'une salle de bains privée. Elles sont également toutes équipées de télévisions récentes et d'un accès à internet. Le petit déjeuner est copieux et servi dans une petite cafeteria bien agréable pour préparer sa journée de visites dans la région. Si vous êtes en voiture, c'est un très bon choix à Ibarra.

HACIENDA PIMAN €€€

✆ +593 2 500 0102
www.haciendapiman.com
A partir de 150 US$ par personne. Petit déjeuner et dîner inclus.

Cette immense hacienda (une des plus grandes d'Équateur) de 5 ha, construite en 1680 et appartenant à une des plus anciennes familles du pays offre un cadre unique à ses hôtes. Ce lieu déclaré patrimoine national dispose de 17 chambres. La partie ancienne conserve son style d'origine avec des meubles et tapisseries d'époque tandis que les nouvelles constructions offrent un confort sans pareil : lits king et queen size, salle de bains étonnamment grande... Vue panoramique sur la vallée del Chota. Piscine, spa, superbe jardin où flâner au retour d'excursion.

LA ESTELITA €€€

Km. 5 Vía Yuracrucito,
✆ +593 6 304 7079
www.laestelitahosteria.com
Chambre double autour de 120 US$ et triple à 140 US$.

Une adresse de charme entourée de verdure, située sur les hauteurs d'Ibarra (jolie vue du coup !). On s'y sent privilégié, de par sa situation géographique, son décor singulier et rustique fait de briques et de bois. Le tout cerné de vastes jardins tenus au cordeau, piscine chauffée et sauna en prime. Les chambres disposent toutes d'une belle salle de bain et surtout de fenêtres immenses offrant une vue imprenable sur la vallée. Restaurant très romantique proposant un menu de gastronomie locale avec vue nocturne superbe sur la ville. Ressourçant !

LA CASA DE FRIDA BISTRO-CAFÉ €

Vicente Rocafuerte y Juan Jose Flores
✆ +593 98 833 0353
Ouvert du lundi au samedi de 17h à 22h.

Un café-resto au cadre convivial, boisé, intimiste, mettant à l'honneur la célèbre artiste mexicaine Frida Kahlo. On y déguste sandwiches, tacos, tortillas et plateaux de fromage dans une ambiance décontractée et *arty*, attablé sur de solides tables en bois. Les propriétaires apportent une attention particulière à l'aide des habitants les plus défavorisés et proposent par exemple le *café pendiente*, vous permettant de payer d'avance un café qui sera offert à ceux qui le demandent.

EL HORNO €€

Rocafuerte 6-38 y Flores
✆ +593 6 295 9019
Pizzeria ouverte le soir seulement, tous les jours sauf le lundi, de 17h30 à 23h. Compter autour de 15 US$.

Après quinze ans de vie en France, Paco, le patron de cette pizzeria, est revenu avec notre accent du Sud ! Des groupes de musique latino-américaine se produisent certains soirs. Une adresse très populaire fréquentée par une clientèle fidèle. Tous les plats sont préparés au feu de bois et la pâte est véritablement parfaite, fine et croustillante comme on l'aime. De succulentes lasagnes et divers plats de viande sont aussi au menu. Si vous aimez la viande, n'hésitez pas et commandez un T-bone, la viande provient de Santo Domingo, elle est juste parfaite.

HELADOS DE PAILA ROSALIA SUAREZ "MOMALIA"

Bolivar 3-38 y Grijalva
✆ +593 6 2958 772
Ouvert tous les jours de 7h30 à 19h. Glaces, en-cas.

Une institution à Ibarra depuis 1896. Rosalía Suárez a commencé à faire des glaces à seize ans, après avoir perdu ses parents et avoir ressenti le besoin d'aller de l'avant. C'est en 1896 que la ville d'Ibarra a commencé à déguster ses délicieuses glaces. Il est dit que tous les présidents du pays sont venus ici pour les goûter. Nous vous recommandons de goûter à la glace mora (mûre) ou guanabana (fruit à la pulpe blanche et gros pépins noirs). Pour tous les gourmands sans exception.

SAN ANTONIO DE IBARRA ★

6 km avant Ibarra, la route traverse le village de San Antonio de Ibarra, devenu célèbre pour ses ateliers de sculpture sur bois et, dans une moindre mesure, de la pierre. Ateliers et boutiques se succèdent au bord des rues du village. On trouve de très belles statuettes religieuses et aussi des ustensiles domestiques (saladiers, plateaux, bols...). L'institut des arts plastiques Daniel Reyes forme ici de nombreux peintres et sculpteurs. San Antonio de Ibarra est l'un des hauts lieux de l'artisanat équatorien et une étape intéressante pour rapporter quelques beaux souvenirs du pays. De nombreux bus font la navette entre San Antonio et Ibarra.

SAN CLEMENTE ★

Voici l'une des plus belles expériences de tourisme communautaire en Equateur. Lorsque vous séjournez ici, des marches d'ascension jusqu'au sommet de l'Imbaburra, encadrées par des guides diplômés, sont systématiquement incluses. On peut aussi partir en randonnée de plusieurs jours dans la réserve de Cayambe-Coca. Les moins sportifs apprécieront de vivre simplement au rythme des villageois, majoritairement des Quichuas Quaranquis, et de découvrir par la même occasion les plantes médicinales, l'artisanat, les danses et les travaux des champs. Un séjour idéal pour se familiariser avec la culture indigène et d'expérimenter une vie au contact de la nature.

IGLESIA SAN ANTONIO DE IBARRA ★

Avant la bataille d'Ibarra le 17 juillet 1832, les troupes d'Agustín Agualongo prirent possession de l'église et occupèrent la tour pour surveiller l'arrivée des troupes de Bolívar. En 1911, les Espagnols transformèrent l'église en un quartier pour leurs troupes. Cette église fut détruite lors du tremblement de terre de 1868. A l'intérieur, on peut admirer la représentation de Nuestra Señora de las Lajas ainsi que le Señor Resucitado et la Virgen del Carmen attribuée à l'Ecole quiteña.

LAGO YAHUARCOCHA ★

3 km au nord de ville d'Ibarra. Haut lieu historique, le « lac de sang » (ou « lac rouge ») doit son nom indigène à la plus cruelle bataille qu'ait livrée l'envahisseur inca contre les Caranquis, une tribu de la région. La légende dit que tant de corps ensanglantés de Caranquis furent jetés dans le lac que ses eaux devinrent rouges.

Des tombes indigènes se trouvent encore sur les hauteurs encadrant le lac, mais elles ont été pillées il y a belle lurette. Aujourd'hui, les eaux calmes sont cernées de paisibles collines verdoyantes et ses rives offrent les plaisirs d'une promenade dominicale familiale. Divers restaurants servent de la truite d'élevage.

HOSTERIA CHORLAVI €€

Panamericana Sud (km 4 avant Ibarra)
✆ +593 99 970 0006
www.haciendachorlavi.com
Chambre double à partir d'environ 90 US$. Petit déjeuner compris. Restaurant ouvert à tous.

Près de la route, ce lieu constitue l'une des étapes classiques des groupes de touristes, mais n'en reste pas moins une adresse à retenir. L'ensemble déroule une cinquantaine de chambres tout confort. Côté bien-être et détente, on est plutôt bien loti avec la piscine extérieure, le sauna, le bain bouillonnant ou encore la salle de gym. Le site, celui d'un ancien monastère, dévoile un charme champêtre qui se prête parfaitement à l'organisation de mariages ou autres célébrations. Réservation impérative surtout les fins de semaine, car l'endroit est prisé.

HOSTERIA RANCHO TOTORAL €

Via Ibarra-Yaguarcocha, km 5
✆ +593 99 984 2311
Autour de 100 US$ la chambre double. Petit déjeuner compris. Piscine, spa, piscine extérieure, parking gratuit, WiFi.

Cette charmante hostería se trouve à quelques kilomètres de l'entrée de la lagune. Les 6 bungalows bénéficient d'une vue superbe sur les eaux calmes du lac. Les 14 chambres sont bien conçues et décorées avec goût (salle de bains originale plantée de fougères, télévision). L'ensemble respecte le style des anciennes haciendas locales, avec poutres et murs blancs enfouis dans la verdure. Face au lac, le restaurant sert une excellente cuisine à accompagner d'un vin chilien. Une vraie halte de charme pour se reposer et visiter Ibarra et les environs.

EL CHOTA ★

À environ 40 km au nord de Ibarra, la route descend vers la vallée du Chota, offrant un défilé de montagnes arides et poussiéreuses, desséchées par le soleil. A 1 550 m, on atteint El Chota : chaleur sèche, végétation rare de cactus, plantations de canne à sucre, maisons traditionnelles en pisé, habitants à la peau noire. Ici, les femmes ne sont pas courbées sous le poids des ballots, mais portent dignement leurs charges sur la tête, la musique rythmant leur démarche chaloupée ; tout donne l'impression d'être en Afrique. Atmosphère bon enfant, décontractée et langueur règnent ici. L'héritage des ancêtres s'exprime dans la musique traditionnelle aux racines africaines, la *bomba*, tambours et maracas sont de la fête ! Des légendes racontent l'arrivée et l'évolution de la communauté noire dans cette étroite vallée. Un riche Colombien en route vers les terres plus fertiles du Sud y aurait terminé son voyage, assassiné par ses esclaves qui, ayant reconnu à Chota une terre semblable à celle décrite par leurs ancêtres africains, décidèrent de s'y établir. La région est réputée pour son climat sec, on y vient de loin pour soigner arthrose et rhumatismes. La route continue jusqu'à Ambuquí où l'on trouve *hosterias* et restaurants ayant la faveur des locaux le week-end.

Histoire

La *bomba del Chota* ou *bomba* afro-équatorienne est un genre musical originaire de la vallée. Cette musique fut déclarée patrimoine culturel immatériel du pays en 2020. C'est un rythme créé par la population majoritairement afro-équatorienne de cette ville. Il est généralement joué avec des tambours, des instruments d'origine espagnole ou métisse tels que la guitare, le *requinto* ou le *güiro*. En rythme et en tempo, il peut varier d'un tempo dansant à un tempo très rapide typique de nombreux rythmes africains ou afro-américains dans lesquels le rythme et les percussions ainsi que les déhanchés comme les pas de danse quasi érotiques se démarquent. Les groupes qui jouent la *bomba* sont appelées des *bandas mochas*. L'origine des première *bandas mochas* se situe à la fin du XIXe siècle, comme une imitation de groupe de musique militaire. A ses débuts elles étaient composées d'instruments rudimentaires tels que : feuilles d'oranger, flûtes, machettes, grosse caisse et amplificateurs fabriqués en calebasses sechées.

LA PAZ ★

10 kilomètres après El Chota, et de nombreux cahots plus loin, la piste se termine au fond de la vallée dans le tranquille village de La Paz, porte d'entrée de la station thermale du même nom. Un sentier piéton descend jusqu'au lit de la rivière et aboutit dans une vaste grotte naturelle. Ornée de stalagmites et de stalactites, elle est traversée par les flots tumultueux du fleuve Apaqui. Au fond de la grotte, la Vierge de La Paz trône dans son sanctuaire naturel. Les pèlerins y viennent pour demander ses faveurs et y déposer des offrandes diverses. Mais la Vierge de La Paz a dû connaître de meilleures heures et une restauration ne serait pas inutile.

PIMAMPIRO

La tradition historique la plus fréquemment entendue dit que les colons primitifs de Pimampiro sont originaires des Caraïbes et des Arawaks, à l'origine de l'émergence de deux peuples : les Chapí et les Pimampiros. Pimampiro est composé de cinq syllabes : pi - ma - am - pi - rar dont la traduction est : vie, grande, eau, beaucoup et rives, ce qui désigne une ville installée sur les rives d'un grand fleuve. Certains historiens indiquent que le village était situé sur les rives de la rivière Pisque. Le 25 juin 1824, Pimampiro a été reconnue en tant que paroisse civile, directement héritée de la paroisse religieuse, par décret de la Grande Colombie.

LOS MUELLES MATAQUI

rio Mataqui

✆ +593 99 034 5339

Une journée à la campagne, à 10 minutes en voiture, Ines vous attend aux « Quais Mataqui » sur les rives de la rivière Mataqui, où vous pourrez faire de la pêche sportive, du camping, du trekking, profiter d'un jardin d'orchidées entouré d'un environnement chaleureux avec un paysage exubérant et toujours accompagné par le bruit des eaux de la rivière Mataqui. Pour terminer votre visite, Ines vous préparera un déjeuner local : une truite cuite au feu de bois et des ingrédients locaux, le tout préparé de la manière la plus traditionnelle.

MIRADOR DEL OSO ANDINO

✆ +593 99 704 7847

Visite gratuite, donations pour la fondation bienvenues.

Ce petit sanctuaire naturel dédié au timide ours à lunettes (*oso andino*) est situé à 35 minutes du centre de Pimampiro. Danilo Vásquez, guide naturaliste spécialisé, a consacré des années de sa vie à la surveillance d'une famille d'ours andins (*tremarctus ornatus*) des forêts humides d'altitude de la paroisse Mariano Acosta qui fait partie du canton de Pimampiro. La visite comprend l'observation des meilleurs enregistrements vidéo des appareils photo cachés dans la forêt, l'observation en direct ainsi qu'une collation accompagnée d'un bon verre de vin, ou de jus.

RUTA DEL VERTIGO IMBABURA

✆ +593 99 095 0357

De 17h à minuit du mardi au vendredi et de 9h à 18h les WE. Entrée 7 US$. Canopy 10 US$. Balançoire 5 US$.

Pimampiro est une nouvelle destination touristique et ce parc de loisir en pleine nature est un endroit à découvrir si vous passez dans la région. Un beau parcours de « Canopy », ces lignes tendues au-dessus des arbres et sur lesquelles on se laisse glisser sur une poulie, mais également une balançoire géante au-dessus de vide sont des attractions qui permettent de faire monter l'adrénaline tout en profitant d'une nature exubérante. On peut manger sur place et boire un verre.

ECOFINCA CABRERA €

Barrio San José, Sector El Calvario

✆ +593 99 940 0045

A partir de 20 US$ par jour par personne.

Hébergement et alimentation saine, voici une « cabane » familiale qui dispose d'espaces sociaux, 3 chambres avec salle de bain partagée, cuisine et une suite privée avec une vue spectaculaire. Les productions de bière, de tabac et de café font partie des activités auxquelles les visiteurs peuvent participer dans cette Ecofinca. Santiago Cabrera vous accueille à seulement 15 minutes au sud du centre de Pimampiro. On y accède en gravissant les collines jusqu'à atteindre un point privilégié ou plutôt un point de vue naturel, juste à côté du Mirador de Pimampiro.

EL ÁNGEL ★

L'agriculture et l'élevage sont les activités essentielles de ce village renommé pour son église, l'une des plus anciennes de la région. El Angel est le point de départ des visites du *paramó* de los Frailejones, (plantes les plus représentatives de ce *paramó* où elles se sont adaptées de façon étonnante à un climat rigoureux) de la lagune El Voladero et des thermes de la Calera dont les eaux ferrugineuses ont des vertus curatives. L'ensemble de ces sites fait partie de la réserve écologique El Angel qui s'étend sur 16 000 ha. Il ne faut pas non plus oublier le volcan Chiles qui culmine à 4 768 m et domine un paysage mi-équatorien, mi-colombien.

SIERRA

© ECUADORPOSTALES - SHUTTERSTOCK.COM

El Ángel.

TULCÁN

A 240 km au nord de Quito. Capitale de la province de Carchi, Tulcán, à la frontière colombienne, est la ville la plus haute du pays (2 950 m). Même si la date de sa fondation remonte officiellement à 1535, cette ville porte un nom maya signifiant guerrier vaillant. Nichée à la frontière de la Colombie, Tulcan connaît une activité commerciale intense, comme la plupart des villes-frontières. Elle n'offre pas d'intérêt touristique majeur, sinon pour passer en Colombie, à environ 6 km de la ville, en empruntant le pont international de Rumichaca, qui marque la frontière colombienne. Le marché a lieu le jeudi et le dimanche mais on y trouve beaucoup de contrefaçon.

Pratique

Bon à savoir : Tulcán a la réputation d'être une ville-frontière dangereuse, notamment en raison du trafic de drogue. Ne vous éloignez pas du centre-ville et des coins touristiques, et déplacez-vous en taxi dans la mesure du possible (surtout la nuit).

Change. La banque Banco Pichincha (10 de Agosto y Sucre) dispose d'un distributeur et bureau de change où l'on peut obtenir des pesos colombiens avant de passer la frontière. Fermé le dimanche.

Se loger

Ceux qui doivent passer une nuit à Tulcán trouveront des hôtels concentrés autour de l'artère principale du centre-ville, avenida General Arellano. Si la zone proche de la gare routière est stratégique, elle n'est cependant pas très sûre, soyez donc vigilant et préférez séjourner dans le centre-ville. Par ailleurs, sauf nécessité pratique, il n'y a pas vraiment de raison de poser sa valise à Tulcán.

Se restaurer

Il n'y a que peu d'options pour se restaurer à Tulcán. Parmi elles, le café Tulcan (Calle Sucre 52-029 y Ayacucho - +593 6298 0388), ouvert uniquement en semaine depuis 1945 qui, il faut le dire, manque un peu d'originalité, sert des sandwiches, des pâtisseries ou encore des glaces. Sinon, rendez-vous directement en direction du Mercado Plaza Central pour une halte peu chère et bien locale où vous pourrez vous restaurer comme un vrai Tulcano !

Tourisme

Tulcán est une ville-frontière sans grand intérêt majeur. Le joli jardin de son cimetière constitue la visite principale (à voir !). Sa jolie cathédrale datant de l'époque coloniale peut également mériter un coup d'œil, ainsi que son marché.

La région offre plusieurs possibilités d'excursions en voiture, en bus, à cheval ou à pied. On passe en 2 heures de 3 000 m et 10 °C (Tulcán) à 200 m et 30 °C.

En direction du nord, le long de la frontière colombienne, 100 km de route et des centaines de sentiers (*chaquiñanes* en quichua) pour les amoureux du tourisme vert. A Tufiño (km 18), une balade de quelques minutes le long des sentiers mène jusqu'à des sources thermales : Agualodo, El Achupallal ou Aguas Hediondas. On peut aussi se rendre aux Lagunas Verdes (km 31) dominées par le volcan colombien Chiles. Les cinq lacs, dont les eaux sont riches en soufre, appartiennent à la réserve écologique El Angel peuplée de pumas, ours, chevreuils...
Ceux qui aiment les cascades iront à La Centella (km 57), La Humeadora (km 59), Pulpito (km 63), La Comadre (km 65) et Guaypambí (km 84). En voiture, la route s'achève à Chical (km 96). A partir de là, on ira (à cheval) visiter plus au nord la réserve forestière et ethnique Awa. Dans cette zone tropicale de basse montagne, les Awas travaillent les fibres naturelles, confectionnant des objets artisanaux fort originaux.

En direction du sud, on s'arrêtera à San Francisco de Huaquer (km 25). De là, on domine de vastes plaines et les montagnes des deux cordillères. On peut traverser les collines pour arriver à la forêt de chênes verts de San Francisco de Pioter (km 50). A quelques minutes, la double cascade de San Pedro. Sur la Panaméricaine au niveau de Julio Audrade, deux possibilités s'offrent au voyageur : se reposer dans cette localité, en regardant une partie d'ecua-volley, ou continuer jusqu'à Huaca. En prenant la sortie sur la droite (mauvais chemin rocailleux), on accède au hameau de Santa Martha de Cuba dont le seul intérêt est la forêt tropicale d'essences centenaires qui l'entoure. De retour sur la grand-route, en roulant toujours vers le sud, on atteint bientôt San Gabriel. Dans ce village, une visite de la petite église s'impose, c'est la seule du pays construite selon la loi indigène, à l'écart de la place principale. Le centre historique, de pure inspiration coloniale, a bien mérité d'être élevé au rang de patrimoine culturel du pays. Au déjeuner ou au dîner, on pourra tester le *cuy* rôti (cochon d'Inde) avant de prendre la direction du lac El Salado, un des plus beaux de la région (10 km plus loin). Quittant San Gabriel, on peut remonter, au nord, vers Tulcán et la Colombie ou à l'inverse rejoindre La Paz, Chota, puis Ibarra.

L'office de tourisme se trouve dans le bâtiment à l'entrée du cimetière (+593 298 04 87). Ouvert tous les jours de 8h à 13h et de 14h à 18h30.

Transports

▶ **Taxi.** La frontière colombienne se trouve à 6 km au nord du centre-ville. Environ 5 US$ en taxi.

▶ **Bus.** La gare routière se trouve à environ 1,5 km au sud du centre-ville, près de la jonction de l'avenue General Arellano et la calle Bolívar (à la fin de la calle Bolívar). Un bus relie Tulcán à Ibarra. Sinon, un taxi vous coûtera autour de 2 US$. Nombreux départs pour Quito (toutes les 10 minutes environ, 5 à 6h de trajet) avec plusieurs compagnies, dont la Cooperativa de Transportes Flota Imbabura et Expreso Turismo. Certains passent par Ibarra et Otavalo (compter respectivement 2h30 et 3h de trajet). Également des liaisons vers Cuenca, Guayaquil ou encore Manta (changement à Ibarra) avec Flota Imbabura.

▶ **Traverser la frontière, direction la Colombie.** La frontière colombienne se trouve à seulement 15 minutes du centre de Tulcán, au niveau du pont Rumichaca. Depuis le parc Isidro Ayoraes, des taxis collectifs vous y emmèneront pour quelques dollars. Elle est ouverte 24h/24. Les touristes européens peuvent obtenir leur visa de 90 jours à l'arrivée. Possibilité de renouveler son visa en se rapprochant de la Direction des Étrangers (Direccion de Extranjeria). Mieux vaut s'armer de patience, car passer la frontière est une opération qui peut prendre plusieurs heures. Si possible, évitez le week-end ou les vacances scolaires.

CEMENTERIO DE TULCÁN ★★

Av. Cementerio y Cotopaxi

Ouvert tous les jours à partir de 8h.

© JOCA_PH - SHUTTERSTOCK.COM

La célébrité du petit cimetière local a largement dépassé les frontières du pays. Au lieu des traditionnelles statues, vous verrez des figures emblématiques sculptées dans les cyprès, oiseaux, vierges, hommes, tortues, iguanes… Toute la faune et les traditions locales sont représentées ! Commencée il y a plus de 60 ans par José María Franco Guerrero, l'œuvre d'art topiaire se perpétue grâce à son fils qui entretient les 80 sculptures vertes avec une équipe de cinq personnes. Une nouvelle aile du cimetière est aujourd'hui couverte de fameuses sculptures végétales.

HÔTEL PALACIO IMPERIAL €€

Esquina de Sucre y Pichincha © +593 62982713

hotelpalacioimperial.com

38 chambres. A partir d'environ 89 US$ la double. Petit déjeuner compris. Spa et salle de gym.

Ce bâtiment qui rappelle une pagode, situé à deux pas du parc de l'Indépendance, accueille un hôtel qui ravira les voyageurs en quête de confort. Les chambres sont soignées. La décoration plutôt de bon goût. D'inspiration asiatique, on apprécie la grandeur et la luminosité des chambres doubles, triples ou quadruples. Côté restaurant, le Pack Choy, spécialiste de la cuisine orientale, ne déçoit pas non plus et les plats sont très réussis. Un établissement vraiment supérieur à ce que l'on peut trouver dans le reste de la ville.

HOTEL SARA ESPINDOLA €€

Sucre y Ayacucho

© +593 6 298 2464

Comptez à partir de 55 US$ la double, par nuit. Restaurant, bar, Wifi. CB acceptée.

Ne vous fiez pas à sa façade qui ne paie pas de mine. Cet hôtel à la déco obsolète offre un bon confort dans le centre de Tulcán. C'est probablement le meilleur hôtel de la ville en termes de rapport qualité-prix. Les chambres sont bien tenues et le petit déjeuner, copieux, se défend bien, tant dans sa version locale que continentale. Le Wifi est rapide et gratuit, le parking est gratuit si vous avez un véhicule et de plus, les transferts vers l'aéroport sont beaucoup moins chers qu'en taxi. Un bon plan pour passer la nuit près de la frontière.

MACHACHÍ ★

Machachi est située dans le bassin du fleuve Guayllabamba, dans une vallée entourée par les volcans Atacazo, Pasochoa, Rumiñahui et Corazón à une altitude de 2945 m au-dessus du niveau de la mer et avec un climat andin. A 33 km au sud de Quito (comptez 1h en bus), cette bourgade tranquille est seulement animée le dimanche matin, lorsque les habitants des alentours se retrouvent au marché. Un marché couleur locale, où l'on ne croise pas ou peu de touristes. Certains s'arrêtent ici avant ou après un passage au parc national du Cotopaxi. A proximité se trouve la source Guítig, dont l'eau gazeuse est la plus populaire du pays. De là, vous pourrez facilement vous rendre à Saquisili, au volcan du Corazón, à Pasochoa, au sommet des Illinizas ou encore à la lagune de Quilotoa. Dans le coin, de belles haciendas ouvrent leurs portes aux touristes.

Tourisme

C'est à Machachi que se trouve la société équatorienne produisant l'eau minérale Guitig. Celle-ci offre l'opportunité aux touristes de passage de nager dans ses piscines d'eau gazeuse. La ville est aussi réputée pour ses fermes et ses bons produits laitiers. D'autre part, vous verrez ici de nombreux cow-boys ; le dimanche, les places et les rues sont bondées de monde. Une halte à Machachi est l'occasion de goûter à l'authenticité d'un marché local...

Transports

- **En bus.** Les coopératives Mejia et Carlos Brito (entre autres) assurent la liaison Machachi-Quito (station Villaflora). Il faut compter entre 45 minutes et 1h de route. Plusieurs départs chaque jour.

PAPAGAYO LODGE €€

Panamericana (km 26)
✆ +593 2 367 0042
www.hosteria-papagayo.com
Dès 110 US$ pour une chambre double, petit déjeuner inclus. Restaurant (La Bolivia). Wi-Fi, parking, bain à remous.

Voici une charmante maison bâtie au milieu d'un jardin fleuri, située sur la Panaméricaine, non loin de Machachi. Bien qu'un peu éloignée de l'entrée du parc national de Cotopaxi, cette ancienne ferme restaurée constitue un bon camp de base. Elle offre de jolies chambres colorées à la déco soignée (le prix varie selon la catégorie). Le cadre est bucolique à souhait et l'ambiance enjouée. Sur place, un restaurant où vous pourrez prendre petit déjeuner, déjeuner ou dîner, dans une atmosphère familiale, avec les autres résidents. Une très bonne adresse.

SAQUISILÍ ★★

On vient à Saquisilí pour son marché, chaque jeudi. La réputation de ce marché n'est plus à faire. Celle-ci lui vient d'ailleurs de très loin puisque le nom de la ville signifie en quechua : « acheter ici ». Aujourd'hui, tous les habitants des villages alentour s'y retrouvent pour faire le plein de denrées en tout genre ou vendre leur production. Cet authentique marché est divisé en huit sections avec chacune sa spécialité : animaux (lamas, cochons, vaches, moutons...), produits agricoles, ustensiles, vêtements... Le marché du bétail, un peu à l'extérieur de la ville, ainsi que celui des fruits et légumes, méritent vraiment le détour. Ce jour-là, le village est une ruche. Les femmes assises derrière leurs étals surchargés surveillent le chaland, les familles déambulent à la recherche de la bonne affaire, et le village ne retrouve son calme qu'à la mi-journée, une fois les affaires conclues. On y trouve encore peu d'artisanat, les touristes viennent cependant de plus en plus nombreux à Saquisili. Les jours de marché, les habitants en costumes traditionnels se restaurent sur place dans l'un des nombreux petits restaurants populaires. Il est alors facile de nouer des contacts.

Se restaurer

Autour du parc (calle Bolívar), vous trouverez des petits restaurants populaires où l'on sert de la cuisine typique à prix doux (2-3 US$ pour un *almuerzo*). Sinon, le marché des fruits et légumes regorge d'étals alimentaires où vous trouverez forcément de quoi vous remplir l'estomac.

Transports

- **Depuis/vers Latacunga.** La ville de Saquisilí est située à 12 km au nord-ouest de Latacunga. Des bus assurent des liaisons quotidiennes entre Latacunga et Saquisilí. Durée : 25 minutes. Départs toutes les 15 minutes depuis le terminal de Latacunga (arrivée à Saquisilí, arrêt rue Barranco). Pour se rendre à Latacunga, prendre un bus entre Bolivar et Imbabura (à deux blocs du marché des vêtements).
- **Depuis/vers Quito.** Comptez 2h de route, 3 US$. Les bus pour Quito partent (quand ils sont pleins) de la Plaza Gran Colombia (*food market*). Autre option, prendre d'abord un bus pour Latacunga et faire un changement là-bas pour rejoindre Quito. Attention, le jeudi, jour de marché, les bus directs partent de Quito très tôt le matin (après 8h, il faut faire un changement à Latacunga).

MERCADO DE SAQUISILÍ ★★★

Tous les jeudis matin sur les différentes places de la ville.

Voici un marché très authentique et donc beaucoup moins touristique que celui d'Otavalo. Il se tient sur les places de la ville. A chaque place sa spécialité ; on y vend et on y achète des fruits et légumes, du bétail, des vêtements, des ustensiles... C'est l'un des marchés traditionnels les plus colorés et les plus intéressants du nord de l'Equateur. A ne pas manquer si vous passez dans le coin ! Vous aurez même l'occasion d'échanger avec les vendeurs, très ouverts et plutôt souriants. Plus vous arriverez tard, plus les gens seront disponibles.

PARQUE NACIONAL COTOPAXI ★★★★

Deuxième sommet le plus haut d'Equateur (5 897 m) après le Chimborazo (6 310 m), le Cotopaxi est surtout le plus haut volcan actif au monde et le sommet le plus visité du pays. Avant l'arrivée des Espagnols, les indigènes le considéraient comme lieu sacré. Son nom signifie d'ailleurs « cou de la lune » en langue indigène. Les grandes villes les plus proches du Cotopaxi sont Quito, Latacunga et Riobamba. A 40 km au sud-est de Quito et 35 km au nord-est de Latacunga. Il domine le parc national du Cotopaxi, lequel est une réserve écologique protégée. Il fut escaladé pour la première fois le 28 novembre 1872 par Angel Escobar, un Colombien, et Wilhem Reiss, un Allemand. Depuis, nombreux sont les visiteurs qui sont partis à l'assaut de ses flancs escarpés. Une piste d'une dizaine de kilomètres conduit au parking du refuge (4 600 m) et de là, généralement, les visiteurs entament l'ascension (en s'arrêtant le plus souvent au refuge qui est basé à 4 800 m). Ce volcan mérite amplement le déplacement. Vous pourrez séjourner dans l'un des hébergements des environs, à quelques kilomètres de l'entrée du parc (à l'exception du Tombopaxi, situé dans l'enceinte de la réserve).

Se loger

Cette région de haute montagne est réputée pour ses haciendas, de vastes propriétés familiales autrefois dédiées à l'élevage et aujourd'hui transformées en hôtels ou restaurants de charme dans le respect du style colonial qui les caractérisait. Les hébergements bon marché recensés dans ce guide affichent des prix plus élevés qu'ailleurs. Cela est dû à la rareté des hôtels dans la région du Cotopaxi. Certains d'entre eux se trouvent à (ou près de) Lasso.

Se restaurer

Vous pourrez vous restaurer dans votre hébergement. La plupart de ceux mentionnés dans ce guide préparent une bonne cuisine, saine et fraîche.
A l'intérieur du parc, plusieurs établissements proposent snacks et *almuerzos* pour un prix modeste.

Sports / Loisirs

Il est possible de s'adonner à un grand nombre d'activités dans la région du Cotopaxi. La plupart des hébergements mentionnés proposent des excursions (en voiture) à la découverte de Latacunga (50 minutes), de la lagune de Quilotoa, du village de Saquisili, etc., ainsi que des randonnées à pied, à cheval ou à vélo (VTT) dans les environs : parc du Cotopaxi, vers les volcans Rumiñahui ou Pasachoa, autour de la lagune de Limpiopungo...

- **L'hôtel Secret Garden** propose également diverses excursions ouvertes à tous : excursion d'une journée au Cotopaxi (30 US$ par personne, 40 US$ avec un vélo) ; trek dans le *páramo* de la réserve du volcan Pasachoa (de 4 à 6 heures de marche) ; randonnée équestre vers le volcan Rumiñahui (de 4 à 5 heures) ; ascension jusqu'au sommet du Cotopaxi ; Rumiñahui Trek.

Transports

- **En bus**. Depuis Quito, il n'y a pas de bus direct pour le parc du Cotopaxi. Il faut donc s'arrêter, en empruntant la Panaméricaine, à Machachi, située à une trentaine de kilomètres de la capitale (comptez 45 minutes), et de là, prendre un taxi ou camionetas (de 7h à 16h environ).
Depuis Latacunga ou Ambato, prendre un bus en direction de Quito et demander à descendre à l'entrée du parc. De là, vous pourrez contracter un guide au bureau qui se trouve en bord de route. Celui-ci vous transportera jusqu'au parc et s'occupera de votre tour organisé. Au retour, prenez un bus en direction de Latacunga au même endroit.
- **En taxi**. Depuis Machachi, prendre un véhicule-taxi qui vous conduira à destination. Comptez environ 25 US$ pour l'acheminement jusqu'au parc et le retour plutôt bon marché.
- **Si vous avez une réservation** au Secret Garden Cotopaxi, vous pourrez bénéficier du service de navette (tous les jours au départ de l'auberge de Quito) pour un coût de 5 US$ (aller). Pour les excursions (payantes), le transport sera également pris en charge.

Le volcan Cotopaxi.

HACIENDA EL PORVENIR €€

San Ignacio 1015 y Gonzales Suarez
✆ +593 2 204 0208
www.tierradelvolcan.com/

A partir de 60 US$ la double de type hutte andine et 120 US$ la double standard. Formules en pension complète également.

Perchée sur le flanc du volcan Rumiñahui, cette bâtisse traditionnelle se voit de loin avec ses couleurs ocre et son toit coiffé de paille. Le rez-de-chaussée abrite une salle à manger et un salon avec cheminée. A l'étage, les chambres à deux lits de type huttes andines sont chaleureuses et isolées par de fines cloisons de paille et se partagent deux salles de bains. Petit salon dans la mezzanine. Egalement une grande chambre matrimoniale qui offre une superbe vue sur les Andes. Délicieux repas à base de produits locaux très frais. Un havre de sérénité.

HOSTERIA CUELLO DE LUNA €€

Secteur El Chasqui, Panamericana Sur km 44
✆ +593 9 9970 0330
www.cuellodeluna.com

Comptez 56 US$ pour une chambre simple, à partir de 70 US$ pour une double avec petit déjeuner.

Dans un cadre bucolique, cette jolie hacienda toute blanche propose un bon rapport qualité/prix. L'édifice a plus de 200 ans et abrite 25 chambres. Les chambres sont assez simples, mais dotées de salle de bains privée et d'une cheminée. Le soir, il est appréciable de se retrouver dans la salle commune au décor rustique, dans une ambiance chaleureuse de refuge de montagne. L'établissement propose une série d'excursions (Cotopaxi, lagune de Quilotoa ou marché de Saquisili). Si vous souhaitez effectuer l'ascension jusqu'au sommet du volcan, contactez la réception !

PARQUE NACIONAL COTOPAXI ★★★★

Ouvert tous les jours de 8h à 15h (dernière sortie à 17h). Vous êtes en altitude, à plus de 4 000 m, soyez prévoyants.

C'est l'une des images d'Epinal de l'Equateur ! Mieux vaut s'y rendre par temps clair, lorsque le ciel est dégagé pour apercevoir le sommet du plus haut volcan actif du monde, le volcan Cotopaxi. La piste menant au parking du refuge, à 4 600 m, se dessine au milieu d'un *páramo* désolé. L'ascension débute généralement au niveau du parking. De là, on grimpe doucement jusqu'au refuge, à 4 800 m. Plus on monte, plus l'air des poumons se raréfie. Les plus sportifs arrivent là-haut en 30 minutes, les autres ont besoin de plus de temps ! Ceux qui souffrent du mal des montagnes, ne vont pas toujours au bout. Le refuge-restaurant (ouvert toute l'année) offre une vingtaine de lits et un confort sommaire. Au-delà, l'ascension se fait obligatoirement avec un guide expérimenté et un équipement adapté. Dans ce cas là, on arrive au refuge la veille de l'ascension, on y passe le début de la nuit et on se lance à l'assaut du sommet en pleine nuit, vers 3h du matin pour arriver en haut au lever du jour (si le temps le permet). La meilleure période pour une telle expédition est entre décembre et janvier ou en mai. De juin à septembre, les vents et le gel sont redoutables ; en avril, la pluie empêche d'avoir une bonne visibilité. Il est indispensable de passer par une agence sérieuse. En dehors des alpinistes qui s'attaquent au sommet, une journée dans le parc suffit, on peut combiner marche jusqu'au refuge et tour de la lagune de Limpiopungo (prévoir 1 heure). Par temps clair, le volcan se reflète dans ses eaux. Les personnes non motorisées ou voyageant seules trouveront un véhicule à l'entrée du parc (50 US$ pour 5h d'excursion). Pour sortir du parc, on peut enfourcher un VTT. La descente dure 1 heure environ. La plupart des hébergements proposent cette activité. Balade sympa, mais attention car le terrain est glissant. En août 2015, le volcan s'est réveillé après 138 ans de sommeil et reste en activité intense encore aujourd'hui même si le parc a partiellement rouvert ses portes en 2020 après plusieurs mois de fermeture. Les dernières fumerolles ont pu être observées en 2023, après une année d'activité intense ponctuée de diverses éruptions de plus ou moins grande importance. L'éruption la plus forte connue remonte à 1877. A cette époque, de nombreux villages avaient été rayés de la carte faisant plusieurs milliers de victimes et les pluies de cendres s'étaient diffusées jusqu'à Quito. Les habitants de la région se tiennent tous informés des évolutions sismiques régulières afin de réagir au plus vite en cas de nouvelle éruption.

© STÉPHAN SZEREMETA

Le Cotopaxi et son sommet enneigé.

HOSTERIA LA CIENEGA €€

✆ +593 99 001 6428

www.haciendalacienega.com

Chambre double à partir de 150 US$ et suite de luxe à partir de 250 US$. Petit déjeuner compris.

Nous ne saurions que trop vous recommander cette superbe hacienda du XVIe siècle (1580), classée monument historique par la Banque centrale de l'Equateur. En 1742, elle hébergea La Condamine lors de sa mission géodésique et Humboldt en 1802. Une double allée d'immenses cèdres mène à l'entrée de cette élégante demeure. L'ancienne chapelle mérite le coup d'œil. La trentaine de chambres et les parties communes sont magnifiques, ornées de meubles anciens et décorées dans un style classique. Le restaurant sert une bonne cuisine internationale. Très belle adresse !

SECRET GARDEN COTOPAXI €€

A proximité du village de Santa Ana de Pedregal

✆ +593 99 198 0027

www.secretgardencotopaxi.com

55 US$ la nuit en dortoir, chauffé avec un poêle en hiver. 125 US$ pour une double. 43 US$ en tente. Pension complète.

Le Secret Garden Cotopaxi délivre une superbe vue sur les pentes du Cotopaxi. Par temps clair, on peut voir le sommet enneigé du volcan. Tenue par des volontaires étrangers, il règne dans cette auberge une atmosphère jeune et conviviale propice aux rencontres. Votre séjour débutera par une sympathique balade offerte jusqu'à la cascade. La cuisine est préparée sur place à base de produits frais, et le menu change chaque jour. Le dortoir est simple, les lits sont confortables tout comme les chambres privées et les tentes. La cheminée du salon est un Must !

INCA HACIENDA SAN AGUSTIN DE CALLO €€€

A 77 km au sud de Quito, sur la Panaméricaine (à 1h30 de route). Non loin de l'entrée du Parc national et à 20 minutes de Latacunga.

✆ +593 99 954 9802 - www.incahacienda.com

Chambre double à partir de 474 US$. Maison familiale (max 6 personnes) 1 430 US$.

Difficile de ne pas mentionner cette célèbre hacienda chargée d'histoire puisque 3 époques y sont représentées (inca, domination espagnole et républicaine). C'est l'une des plus luxueuses du pays. Sa renommée tient au fait qu'elle fut construite à partir de 1440 sur les ruines d'un palais inca dont elle conserve encore plusieurs murs en granit. Les chambres ont beaucoup de cachet et offrent un confort impeccable. Même les salles de bains sont dotées d'une cheminée !

SIERRA

LATACUNGA ★★

Bien que détruite à plusieurs reprises par les éruptions du Cotopaxi, la capitale de la province de Cotopaxi, initialement construite en 1534 par Antonio Clavijo, avec ses rues étroites, bordées de maisons massives et basses, aux murs blancs et aux traditionnels toits de tuile, conserve un certain cachet qu'ont souvent perdu les villes équatoriennes, ne serait-ce qu'autour de l'église. A moins d'y séjourner durant les fêtes de la Mama Negra (fin septembre et mi-novembre), il n'y a pas grand chose à faire et l'on fait vite le tour de la ville. Mais Latacunga vous réservera un accueil aussi chaleureux que les vents peuvent être froids !

Se restaurer

Sur la place du marché, de nombreux restaurants populaires servent la spécialité locale, la *chugchucara* (couenne de porc grillée avec maïs et *empanadas*) dans une ambiance conviviale. Outre cette spécialité locale, le plat préféré des habitants semble être la pizza ! Les *asaderos*, restaurants qui servent du poulet grillé (*pollo a la brasa*) sont également nombreux à travers la ville. Economiques et pratiques, ils proposent des formules sans mauvaises surprises.

Tourisme

De nombreuses agences d'excursions sont installées dans le centre, entre les rues Orellana, Quito, Guayaquil et Salcedo. Toutes proposent plus ou moins les mêmes prix et les mêmes services, mais certaines sont plus fiables que d'autres : excursions de un à plusieurs jours à la lagune de Quilotoa et dans les environs, ascension du Cotopaxi, marché de Saquisili...

Le samedi, la ville accueille un immense marché. Et contrairement à Otavalo, celui-ci attire une clientèle locale qui vient y faire ses courses et discuter. Les autres jours de la semaine, le marché est là aussi et rassemble pas mal de monde.

Dans la ville, le collège Vicente León arbore une belle façade ouvragée et abrite un musée, illustration typique du passé colonial de la ville. Par ailleurs, la rue pavée Padre Salcedo (qui est aussi piétonne), avec ses beaux édifices, mérite une balade. Enfin, il faut savoir que la mairie de la ville (*ayuntamiento*) a été bâtie avec les pierres volcaniques du Cotopaxi.

Le festival de Latacunga, connu sous le nom de la fiesta de la Mama Negra a lieu deux fois par an, fin septembre et début novembre. Cette fête traditionnelle locale se déroule chaque année sur trois jours vers le 23 ou 24 septembre, ainsi qu'une semaine début novembre (dates aléatoires). La première fête de la Mama Negra (en septembre) est plus religieuse que la seconde qui a vu le jour en 1963 pour célébrer l'indépendance de la ville. Dans les années 1500, les Noirs firent le voyage de la côte jusqu'aux Andes où ils furent exploités comme esclaves dans les mines de Sigchos. Malgré cela, ils avaient droit chaque année de faire la fête. Plus tard, à l'époque de la colonisation, cette fête prit certains aspects religieux et culturels. La fête de la Mama Negra est aussi célébrée en l'honneur de la Vierge de la Merced qui protège la ville des éruptions du volcan Cotopaxi. Chaque année, c'est l'occasion de danser, d'assister à des feux d'artifice et de voir des parades colorées. L'Ange de l'Etoile (el Angel de la Estrella), le Capitaine (el Capitan), le sergent (el Abanderado), le roi (el Rey Moro) et la Mama Negra, sont les cinq personnages emblématiques de cette fête que l'on voit défiler à travers la ville sur des chars colorés au son des orchestres.

Transports

En bus. Il y a une gare routière principale, qui se trouve à 5-10 minutes à pied du centre-ville sur la Panaméricaine (av. Eloy Alfaro). Ensuite, pour rejoindre le centre, il faut traverser le pont sur votre droite.

En provenance de Quito, si vous allez à Latacunga et que c'est la destination finale, le bus s'arrêtera au terminal principal. Au terminal, les bus desservent essentiellement les villages de la région : Saquisili (bus toutes les 10 minutes, comptez 20 minutes de trajet), Quilotoa via Tigua, Pujili, Zumbahua et Chugchilan (plusieurs départs par jour).

CASA DE LA CULTURA

Antonia Vela 3-49 y Padre Salcedo

Musée d'artisanat local. Ouverte de 8h à 12h et de 14h à 18h.

Cette maison construite sur les ruines d'un moulin à eau, connu sous le nom de Molinos de Montserrat, abrite un petit musée exposant une collection d'objets datant de la pré-conquête, ainsi qu'une galerie d'art où se tiennent des expositions temporaires. C'est l'occasion d'admirer l'artisanat régional à travers, notamment, quelques céramiques, des textiles et certaines panoplies portées lors de la grande fête annuelle de la Mama Negra. Cette maison de la culture est très active dans l'organisation de nombreux événements à Latacunga, se renseigner en arrivant.

CASA DE LOS MARQUESES DE MIRAFLORES

Sánchez de Orellana y Juan Abel Echeverría

Musée ouvert du lundi au vendredi de 8h à 17h.

Cette superbe maison coloniale entièrement restaurée et chargée d'histoire renferme meubles, œuvres et objets d'art colonial. Cette collection a appartenu aux marquis espagnols de Miraflores. Elle fut construite en 1710 et fait une superficie de plus de 2 000 m² au total. Elle se compose de deux étages, un premier celui de devant qui est traversé par trois ensembles de colonnes et de couloirs et un second qui mène à un petit patio. De nombreux événements y sont organisés.

IGLESIA DE LA VIRGEN DEL SALTO

Au début du XVIIe siècle, un artiste peignit une Vierge sur une pierre. Puis les fidèles construisirent une petite chapelle à proximité du fleuve Yanayacu pour y abriter l'icône. Le 20 juin 1698, un tremblement de terre détruisit la ville et la pierre sainte fut engloutie. Plus tard, on la retrouva au milieu du fleuve où elle servait de point d'appui pour traverser les flots. L'église perpétue le souvenir de cette peinture miraculeusement sauvée.

IGLESIA DE SANTO DOMINGO

Sur la plaza Santo Domingo

© STÉPHAN SZEREMETA

Petite, modeste, au plafond peint et au plancher de bois, elle se dresse sur une placette pleine de charme. C'est un symbole historique, puisqu'en ce point les partisans proclamèrent l'Indépendance de la ville. Construit entre 1634 et 1655, le bâtiment a été modifié dans sa forme originale en raison de différents tremblements de terre que la ville a connus. Il a une façade de colonnes doriques, l'église est construite sur un plan en croix latine, dans un style roman, qui met en valeur sa structure grâce à une belle nef centrale et à ses allées voûtées.

PARQUE VICENTE LEÓN

Très coquet, ce parc central a un charme provincial. Il est situé au cœur de la ville de Latacunga. Ici ont été organisées les campagnes de libération de l'Equateur. En 1925, un monument fabriqué en Italie a été érigé en l'honneur de Vicente León, philanthrope de la ville. De plus, d'un côté du parc se trouve l'Église Mère, qui est un symbole pour les Latacungueños, car elle représente la foi d'un peuple avec une histoire et une tradition. La nuit, quand l'immaculée cathédrale s'illumine de bleu derrière les palmiers du parc, on se croirait presque en Andalousie.

GREIVAG

Calles Guayaquil y Sanchez de Orellana

✆ +593 3 281 0510

es.greivagturismo.com

A partir de 45 US$ par personne pour une excursion au Cotopaxi ou au Quilotoa (transport, guide, repas compris).

Située juste en face de l'église Santo Domingo, l'agence Greivag accueille les touristes locaux et internationaux pour des excursions de qualité. Les guides sont compétents et vraiment professionnels. Certains, comme Edison, sont même spécialisés dans la haute montagne. Ce dernier a gravi les plus hauts sommets du pays et parmi les plus élevés du monde. Quilotoa et Cotopaxi sont les excursions les plus connues, mais de nombreuses sorties sont possibles dans les alentours. La journée dans la réserve écologique Los Ilinizas vaut le détour. Une très bonne adresse !

SIERRA

TOVAR EXPEDITIONS

Pasaje Luis Fernando Vivero
✆ +593 99 565 2475
Agence de voyages locale.

Tovar Expeditions est sans doute l'une des agences les plus professionnelles de Latacunga. Elle propose diverses excursions, treks et randonnées autour du Cotopaxi, de la lagune du Quilotoa, du Chimborazo et des Ilinizas. Les prix sont compétitifs et l'équipe jeune et dynamique. Prêt de matériel si besoin. Si vous souhaitez partir en balade à vélo, l'agence vous trouvera les montures en location et un guide spécialisé vous accompagnera à la découverte des flancs du Cotopaxi ou même faire le tour de la lagune du Quilotoa si vous en rêvez.

HOTEL JOSHED IMPERIAL €

Avenida Amazonas y Velasco Ibarra
✆ +593 3 238 5386
www.hoteljoshed.com
Chambre double autour de 50 US$. Petit déjeuner compris. Wi-fi, parking gratuit.

Hôtel très bien situé à l'entrée de la ville de Latacunga quand on arrive de Quito, il est un peu à l'écart du centre-ville. Son charme désuet ne plaira pas à tout le monde, mais il propose un confort certain pour ses hôtes. L'accueil est sympathique même s'il vous faudra plutôt vous tourner vers les agences de voyages de la ville pour avoir des informations sur les points d'intérêt de celle-ci. Les chambres sont grandes et très propres et le Wifi accessible partout dans l'hôtel. Bon petit déjeuner inclus dans le prix de la chambre.

HOSTAL CAFE TIANA €

Luis. F. Vivero 1-31 y Sanchez de Orellana
✆ +593 3 98 465 2997
www.hostaltiana.com
A partir de 8 US$ pour un lit en dortoir, et de 12 à 25 US$ par personne en chambre simple ou double.

Cette pension tenue par un couple équatorien jouit d'une excellente réputation et doit son succès au bouche-à-oreille. Les backpackers apprécient l'atmosphère et le cadre relax. Les dortoirs sont spacieux et propres, les lits confortables et les salles de douches communes sont bien tenues. Basiques, les chambre sont cosy et colorées. La cuisine est à la disposition des voyageurs et on peut boire un verre sur la terrasse avec une vue imprenable d'où l'on peut même apercevoir le volcan du Cotopaxi. L'agence TOVAR expeditions est très liée avec cet hôtel.

HOTEL RODELU €

Quito No 1631 y Padre Salcedo
✆ +593 97 909 8179
Comptez 35 US$ pour une chambre simple, 45 US$ pour une double et 70 US$ pour une suite.

Un hôtel à taille humaine implanté en plein centre. Propose une vingtaine de chambres confortables, propres et claires, avec salles de bains privées. Au même endroit, le restaurant sert une bonne cuisine locale et internationale (pizzas et plats uruguayens). Le restaurant El Gringo y la gorda est à moins de 150 m de l'hôtel, ce qui vous permettra de changer de menu si vous restez plusieurs jours à Latacunga. Depuis le Rodelu, vous pourrez découvrir tous les sites touristiques de Latacunga à pied. La place centrale est à deux pas. Une bonne adresse.

HOTEL CENTRAL €

Sánchez de Orellana y Padre Salcedo
✆ +593 3 280 2912
Chambre double autour de 25 US$. Petit déjeuner : 5 US$ par personne. Cuisine équipée à disposition. Service de laverie.

Cet hôtel plutôt démodé est surtout fréquenté par une clientèle locale, mais reste une bonne adresse de dépannage. Certaines chambres donnent sur le parc Vicente León, elles disposent de douche et toilettes privées. L'hôtel est situé dans le même bâtiment moderne et sans charme que l'hôtel Cotopaxi. Au dernier étage, deux grands dortoirs lumineux permettent d'accueillir des groupes ; sur la terrasse, la vue sur le Cotopaxi est superbe (quand le ciel est dégagé !). Le plus : une belle cuisine équipée à disposition des clients.

HOTEL VILLA DE TACVNGA €€

Sanchez de Orellana 16-109 y Guayaquil
✆ +593 3 281 2352
www.villadetacvnga.com
Comptez 50 US$ pour une chambre simple, et 70 US$ pour une double. Chambres familiales et suites également. Wi-fi.

Cette bâtisse centenaire (plusieurs plans historiques montrent qu'une partie de l'établissement se trouvait déjà là au XVIe siècle) est l'une des rares à avoir survécu aux différents tremblements de terre qui ont touché la ville. Elle compte une quinzaine de chambres aménagées dans un style colonial. Le matin, vous pourrez monter tout en haut sur la terrasse pour admirer la vue sur les environs, et en particulier les volcans et les églises. Une très belle adresse dans le centre de la ville, à deux pas de la place principale et de l'église Santo Domingo.

EL GRINGO Y LA GORDA €

Padre Salcedo y Quito
+593 99 527 9168
Fermé lundi et dimanche. Ouvert de 15h à 22h. Compter 10-15 US$ par plat principal. WiFi.

Vous entrez dans un très joli patio, le jardin est superbe. El Gringo y la Gorda est ce joli petit bar-restaurant ouvert toute la journée. On y sert de délicieux petits déjeuners, de quoi bruncher et dîner dans un cadre vraiment agréable. El Gringo y la Gorda est une de ces adresses que l'on ne voit pas au premier coup d'œil, il faut aller la chercher et s'y aventurer. Si vous rencontrez le patron, surnommé El Gringo bien qu'il soit d'ici, il se fera un plaisir de vous raconter l'histoire de cette belle maison. Une chose est sûre, on n'est jamais déçu !

GUADALAJARA GRILL €

Quijano y Ordonez 5-110 y Luis F. Vivero
+593 98 757 6427
guadalajaragrill.com.ec
Ouvert tous les jours, sauf le dimanche de 16h à 22h. Autour de 10 US$. Options véganes.

Envie de manger mexicain au milieu des volcans ? Guadalajara grill est sans hésiter le meilleur restaurant mexicain de la ville. Souvent très calme, car situé un peu en retrait des rues animées de Latacunga. Les propriétaires de Guadalajara grill (ils sont mexicains) sont charmants et servent une cuisine délicieuse faite maison. Au menu : Tacos, Burritos, Enchiladas, Chimichangas, Fajitas, Sopas, Tostadas, Huevos Rancheros, Nachos et bien d'autres délices. Le tout pour un prix vraiment raisonnable. Si vous souhaitez rester à votre hôtel, la livraison est rapide.

PIZZERIA BUONA D'JUAN €

1408 Calle Fernando Sánchez de Orellana y Calle General Maldonado
+593 99 920 8261
Tous les jours de 13h à 22h30. Comptez environ 5 US$ pour une petite pizza, 10 US$ la moyenne et 18 US$ la familiale.

Dans ce restaurant sans prétention, à la décoration italienne un peu kitsch et aux couleurs murales hypnotiques, vous pourrez déguster une très bonne nourriture italienne. Les pizzas y sont généreuses et excellentes (on dit même d'elles qu'elles sont les meilleures de la ville). Juan et son équipe vous reçoivent avec le sourire et vous préparent pizzas et lasagnes au feu de bois. Les lasagnes sont tout simplement exquises et Juan vous propose une sauce piquante maison qui les accompagne parfaitement. Le service est rapide et sympathique.

POLLOS JIMMY'S €

Quevedo 8-85 y Valencia
+593 96 344 4587
Poulet rôti, fast-food local. Tous les jours de 10h à 21h (20h le dimanche). A partir de 5 US$. Almuerzo 3,50 US$.

Plus de 50 ans déjà que ce restaurant officie à Latacunga. (Ouvert en1969). Ici, la spécialité, c'est le poulet *a la brasa* (grillé) ! Le combo individual, comprenez le menu individuel, comprend un demi-poulet, du riz, des frites, une soupe et un soda. Jimmy, le patron, gère son resto de main de maître et la salle est souvent comble midi et soir. Ambiance couleur locale, clientèle surtout équatorienne et cadre simple (grande salle éclairée aux néons, ouverte sur la rue). Possibilité de livraison à votre hôtel ou de menus à emporter avec vous.

THE TEDDY'S PIZZA €

Calle Fernando Sánchez de Orellana & calle Guayaquil
+593 96 908 0896
Tous les jours de midi à 22h. Sur place et à emporter ou livré. A partir de 5 US$ la pizza moyenne.

Un petit restaurant local, très bien situé, juste à côté de l'hôtel Villa Tacunga, à 50 m de la place Santo Domingo. C'est une pizzeria, mais les plats y sont également très bons. Le local fait partie du bâtiment historique de Villa Tacunga, mais la direction est indépendante. Une bonne adresse pour dîner au retour d'excursions, le personnel est sympathique et les produits utilisés de qualité. Le samedi, Teddy's propose souvent de délicieuses pièces de bœuf braisées sous forme d'un menu très abordable. Chaque jour, vous y trouverez un menu différent.

LA ESPAÑOLA €€

Guayaquil 3-13 y Amazonas
+593 98 326 6895
Aussi connu sous le nom de Steak House. Grillades. De midi à 22h du mercredi au samedi. Compter 15-20 US$.

A l'étage d'une grande maison. Cette *paradilla* au décor rustique sert de la viande savoureuse. Les prix, plus élevés qu'ailleurs, sont justifiés par la qualité des plats. Les gros appétits pourront opter pour la *parrillada personal* (4 viandes différentes cuites au barbecue) ou le *churrasco* (viande de bœuf avec deux œufs). Les soupes sont aussi très bonnes, et notamment la *crema* de tomate. Mention spéciale pour les crevettes sur le gril. C'est une adresse très appréciée des familles de Latacunga qui y viennent souvent en fin de semaine. *Buen provecho* !

ANGELUS BY TUTTO FREDDO

Guayaquil y Sanchez de Orellana
✆ +593 99 906 2489
https://tuttofreddo.ec/
Tous les jours de 8h à 22h. Le dimanche ferme à 21h.

Succursale du producteur Tutto Freddo de Cuenca, voici une petite institution de Latacunga, sur la plaza Santo Domingo, ce glacier est recommandé pour une pause sucrée. Il est aussi connu sous son ancien nom : Nice Cream & Tutto Freddo. Nombre de jeunes de la ville y viennent en sortant de l'école et l'ambiance est bien sympathique. On y va bien entendu pour déguster une bonne glace, une crêpe, un cappuccino ou encore un caramel macchiato. On y sert également quelques plats. Le personnel est très sympathique et souriant. On recommande !

FÚTBOL TIMES

5-44 calle General Maldonado
✆ +593 98 710 0729
Du lundi au samedi de midi à 15h et de 17h à 21h. Jusqu'à 23h le WE.

A côté de la place principale, c'est dans un bâtiment sans charme que s'est installé le Fútbol Times. Au mur, des photos de sportifs (Maradona, Neymar, Michael Jordan, Zinedine Zidane, etc.). De très nombreux écrans diffusent et rediffusent les matchs de sport se disputant sur l'ensemble du globe. Au bar, de très nombreuses boissons. Lors de certaines soirées (voir la page Facebook), vous pourrez profiter de plusieurs concerts et animations, particulièrement les week-ends. Côté restauration, on peut y déguster des plats relativement simples mais bien élaborés !

PUJILÍ ★

C'est un des plus anciens villages d'Equateur. Mais c'est aujourd'hui une ville moderne dont 80% ont été reconstruits à cause des tremblements de terre. Il ne faut pas manquer les fêtes du Corpus Christi mi-juin. De nombreuses danses et processions toutes plus belles, lumineuses et colorées les unes que les autres se succèdent autour d'un personnage principal : le Danzante. Il est depuis 2014 reconnu au patrimoine mondial immatériel de l'Unesco. Celui-ci, dont l'apparence est assimilée au condor des Andes, danse de joie suite à la récolte du maïs. Il tient dans sa main droite une arme blanche et dans la gauche, une colombe, symbole de l'Esprit saint.

ZUMBAHUA ★★

C'est ici que l'ex-président, Rafael Correa, a été investi le 14 janvier 2007, lors d'une cérémonie symbolique qui a rassemblé plus de 20 000 personnes. Il a reçu ce jour-là le bâton du chef devant lui permettre de surmonter les obstacles qu'il rencontrerait au cours de son mandat. Rafael Correa a tenu à organiser cette cérémonie dans ce village, car il y avait travaillé en tant que bénévole auprès de ces populations quand il était étudiant. Outre son authentique marché du samedi matin, le village ne présente pas grand intérêt et constitue surtout une étape sur la route menant à la lagune de Quilotoa. Un bus vous y emmène en 2h depuis Latacunga.

SIERRA

La route de Zumbahua serpente à travers le paramó andin.

LAGUNA DEL QUILOTOA ★★★

À 14 km au nord de Zumbahua. La route en lacets qui conduit à la lagune est magnifique, bordée de vallées verdoyantes. Les couleurs vives des vêtements indigènes contrastent avec le gris vert du paysage. Les Andes indiennes telles qu'on les imagine... Le climat est souvent frais voire froid dans le village Quilotoa (4 000 m), surtout de février à fin avril, alors pensez aux vêtements chauds. Une fois arrivé là-haut, c'est un paysage époustouflant qui vous attend. L'énorme cratère réserve en son cœur une lagune d'une couleur tantôt bleutée, tantôt verte.

En fonction de la luminosité et des reflets du soleil, le spectacle est unique. Les plus aventureux pourront descendre au fond du cratère pour en admirer encore un peu plus sa grandeur (et éventuellement y tremper les pieds). Après un éventuel tour en canoë sur l'eau ou une nuit à la belle étoile (camping autorisé près de la lagune), il faut remonter vers le sommet. Une balade bien plus éprouvante qu'à l'aller. Pour les moins courageux, location de mules possible.

Se loger

En arrivant au village de Quilotoa niché à 4 000 m d'altitude, juste au-dessus de la lagune, de nombreuses maisons accueillent le voyageur souhaitant y passer la nuit. Les conditions sont généralement rudimentaires, l'ambiance familiale et les prix modiques. Cette halte andine est une bonne occasion pour goûter aux joies du tourisme communautaire. A côté de cela, d'autres hôtels ont aussi ouvert leurs portes pour servir au mieux l'ensemble des besoins des touristes de passage.

Se restaurer

Vous pourrez vous restaurer (cuisine locale) dans les hébergements. Car il n'y a pas de restaurants à proprement parler dans ce petit village. Chacun d'entre eux propose des *almuerzos* à moindre coût.

Shopping

Juste à l'entrée de la lagune, les habitants de la communauté de Quilotoa vendent des produits artisanaux tels que des masques en bois peints, pulls, gants et bonnets en alpaga, sacs colorés comme ceux que l'on retrouve à Otavalo, tableaux colorés aux motifs naïfs, bijoux, etc. On vous recommande de faire quelques emplettes sur place car les prix sont peu élevés et vous aiderez ainsi les familles locales. Et en prime, vous aurez un grand sourire et partagerez un moment privilégié avec les vendeurs. Ils sont là toute la journée (quand il ne pleut pas), en général de 8h à 16-17h.

Transports

- **En bus.** Au départ du terminal terrestre de Latacunga, des bus relient chaque jour Quilotoa en environ 2h30 (via Zumbahua). Pour le retour, les horaires sont plus erratiques et vous devrez probablement négocier un pick-up jusqu'à Zumbahua (comptez 5 US$ par personne) ; de là prendre un bus pour Latacunga (2 heures de route, 2 US$, plusieurs départs par jour). Les habitants de Latacunga pourront vous renseigner sur les transports. Sinon, laissez-vous guider en réservant une excursion à la journée via les hôtels et agences de Latacunga.

ALPAKA QUILOTOA LODGE €

A l'entrée de Quilotoa
✆ +593 99 212 5962
https://www.alpakaquilotoa.com/

A 5 minutes à pied de la lagune. Autour de 35 US$ la chambre double. Demi-pension 5 US$.

On est accueilli dans la famille Lacatunga (presque tout le monde porte ce nom de famille dans le hameau !). Idéal pour partager le quotidien d'une famille andine dans un milieu naturel hostile. Entre dortoir et chambres basiques, dont certaines avec salle de douches (et eau chaude), l'hostal peut accueillir 14 personnes. Malgré les couvertures et le poêle, il fait souvent très froid la nuit ; un bon sac de couchage n'est pas superflu. Bonne cuisine maison et petit déjeuner copieux. On y organise aussi des excursions dans les alentours.

HOSTAL CHUKIRAWA €

A 30 m du mirador, en face de l'entrée de la lagune
✆ +593 98 931 3313

Hôtel, bar-restaurant. Autour de 50 US$ la chambre double. Demi-pension comprise.

Cet établissement conviendra aux personnes en quête d'un peu plus de confort que la moyenne de ce qui est proposé au Quilotoa. Avec ses quelques chambres équipées d'une salle de bains privée et correctement chauffées, il est plus douillet que les autres hébergements mentionnés dans cette catégorie. Une belle terrasse protégée par un toit lumineux vous accueille pour le petit-déjeuner et les meubles rustiques donnent une ambiance chaleureuse à l'endroit. La maison est propre et l'accueil, comme partout dans le village, chaleureux.

LAGUNA DEL QUILOTOA ★★★

Les eaux vert émeraude (ou bleu nuit en fonction de la période de l'année et de la force du soleil) de cette vaste lagune ronde nichée dans le cratère d'un volcan endormi miroitent sous le soleil et contrastent avec les paysages environnants. Les expéditions scientifiques, et notamment celle de l'équipe du commandant Cousteau, n'ont jamais su définir sa profondeur, ce qui ajoute une touche de mystère. Depuis le promontoire (mirador) surplombant la lagune, on peut emprunter un sentier serpentant jusqu'au bord de l'eau, au creux du cratère. Si la descente est plutôt facile (environ 30 minutes), le retour est nettement plus fatigant car le sentier grimpe et le dénivelé est important (400 m), surtout à près de 4 000 m d'altitude (comptez de 30 minutes à 1 heure). Il est possible de remonter à dos de mule (tout est prévu en haut et en bas, avec affichage des tarifs pour éviter toute mauvaise surprise). Evitez de descendre après 15h, car la nuit tombe vite et relativement tôt, vers 17h. On peut aussi faire le tour de la lagune à pied en 4-5 heures. Partir dès le lever du soleil pour ne pas se faire surprendre par le brouillard qui se lève généralement en milieu ou en fin d'après-midi, selon la période. Les hébergements de Quilotoa pourront vous fournir un guide si vous ne désirez pas vous y aventurer seuls. N'oubliez pas que vous êtes en altitude et que le ciel est capricieux. Prévoir de bonnes chaussures de marche, lunettes de soleil, crème solaire, eau, polaire (ou vêtement chaud) et cas de pluie.

© MDMWORKS

SAMAY KIRUTOA LODGE €€

Vía Zumbahua Chugchilan

✆ +593 3 305 5824

Comptez 45 US$ par personne en demi-pension et à partir de 30 US$ avec seulement le petit déjeuner.

A 10 minutes à pied du centre, avec sa vue imprenable sur la lagune du Quilotoa, le *Samay*, comme on l'appelle ici, est le choix incontestable des amoureux souhaitant profiter au mieux de la tranquillité de l'endroit. Les chambres cosy, pas trop mal chauffées et équipées de salles de bain. Personnel extrêmement accueillant et petits déjeuners de compétition ! Possibilité de formule demi-pension assez avantageuse. Les repas sont préparés par une cuisinière locale avec des produits frais, en général bio, de la région exclusivement. Une belle option.

ISINLIVI ★

Cette bourgade rurale, perchée à 2 900 mètres d'altitude, peut faire l'objet d'une belle randonnée depuis Chugchilán, d'autant que des vestiges de forteresses pré-incas se dressent dans les alentours. Compter 4 à 5 heures de marche pour rejoindre le village. Diverses promenades à cheval sont envisageables, ainsi que la visite d'une communauté Quetchua proche du village. Retour possible en bus après la randonnée, à moins que l'on préfère passer la nuit au Llullu Llama, un agréable *ecolodge* qui vous proposera d'ailleurs d'organiser pour vous la découverte de la communauté dont les habitants se feront un plaisir de vous faire découvrir leur quotidien.

LLULLU LLAMA MOUNTAIN LODGE €

✆ +593 99 367 8165

www.llullullama.com

A partir 20 US$ la nuit en dortoir. A partir de 24 US$ en chambre double par personne.

Dans un cadre enchanteur, cette petite ferme d'adobe restaurée avec soin offre 8 chambres et un dortoir aménagé sous les combles. Plus récemment, d'autres chambres ont été construites dans le jardin. La décoration est charmante avec parquet en bois et murs aux teintes pastel. Bonne ambiance décontractée, on s'y sent comme à la maison. Une adresse vivement conseillée, parfaite pour se ressourcer. Les volontaires sont bienvenus tant à l'hostal qu'autour.

CHUGCHILÁN ★

De Quilotoa, vous irez jusqu'à Chugchilán, un village situé de l'autre côté de la lagune, à 22 km, où vous pourrez passer la nuit. Le village surplombe la gorge du *río* Toachi et les possibilités de randonnée dans les environs sont nombreuses. L'une des plus populaires, à effectuer en compagnie d'un guide, consiste à rallier en 5 heures de marche environ Quilotoa et Chugchilán. Si vous souhaitez passer quelques jours au vert, les lieux cités ci-dessous sont des endroits idéaux et d'excellents points de départ pour de belles randonnées à cheval.

Transports

- En bus. Liaisons quotidiennes depuis Latacunga (3h30).

HOSTAL CLOUD FOREST €

En bas de la colline sur la gauche, juste après l'hostal Mama Hilda. ✆ +593 3 270 8016
www.cloudforesthostal.com

Nuit en dortoir à partir de 15 US$. Chambre privée 34 US$ pour 2. Lunch box 3 US$. Wi-fi. Eau chaude.

L'hostal Cloud Forest offre un bon rapport qualité/prix. Cet endroit est empreint de charme, bien tenu et accueillant. Les chambres sont petites, mais équipées d'une salle de bains avec eau chaude 24h/24 et d'un balcon avec hamac. Au rez-de-chaussée se trouve une pièce commune où il fait bon bouquiner près du feu. D'ailleurs, si vous n'avez plus rien à lire, vous pourrez peut-être trouver votre bonheur dans la bibliothèque de la maison. Bonne cuisine, végétarienne ou non, au choix. Des ordinateurs sont mis à votre disposition en cas de besoin (1 US$).

BLACK SHEEP INN €€

A moins de 500 m du village de Chugchilán, sur la route principale ✆ +593 3 270 8077
www.blacksheepinn.com

De 30 US$ à 90 US$ par personne en pension complète suivant le type de chambre. Tarifs dégressifs.

Dans un cadre magique avec vue sur la campagne, cette auberge écologique (au label certifié par l'Etat équatorien) ressemble à un chalet. Toilettes à compost, recyclage, potager bio, reforestation... tout est étudié pour préserver la nature. Cuisine végétarienne délicieuse, préparée avec les produits bio du jardin et le fromage des chèvres de la ferme. Dans la région, randonnées équestres et pédestres permettent de découvrir des paysages superbes encore épargnés par le développement touristique. Il y a également un sauna et une salle de relaxation...

HOTEL CASA MAMA HILDA €€

✆ +593 3 270 8015

Compter entre 50 et 70 US$ pour une chambre double avec petit déjeuner et dîner inclus. CB acceptée.

Tenue par les Herrera, un couple très accueillant, cette superbe maison en pierre et en bois est un havre de paix. Les chambres se répartissent dans quatre bâtiments distincts. Certaines sont dotées d'une salle de bains privée, d'autres se partagent des sanitaires très propres. Certaines encore sont mansardées, équipées d'une cheminée ou d'un hamac. Des lits sont également réservés aux voyageurs en solo. La cuisine familiale est préparée à base de produits frais. L'hôtel propose ses propres chevaux pour des balades équestres. Une excellente adresse.

SALCEDO ★

A 15 km de Latacunga (et 2 600 m d'altitude). Le nom complet de la ville est San Miguel de Salcedo, du nom du père Augustın Miguel Salcedo. Le 10 octobre, la Saint-Miguel commémore la fête de la ville. Le grand marché du mardi et du samedi est réputé dans la région mais principalement pour ses produits agricoles. L'église traditionnelle, qui domine la place centrale et la ville, ne présente pas d'intérêt majeur. La proximité d'une des *hosterías* les plus célèbres de l'Equateur fait toutefois de Salcedo une destination de week-end appréciée des habitants huppés de la capitale. Le *pinol*, la spécialité locale, est une sucrerie à découvrir.

HOSTERIA RUMIPAMBA DE LAS ROSAS €€

Av. Norte s/n y Eloy Yerovi ✆ +593 3 272 6128
www.rumipamba.com

Comptez 90 US$ la chambre double. Restaurant, piscine, bain bouillonnant, Wi-fi, service de laverie, activités diverses.

C'est une halte classique et familiale de fin de semaine. Une trentaine de chambres confortables sous forme de bungalows, ou suites, dans un grand jardin, sont toutes personnalisées et équipées d'une salle de bains et d'une cheminée. Préférez celles de style rustique plutôt que classique. Le cadre est très relaxant et l'hôtel joliment décoré. L'Hosteria propose également un service de location de voitures et divers jeux. Ce ne sont là que quelques-unes des surprises qui vous attendent.

AMBATO

A 136 km au sud de Quito et à 2 577 m d'altitude, la capitale de la province du Tungurahua, dont le nom quichua Jambatu signifie « Colline de la grenouille », compte 245 000 habitants. Ambato fut fondée à la fin du XVIe siècle par les Espagnols. Il ne reste pas grand-chose de cette époque successivement enfouie sous les décombres lors des terribles tremblements de terre de 1698 et 1949. En 1820, les troupes du révolutionnaire Cipriano Delgado, aidées de celles du maréchal Sucre venues de Guayaquil, arrachent l'indépendance de la ville aux Espagnols. La ville est connue sous le nom de Terre des trois Juan. En effet, Ambato a vu naître les plus célèbres poètes équatoriens, Juan León Mera, poète, romancier et auteur de l'hymne national ; Juan Montalvo, écrivain qui s'illustra dans la lutte contre la dictature de Garcia Moreno et Juan Benigno Vela, journaliste, militant politique libéral. En février se déroule la grande feria des fleurs et des fruits ; senteurs et couleurs sont au rendez-vous et les Equatoriens viennent de tout le pays.

Se restaurer

La plupart des restaurants sont concentrés dans le centre. Partout vous verrez des restaurants populaires servant du poulet rôti. Parmi les spécialités culinaires locales, vous goûterez, entre autres, les llapiganchos, des tortillas à la pomme de terre accompagnées de chorizo, d'œuf, d'avocat et de salade. Rendez-vous au marché central. Il y a également le cuy de Ficoa, le fameux cochon d'Inde servi avec des pommes de terre (papas) et de la sauce de mani (cacahuète). Enfin, ne manquez pas les tortillas de maïs (ou connues comme les tortillas de nylon), dans le quartier de Ingahurco.

Transports

- Bus. Le terminal d'Ambato se trouve à 2 km du centre, sur la calle Paraguay. Liaisons vers Latacunga (1h), Quito (2h30), 24h/24h. Plusieurs compagnies assurent ces liaisons et il y a également des bus réguliers vers Riobamba, Guayaquil, Puyo, Macas, Coca, Lago Agrio, Esmeraldas, Manta, Otavalo, Ibarra, Loja, Huaquillas. En revanche, les départs vers Cuenca s'effectuent depuis la calle Estados Unidos et les bus pour Baños s'arrêtent en face du mercado Mayoristas. Avec la disparition du chemin de fer, les lignes sont susceptibles de changer.

JARDÍN BOTÁNICO ATOCHA LA LIRIA

Av. Rodrigo Pachano Lalama

Ce jardin qui s'étend sur 14 hectares fut fondé en 1849 par le docteur Nicolás Martínez Vasconez, sur un sol d'origine volcanique très fertile. Il abrite les propriétés qui ont appartenu à la famille Martinez-Holguin et à Juan Leon Mera. Plus de 200 espèces végétales sont à découvrir dans ce beau jardin. Et l'on y recense 7 espèces endémiques. On y trouve également les premiers Eucalypus semés en Equateur au XIXe siècle, omniprésents dans le pays aujourd'hui.

MUSEO DE CIENCIAS NATURALES HECTOR VASQUEZ

Sucre y Lalama

✆ +593 3 282 1958

Du lundi au vendredi de 8h30 à 12h30 et de 14h30 à 18h30. Entrée gratuite.

Le musée, se trouve au sein du collège Simón Bolívar. Ouvert en 1920, avec seulement une section de zoologie, il s'est depuis enrichi de diverses collections (ethnographie, pétrographie, anatomie, photographie et archéologie). La visite intéressera surtout les amateurs de faune locale, beaucoup d'espèces naturalisées y étant présentées dans des reconstitutions naïves de la vie animale. Parmi les autres curiosités, on y découvrira un fœtus de quatre mois et un squelette de femme !

MUSEO DE JUAN MONTALVO ★

Montalvo 03-50 y Bolivar

✆ +593 3 282 4248

Ouvert en semaine de 8h30 à 17h30.

Voici probablement le must de votre visite à Ambato. La propriété de l'illustre poète se tient sur les bords de la rivière Ambato. Un vaste jardin botanique se déploie jusqu'en bordure du tumultueux cours d'eau où viennent se baigner les enfants. La maison de 200 ans a gardé son charme colonial. Les trois ailes traditionnelles de la maison superbement restaurée encadrent un patio orné de palmiers. Les salles en enfilade sont meublées de mobilier de l'époque. Des objets (lettres, gravures, documents, armes, etc.) retracent la vie de l'auteur de l'hymne national.

PLAZA JUAN MONTALVO

Cet agréable parc au cœur de la ville résume toute l'ambiance de l'Amérique du Sud : arcades classiques, cireurs de chaussures zélés et notables échangeant les derniers potins sur les bancs du jardin… Parfois, un groupe local vous offre même un petit récital au coin d'une allée, toujours feutrée cependant. Ici, vous aurez l'impression d'être retourné un siècle en arrière, profitez-en pour vous y reposer en profitant de l'ombre des grands arbres et essayer de deviner où se cache le plus vieil arbre d'Ambato, vous n'en êtes pas si éloigné.

QUINTA DE JUAN LEON MERA

Av. Pachano Lalama
✆ +593 3 282 8939
Ouvert tous jours de 9h à 17h, sauf lundi et mardi. Entrée : 1 US$, visite guidée sur demande.

Cette propriété bâtie sur une colline domine un grand jardin fleuri ; elle date de 1874. C'est ici que le poète Juan León Mera se retirait pour jouir de la campagne, loin de l'agitation de la cité. La maison a conservé tout le charme des vieilles et nobles demeures et l'on déambule avec plaisir dans les enfilades de pièces au mobilier intact. Le jardin abrite 250 espèces de plantes. Le cèdre, le palmier et l'eucalyptus se distinguent, vous pouvez également admirer les cocotiers *cumbi* qui ont disparu de la plupart des pays d'Amérique latine.

HOTEL PORTUGAL & PORTUGAL VIP €

Redondel de Cumanda
✆ +593 32 822476
www.hotelportugalec.com/
A partir de 25 US$ par personne.

A l'entrée de la ville se trouve l'hôtel Portugal. Une vingtaine de chambres confortables dans un bâtiment moderne sans charme. Salle de bains, TV, téléphone. Pratique, mais l'hôtel Portugal VIP qui appartient aux mêmes propriétaires, situé lui en plein centre-ville et faisant partie des meilleurs hôtels de la ville, offre un peu plus de confort. Les chambres vont de la chambre simple à la quadruple et disposent toutes d'une belle salle de bains attenante.

HOTEL AMBATO €€

Guayaquil 01-08 y Rocafuerte
✆ +593 3 242 1791
www.hotelambato.com
Comptez 60 à 120 US$ pour une chambre double, petit déjeuner inclus. Parking.

L'hôtel le plus haut de gamme de la ville est surtout fonctionnel et bien situé (en plein centre). Dans un édifice moderne, ses 60 chambres offrent tout le confort d'un hôtel de bonne catégorie. Offrant une vue sur le fleuve Ambato, cet hôtel convivial est entouré de bars et de restaurants. Il se trouve à 2 km de la gare d'Ambato. Vous serez accueillis avec le sourire et le personnel sera toujours aux petits soins. L'hôtel propose également de nombreux services (service de laverie, Wi-Fi, restaurant et cafétéria) et organise des tours guidés quotidiens d'Ambato.

HOTEL SEÑORIAL €€

Av. Cevallos y Quito
✆ +593 3 2825 124
www.hotelsenorial.com.ec
A partir de 25 US$ par personne.

Le moins que l'on puisse dire, c'est que cet endroit ne laisse pas indifférent. Le décor façon années 1980 est très kitsch, et à première vue surprenant, puis on s'y fait. L'hôtel se révèle agréable et confortable. Les chambres sont propres, spacieuses et calmes. Toutes sont équipées de la télévision câblée. L'hôtel est très bien situé, à 3 minutes à pied de la maison de l'écrivain Juan Montalvo et 4 km seulement de la *gare routière*. Le quartier regorge de bars et restaurant où aller dîner au retour d'excursion. Bon choix pour rayonner.

ROKA PLAZA HOTEL €€€

Av. Bolívar, entre Quito et Guayaquil
✆ +593 3 242 2360
www.hotelrokaplaza.com
A partir de 40 US$ pour une chambre simple, de 50 US$ la double, et de 72 US$ la triple. Divers types de chambres.

Il s'agit là du seul hôtel-boutique de la ville. Comptant une dizaine de chambres, il offre à ses visiteurs un cadre élégant dans une demeure en pierre classée, et un service personnalisé. Plusieurs types de chambres sont disponibles. Economique, standard et deluxe, la différence principale tenant à la taille de la chambre et à la vue qu'elle offre. Le restaurant de l'hôtel est très bon également avec un large choix de plats très originaux à la carte. Entre cuisine traditionnelle et internationale avec une touche asiatique, la table vaut le détour.

LA FORNACE PIZZERIA Y GELATERIA €

Cevallos 17-28 y Montalvo
✆ +593 3 2823 244
Pizzeria et spécialités italiennes. Tous les jours à partir de 10h et jusqu'à 22h/23h. A partir de 7 US$.

Ce resto populaire prépare de bonnes pizzas cuites au feu de bois (dans un grand four en brique). Les ingrédients sont frais, ce qui explique sans doute le succès des lieux, très fréquentés par les habitants de Ambato et des environs. Les autres plats sont tout aussi savoureux. 3 types de cannellonis, de très belles salades composées et un choix de pâtes digne de l'antre d'une mama italienne. Comme son nom l'indique, vaste choix de glaces italiennes. Un très bon rapport qualité-prix.

PARILLADAS EL GAUCHO €€

Bolívar, entre Quito et Mariano Castillo
✆ +593 99 830 9376
Grillades. Du lundi au samedi de midi à 15h30 et de 18h à 21h de jeudi à samedi. A partir de 8 US$ le plat.

Le restaurant argentin est populaire auprès des familles locales. Les grandes tables se prêtent aux réunions familiales et professionnelles souvent accompagnées de musique live. On y sert une bonne viande (bœuf, poulet et porc) et du poisson, cuits au feu de bois, dans un cadre très convivial. Les portions sont généreuses et la carte alléchante. Les amateurs de pâtes seront comblés par la formule grâce à laquelle ils pourront créer leur propre plat de pâtes. Mais nous recommandons particulièrement le T-bone pour ceux qui aiment le bœuf, il est excellent.

MERCADO CENTRAL

Av. 12 de Noviembre
Tous les jours de 8h à 17h.

Pour se ravitailler ou déguster une cuisine locale (cochon rôti, bouillon de poule, *ceviches*...) dans une ambiance populaire, direction le marché central. C'est le marché le plus important de la ville. Il s'étale sur deux étages. Au rez-de-chaussée se trouvent des aliments tels que fruits, légumes, légumes, chocolat *ambateño*, pain, fromage, etc. Au deuxième étage se trouve l'aire de restauration où vous pourrez déguster les saveurs exquises de la gastronomie locale. On vient de loin pour déguster ici la meilleure cuisine d'Ambato.

PÍLLARO

A 14 km au nord-ouest de Ambato. Accroché au versant occidental de la Cordillère se trouve le village de Píllaro. C'est ici que Rumiñahui aurait caché le trésor devant servir à payer la rançon de Atahualpa, l'empereur inca, prisonnier à Cajamarca. Le fidèle Rumiñahui, sur le point de tomber entre les mains de Benalcázar, se jeta du haut d'une falaise. Miraculeusement sauvé par un arbre, il sera torturé puis brûlé vif, mais il tiendra sa langue et ne dévoilera pas la cachette du trésor. Depuis, de nombreux explorateurs ont perdu la vie dans la vaine quête de ce trésor mythique. C'est également un bon endroit pour trouver de l'artisanat local à très bon prix.

QUERO ★

Avant d'arriver à Salasaca, faire un crochet par Quero. A 15 km, face au village de Mocha. C'est le village où l'on trouve les plus beaux tapis du pays, mais également des couvertures et des ponchos. Les artisans travaillent sur de grands métiers face aux visiteurs et ne sont pas avares d'explications sur leur travail sans pour autant faire monter les prix. Leurs explications détaillées sont très intéressantes. Si vous avez de la place dans vos bagages, c'est l'endroit où investir dans un tapis unique. Le village doit également sa réputation à la fabrication des cuillères de bois, riches de décorations. Le 7 avril, on y célèbre le Jour de l'Indien.

SALASACA

A 23 km au sud d'Ambato, ce village (attention, il n'est quasiment pas indiqué) est habité, depuis le XVᵉ siècle, par la communauté des Salasacas. Ils ont beaucoup d'allure dans leur costume traditionnel : poncho noir, pantalon blanc et grand chapeau blanc. Cette ethnie est célèbre pour ses tissages colorés que l'on trouve dans les magasins d'exposition le long de la route et le dimanche sur le marché de la ville. Leurs tapis montrent de curieux motifs décoratifs : oiseaux, cervidés, personnages... De tendance moderne, ils s'inspirent pourtant d'une tradition tout à fait ancienne. Au-delà, cette route se poursuit vers Baños et l'Amazonie.

BAÑOS ★★★

Peuplée d'environ 20 000 habitants, nichée à 1 820 m d'altitude sur les contreforts des Andes et adossée au versant du terrible volcan Tungurahua (5 016 m), Baños est l'ultime étape de la cordillère avant l'Amazonie (Oriente). Le climat y est doux et humide et, comme il pleut abondamment, la végétation tropicale est exubérante. Il règne dans ce petit paradis naturel une douce atmosphère qui charme généralement les voyageurs de passage, et bon nombre d'étrangers y ont élu domicile. Cette station thermale bénéficie de sources d'eau chaude aux propriétés curatives, qui furent à l'origine de la fondation de ce bourg en 1944. Fort de son succès, Baños vit paisiblement au rythme du tourisme équatorien et étranger… selon les humeurs du majestueux et capricieux volcan Tungurahua qui domine toute la vallée. Ce géant autrefois endormi s'est soudainement réveillé en 1999, crachant ses gerbes de feu au-dessus de Baños. Son cratère est situé à moins de 10 km de la ville ! Depuis, le Tungurahua est en activité permanente et ses éruptions sont fréquentes. Parée à d'éventuelles éruptions, la ville procède à des mises en garde permanentes et affiche sur ses murs des plans d'évacuation. Le volcan demeure sous la surveillance des volcanologues qui sont généralement en mesure de prévoir une éventuelle éruption. « Mama Tungurahua », comme on le surnomme ici, s'élève au-dessus de la ville telle l'épée suspendue au-dessus de la tête de Damoclès, mais malgré cela l'optimisme règne en maître sur Baños.
Comme tous hauts lieux touristiques, Baños compte de nombreuses boutiques qui se livrent entre elles une rude concurrence. Bars, restaurants et agences de tourisme bordent la rue Ambato, transformée en rue piétonne. L'une des spécialités artisanales de la région est le travail du *balsa*, un bois extrêmement léger d'origine amazonienne, sculpté et peint, le plus souvent en forme de perroquets ou de toucans. Les gourmands se laisseront tenter par les confiseries locales : *alfeñique* et *melcocha*, à base de *panela* et de sucre de canne. Cette dernière se prépare à la main et vous verrez sûrement à l'entrée de leur commerce des spécialistes battre sans relâche une épaisse pâte colorée.
Mais l'attrait principal de Baños reste sans nul doute sa très large palette d'activités. Nichée dans la vallée du río Pastaza, aussi appelée la vallée des cascades, la ville est propice aux sports d'aventure en plein air. Dans ce cadre idyllique, randonnées pédestres, équestres, rafting, VTT, saut à l'élastique, descentes en rappel dans les cascades (canyoning) figurent sur la liste des loisirs proposés par la plupart des agences de voyages. Dernier bastion montagneux avant la jungle, Baños est donc visitée par les touristes qui vont ou reviennent de l'Oriente. C'est en effet un bon point de départ pour une excursion dans la forêt amazonienne.
Les fêtes patronales en l'honneur de la Vierge du Rosario de Santa Agua ont lieu en octobre. A la mi-décembre (du 8 au 16 décembre), chaque quartier organise ses propres festivités, toujours en l'honneur de la Vierge (Cantonizacion de Baño). En février se déroule le carnaval de la Caña (avec défilés folkloriques et dégustation de *melcocha*).

Shopping

D'innombrables boutiques d'artisanat (très touristiques) se succèdent le long de la rue Ambato. Les souvenirs vendus viennent pour la plupart du marché d'Otavalo, hormis quelques objets, comme les sculptures confectionnées en *balsa* et en *tagua*.

La *tagua*, ivoire végétal. De la taille d'une petite noix, la *tagua* est la graine d'une espèce de palmier de la famille des Arecaceae, qui pousse dans les forêts humides tropicales. Cet ivoire végétal, de couleur marron à l'extérieur et blanche à l'intérieur, possède la texture, la couleur et la résistance de l'ivoire. Outre son nom scientifique Phytelephas, la *tagua* est connue sous le nom de *cade* ou *corozo* (en espagnol), *coquilla* (au Brésil) et *binroji* (au Japon). On la trouve dans les régions de la côte Pacifique et de l'Amazonie équatorienne, jusqu'à 600 m d'altitude, dans un environnement où la température oscille entre 22 °C et 27 °C. Elle se récolte toute l'année. L'exportation de *tagua* a connu deux moments forts, du début du XXe siècle à la Seconde Guerre mondiale, et des années 1980 à nos jours. Utilisée essentiellement comme matière première pour la fabrication de boutons, la production de *tagua* a beaucoup souffert de la généralisation de l'utilisation du plastique. Les nouvelles préoccupations écologiques ont redonné un nouvel essor à la *tagua*, qui jouit de belles perspectives de croissance.

Sortir

Comparé aux autres villes de la Sierra, la vie nocturne de Baños est animée. Dans les bars et les discothèques, les touristes se mêlent aux jeunes locaux. D'une manière générale, les bars sont ouverts jusqu'à 2h maximum et principalement regroupés dans la calle Eloy Alfaro, entre les rues Ambato et Oriente. Pendant les beaux jours, il n'est pas rares que des musiciens s'installent sur la place principale pour improviser un spectacle, c'est souvent le meilleur endroit pour profiter de l'ambiance jeune et festive de la ville. A noter : tout est fermé le dimanche. Ce jour-là, la ville se repose et vous ne pourrez donc pas facilement consommer d'alcool en dehors des hôtels.

Sports / Loisirs

Rafting, saut à l'élastique (puenting, comptez autour de 20 US$ pour un saut du pont de San Francisco), canyoning (descente en rappel dans les chutes d'eau, comptez de 30 à 40 US$ pour une demi-journée et 4 cascades), balades à pied, à vélo (10 à 20 US$ par jour) ou à cheval, parapente, canopy, *tarabita* (2 US$ sur la Route des Cascades)... Ce ne sont pas les activités qui manquent à Baños. Il y en a pour tous les goûts ! Les agences se livrent une sévère concurrence. Vous pouvez vous renseigner auprès de celles mentionnées dans le guide.

S'il y a une sympathique balade à faire dans la petite ville de Baños, les touristes viennent surtout ici pour s'adonner aux plaisirs d'activités en plein air (souvent extrêmes). Il existe plus de 70 agences de tourisme référencées en ville, alors autant dire qu'il faut faire le tri. Pour des raisons de sécurité, nous vous conseillons de faire appel à une agence professionnelle et certifiée. De nombreuses agences proposent la location de vélo à la journée (compter entre 10 et 20 US$) : on vous conseille de bien vérifier l'état du vélo avant de partir (les freins notamment !). Pour faire du vélo de montagne dans les alentours, mieux vaut privilégier les modèles les plus performants, quitte à y mettre le prix. On pourra par exemple se rapprocher de l'agence Aninga Travel (bureau dans le centre).

Prudence en buggy. La plupart des agences locales proposent des tours en buggy, ces petits engins motorisés deux places et à quatre roues. Il faut compter 25 US$ pour une location (une demi-journée). Sachez que les accidents sont fréquents, aussi nous préférons ne pas vous recommander cette activité ; mais si vous y tenez, soyez prudent !

Détente et bien-être. Baños est aussi une station thermale agréable. Aussi un séjour ici rime forcément avec détente. La ville compte cinq thermes : El Salado, La Virgen, Santa Ana, Las Modernas et enfin Santa Clara. Sachez que le week-end les piscines sont pleines à craquer ; et c'est pour cette raison d'ailleurs que les habitants les surnomment ironiquement *caldo de patas*, comprenez « soupe de pieds »... Vous trouverez également de nombreux instituts de massages. Pour une séance de remise en forme, rendez-vous au Spa de l'hôtel Luna Runtun et proftez de la vue incroyable tout en prenant soin de vous.

Balades en Chiva. Si certains souhaitent découvrir les chutes d'eau à vélo, d'autres préféreront la *chiva*. Ce bus traditionnel en bois coloré part de Baños (plusieurs départs par jour) et sillonne notamment la route des cascades. Ainsi on s'arrête aux chutes d'eau de Rio Blanco, du Manto de la Novia, où l'on peut s'essayer à la *tarabita* (celle-ci est la plus longue du pays et s'étend sur 450 m de long), puis aux cascades de San Jorge, de Rio Verde et enfin du Pailón del Diablo (clou de la balade). L'excursion dure 3h environ. Plusieurs agences proposent cette excursion, et notamment Expediciones Amazonicas. Autre option : la balade en *chiva* jusqu'à la Casa del Arbol. A noter toutefois, mieux vaut aimer les ambiances populaires et le reggaeton à fond les ballons ! Si on voulait passer inaperçu, c'est raté.

Tourisme

Nous vous recommandons de vous rendre à l'office de tourisme local avant de vous décider pour telle ou telle agence. Consultez leur site internet : www.banos-ecuador.com

© BOYD HENDRIKSE - SHUTTERSTOCK.COM

Baños.

Transports

Baños a la taille d'un village dont on fait le tour à pied très rapidement. La gare routière se trouve à l'entrée de la ville. Là, plusieurs compagnies desservent les principales destinations du pays. L'aéroport le plus proche est celui de Quito (Aeropuerto Internacional, à environ 150 km de là).

GALERIA DE ARTE HUILLACUNA ★

12 de Noviembre y Juan Montalvo
✆ +593 98 841 2381
Tous les jours de 9h à 19h.

Cette jolie maison blanche abrite des expositions de jeunes peintres équatoriens et une belle sélection d'artisanat à découvrir. Peintures et sculptures se partagent l'espace avec de jolis bijoux faits à la main dans la région de Baños. L'endroit est agréable et l'on y glane des idées de cadeaux, comme par exemple une superbe cabosse de cacao trempée dans un bain d'or, du plus bel effet. Une annexe sert de cafétéria où se détendre avant ou après la visite. Intéressant.

BASÍLICA DE LA VIRGEN DE AGUA SANTA ✞ ★

L'église, est un lieu de pèlerinage réputé pour les miracles de toutes sortes qui ont récompensé la ferveur des fidèles. Dans cette jolie église provinciale de style gothique, au plafond peint de belles couleurs, vous remarquerez donc les tableaux qui ornent les murs illustrant les principaux miracles de la Vierge. Au fond de l'église, dans une petite grotte, avec fontaine d'eau bénite, on vient de loin adorer la Madone et se signer avec l'eau miraculeuse.

ILLUCHI ★

Mirador et point de vue sur le volcan. Balade à pied, compter 1h-1h30 de marche depuis le terminal terrestre.

Voici une excursion intéressante qui ne vous coûtera pas un kopeck. Le point de départ de cette balade vers le village d'Illuchi est au niveau du terminal de bus. Il faut traverser le pont de San Francisco qui enjambe le río Pastaza et où de nombreux touristes s'essayent au saut à l'élastique. Puis continuer en montée en direction d'Illuchi d'où vous pourrez avoir un très beau point de vue sur le volcan Tungurahua. Vous pourrez héler une voiture si vous n'avez pas le courage de marcher jusqu'au bout, les locaux sont toujours prêts à rendre service aux touristes.

CASA DEL ARBOL ★

Ouvert tous les jours de 7h à 19h. Entrée : 1 US$. Accès possible en chiva et en bus (se renseigner dans le centre).

Il s'agit d'une maison perchée dans un arbre, et de deux balançoires accrochées à l'arbre. La tradition veut que vous vous balanciez et que l'on prenne une photo de vous vue de dos (l'une des principales raisons de votre venue !). Ce qui donne l'impression que vous vous lancez dans le vide. La vue sur le volcan en face est de plus splendide (si les nuages ne sont pas trop imposants). Autour de la maison, deux autres balançoires sont installées un peu plus loin ainsi qu'une tyrolienne pour des courses endiablées appréciée par les enfants.

MIRADOR DE LA CRUZ DE BELLAVISTA ★★

De l'autre côté de la ville en direction de Puyo.
Possibilité de s'y rendre en chiva (excursion nocturne arrosée de canelazos !).

Comptez une bonne heure de marche, et 20 minutes en voiture. La vue sur la ville et la vallée est spectaculaire. A la tombée de la nuit, cette dernière se teinte d'un bleu profond et les rues s'illuminent dans des teintes semblables à des coulées de lave ; pensez à vous couvrir, car le mirador est exposé aux vents frais. On peut continuer jusqu'à la vallée voisine d'Ulba, et même relier les deux belvédères, la Virgen et Bella Vista (2 600 m). Comptez 3 heures, car ça grimpe fort !

SIERRA

MIRADOR DE LA VIRGEN ★

Vue spectaculaire sur la ville et le Tungurahua. Par temps clair uniquement. 600 marches !

© AMMIT JACK - SHUTTERSTOCK.COM

Compter 1 heure de balade agréable, tout en montée cependant (facilitée par des escaliers). Celle-ci débute à côté du cimetière d'où part le chemin qui vous conduira à la Vierge. Vos efforts seront récompensés par une vue imprenable sur Baños et le volcan Tungurahua. Certaines agences proposent des excursions guidées jusqu'au mirador, mais est-ce nécessaire ? De nuit, la vue est encore plus impressionnante, mais il est dans ce cas conseillé de se faire accompagner par quelqu'un du coin afin d'éviter les éventuelles mauvaises rencontres.

MUSEO FRAY ENRIQUE MIDEROS

Ouvert en semaine de 8h à 12h30 et de 14h à 17h15 (billetterie). Le week-end de 8h à 18h. Entrée : 1,50 US$.

Situé au 1er étage du couvent, ce musée est constitué d'une enfilade de salles encadrant une galerie. La promenade est agréable, car on est cerné par les montagnes environnantes. L'exposition hétéroclite, touchante de naïveté, présente pêle-mêle animaux naturalisés, images saintes et objets de culte, robes de la Vierge et offrandes de remerciement pour les miracles accomplis. Une collection numismatique et quelques papillons naturalisés complètent la liste des curiosités.

VOLCAN TUNGURAHUA ★

www.igepn.edu.ec

Centre d'informations sur le site ouvert 24h/24. A consulter impérativement avant de s'y rendre.

Du haut de ses 5 023 m, le volcan actif Tungurahua domine le parc national Sangay. Le Tungurahua, qui signifie « Gorge de feu » en quichua, se trouve à seulement 6 km de la ville de Baños. Avoir avoir dormi pendant plus de 90 ans, il s'est soudainement réveillé en 1999 et plus 25 000 personnes ont été évacuées. Depuis, ses éruptions sont très fréquentes et ce mastodonte crache régulièrement des nuages de fumée. Pour apercevoir le volcan, rendez-vous au mirador, d'où la vue est superbe. Faites-vous accompagner de préférence par un professionnel.

EXPEDICIONES AMAZONICAS RAFTING

Oriente y Thomas Halfants

✆ +593 99 299 1109

Agence de tourisme spécialisée dans le rafting. Très professionnels.

Les prestations de cette agence digne de confiance sont variées. On notera le canyoning (comptez 25 US$ par personne pour 4 descentes de cascades de 15 à 45 m, durée 3h environ), le rafting (départ à 9h ou 14h, 30 US$ par personne pour une demi-journée), le saut à l'élastique du pont Rio Blanco (25 m, 15 US$ par personne) et du pont San Francisco (100 m, 20 US$ par personne). Le prix comprend à chaque fois le transport, les services d'un guide anglophone et la location de l'équipement.

GEOTOURS

Ambato y Halflants

✆ +593 3 274 1344

www.geotoursbanios.com

Agence de tourisme locale. Canyoning, rafting, escalade, excursions dans la jungle, randonnées, balades à vélo…

Depuis plus de 20 ans, cette agence propose diverses activités, surtout dans le domaine de l'aventure : rafting, canyoning, kayaking, VTT, équitation. Guides qualifiés. Plusieurs bureaux en ville. Les équipements sont de qualité et le personnel sérieux. Le personnel parle espagnol et anglais sans problème. Pour information, les gérants de l'agence s'occupent aussi du Green-Forest Ecolodge de Cuyabeno et de l'hostal bien connue de Baños, Santa Cruz backpackers. Vous pouvez donc vous fier à eux pour organiser une partie de votre voyage.

SIERRA

RUTA DE LAS CASCADAS ★★

La Ruta de las Cascadas. A vélo, en voiture ou en chiva.

La région de Baños recense une soixantaine de cascades ! Ce sera donc l'occasion de longer à vélo cette fameuse route jusqu'au Pailón del Diablo ou, pour les plus téméraires, jusqu'à Puyo (porte d'entrée de la jungle). Sur une vingtaine de kilomètres au départ de Baños, on peut admirer les chutes d'eau depuis la route. La location d'un vélo coûte entre 10 US$ et 20 US$ par jour en fonction de la qualité du vélo (environ 3 à 4 heures pour arriver au Pailon del Diablo en prenant son temps, et 6h jusqu'à Puyo). Au début, la route goudronnée est décevante et les zones réservées aux cyclistes sont trop rares, le trafic est dense, les voitures vous crachent leur gaz dans la figure et le paysage est gâché par les usines et les barrages. Mais plus on avance, plus la route est jolie. C'est au niveau de la cascade Manto de la Novia que la balade commence à valoir le coup. Attention, ne prendre que le 1er tunnel et contourner les suivants ! On passe par l'immense barrage d'Agoyán, qui fournit une grosse partie de l'énergie du pays. Plus loin, à l'entrée des tunnels, un superbe point de vue s'offre sur la puissante cascade. Le long de la route, on peut s'arrêter et tenter les poulies (tarabita : 2 US$ par personne), mais nous vous déconseillons la première (Rio Blanco), petite et pas vraiment spectaculaire. Les opérateurs qui louent des vélos au départ de Baños vous proposeront tous de venir vous chercher en véhicule motorisé à votre point d'arrivée, n'hésitez pas car le retour, en montée permanente est à réserver aux plus sportifs !

Parmi les cascades à découvrir :

- **Río Blanco :** au km 7 environ, avec tarabita
- **Manto de la Novia :** après Agoyán, on passe devant une cascade spectaculaire de plus de 60 m de haut, à environ 12 km de Baños. Une Tarabita (environ 2 US$) vous permettra cette fois de survoler la cascade pour un point de vue exceptionnel sur la cascade et la vallée du río Pastaza. De l'autre côté du río, de belles balades dans la montagne sont possibles, on aperçoit des bassins de pisciculture réservés à l'élevage de truites. Autre possibilité, descendre au pied de la cascade. Vous traversez le río sur un pont suspendu qui semble fragile (mais qui est en fait utilisé chaque jour par des locaux). Vous pourrez prendre vos photos devant cette magnifique cascade et profitez des frais embruns provenant de cette dernière. Vous pourrez également profiter d'une boisson fraîche dans l'établissement voisin. Des colibris y ont élu domicile, pour votre plus grand plaisir.
- **Río Verde :** au km 16 (à peine signalé). Il y a dans ce hameau une formidable cascade. Un peu plus loin, au niveau de Mavhay, possibilité de faire du *canopy* (ou tyrolienne).
- **Pailón del Diablo :** c'est la cascade la plus impressionnante... Un *must* ! On descend à pied un sentier qui mène aux chutes d'eau. En bas, allez jusqu'au bout et faufilez-vous (certains passages font 80 cm de hauteur donc vous pouvez imaginer la complexité du passage pour les plus grands gabarits !) derrière le torrent... Entrée : 2 US$. Stand de restauration et échoppe de souvenirs sur place (goûtez les *empanadas* vendues à l'entrée du site !). Au retour on peut prendre le bus ou un *pick-up*. Accès tous les jours de 8h à 18h. Depuis 2022, le Pailon del Diablo est illuminé de toutes les couleurs à partir du coucher du soleil et offre un spectacle de toute beauté. Certaines Chivas proposent donc maintenant la visite nocturne, occasion rare de voir la ruta de las cascadas sous un autre angle. Si vous êtes motorisés, profitez-en pour aller dîner au restaurant de l'hosteria Miramelindo, situé juste à côté et où on mange extrêmement bien dans une ambiance artistique rare dans le secteur.
- ***El otro lado***. Une superbe excursion ! Prendre la route de Puyo sur 20 km (possible en bus ou à vélo). Au village de Río Verde, signalé par des maisons et des panneaux explicites, un sentier escarpé descend jusqu'au río Pastaza, au milieu d'une végétation luxuriante et vous conduit à la cascade du Pailon del Diablo. On se sent tout petit face à ce débit impressionnant. Sur le site, un fragile pont enjambe les eaux tumultueuses de la rivière, dans un grondement d'enfer des chutes voisines. Après le pont, le chemin vous mène directement al Otro Lado, (littéralement « de l'autre côté »), une halte totalement inattendue. On peut y aller après le Pailon del Diablo et prendre un verre ou déjeuner avant de rentrer.
- **Machay.** La seule cascade qui vous permettra de vous baigner. Après ce circuit de plusieurs kilomètres, un arrêt très agréable. La cascade Machay est une chute d'eau spectaculaire de quarante mètres de haut, complétée par une autre petite chute où se forment des bassins d'eau pure. Son eau cristalline provient de la rivière Machay, qui descend à travers une forêt subtropicale, formant une série de chutes. La visite commence à la cascade Manantial del Dorado et se termine à la cascade Machay, qui rejoint plus tard la rivière Pastaza ; ce circuit dure de 2 à 3 heures puisqu'il faut parcourir environ 7 km. L'eau de la rivière Machay est transparente et est à une température de 10 °C.
- **Autres cascades à voir autour de Baños :** Ines Maria, une belle balade, a environ 4 km du centre-ville. Traverser le pont de San Martín et continuer la piste ; prendre l'embranchement sur la droite qui descend au pied de la cascade. La remontée est plus difficile !

SIERRA

IMAGINE ECUADOR

16 de Diciembre
✆ +593 985238214
www.imagineecuador.com
Rafting et canyoning à partir de 35 US$ la demi-journée.

Une véritable agence de voyages plutôt récente, mais très bien tenue par une équipe expérimentée, motivée et bilingue espagnol-anglais (important pour les notions de sécurité). Une des adresses les plus sérieuses de Baños. Guides très professionnels pour toutes les activités aquatiques proposées ici. Imagine Ecuador est présente sur tout le territoire et propose aussi des *packages* pour les Galapagos, Amazonie et partout ailleurs. Site très bien détaillé. A la fin de votre journée, vous pourrez récupérer les photos. On recommande vivement !

MARBERKTOUR

Eloy Alfaro, entre Rocafuerte et Ambato
✆ +593 98 461 2997
Agence de tourisme locale, spécialisée dans les activités, sports d'aventure. Voir TikTok @marberktour.

Cette agence s'est spécialisée dans les excursions combinées pour vous permettre de découvrir toutes les facettes de la région. Pour les sportifs : balades à cheval, rafting et VTT sur 1 ou plusieurs jours. Plus classiques, l'ascension du Tungurahua, du Cotopaxi, du Chimborazo. Mais aussi rafting sur le río Jatunyacu (4 personnes minimum, environ 60 US$ par jour et par personne), canyoning (à partir de 20 US$ par personne.). Les guides expérimentés sont anglophones. Leur excursion dans la forêt amazonienne est en revanche trop touristique et pas assez authentique.

TERMINAL TERRESTRE

Av. Amazonas (entre Maldonado y Reyes)

Le terminal se trouve à l'entrée du centre-ville. Bien agencé, il regroupe les bureaux des différentes coopératives de bus. Départs quotidiens et fréquents vers Quito (plus de 20 bus/jour, 3h). C'est d'ailleurs ce même bus qu'il vous faudra prendre pour aller à Latacunga. L'arrêt se fera alors sur le bord de la panaméricaine. Toutes les 10 minutes pour Ambato (1h) ; une dizaine de bus pour Riobamba (2h). Vers l'Amazonie, une dizaine de bus par jour en direction de Puyo (2h) et Tena (environ 4 ou 5h). Des bus également vers Guayaquil et Salinas sur la côte (9h).

HOSTAL D'MATHIAS €

16 de Diciembre
✆ +593 98 638 8630
Compter environ 20 US$ la chambre double pour 1 nuit. 6 US$ le lit en dortoir.

L'Hostal D'Mathias vous offre tout ce qu'on attend d'une bonne auberge de jeunesse : un accueil sympathique, une propreté irréprochable indispensable de nos jours, et des services bien pratiques : cuisine à disposition pour préparer vos repas, WiFi, eau chaude, laverie. De plus, les conseils pour réserver vos activités sont désintéressés, aucune commission n'est reversée. Le tout à prix doux, en plein centre de Baños. Décor tout de bois et de brique. Réception ouverte 24h/24. Il est à noter que toutes les chambres disposent maintenant d'une salle de bain privée.

HOSTAL EL CASTILLO €

Martínez 2-55 y Rafael Vieira
✆ +593 99 166 0387
elcastillohotel.negocio.site/
A partir de 15 US$ par personne.

Une petite pension dans une jolie maison de briques rouges, façon château féodal, dotée d'une douzaine de chambres avec chacune sa salle de bains privée. Dans la belle salle à manger familiale, les propriétaires vous proposeront une bonne cuisine locale mettant en valeur les produits frais et de la région quand c'est possible. Le joli petit patio est propice au repos après les excursions. Un peu à l'écart du centre, dans un quartier très tranquille tout en étant à 2 pâtés de maisons de la basilique, cet hostal est attractif pour son rapport qualité-prix.

HOSTAL LEON €

Halflants y Luis A. Martínez
✆ +593 3 274 1032
Chambre double autour de 20 US$. Terrasse et cuisine à disposition des résidents.

Ce petit hostal propose une vingtaine de chambres avec salle de bains, eau chaude et TV dans un quartier très tranquille de Baños. C'est un hôtel discret, fonctionnel et bien tenu. Des plantes vertes grimpantes décorent le patio à l'entrée. Vous pourrez profiter d'une belle terrasse sur le toit offrant une jolie vue sur la ville et la montagne. Un prix très raisonnable vous fera oublier les petits détails de décoration ou d'entretien (la propreté est cependant au rendez-vous). Possibilité de louer des vélos sur place et de faire laver son linge.

HOSTAL PRINCESA MARIA €

Rocafuerte y Mera Esq.
✆ +593 98 302 1120
Lit en dortoir à partir de 11 US$. Chambre double autour de 25 US$.

Une petite pension familiale bien tenue façon auberge de jeunesse, nichée dans une rue inclinée. On la reconnaîtra facilement grâce à sa façade bleue. Les propriétaires vous y réservent un accueil sympathique. On séjournera ici en dortoir ou en chambre double. Déco colorée, parquet, dessus de lit kitsch, mais lits confortables. Cuisine à disposition, laverie et télévision. Un bon plan pour les petits budgets d'autant que Saulo, le fils de la famille, parle très bien le français et saura vous guider dans votre choix d'activités tout au long de votre séjour.

HOTEL TRANSILVANIA €

16 de Diciembre y Oriente
✆ +593 99 428 1661
A partir de 8 US$ par personne (dortoirs, double ou twin). Petit déjeuner compris.

On a le choix entre les dortoirs 2 ou 5 personnes et les chambres privées. Cette jolie maison tenue par Janeth et Itai, offre de jolies pièces colorées et bien décorées. Doté d'une jolie vue sur la cascade et l'église, l'hôtel est très apprécié par les *backpackers*. A deux pas des restaurants, des bars et des principales activités, l'hôtel Transilvania s'avère être un très bon choix. Excellent rapport qualité-prix. Malgré sa situation centrale, les chambres sont très calmes, même les soirs de fête sur la place principale de Baños.

ALISAMAY €€

Eugenio Espejo entre Mera y Pastaza
✆ +593 3 274 1391
www.hotelalisamay.com/
Package 2J/1N avec petit déjeuner, dîner et 1 traitement : 59 US$ la single. 109 US$ la double et 159 US$ la triple.

Le Alisamay est un hôtel très apprécié des couples en vacances. Son grand jardin y fait beaucoup, d'autant que le Swiss bistrot y est localisé. On apprécie les chambres lumineuses et bien décorées. Les chambres ont un agréable petit balcon avec une jolie vue sur la ville à partir du 2e étage. Elles sont 24 en tout et l'hôtel est souvent complet, il est conseillé de réserver. Une belle piscine complète les installations et diverses offres de bien-être sont proposées à la réception où l'accueil est toujours au top. Vivement recommandé.

CASA VERDE ECO HOSTEL €€

El Camino Real
✆ +593 98 569 6292
Comptez 20 US$ pour une chambre simple, de 40 à 50 US$ pour une double. Petit déjeuner et taxes inclus.

Vous baignerez ici dans une atmosphère très zen. Les chambres sont simples mais lumineuses, avec de grandes fenêtres et du parquet en bois clair, confortablement équipées de salle de bains privée et de matelas orthopédique (en coton 100 % équatorien !). Seuls des matériaux naturels et l'artisanat local sont utilisés ; les gestes écolo sont vivement encouragés, et de toute façon, l'environnement s'y prête. Côté cuisine, les légumes sont bien sûr issus du potager bio. Un superbe endroit pour passer quelques jours au calme, dans un joli cadre naturel et pur.

PEDRA INN €€

via Pelileo Baños
✆ +593 95 902 8167
A partir de 50 US$ la nuit par personnes.

© PEDRA INN

Deux jeunes originaires de Baños ont transformé une partie de la carrière locale en un lieu incroyable, entre lodge et glamping, face au Tungurahua. Construites en matériel de récupération pour la plupart des éléments, deux superbes suites vous attendent, tout en bois, salle de bain en pierres de lave et fenêtre panoramique sur le volcan vous attendent pour un séjour au cœur de la nature en surplomb du rio Pastaza et juste en dessous d'une superbe falaise équipée pour de belles escalades. Un lieu unique où la cuisine commune est un lieu de vie à elle seule.

SIERRA

LA FLORESTA €€

Montalvo y T. Halflants
✆ +593 3 274 1824
www.laflorestahotel.com

A partir de 72 US$ pour une double, de 94 US$ pour une triple. Petit déjeuner et taxes inclus.

Une trentaine de chambres de différentes capacités bien décorées et confortables. Elles encadrent un vaste et agréable patio bien entretenu. Des hamacs agrémentent la galerie qui dessert les chambres. Service de restauration, parking. Ambiance familiale, salon TV avec cheminée, revues et livres à disposition. Petit déjeuner dans une salle à manger rustique : murs de briques aux couleurs chatoyantes et nappes à motifs andins. Location de VTT, excursions et activités à la carte, service de massage. Une bonne adresse en ville au charme incontestable.

HOTEL DONDE IVAN €€

Eloy Alfaro 10-22 y Espejo
✆ +593 98 464 5766
www.hoteldondeivan.com

Hôtel et restaurant. Comptez 50 US$ pour une chambre double, petit déjeuner inclus. Menu environ 12 US$. CB acceptée.

Ivan et sa famille, dont le fils Henry est guide de tourisme, propose une vingtaine de chambres soignées, installées pour la plupart en étage avec vue sur la ville et un petit jardin fleuri. On se sent comme chez soi et on apprécie de pouvoir se détendre en terrasse. Cadre rustique mais empreint de charme. L'hôtel dispose également d'un restaurant qui sert une cuisine traditionnelle (locale et internationale) savoureuse et copieuse (la spécialité : le *cuy* !). Une adresse appréciée par plusieurs de nos lecteurs et les groupes.

HOSTERIA MIRAMELINDO €€

KM 15 Via Puyo
✆ +593 99 587 3307
https://miramelindo.com/

Comptez environ 100 US$ pour une chambre pour deux. Piscines, spa, parking, excellent restaurant.

L'hôtel Miramelindo est situé entre le Parc National de Llanganates et le Parc National de Sangay. C'est une étape idéale pour ceux qui doivent passer par Puyo et Baños, il est environ à mi-chemin de ces deux villes à 5 minutes de l'entrée de la célèbre cascade El Pailón del Diablo. En entrant, on a l'impression d'entrer dans une galerie d'art ! Peintures et sculptures sont omniprésentes, la propriétaire est artiste, et quelle artiste ! Les chambres sont belles, certaines ont même une baignoire avec vue sur le rio, un must. Grande piscine et spa à disposition.

ISLA DE BAÑOS €€

Halflants y Montalvo
✆ +593 3 274 0609
www.isladebanios.com

Hôtel et spa. Comptez à partir d'environ 60 US$ pour une chambre double. Petit déjeuner compris. Promenades à cheval.

Tout près du centre, c'est une jolie maison moderne (en bois et en verre) et pleine de charme entourée d'un jardin tropical, tenue par des Allemands. Une vingtaine de chambres claires, vastes et très bien tenues avec salle de bains, et pour certaines, une terrasse. Une jolie véranda permet de se détendre, lire un livre face au joli jardin. Restauration et parking. Bon petit déjeuner. Spa et centre de bien-être (mais payant et accessible que le week-end sur réservation). Une bonne adresse qui propose également de très belles sorties à cheval, avis aux amateurs !

HOTEL DE MI PUEBLO €€

Diego Jara y Av. Montalvo
✆ +593 97 893 3400
hoteldemipueblo.com/

A partir de 80 US$ pour une chambre double. Suite de luxe avec bain bouillonnant à partir de 90 US$.

Ce petit hôtel qui appartient à la même famille que le Miramelindo, quelques kilomètres plus bas dans la vallée, est une des meilleures options de *baños*. La rue est très calme, la cascade majestueuse visible de la plupart des chambres et, cerise sur le gâteau, la suite dispose, en sus de la salle de bain, d'une baignoire avec hydromassage, pour deux personnes, au sein même de la chambre. L'accueil est très sympathique et professionnel et les petits déjeuners copieux et sains. On se sent chez soi ici et on n'a aucune envie de quitter l'hôtel. Recommandé !

POSADA DEL ARTE €€

Ibarra et Montalvo, Pasaje Velasco
✆ +593 3 274 0083

40 US$ pour une chambre simple, 72 US$ pour une double et 138 US$ pour une quadruple. Hors taxes, petit déjeuner inclus.

Tenue par un couple anglo-équatorien, cette adresse place la qualité au premier plan. La maison principale aux allures de chalet de montagne abrite 9 chambres coquettes et très calmes (toutes sont uniques), dont certaines avec cheminée et bain bouillonnant. Du balcon, très belle vue sur une cascade. On se sent très vite comme chez soi. Pour un moment détente, petit salon très cosy, avec cheminée et canapés douillets. Sans oublier les hamacs à disposition. Le restaurant sert une bonne cuisine locale et internationale, et d'excellents petits déjeuners.

SIERRA

SANGAY HOTEL ET SPA €€

Plazoleta Isidoro Ayora 100
✆ +593 99 750 9114
www.hotelsangay.com
A partir d'environ 80 US$ la chambre double. Restaurants, piscine, spa, parking.

Ce complexe allie le charme d'un hôtel rustique et le confort moderne. Au pied de la très belle cascade de la Virgen et du centre thermal, il compte plus de 66 chambres de différentes catégories comprenant notamment des bungalows familiaux. Outre les piscines thermales, les bains turcs et vapeur, le sauna et le bain bouillonnant, le spa propose une large gamme de soins et massages. Parmi les spécialités de l'établissement, l'ayurveda. Une salle de jeux est également proposée avec table de billard et ping-pong. Le restaurant est de bonne qualité également.

HOTEL DESTINY €€€

Calles Oscar Efrén Reyes y Ambato
✆ +593 3 274 1643
Compter 100 US$ pour une chambre double. Promotions à certaines dates à partir de 39 US$ p/p avec le petit déjeuner.

Voici un bel hôtel haut de gamme avec piscine sur toit, la seule de la ville. Vue imprenable sur le Tungurahua. Les chambres sont modernes, très grandes et très bien équipées. Bains bouillonnants dans l'hôtel. Situé en plein centre de Baños, il est une base idéale pour découvrir la ville et se relaxer au retour. Le petit déjeuner est gargantuesque et vous permettra de sauter le repas de midi si nécessaire. N'hesitez pas à demander s'il y a des promotions en cours, c'est souvent le cas en pleine semaine. Réservations impératives les fins de semaine.

CAFE DEL CIELO €€€

Vía a Runtun (km 6) ✆ +593 3 274 0882
https://lunavolcan.com/
30 chambres et suites. Hôtel et centre de spa, massages et bien-être. A partir de 225 US$ la double.

En pleine montagne, cet ensemble luxueux et exclusif de 40 ha est un havre de paix ! Une trentaine de chambres et suites coquettes – et personnalisées – sont réparties dans des petites maisons indépendantes, toutes confortables, avec vue exceptionnelle sur le volcan Tungurahua, Baños et le Parque national Llanganates. Restaurant élégant et café-bar offrent, là encore, une vue panoramique inoubliable (en particulier depuis les piscines extérieures). L'hôtel propose aussi des formules de remise en forme et bien-être (massages, spa...) sur un ou plusieurs jours.

SAMARI SPA RESORT €€€

Vía a Puyo
✆ +593 98 901 2710
www.samarispa.com
Comptez à partir d'environ 190 US$ pour une chambre double. Petit déjeuner buffet, accès au spa, cours de gym.

Un vaste complexe hôtelier propice à la détente et au bien-être, idéal pour les familles ou les groupes. Les 37 grandes chambres sont décorées avec soin dans un style classique, léché, et parfaitement équipées (téléviseur, téléphone, Wi-Fi, coffre de sécurité). Sur place : spa et piscines, restaurant, bars et activités. Le Spa est probablement un des plus beaux d'Equateur, offrant même une grande piscine à ses hôtes. Le cuisinier dispose de son potager bio pour choisir ses légumes en fonction de ses besoins du jour. C'est un établissement de premier choix !

HOSTERIA CHAMANAPAMBA €€€

✆ +593 32 776 241
www.chamanapamba.com/
A partir de 45 US$ par personne. Petit déjeuner inclus. Chambres et bungalows pouvant accueillir jusqu'à 5 personnes.

Au cœur d'un jardin luxuriant, où poussent de nombreux fruits et légumes, l'hôtel, un des plus beaux de la région est situé à quelques minutes de Banos, à proximité du majestueux volcan Tungurahua et de la cascade Chamana. Son nom signifie « la maison dans l'arbre » (le Chamana est un arbre connu pour ses vertus médicinales). Respectueux au possible de l'environnement, l'hôtel est composé de trois cabines et de trois superbes terrasses (l'hôtel offre d'ailleurs une superbe vue sur le volcan) où il est bon de se relaxer et d'apprécier le calme environnant.

CAFE RICOOO PAN €

Ambato et Maldonado
✆ +593 3 274 0387
Café restaurant, cuisine végétarienne, petit déjeuner, snacks.

Cette cafétéria est quotidiennement prise d'assaut le matin pour ses copieux petits déjeuners (müesli, œufs, pancakes aux fruits, yaourts au miel, pains maison, bon café, salade de fruits frais...). Dans une ambiance conviviale (tables et bancs en bois), on choisit sa formule sur le menu inscrit dans toutes les langues sur le mur. Le service est rapide. Un conseil : goûtez le « Special pancake », une crêpe géante garnie de fruits tropicaux frais. Vous pourrez aussi y acheter pains et gâteaux divers. Attention pour les lève-tard, le service termine tôt le dimanche.

DEL BUEN CAFÉ €

Thomas Halflants y Montalvo
✆ +593 96 291 6012
Café à partir de 1 US$. Tigrillo de la casa 3,50 US$.

Ceux qui aiment les petits déjeuners locaux et copieux se retrouveront ici. Les prix sont très abordables et les plats copieux. Le café, produit à partir d'une production du pays, est très bon et il accompagne parfaitement les fameux Tigrillos et Bolons pour les plus gourmands. Ne ratez pas le ***maduro de la casa***, un plat de bananes plantains assaisonné de sauce au fromage, de fromage râpé et de *chicharrones* ! Plus local, impossible. De plus, l'accueil est très chaleureux et on aime rester un moment ici, juste pour discuter avec les habitués.

CAFE HOOD €

Montalvo y Rafael Vieira
✆ +593 3 274 1609
http://cafehoodecuador.com/
Ouvert tous les jours de 12h à 22h. A partir de 5-10 US$. Wifi.

Cafétéria sympathique ouverte depuis 1996, à proximité du parc central, qui propose une carte légère de plats végétariens, de pâtes, de tacos et de petits déjeuners. Bons cafés et musique d'ambiance zen. Le local est vraiment joli et on apprécie de s'y poser un moment pour se reposer ou échanger avec d'autres personnes. Certains soirs, projection de films. On vous y échangera aussi vos livres pour de nouvelles lectures. En bref, un lieu idéal pour rencontrer d'autres voyageurs intéressés par la culture du pays, omniprésente ici. Les végétariens adoreront aussi.

HAMBURGUESAS HICKORY €

16 de Diciembre y Rocafuerte
✆ +593 99 448 3449
Hamburgers à emporter. Du mercredi au dimanche de 17h à 23h30. Hamburger à partir de 4,50 US$.

Cette cahute en bois est un fast-food local qui vend (à emporter) différents burgers. Ils sont très bons, et d'ailleurs la file d'attente en est la preuve. Veg', au poulet, au bœuf... vous avez le choix. Parfait si vous avez un petit creux en fin d'après-midi après une journée bien remplie. Le lundi, la boisson est offerte et les mardis et jeudis ce sont les frites qui ne vous seront pas facturées si vous suivez la maison sur les réseaux sociaux. Un nouveau local a ouvert sur la rue Eloy Alfaro, vous pourrez y déguster les hamburgers sur place.

CARPE DIEM DI VERDI €

Montalvo y Velasco Ibarra
✆ +593 99 657 7445
Pizzas individuelles à partir de 8 US$, pâtes maison au feu de bois à partir de 8 US$.

Ce restaurant italien-pizzeria s'est installé dans ces nouveaux locaux en 2019 et propose une excellente cuisine italienne, principalement préparée au feu de bois. La pizza est sans conteste la meilleure de tout l'Equateur ! La viande est également très bonne, et cerise sur le gâteau, un délicieux tiramisu maison vous attend pour clore cette belle expérience culinaire que nous vous recommandons fortement. La carte des vins n'est pas en reste et vous pourrez accompagner votre repas d'un bon rouge italien ou chilien, de qualité. Un *must* à Baños.

LA BELLA ITALIA EN CASA €

Barrio San Vicente, Vía Sauces,
✆ +593 98 272 4000
Ouvert tous les jours de 17h à 23h.

Sergio Guevara le chef de ce petit restaurant italien sans prétention et à l'ambiance cosy, ouvert en 1996, prépare une cuisine délicieuse avec des produits frais et locaux. Il vous reçoit dans une agréable maison, un peu à l'écart du centre-ville, au début de la route qui mène à Puyo. Vous pourrez déguster ses petits plats en terrasse comme à l'intérieur et ne serez pas déçus du détour. Pizzas, pâtes, lasagnes, viandes et poissons, tout est excellent et préparé avec des produits de bonne qualité. Nous vous recommandons vivement cet établissement.

COFIBAR JOTA & JOTA €

Martinéz y Eloy Alfaro
✆ +593 9 9837 3240
Cafétéria et bar. Ouvert tous les jours, de 9h à 1h du matin.

L'ancien Rincon de Suiza est devenu un coffee bar chaleureux tenu par Juanito (un Equatorien) et Juliana (une Allemande). Confortables canapés, bar coloré, déco à la fois originale et classique, lumière tamisée et billard. L'endroit parfait pour bouquiner, papoter entre amis et faire des rencontres. Surtout prisé par les étrangers. Les soirs de foot, vous y retrouverez tous les aficionados en vacances à Baños ! Gâteaux et pâtisseries maison, desserts, sandwichs, snacks. Et le petit plus, c'est la sélection de bières originales qui vous sont proposées.

GOOD CAFE RESTAURANTE €

16 de Diciembre y Luis A. Martinez
✆ +593 99 288 6149
Café restaurant et hostal. Ouvert tous les jours de 7h30 à 22h. Plats de viande à moins de 10 US$.

Le Good café est un véritable restaurant qui propose une vaste sélection de plats internationaux et/ou végétariens à des prix défiant la concurrence. Vous y trouverez également de bons petits déjeuners, bon marché et des boissons alcoolisées. De nombreux *backpackers* se donnent rendez-vous dans cet endroit convivial où il est possible d'échanger ses livres et ses bons plans de voyage. Et l'hostal attenant semble lui aussi faire des heureux parmi les jeunes voyageurs qui apprécient d'y déposer leur sac à dos et ne demandent pas un confort haut de gamme.

EL JARDIN DE MARIANE €€

Thomas Halflants y Vicente Rocafuerte
✆ +593 99 522 3555
Cuisine provençale et équatorienne. A partir de 15 US$.

La cuisine française et équatorienne de Marian a tant de succès qu'il faut souvent faire la queue. Il est donc conseillé de réserver une table. Le restaurant est blotti au fond d'un jardin fleuri où l'on peut s'asseoir ; à moins que vous ne préfériez une table près de la cheminée... Décor chaleureux, excellentes viandes et prix assez raisonnables pour la qualité des plats proposés. Une adresse à retenir et où revenir. El jardin de Mariane propose aussi 6 chambres confortables avec salle de bains privée, télévision et connexion WiFi.

MY VEG RESTAURANTE €

luis A martinez
✆ +593 99 691 5354
Menu végétarien à partir de 3,50 US$.

Tout simplement la meilleure option si vous êtes végétarien ou si vous voulez manger des légumes sains à Baños. La nourriture est super savoureuse et abordable. L'Almuerzo est accompagné d'une délicieuse soupe, d'un jus de fruits frais, d'un plat principal (portion énorme) et de fruits. Le patron est très avenant et il prépare tous les plats sur commande, rien n'est réchauffé ici. Ne ratez pas le Burrito traditionnel qui attire les locaux comme les touristes grâce à une réputation qui n'est pas usurpée. Les lasagnes aux légumes sont également un incontournable.

SHER E PUNJAB RINCON DE LA INDIA €€

Calle Eugenio Espejo y, Pastaza
✆ +593 98 549 4227
sherepunjabec.com/
Tous les jours de midi à 22h. Fermé le mardi soir.

Si vous avez une envie de saveurs indiennes pendant votre séjour à Baños, aucune hésitation à avoir, vous entrez ici en Inde par la grande porte. L'accueil est évidemment souriant à souhait et les plats à la hauteur. Curries en tous genres de poulet, agneau, poisson, crevettes, tout est excellent. Attention aux plats relevés, ils sont vraiment très piquants et à réserver aux palais les plus habitués. Les végétariens adorent l'endroit qui leur propose un vaste choix.

CAFE DEL CIELO €€

Vía a Runtun (km 6)
✆ +593 3 274 0882
https://lunavolcan.com/
Cafe del Cielo et restaurant. Café ouvert de 7h30 à 23h. Restaurant ouvert midi et soir. Comptez 35 US$ le repas.

L'hôtel éponyme renferme un restaurant à la fois rustique et élégant, décoré avec des peintures d'artistes équatoriens de renom. On y sert une cuisine européenne et équatorienne raffinée dans un cadre splendide (avec un panorama qui vaut à lui seul le détour). Sur place, vous trouverez également le Café del Cielo qui offre plus d'une trentaine de variétés de cafés différents, sandwiches, crêpes, salades, snacks et cocktails. La vue sur le Tungurahua, la ville de Baños et le Parc national Llanganates est absolument spectaculaire, de jour comme de nuit.

SWISS BISTRO €€

Eugenio Espejo entre Mera y Pastaza
✆ +593 99 400 4019
www.swiss-bistro.com
Spécialités suisses, fondues au fromage et à la viande. Ouvert tous les jours de 8h à 23h. A partir de 10-15 US$.

Accueillis par des serveurs revêtant des t-shirts rouges aux couleurs de la nation suisse, vous entrez dans le beau jardin de l'hôtel Alisamay où s'est relocalisé le restaurant en 2021. Vous dégusterez de savoureux plats typiquement helvétiques. Planchettes de fromages, potages (crème de courge, de tomate, etc.), galettes de pommes de terre, fondues, raclette au fromage... Vous serez complètement dépaysés ! Vous apprécierez également l'ambiance sympathique et décontractée qui peut devenir très animée les soirs et les week-ends. Une adresse appréciée !

LEPRECHAUN BAR

Eloy Alfaro y Oriente
✆ +593 99 977 2801
https://leprechaun-bar.negocio.site/
Bar/club. Du lundi au samedi de 20h à 3h. Entrée libre, boissons à partir de 3 US$.

Ce bar sympa jouit d'un cadre et d'une déco originaux (elfes, fées et autres satyres ornent les murs). Vous entrez dans une pièce où se tient un bar et où l'on danse sur de la musique tantôt salsa, rock, hip-hop, reggae ou électro. Derrière dans une cour avec, au milieu, un grand feu de bois, il y a un deuxième bar. On peut discuter autour d'un verre, y faire des rencontres et se déhancher sur la piste. La bonne ambiance est toujours au rendez-vous. Intéressant choix de cocktails, classiques et inventifs (le Bob Marley, par exemple).

HONEY COFFEE & TEA

Ambato y Pedro Vicente Maldonado esquina
✆ +593 099 860 9450
Ouvert tous les jours de 8h à 21h. WiFi.

Un café dans l'air du temps qui fait l'angle, près du parc central. Moderne, agréable, on y sert un très bon café équatorien à accompagner de quelques pâtisseries ou autres viennoiseries alléchantes. Ses propriétaires sont de jeunes *baristas* formés depuis plusieurs années à ce nouveau métier dans diverses parties du monde. Un café apprécié à l'heure du petit déjeuner. Dans ce lieu plein de charme, vous trouverez plus de 35 préparations de café chaud et froid, 12 variétés de thé, pâtisseries fines et pain artisanal. On peut aussi acheter du café à emporter.

NATIVA GASTROBAR

Eloy alfaro entre Oriente y, Ambato
✆ +593 99 761 6540
https://nativa-gastrobar.negocio.site/
De 15 h à 3h du matin du vendredi au dimanche et de 17h à 2h du mardi au jeudi. Cocktails autour de 8 US$.

Un des derniers nés à Baños, ouvert par le même propriétaire que le Leprechaun. Les (très) jeunes voyageurs, auxquels se mêlent quelques locaux, viennent y siroter l'un des nombreux cocktails présentés à la carte et manger sur le pouce dans un décor exotique bien léché. A tester : le *rafting* à base de rhum, de curaçao, d'orange, de coconut, mais aussi d'archata, un alcool à base de *hierbas nativas* élaboré sur place en suivant une recette ancestrale. Musique commerciale et ambiance juvénile. On ira ensuite s'encanailler au Leprechaun.

LIBRERIA VIERA

Luis A. Martínez
✆ +593 98 145 4416
Livres neufs et d'occasion en espagnol et anglais. Café de qualité.

Passionnés de livres et d'histoire, voici le meilleur endroit pour venir prendre un excellent café tout en parcourant de bons livres. Un vaste choix en anglais, espagnol et même danois car la propriétaire, Nynne, est elle-même originaire de ce pays. Son compagnon Juan, est une source intarissable sur l'histoire de l'Amérique latine et il se fera un plaisir de vous dénicher le livre idéal pour compléter ses informations. Celui-ci fabrique également de jolis bijoux qui feront un parfait souvenir de votre passage dans cet endroit unique à Baños.

AROMI CAFÉ & CHOCOLATE GOURMET

Oriente y Ambato, Thomas Halflants
✆ +593 98 445 9988
Ferme le lundi.

Plusieurs échoppes du même nom en ville. Sur place, vente de chocolat, de café… Mais les prix n'étant pas forcément les plus avantageux, on le recommande surtout pour boire un bon café équatorien, corsé et riche en arôme ! Le café est souvent un café artisanal ce qui explique son prix un peu élevé au kilo. Nous vous conseillons de prendre votre petit déjeuner ici, ils sont très copieux et excellents. Le chocolat chaud maison devrait vous préparer au mieux pour une journée sportive.

MERCADO CENTRAL

Eloy Alfaro
Marché alimentaire couvert de Baños. Ouvert tous les jours.

Ces halles couvertes abritent un marché animé qui se tient tout la journée. Des étals vendent fruits et légumes, viande et autres produits. Il est également possible de se restaurer sur place dans l'une des gargotes appelées *puestos de comida*, où l'on s'attable au coude à coude (cuisine typique et traditionnelle à petits prix). Authentique : à ne pas manquer d'autant qu'un grand projet de rénovation complète du marché est à l'étude. Plusieurs projets très modernes sont en compétition, le résultat devrait être superbe, mais moins traditionnel.

MERCADO DE CAÑA DE AZUCAR

Av. Amazonas, en bordure du terminal terrestre
Boutiques spécialisées dans la canne à sucre.

Une visite et des dégustations à ne pas manquer. La canne à sucre, très appréciée par les locaux, est vendue sous toutes ses formes : découpées comme des frites à mastiquer, en confiseries (*alfeñique* et *melcocha*), en jus (*jugo de caña*) alcoolisé ou non. La canne est pressée devant vous et l'on extrait un élixir vert, c'est doux et rafraîchissant. La version légèrement alcoolisée ravira les amateurs de punch ! Autre spécialité vendue : les pâtes de fruits à la goyave.

TALLER DE TAGUA EL CADE

Maldonado 681
✆ +593 3 250 5166
Bijoux et artisanat. Ouvert tous les jours. Horaires variables.

Artesanías el Cade fut créée à Riobamba par Arturo Martinez et son épouse en 1945 ! Ils ont transmis leurs connaissances de la *tagua*, cet ivoire végétal, à leur famille. C'est ainsi que Marianita Martínez, avec son mari, Alberto, a hérité et entretenu cette belle tradition en s'installant à Baños de Agua Santa. Ils furent les pionniers et les seuls artisans à développer cet art. Alberto, devenu une référence, vous fera découvrir les secrets de cette graine surprenante. Chacun y trouvera un souvenir à son goût. L'accueil est sympathique et les prix doux.

BALNEARIO SANTA CLARA

Velasco Ibarra entre 12 de Noviembre y Rafael Vieira
Lundi à vendredi de 14h à 21h, samedi, dimanche et jours fériés à partir de 9h. Entrée : 4 US$ par personne.

Ces installations municipales disposent de 2 piscines extérieures, des piscines d'eaux thermales qui jaillissent de la source de Santa Clara. La piscine semi-olympique de Santa Clara est dotée de nouvelles installations spacieuses et rénovées, afin que le visiteur puisse profiter d'un environnement confortable. C'est l'une des premières piscines inaugurées à Baños, sa construction réalisée en avril 1933 est une référence ici. L'eau, plus chargée en magnésium est aussi plus tempérée qu'ailleurs (22 °C environ). On peut également profiter d'un petit spa.

EL VUELO DEL CONDOR

Runtun
✆ +593 95 941 6464
www.elvuelodelcondor.com/
Grande balançoire 20 US$ par personne. 50 % pour le premier d'un groupe qui essaye. La plus petite balançoire : 10 US$.

Une balançoire géante vous attend en haut de la route menant à la casa del Arbol, à côté des mains géantes visibles depuis Baños. Son positionnement au-dessus de la vallée en fait une activité procurant adrénaline et vue imprenable. Il y a également une plus petite balançoire pour ceux qui ont peur du vide et un très beau mirador en bois de 3 étages permettant de profiter de la vue et de prendre vos amis en photo lors du grand saut. Il y a en permanence des volontaires parlant la plupart des langues, la communication est facile. Le tout est en très bon état.

MTS ADVENTURE

16 de Diciembre y Luis a Martinez
✆ +593 98 454 9974
www.mtsadventure.com
Ouvert tous les jours de 8h30 à 20h.

Premier centre international de canyoning reconnu par le ministère du Tourisme en Equateur, MTS adventure est une agence dynamique et de qualité où la sécurité est placée au premier plan. En tant que tels, les guides de MTS sont devenus les formateurs officiels de nombreux guides de canyoning du pays. Tous les guides sont très sympathiques, expérimentés et à l'écoute de chacun. Mêmes options que ses concurrents : kayaking, canyoning, rafting. On recommande le canyoning : descente d'une chute sur 45 mètres, sensations garanties !

SPA GARDEN EL REFUGIO

Camino Real
✆ +593 3 2740 482
www.elrefugiospa.com
Piscine thermale, bains de boue, traitements faciaux, massages anti-stress. De 9h à la nuit, tous les jours.

Ici, on laisse les soucis sur le paillasson et on repart la tête vide. Ce spa, qui porte bien son nom de refuge, vous invite à vous laisser aller et à prendre soin de vous. On vous recommande le bain de boue car ici, on sèche en dansant la salsa. Plusieurs options possibles : piscine, bain, traitements multiples. Les lieux sont propres et bien tenus et le personnel est particulièrement accueillant. Le site est très arboré et vous pouvez même partir pour une agréable balade, appelée Podothérapie. Bonne humeur au rendez-vous !

SIERRA

TERMAS DE LA VIRGEN

Luis A. Martínez y Manuel Sánchez
✆ +593 98 721 3874
Ouvert tous les jours, de 9 h à 21h. Samedi, dimanche et jours fériés à partir de 10h. Entrée à 6 US$.

Vous trouverez ici 8 bassins d'eau thermale bien agréable. Le site manque parfois d'entretien et l'entrée n'est pas donnée ! On vous conseille d'arriver tôt, quand les piscines sont encore propres (au fil de la journée, leur état se dégrade notablement, bien que l'eau soit changée deux fois dans la journée). Ces thermes d'eau très chaude (53 °C maximum) sont riches en bicarbonate, fer et magnésium. Les petites piscines sont situées à proximité d'impressionnantes cascades d'eau froide. Le week-end, le *balneario* ne désemplit pas....

TERMAS DE SANTA ANA

Av. Amazonas km.0 Vía al Puyo
Du vendredi au dimanche de 9h à 16h (dernière entrée !). Entrée : 2 US$ par personne.

Aux thermes de Santa Ana, la particularité est de vous proposer un vaste choix de températures d'eau. On y trouve 7 bassins nichés au pied d'une colline d'où proviennent les diverses sources fournissant les eaux plus ou moins chaudes et plus ou moins minéralisées que vous choisirez en fonction de vos goûts et de vos douleurs si vous en avez. Demandez conseil, le personnel est très serviable et saura vous orienter en fonction de vos besoins, vers tel ou tel type de traitement thermal. La température de l'eau oscille entre 18 et 38 °C.

SIERRA

TERMAS EL SALADO

Avenida El Salado
✆ +593 98 662 8806
Tous les jours de 5h à 16h et de 18h à 20h (dernière entrée un heure avant !). Entrée : 3 US$ par personne.

Encore un complexe exploitant la richesse des eaux thermales de Baños de Agua Santa. Celui-ci propose 7 bassins remplis d'une eau thermale chaude, sulfureuse et ferrugineuse. Les eaux sont encore plus chaudes qu'aux Bains de la Virgen (55 °C) et fortement minéralisées (sulfate et chlore). Les installations mériteraient une bonne rénovation, mais dans l'ensemble la propreté est au rendez-vous ce qui n'est malheureusement pas toujours le cas dans ce type d'installations. Ces thermes propres sont à recommander, surtout si vous avez des douleurs musculaires.

RIOBAMBA ★★

Bénéficiant, à 2 794 m d'altitude, d'un climat sec mais froid, le nom de la ville signifie « la plaine où l'on passe » et elle est surnommée « sultane des Andes » ; en Quichua son nom signifie « maison du gel ». Elle est entourée par les sommets enneigés des volcans Altar (5 321 m), Carihuairazo (5 020 m), Tungurahua (5 023 m), Cubillín (4 711 m) et Sangay (5 230 m).

Il est vrai que le magnifique écrin de montagnes au centre duquel elle repose constitue l'un des plus majestueux paysages du pays. San Pedro de Riobamba fut fondée le 15 août 1534 par Pedro Lizarzaburu et une poignée de notables espagnols. Aujourd'hui, les rues droites et larges, les bâtiments imposants du centre et les parcs arborés lui donnent un air noble et prospère, mêlé au charme désuet des façades décrépies. Active le jour, Riobamba s'éteint la nuit ; sa vie nocturne est réputée pour sa morosité. Confrontés aux frimas nocturnes, vous comprendrez aisément que les Riobambiens préfèrent rester chez eux !

La capitale de la province la plus indienne du pays. Son principal intérêt est de constituer un bon point de départ pour une ascension des volcans Chimborazo et El Altar, réservés aux alpinistes expérimentés. Si le gigantesque marché du samedi encombre tout le centre-ville jusqu'en fin de journée, en revanche le dimanche est une journée morte. Le marché aux bestiaux (cochons, lamas, veaux, vaches, moutons), peu fréquenté des touristes, se tient au sud de la ville (prendre un bus en direction de la plaza de los Animales).

Shopping

Les marchés. Nous vous conseillons vivement de faire un tour dans le centre de Riobamba et d'explorer de fond en comble les marchés. Le marché San Alfonso, le marché de la Merced et le marché de la Concepción valent le détour. Fruits, légumes, viande ou poisson, fleurs, ustensiles divers (dont des machines à coudre), vêtements, accessoires et chapeaux... Vous trouverez de tout sur les marchés de la ville. Ne vous privez surtout pas d'un hornado, accompagné d'un jus de fruits frais (avec la glace du Chimborazo !) pour 2,50 US$.

Tourisme

La fête patronale a lieu le 21 avril avec des défilés folkloriques et une foire agricole et artisanale. Du 24 décembre au 6 janvier, Riobamba célèbre les fêtes du Pase del Niño. Les spécialités gastronomiques de la région sont les *llapingachos* (pâtés de pommes de terre avec du fromage) servis avec des œufs au plat, les *tortillas* de maïs, le *mote pata* (maïs cuisiné avec de la viande), et la *canelita* ou *canelazo*, boisson chaude au rhum et à la cannelle.

Transports

En bus. Le terminal de bus se trouve à 2 km au nord-ouest du centre-ville (av. de la Prensa y av. León Borja - Tél. +593 3 296 2005). La nuit tombée, il est conseillé de prendre un taxi pour s'y rendre.
Départs fréquents pour les principales villes du pays. Compter 4h30 pour Quito, 5h pour Guayaquil, 6h pour Cuenca, 2-3h pour Alausí, 6h pour Macas ; 2h30 pour Banos. Des bus partent également vers Puyo, Tena ou encore Guaranda (arrêt au centre d'information du Chimborazo).

CATEDRAL DE RIOBAMBA ✞

Veloz, entre Espejo et 5 de Junio

La façade de la cathédrale provient de l'ancienne Riobamba qui était située à 17 km de la ville actuelle, détruite par un tremblement de terre en 1797. Derrière celle-ci, de style baroque, joliment ouvragée et magnifiquement restaurée, on découvre avec déception une église moderne dépourvue de tout charme. La façade, construite en calcaire blanc, présente des bas-reliefs aux expressions aborigènes et espagnoles, des scènes de l'Ancien et du Nouveau Testament et une iconographie religieuse. La structure actuelle a été construite entre 1810 et 1835.

BASILICA DEL SAGRADO CORAZON DE JESUS ✞

Veloz y Padre de Alvarado

Sa construction démarra le 15 août 1883 et elle fut inaugurée 32 ans plus tard, le 9 juin 1915. Son plan, dessiné par Ramon Lecanda, est inspiré de ceux de la Basílica de San Ignacio de Loyola. Sur la façade principale est érigé un Christ Roi, en commémoration du centenaire de la république. L'intérieur de cette petite basilique est très harmonieux. L'autel principal est de style baroque et on remarquera une belle sculpture du Christ sur la croix, œuvre de l'artiste Cuencano Ayabaca.

IGLESIA SAN ANTONIO DE PADUA ✞

Argentinos y Lavalle

Également connue sous le nom d'église de la Loma de Quito, le site choisi pour cette église et son couvent est l'un des plus beaux de Riobamba ; situé dans un quartier haut de la ville, en face du parc 21 de Abril, un lieu historique qui commémore les événements indépendantistes de 1822. Cette église, construite en 1935, domine en effet la ville. De son parvis, une vue superbe sur les volcans voisins El Altar, Tungurahua et Chimborazo, si le temps s'y prête bien sûr.

La cathédrale de Riobamba.

MUSEO DE ARTE RELIGIOSO DE LA CONCEPCIÓN ★

Argentinos y Larrea

Ouvert tous les jours, sauf les dimanches et les lundis, de 9h à 12h30 et de 15h à 17h30. Entrée : 4 US$.

Cet ancien couvent est un témoignage de la tradition religieuse et coloniale les plus intéressants de la ville. Au fil des 14 salles, vous découvrirez une intéressante exposition de peintures religieuses et de sculptures des XVIIe et XVIIIe siècles de l'école de Quito, des pièces d'orfèvrerie ainsi qu'une belle collection d'objets de l'époque coloniale et une cellule de religieuse. La pièce maîtresse de la collection était un magnifique ostensoir en or, volé il y a quelques années.

PARQUE DE LA LIBERTAD

Ce parc est facilement repérable puisqu'il est situé en face de la Basilique du Sacré-Cœur de Jésus. Il y avait à cette place, l'ancien « Séminaire Conciliaire » qui a été abandonné en 1902 par l'Église. Pendant la construction de la Basilique qui fut inaugurée en 1915, il a été décidé par les autorités municipales, de concevoir une place d'où le magnifique ouvrage pourrait être observé. Le 14 octobre 1914, le Conseil de l'église de Riobamba, a approuvé la négociation du terrain avec la mairie pour la somme de 20 000 sucres, la monnaie de l'époque.

PARQUE MALDONADO ★

Le parque Maldonado est un coquet jardin orné d'arbres et de fleurs magnifiques, et d'édifices témoignant de l'architecture assez massive du XIXe siècle, notamment le Municipio de Riobamba. La cathédrale de Riobamba le domine sur son côté nord. Au cœur du jardin, remarquez la statue érigée en l'honneur de l'astronome et géographe Pedro Vicente Maldonado né à Riobamba au début du XVIIIe siècle. Il a notamment participé à la mission géodésique française visant à mesurer la longueur d'un degré d'un arc de méridien près de l'équateur.

CORDTUCH

Wamanway

✆ +593 3 2606 774

Agence d'écotourisme. ouverte du lundi au vendredi de 9h30 à 18h.

Depuis plus de 15 ans, cette organisation gère une quinzaine de projets au sein de plus de 30 communautés. Les objectifs sont de défendre le patrimoine, et de diversifier et accroître les revenus des populations. Via son agence, Puruha Razurku, Cordutch propose des excursions aux quatre coins de la province : rando de 1 à plusieurs jours avec un guide natif, partage de la vie quotidienne des communautés, activités artisanales et agricoles, expédition d'une journée sur la trace du condor ou sur le volcan, randonnée à cheval sur les flancs du Chimborazo (5 jours).

ECUADOR ECO ADVENTURE

Calle Viena y Roma

✆ +593 99 831 1282

www.ecuadorecoadventures.com

Excursions en montagne et dans le reste du pays.

Si vous cherchez une agence professionnelle proposant tous types d'excursions dans la région, voire dans le pays, vous avez trouvé ! Cette jeune et dynamique agence fondée par Wlady, un Equatorien qui a beaucoup voyagé et co-dirigée par Kayla, vous propose de découvrir les sommets d'Equateur avec des guides de haute montagne qualifiés, l'Amazonie avec Geranio, un expert local, ou tout simplement d'aller découvrir les contreforts du Chimborazo à cheval avec un guide local indigène. L'agence privilégie l'éco-responsabilité et s'implique beaucoup en ce sens.

CASA 1881 €€

Olmedo 24-43, entre España y Larrea

✆ +593 98 133 5210

casa1881.com

Chambre double entre 50 et 70 US$. Wifi.

Belle demeure de charme édifiée au XIXe siècle et décorée avec goût de meubles et objets anciens. Les chambres *cosy* et confortables, organisées autour d'un patio, ne sont pas en reste. On appréciera en outre la position centrale, l'accueil réservé aux convives et le bon petit déjeuner pour bien commencer la journée. Toutes les chambres du Casa 1881 sont équipées d'une télévision à écran plat avec services de streaming en ligne. Certaines sont munies d'un coin salon. Salle de bains privative. L'une de nos adresses préférées à Riobamba.

JULIO VERNE TRAVEL

22-40 Calle Brasil
✆ 593 3 296 3436
www.julioverne-travel.com

Agence de voyages réceptive pour tout l'Equateur.

Julio Verne Travel est une agence de voyages hollando-équatorienne. Dotée d'une expérience de plus de 20 ans, elle travaille dans le but d'offrir aux touristes le meilleur service possible pour la visite du pays. L'agence est située à Riobamba mais organise des séjours aux 4 coins de l'Equateur : des Galápagos à l'ascension du Chimborazo ou du Cotopaxi, en passant par des journées escalades, VTT ou encore des treks à travers le pays, l'agence se sert de son expérience pour fournir aujourd'hui un service très professionnel. Prix attractifs.

HOSTAL OASIS €

Veloz 15-32 y Almagro
✆ +593 3 296 1210
oasishostelriobamba.com

Chambre double à partir de 30 US$.

A quelques rues derrière la place San Francisco. Blottie dans une charmante cour fleurie qui s'illumine le soir venu, cette petite pension aux murs de pierres et aux fenêtres ornées de vitraux offrent une douzaine de chambres tout confort et très propres. Le petit déjeuner n'est pas compris mais on peut se faire du thé ou du café à toute heure de la journée et utiliser la cuisine mise à disposition des invités. Le patio est très agréable, mais un peu bruyant le soir lorsque certains voyageurs s'attardent pour discuter autour d'un verre.

HOTEL LA ESTACION €

Av. Unidad Nacional 29-15 y Carabobo
✆ +593 3 294 8626
www.hotelaestacion.com

A partir de 34 US$ la chambre double, petit déjeuner américain (buffet) et taxes inclus.

Juste derrière la gare, le hall pimpant annonce la couleur de cet établissement chaleureux de 27 chambres, équipées de salle de bains et de la télé câblée. Arborant un style colonial, au cœur de la capitale de la province, il en impose. Depuis la terrasse, par beau temps, il est même possible de voir le Chimborazo, le Tungurahua et l'Altar ! L'accueil est sympathique et de nombreux services sont proposés aux voyageurs. Il existe plusieurs types de chambres, renseignez-vous avant de réserver, les chambres romantiques sont mieux décorées. Une bonne adresse.

TREN DORADO €

Carabobo 2235 y 10 de Agosto
✆ +593 97 943 5244
www.hoteltrendorado.com

Chambre double à partir de 45 US$ avec le petit déjeuner. Parking gratuit. Trple à partir de 72 US$.

Près de la gare. Les 28 chambres (avec salle de bains et certaines avec TV) ont toutes été refaites dans des styles et couleurs distincts. Réparties dans trois sections différentes, elles sont toutes agréables. Bien que central, l'hôtel jouit d'un certain calme (cour intérieure et architecture plaisante). On peut également réserver tout un panel d'excursions avec l'agence Soultrain. A noter que les chambres donnant sur la cour sont plus calmes que celles donnant sur la rue. Depuis la fin du train en Equateur, cet hôtel souffre du manque de clientèle.

Q'INTI €€

✆ +593 99 832 0898

5 chambres doubles. Logement + petit déjeuner : 30 US$ par personne. Diner : 6 US$ par personne. Sur réservation.

© OLIVIER ANÉ

Pour découvrir Riobamba et ses communautés indigènes, nous vous recommandons de séjourner à Q'Inti, la jolie maison d'hôtes de Pierrick Van Dorpe qui vous y accueillera avec Yolanda, une charmante femme quechua, diplômée en éco-tourisme, avec une telle simplicité que vous vous sentirez comme chez vous ! Belles chambres avec salle de bain, donnant sur le jardin et offrant une petite terrasse avec hamac. En prime, s'il fait beau, vous aurez peut-être droit à une vue sur le Chimborazo, l'Altar et le Sangay, trois superbes volcans équatoriens en même temps, rare !

SIERRA

HOTEL EL LIBERTADOR €€

Av. Leon Borja 29-22 y Carabobo
✆ +593 98 442 2347
Chambre double autour de 30 US$. Parking privé.

Cet édifice à la décoration désuète, mais bien tenu, abrite une quarantaine de chambres réparties dans deux bâtiments, autour d'un patio de 3 étages. Seules celles donnant sur la rue sont lumineuses, mais toutes disposent d'un équipement neuf et confortable avec parquet au sol. L'accueil s'est beaucoup amélioré depuis la reprise par Manuel Santes qui sera toujours aux petits soins et vous donnera de bons conseils pour connaître la région comme un local. Depuis quelque temps les petits déjeuners sont compris et ils sont copieux !

HOTEL MONTECARLO €€

10 de Agosto 25-41, entre García Moreno et España
✆ +593 96 180 1044
Chambre double autour de 45 US$. Petit déjeuner compris.

Toute proche du parc Sucre et de la gare, cette vieille et élégante demeure coloniale du XIXe siècle fut longtemps le plus joli hôtel du centre-ville. Mais si la verrière du patio bleu fait encore son petit effet, le Montecarlo n'est plus ce qu'il était... Les 20 chambres ont été récemment complètement rénovées. Préférez celles à l'étage donnant sur la rue, plus claires et agréables, plus bruyantes aussi bien que le patio ne soit pas calme non plus. Reste que l'hôtel conserve un certain charme désuet et se trouve bien situé.

ZEUS HOTEL €€

Av. León Borja 41-29 y Duchicela
✆ +593 3 296 8036
hotelzeus.com.ec
Chambre double standard autour de 65 US$ et la premium autour de 76 US$.

Tout près du terminal de bus, voici un petit bâtiment moderne de 46 chambres, toutes avec salle de bains, télévision et téléphone. Les chambres sont correctes, la décoration très 70's. Le snack-bar est ouvert toute la nuit, ce qui est pratique. Au restaurant, vous pourrez goûter une cuisine équatorienne et internationale. Les dix couloirs des chambres présentent environ 300 objets culturels comme si vous visitiez un petit musée ethno-anthropologique. Salon de jeux avec billard, ping-pong et baby-foot à disposition des hôtes.

HACIENDA ABRASPUNGO €€€

Via Riobamba-Guano (km 3,5)
✆ +593 99 7683 450
haciendaabraspungo.com
Chambre double à partir de 130 US$, petit déjeuner américain et taxes inclus. Location de vélos, chevaux.

A 3,5 km du centre-ville, cette superbe hacienda convertie en hôtel allie le charme d'antan et le confort d'une résidence moderne. Les 45 chambres, qui portent toutes le nom d'une montagne équatorienne, déployées autour du magnifique jardin, sont confortables et spacieuses, le restaurant sert une cuisine de qualité (service parfait) dans un cadre rustique. Le bar est chaleureux. Autant d'atouts pour une halte très agréable d'autant que le Chimborazo est visible comme si on y était depuis les jardins de l'hacienda. Un très bel endroit qui se démarque.

HOSTERIA LA ANDALUZA €€€

Panamericana Norte (km 16)
Vía Riobamba-Ambato ✆ +593 3 233 3000
www.hosteriaandaluza.com
Comptez 75 US$ pour une chambre double. Possibilité de demi-pension.

Dans un environnement reposant, ce bâtiment a été transformé en un complexe touristique haut de gamme. Les 55 chambres et suites sont vastes et fort confortables, décorées dans un style classique et coquet, avec salle de bains, télévision et chauffage. La suite Simon Bolivar est un voyage dans le temps à elle seule. Il est dit que Bolivar y écrivit son fameux poème *Mi delirio sobre el Chimborazo* en contemplant le volcan depuis la fenêtre de la suite. Les chambres supérieures disposent d'une cheminée dans laquelle le personnel vous préparera un feu à la demande.

MANSION SANTA ISABELLA €€€

Jose Veloz 2488 y Caraboboe
✆ +593 98 312 9260 - mansionsantaisabella.com
Hôtel, restaurant, bar, réception, parking, WiFi, spa. Chambre double à partir d'environ 100 US$.

On l'aime bien cette Mansion Santa Isabella ! A Riobamba en plein cœur de l'avenue des volcans, la Mansion Santa Isabella est située dans le quartier historique de Riobamba à deux rues seulement de la fameuse gare ! C'est une des plus anciennes et des plus belles maisons coloniales de la ville. Construite dans un style andalou, on la remarque très vite grâce à sa façade colorée. Mêlant le moderne à l'ancien, la demeure possède un charme certain. Le spa de l'hôtel, inauguré en 2017, offre une belle occasion de se détendre : bain bouillonnant, sauna et bain turc.

D'BAGGIO €

Daniel Leon Borja

✆ +593 98 466 9634

Ouvert tous les jours de midi à 22h. Compter moins de 10 US$.

Parfait endroit pour déguster de très bonnes pizzas dans un décor typique italien : pizzas au feu de bois, tables à carreaux rouges et blancs, accueil chaleureux, tout y est. Les soirs de match, la télé est allumée et l'on vient en famille ou entre amis pour le regarder. Les pizzas sont aussi bonnes et presque aussi grandes qu'en Italie ! N'hésitez pas à vous faire livrer si vous souhaitez rester à votre hôtel, c'est devenu chose commune depuis la pandémie et les livraisons sont très rapides, aucun besoin de réchauffer votre pizza à l'arrivée !

MERCADO LA MERCED €

Guayaquil, entre espejo et Colón

Plats autour de 3 US$.

Pour goûter aux spécialités locales et vous restaurer à petits prix, direction le marché de Riobamba. On se laisse ici alpaguer par les vendeurs qui vous allèchent avec leur *hornado* (le fameux cochon rôti) servi avec du maïs blanc. Le plat à tester. Vous goûterez également des smoothies concoctés, paraît-il, avec de la neige provenant du volcan Chimborazo ! On se sent bien ici, au cœur de la population la plus traditionnelle d'Equateur. Le premier contact est parfois compliqué, mais une fois qu'il est pris les sourires arrivent et les langues se délient.

BALTIMORE BAR CAFETERIA €

Av. Daniel Leon Borja y Uruguay

✆ +593 96 350 6665

Ouvert tous les jours à partir de 16h. Bar et cafétéria à partir de 3 US$.

Au cœur de Riobamba, César Oña, un enfant du pays qui a fait ses classes à l'étranger et était hébergé chez un Chef, a ouvert un bar-cafétéria d'apparence sans prétention, sur l'avenue principale, Daniel Leon Borja. On y mange une cuisine équatorienne, voire « Riobambenienne » de qualité préparée avec des produits frais et locaux. Demandez une *empanada de morocho* et on vous prendra pour un local ! On y sert aussi de bonnes ailes de poulet avec des frites. Le service est sympathique, les plats sont de qualité. Endroit parfait pour une pause rapide et pas très cher.

BONNY RESTAURANT €€

Darquea y Primera Constituyente

✆ +593 3 2946947

www.bonnyrestaurant.com

Restaurant cuisine traditionnelle. Ouvert du mardi au dimanche de 11h à 22h. Fermé le lundi. A partir de 10-15 US$.

Le restaurant Bonny est une affaire gérée par la même famille depuis une vingtaine d'années. Le cadre est élégant et raffiné, le service de qualité. Plusieurs ambiances au sein du restaurant, aussi le client choisira sa place selon son humeur et ses envies. Au menu, une cuisine traditionnelle et familiale (*yahuarlocro, caldo de gallina, ceviche*, etc.), ainsi que des plats internationaux (pâtes, salades, etc.). Le tout à prix raisonnables. Parmi nos suggestions : la *menestra con carne* (plat avec de la viande et une garniture), le *churrasco* ou le *lomo à la plancha*.

EL DELIRIO €

Primera Constituente 28-16 y Magdalena Dávalos

✆ +593 3 296 6441

eldeliriorestaurant.wordpress.com

Cuisine traditionnelle, spécialités de viande. Tous les jours de 11h à 22h. A partir de 15 US$.

Dans une belle maison ancienne, cachée dans un jardin fleuri, ce restaurant élégant propose une cuisine traditionnelle. On peut se restaurer dehors ou dans la salle chaleureuse où crépite un feu de cheminée. C'est, de plus, un lieu historique qui a jadis accueilli le *libertador* Simon Bolívar. Le 5 juillet 1822, après avoir entrepris l'ascension du Chimborazo, l'illustre général y termina *Délire sur le Chimborazo* son fameux poème commencé à l'hacienda la Andaluza. Souvent plein en fin de semaine quand se produisent des groupes folkloriques.

EL CHACARERO €€

5 de Junio 21-46 y 10 de Agosto

✆ +593 3 296 9292

Pizzeria. Ouvert tous les jours de 14h à 22h. Comptez entre 5 et 15 US$. Livraisons possibles.

Cette petite pizzeria cosy, en plein centre de Riobamba, où l'on prend place dans des box en bois, propose une quinzaine de bonnes pizzas de 4 tailles différentes. Egalement des spaghettis (dont une étonnante recette à la vodka). Grand choix de vins, jus de fruits naturels et batidos. Les soirs de match de football, on se réunit ici pour supporter l'équipe d'Equateur, quoi qu'il arrive ! L'adresse est appréciée des locaux et se révèle très pratique le dimanche soir quand tout est fermé. Nombreuses offres promotionnelles sur la page Facebook.

HELADOS DE PAILA €€

Espejo 21-43 y 10 de Agosto

Cafétéria et pastelería. Ouvert tous les jours de 8h à 18h, sauf dimanche.

À deux pas du parc Maldonado et de la cathédrale, une excellente adresse (qui *a priori* ne paye pas de mine) pour une petite faim après une bonne balade. Les glaces maison à tous les parfums exotiques et naturels, les jus de fruits frais et les pâtisseries sont de pures merveilles. Le café n'est d'ailleurs pas en reste, préparé avec un café bio de Loja dans le sud du pays, il rivalise avec les meilleurs cafés italiens. C'est d'ailleurs ici que vous prendrez probablement le meilleur petit-déjeuner de Riobamba. À découvrir absolument.

RAYUELA RESTOBAR €€

Av. Daniel León Borja 36-30 y Uruguay

✆ +593 99 271 7186

Cuisine internationale. Tous les jours de 8h à 22h30. Comptez 15 à 25 US$. 2 pour 1 sur les cocktails jusqu'à 20h.

Le Rayuela est sans conteste LE restaurant branché de la ville où se retrouvent les familles locales. Ce fut le premier à se désigner comme *restobar*, sorte de restaurant bistronomique d'aujourd'hui. Musique, déco moderne, et plats variés et de qualité. La viande est savoureuse. On aime, entre autres, le *lomo a la pimienta*, la *pechuga de pollo* et les (grandes) salades organiques. Si vous aimez le porc, la *chuleta en salsa maracuya* (côte de porc et sa sauce aux fruits de la passion) devrait vous combler de bonheur. Le personnel est sympathique. Une valeur sûre !

BEER GARDEN

Avenida Leon Borja

✆ +593 99 963 5169

Pub, bar-tapas et restaurant.

Contrairement à ce que son nom pourrait laisser croire, le Beer garden est un local fermé et non un jardin. Un endroit très agréable pour passer une soirée à manger des tapas tout en écoutant un concert. Sans oublier de siroter une bonne bière, bien sûr ! Beer garden met en avant une excellente bière artisanale fabriquée à Riobamba nommée Mestiza (la métisse), une valeur sûre. Ici aussi, vous pourrez venir voir la plupart des matchs de foot disputés par l'équipe nationale dans une ambiance bon enfant propice aux rencontres avec les locaux.

CALPI

A 15 km au nord-ouest de Riobamba, à 3200 mètres d'altitude, au pied du Chimborazo, sur la route qui va à Cuenca et Guayaquil se situe Calpi, un petit canton perdu dans la vallée, connu pour ces projets de tourisme communautaire soutenus par l'association française Ahuana. On ne vient pas ici par hasard. Si vous souhaitez découvrir ce qu'il y a de mieux en terme de tourisme communautaire en Equateur, vous êtes probablement au bon endroit. L'association Ahuana a en effet transformé ce petit village en un lieu de rencontres hors du commun. Prévenez de votre arrivée car ce n'est pas un hôtel, mais de l'écotourisme...

Transports

- **En taxi.** Pour se rendre dans les communautés de Calpi depuis Riobamba, prendre un taxi (comptez moins de 10 US$) jusqu'à Calpi, puis continuer en direction de Guaranda sur 2 km. Prendre à droite au panneau de Palacio Real et continuer tout droit jusqu'à San Francisco si c'est votre destination. On peut aussi tenter le taxi collectif, plus économique, à l'angle des rues Gaspar de Villaroel et Juan de Lavalle (devant le terminal terrestre Nuca Llacta qui dessert Guamote). Attendre sur le trottoir, à côté du restaurant asadero (Platos Especiales). Vous ne tarderez pas à remarquer d'autres personnes qui attendent comme vous... Demandez-leur si elle vont à Calpi et si c'est le cas, il vous sera plus facile de monter dans le bon taxi ou la bonne fourgonnette. Les liaisons sont peu fréquentes entre Riobamba et Calpi : vous aurez plus de chance entre 12h et 17h, du lundi au samedi.
- **En bus jusqu'aux communautés autochtones.** Au départ de Riobamba, prendre un bus en direction de Guamote, Columbe, Cajabamba et Colta, et descendre une dizaine de km plus loin, à Calpi, reconnaissable à son imposante église. De là, suivre la direction de Palacio Real, puis San Francisco de Cunuguachay (environ 1h de marche). Autre option, depuis Riobamba : au rond-point orné d'une sculpture de livre ouvert (en face du terminal terrestre), prendre un bus des compagnies Alianza San Juan (rouge et blanc), San Juan (rouge et blanc également) ou 2 de Octubre (bleu et blanc), et demander au chauffeur de s'arrêter au mur de Petroecuador (ou à la communauté de Calpila Loma).
- **Proche du cimetière de Calpi** vous trouverez des taxis (2 dollars) pour vous conduire à Palacio Real et à San Francisco de Cunuguachay

AHUANA

✆ + 593 3 301 35 36

www.ahuana.com

Projet de tourisme communautaire. 16 US$ par personne pour une nuit dans une choza, petit déjeuner inclus. Dîner 4 US$.

L'association Ahuana (« tisser » en quichua) promeut la création de projets communautaires. Située dans la province du Chimborazo, la « parroquita de Calpi » regroupe 17 communautés indigènes vivant entre 2 800 et 3 400 m d'altitude. Ce projet initié par les 80 femmes de l'association « Quilla Pacari » (« le réveil de la lune ») du village de San Francisco de Cunuguachay et développé par le père Van Dorpe vise à développer l'économie traditionnelle et l'échange interculturel. Nous vous invitons vivement à séjourner au sein de cette communauté !

On se familiarise avec le mode de vie locale en participant aux tâches quotidiennes. Sous l'œil attentif du père Van Dorpe, la « Quilla Pacari » accueille les touristes de passage dans deux dortoirs de 6 ou 4 lits aménagés dans le plus grand confort avec salle de bains commune (eau chaude) et salon collectif. À côté se trouvent des *chozas* (maisons typiques) mises à la disposition des visiteurs. Parmi les activités prévues : visite du musée du Lama, de La Moya et d'autres villages alentour aux côtés d'un guide natif. L'excursion jusqu'au mirador de las Crestas pour avoir une vue sur les volcans Chimborazo, Tungurahua et el Altar est aussi un *must*. Vous pourrez également découvrir une ancienne *hacienda* rénovée à Palacio Real, dédiée à l'histoire et la culture indigènes, et pourquoi pas profiter de promenades culturelles accompagnées de lamas. Les membres de la communauté ont suivi une formation au métier de guide et sont très compétents. Un projet qui vaut le coup d'être soutenu !

PALACIO REAL

✆ + 593 32 620 500

Almuerzo simple 3 US$. Almuerzo complet 7 US$. Chozas : 16 US$ la nuit avec dîner et petit déjeuner.

Depuis plusieurs années, la communauté de Palacio Real a développé avec l'aide du ministère du Tourisme et de l'association Ahuana, un ambitieux projet touristique et culturel, centré autour du lama, ***sumak kawsay*** en quichua. Un musée du lama, un restaurant de viande de lama, une filature de laine, la conception de vêtements, la location de salles de réunion et des sentiers touristiques, voici ce qui a été mis en place et favorise la transmission de la culture indigène.

Et on peut même parrainer un lama ! A ce jour, environ 300 lamas ont été remis à des familles avec succès. Voici donc les étapes de ce projet de parrainage, établi par l'association Ahuana : vous parrainez un lama (contactez l'association Ahuana par e-mail - proyectos@ahuana.com), vous recevez une photo de la famille et de son lama, à la première naissance, le petit est donné à une famille voisine, et c'est tout un réseau d'économie solidaire qui se tisse !

Et sur place, au sein de la communauté, voici une bien agréable solution pour ceux qui souhaitent partager la vie d'une famille locale. 3 *chozas* (maisons traditionnelles) ont été construites pour les voyageurs, à proximité immédiate des familles d'accueil. Ici, vous logez vraiment au cœur du centre d'activité. L'hébergement inclut les repas et s'accompagne d'une offre permettant de découvrir le village en deux jours, tout en participant aux activités agricoles. Vous pourrez visiter le musée du lama et le centre artisanal par la même occasion. Les *chozas* sont simple, mais très propres et agréables.

LA CASA DE JOSÉ €

La Moya

✆ +593 99 554 3208

20 US$ par personne avec le diner et le petit déjeuner, en chambre double.

A la Moya, à 10 minutes à pied du départ de l'excursion vers les mines de glace du Chimborazo, José et sa famille vous reçoivent chez eux, comme un ami de longue date et vous font découvrir les joies de la vie communautaire sans ses contraintes. Si vous souhaitez donner un coup de main à la communauté, vous n'aurez aucun mal à trouver comment exploiter vos talents cachés mais ce n'est en aucun cas une obligation. La maison a été récemment rénovée et tout le confort nécessaire vous y attend. N'hésitez-pas à rester quelques jours pour vous imprégner du lieu.

LA MOYA €

✆ +593 98 760 8055

Nuitée + petit déj : 15 US$. Almuerzo du jour (soupe, plat, jus de fruits) 3 US$. A la carte 7 US$. Petit dej 2 US$.

L'auberge de la Moya est un des projets les plus récents soutenus par l'association Ahuana. Sa construction s'est achevée à l'été 2016, et elle propose 2 chambres avec lits doubles d'un grand confort et 1 chambre avec 2 lits superposés juste au dessus du restaurant et à côté du musée de la montagne. Le tout est propre et joliment décoré d'artisanat local bien entendu. La Moya vous offrira dans son musée Urkukunapak wasi (Maison des montagnes) une visite où vous pourrez découvrir les légendes indigènes des montagnes. Restaurant sur place

SIERRA

VOLCÁN CHIMBORAZO ★★★★

La plupart des hôtels emmènent les touristes en taxi jusqu'au premier refuge (4 800 m) restauré, d'où ils effectuent à pied le chemin menant au deuxième, le fameux Whymper (du nom du premier alpiniste britannique qui a gravi le sommet en 1880).

Ainsi, on traverse le village des dernières communautés vivant sur les pentes du volcan. Le ciel est plus dégagé tôt le matin ou en milieu d'après-midi (vers 15h). La marche d'une petite heure reliant les deux refuges est éprouvante si l'on n'est pas accoutumé à l'altitude. Respirer et y aller doucement.

Il est également possible de découvrir une autre facette de ce magnifique volcan grâce aux communautés indigènes qui vous accueillent autour de Calpi et au sein desquelles vous trouverez d'excellents guides. La découverte des mines de glace avec Jorge est un incontournable au cours duquel vous atteindrez les mines de glace situées aux environs de 4.800m d'altitude après une ascension longue mais facile à cheval et à pied.

Pratique

▸ **L'entrée du parc est désormais gratuite.** Compter 35 US$ par personne la nuit dans l'un ou l'autre des refuges. Les groupes de plus de 8 personnes sont en revanche obligés de prendre un guide (autour de 30 US$). Accès à la réserve tous les jours de 8h à 16h. Bureau d'info, snacks et secours sur place.

▸ **Si vous souhaitez réserver l'excursion avec une agence,** on recommande Ecuador Eco Adventure, une agence très pro implantée à Riobamba et dont les coordonnées sont dans le présent guide (compter environ 80 US$ par personne).

▸ **Si l'on ne veut pas passer par une agence,** il faut se rendre à la gare routière et prendre un bus pour Guaranda en demandant au chauffeur de s'arrêter à l'entrée du parc (départs toutes les heures environ à partir de 6h et généralement jusqu'à 16h). De là, parcourir 8 km (800 m de dénivelé) au milieu des vigognes pour atteindre le premier refuge. Un autre refuge à 3 900 m, La Casa Condor (à partir de 14 US$ par personne), construit dans le cadre d'un projet de développement communautaire, se trouve sur le bord de la route avant l'entrée du Parc. On y accède par la route menant à Guaranda via El Arenal. Depuis cette route, comptez 3-4h de marche pour gagner le premier refuge. Des guides natifs sont disponibles pour vous faire découvrir la faune et la flore à pied ou à vélo.

MINES DE GLACE ☛

✆ +593 99 104 1060

Comptez 40 US$ par personne pour l'aller-retour aux mines de glace avec un cheval.

Expérience insolite, accessible à tout le monde car le chemin n'est pas bien difficile, bien qu'il soit long, la visite des mines de glaces est un incontournable pour les amoureux de randonnée à pied comme à cheval. C'est en effet en partant de « cuatro esquinas » au pied du Chimborazo, que Jorge vous accompagnera jusqu'à la fameuse mine dont était extraite la glace pour les bourgeois de Riobamba, avant l'invention du congélateur. C'est à dos d'homme qu'elle descendait de 4 800 m d'altitude. Heureusement, avec Jorge, un cheval est à vous jusqu'à 4 000 m !

Sur la route du Chimborazo.

SIERRA

PARQUE NACIONAL SANGAY ★★

Cette vaste étendue protégée de 270 000 ha renferme trois volcans : le Sangay (5 230 m), le Tungurahua qui surplombe Baños (5 016 m) et l'Altar (5 320 m) ; les deux premiers sont actuellement actifs. Depuis 1983, ce parc fait partie du patrimoine mondial établi par l'Unesco. Il est situé à cheval entre les provinces du Chimborazo, de Tungurahua et de Morona Santiago, et donc accessible depuis Riobamba, Baños, Puyo ou Macas. Des excursions sont bien entendu proposées par les agences de Riobamba. En outre, l'AGIG, une association de guides indigènes qui promeut le tourisme communautaire dans la région, propose des treks avec nuits dans des chozas, petites maisons de terre avec toit de chaume, plus agréables que la toile de tente à de telles altitudes ! Les prix sont plus intéressants que ceux proposés par les agences locales, et en plus vous ferez une bonne action ! Les guides connaissent parfaitement leur environnement ; les excursions durent généralement plusieurs jours (3-4 jours minimum) et se font à pied ou à cheval.
Dans le parc coulent plusieurs rivières : Llushin, Palora, Puela, Volcan, Upano, Namaquimi et Sangay, et l'on trouve des cascades et des lacs (comme par exemple la Laguna Pintada). La faune est constituée de tapirs, de pumas, de renards des Andes en altitude et, entre autres, d'ours, de jaguars, d'ocelots et d'opossums partout ailleurs. Il y aurait entre 400 et 500 espèces d'oiseaux, dont le condor des Andes.

VOLCAN SANGAY ★★

Ce dangereux volcan domine le parc national du même nom. C'est l'un des volcans les plus véhéments du pays et même du sous-continent. C'est aussi l'un des rares volcans au monde en état d'activité éruptive quasi permanente. En effet, en perpétuelle activité depuis 1934, on ne l'approche qu'avec une extrême prudence… et par des chemins détournés, surtout que ses versants s'élèvent presque à la verticale. Une petite semaine est donc nécessaire pour l'ascension de ce stratovolcan à la forme conique flirtant avec les nuages à 5 230 m.

VOLCAN EL ALTAR ★★

Des expéditions jusqu'au volcan éteint El Altar (5 319 m) sont proposées dans la région. Celui-ci se trouve à 45 km de Riobamba. Formé de nombreux pics, il est considéré comme l'un des plus beaux du pays par les populations quechuas qui l'avaient déjà surnommé « Montagne sublime » avant l'arrivée des Espagnols. Puis, les colons le baptisèrent El Altar (« l'Autel ») à cause de la forme de ses pics qui rappelle celle de l'autel d'une église. Chacun de ses pics porte d'ailleurs un nom qui fait référence à l'Eglise catholique : le plus haut est l'Obispo (« Evêque »), il y a aussi le Tabernáculo (« Tabernacle »), los Frailes (« les Moines »), la Monja Grande (« la Grande Religieuse »), la Monja Chica (« la Jeune Religieuse »), etc. Enveloppé de neige et de glace, il abrite au fond de l'un de ses cratères une lagune, la laguna Amarilla. C'est l'une des lagunes du système lacustre de l'Altar enneigé, elle est située à l'intérieur du cratère de la montagne enneigée à 4 150 mètres d'altitude, elle est formée par la fonte de la montagne enneigée et prend une couleur jaune en raison des minéraux qui la colore, d'où son nom « Laguna Amarilla ». La formation mesure environ 220 m à 250 m de large sur 600 m de long. Le Rio blanco prend sa source pour partie dans cette lagune qui nous dévoile un paysage vraiment unique qu'on ne se lasse pas d'admirer. Il est difficile d'y accéder par ses propres moyens, car aucun transport en commun ne s'y rend et il n'y a pas d'infrastructure touristique. Il est donc préférable de contacter un guide.

SIERRA

LAGUNA DE COLTA

25 km au sud-ouest de Riobamba. La route longe cette immense lagune dont les eaux miroitent sous le soleil. Le panorama possède un charme un peu désolé, une vaste étendue où paissent les troupeaux. Le lac bordé de marécages est coincé entre la voie ferrée et le village. Dans ses eaux se reflète le Chimborazo par temps clair, la ligne de chemin de fer et la ville de Cajabamba. Cette magnifique lagune est conneu dans la langue Puruhá sous le nom de Kulta Kucha, ce qui signifie Lagune aux canards. La lagune de Colta est unique, de Loja à Quito il n'y en a pas d'autre offrant un accès aussi facile, traversé par la voie ferrée et la Panamericana.

CAJABAMBA

A 17 km à l'ouest de Riobamba. Cajabamba, un petit village quelque peu délaissé, date de 1534. Il conserve dans sa partie haute des vestiges du premier village colonial détruit en 1797 par un séisme. L'église de Balbanera, baptisée ainsi en référence au monastère bénédictin de Logroño, qui abrite le monastère de Notre-Dame de Valvanera, fut la première construite par les Espagnols. Il ne reste, d'époque, qu'une façade ouvragée à laquelle a été accolée une nef récente. Le 8 septembre, on y célèbre la Vierge de la Balbanera. La partie basse du village s'anime autour du marché dominical où s'échangent produits agricoles, tissages, tapis, articles de cuir…

GUANO ★

A 12 km au nord de Riobamba. Voici un joli et paisible village fondé en 1570. Notez que Guano constitue l'un des plus anciens noyaux de population en Equateur, et existait bien avant l'arrivée des Espagnols. La tradition artisanale locale est la fabrication manuelle de tapis, célèbres dans tous les pays. On rencontre de petits ateliers de tissage à chaque coin de rue et il est intéressant d'observer l'habileté des tisserands locaux. Il est possible d'acheter tapis et tapisseries de couleurs, ainsi que des couvertures. Préférez les ateliers aux boutiques. On trouve aussi, des articles en cuir, notamment des chaussures. Le marché a lieu le dimanche.

GUAMOTE ★★

A environ 50 km au sud de Riobamba, à 3 100 m d'altitude (prévoir un pull-over !). Cette bourgade pittoresque conserve un charme colonial indéniable, avec son église ancienne, ses rues étroites, ses maisons à balcons aux couleurs délavées. Ici, 95 % des habitants sont indigènes, en témoigne le défilé de *ponchos* rouges dans les ruelles, et plus particulièrement à l'heure du grand marché local. Tous les jeudis matin, le village déploie en effet l'un des plus importants marchés d'Equateur. Sur les étals, des pommes de terre, du maïs, des fèves, des pois, de l'orge… Mais on y vend aussi des bestiaux, dont les fameux *cuyes* (cochon d'Inde).

LOS ELENES

Après Guano, la route traverse un magnifique paysage bucolique, les vaches et les moutons paissent tranquillement tandis que les paysans ramassent la paille ou tissent la cabuya, fibre végétale dont ils fabriquent les traditionnels shigras, ces paniers souples qui se portent suspendus à l'épaule. La route se termine quelques kilomètres plus loin au complexe balnéaire de Los Elenes (sorte de parc aquatique). Ses trois piscines thermales, censées guérir les maladies de peau et les rhumatismes, attirent les habitants de Riobamba le week-end. Il y a peu de solutions d'hébergement par ici, mieux vaut poursuivre un peu sa route jusqu'à Alausi par exemple.

INTI SISA €€

Calle Vargas Torres y Garcia Moreno
✆ +593 3 291 6529
www.intisisa.com

Si vous souhaitez passer quelques jours à Guamote, ce que nous vous conseillons, contactez l'association Inti Sisa (Tournesol) qui fut créée en 1999 afin de renforcer l'éducation des indigènes de Guamote et qui s'attache à développer un tourisme communautaire en proposant également une agréable *guesthouse* de 23 chambres, très propre et tenue par la communauté indigène. L'association prendra en charge l'hébergement (dans des familles locales ou dans la *guesthouse*), les visites et les repas. Les fonds récoltés sont investis dans le domaine de l'éducation.

ALAUSÍ ★

À environ 90 km de Riobamba, perché à 2 355 m d'altitude. En 1534, Sebastián de Benalcázar fonda cette ville qui proclama son indépendance le 13 novembre 1820. Le marché y a lieu le dimanche ; le 29 juin, on célèbre le saint patron du village. Alausí était le point de départ du train qui descendait jusqu'à la Nariz del Diablo, et c'était là, pratiquement, son seul et unique intérêt. Les jours où le train circulait, la tranquille bourgade était envahie par une foule hétéroclite de touristes. En revanche, vous trouverez peu d'infrastructures touristiques sur place, d'autant qu'aujourd'hui, depuis que les chemins de fer on fermé, Alausi semble abandonnée.

NARIZ DEL DIABLO ★★

Eloy Alfaro y Sucre esquina

Le tronçon de chemin de fer de Alausi à la Nariz del diablo devrait rouvrir début 2024...

Remise en service prévue en 2024 après 3 années d'arrêt total du réseau.

Destiné aux touristes, ce train vous emmène sur la vertigineuse descente du Nariz del Diablo. La pente étant très raide, l'engin descend tout doucement par paliers en zigzaguant à flanc de falaise, en entamant des virages en épingle jusqu'à la gare désaffectée de Sibambe, au fond de la vallée. Les paysages sont superbes. Avant, il était possible de s'installer sur le toit du train (et c'est d'ailleurs ce qui rendait le voyage inoubliable), mais c'est dorénavant interdit et le train a été modifié pour empêcher de nouveaux accidents. Du coup, la plupart des voyageurs semblent déçus du voyage, désormais jugé trop touristique à leurs yeux. Un joli moment à passer tout de même.

La Nariz del Diablo désigne un tronçon de la voie ferrée qui relie Guayaquil à Quito en Equateur. Cette ligne a été créée en 1899. Pour gravir les 1 000 mètres de dénivelé, la mécanique est rodée : le train monte en zigzag ; à chaque fin de ligne droite, un aiguillage lui permet de passer sur une autre voie ; le train repart alors en marche arrière jusqu'au cul-de-sac suivant. Un trajet dépaysant et ludique qui permet d'apprécier de magnifiques paysages.

Ce n'est pas le circuit le plus spectaculaire (sûrement trop touristique), maintenant que plusieurs tronçons de chemin de fer ont été réhabilités. Dans la région, nous vous conseillons plutôt le « tren del Hielo » (Riobamba-Urbina-Riobamba) ou même le « sentier des ancêtres » (Riobamba-Colta-Riobamba).

GAMPALA €

Av. 5 de Junio 122 y Pedro de Loza

✆ +593 3 293 0138

Chambre double autour de 50 US$. Petit déjeuner. Wifi, TV, restaurant, parking.

Un hôtel agréable à deux pas de la gare. Il propose 13 chambres sobres et correctes avec salle de bains. Cafétéria sympathique au rez-de-chaussée pour le petit déjeuner et excellents *almuerzos* copieux et économiques. L'accueil chaleureux fait toute la différence ! Attention, depuis la disparition du train équatorien, cet hôtel a dû suspendre ses activités faute de clientèle suffisante et a repris en 2023 dans l'attente du premier train en partance pour la Nariz del diablo. Croisons les doigts pour qu'il parte bientôt sans quoi Gampala devra fermer.

LA QUINTA €€

121 Eloy Alfaro

✆ +593 3 293 0247

www.hosteria-la-quinta.com

Compter 75-80 US$ la chambre double. Petit déjeuner compris.

Une maison rustique – on aime particulièrement la salle du restaurant ! – où il fait bon poser ses valises. Le charme des lieux agit, malgré certaines failles : connexion Internet hésitante, impossibilité de payer par CB... Les chambres, tout en bois, décorées avec des meubles anciens, sont charmantes et la vue l'est tout autant. Si vous preniez le petit train tôt le matin, pas d'inquiétude, un bon petit déjeuner vous était servi avant le départ. Attention, cet hôtel a dû suspendre ses activités. La relance du train est prévue pour 2024.

HUIGRA

Située à 1 200 m d'altitude, la vallée bénéficie d'un microclimat printanier très agréable tout au long de l'année. Huigra possède un charme suranné tout particulier. Celle-ci reçut il y a quelques années la visite d'Elisabeth Brainard, la dernière petite-fille de l'Américain John Harmann, constructeur du chemin de fer équatorien. Engagé par le président de la République Eloy Alfaro, ce dernier vécut à Huigra, qui fut le siège administratif de la compagnie ferroviaire entre 1887 et 1908. Etablis dans de grandes demeures, les cadres de la Compagnie initièrent une ère de prospérité, comme en témoignent encore certains bâtiments tel le collège technique.

CAÑAR ★

L'agitation est dense autour du marché central et des artisans céramistes. On pourra acheter à Cañar une selle en cuir, des bottes ou encore du fromage de vache. La petite ville de El Tambo, où l'on peut admirer d'étonnantes maisons d'*adobe* et de bois peint, est la voie d'accès au chemin qui mène aux ruines d'Ingapirca.
Dans toute la région, on croise les Cañaris reconnaissables à leur costume si particulier : les femmes portent des bas, jupes et fichus très colorés, ornés de motifs brodés ; les hommes, un pantalon noir, un mini-*poncho* brodé fixé à la taille par une ceinture tissée. Tous portent un étonnant chapeau rond de feutre beige sans rebords.

BIBLÍAN

A 40 km au nord de Cuenca, sur la route Cuenca-Azogues. Ce village de la province de Cañar est arrosé par la rivière Burgay. Biblían est surtout réputé pour son activité agricole, bien qu'il se caractérise aussi par son activité minière avec ses carrières de marbre (Mangán) et de charbon (San Luis). Son principal intérêt touristique est le sanctuaire de chaux et de pierre niché sur d'abrupts rochers, sur la colline occidentale de la ville. Il fut érigé en l'honneur de la Vierge de Rocío en 1886. Le climat de Biblian est froid et humide mais son sol est si fertile qu'on lui a octroyé le surnom de Cantón Verde del Austro Ecuatoriano.

CUENCA ★★★

Capitale de la province de Azuay, Cuenca est aujourd'hui la troisième ville la plus importante du pays (derrière Guayaquil et Quito), avec plusieurs universités et une intense activité commerciale, culturelle et artistique, qui la caractérise d'ailleurs depuis toujours. La ville fut fondée en 1557 par Gil Ramirez Dávalos, gouverneur de Quito, sur ordre du vice-roi du Pérou, Don Andrés de Mendoza. La particularité de son sol et les origines de son métissage ont donné à ses habitants une identité singulière qu'ils ont su préserver et cultiver au fil du temps. A l'origine, Cuenca fut la ville inca de Tomebamba, considérée comme le berceau du roi Huayna Capac, elle-même bâtie sur ce qui fut Guapdondelig (qui siginifie « plaine grande comme le ciel »), cité du peuple cañari. Les Incas venus du sud, l'appelèrent Paucabamba, vallée fleurie. A l'époque de la colonisation, des artisans espagnols et italiens y installèrent des écoles d'art (architecture, sculpture et peinture), jadis réputées dans toute l'Amérique latine. Elles sont à l'origine des trésors artistiques de la ville.

Argent

Aucun problème pour retirer de l'argent dans la ville. De très nombreux distributeurs sont proposés aux passants.

Balade

L'une des balades les plus intéressantes va du pont du Cipad à celui du Vado où chaque façade dominant la rivière évoque un lointain palais. Foyer d'un riche artisanat, hérité des Cañaris, Cuenca porte, depuis 1975, le titre de Centre interaméricain d'artisanat et d'art populaire. Mais ce sont certainement ses

Crépuscule sur la ville de Cuenca.

SIERRA

trésors d'art colonial, cachés tels des joyaux au cœur de ses églises et couvents (XVIIe et XVIIIe siècles), qui rendent cette ville unique. Le marché Feria Libre est le plus grand marché de la ville. Répartis sur plusieurs blocs, les étals vendent animaux, vêtements, souvenirs et babioles en tout genre, fruits et légumes, matériel électronique... Le jour de grande affluence est le jeudi, mais le marché se déroule tous les jours de la semaine (attention aux *pickpockets* !). Le 24 décembre a lieu la fête la plus importante de la ville : El Paso del Niño Viajero, unique dans le pays.

Quartiers

Il est facile de se repérer dans la ville, du moins dans le centre historique (qui constitue l'intérêt principal pour les visiteurs). El Barranco (littéralement « le ravin ») du rio Tomebamba, qui s'étend de l'Otorongo au Vergel, constitue la séparation géographique naturelle entre le centre historique de la ville et la partie résidentielle moderne. Les quartiers traditionnels de Cuenca sont :

- **Le quartier des Herrerias.** En traversant le pont du Vergel, on arrive dans la calle de los Herrerias ; ici, les artisans travaillent le métal et fabriquent croix, serrures... En continuant cette même rue, on débouche sur la place de l'Herrero et le monumento Vulcain. Au fond, se situe la Maison de Chaguarchimbana, siège du musée des Arts du feu.

- **Le quartier El Vado.** En remontant la rue La Condamine, on arrive dans le quartier El Vado d'où l'on peut profiter d'une belle vue panoramique sur le rio Tomebamba. On peut aussi y voir des ateliers d'artisans *hojalateros*, qui réparent les chapeaux de paille, et de couturières qui confectionnent des costumes traditionnels brodés (surtout des jupes).

- **Le quartier de Todos Santos.** Il était situé avant le point d'entrée sud-est de la ville. La croix s'y trouve toujours. Cette zone, qui renferme l'église du même nom, est connu comme le traditionnel quartier des boulangers, qui élaborent le pain dans des fours à bois.

Se restaurer

Les amateurs de bonne cuisine seront ravis, car on mange très bien à Cuenca. La ville compte de nombreux restaurants proposant une cuisine aussi savoureuse que variée. Spécialités locales, plats internationaux, orientaux, indiens, européens... Il y en a pour tous les goûts et les prix sont plutôt raisonnables. Ne vous privez pas !

Outre les adresses mentionnées ci-dessous, sachez que vous trouverez, dans le centre de Cuenca, des petits bouis-bouis servant des menus complets entrée-plat-dessert à partir de 1,50 US$. La qualité est généralement correcte. Pour manger à petit prix également (autour de 3 US$), direction le marché 10 de Agosto (*ceviche*, jus de fruits frais...).

Shopping

Cuenca et sa région témoignent d'une longue et riche tradition artisanale. Outre les très célèbres chapeaux de paille *toquilla* (les panamas), fabriqués et vendus ici, vous pourrez errer dans des boutiques aussi diverses que variées : vannerie, broderie, articles en cuir, orfèvrerie et céramiques sont à l'honneur. Bordée de boutiques d'artisanat, la rue Córdova attirera aussi chineurs et amateurs d'antiquités qui dénicheront, entre autres, statuettes religieuses et objets anciens (fers à repasser, clés, étriers, etc.).

Sortir

Cuenca est une ville propice à la fête, les occasions de s'amuser sont nombreuses et la vie nocturne est assez intéressante... Les Cuencanos préfèrent les bars et les cafés intimes aux grosses discothèques. La nuit, le coin le plus fréquenté par la jeunesse locale et internationale est sans aucun doute la calle Larga (et les rues adjacentes), où de nouveaux établissements ouvrent et ferment régulièrement. Les concerts ont généralement lieu du mercredi au samedi (les autres jours sont très calmes). A l'extrémité de la ville, la Calle Remigio Crespo est un des endroits incontournables pour faire la fête à Cuenca. Beaucoup de bars et boîtes de nuit y sont concentrés.

Un conseil : pensez à regarder la programmation de l'Alliance Française. Celle-ci organise régulièrement des événements (concerts et spectacles notamment).

Tourisme

A la fois figée dans le passé et ancrée dans le présent, Cuenca possède un charme colonial indéfinissable, et son centre historique, qui se visite en deux ou trois jours (minimum), témoigne du faste de cette époque. Elle est d'ailleurs inscrite au patrimoine de l'Unesco depuis 1999. Malgré la circulation grandissante, on sillonne toujours avec un immense plaisir ses rues pavées bordées de maisons blanches aux toits de tuiles romanes, ornées de jolis balcons fleuris. Belles façades aux tons pastel, patios secrets, balcons ouvragés, églises, parcs et places séculaires ; Cuenca en met plein la vue et enchante ses visiteurs. Sur les berges de la rivière Tomebamba, les lavandières lavent le linge à la force des poignets et le battent, comme autrefois, sur la roche.

Cuenca est aussi célèbre pour ses églises et ses couvents, d'anciennes demeures privées offertes à l'Eglise par les riches familles du coin. Leur découverte est un *must* lors de votre séjour ici. La ville déroule par ailleurs de jolis parcs et des places animées où s'installent quelques marchés locaux. On pourra aussi se promener au bord de l'eau, en longeant le Río Tomebamba flanqué de belles demeures à l'architecture hétéroclite. Enfin, la plupart des musées municipaux sont gratuits, il serait dommage de s'en priver !

▶ **Des bus rouges panoramiques** proposent des circuits dans la ville. Fonctionne tous les jours (pour le circuit sud). Compter 8 US$ par adulte, 4 US$ par enfant, 12 US$ pour le combo circuit nord et circuit sud (6 US$ par enfant). Plus d'infos sur le site : www.turibus.com.ec.

▶ **Free walk** (visite guidée gratuite) en anglais et espagnol organisée du mardi au samedi (a priori à 10h) depuis le parc Calderón. Sans réservation. Plus de renseignement à l'office de tourisme.

Transports

▶ **En avion.** L'aéroport de Cuenca est le 3e aéroport du pays, après Quito et Guayaquil. Plusieurs compagnies qui desservent Quito et Guayaquil, presque tous les jours de la semaine. Pour rejoindre le centre en taxi, comptez autour de 5 US$. Les vols locaux pour Quito durent 35 min, ceux pour Guayaquil 20 min.

▶ **En bus.** Le terminal terrestre (Av. España y Sebastián de Benalcázar - ✆ +593 7 284 2023) fonctionne avec des voies de départ pour chaque coopérative de transport circulant dans la région. Sur place, il y a des salles d'attente, des magasins, des cafés et restaurants, et un parking privé. Pour rejoindre le centre en taxi, la course coûte 2,50 US$. 5 compagnies opèrent la liaison vers Quito (compter environ 9h). Les départs sont donc fréquents. Liaisons 24h/24h vers Guayaquil toutes les 45 minutes à 1h (compter 4 à 6h de trajet en fonction de l'itinéraire). Egalement des bus pour Machala (3h30/4h), Loja (4h30), Puyo (8h30), Baños (quelques bus directs, 7h), Macas (autour de 7h), Gualaceo (45 min), Huaquillas (5h) et vers le Pérou.

Bon à savoir : un autre terminal, le terminal Sur, se trouve dans le secteur Feria Libre, près du fameux marché. Il dessert les villages de la province.

▶ **Pour Guayaquil** il existe une ligne de bus privés directs (toutes les heures de 5h à 19h) au prix de 12US$ le trajet dans de confortables bus de ligne : Alianza del transporte - www.atrain-alianza.com - +593 99 877 6381

▶ **Location de voiture.** Pour pouvoir sillonner facilement les alentours, se déplacer dans la ville (beaucoup de trafic, ce n'est donc pas la meilleure option), il est possible de louer un véhicule. Dans le centre, on trouve des parkings.

▶ **Taxi.** Pour se déplacer facilement et rapidement dans la ville, nous vous conseillons de prendre un taxi. Le tarif minimum d'une course est de 1,50 US$. Les taxis n'ont pas de taximètre. La nuit, les tarifs augmentent un peu. Le trajet entre le centre-ville et le terminal terrestre vous coûtera en moyenne 3 US$ au maximum. Radio Taxi Ejecutivo (Tél. +593 7 285 9093).

CATEDRAL DE LA INMACULADA CONCEPCIÓN ✝ ★★

Benigno Malo y Mariscal Sucre

La Cathédrale de l'Immaculée Conception, connue comme Cathédrale de Cuenca, est considérée comme l'une des plus belles cathédrales d'Amérique du Sud. Elle a été dessinée au XIXe siècle par un frère allemand du nom de John Stiehle. Sa construction commencée en 1855 ne dura pas moins de 120 années. Cet imposant édifice mêlant plusieurs styles architecturaux – roman, Renaissance et gothique (mais le style roman prédomine) – se voit de loin grâce à ses trois coupoles bleues. C'est l'une des plus grandes attractions architecturales du pays avec la Basilique del Cisne dans la province de Loja et la Basilique del Voto Nacional à Quito. L'intérieur ne laisse personne indifférent. Dans les nefs latérales prédominent les vitraux élaborés par l'artiste basque Guillermo Larazabal. Au centre, le grand baldaquin de style baroque et les colonnes salomoniques présentent des caractéristiques très similaires à celle du baldaquin de la basilique Sain-Pierre du Vatican à Rome. Certaines des figures illustres de la ville de Cuenca sont enterrées dans la Crypte : Remigio Crespo Toral et le constructeur de la cathédrale : Luis Antonio Chicaiza par exemple. La façade, particulièrement remarquable, sertie d'une porte centrale et sculptée par Daniel Elias Palacio. Le sol est en marbre de Carrare. La cathédrale, toutefois, ne fut jamais tout à fait terminée : à la suite d'une erreur de calcul, les cloches, trop lourdes pour la structure, n'ont pu être placées dans le clocher !

CENTRE INTERAMERICAIN D'ART ET D'ARTISANAT [CIDAP]

Hermano Miguel 3-23
✆ +593 7 282 9451

Musée des Arts populaires inter-américain. Du lundi au vendredi de 8h à 17h et le samedi de 9h à 16h. Entrée libre.

Le CIDAP, créé en 1975 par un accord entre le gouvernement de l'Equateur et l'Organisation des Etats américains, l'OEA, est la troisième plus ancienne institution du continent américain dédiée à la promotion de l'artisanat. On peut apprécier ici une singulière collection d'art populaire américain issue des différentes communautés indiennes de la Sierra et de l'Amazonie. Techniques d'hier et d'aujourd'hui. Egalement une boutique d'artisanat populaire.

CORTE DE JUSTICIA

Sucre y Luis Cordero

Initialement destiné à faire partie de l'université de Cuenca, cet imposant édifice a été bâti en 1929 par le même architecte qui a construit la banque del Azuay, Francisco Espinoza Acevedo, inspiré d'un style français classique. On remarquera la symétrie avec la banque. On admirera également un beau patio intérieur où les colonnes créent de vastes corridors qui séparent les vieilles salles de cours de la partie découverte. Le marbre dont les murs sont recouverts a été apporté d'une région proche de la ville et poli dans les moulins de la rivière Tomebamba.

EL BARRANCO

www.fundacionelbarranco.org

Le barranco (littéralement « le ravin ») de la rivière Tomebamba se dessine depuis l'Otorongo jusqu'au Vergel, et constitue la séparation géographique naturelle entre le centre historique de la ville et la partie résidentielle moderne. Les maisons qui sont bâties le long de cet emblématique lieu de promenade touristique sont, pour la plupart, des habitations privées de riches familles de Cuenca. Il fait bon venir ici en fin d'après-midi et profiter de la fraîcheur de la rivière pour déambuler dans ce coin de nature niché au cœur de la ville.

IGLESIA DE TODOS LOS SANTOS ★★

Larga y Vargas Machuca, Puente Todos los Santos

A l'époque de la colonisation se trouvait à cet emplacement une chapelle provisoire où a été célébrée la première messe après l'arrivée des Espagnols. L'église actuelle a été construite en 1924 et présente un style éclectique. Sur la façade, se distingue la grande tour du clocher, ainsi qu'une entrée aux lignes horizontales, de style Renaissance. Parmi les détails qui retiennent l'attention du visiteur on notera le parvis triangulaire situé au niveau de l'entrée principale.

IGLESIA EL CARMEN DE LA ASUNCION ★

Sucre y Padre Aguirre

Construite vers 1730, cette église pittoresque située sur la place du marché aux Fleurs est l'une des plus anciennes de la ville. L'édifice est de style Renaissance, et sa façade est ornée d'une élégante entrée en pierres de taille sur laquelle on peut observer d'intéressantes sculptures de style baroque (telles que les colonnes salomoniques qui encadrent la port). A l'intérieur, un beau retable colonial de style néoclassique, ainsi qu'une chaire dorée à l'or fin, couverte de miroirs.

IGLESIA EL SAGRARIO ★

Mariscal Sucre y Luís Cordero

Pendant l'époque coloniale, cette église était le centre de culte religieux de la ville et constituait la paroisse des Espagnols. Les pierres de taille proviennent des ruines du Tomebamba, et ont servi de ciment et de base pour les murs. L'église est devenue une cathédrale à la fin du XVIIIe siècle. Aujourd'hui, l'église conserve sa structure coloniale basique malgré de nombreuses transformations réalisées aux XIXe et XXe siècles. A l'intérieur, elle compte 3 nefs, un autel central et 7 latéraux. On y reconnaît très bien les styles baroque et Renaissance.

IGLESIA SAN BLAS ★

Manuel Vega y Simon Bolívar

Face au parc Simon Bolívar, où trône le buste de l'un des plus grands poètes équatoriens, l'enfant de Cuenca Manuel Calle, l'église exhibe sa façade rose, sa coupole et sa tour où trois cloches appellent les fidèles. Ce lieu de culte à la particularité d'avoir été construit avec des pierres de taille Inca du début de la colonisation. Le nouvel édifice, reconstruit en 1935, conserve encore cette structure singulière. A l'intérieur, on aperçoit trois nefs principales, tandis que les deux petites sont disposées en forme parfaite de croix latine.

IGLESIA SAN FRANCISCO ★

Presidente Cordova y Padre Aguirre

Après leur arrivée dans la ville au XIVe siècle, les franciscains ont construit un lieu de culte dédié à saint François (San Francisco). Cet ordre religieux est resté à Cuenca pendant plus de cinq siècles, jusqu'en 1860. Ensuite, à la fin du XIXe siècle, l'ancienne église est totalement remodelée sous la direction des prêtres Isaac Peña Jaramillo et José Ignacio Peña. A l'intérieur de l'église sont toujours conservés le grand retable de l'autel et la chaire de style baroque, dorés à l'or fin et sculptés à l'époque de la colonisation.

IGLESIA SANTO DOMINGO ★

Padre Aguirre y Gran Colombia

C'est la 2e église de la ville par sa taille. Cet édifice ne s'élève pas au même emplacement que l'ancien couvent et l'ancienne chapelle des Dominicains, puisque ceux-ci se trouvaient, à l'époque coloniale, dans deux terrains contigus qui forment aujourd'hui la rue Mariscal Lamar. L'église actuelle, dont la façade est encadrée par deux imposantes tours jumelles de 37 m de haut, a commencé à être construite au cours de la deuxième moitié du XIXe siècle. Elle fut terminée dans les années 1930 et dédiée à la Vierge del Rosario, plus connue comme Morenica del Rosario.

MUSEO DE ARTE MODERNO ★

Sucre 15-27 y Coronel Talbot

Ouvert tous les jours de 9h à 17h, samedi et dimanche jusqu'à 14h. Entrée libre.

Construite en 1876, la Casa de la Temperancia, nommée ainsi parce qu'elle a été un centre pour alcooliques, présente les caractéristiques typiques de l'architecture ibéro-américaine. La Banque centrale a restauré cet édifice en 1979 avant de le céder à la mairie, qui assure son administration depuis. En 1982 y fut inauguré le Musée d'art moderne. Des expositions temporaires d'art moderne et contemporain y sont organisées, et l'on peut y admirer également des expositions permanentes d'œuvres appartenant au patrimoine du musée.

MUSEO DE LA HISTORIA DE LA MEDICINA

Av. 12 de Abril

Du lundi au vendredi de 8h30 à 17h.

A l'emplacement de la faculté de médecine de l'université de Cuenca et de l'ancien hôpital de la ville, se trouve une exposition permanente sur l'histoire médicale de la ville. La richesse de l'édifice confère à ce musée daté une atmosphère singulière. Un musée qui s'adresse cependant plutôt aux passionnés ou aux curieux et autres amateurs de d'insolite. Parmi les objets exposés, des instruments et des équipements médicaux du siècle dernier, qui pour certains, fond froid dans le dos !

MUSEO DE LA IDENTIDAD CAÑARI

Presidente Cordova 6-26 y Hermano Miguel

✆ +593 7 282 5384

www.facebook.com/gynafreire/

Du lundi au vendredi de 9h à 18h, et les samedis et jours fériés de 9h à 13h. Entrée : 2 US$ par adulte.

La collection du musée est composée de pièces archéologiques d'origine précolombienne ayant appartenu aux peuples cañaris, depuis la période Narrio jusqu'à l'arrivée des Incas. On y trouve aussi une collection d'art constituée de peintures et de sculptures coloniales des XVIIIe et XIXe siècles, des tableaux traditionnels de Cuenca et des objets ethnographiques. L'accent typique des Cuencanos, le contadito, est une des rares reliques du peuple cañari qui ne soit pas représentée ici.

MUSEO DE LAS CULTURAS ABORÍGENES ★★

Larga 5-24 y Mariano Cueva

Du lundi au vendredi de 9h à 18h et le samedi jusqu'à 14h. Entrée : 4 US$.

Quelques 5 000 pièces sont ici exposées (céramiques, bijoux, ustensiles...). Toutes illustrent les périodes de l'histoire précolombienne de l'Equateur. L'exposition, issue d'une collection privée, est la plus intéressante et la plus complète de la ville en termes d'archéologie. On apprécie les quelques légendes en français et l'on peut se procurer un fascicule instructif sur l'art indigène. Cafétéria dans le patio et boutique d'artisanat bien achalandée. Une visite à ne pas manquer.

MUSEO MANUEL AGUSTÍN LANDÍVAR

C/ larga 2-23 y Manuel Vega (au niveau de l'escalier de Todos los Santos)

✆ +593 7 282 1177

Le musée Manuel Agustín Landívar situé au cœur de la ville est le témoignage physique de la confluence des cultures dans la ville de Cuenca. Il possède un parc archéologique qui contient des vestiges des cultures cañari, inca et espagnole, et deux salles d'exposition. Les vestiges qui font aujourd'hui partie du parc archéologique ont été découverts en 1972. Les chambres d'un moulin des premiers habitants espagnols qui se sont installés en ce lieu vers 1540 ont été retrouvées.

MUSEO E IGLESIA DE LAS CONCEPTAS ★★

Musée : Hermano Miguel 6-33 y Juan Jaramillo

✆ +593 7 283 0625

Musée ouvert du lundi au samedi de 9h30 à 18h30. Fermé le dimanche. Entrée : 3,50 US$ par adulte.

Le musée. C'est certainement le plus beau musée de la ville. Il est installé dans ce qui fut l'infirmerie du couvent des Madres Conceptas, construit au XIXe siècle. Dans ses salles, conservées telles quelles, on peut découvrir ce qu'était la vie quotidienne de ces femmes ainsi que des pièces d'art religieux et des ustensiles de l'époque. Une crèche en triptyque, particulièrement ouvragée, constitue l'une des pièces maîtresses de l'ensemble. Nombre d'entre elles sont issues des dots des religieuses qui entrèrent au couvent durant quatre siècles. La salle de la *Celda* (cellule) est particulièrement intéressante. Elle représente fidèlement la cellule des moniales : un simple lit, un pot de chambre un lavabo pour se laver les mains, un autel pour le saint de sa dévotion, un Christ et une petite table, un rosaire, une boîte à secrets, un autel pour la Vierge et une chaise.

L'église. Elle doit son nom aux religieuses qui habitent le couvent auquel l'église appartient (couvent de l'Immaculée Conception). Sa construction date des débuts du XVIIIe siècle et l'on remarquera sa façade particulière : mur orné de niches et qui culmine en un petit rocher (Espadaña), sur laquelle il n'y a pas de porte d'entrée. Les deux entrées se trouvent sur le côté où l'on peut apprécier deux jolies portes en bois sculpté. A l'intérieur de l'édifice, on peut voir des éléments de style baroque de grande valeur artistique, tels que le retable principal et les autels latéraux.

MUSEO PUMAPUNGO ★★

Larga y Huayna Cápac

✆ +593 7 283 1521

Du mardi au vendredi de 8h à 17h30, et les samedis, dimanches et jours fériés de 10h à 16h. Entrée gratuite.

Le musée se trouve sur le site archéologique des ruines incas les plus importantes de la ville : Pumapungo. Il renferme des salles remplies de superbes trouvailles archéologiques, une intéressante collection d'art religieux du XIXe siècle et numismatique (qui retrace l'histoire de la monnaie locale). On y apercevra notamment les Christs de Sangurima et de Vélez. A noter également dans la section ethnologique, une partie consacrée aux têtes réduites ou tsantzas, objets rituels confectionnés à partir de têtes humaines décapitées.

MUSEO TALLER DE SOMBRERO EL BARRANCO

Larga 10-41 y Padre Aguirre

✆ +593 7 283 1569

Du lundi au vendredi de 8h30 à 18h30, le samedi de 9h30 à 17h, le dimanche de 9h30 à 13h30. Entrée libre.

Cuenca et sa région ont une tradition artisanale remarquable, qui se manifeste par la multiplicité et la polychromie de ses produits ; l'un des plus représentatifs est le chapeau de paille toquilla, qui a longtemps constitué la principale source de revenus des habitants de Cuenca. Ici a été recréé un petit atelier de confection où sont exposés les outils servant à la transformation de la paille toquilla. On peut apprendre la fabrication du fameux panama et repartir avec le sien.

MUSEO REMIGIO CRESPO TORAL ★

Larga 7-25 y Borrero

Du lundi au vendredi de 9h à 18h, et les samedis et dimanches de 9h à 13h. Entrée libre.

Le musée Remigio Crespo Toral a longtemps été le seul musée public de la ville et dans ses premières années, il a rempli une tâche essentielle, des personnalités nationales et internationales l'ont visité. Remigio Crespo Toral, né en 1860 et mort en 1939, était un écrivain et homme politique cuencano (sénateur de la République), l'une des figures les plus importantes de la littérature et de la poésie équatoriennes. Le musée renferme les archives municipales de l'histoire de la ville de Cuenca avec tous ses traités, ses accords, ses cartes, qui ont forgé l'identité de la ville et grâce auxquels celle-ci s'est construite. En plein Barranco, l'édifice fait partie du patrimoine de Cuenca. Divers objets ayant appartenu à la famille Crespo sont exposés dans les salles de ce qui fut leur ancienne demeure : des objets d'art colonial, républicain et religieux, des pièces archéologiques, divers documents, des peintures... En tout, entre 15 000 et 20 000 pièces, réparties dans 90 salles. A noter, une collection d'art (peintures et sculptures) des XVIIe, XVIIIe et XIXe siècles, ainsi que pas moins de 24 toiles réalisées par Honorato Vázquez, l'un des plus grands peintres paysagistes du pays. Vous pourrez y observer des œuvres de Joaquín Pinto, Miguel de Santiago, Pedro de León et toute la lignée de Rafael Cadena. Le musée était encore en rénovation lors de notre passage, et devrait être agrandi pour pouvoir accueillir des expositions d'art contemporain d'artistes locaux.

PARQUE SAN SEBASTIAN

Sucre y Coronal Talbot

© STÉPHAN SZEREMETA

Le parc est entouré par deux beaux édifices d'architecture coloniale et post-coloniale, parmi lesquels on trouve le Musée d'Art moderne et une joie maison, avec des portes Larrazábal, qui abrite une galerie d'art. Sur un côté du parc, on peut admirer l'église San Sebastian. Au centre du parc, se trouve un imposant buste en l'honneur du docteur Miguel Moreno, un notable poète né à la ferme Tutupali, près de Cuenca. Devant le parc se trouve le Musée d'Art moderne, l'un des espaces les plus importants du monde de la culture de Cuenca.

PARQUE CALDERÓN

Simón Bolivar y Luis Cordero

C'est le site idéal pour débuter le tour du centre historique. En plus d'être un lieu de rencontre et de repos pour les habitants de la ville et les visiteurs, on peut y observer la vie quotidienne dans une agréable atmosphère. Au centre se trouve le monument à la mémoire d'Abdón Calderón Garaycoa qui était un héros de la guerre d'indépendance de l'Equateur. Il est né à Cuenca en 1804 et est décédé en juin 1822 dans la ville de Quito, des suites de nombreuses blessures résultant de son combat infatigable aux côtés de Bolívar qui le fit capitaine à titre posthume.

PLAZA DEL ROLLO - PILORI

Quartier El Vecino

Sur la place du Rollo, située au cœur du quartier El Vecino, on peut voir le pilori construit en 1787 et où, pendant l'époque coloniale, on pendait les condamnés. Selon l'architecte Paúl Carrasco Peña, qui dans l'ancienne administration municipale dirigeait la Fundación del Barranco, l'entité chargée de la restauration d'El Rollo, El Vecino n'était pas le seul endroit où il y avait un pilori à Cuenca. Dans le secteur de Saint-Sébastien, autrefois connue comme *route de la Côte*, il y en avait un autre ainsi que dans la zone de la rivière Tomebamba.

PLAZA SAN FRANCISCO ★

Padre Aguirre y Presidente Cordova

Depuis l'époque de la fondation de la ville, on la connaît comme étant la place de la Foire, puisque c'est ici qu'avaient lieu échanges et achats de produits agricoles. Aujourd'hui, c'est un marché de produits en tout genre qui s'y tient, sorte de grand bazar (vêtements, chaussures, accessoires...). Pour le visiteur, les stands dressés sur les côtés du marché seront probablement plus intéressants, car ils sont tenus par des Otavaleños qui viennent vendre leur artisanat en direct ici. On y trouvera les mêmes produits, au même prix, qu'à Otavalo.

SUMAGLLA ★

Larga 7-121 y Luís Cordero

Le palais est la demeure d'une riche famille de négociants qui la fit bâtir au début du XIXe siècle. A mi-chemin entre un palais moyen-oriental et une demeure coloniale classique, il déploie ses 56 pièces en surplomb de la rivière. Cette demeure offre l'occasion de découvrir un intérieur bourgeois somptueux d'un autre temps. On découvrira la salle de bal, les pièces à vivre, une foule d'objets qui témoignent d'une grande richesse. Au rez-de-chaussée s'abrite une boutique d'antiquités. En fouinant, on peut y trouver de belles choses assez chères cependant.

EXPEDICIONES APULLACTA

Gran Colombia 11-02 y General Torres

✆ +593 7 283 7815

www.apullacta.com

Agence de tourisme locale.

Cette agence s'est spécialisée dans les tours à la découverte de la fabrication des chapeaux de paille toquilla, notamment dans les villages alentour dont c'est l'activité principale. Propose aussi des tours de la ville, en journée ou la nuit, la route des musées et la route du shopping (bijouteries, cuir, céramique, chapeaux, etc.) L'agence s'est également ouverte aux autres activités et propose des excursions partout ailleurs en Equateur : des Andes aux Galapagos en réalisant aussi des tours dans les andes (escalades ; trekking...).

FUNDACION TURISMO CUENCA

Mariscal Sucre, entre Benigno Malo y Luís Cordero

✆ +593 7 282 1035

https://cuencaecuador.com.ec/

Du lundi au vendredi de 8h à 20h, le samedi de 9h à 18h et le dimanche de 8h30 à 13h30. Personnel anglophone.

La fundacion turismo Cuenca est l'organe officiel de tourisme de Cuenca et dispose d'un petit local ici. C'est une très bonne source d'informations complétée par le site Internet de la fondation qui est remarquable, riche et précis. L'accueil est très professionnel et serviable. Vous y trouverez de nombreuses documentations sur la ville et les environs, plans et renseignements ainsi que diverses brochures détaillant les incontournables de la ville. Il est à noter que le site Internet de la fondation est également en français, ce qui est assez rare pour le moment.

HUALAMBARI TOURS

Borrero 9-69 y Gran Colombia

✆ +593 7 283 0371

https://hualambari.com/

Agence de tourisme locale.

Cette agence de voyages locale sera en mesure de vous fournir un guide pour découvrir le centre historique de Cuenca. Elle organise également des excursions au parc national de Cajas, sur le site archéologique d'Ingapirca ainsi que dans la Sierra. Autres prestations : réservations de vols domestiques et internationaux, croisières aux Galápagos, excursions dans les Andes et séjours en Amazonie. Le personnel parle espagnol et anglais et est particulièrement compétent et très sympathique. Une agence avec laquelle on se sent en totale confiance.

POLYLEPIS TOURS

4-70 Hermano Miguel y Honorato Vásquez

✆ +593 99 255 7648

www.polylepistours.com

Agence locale.

Cette agence est gérée par une équipe jeune, dynamique et professionnelle sous la baguette d'Edison, le gérant de l'agence. Au programme : des excursions de un à plusieurs jours à travers les Andes (Otavalo, Cotopaxi, Quilotoa, Baños, Chimborazo, Guaranda), dans le reste du pays (Galápagos, Kapawi, Jamu et Cuyabeno Lodges, réserve de Napo ou Cotococha) et les villages alentour (Chordeleg, Parc de Cajas, Gualaceo). Circuits à thème et guides anglophones. Des offres de dernière minute à prix cassés sont en outre proposées sur le site.

SIERRA

BAUHOUSE HOSTEL €

Benigno Malo 10-31 y Gran Colombia
✆ +593 7 283 2931
A partir d'environ 10 US$ pour un lit en dortoir. Petit déjeuner 2,50 US$.

Une charmante maison entièrement rénovée. L'hôtel est moderne, bien situé et confortable. Le personnel est à votre disposition pour vous aider dans le choix de vos visites. Vous choisirez entre un séjour en dortoir ou dans une chambre privative. Les dortoirs sont grands et lumineux bien que les lits y soient un peu petits pour les personnes de grande taille. Les chambres privatives sont confortables et disposent d'une salle de bain. Air conditionné, eau chaude. Une de nos adresses favorites à Cuenca si on outrepasse le bruit inhérent au centre-ville.

EL CAFECITO €

Mariano Cueva 11-28 y Mariscal Lamar
✆ +593 99 200 4540
www.cafecito.net
Comptez 10 US$ pour un lit en dortoir, 30 US$ pour une chambre double, et 40 US$ pour une triple.

Cet établissement, que l'on retrouve aussi à Quito et Bogota, est très populaire pour son café niché dans un joli patio coloré. Tout autour, les dortoirs sont pour les couche-tard, car les soirées sont souvent longues et animées. Les chambres à l'arrière sont un peu plus au calme et donnent sur un joli jardin. L'ensemble est propre et sympathique, mais plutôt réservé à ceux qui veulent faire la fête et rencontrer du monde. Le restaurant est très apprécié de la clientèle locale comme des voyageurs et propose maintenant une belle offre végétarienne.

LA CASA CUENCANA €

Hermano Miguel 4-19 y Calle Larga
✆ +593 98 711 9550
www.lacasacuencana.wordpress.com
Dortoir environ 10 US$, chambres privées simples ou doubles avec ou sans salle de bain, à partir de 15 US$.

Une charmante adresse à Cuenca tenue par une famille (la mère et le fils) équatorienne. Loin des hôtels sans âme, ici toutes les chambres sont différentes. Réparties sur trois maisons voisines, vous aurez le choix entre les dortoirs, les chambres simples, doubles, avec ou sans salle de bain. Certaines donnent sur une jolie terrasse, d'autres sont plus bruyantes... Bien sûr, le prix varie en fonction du confort, n'hésitez pas à visiter et à négocier la chambre qui vous plaît. Parking possible sur place en sus, ce qui est utile dans le centre de Cuenca.

CASA MACONDO B&B €

Tarquí 11-64 y Lamar ✆ +593 99 964 7719
www.hostalmacondo.com
A partir de 25 US$ pour une simple, 50 US$ pour une double avec salle de bain. Taxes et petit déjeuner inclus.

Dans cette grande maison bourgeoise en bois, les 14 chambres sont disposées de part et d'autre d'un patio couvert. A l'extrémité de celui-ci, on débouche sur un charmant jardin où donnent la cuisine collective et d'autres chambres. Le patio permet également d'admirer quelques colibris y ayant élu domicile. Parquet omniprésent dans les chambres tout confort, joliment équipées de meubles en bois foncé. Cette auberge est le rendez-vous des *backpackers* disposant d'un certain budget. Endroit spacieux, calme et personnel accueillant. Une adresse recommandée.

GRAN HOTEL PARIS €

C/ General Torres 9-70
✆ +593 7 283 1934
https://granhotel-paris.com/
Compter 25 US$ pour une chambre double avec salle de bains, 15 US$ sans. Petit déjeuner inclus.

30 chambres (dont 6 avec salle de bains commune) dans ce modeste hôtel au cadre néanmoins agréable, doté d'un vaste patio orné de fougères et renfermant un restaurant. Au 1er étage, les chambres, plutôt vétustes, ouvrent sur cette cour intérieure. Certaines chambres sont équipées (salle de bains privée, télévision) d'autres ont accès à une salle de bains commune. Nous vous conseillons les chambres dans le bâtiment ancien qui sont plus grandes et ont beaucoup plus de cachet. Laverie, restaurant, cafétéria dans le patio. Une bonne adresse quand même pour le prix.

HOSTAL YAKUMAMA €

Luis Cordero 5-66 y Honorato Vasquez
✆ +593 7 283 4353
Dortoirs à partir de 10 US$, double à partir de 25 US$, (30 US$ avec salle de bains privée). Petit déjeuner inclus.

Yakumama est très bien situé car dans le centre historique de la jolie ville de Cuenca et doté d'un très bon rapport qualité/prix. Tenu par des Suisses, ici on parle anglais, allemand et espagnol. Cette auberge de jeunesse très moderne, en bois et au style épuré est un endroit très réputé et apprécié par les *backpackers* du monde entier. On se retrouve dans le patio le soir venu à siroter un cocktail ou boire un thé au détour d'une chanson à la guitare ou discuter de voyages avec les autres globe-trotteurs. Les voyageurs en solo seront ravis ! On aime beaucoup.

CASA ORDOÑEZ €€

Mariscal Lamar 8-59 y Benigno Malo
✆ +593 7 282 3297
www.hotelcasaordonez.com

Comptez de 39 à 50 US$ pour une chambre double ou suite. Petit déjeuner inclus.

Cette demeure coloniale appartient depuis plus d'un siècle à l'une des grandes familles de la ville. Vaste patio, vieux escaliers, portes d'époque, verrières, vitraux et objets anciens lui confèrent un cachet certain. Les chambres sont élégantes, et les plus petites constituent une option de charme économique pour un couple. Les plus grandes (suites) comportent deux grands lits ou un coin salon. Sur le toit, la terrasse n'offre malheureusement pas de vue. Dans le salon, les mélomanes ne manqueront pas d'admirer le vieux piano. Ambiance quasiment monacale.

LA CASONA HOTEL €€

Miguel Cordero 2124 y Alfonso Cordero
✆ +593 99 882 1664
www.lacasonahotel.com.ec

A partir de 55 US$ la double, selon les saisons. Petit déjeuner inclus.

Cette belle demeure, qui fut une maison secondaire du temps où Cuenca se résumait en son cœur historique, fut construite à la fin du XIXe siècle. Elle abrite aujourd'hui un hôtel de charme dans lequel on est immédiatement transporté dans le passé colonial du pays. Le secteur est devenu une zone résidentielle avec de petits commerces et tous les services nécessaires ainsi que divers restaurants. SI vous êtes à Cuenca à l'occasion de l'Inti Raymi, l'hôtel organise une excursion très intéressante et musicale aux ruines d'Ingapirca, à 2 heures de route.

HOTEL BOUTIQUE CASA SAN RAFAEL €€

Bolívar 5-05 y Mariano Cueva
✆ +593 7 282 3920

Chambre double de 50 à 90 US$. Petit déjeuner compris.

Cette *posada* familiale est idéalement située (à 5 minutes à pied du centre historique de Cuenca), dans une authentique maison patrimoniale datant du début du XIXe siècle et entièrement restaurée. Les 13 chambres sont toutes très bien équipées et confortables : TV, WiFi, téléphone, service de laverie… Le petit déjeuner est vraiment excellent et on vous sert thé et café à toute heure de la journée. L'établissement assure un service de transport depuis et vers l'aéroport.

HOTEL NASS CASA CORONEL €€

Mariano Cueva 9-42 y Bolivar ✆ +593 7 283 8108
https://www.hotelcoronel.ec/

Chambre double à partir d'environ 30 US$. Triple à partir de 50 US$. Petit déjeuner compris. Parking, Wifi, TV, bar.

Hôtel de charme caractéristique de l'époque républicaine. L'intérieur tout en bois (parquet, colombages, mobilier ancien, etc.) est élégant. Les chambres, en revanche, sont beaucoup plus simples, mais équipées d'une baignoire. L'ensemble est bien tenu, mais les prix ont grimpé ces dernières années. Le restaurant propose une cuisine organique, locale et internationale. Le groupe de Cuenca, NASS hoteles vient de reprendre le Coronel et l'a rénové pendant la pandémie pour le mettre aux standards d'aujourd'hui. Un bel endroit bien situé.

CASA MERCED €€

Honorato Vasquez y Luis Cordero
✆ +593 98 719 8158
casamerced.ec

A partir de 49 US$ la chambre double. Petit déjeuner compris.

© CASA MERCED

Cette jolie maison en plein cœur de Cuenca, juste en face de l'église éponyme, est un véritable havre de paix. Le patio bien éclairé abrite le restaurant et les salles autour de ce patio sont autant de galeries d'art. Hôtel, restaurant, bar, galerie d'art, tout est réuni ici pour passer un agréable séjour dans le centre historique de la ville. Les propriétaires sont jeunes et pleins d'énergie avec un touche artistique qui se ressent dans chaque recoin. Les chambres étant à l'arrière, après un petit jardin sont calmes et très bien décorées également.

HOTEL ORQUIDEA €€

Antonio Borrero 9-31 y Bolívar
✆ +593 7 282 4511
Chambre simple à partir de 25 US$, double à partir de 45 US$, suite familiale à partir 110 US$.

Dans une demeure coloniale à l'architecture typique, cet hôtel a été agréablement restauré il y a peu. Il propose une douzaine de chambres coquettes et lumineuses avec murs blancs et parquet, toutes équipées d'une belle salle de bains. Nous vous conseillons de demander une chambre à l'étage afin d'y profiter du calme absolu, rare en centre-ville. De la double à la suite en passant par une triple et une quadruple, le choix est large pour convenir à tous les groupes. Service attentionné. Bon rapport qualité-prix dans l'ensemble.

HOTEL VICTORIA €€

Larga 6-93 y Presidente Antonio Borrero
✆ +593 99 309 9131
hotelvictoriaecuador.com
Single à partir de 90 US$, double à partir de 115 US$, triple 148 US$, suite à partir de 139 US$. Petit déjeuner inclus.

L'ancienne demeure du poète Remigio Crespo qui domine le Tomebamba, abrite cet hôtel haut de gamme. Au cœur du centre historique, l'hôtel compte une vingtaine de chambres modernes et douillettes, dont certaines avec une très belle vue sur la rivière (à demander absolument). Un grand salon avec cheminée accueille les visiteurs. Les petits déjeuners sont copieux et originaux, chaque jour différents. Quant aux délices de la table, le restaurant El Jardín, sert des plats maison de très bonne tenue et bénéficie d'une vue plongeante sur le río. Une belle adresse.

LA POSADA CUENCANA €€

Tarqui 9-46 ✆ +593 7 282 6831
www.laposadacuencana.com.ec
Comptez autour de 45 US$ pour une chambre simple et de 75 US$ pour une double. Petit déjeuner inclus.

Encore une maison centenaire restaurée et convertie en un hôtel de charme en 2008. Avec ses peintures et pierres apparentes, ses meubles et objets anciens, le patio est une réussite ; aucun détail n'a été laissé au hasard. Les 8 chambres sont plus simples, mais néanmoins agréables et bien décorées. Chacune offre une belle salle de bain et dispose de tout le nécessaire pour un séjour dans les meilleures conditions. Atmosphère rustique et chaleureuse. Le service est particulièrement efficace et l'endroit très calme. On ne peut que recommander cet endroit !

LA POSADA DEL ANGEL €€

Bolívar 14-11 y Estévez de Toral
✆ +593 7 284 0695
www.hostalposadadelangel.com
Chambre double à partir de 35 US$. Petit déjeuner compris. TV, wifi.

Un hôtel qui a beaucoup de charme. On pénètre ici dans une vaste chaumière douillette. La vingtaine de chambres de style rustique se nichent dans une vieille demeure coloniale restaurée, aux tons éclatants et doux à la fois : bleu, ocre, jaune… Les chambres, de taille moyenne, mais suffisante, sont entièrement revêtues de bois et possèdent leur propre salle de bains ainsi que la télévision. L'établissement dispose également d'un service de restauration, le Mangiare Bene, qui propose une excellente cuisine italienne. Un coup de cœur !

HOTEL BOUTIQUE SANTA LUCIA €€€

Borrero 8-44 y Sucre
✆ +593 7 282 8000
www.santaluciahotel.com
A partir de 99 US$ la double, 165 US$ la triple. Petit déjeuner compris. Parking. Restaurants.

Cet hôtel de charme se cache derrière une belle façade ancienne (1845), ancienne demeure du gouverneur de Cuenca. Il compte une vingtaine de chambres (salle de bains, TV, téléphone, mini bar) à la déco traditionnelle de bon goût, donnant sur un patio intérieur et très bien équipées. Dans le patio, la carte du restaurant Trattoria propose des plats italiens et plus de 300 vins ! Un très bel hôtel qui vous séduira aussi bien par ses prestations que par son service.

HOTEL CARVALLO €€€

Gran Colombia 9-52 y Benigno Malo
✆ +593 7 2832 063
Comptez 110 US$ pour une chambre simple, 120 US$ pour une double, et 150 US$ pour une suite. Petit déjeuner inclus.

Un bel hôtel boutique de luxe, situé en plein cœur du centre historique. Aménagé dans une demeure coloniale, il offre un confort moderne tout en ayant conservé un charme suranné. L'ensemble est décoré avec beaucoup de soin dans des tons sobres. Les chambres sont réparties à l'étage autour d'un patio et parfaitement équipées (grand lit douillet, télévision câblée, bureau, salle de bains avec baignoire, sèche-cheveux, etc.). Même si, pour la plupart, elles ne sont pas très spacieuses, elles sont confortablement agencées et l'on s'y sent bien.

MANSION ALCAZAR €€€

Bolívar 12-55 y Tarqui
✆ +593 7 282 3918
Chambre double à partir d'environ 200 US$. Petit déjeuner compris. Parking. Spa. Restaurant.

Situé en plein centre historique, c'est sans aucun doute l'un des hôtels les plus hauts de gamme de Cuenca. Luxe, calme et volupté dans cette demeure coloniale restaurée en 2000 dans un style très raffiné. Il y règne une atmosphère intime et douillette. Les 14 chambres encadrent sur deux niveaux un patio couvert, élégamment décoré. Spacieuses, claires et richement meublées, elles sont tout simplement somptueuses, certaines possédant un lit à baldaquin. Un agréable jardin s'ouvre sur l'arrière. Restaurant gastronomique. Service impeccable. Un hôtel sublime !

LA ESQUINA €€

Larga y Hermano Miguel
✆ +593 7 284 5344
Tous les jours de midi à minuit (jusqu'à 16h30 le dimanche !). Déjeuner et dîner, comptez de 20 à 30 US$ pour un repas.

Un tout petit local niché à l'angle d'une rue. Le cadre est *cosy*, l'ambiance plutôt branchée et conviviale, la cuisine argentine originale et savoureuse. Goûtez au beau gâteau sur le comptoir, c'est la spécialité de la maison ! Les prix sont un peu plus élevés que chez les voisins, mais la qualité de la cuisine justifie les prix. Si vous aimez les fruits de mer, laissez-vous tenter par les gambas et dans le cas contraire, nous vous recommandons le Lomo (filet de bœuf) al roquefort qui est un vrai délice. Parfait pour un petit dîner en couple.

LA CIGALE €

Honorato Vasquez 7-80 y Luis Cordero
✆ +593 7 283 53 08
www.lacigale.ec
Hostal et restaurant. Compter à partir de 18 US$ pour une personne, autour de 27 US$ la double. Petit déjeuner inclus.

© LA CIGALE

Voici une pension pleine de cachet tenue par une Italienne, Anna, qui vous recevra avec le sourire. On aime le cadre convivial et l'ambiance décontractée. Joli petit patio où est aménagé le bar-restaurant (souvent plein le soir). Le matin on y sert le petit déjeuner et le soir, possibilité de s'asseoir pour boire un verre. D'ailleurs, les jeunes cuencanos aiment bien s'y retrouver autour d'une bière ; atmosphère cosmopolite donc. Mieux vaut demander une chambre qui ne donne pas sur le patio si vous cherchez le calme. Une adresse futée que l'on a du mal à quitter.

LE BISTRO FRANÇAIS €

Benigno Malo y Bolívar
✆ +593 99 556 5797
Du lundi au vendredi de 9h à 21h et jusqu'à 20h le samedi. Environ 15 US$ le repas complet.

Dans le patio du séminaire Saint Luis, Thomas, cuisinier originaire de Saint léger sous Cholet, a ouvert un véritable restaurant français qui propose, outre d'excellents croissants pour le petit déjeuner, une jolie carte de plats traditionnels. Bœuf bourguignon, cassoulet ou hachis parmentier sont au programme et la qualité est au rendez-vous. On se retrouve volontiers ici, dans une ambiance très détendue, pour prendre un copieux petit déjeuner à la française et préparer sa journée de visite de la ville. L'endroit est charmant et mérite le détour.

CAFE AUSTRIA €

hermano miguel 8-81 y Bolivar
✆ +593 95 954 5576
Café, petit déjeuner, bar et restaurant. Tous les jours de 8h à 21h. Compter 10-15 US$.

Toutes les spécialités viennoises sont au menu : wiener schnitzel, Sachertorte, strudel, et même l'espresso comme il est servi là-bas, sur un petit plateau en acier, avec la cuillère en équilibre sur la tasse ! Géré par une Autrichienne, ce salon de thé ressemble à ceux de la vieille Europe et vous y dégusterez thé, chocolat chaud (le meilleur de la ville), pâtisseries et des plats légers pour le déjeuner (plus copieux le soir). Le tout est fait maison. Vastes tables en bois verni dans un cadre impeccable et chaleureux, où l'on peut lire son journal paisiblement.

SIERRA

CASA HORTENSIA €

Carlos Arízaga Vega

+593 99 997 8122

Du mercredi au jeudi de 15h à 22h, vendredi et samedi de midi à 22h et le dimanche de midi à 18h.

Casa Hortensia, nouveau nom depuis la pandémie d'un restaurant qui était presque une institution à Cuenca, la Quinta. C'est toujours une très bonne adresse pour déguster des plats typiques. Si vous voulez goûter un bon *seco de pollo* ou encore un *ceviche*, vous ne serez pas déçu. En dessert, le cheesecake revisité aux fruits de la passion est tout simplement à tomber. Casa Hortensia est déjà une valeur sûre, c'est d'ailleurs l'une des adresses que recommandent volontiers les habitants de Cuenca. Cadre sympathique et personnel chaleureux.

MOLIENDO CAFÉ €

Honorato Vásquez 6-24 y Hermano Miguel

+593 98 487 1569

Cuisine colombienne. Du lundi au samedi de 9h à 21h. Comptez de 4 à 8 US$ par plat.

Amoureux de la cuisine latino, voici votre repère. On sert une cuisine colombienne traditionnelle dans cette salle à la déco surannée. Arepas (sorte de galettes de maïs), antojitos et empanadas sont ici servis sans chichis – et avec du café, bien sûr ! On recommande la tortilla au guacamole ! Attention cependant, la cuisine colombienne n'est pas des plus légères. Ambiance agréable et service très professionnel. C'est le lieu ou se rendre les soirs de matches de football, particulièrement si la Colombie est sur le terrain, l'ambiance est exceptionnelle !

EL PAVÓN REAL €

Gran Colombia 8-33 y Luís Cordero

+593 7 284 6678

Cuisine équatorienne et internationale. Fermé le dimanche. Déjeuner autour de 3 US$.

Une cuisine sans prétention servant des spécialités à base de dinde (*pavón*) dans un cadre propre. Prix très doux. Les petits déjeuners sont aussi copieux : toasts, œufs, jambon ou bacon, pommes de terre, boisson chaude et jus de fruits, mais aussi *bolon de verde* et *mote*. L'almuerzo, constitué d'une entrée (souvent une soupe) d'un plat, d'un dessert et d'une boisson coûte seulement 3 US$. On viendra ici pour se sentir local parmi les locaux, le restaurant ne désemplit pas pour le déjeuner, pensez à ne pas arriver trop tard au risque de devoir attendre.

EL NUEVO PARAISO €

Tomas Ordoñez 10-40 y Gran Colombia

+593 99 469 8755

www.paraisovegetariano.com

Restaurant végétarien, cuisine équatorienne. Glaces et jus de fruits. Ouvert tous les jours. Menu du jour 2/3 US$.

Une très bonne option pour un repas économique au cœur de Cuenca. Ce restaurant végétarien propose des *almuerzos* et un choix hallucinant de jus et *batidos* aux noms évocateurs : viagra naturel, retour à la vie... Egalement des coupes de fruits et des glaces. La devise de la maison est inspirée d'Hippocrate : « Que l'aliment soit votre médecine et la médecine votre alimentation ». L'endroit n'est pas très glamour, mais les plats sont bien préparés et les ingrédients très frais et souvent bio. Trois autres adresses en centre ville.

FABIANO'S PIZZERIA €

President Cordova 4-84 y Mariano Cueva

+593 7 282 4517

fabianoscuenca.com

Ouvert tous les jours de midi à 22h et jusqu'à 23h le vendredi et le samedi. Pizza à partir de 8 US$.

Bienvenue chez Fabiano, ouvert depuis 2011 et fortement recommandé par les locaux, c'est une très bonne adresse pour manger de délicieuses pizzas italiennes à petits prix et dans une ambiance détendue et familiale. Fabiano a ouvert deux autres locaux à Cuenca. L'un dans la zona Rosa et l'autre dans le quartier de Challuabamba, zone résidentielle de la ville. Les 3 endroits dégagent une bonne ambiance et surtout, produisent de très bonnes pizzas et plats de pâtes. Si vous préférez dîner à votre hôtel, demandez une livraison, elle est rapide et gratuite.

LA CASA DEL PARQUE €€

Luis Cordero y Simón Bolivar

Différents restaurants réunis dans une superbe maison historique.

Cette propriété appartenait à la famille Ordóñez Mata, une famille qui, à la fin du XIXe siècle et au début du XXe, avait une importante influence politique et économique au niveau national. Elle a été complètement rénovée et abrite aujourd'hui une dizaine de cafés et restaurants bien différents. Du Dunkin Donuts au restaurant gastronomique traditionnel El Consuelo, vous pourrez également y déguster des produits locaux sur de petits étals répartis au rez-de-chaussée du bâtiment. Une belle restauration de patrimoine à ne pas rater lors de votre séjour à Cuenca.

EL JARDIN €€

Larga 6-93 y Presidente Antonio Borrero
✆ +593 99 309 9131
www.eljardincuenca.com

Restaurant de l'hôtel Victoria. Tous les jours de 12h à 15h et de 18h à 23h. Menu du jour autour de 30 US$.

Voici un bon restaurant gastronomique dans un endroit absolument délicieux, au bord de la rivière, avec une vue imprenable. Aux commandes, un chef cuencano passionné qui vous mitonnera ses spécialités, originales et savoureuses, des plats traditionnels modernisés à sa façon : bœuf bourguignon aux champignons, crevettes à l'ail, médaille de veau sauce bordelaise... Le décor moderne et intime promet un agréable dîner aux chandelles. Le service est fort attentif. Un peu cher, mais la qualité de la cuisine et du service sont au rendez-vous.

JODOCO BELGIAN BISTRO €€

Mariscal Sucre, junto a la Iglesia San Sebastian
✆ +593 97 909 3186
jodocobelgianbistro.com/

Bières artisanales environ 4 US$. Plats de 8 à 15 US$. Ouvert tous les jours.

Sur la belle place de San Sebastain, un peu à l'écart du centre de Cuenca, ce joli bistro belge offre une très belle terrasse pour déguster diverses bières belges, Lambic, Dubbel ou Quadruple, un vaste échantillon choisi par le maître des lieux, belge bien entendu. On pourra également y déguster des spécialités culinaires typiquement originaires du plat pays comme les Frikandel, les croquettes de viande cuite à la bière et bien sûr les fameuses croquettes de crevette bruxelloises. On se croirait sur une place de Bruxelles et l'ambiance est jeune et sympathique.

EL PEDREGAL AZTECA €€

Estévez de Toral 8-60 y Simón Bolívar
✆ +593 7 282 3652

Ouvert du mardi au samedi de 12h à 15h et de 18h30 à 23h. Le dimanche de 12h à 15h.A partir d'environ 15 US$.

Servie dans une maison bien restaurée, une respectable cuisine mexicaine préparée dans la pure tradition par une équipe du Mexique. Enchiladas, tacos et mole, tequila et margaritas au bar. Décor boisé chaleureux et ambiance musicale locale. Pas donné toutefois, mais les portions sont très copieuses. De nombreuses soirées musicales sont programmées, et annoncées sur la page Facebook du restaurant. Le choix de cocktails est impressionnant, les plats sont très bons et la musique très éclectique bien que souvent mexicaine. Une bonne adresse à tester !

RAYMIPAMPA €€

Benigno Malo 8-59 y Bolívar
✆ +593 98 752 5379
raymipampahotel.com/restaurante.html

Cuisine équatorienne traditionnelle. Tous les jours, déjeuner et dîner. Plat à moins de 10 US$.

A côté de la cathédrale, sous les arcades de la galerie et face au parc Calderon, ce restaurant traditionnel est très fréquenté, surtout par les touristes. La carte propose des plats typiques et de savoureux almuerzos (locro de papas, viande ou poisson frit avec garniture/menestra, etc.). Les petits déjeuners sont très copieux et très peu chers. (5 US$) Attention, jouissant de son emplacement et de sa réputation, l'endroit peut s'avérer un brin trop touristique depuis quelque temps et les prix s'en ressentent. Service professionnel par ailleurs.

TIESTO'S CAFE RESTAURANT €€

Juan Jaramillo 7-34 y Borrero
✆ +593 7 283 5310
www.tiestoscaferestaurant.com/

Cuisine traditionnelle cuencana. Tous les jours, sauf le lundi et dimanche. Comptez autour de 40 US$ par repas.

Une salle aux murs décorées de fresques, dans laquelle sont réparties de grandes tablées : bienvenue à la cantine des fins gourmets ! Le décor est plutôt rustique, mais l'atmosphère est familiale et joyeuse. Les serveurs s'activent pour satisfaire les clients, qui apprécient tous ce lieu où l'on sert une gastronomie digne de ce nom. Tiesto's s'est forgé une excellente réputation grâce au bouche-à-oreille. Les recettes, traditionnelles, ont ce petit quelque chose qui les rend uniques. Le propriétaire, très avenant, saura vous conseiller.

CAFÉ ÑUCALLACTA

Hermano Miguel 5-62
✆ +593 96 311 4958
cafenucallacta.com

Ouvert tous les jours de 9h à 19h (le dimanche de 9h à 15h). Déjeuner, cafés et brunch, Wi-fi.

Nucallacta signifie « café du pays ». Le couple fondateur du Nucallacta a travaillé plusieurs années dans l'exportation du café vert pour différents pays. Ils ont travaillé dans de nombreuses fermes en Equateur à la recherche du meilleur café. Forts de leur expérience, ils ont décidé d'ouvrir leur propre café, où ils veillent à offrir un service différent des autres et une qualité de produit incomparable. Si le café est délicieux, vous ne résisterez pas non plus aux différentes gourmandises que l'on sert pour accompagner le café. Parfait pour un brunch.

CHIPLOTE GRILL

Calle Larga 8-15 y Luis Cordero
✆ +593 98 417 7521
chiplote.imk3.net/
De lundi à mercredi de 8h30 à minuit, de jeudi à samedi jusqu'à 3h du matin. 4 à 7 US$ le plat.

El Chiplote a tout l'air d'un bar de nuit vu de l'extérieur, mais pas seulement ! C'est avant tout un très bon restaurant Tex-Mex où vous pourrez déguster des tacos, burritos et quesadillas très savoureux tout en buvant un verre entre amis ou encore à l'occasion d'un événement sportif retransmis en direct sur de grands écrans. C'est un bon endroit pour rencontrer d'autres voyageurs ou discuter avec des habitants de Cuenca qui viennent nombreux pour déjeuner ou dîner ici. L'ambiance est très bonne et le service très sympathique.

LA COMPANIA BISTRO PUB

Presidente Borrero 4-62 y Honorato Vasquez
✆ +593 99 887 4099
Du lundi au jeudi de 16h à 23h30, le vendredi et samedi jusqu'à 2h du matin.

Une micro-brasserie proposant de la bière artisanale à son nom, de la brune à la blanche, depuis près de 10 ans. En accompagnement de ces bonnes bières, la Compañia vous propose des pizzas et de très bonnes variations sur le thème du cheesecake. Les amateurs demanderont le cheesecake aux fruits rouges, préparé sur place bien entendu, avec des fruits rouges récoltés dans la région. On peut y manger de très bons petits snacks, en guise d'apéritifs ou de repas. Une salle de jeu bien agréable est à disposition avec son traditionnel jeu de pub : les fléchettes.

GOZA CAFE BAR

Antonio Borrero 4-11 y Calle Larga
✆ +593 7 283 0350
https://linktr.ee/gozaespressobar
Ouvert tous les jours à partir de 8h. Petit déjeuner, dîner, café, bar. A partir d'environ 4 US$.

Situé sur une jolie place, Goza Café est un Espresso-bar, un de ces endroits qui en plus de faire café, propose une belle carte du petit déjeuner au dîner ! On aime beaucoup la grande terrasse où règne une ambiance décontractée comme on la ressent à Cuenca. Le soir, la place devient le rendez-vous préféré des artistes ou skateurs de la ville. Pendant la pandémie, le Goza a ouvert deux autres établissements à Cuenca et affiche sa volonté de devenir le restaurant/cafeteria le plus répandu dans les villes d'équateurs. Déjà deux autres adresses en ville.

SAN SEBAS CAFE

1-94 San Sebastian y Mariscal Sucre
✆ +593 7 284 3496
www.sansebascuenca.com
Ouvert tous les jours de 8h30 à 15h. Petits déjeuners aux alentours de 6 US$.

On aime ce café niché dans une charmante maison coloniale rénovée, dans le parc San Sebastian. La petite terrasse est bien agréable pour faire une pause. On y sert de copieux petits déjeuners (très réputés) et des déjeuners à base de produits locaux avec des recettes purement américanisées. Au menu : sandwichs, paninis, burgers et autres salades. A essayer ! Depuis quelques mois, le San Sebas propose la livraison de tous ses produits, une bonne opportunité de prendre un super petit déjeuner sans bouger de votre appartement par exemple !

WUNDERBAR CAFÉ

Hermano Miguel y Calle Larga
✆ +593 97 934 9198
wunderbarcafe.wordpress.com
Café bar. Ouvert du mercredi au samedi de 15h à minuit. Snacks, sandwichs, salades, cafés et boissons. 10-15 US$.

Le Wunderbar est une institution à Cuenca depuis 1995. C'est un lieu simple à la déco rustique (murs en pierres et en briques, tables en bois) où l'on peut se relaxer en appréciant une bière fraîche ou un canelazo, rencontrer d'autres voyageurs et des Cuencanos... et faire une partie de billard. L'endroit est également recommandé pour un déjeuner sur le pouce ; s'il fait bon, vous pourrez même vous installer dehors, dans le petit jardin. Musique live du jeudi au samedi, avec une programmation très moderne et éclectique. bonne ambiance garantie !

CAROLINA BOOKSTORE

Hermano Miguel 4-46 y Calle Larga
✆ +593 98 123 5136
Du lundi au samedi de 10h à 18h.

Institution de Cuenca pour les nombreux expatriés qui s'y sont installés, la librairie de Carolina est un bon lieu d'échanges pour les amateurs de lecture. Vous y trouverez de très nombreux livres en anglais, mais également un choix intéressant en français qui pourra combler votre bibliothèque de voyage si vous n'êtes pas encore adepte des E-books ;-) Dictionnaires, littérature, histoire et bien d'autres thèmes sont abordés dans les ouvrages composant cette collection pour le moins éclectique. Possibilité d'échanges. Accueil sympathique.

CENTRO MUNICIPAL ARTESANAL - CEMUART

General Torres 7-33 y Gnl Cordoba
✆ +593 7 284 5854
Du lundi au vendredi de 9h à 18h30, le samedi jusqu'à 17h et le dimanche jusqu'à 13h.

Une vaste galerie abritant de nombreuses boutiques et ateliers artisanaux. Vous pourrez même y observer des artisans en train de travailler. C'est en effet l'objectif de ce lieu : mettre en contact les artisans avec le public tout en leur permettant de continuer leur travail et de l'expliquer à leurs futurs clients. Instruments de musique, vêtements brodés, céramiques, paniers, bijoux... Et bien sûr, le fameux chapeau de paille équatorien, le *panama*.

LA ESQUINA DE LAS ARTES

12 av. de Avril y Agustin Cueva
✆ +593 99 777 8435

De l'autre côté de la rivière, voici un espace dédié à l'art, à la culture et à l'identité équatorienne où sont réparties, sous des arcades, plusieurs boutiques et galeries. Vêtements, bijoux, céramiques... On trouve ici de belles pièces de créateurs, nécessitant un budget confortable. Le plus actif de ces créateurs est sans aucun doute le diamantaire et joaillier Marcelo Cuesta qui pourra vous faire découvrir les petites merveilles qu'il dessine et fabrique ici. Café et restaurant sur place. Vaut la visite, même si l'on n'achète pas.

FERIA LIBRE

Sucre Cuenca, Ecuador
Tous les jours, du matin jusqu'en fin d'après-midi.

Vous trouverez tout et n'importe quoi sur ce grand marché : matériel électronique, animaux, fruits et légumes, autres produits alimentaires, vêtements, souvenirs divers, babioles... Un lieu de rencontre où se mêlent toutes les couches de la population. De nombreux paysans de la région y vendent leur production. C'est le jeudi que le marché est le plus important, et rassemble donc le plus de monde. Attention, tout ce que vous trouverez ici ne provient pas forcément d'Equateur et les vendeurs ne vous le diront que si vous le leur demandez...

HOMERO ORTEGA Y HIJOS

Av. Gail Ramirez Davalos 3-86
✆ +593 7 280 9000
www.homeroortega.com
Ouvert du lundi au vendredi de 8h à 12h30 et de 14h30 à 17h30. Le samedi de 8h30 à 12h30. A partir de 20 US$.

Depuis des générations, la famille Ortega se consacre exclusivement à la fabrication et à l'exportation du légendaire panama équatorien. C'est désormais Alicia qui tient les rênes de la maison. Dans cette fabrique, on vous montre et vous explique les différentes phases de fabrication, depuis la préparation de la paille à la pause du petit ruban en tissu. Toutes gammes de prix, des plus accessibles aux plus élevés, en fonction de la finesse, de la confection et de l'originalité du modèle, influencée par les modes parisienne ou new-yorkaise...

LIBRI MUNDI

Hermano Miguel 8-14 y Mariscal Sucre
✆ +593 99 792 8789
www.librimundi.com
Du lundi au vendredi de 9h à 19h et le samedi de 10h à 18h. Vente en ligne également.

Si vous aimez la lecture en espagnol, vous trouverez probablement votre bonheur ici. Vous trouverez, sur deux étages, toutes sortes de livres (cuisine, psychologie, photos, voyage...) et romans essentiellement dans la langue de Cervantès. Il y a une maigre sélection de livres en anglais et quelques titres en français, mais on ne fera pas le détour pour cela. On peut prendre le temps de feuilleter les ouvrages. Cette chaîne de librairies possède également des magasins à Quito et Guayaquil, peut-être y trouverez-vous le petit souvenir du pays qui vous manque.

MARCHÉ AUX FLEURS

Plaza del Carmen, entre Mariscal Sucre et Padre Aguirre
Tous les jours, du matin jusqu'en fin d'après-midi.

La région de Cuenca est réputée pour sa grande production de fleurs de nombreuses variétés. Derrière la nouvelle cathédrale, sur le parvis de l'église El Carmen de la Asunción, se tient chaque jour un marché coloré – le Mercado de las Flores – qui embaume sous le soleil. Les Cholas cuencanas en costumes traditionnels sont assises sur de petits tabourets derrière leurs étals resplendissants. C'est une grande attraction pour les visiteurs et ce marché est devenu l'un des symboles de Cuenca. On y trouve également de belles plantes en pot. A visiter.

MARCHÉ ARTISANAL DE SAN FRANCISCO

General Torres y Cordova
Tous les jours de 8h à 16h30.

© STÉPHAN SZEREMETA

Si vous ne passez pas par Otavalo, le plus grand marché artisanal du pays, rien n'est perdu pour trouver les produits aux couleurs chatoyantes que produisent les artisans du pays. Ici, sur la plaza San Francisco, où depuis peu vous pouvez même vous prendre en photo devant les lettres géantes qui forment le nom de la ville, vous découvrirez une centaine de stands tenus souvent par de charmantes andines couvertes de colliers et bracelets dorés qui vous proposeront vêtements et souvenirs.

MERCADO DEL DIEZ DE AGOSTO

Larga y General Torres,
entre Tarquí et Padre Aguirre
Tous les jours jusqu'à environ 18h.

Installé sous une grande halle, la population de Cuenca s'y approvisionne en produits agricoles de la région. Une sympathique balade colorée, au milieu de très beaux étalages de fleurs, épices, fruits exotiques, légumes, maïs de toutes sortes. Vous pourrez aussi y acheter du chocolat, produit avec du cacao équatorien. Vous trouverez également ici plusieurs stands où l'on peut déguster des almuerzos typiques aux côtés des locaux, à l'étage du marché.

LA PAJA TOQUILLA

Juan Jaramillo 5-100 y Hermano Miguel
✆ +593 98 477 5921
https://pajatoquillahats.negocio.site/
Magasin de chapeaux. Ouvert du lundi au vendredi de 9h à 19h, le samedi et le dimanche de 10h à 16h.

En face du musée de Las Conceptas, vous trouverez une jolie boutique qui ne se loupe pas, installée dans une maison coloniale peinte en rose pâle. Vous y trouverez tous les types de panamas. Depuis le panama souvenir qui ne coûte pas bien cher jusqu'au panama *superfino*, dont les prix peuvent atteindre le millier de dollars. Un chapeau de paja toquilla de qualité peut prendre plusieurs mois pour être fabriqué, ce qui explique les prix parfois astronomiques de ces couvre-chefs célèbres dans le monde entier. N'hésitez pas à négocier un peu.

MERCADO 3 DE NOVIEMBRE

Coronal Talbot y Mariscal Lamar
Tous les jours.

Voici l'un des principaux marchés du centre-ville. Il se tient dans une grande halle sur 2 niveaux et on y rencontre de tout. Depuis les épices traditionnelles apportées par des familles indigènes qui travaillent dans les champs jusqu'aux vêtements importés d'Extrême-Orient, c'est un marché destiné aux locaux plus qu'aux touristes et c'est ce qui fait une grande partie de son charme. Vous y découvrirez également une zone réservée au repas du type *feria de la comida* où vous pourrez goûter les plats les plus typiques et vous procurer des vivres. Joyeuse ambiance.

LA PIAZZA

Agustín Cueva y Honorato Loyola
✆ +593 98 436 3281
1 burrito et une bière 9,90 US$.
3 mojitos pour le prix de 2 jusqu'à 20h.

Un peu à l'écart du centre de Cuenca, la Piazza Cadillac comme on l'appelle ici, est le lieu de rencontre privilégié des jeunes à l'aise de Cuenca, les soirs de fin de semaine. Une ambiance de bar/discothèque avec de la bonne musique pour danser, des cocktails impressionnants et une carte de menus rapides, burritos, wraps ou club sandwiches, pour vous permettre de continuer la soirée plein d'énergie. Il en faudra, car le lieu est très dynamique et vous aurez vite fait de faire connaissance avec les habitués qui n'hésiteront pas à vous inviter à table.

MIRADOR DE TURÍ ★★

Turi (Toriyc) en quichua signifie « mirador ». Cette colline située au sud de Cuenca permet de profiter d'une vue panoramique sur la ville. A cet endroit se trouve une grotte dans laquelle, selon la légende, est apparu il y a des années le « Seigneur de Belen » vénéré par les Cañaris qui viennent en décembre et janvier chaque année lui porter des offrandes. L'histoire dit qu'une fois à la cathédrale de Cuenca, le Seigneur aurait préféré revenir passer la nuit à Turi. Une fois en haut, vous y trouverez également quelques restaurants et une chapelle. N'oubliez pas votre appareil photo ou votre smartphone car la vue se prête à de superbes clichés.

Mirador de Turi.

GALERIA E. VEGA

Via Turí 201

✆ +593 7 415 1853

Ouvert du lundi au vendredi de 8h à 17h30, le samedi et le dimanche de 9h30 à 13h30.

L'atelier de céramiques d'Eduardo Vega, l'un des artistes les plus connus dans son domaine, ancien créateur d'Artesa, offre une rétrospective des œuvres du maître, d'un style datant des années 1950 à 1970. Vous pourrez y acheter quelques pièces, assiettes, vases en série limitée avec des motifs animaliers ou des scènes de la vie andine. Depuis plus de 40 ans, le céramiste Eduardo Vega a développé une production artistique large et reconnue qui se démarque dans tout l'Equateur. Son fils Juan Guillerma Vega travaille maintenant avec lui comme céramiste.

BAÑOS DE CUENCA

A 8 km au sud-ouest de Cuenca. A ne pas confondre avec Baños de agua santa, la ville thermale qui se trouve aux portes de l'Amazonie (non loin de Puyo). La commune de Baños renferme des eaux thermales aux propriétés médicinales, d'origine volcanique. On y trouve des hébergements, des restaurants de cuisine typique et des piscines thermales.

Sports / Loisirs

Nous vous recommandons en premier lieu les piscines de l'hostería Durán (entrée : 8 US$). Moins chères et plus populaires, les piscines du complexe El Riñon (entrée : 5 US$) ont davantage l'allure de piscines municipales.

HOSTERÍA DURÁN €€

Av. Ricardo Durán

✆ +593 72 892 301

www.hosteriaduran.com

A partir d'environ 100 US$ pour une double. Simples, triples et quadruples disponibles. Petit déjeuner inclus.

Situé à Baños, à l'extérieur du centre, l'hôtel possède des piscines thermales et 36 chambres luxueuses joliment décorées, avec télévision, téléphone et salle de bains. Sur place un bon restaurant sert de la cuisine internationale et équatorienne. Les installations sont de qualité. Les établissements Durán dominent le business hôtelier local : outre l'*hostería*, l'un des hébergements les plus confortables, il faut citer El Riñon, plus sommaire, mais moins cher, avec piscine thermale populaire et hammam envahis par les familles le week-end.

PIEDRA DE AGUA

Sur la route menant à Baños de Cuenca

✆ +593 7 289 2496

www.piedradeagua.com.ec

Ouvert du lundi au samedi de 9h à 22h et le dimanche jusqu'à 21h. Circuit Spa (12 US$).

A une poignée de kilomètres de la ville se trouve un coin de paradis « au cœur du volcan » : les sources de Piedra de Agua. C'est en effet l'endroit rêvé pour se relaxer, prendre soin de soi, se faire chouchouter. Ce grand complexe abrite piscines (différentes températures), bains turcs et vapeur, sauna, hammam... et vous propose toutes sortes de prestations : massages, restaurant. Le programme *circuit Spa* est un excellent moyen de découvrir les diverses prestations en 2 ou 3 heures. On peut ensuite profiter de la piscine à volonté, voire boire un verre au bord.

SAN JOAQUÍN ★

A 4 km à l'ouest de Cuenca (province d'Azuay). Cette petite ville compte une population de 5 200 habitants environ. On trouve dans ce village des objets d'artisanat, paniers, objets en paille tressée... Beaucoup de cultures de fruits et légumes, et de fleurs. Depuis que nombre de retraités, principalement nord-américains, mais également européens, se sont installés dans cette banlieue cossue, on y trouve aussi de bons restaurants de cuisine typique qui servent, notamment, une excellente viande grillée. Une halte authentique, idéale pour se couper un peu de l'activité de la ville, accessible tant en bus qu'en taxi à moindres frais. (8 US$ environ)

INGAPIRCA ★

A 80 km au nord de Cuenca, à 3 100 m d'altitude et sur 20 ha, Ingapirca est le principal site archéologique du pays. Il semblerait, compte tenu de son style architectural, que le site fut construit par les Cañaris et les Incas entre l'an 500 et 1532. Les principaux éléments constitutifs du site archéologique sont l'Adoratoire, les appartements, la place, le secteur de la Condamine, Pillaloma, les Collcas... A 500 m des ruines se trouve un musée renfermant une collection de 2 472 pièces de céramique, métaux et pierres datant des civilisations narrio, cañaris et incas. En contrebas, on peut voir, taillé naturellement dans la pierre, le profil d'un personnage inca. On atteint le village par une petite route en bon état qui traverse un paysage formé de cultures, prairies, eucalyptus et résineux, où paissent vaches et lamas. Ingapirca est le point de départ idéal pour découvrir le Chemin de l'Inca.

Transports

- **Deux options depuis Cuenca :** passer par une agence de la ville qui propose des excursions d'une journée, comptez environ 50 US$ la journée, tout compris. Vous pouvez aussi vous y rendre par vos propres moyens, par exemple en bus depuis Cuenca (retour le soir même ou le lendemain, possibilité de dormir sur le site).
- **En bus.** Liaisons directes depuis le terminal terrestre de Cuenca avec la compagnie Cooperativa Cañar. Durée : environ 2h30.

POSADA INGAPIRCA €€

Larga 6-93 y Presidente Antonio Borrero
✆ +593 7 282 7401
posadaingapirca.com

Chambre double autour de 100 US$. Petit déjeuner compris. Pensez à réserver !

Installée dans une ferme traditionnelle réaménagée à l'ancienne et dominant le site, la posada propose 20 chambres décorées de meubles anciens (salle de bains, eau chaude). Le cadre est somptueux, mais parfois un peu froid (au sens figuré, comme au sens propre !). Heureusement, les cheminées sont là pour réchauffer les cœurs. La cuisine équatorienne servie sur place est très correcte. Dans l'ensemble, les prix restent assez élevés pour la prestation. Il faut dire qu'il s'agit d'un des seuls hôtels du coin ! A citer également, la très belle vue sur les montagnes.

SIERRA

Azogues, sur la route d'Ingapirca.

SITIO ARQUEOLÓGICO DE INGAPIRCA ★★★

✆ +593 7 221 7115

Tous les jours de 9h à 17h. Entrée (avec visite guidée en espagnol ou en anglais d'environ 1h) : 2 US$ par adulte.

A 3 200 m d'altitude, sur un plateau qui domine toute la région, se dressent les ruines préhispaniques les plus importantes du pays. Elles forment un témoignage unique de la culture inca en Equateur. D'où leur nom Ingapirca, qui signifie « les murs de l'Inca ». Un peu à l'écart du village, le site déploie ses vestiges qui appartenaient à un imposant centre urbain et administratif, construit sur l'ordre de Huayna Capac, entre 1487 et 1490, sur les ruines du centre politico-religieux le plus important du royaume Cañari. Le souverain inca y séjournait lors de ses déplacements dans l'empire. La principale construction est un château énigmatique et majestueux, de forme elliptique, sans équivalent dans tout le monde inca. Mesurant 37 m de long sur 13 m de large, et 3,50 m de haut, c'était sans doute un temple dédié au soleil. Il porte le nom d'Adoratoire ou de château d'Ingapirca. De cette position dominante, on se rend clairement compte que le site était beaucoup plus étendu. A côté du château se succèdent les vestiges des appartements des prêtres, des prêtresses et de l'empereur. On peut voir également une baignoire creusée dans la roche dont on ignore le véritable usage. A côté des ruines, une forme rocheuse ressemblant à un visage indigène indiquerait que la cité s'étendait à cet endroit. Un petit musée présente une collection d'antiquités incas et pré-incas : céramiques, objets et bijoux en métal et en pierre, ainsi qu'une maquette du site fort intéressante.

© STÉPHAN SZEREMETA

PARQUE NACIONAL CAJAS ★★★

Le parc s'étend sur la partie occidentale de la cordillère andine, sur 28 500 ha, entre 3 200 et 4 450 m d'altitude. Unique par sa géologie volcanique et sa flore, il abrite 230 lacs et lagunes dans des paysages montagnards superbes. Ce conglomérat de plans d'eau forme la source des rivières Yanuncay et Tomebamba. Cette dernière permet l'alimentation en eau de la ville de Cuenca. Il a été classé Parc national en 1996, ce qui permet d'établir des programmes de contrôle rigoureux pour protéger cet écosystème unique. Les panoramas sont spectaculaires (forêt d'altitude andine et *páramo*, notamment) et l'ensemble possède une grande valeur scientifique. Le *páramo* quasi désertique, la forêt tropicale primaire, les forêts de nuages sont autant de paysages sauvages où se pratique la pêche sportive, l'observation d'oiseaux (toucans, condors, canards, oiseaux-mouches, perdrix, etc.), de mammifères (ours à lunettes, jaguars, porcs-épics, *tigrillos*, chauve-souris, etc.), et surtout la marche à pied sur un ou plusieurs jours. La route 1, la plus parcourue, permet en l'espace de 3-4 heures de traverser plusieurs écosystèmes, admirer plusieurs lagunes et poser avec les nombreux lamas des environs.
Attention, en raison de l'altitude, il y fait souvent très froid dès que le soleil se cache. Mais quand il se montre, en revanche, prenez garde aux coups de soleil ! La crème solaire est de rigueur. Mieux vaut s'y rendre de bonne heure car le ciel se couvre le plus souvent en début d'après-midi.
Enfin, pensez à vous renseigner sur la météo avant de partir, car si le temps est mauvais, vous risquez de rester au refuge !

Se loger

- **Des bungalows** sont mis à disposition des touristes au bord de la lagune de Cocheros, ainsi qu'un refuge avec dortoir à l'entrée du parc de Toreadora (penser à apporter un sac de couchage). Sur la route, quelques restaurants servent de la truite.
- **Autre solution : camper** sur les zones autorisées, au milieu des lamas. De nombreux *backpackers* choisissent cette option lorsque les beaux jours sont là. Apporter son sac de couchage et compter 4 à 5 US$ par personne. Prévoir des vêtements chauds, de la crème solaire, des lunettes de soleil, des provisions (snacks, eau...).

Tourisme

L'entrée est gratuite. Deux accès, un premier près de la laguna de Llaviuco et un second, plus à l'ouest, près de la laguna Toreadora (c'est ici que se trouve le refuge !). Guide obligatoire à partir de 8 personnes.

SIERRA

Dépaysement garanti au coeur de la végétation du Parque Nacional Cajas.
© JEAN-BAPTISTE THIBAUT

Les activités à pratiquer sont les suivantes : observation des oiseaux, des mammifères, escalade, pêche, trekking. Des zones touristiques sont spécialement réservées à ces activités ; ne sortez pas des sentiers balisés. 5 des 8 sentiers balisés du parc peuvent être parcourus sans guide. Dans tous les cas, il faut rester vigilant, ne pas quitter le sentier, prévoir un bon équipement, de l'eau... Une des marches populaires consiste à faire le tour de la laguna de Llaviuco (compter 2h), un superbe lac glaciaire.

Les amateurs de pêche seront au paradis ici. Le pèche de la truite est en effet une activité très prisée, que ce soit à la mouche ou aux leurres, les prises sont souvent de belle taille.

Transports

En bus. Depuis Cuenca, prendre un bus de la Cooperative Transporte Occidental, au terminal terrestre. Nombreux départs chaque jour. La plupart des bus desservant Guayaquil marquent également l'arrêt au parc naturel d'El Cajas. Au retour, vous pourrez prendre n'importe quel bus en direction de Cuenca.

DOS CHORRERAS LODGE €€

Via Cajas ✆ +593 99 923 5046

www.hosteriadoschorreras.com

Matrimoniale à partir de 90 US$ par personne, cabañas à partir d'environ 200 US$. Egalement des suites. Restaurant.

Un complexe à la décoration rustique, situé en pleine nature, à proximité du Parc national de Cajas. Les chambres sont confortablement aménagées et disposent de la télévision, d'un bain bouillonnant, d'un téléphone et du chauffage. La cheminée est en option, nous vous la recommandons, car il fait souvent humide ici. Room service et service de laverie. Atmosphère chaleureuse et nombreuses activités proposées. Les tarifs incluent le petit déjeuner, mais il faut reconnaître qu'ils sont assez élevés... ce qui est rare est cher et il y a peu de concurrence par ici !

GUALACEO ★

A 36 km à l'est de Cuenca. Environ 42 000 habitants. La pittoresque bourgade est située sur la rive de la rivière Santa Bárbara, dans une belle vallée au doux climat subtropical (16,5 °C en moyenne). Elle est entourée des monts Sonillana, Cushín, Achupallas, Cordillera de Ayllón, entre autres. Terre très fertile, Gualaceo est d'ailleurs surnommé le « Jardin de l'Azuay ». Sa fondation, qui date de 1540, précède celle de Cuenca. Le dimanche et le mercredi, la place du marché s'anime autour des étals débordant de fruits et légumes, tandis que le long des rues principales s'installent des restaurants de fortune. Le parc central, encadré d'une galerie de jolies maisons en bois, a conservé un charme suranné. La fabrication de chaussures étant l'industrie locale, vous aurez peut-être la chance de dénicher des bottes pour un prix dérisoire dans une petite boutique ou un atelier familial. L'artisanat de la broderie, le tissage de lainage selon les techniques ikat occupent une partie de la population. De nombreuses boutiques vendent des châles et des étoffes. On pourra également visiter le musée d'artisanat CIPAD.

Se restaurer

Si la faim vous guette après une balade dominicale (et que vous êtes carnivore), rendez-vous au marché municipal couvert 25 de Junio (suivre la route de Cuenca sur la droite en venant de la place). Vous y verrez moult échoppes d'une des spécialités du pays, le hornado, du porc (entier) rôti au four accompagné de pommes de terre. Si la faim vous tenaille, mais que ce menu ne vous tente guère, allez au premier étage du marché où une rangée de petits stands servent des almuerzos traditionnels. Enfin, autour du marché du dimanche, des vendeurs ambulants proposent des encebollados (ceviche), mais gare au poisson mariné !

Tourisme

Les sites qui valent le coup d'œil sont les berges de la rivière Santa Barbara, agréable lieu de promenade en famille, ainsi que le marché central où l'on vend fruits, légumes, épices et céréales. Il se tient le mardi, le vendredi et le dimanche (jour le plus important). Le marché de nourriture typique, le parc central et l'église méritent également le coup d'œil. A 6 km de Gualaceo, ne manquez pas de jeter un œil à l'atelier de fabrication textile de José Jimenez.

Gualaceo.

EL CASTILLO DE NALIG €€

Via a San juan Kilometro 3
✆ +593 97 875 8580
elcastillodenallig.com/
A partir de 60 US$ la chambre double et de 180 US$ l'appartement de deux chambres.

Voici sans aucun doute la meilleure option disponible dans la région de Gualaceo et de Chordeleg où vous viendrez pour acheter les plus belles pièces artisanales en argent qui font la réputation de cette petite ville. L'hôtel qui dispose aussi d'un bon restaurant, le Zabdi, vous accueille comme un roi dans cette jolie propriété au bord de la rivière où il fait bon se détendre entre deux visites. Vous choisirez entre chambre ou appartement de deux chambres et bénéficierez d'installations récemment rénovées et bien entretenues par un couple charmant.

JOSE JIMENEZ - MACANAS

Via Gualaceo-Cuenca, km 6
Atelier d'artisanat.

José Jiménez et sa femme travaillent sans relâche dans leur atelier, à quelques kilomètres de Gualaceo (35 km de Cuenca) pour fabriquer des *macanas*, des châles uniques, faits main et dont elle et lui seuls détiennent le secret. Les pigments qui colorent les châles sont naturels et ce travail méticuleux est entièrement réalisé manuellement. José et sa femme vous expliqueront volontiers les différentes étapes de fabrication d'un *macana* et vous pourrez en acheter un sur place. Miss Ecuador 2009 a même porté l'un de ces châles lors d'un défilé.

CHORDELEG ★★

À 45 km de Cuenca et environ 5 km de Gualaceo, à 2 390 m d'altitude. Un peu plus de 11 000 habitants. Chorgeleg mêle les héritages des civilisations cañaris et espagnoles et a su préservé ses richesses et traditions culturelles, visibles à travers l'artisanat local. C'est en effet le centre d'artisanat le plus important de la province. Le mot cañari Chordeleg se découpe en deux parties : *Choc* ou *Shor* qui signifie « fosse » (ou « sépulture ») et *delig*, « plaine ». Le tout peut donc se traduire par « plaine - ou champ - de la sépulture ». La culture cañari a prospéré ici et s'y est développée pendant la période Tacalshapa II (500 ans apr. J.-C.). Adorateurs du Soleil et de la Lune, les Cañaris ont laissé leurs traces dans des villes comme Cañaribamba, la ville sainte de Tomebamba, des temples et un palais orné de marbre noir. Leurs sépultures, creusées parfois à une profondeur de 4 mètres, ont livré des richesses étonnantes : pectoraux, diadèmes, récipients de céramique et toutes sortes de bijoux remarquablement travaillés. Quelques-uns de ces objets sont faits d'un alliage d'or et d'argent. Chordeleg est resté célèbre pour ses ateliers de joaillerie, notamment d'orfèvrerie, et de céramique (en particulier des miniatures). Devenue très touristique, la bourgade compte presque autant de bijouteries que de maisons privées et elle est devenue célèbre pour ses boucles d'oreilles en filigrane. Une technique d'orfèvrerie très minutieuse.

Tourisme

La place centrale José Maria Vargas et le monument dédié à l'artisanat sont les principaux sites dignes d'intérêt. A cet endroit se trouve également l'église principale. Par ailleurs, vous ne manquerez pas de passer les portes des bijouteries qui encerclent la place principale afin d'y chiner quelques bijoux, et notamment des boucles d'oreilles en filigrane. Regardez bien les lampadaires de la ville, ils sont tous en forme de bijoux.

Transports

▶ **En bus**. De Cuenca, départ du terminal terrestre principal toutes les heures environ. Des bus assurent également la liaison depuis et vers Gualaceo.

JOYERIA PUERTA DEL SOL

505 Juan Bautista Cobos Y Eloy Alfaro
+593 7 222 3039
Voici probablement la meilleure boutique de bijoux de Chordeleg. Un peu à l'écart du centre touristique, sur la route principale d'accès au village, vous trouverez ici les plus beaux bijoux en fil d'argent que l'on puisse trouver dans la région. Le créateur est à son atelier, sous vos yeux, et peut même créer le bijou dont vous rêvez sur vos indications si vous avez un peu de patience. Le choix est impressionnant et les prix très raisonnables. L'endroit idéal pour rapporter de votre voyage une véritable pièce d'art qui ne laissera personne indifférent.

PAUTE ★

A 42 km de Cuenca. Au nord de Chordeleg, Paute (du quichua Pau, exclamation de l'Inca Tupac Yupanqui quand il découvre une beauté locale !) s'étire dans une vallée caractérisée pour ses fruits, ses fleurs et surtout ses champs de cannes à sucre qui donnent lieu à une importante fête annuelle. C'est dans les eaux du fleuve que se noya le grand poète Rafael Romero y Cordero. Sur la route qui mène à Paute, on peut s'arrêter dans divers villages pour se délecter d'un bon poulet rôti... ou d'un *cuy* ! En remontant plus au nord de Paute se trouvent d'autres villages typiques, comme celui de Palmas ou Sevilla de Oro qui ont su garder leur charme d'antan.

VALLE DE YUNGUILLA ★★

Riche en cultures (cannes à sucre, agrumes) et mines d'or exploitées depuis la période inca, la vallée renferme des villages chargés d'histoire : Girón, où fut signé le traité de Girón après la victoire des forces de la Grande Colombie sur le Pérou ; San Fernando, à l'ouest de Girón ; Santa Isabel, dont les origines remontent aux environs de l'an 1 000 ; et San Juan Bautista de Pucará (sur la droite, en direction de Machala, en remontant la cordillère) qui fut une forteresse inca ; depuis ce magnifique village colonial, on domine stratégiquement la région littorale. Les habitants de Cuenca aiment venir passer les vacances dans cette jolie vallée.

GIRÓN ★

A 44 km au sud-ouest de Cuenca.
De son vrai nom : San Juan de Girón. Cette zone verdoyante est traversée par la rivière Girón qui réunit les eaux de deux belles cascades (l'une d'elles mesure 70 m de haut). Pour vous y rendre, vous devrez prendre un pick-up à Girón (8 US$) ou alors marcher depuis le village. L'agréable balade dure à peu près 1 heure. Le 27 février 1829 a eu lieu à cet endroit la bataille de Portete de Tarqui, qui opposa les troupes de la Grande Colombie, menées par le maréchal Sucre, à l'armée péruvienne, commandée par le général cuencano José Domingo Lamar. Cette bataille, remportée par la Grande Colombie malgré de lourdes pertes qui ont mené à la stabilisation du front, a permis de délimiter les frontières de la République de l'Equateur, validées en 1830. Au lendemain de la bataille, les représentants péruviens (Gamarra et Orbegoso) et ceux de Grande Colombie (Flores et O'Leary) ont signé l'accord de Girón (28 février). A Girón, on peut visiter le Museo – Casa de los Tratados (« la Maison des Traités »), où fut signée la convention de Girón, attestant de la capitulation de l'armée péruvienne. Le musée (situé au croisement de l'avenue Bolivar et de l'avenue Cordova) est ouvert du lundi au vendredi de 8h à 18h et présente diverses armes utilisées pendant la bataille (arquebuses, munitions, baïonnettes, sabres, pistolets, lances, canons) ainsi que le traité de paix de Giron original. Vous pouvez également y voir les lettres écrites par le maréchal Sucre à Simón Bolívar, ainsi que le mobilier utilisé pour la signature du traité.

SANTA ISABEL ★

A 76 km au sud-ouest de Cuenca, sur la route Pasaje-Machala.
Ce canton s'élève sur la partie haute du mont Chaguarurco, qui s'élève à son tour sur un versant de la vallée de Yunguilla. C'est un mirador naturel d'où l'on peut admirer les paysages contrastés : vallées fertiles, plantations de canne à sucre, de mangues, d'avocats, de bananes ainsi que de belles demeures. La vallée est sillonnée par la rivière Jubones. Son climat est subtropical, avec des températures annuelles oscillant entre 18 et 20 °C. La fertilité du sol et son agréable climat en font l'une des destinations privilégiées des Cuencanos.

SIERRA

SARAGURO ★

A 74 km au nord de Loja. Saraguro, petite bourgade sans intérêt majeur, ne mérite un détour que si l'on veut rencontrer la communauté indigène des Saraguros qui compte environ 2 500 membres. Actuellement éleveurs, agriculteurs et artisans, ce sont des descendants des Indiens saraguros qui vinrent des hauteurs du lac Titicaca pour consolider l'Empire inca. Depuis cinq siècles, les Saraguros portent le deuil de Atahualpa, empereur inca assassiné par l'envahisseur espagnol. Ils ont conservé une langue vernaculaire, qui n'est plus parlée que par une poignée de personnes et se voit menacée de disparition. Leur tradition vestimentaire date de l'époque inca et n'a pas changé depuis : tunique courte, bermuda noir, poncho de laine et ceinture de cuir pour les hommes ; châle, jupe en laine noire et chemise brodée de couleurs pour les femmes. Les tissages des Saraguros sont réputés, tout comme les bijoux d'argent en filigrane qui ornent le corsage des femmes. Quelques boutiques dans le village et des ateliers de tissage un peu en dehors du centre vous permettront d'apprécier cet art traditionnel. Du 21 au 25 décembre, les communautés célèbrent Marcan Taita, une fête mêlant religion catholique et cosmogonie indienne qui dériverait du Raimy Cápac (fête du roi).

A ne pas manquer : le marché du dimanche, haut en couleur !

Tourisme

Pour découvrir le mode de vie des Saraguros, rien de tel qu'une immersion au sein d'une de leurs communautés. Les familles se sont rassemblées au sein du réseau « Saraguro Rikuy » qui accueillent les voyageurs curieux de connaître leur culture. Ces derniers sont logés chez l'habitant (dans les villages avoisinants) ou, pour les groupes plus nombreux, dans l'hôtel communautaire Achik Wasi. Sur place : balades, participation aux travaux agricoles (dans les champs) et aux tâches quotidiennes (cuisine notamment). Le but étant de dynamiser la région pour lutter contre l'exode rural. On se rend aisément à Saraguro en bus depuis Cuenca ou Loja. Une fois à Saraguro, rendez-vous sur la place principale où l'opérateur Saraurku vous dirigera.

▶ **Saraurku** - Tel : +593 98 694 1852 - Facebook : SaraurkuTurismoSaraguro

LOJA ★

Cette assez grande ville (170 000 habitants) est aujourd'hui la capitale de la province du même nom. Grâce à son système de tri sélectif et de recyclage des ordures et des eaux usées, unique dans le pays, Loja est l'une des villes les plus écologiques au monde. De nombreuses maisons de type colonial ont été restaurées et la ville affiche un air coquet fort séduisant. Loja est également connue comme la capitale musicale et culturelle du pays car de nombreux musiciens y ont vu le jour. Sa population, une bourgeoisie accueillante, se flatte de parler le castillan le plus pur du pays ! Par ailleurs, l'architecture locale – les places de la Independencia, de San Sebastián, de San Juan del Valle, la plaza Mayor ou le parc San Francisco – témoigne d'un riche passé colonial. Enfin, pour les gastronomes, signalons un plat local typique : el repe blanco (banane verte, lait et fromage). Du 12 au 19 août, Loja célèbre la fête de la Vierge du Cisne en sa cathédrale ; en novembre, la fête de l'indépendance de la ville ; le 8 décembre, la fête de sa fondation.

Tourisme

Loja est une ville coloniale et l'on peut apprécier ses richesses architecturales en se baladant à travers ses murs. Maisons aux façades colorées et aux balcons en bois, vastes jardins, rues pavées... constituent ses principaux points d'intérêt. Et avec un peu de chance, vous tomberez peut-être sur un habitant accueillant qui se fera un plaisir de vous faire découvrir l'antre de sa maison. Ne surtout pas manquer la calle Lourdes, entre la Bolívar y Sucre, considérée comme l'une des rues les plus jolies. Et parmi les places où il fait bon flâner en observant l'animation, on peut citer la plaza Simon Bolívar, la plaza Central, la plaza de la Independencia... et la plaza San Francisco. Enfin, vue panoramique sur la ville depuis le belvédère El Pedestal.

Transports

▶ **En avion.** Depuis la disparition de TAME, la compagnie nationale, Loja n'est plus desservie en avion mais cela ne saurait durer. Notez que l'aéroport se trouve à 36 km de la ville, dans la vallée de Catamayo (compter environ 40 minutes en voiture). Des taxis collectifs assurent la liaison, sinon compter autour de 15 US$ en taxi.

▶ **En taxi.** Une course à l'intérieur de la ville coûte une poignée de dollars. Pour l'aéroport, un taxi collectif revient à 5 US$, tandis qu'un taxi privé coûte autour de 15 US$.

▶ **En bus.** 13 compagnies de bus opèrent à Loja, parmi lesquelles Catamayo ✆ +593 7 2563313, Loja (bureau : Lauro Guerrero y 10 de Agosto ✆ +593 7 257 0505), Sur Oriente (bureau principal : Azuay y Av. Manuel Agustín Aguirre ; ✆ +593 7 256 1267 ou au terminal terrestre - ✆ +593 7 257 4892).

Vers le Pérou. Des bus internationaux desservent directement Piura au Pérou en 8h, ce qui est la solution la plus facile pour franchir la frontière.

Attention, certaines compagnies disposent de leur propre terminal. C'est le cas par exemple de la compagnie Trans Esmeralda. Il vous faudra alors prendre un taxi pour vous rendre au terminal terrestre (moins de 5 minutes).

CATEDRAL DE LOJA ★★

Parc central

© ALEJO MIRANDA - SHUTTERSTOCK.COM

Lorsque les Espagnols fondèrent la ville, ils désignèrent ce site pour y bâtir leur église. C'est ici que le 17 août de chaque année a lieu le transfert de la Vierge de El Cisne, surnommée *la Churonita*, depuis son sanctuaire voisin, où elle réside à l'année. C'est un événement qui rassemble de nombreux fidèles venant assister à la procession dans la ville. La cathédrale construite à partir de 1838 est de style éclectique, avec des éléments néoclassiques. On peut y apercevoir du parquet, et des murs et plafonds joliment peints. Elle conserve un charme désuet.

IGLESIA DE SANTO DOMINGO ★

La construction de cette impressionnante église de style éclectique – roman et gothique, entre autres – a duré plus de 40 ans, entre 1557 et 1600. Elle renferme l'image de la Vierge du Rosario, qui a été apportée de Séville (Espagne) en 1550. C'est une sculpture très travaillée de style baroque ; on ignore le nom de son auteur. A l'intérieur également, la représentation du Christ crucifié, qui serait l'œuvre d'un artiste indigène, Caspicara. Ne pas manquer la centaine de peintures de l'artiste Enrique Mideros qui décorent l'église.

JARDÍN BOTÁNICO REINALDO ESPINOSA ★

Via Vilcabamba à 5 km du centre

Conçu comme un laboratoire naturel à l'intention des étudiants en biologie de l'université de Loja, le jardin botanique Reinaldo Espinosa s'étend sur 7 ha et constitue une agréable et instructive balade pour le voyageur sensible aux beautés de la nature. Fondé en 1949, il renferme des espèces végétales endémiques et exotiques ; le parc est divisé en plusieurs sections parmi lesquelles un arboretum, une parcelle de plantes spécifiques des Andes et un coin réservé aux orchidées.

MUSEO DE LA CULTURA LOJANA

Rocafuerte

Ouvert du lundi au vendredi de 9h à 17h et le samedi jusqu'à 13h. Entrée libre.

Situé dans une belle maison coloniale achevée en 1730 et dotée de plusieurs galeries, ce musée a été récupéré par le Ministère de la Culture en 2018. Les salles font un peu vides (beaucoup des œuvres présentées dans l'ancien musée sont en cours de restauration), mais on y observa tout de même des photographies, quelques peintures, des meubles anciens... L'édifice à deux étages, organisé autour d'un patio central, dégage un certain cachet colonial.

PARQUE RECREACIONAL DE JIPIRO

Av. Salvador Bustamante Celi, entre Daniel Armijos et Francisco Lecaro

Grand parc d'attractions pour enfants. L'entrée du parc est gratuite (attractions payantes).

Après la visite du joli zoo et un plongeon dans la piscine, vous pourrez sécher sous le planétarium ou gambader entre des répliques miniatures de monuments célèbres du monde (tour Eiffel, cathédrale de Moscou). Le lac de Jipiro, sur lequel on peut louer un bateau, est connu pour sa Venus trônant sur l'île qui en occupe le milieu. Les Lojanos se rendent très nombreux chaque week-end dans cet espace en plein air qui est un paradis pour les enfants.

LA PUERTA DE LA CIUDAD ★★

Entrée libre.

Un passage obligé pour le touriste qui visite Loja est sans aucun doute sa porte principale. La nueva puerta (comprenez « nouvelle porte ») se dresse à l'entrée nord de la ville, à la confluence des rivières Malacatos et Zamora qui la traversent. Ce drôle d'édifice, fierté des Lojanos, abrite un monument dédié à Ignace de Loyola, fondateur de l'ordre des jésuites. La grande porte, qui ressemble à celle d'un château fort, reproduit en fait l'écusson de la province de Loja. Salle d'exposition d'art et d'artisanat et agréable cafétéria.

PLAZA CENTRAL

10 de Agosto y Bernardo Valdivieso

C'est autour de cette belle place (au cœur de la ville) que se trouvent les principales institutions publiques, comme par exemple le Palacio Municipal, Gobierno Provincial, Gobernación de Loja, le Museo del Banco Central... En face de la place est bâtie la cathédrale. On peut y admirer l'une des premières statues de la ville, celle qui a été érigée en l'honneur de Don Bernardo Valdivieso, considéré comme le père de la jeunesse locale (1745-1805). Il a en effet dédié sa vie à l'éducation des jeunes au temps de la colonisation.

ALLIANCE FRANÇAISE

Avenida Manuel Agustín Aguirre y Miguel Riofrío

✆ +593 7 257 1166

www.af-loja.com

L'Alliance française de Loja qui existe depuis 1964 et fut la troisième d'Equateur, propose mensuellement des activités culturelles telles que le Café Concert et le Ciné Club, et ponctuellement des expositions et des concerts internationaux comme nationaux (notamment lors de la fête de la Musique). Elle se consacre bien entendu à l'enseignement du français, à la diffusion de la culture française et francophone ainsi qu'à l'entretien du dialogue culturel entre l'Equateur et la France. Les autres Alliances françaises sont à Quito, Guayaquil, Cuenca et Portoviejo.

PLAZA DE SAN FRANSISCO

La plaza San Francisco est une petite place charmante qui abrite l'église du même nom, dont la première pierre fut posée en 1564 et qui fut reconstruite après le séisme de 1749 ; on peut y apercevoir la statue érigée en l'honneur du capitaine Alonso de Mercadillo, fondateur de la ville de Loja (1548). Ce dernier, né à Loja dans la province de Grenade (en Espagne), a voulu, à l'époque, établir une ville réservée aux Espagnols afin de garantir leur sécurité. Autour de la place, se trouvent boutiques de vêtement, centres d'appel, pharmacies et la Casa de la Cultura.

OFFICE DU TOURISME ITUR

Parque Central, entre Eguigueren et Bolívar

✆ +593 7 257 0407

www.loja.gob.ec

Du lundi au vendredi de 8h à 13h et de 15h à 18h.

L'office du tourisme de Loja est un office de tourisme très actif. On y est accueilli par des personnes compétentes et attentives qui savent conseiller sur les meilleures activités et visites en tenant compte des goûts de chacun. On y trouve bien entendu les dépliants de tous les hôtels et de toutes les agences de tourisme de Loja et sa région. Même si vous êtes un adepte des smartphones pour vous orienter, nous vous conseillons de demander la belle carte de Loja qui est proposée aux touristes, car elle est particulièrement informative.

TERMINAL TERRESTRE

Guayaquil y Isidro Ayora (entre Maldonado et Reyes)

Les bus qui partent du terminal relient les principales villes du pays et le Pérou.

Plusieurs départs quotidiens pour les principales villes du pays ou vers le Pérou. Compter 15h de bus pour Quito, 9h pour Guayaquil et 5-6h pour Cuenca, 6h pour Machala, 1h30 pour Zamora et 6-7h pour Macará à la frontière péruvienne. Pour Vilcabamba, départs tous les quarts d'heure, soit en bus, soit en minibus, ou encore en empruntant l'un des taxis collectifs qui partent du sud de l'avenue Iberoamérica (Mercadillo y Manuel Carrion, environ 1,50 US$ pour un trajet de 40 minutes) et de Vilcabamba-turis (terminal terrestre ✆ +593 7 257 7376).

EL TAMAL LOJANO €

C/ 18 de Noviembre 05-12

✆ +593 7 258 2977

tamallojano.com

Cuisine équatorienne. Compter moins de 10 US$.

S'il est un petit restaurant local à découvrir à Loja, c'est celui-là. Ouvert en 1996 par la famille Poma Medina et situé dans la rue du *18 de noviembre*, la *calle de la comida*, il est devenu une institution locale. C'est là que vous pourrez goûter à de bonnes spécialités difficiles à trouver ailleurs dans la ville : *humitas, tamales, quimbolitos* et *empanadas de verde*... Les lieux sont propres et le service est attentif, c'est une valeur sûre et l'addition n'est jamais difficile à digérer. Très bons *batidos* également (jus de fruits frais avec du lait).

HOTEL PODOCARPUS €€

José A. Eguiguren 16-50, entre 18 de Noviembre et Av. Universitaria ✆ +593 98 392 0905

www.hotelpodocarpus.com.ec

Comptez 50/60 US$ pour une chambre double. Petit déjeuner et accès au parking inclus. WiFi et restaurant.

L'hôtel Podocarpus est installé dans un bâtiment assez récent et présente une façade qui passe inaperçue. Il offre une cinquantaine de chambres, pour 1 à 4 personnes, avec salles de bains individuelles, télévision et téléphone. Réparties sur cinq étages, elles sont desservies par un bel ascenseur en verre. L'hôtel offre un certain confort, mais comme chez ses concurrents, on déplore le côté vieillot de la déco. Bon rapport qualité-prix. Le restaurant « El Tucan » sert de très bonnes spécialités régionales comme le *Chivo al hueco*, un savoureux ragoût de chèvre.

CAFE TOPOLI €

C/ Bolivar 13-78 y Riofrio (à l'angle)

✆ +593 98 436 0889

Cafétéria. Petit déjeuner et snacks. Tous les jours, sauf dimanche, de 8h30 à 21h30.

Derrière une grande baie vitrée, une cafétéria accueillante et colorée idéale pour prendre un petit déjeuner. Glaces maison, milk-shake, gâteaux et autres snacks. Depuis plus de 30 ans, le café Topoli est un lieu de rencontre des locaux et est devenu également le lieu de passage de nombreux touristes étrangers. Si vous aimez les desserts, laissez-vous tenter, sans remords, par l'excellent *queso de coco con caramel*, une sorte de flan au caramel et à la noix de coco absolument délicieux. Les gaufres, spécialités de la maison, sont également très bonnes.

GRAND VICTORIA €€€

Bernardo Valdivieso 06-50 y José A. Equiguren

✆ +593 7 258 3500

Boutique-hôtel. Comptez 90 US$ pour une chambre simple, 110 US$ pour une double, et de 120 à 160 US$ pour une suite.

Cet hôtel haut de gamme vous permettra de passer un séjour confortable à Loja. En plein cœur de la ville coloniale, sa jolie façade suscite l'admiration. Le sol est couvert de marbre, les 34 chambres et 4 suites modernes se répartissent autour d'un patio design couvert d'une verrière. Toutes sont décorées dans un style sobre et élégant, équipées d'un écran plat et d'une salle de bains tout confort. Deux bons restaurants (cuisines méditerranéenne et équatorienne), agence de voyages, spa, sauna, massage, piscine couverte. Très belle adresse !

FORNO DI FANGO €

24 de Mayo y Azuay

✆ +593 7 272 4001

www.fornodifango.com

Pizzeria. Tous les jours de 13h à 22h, sauf lundi. Dimanche jusqu'à 21h. Compter moins de 10 US$.

Littéralement *four de terre boueuse*, le Forno di Fango est un bon restaurant-pizzeria dont beaucoup de plats sont cuits au feu de bois dans le four en terre qui lui a donné son nom. C'est ici que vous viendrez déjeuner ou dîner entre amis ou en famille. Le cadre s'y prête parfaitement et vous pourrez côtoyer d'autres familles locales. Bonne et large sélection de pizzas cuites au feu de bois, mais également de pâtes. Lasagnes, cannellonis et raviolis au feu de bois sont absolument délicieux. La carte des vins n'est pas en reste, on y trouve une belle sélection.

SANTUARIO DE EL CISNE ★

A 70 km de Loja, en direction de Machala, perché à 2 400 m au sommet du pic montagneux de Chayalama, ce sanctuaire est probablement l'un des lieux les plus visités par les Equatoriens. De 1596 à 1935, de nombreuses églises y furent édifiées en l'honneur de la Vierge Marie. Chaque année à la mi-août, selon une tradition inaugurée par Bolívar, la statue de la Vierge est transférée du sanctuaire à la cathédrale de Loja, où elle reste jusqu'au 1er novembre, date à laquelle elle retourne dans son sanctuaire montagnard. Ceci se fait à dos d'homme et en grande pompe, devant des milliers de pèlerins venus de toute l'Amérique latine, voire d'Espagne ou des USA.

BASÍLICA DE EL CISNE ★★

La basilique du sanctuaire de El Cisne, construite en 1935 dans un beau style gothique, contient une statue de la Vierge taillée dans le cèdre au XVIe siècle par Diego de Robles.

Un petit musée d'art religieux adjacent à la basilique permet d'admirer des œuvres de l'Ecole *quiteña*, en particulier de Samaniego et Caspicara. Le décret signé par Simón Bolívar le 28 juillet 1829, qui a instauré le pèlerinage annuel de Loja, trône en bonne place. On découvrira avec curiosité les vêtements et les objets offerts par les fidèles à la Vierge.

SIERRA

MALACATOS

A 35 km de Loja, non loin de San Pedro de Vilcabamba. 1 600 m d'altitude. Ce petit village se repère de loin grâce à son église aux coupoles bleues qui se détachent dans un paysage bucolique formé de vallées verdoyantes. Centre de production de cannes à sucre et d'échanges de produits agricoles, Malacatos possède un charme rural indéniable. Les fêtes du village ont lieu à partir du 27 août : combats de coqs, concerts municipaux et bals. On y déguste le *guarapo*, jus de canne à sucre, ainsi que la *punta*, eau-de-vie de canne, une spécialité régionale à partir de laquelle on prépare le *canelazo*, boisson aromatisée à la cannelle.

VILCABAMBA ★★★

40 km au sud de Loja. 5 000 habitants. En quichua, Vilcabamba signifie « vallée sacrée », et il est vrai que ce village niché dans une vallée à 1 730 m d'altitude jouit d'un climat éternellement printanier (18 °C à 22 °C). Il est arrosé par deux fleuves : le Chamba, aux eaux tièdes, et le Uchima, aux eaux froides. Fondée en 1576 par Luís Hernando de la Vega, cette localité bénéficie d'une réputation internationale qui lui vaut le surnom de ville des Centenaires, à l'instar de deux autres endroits uniques au monde, Funza au Pakistan et Kokasas en Russie. Dans les années 1950, un Américain a révélé au monde l'existence de ce paradis où les malades recouvrent miraculeusement la santé et où les habitants vivent au delà de 100 ans ! Ici, dit-on, la mort a pris des vacances. De nombreuses équipes de scientifiques, médecins et journalistes du monde entier ont cherché à élucider ce mystère. Le secret de la longévité (bien que la longévité des anciens de la vallée soit en fait inférieure à celle prétendue) s'expliquerait par plusieurs facteurs : alimentation végétarienne, eau minérale possédant des vertus curatives pour le cholestérol et les rhumatismes ; climat toujours égal (et 65 % d'humidité), ainsi qu'une totale absence de stress. Quoi qu'il en soit, grâce à sa sérénité sans pareil, son éternel printemps, ses paysages bucoliques, ses vallées et ses montagnes enchantées, Vilcabamba accueille de plus en plus de visiteurs en quête d'une halte revigorante. Les prix des biens immobiliers s'envolent, si bien que les gens de la région sont de moins en moins nombreux dans le village. Méfiez-vous de son charme : ce petit village propice aux rencontres est l'un des plus attachants du pays. Ici les activités sont nombreuses, et l'on y reste souvent plus longtemps que prévu. Parfois même, on n'en revient pas, d'où les nombreux établissements qui ouvrent et réouvrent au fil des années. Vicabamba est une sorte de petit paradis pour les voyageurs du monde entier. A ne pas rater : l'*organic market* du samedi matin sur la place, c'est à ce moment-là que la vie bat son plein à Vilcabamba.

Argent

Vous trouverez à Vilcabamba de nombreux distributeurs autour de la place centrale. La plupart des hôtels font office de bureau de change ; mais mieux vaut prendre ses précautions à Loja.

Se loger

Les établissements de la ville sont plutôt simples et rustiques. Nous vous conseillons de séjourner dans l'une de nos adresses coup de cœur (l'hosteria Izhcayluma, El

Descando del Toro ou Rumi Wilco pour l'aventure), toutes trois situées à l'écart du village.

Se restaurer

Autour du parc central de Vilcabamba sont regroupés de nombreux restaurants ayant pignon sur rue. Une offre disproportionnée par rapport à la taille du village ! A noter que les établissements sont, pour la plupart, tenus par des étrangers ayant élu domicile dans cette bourgade agréable.

Sports / Loisirs

De nombreuses activités sont proposées par les hébergements. Randonnées pédestres, équestres, à vélo, observation des oiseaux, visite de fabrique de canne à sucre... Sans oublier le farniente - spa, massages, piscine - proposé dans certains hébergements tels que Madre Tierra, El Descanso del Toro et Izhcayluma, pour prendre soin de vous et repartir du bon pied.

Pas besoin de s'écarter beaucoup de la ville pour profiter de nombreux sentiers de randonnée, tracés selon la géographie locale. Par exemple, vous pourrez aller, depuis le centre-ville, jusqu'au mirador en 3 heures aller-retour (n'ayez pas peur de passer à travers un ou des barbelés ; un voisin l'a planté là mais vous êtes sur le bon chemin...). Vous bénéficierez alors d'un point de vue imprenable sur la région. Attention, deux points de vue sont possibles : depuis la croix dont le revêtement en miroir reflète une grande lumière aux alentours. Pour les plus aventureux qui n'ont pas peur du vertige, vous pourrez même monter en haut du sommet voisin. Si vous avez 5 ou 6 heures devant vous, vous pourrez aller à pied jusqu'aux portes du parc Podocarpus, entrée Vilcabamba et revenir. Vous pourrez alors apprécier de très belles chutes d'eau naturelles et même vous y baigner. Aucun doute sur le fait que Vilcabamba dispose de nombreux atouts pour vous faire rester dans la région plusieurs jours.

Tourisme

Vilcabamba est une toute petite ville. Le centre-ville ne s'étend que sur 4 blocks environ, il est donc facile de s'y repérer et c'est un plaisir de s'y balader.

- Le bureau d'informations touristiques (Parque Central) propose des dépliants de tous les hôtels de la ville, ainsi que des infos sur les activités de la région. Pour les informations concernant le parc Podocarpus, mieux vaut se rendre dans les agences touristiques de la ville.
- L'artisanat tient une place importante à Vilcabamba. Si cela vous intéresse de connaître les techniques de transformation de la tagua (ivoire végétal), renseignez-vous à l'écolodge Rumi Wilco.

Transports

- Bus. Liaisons régulières entre Loja et Vilcabamba, comptez une heure. Depuis Loja, prendre un bus au terminal principal, départ toutes les 30 minutes (jusqu'à 20h45) en minibus Vilcabamba Turis ; ou toutes les heures avec le bus Sur Oriente. La station de bus à Vilcabamba se trouve au coin des Av. Eterna Juventud y Jaramillo, à un bloc de la plaza Central.
- En taxi. Comptez environ 20 US$ depuis/vers Loja.

RUMI WILCO ECOLODGE & NATURE RESERVE

A 20 minutes à pied de la station de bus via la rue Agua de Hierro. Juste de l'autre côté de la rivière.
✆ +593 98 521 1933
www.rumiwilco.com
Cabane dans la forêt à partir de 40 US$, pole house 45 US$.

Orlando et Alicia sont deux scientifiques et biologistes passionnés, engagés dans la protection de la nature (anciens guides naturalistes aux Galápagos). Ils parlent français, anglais et espagnol. Ils protègent le *bosque* de divers propriétaires voisins et vous inviterons à visiter la réserve qu'ils ont créée. La visite se fait de façon autonome sur les conseils de nos deux guides. Vous pouvez venir poser votre tente ou louer une des charmantes cabanes sur place.

SIERRA

© JEAN-BAPTISTE THIBAUT

Depuis le Mirador, on domine la vallée et la ville de Vilcabamba.

HOSTERIA PARAISO €

Loja ✆ +593 98 844 8057

Double à partir d'environ 30 US$. Petit déjeuner non compris. Piscine et spa.

Un hôtel tout confort situé en plein cœur de la nature à Vilcabamba. Les 10 chambres sont toutes équipées d'une salle de bain privative, d'une TV et de l'air conditionné. Elles donnent accès à la jolie piscine, mais aussi au spa. L'endroit est parfait pour un séjour au calme loin du stress. Les chambres se déclinent en double, matrimoniale ou même bungalow pouvant accueillir jusqu'à 6 personnes. Profitez de la vallée de l'éternelle jeunesse en séjournant quelque temps à l'hosteria Paraiso, vous en repartirez complètement ressourcé.

HOTEL EL JARDIN ESCONDIDO €

Sucre y Agua de Hierro

✆ +593 7 264 0281

Chambre double avec ou sans salle de bains autour de 35 US$. Petit déjeuner compris.

Tout près du parc central, un hôtel familial qui propose 13 chambres spacieuses et agréables, bien qu'un peu humides lorsqu'il pleut beaucoup, décorées avec des couleurs chaudes. Minuscule piscine, hamacs, jardin avec un restaurant mexicain et international et des cocktails ***especiales***, le tout dans une ambiance joviale. Le jardin Escondido est une excellente option pour un séjour un peu long lorsqu'on souhaite être logé au cœur de la ville. Nous sommes à 2 pas de l'église ici.

IZHCAYLUMA ECO-RESORT €

Depuis le terminal terrestre de Loja, comptez 1 heure de route avec un bus (compagnies Vilcabambaturis, Sur Oriente, Cariamanga ou Nambija).

✆ +593 7 302 5162 - www.izhcayluma.com

Comptez 14 US$ pour un lit en dortoir, 38 US$ pour une double.

Si vous parcourez l'Amérique du Sud ou le reste de l'Equateur, vous êtes forcément tombé sur une publicité de cet établissement. Une communication incroyable qui au final sert un hôtel extrêmement agréable formé de bungalows nichés dans un joli jardin fleuri (attention, ça grimpe !) au milieu d'une prairie bordée de collines. Sur place, toutes sortes d'activités sont proposées : piscine, ping-pong, billard, jeux de société, farniente dans un hamac. 1h de yoga offerte chaque jour. Un restaurant panoramique s'abrite sous une terrasse couverte qui domine la vallée.

MADRE TIERRA €

Km 2 via Loja

✆ +593 98 221 8811

www.madretierra.com.ec

Chambre double à partir d'environ 45 US$. Petit déjeuner inclus. Activités (vélo, trekking et équitation).

Un petit sentier au milieu des champs conduit à cette propriété nichée dans un écrin de nature escarpée. L'hôtel, dont les chambres sont réparties en plusieurs cabañas (bungalows), jouit d'une vue panoramique sur la vallée et le village. La maison principale ressemble à une grande chaumière où il fait bon vivre. Chambres et bungalows dégagent une agréable atmosphère et offrent un confort certain. Centre de remise en forme avec sauna, massages, balnéothérapie, restaurant, bar et piscine, balades à pied ou à cheval, VTT... Tout pour se détendre.

COPALINGA LODGE €€

Zamora ✆ +593 99 710 1535

jocotoursecuador.com

Se rendre à Zamora (bus depuis Loja ou Cuenca). A partir d'environ 55 US$ la cabine double. Petit déjeuner inclus.

Un écolodge d'une capacité maximale de 20 personnes, situé en pleine nature non loin du parc naturel du Podocarpus. Si les cabines sont dotées d'un certain confort, tout est mis en œuvre pour préserver l'environnement dans lequel le lodge a été construit. L'endroit est réputé notamment pour l'observation des oiseaux tout comme pour les nombreuses excursions et randonnées à pied possibles depuis le lodge. Guides et service très professionnels sans parler de l'accueil chaleureux par le couple propriétaire belge rendant le séjour d'autant plus agréable.

EL DESCANSO DEL TORO €€

Via a Yamburara Bajo 375m

✆ +593 98 088 2809

Chambre double à partir de 80 US$. Petit déjeuner et taxes inclus. Restaurant et spa.

Un hôtel type chalet (murs peints à la chaux et poutres en bois) au cœur d'un jardin avec piscine. Le décor est artificiel, mais les prestations sont de qualité et le confort est au rendez-vous. Les chambres sont décorées dans un style rustique mais bien équipées (salle de bain privée, TV et Wi-fi). Certaines chambres bénéficient même d'un bain bouillonnant. Le soir venu, vous pourrez profiter du hammam ou vous allonger dans les hamacs mis à disposition. Le restaurant sert une cuisine locale et internationale préparée avec des produits frais et de saison.

CAFETERIA LAYSECA'S €

Sucre y Diego Vaca de la Vega
✆ +593 99 395 6252
Coffee shop, pizzeria. Du mardi au dimanche de 13h à 21h.

Cette ancienne pâtisserie tenue par un couple belgo-péruvien a remporté un succès phénoménal avec ses douceurs : crêpes, gaufres, cookies, granolas, carrot cakes, gâteaux à l'orange et à la banane (entre autres) y sont préparés sur place avec des produits organiques. Aujourd'hui, les propriétaires ont converti leur boulangerie en pizzeria-cafeteria et la conversion fonctionne ! N'hésitez pas à y passer un moment et à goûter les lasagnes qui sont savoureuses. Un repaire de gringos, mais une bonne adresse tout de même, où il fait bon passer un moment de détente.

SHANTA'S CAFE BAR €

A 5 minutes à pied à l'est du centre, après le pont sur la route en direction de Yamburara
✆ +593 7 264 0296
Cuisine internationale. Vendredi à dimanche de 13h à 20h.

Le café porte le nom de son propriétaire équatorien. Shanta, un intéressant personnage, au look entre le cow-boy et la rock-star, qui vous convie dans sa pittoresque cabane en bois pour déguster en plein air des mets variés : pizzas, pâtes, filet de truite, burgers, et même des cuisses de grenouille ! Tout cela sur fond de musique rock rétro. On y vient pour le repas, mais aussi pour l'ambiance détendue, la musique bien choisie et l'attention très personnalisée. Attention au truculent digestif qui fait la renommée de la maison.

TIMOTHY'S CAFE BAR €

Diego Vaca de la Vega
✆ +593 98 317 5992
Tous les jours de midi à 23h au moins. Moins de 10 US$.

Les influences culinaires de cet établissement sont diverses (allemandes, mexicaines, italiennes, etc.), à l'image de la clientèle finalement. Un café joliment décoré en hommage à tous les pays du globe, où l'on déguste de bons burgers, nachos, beignets à l'oignon, nuggets, ainsi que pancakes et œufs au petit déjeuner... Cocktails et bon choix de bières. Beaucoup d'expatriés de Vilcabamba se retrouvent ici en fin de journée pour boire un verre et se raconter les derniers potins. Les jours de match, la télévision est forcément allumée !

UNITED FALAFEL ORGANIZATION - UFO €

Luis Fernando de la Vega
✆ +593 7 264 0148
Ouvert de 11h à 20h. Fermé lundi et mardi. Moins de 10 US$ le repas.

Situé juste à côté de l'église de la ville, UFO propose une carte originale mixant recettes équatoriennes et libanaises. Il en résulte des plats frais et d'une saveur particulièrement juste. La qualité de la nourriture est résolument au-dessus de ses petits voisins, pourtant on ne se prend pas la tête dans cet établissement. L'ambiance moderne et feutrée de la décoration ponctue l'ensemble et fait de cette « organisation » l'un des meilleurs établissements de la ville.

LA BAGUETTE

Fernando de la Vega & Sucre
✆ +593 98 957 7107
Ouvert tous les jours de 8h30 à 17h30. A partir de 2 US$ le snack.

Faut-il venir jusqu'à Vilcabamba pour savourer un bon pain à la française ? Ravis seront les amateurs de croissants et de pains au chocolat ! Beaucoup disent qu'il s'agit de la meilleure boulangerie d'Equateur... Une chose est sûre, on n'en est pas très loin ! Romain et Aurélie dirigent avec talent cet établissement. Touristes, mais aussi locaux se ruent sur leurs créations. Chocolatines, croissants, baguettes, tartes, flans, etc. Vous pourrez même déguster un saucisson ou un fromage frais. Quel que soit votre choix : un délice !

CABALLOS GAVILAN

✆ +593 098 133 2806
caballosgavilan.wordpress.com
Balades à cheval. Prix à négocier sur place avec Gav.

Vous êtes chez un cow-boy déraciné de sa Nouvelle-Zélande natale, qui s'est parfaitement acclimaté à la tranquillité de la vallée sacrée. Depuis 2018 la demande a fortement baissé et Gav, le cow-boy, envisage d'arrêter son activité, ce serait dommage, c'est un des derniers qui propose des treks de plusieurs jours à cheval dans ce merveilleux pays. Si vous passez par là et aimez le cheval, n'hésitez pas un instant et demandez à Gav de vous faire découvrir l'arrière-pays de Vilcambaba à cheval ! Balades d'une heure à plusieurs jours.

PARQUE NACIONAL PODOCARPUS ★★

A près de 3 000 m d'altitude, le parc s'étend sur 146 200 ha et l'on y recense des lagunes, des forêts d'arbres millénaires et des sapins endémiques. Ce parc a d'ailleurs été créé en 1982 pour protéger deux espèces : le *Podocarpus rospiglios* et le *Podocarpus oleifolius*, espèces qui ont donné leur nom au parc. La majeure partie de la végétation est typique de la forêt humide de basse montagne et c'est un endroit idéal pour observer les orchidées et les plantes sauvages.
Mais il est malheureusement menacé par le déboisement illégal. Sa faune très variée est caractéristique de la Sierra. Aussi ses vastes forêts abritent pumas, ours à lunettes, renards, loups du páramo, hérons tigrés, canards de torrent, dindes, coqs des roches, toucans, perroquets et colibris. D'autre part, plus d'une centaine de lacs se sont formés ici grâce à d'anciens glaciers. On verra aussi de nombreux torrents et cascades aux eaux cristallines.

Tourisme

▶ **Des excursions** (à pied ou à cheval) de plusieurs jours peuvent être organisées au départ de Loja ou de Vilcabamba afin de profiter de ses magnifiques paysages, de ses orchidées et de ses oiseaux. Possibilité de dormir sur place. La plupart des agences de Vilcabamba vous proposeront des balades à cheval du côté de la ville. Pour 30 US$, vous pourrez profiter d'une demi-journée accompagné d'un guide, à la découverte de ce très beau parc.

▶ **On vous conseille plutôt** de vous pencher sur l'autre entrée du parc. Depuis Vilcabamba, 2US$ en taxi vous permettront de rejoindre l'entrée du parc. Il vous suffira ensuite de négocier avec le conducteur pour qu'il vous conduise en haut du sentier, peu intéressant et situé à 8,5 km de l'entrée du parc (comptez entre 5 US$ et 8 US$ en taxi).
Une fois arrivé au refuge, coordonnez-vous avez les gardes du parc. Ils repartent à des heures précises vers l'entrée du parc et vous pourrez alors profiter gratuitement du retour, à bord d'une camionnette. Depuis le refuge, plusieurs sentiers vous sont proposés.

▶ **La boucle de Los Miradores,** longue de 5 km d'où vous pourrez admirer la vallée depuis les cimes. Un magnifique chemin, conseillé surtout en période sèche. Deux petits sentiers complémentaires (Oso de Anteojos et Bosque Nublado) vous permettront d'admirer un peu plus la faune et surtout la flore des lieux.

▶ **Pour les campeurs,** nous vous conseillons de prendre quelques jours et de réaliser la boucle de las Lagunas del Compadre. Le premier jour, vous arriverez au refuge où vous pourrez dormir une nuit. Le deuxième jour, vous partirez très tôt le matin pour réaliser les 14,5 km qui vous séparent de la lagune. Après 6 heures de marche, vous atteindrez le graal. C'est ici même que vous pourrez dormir sous votre tente, dans un cadre incroyable. Le lendemain, il ne vous suffira plus qu'à faire le chemin inverse avant de dormir une nouvelle nuit au refuge ou de repartir directement du parc. 29 km de marche au total donc, mais pour profiter d'une vue exceptionnelle, avec certainement la plus belle lagune de la région. Pour le retour enfin, il vous suffira de héler un taxi ou de prendre un bus en direction de Loja ou Vilcabamba (moins de 2 US$).

CABAÑAS RIO YAMBALA €

Prendre un taxi depuis le centre (3,50 US$).
Sur la route, prendre la direction Est et tourner à gauche au croisement en Y. Longer la rivière et continuer jusqu'à un pont. ✆ +593 9 106 2762
www.vilcabamba-hotel.com
Compter 35 US$ la nuit en chambre double, 175 US$ pour une semaine, 400 US$ par mois.
Les cabanes sont plus connues comme les cabanes de Charlie et Sarah, du nom de leurs propriétaires canadiens arrivés ici il y a plus de 15 ans. La balade (pour les *backpackers* !) pour atteindre ce lieu depuis le centre de Vilcabamba dure une heure environ. Les bungalows sont bâtis à flanc de montagne, les terrasses dominant la rivière Yambala dans un cadre sauvage au calme absolu. Le restaurant avec une grande cheminée sert une cuisine plutôt végétarienne. Jeux à disposition, service de laverie, échange de livres et Wi-Fi possible (payant).

Parque Nacional Podocarpus.

AMAZONIE

L'Amazonie couvre environ la moitié du pays. Une immersion dans cette région, qui regroupe seulement 3 % de la population totale, permet de vivre une expérience unique, hors du temps. Ce vaste territoire tropical abrite des forêts profondes aux arbres entremêlés de lianes s'élevant parfois à plus de 50 mètres du sol, et une faune à la fois exceptionnelle, secrète et redoutable : oiseaux bariolés, animaux et insectes méconnus, reptiles fascinants et rares mammifères. L'Amazonie compte plus de la moitié des 8 500 espèces d'oiseaux répertoriées sur la planète et environ 1 200 espèces de papillons. Au cœur de cette végétation, des communautés indigènes ayant su préserver leurs traditions vivent en harmonie avec la nature. Au nord de l'Oriente, la réserve de Cuyabeno est l'un des coins les plus riches de la région en termes de biodiversité. Dans la forêt, vous pourrez séjourner dans d'agréables lodges.

IBARRA
OTAVALO
PEGUCHE
LAGO SAN PABLO
LAGUNAS DE MOJANDA
CAYAMBE
PIMAMPIRO
LAGO YAHUARCOCHA
SAN ANTONIO DE IBARRA
SAN CLEMENTE
La Prensa
La Dorada
Chingual
Santa Rosa de Sucumbíos
Valle Hermoso
Lumbaquí
LAGO AGRIO - NUEVA LO
El Reventador
La Troncal
Conambo
Cascabel No. 2
San Miguel
Joya de los Sacha
Oyacachi
Puerto Francisco de Orellana
El Chaco
RESERVA BIOL
PAPALLACTA
BAEZA
Sumaco
POMPEYA
COCA
RESERVA ECOLÓGICA ANTISANA
Cosanga
Rio Sabalo
Huino
Mandaripanga
Loreto
Nuevas Fronteras
Rio Chalupas
Cotundo
ARCHIDONA
San José de Chonta Punta
Inés Arango
TENA
Comunidad 6 de Marzo
Nenkipare
Ñuneno
PUERTO NAPO
MISAHUALLÍ
AHUANO
Tepapare
PARQUE NACIONAL LLANGANATES
Arosemena Tola
Bataboro
Tihuano
Santa Clara
Wamwapade
Chapana
Simon Bolivar
San Virgilio
PUYO
Ramón Playa
Namu
Villano
Kotococha
Witukyaku
Muñosa Cocha
Palora
Sarayacu
CUEVA DE LOS TAYOS
Jatún Molino
Arapicos
Kintiuk
Conambo
Huamboya
Jimbiquiti
Taguaynambi
Shuntza
Sinaí
Comunidad Kampan
Canus
San Isidro
MACAS
Nashicta
Pimpimtsa
Cachitambo

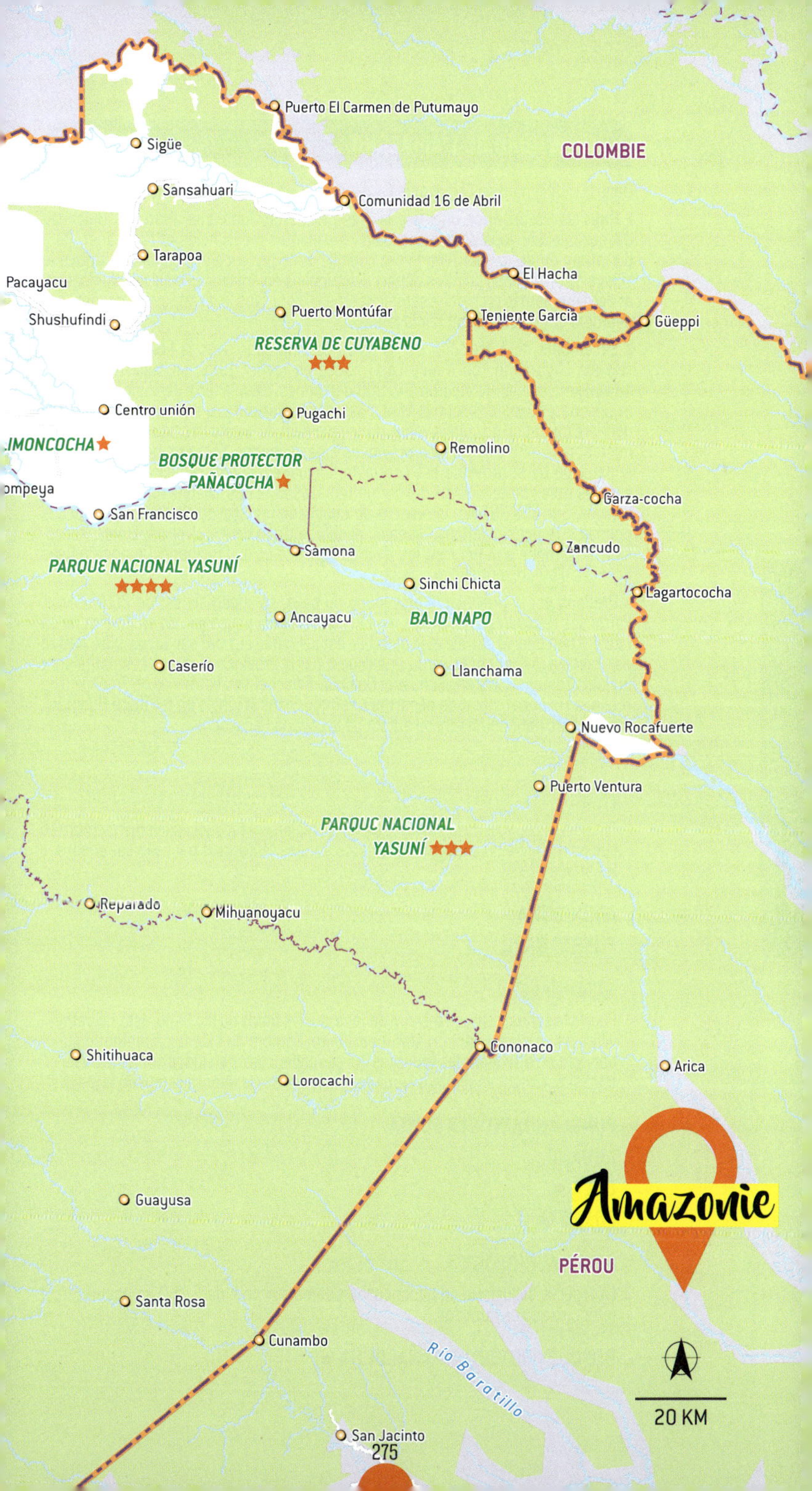
Puerto El Carmen de Putumayo
Sigüe
COLOMBIE
Sansahuari
Comunidad 16 de Abril
Tarapoa
Pacayacu
El Hacha
Shushufindi
Puerto Montúfar
Teniente García
Güeppi
RESERVA DE CUYABENO
Centro unión
Pugachi
LIMONCOCHA
Remolino
BOSQUE PROTECTOR
PAÑACOCHA
ompeya
San Francisco
Garza-cocha
Samona
Zancudo
PARQUE NACIONAL YASUNÍ
Sinchi Chicta
Lagartococha
Ancayacu
BAJO NAPO
Caserío
Llanchama
Nuevo Rocafuerte
Puerto Ventura
PARQUC NACIONAL
YASUNÍ
Reparado
Mihuanoyacu
Cononaco
Arica
Shitihuaca
Lorocachi
Amazonie
Guayusa
PÉROU
Santa Rosa
Cunambo
Río Baratillo
20 KM
San Jacinto

PAGES

● ● NORD DE L'AMAZONIE

Dans la moitié nord de l'Amazonie équatorienne, on trouve les provinces suivantes :

▶ **Napo** est la province orientale la plus proche de Quito. Elle abrite les Quichuas d'Amazonie. Là, vous pourrez découvrir les plantes médicinales et l'artisanat, faire du rafting ou du kayak. Tena est la capitale de la province et non loin se trouve le village de Misahuallí, point de départ d'excursions en Amazonie. Mais la colonisation, et dernièrement la recherche semi-industrielle d'or (dans le *río* Napo notamment) ont détérioré cette zone et fait fuir la faune.

▶ **Sucumbíos**, tout au nord, est la province limitrophe avec la Colombie. Sa capitale est Lago Agrio (ou Nueva Loja), créée en février 1989. Sa superficie est de 18 612 km^2, elle abrite environ 145 000 personnes. C'est la terre des Sionas, Cofanes et Secoyas, puis les Quichuas venus des hauts plateaux s'y sont installés avant la dernière migration de colons venus principalement de la côte Pacifique du pays. Cette migration s'étend à toutes les provinces amazoniennes. Entre montagnes et forêt, le paysage de la province est contrasté. L'Aguarico, le San Miguel et le Putumayo sont les trois grands fleuves qui permettent d'assurer des liaisons fluviales entre les villages. Sur 655 781 ha, la réserve de Cuyabeno protège de nombreuses espèces animales (singes, caïmans, oiseaux, dauphins d'eau douce...) et végétales. Accessible en pirogue à moteur via les rivières Aguarico et/ou Cuyabeno. De nombreuses agences y organisent des excursions.

▶ **Orellana** est la province la plus jeune du pays, sa superficie est de 20 652 km^2. Parmi ses ressources naturelles, en plus de fabuleux paysages, de sa flore et de sa faune, il faut citer le pétrole et le bois. Elle est délimitée au nord par Sucumbíos, au sud par Pastaza, à l'est par le Pérou et à l'ouest par la province du Napo. Les natifs sont majoritairement Huaorani, Schuar et Quichua. Son chef-lieu est la ville de Francisco de Orellana (El Coca), point de départ pour un tour dans la jungle en territoire Huaorani, dans le Parc national Yasuni ou autour de la Laguna Pañacocha.

Tena est la capitale de la province de Napo, région qui fut successivement embrasée par la fièvre du caoutchouc dans les années 1880, puis par celle de l'or dans les années 1930.

Puerto Misahualli, située à 27km de Tena, sur les bords du Rio Napo, est une petite ville très active de par son statut portuaire. Nombre de bateaux à moteur y stationnent en attendant les touristes qui se rendent dans un lodge sur le rio ou qui, tout, simplement souhaitent faire une excursion sur le Napo, au cœur de la jungle.

La réserve biologique de Limoncocha s'étend sur près de 5 260 ha peuplés de forêts tropicales humides.

AMAZONIE

PAGES

PARQUE NACIONAL YASUNI ★★★★

290 Le parc national Yasuni est une zone protégée de □10 227 ha renfermant une incroyable biodiversité. Située dans les provinces de Napo et Pastaza, elle a été déclarée Réserve mondiale de la biosphère par l'Unesco en 1989. Toute prospection pétrolière y est enfin interdite depuis le référendum d'août 2023.

LAGO AGRIO - NUEVA LOJA

291 Passage obligé pour rejoindre Cuyabéno, Lago Agrio fut officiellement rebaptisée Nueva Loja en 1960 par les premiers travailleurs de la société Texaco qui en avait fait son camp de base pour l'exploitation pétrolière en Amazonie équatorienne.

RESERVA DE CUYABENO ★★★

293 Cette vaste étendue de 603 380 ha de forêt primaire a été déclarée Réserve faunistique par le gouvernement en 1979, dans l'optique de préserver ses ressources naturelles, les valeurs culturelles et ethniques de ses populations, et de mener des investigations scientifiques.

●● SUD DE L'AMAZONIE

295

La province de Pastaza, connue à l'époque coloniale comme la province de la Cannelle, est accessible par le *río* Curaray. Autre porte d'entrée de l'Amazonie, sa capitale est Puyo. Depuis Quito, on y accède par la route (environ 6 heures). La province est traversée par trois fleuves importants : le Pastaza, le Cururay et le Tigre. 90 % de sa surface est constituée de forêts humides de type vierge. 40 % des 60 000 habitants sont indigènes.

La province de Morena Santiago s'étend sur environ 24 000 km² et compte 145 000 habitants. Cette zone essentiellement agricole, créée en 1953, renferme le parc national Sangay et son volcan homonyme, les grottes de Los Tayos et la jungle. Capitale de la province, Macas (à 366 km au sud-est de Quito) est le siège de la communauté Shuar et Ashuar. On y accède soit par la route via Puyo (ou Cuenca) en 14 heures, soit par avion au départ d'une de ces villes. Des agences organisent des circuits dans la région.

La province de Zamora Chinchipe est la plus éloignée de la capitale et demeure encore méconnue des voyageurs. On y recense environ 16 000 habitants et parmi eux, les Shuars et les Saraguros. Facilement accessible par la route via Loja, la capitale, Zamora, se situe à 710 km de Quito.

PUYO ★★

295 Cachée dans une épaisse forêt sur les rives du Pastaza, la 2e ville la plus peuplée de l'Oriente bénéficie d'un climat printanier annuel, même si elle est presque en permanence sous les nuages.

298 **MACAS**

300 **CUEVA DE LOS TAYOS ★**

300 **GUALAQUIZA**

300 **RESERVA ECOLÓGICA KAPAWI ★**

BAEZA

Après Papallacta, la route se dégrade rapidement, souvent endommagée par des éboulements de terrain et les pluies. En venant de la capitale, la route qui mène à Baeza est sauvage et magnifique. Cet itinéraire est connu pour avoir été emprunté par Francisco de Orellana lors de sa quête de l'Eldorado qui l'a mené en Amazonie. Baeza fut fondée en 1548. C'est aujourd'hui une bourgade sereine où la population se dédie principalement à l'élevage. Une petite église traditionnelle orne le parc central. Après Baeza, la route se poursuit au nord vers Lago Agrio, offrant de beaux paysages de cartes postales sur le fleuve Coca. Jusqu'en 2020, on pouvait y admirer la plus haute chute du pays, la cascade San Rafaël, qui a malheureusement disparu avec la construction d'un barrage en amont. Au sud, la route continue vers Tena. Les paysages de montagne se font de moins en moins désolés, et cèdent peu à peu le terrain à de vertes vallées où la végétation gagne en exubérance. L'air se réchauffe au fur et à mesure que l'altitude baisse, et une chaleur de plus en plus moite et suffocante envahit l'atmosphère. A partir d'Archidona, la piste caillouteuse peu clémente pour le dos des voyageurs et les amortisseurs des véhicules, redevient une route asphaltée plus civilisée.

Transports

▶ **En bus.** Tout dépend d'où vous venez (Quito ou l'Oriente), mais sachez que les bus reliant Tena ou Lago Agrio à Quito, dans les deux sens, sont fréquents (plusieurs départs chaque jour) et marquent un arrêt à Baeza. Que ce soit pour Quito ou Tena, comptez environ 3h30 de route.

LA CASA DE GINA €

Battalion Chimborazo Jumandi

✆ +593 6 232 0471

Moins de 20 US$ par personne suivant la chambre et les services. Restaurant sur place.

Ce restaurant, rendez-vous des voyageurs, propose quelques chambres à louer également. L'ambiance est très décontractée, les chambres sont simples, mais propres. Elles sont souvent occupées par des *backpackers* de passage c'est pourquoi il est recommandé de réserver en téléphonant avant d'arriver. C'est une excellente option pour ceux qui voyagent à moindre budget et l'endroit permet de plus de rencontrer de nombreux locaux qui sont de bons conseils pour découvrir la région. Tous les guides de tourisme d'équateur s'arrêtent ici en descendant vers l'Amazonie.

CABAÑAS TRES RIOS €€

Sur la rive du río Quijos, à mi-chemin entre Papallacta et l'ancienne cascade de San Rafael.

✆ +593 99 944 6514

www.cabanastresrios.com

Single 50 US$, double 60 US$ et triple 75 US$, petits déjeuners inclus. Salles de bains privées.

Voici une alternative qui permet, en plus de se loger dans de bonnes conditions à un prix acceptable, de pratiquer de nombreuses activités : balades et observation des oiseaux, randonnées à cheval ou apprentissage de l'espagnol. C'est surtout un bon point de départ pour les groupes qui veulent s'adonner au kayak ou au rafting puisque la région est l'un des meilleurs spots du pays. Des bungalows confortables en pleine nature, dans un cadre luxuriant et tropical où il fait très bon vivre. Savoureuse cuisine servie par un vrai chef.

SAN ISIDRO LODGE €€€

✆ +593 99 266 9703

www.cabanasanisidro.com

Compter 90 US$ par personne en double avec petit déjeuner et 145 US$ en pension complète. Hors taxes.

San Isidro lodge est un ensemble de bungalows confortables qui constitue un très bon pied-à-terre pour des activités centrées sur l'observation des oiseaux et de la faune équatorienne, en particulier de l'ours à lunettes et du puma. On pourra aussi faire tenter l'expérience du concert-ballet matinal des étonnants coqs de roche (gallo de la peña, vers 4h30-5h du matin). Les chambres tout en bois sont très agréables et pleinement ouvertes sur la forêt environnante. Les petits déjeuners et repas se prennent dans la maison principale.

MECQUE DE L'AVITOURISME

15 % DES OISEAUX DU MONDE !

Les spécialistes ne sont pas tous d'accord sur le nombre exact d'espèces d'oiseaux présentes en Equateur. Selon les dernières tendances, ce chiffre oscille entre 1 670 et 1 740. Ce total représente plus de 15 % de la diversité aviaire mondiale. 15 % des oiseaux du monde séjournent ou transitent sur un territoire grand comme la moitié de la France. De quoi rendre fou de joie n'importe quel ornithophile !

Grâce aux incessants travaux scientifiques d'ornithologues et surtout aux apports constants des différents observateurs et guides spécialisés, la liste augmente chaque année. Face à ce chiffre mirobolant, tout le monde est d'accord pour catapulter ce petit pays andin dans le top 5 mondial des pays les plus riches en ornithofaune. Il n'est donc pas curieux que, depuis plus de 20 ans, se soit développée intensément, autour de la magique ligne équinoxiale, l'observation ornithologique, l'une des activités touristiques les plus ludiques et respectueuses de l'environnement. De par sa petite taille, sa localisation géographique particulière, sa topographie tortueuse, son excellente infrastructure routière, ses offres d'hébergements spécialisés, son vaste réseau de réserves naturelles et bien sûr sa quantité d'espèces, l'Equateur est indiscutablement l'un des meilleurs endroits au monde pour pratiquer le birdwatching. Compte tenu du climat tempéré annuel de l'Equateur, il n'y a pas de meilleure saison pour observer les oiseaux. Il est possible de réaliser d'excellentes observations tout au long de l'année. Ici, pas de printemps, pas d'automne, juste une saison des pluies marquant un regain de l'activité reproductive. Les mois de novembre à avril sont les plus recommandés. Durant cette période, un circuit spécialisé de 14 jours, accompagné d'un guide spécialisé connaisseur, permet de générer une liste d'environ 550 ou 600 espèces observées. Une véritable aubaine pour les « cocheurs fous » (à titre indicatif, il existe en France un total de 545 espèces répertoriées à ce jour).

En Equateur, il n'y a pas de circuit touristique n'incluant pas la possibilité d'observer des oiseaux. Ici pas moins de 107 ZICOS (zones d'importance pour la conservation des oiseaux) couvrent le territoire continental et insulaire.

Souvent, la présence d'une tour d'observation permet d'accéder au-dessus de la canopée afin d'admirer les espèces restreintes. La harpie féroce, le grand ibijau ou encore le tamatia pie sont quelques exemples de ces espèces remarquables. Ailleurs, des affûts, construits sur des zones stratégiques, permettent de photographier sans effort de nombreuses espèces de sous-bois rares et furtives telles qu'alapis, grallaires, tohis, microbates, manakins, grisins et synallaxes. Presque partout, des zones d'alimentation artificielle et en particulier des abreuvoirs, permettent tout simplement d'admirer durant des heures le vol incessant des colibris et le plumage chatoyant d'une multitude de callistes, araçaris, penelopes et cabezons.

Chaque région a ses spécificités, sa végétation, ses espèces endémiques. Un brin d'attention, une bonne dose de curiosité, une autre de patience, une bonne paire de jumelles et l'un des nombreux guides d'identification disponibles en librairie seront indispensables pour partir à la découverte de cette faune fascinante. Pour les moins experts, plusieurs agences et guides spécialisés offrent leurs services, mais surtout leur passion pour dénicher dans les règles de l'art les espèces les plus emblématiques du pays. A vos jumelles !

Propos recueillis de Xavier Amigo de l'agence Ecuador Experience.

TENA ★

De son vrai nom : San Juan de los dos Ríos del Tena. Environ 33 000 habitants. Tena est la capitale de la province de Napo, une province qui abrite de nombreuses richesses naturelles non renouvelables qui attirent les convoitises et alimentent les conflits économico-écologiques. Dans les années 1930, l'or était l'objet de toutes les convoitises mais le pétrole a ensuite pris le dessus. Depuis le 15 février 1967, date du démarrage de l'exploitation pétrolière, l'or noir a converti la région en un centre énergétique et économique du pays. Située à la confluence des fleuves Tena et Napo, Tena est une ville active, agréable et accueillante malgré la chaleur humide qui y règne. Il reste peu de traces de l'ancienne bourgade coloniale fondée au XVIe siècle, et les traditionnelles maisons sur pilotis ont cédé la place à des constructions modernes. Les fleuves qui traversent la ville tentent vainement de donner un peu de fraîcheur. Leurs rives sont équipées de centres balnéaires, où les jeunes se retrouvent en fin de semaine. Une nouvelle université à l'architecture imposante se donne pour ambition de retenir les étudiants locaux en Amazonie. Depuis sa construction, les jeunes ont une opportunité d'étudier tout en restant près de leurs familles. Vivre à Quito est en effet beaucoup plus couteux, gageons que cette initiative aidera à re-dynamiser la région. Le kayak et le rafting, spécialités de la région, contribuent également à développer l'activité touristique. Le marché hebdomadaire se tient le samedi, et la ville est alors en effervescence dès le petit matin.

Argent

De nombreux distributeurs dans la ville, et notamment à proximité du terminal terrestre. Soyez vigilants lors de vos retraits aux distributeurs qui ne sont pas situés à l'intérieur des banques car les pickpockets, attirés par le flux de touristes se rendant en Amazonie, peuvent être très astucieux.

Se restaurer

Ce ne sont pas les restaurants qui manquent à Tena. Rares sont les excellentes tables, mais la plupart sont très correctes. Vous trouverez de bonnes adresses sur l'avenida 15 de Noviembre. Vous y trouverez un vaste choix de plats traditionnels de la région, le poisson de lac ou de rivière comme le Bagre, excellent en sauce ou fumé, étant souvent à l'honneur.

Tourisme

▸ **Tena est un point de départ pour des séjours dans la forêt amazonienne.** Le rafting et le kayak sont également très populaires dans la région grâce à l'éventail de rivières tumultueuses. Aussi les agences se livrent une féroce concurrence. Attention, il faut se tourner vers des guides expérimentés reconnus par l'association des guides de tourisme de Napo (AGTN) et s'assurer que le matériel est en bon état avant de partir en expédition ! Vous trouverez notre sélection dans les pages qui suivent.

▸ **Le Bureau d'informations touristiques** (Augusto Rueda ✆ +593 6 288 8046) fournit des informations sur Tena : hôtels, restaurants, activités, plan... Ouvert en semaine de 7h30 à 12h30 et de 14h à 17h.

Transports

▸ **En bus.** Tena est un carrefour routier important, le terminal terrestre se trouve à 5 minutes en voiture du centre-ville. De nombreux bus partent chaque jour en direction de Quito. Egalement des bus pour Puyo, Baños, Ambato, Riobamba, Coca. Le Terminal de bus se trouve avenida 15 de Noviembre, entre Montero et av. del Chofer - A 5 minutes en voiture du centre-ville. A 1 km en direction de Puerto Napo. Dessert les villes de la région (Punta Ahuano et Misahuallí), les villes de Coca (6h30), Lago Agrio (8 à 9h), Puyo (5h), Baños (6h) et Quito via Baeza (5 à 6h).

▸ **En voiture.** Tena est très facilement accessible depuis Quito, la route est maintenant en très bon état. Il faut compter environ 4h depuis Quito.

PAKAY TOURS ☛

Av Antisana yManuel M. Rosales

✆ +593 62847449

www.pakayhostal.com/tours

Agence de tourisme locale. A partir de 30 US$ par personne.

Cette agence germano-équatorienne organise des circuits dans la région de Tena et à travers la réserve de Cuyabeno. Soucieuse de préserver l'environnement, l'agence favorise l'écotourisme et les circuits se font dans le respect de la nature et des communautés qui l'habitent. Le mari d'Inga, la propriétaire de l'agence, est guide et connaît parfaitement la région. Il vous accompagnera volontiers dans vos découvertes aux alentours Vous pourrez aussi séjourner dans leur charmant *hostal*, l'Hosteria Pakay, un peu en dehors de la ville.

AMAZONIE

ACHIYACU TAMBU €€

María Vargas y Yuralpa
✆ +593995303291
www.riveramazonas.com

3j/2n à partir de 234 US$/personne sur base de 4 personnes. Tente et pension complète comprises. Guide local inclus.

Un nouvel endroit de « Glamping » en Equateur, où passer d'agréables moments sous la tente au cœur de la forêt. Le campement se compose de 5 plateformes équipées de belles tentes avec de vrais matelas et tout le nécessaire pour vivre comme un Robinson de luxe ! Emmanuelle et Estuardo vous y accueillent en français si vous le souhaitez. Estuardo étant également guide local, il vous accompagnera dans vos découvertes de la forêt qui entoure le campement. Vous prendrez vos repas (inclus) au son du rio tout proche. Les bottes sont même fournies !

HOSTAL LOS YUTZOS €€

C/ Augusto Rueda 190 y 15 de Noviembre
✆ +593 98 750 3528
www.losyutzos.com

Comptez 45-55 US$ pour une chambre double avec ventilateur, et 65 US$ la suite. Petit déjeuner inclus.

L'hôtel le plus confortable de la ville offre 30 belles chambres au calme et bien équipées (salle de bains, TV, réfrigérateur, sèche-cheveux, téléphone, ventilateur ou air conditionné, parking), sur les rives du fleuve Pano. Si vous vous posez des questions sur le nom de l'hôtel, sachez que le yutzo est une plante aux feuilles minuscules poussant sur les rives des fleuves et qui aident à contenir l'érosion. Ses branches s'étendent comme les pales d'un ventilateur, et ses fleurs blanches et roses odorantes colorent l'été amazonien.

CAFE TORTUGA €

Av. Francisco de Orellana y Rio Pano
✆ +593993416451
https://cafetortugatena.negocio.site/

Cafétéria. Ouvert du lundi au samedi de 8h à 20h et le dimanche de 8h à 13h30. A partir de 5 US$.

Ce café, le premier de Tena, ouvert en 2005, tenu par des Suisses jouit d'un emplacement très agréable au bord de la rivière. Il est idéal pour les petits déjeuners et un bon café, un jus de fruits ou un en-cas dans la journée. C'est un lieu ouvert la plupart du temps où les locaux aiment à se retrouver entre amis, ne serait-ce que pour préparer leur journée d'activités aquatiques ou de découvertes de la région. A tester : les *empanadas* de poulet et surtout la boisson phare du café, le Charapata, délicieuse limonade de Guayusa assaisonnée de condiments amazoniens.

THE MARQUIS RESTAURANT €€

Av. Amazonas 251 y Olmedo
✆ +593 6 288 6513

Cuisine internationale et grillades. Ouvert tous les jours. A partir de 15 US$.

La meilleure table de Tena est abritée sous une pittoresque paillote. Les grillades sont les spécialités de la maison : on se régale donc d'un steak, d'un filet mignon ou encore d'une truite, le tout délicieusement accompagné. Les habitants de la région peuvent même apporter leurs propres pièces, dindes, poulets, cochons, etc., pour les faire rôtir sur place. Bonne sélection de boissons alcoolisées également, particulièrement de vins chiliens et argentins qui accompagnent parfaitement les grillades. Depuis la pandémie, vous pouvez même vous faire livrer !

ADVENTURE RIVER AMAZONAS

María Vargas y Yuralpa ✆ +593995303291
www.riveramazonas.com

Rafting à partir de 50 US$, tour dans la forêt à partir de 35 US$, Transferts hôtel inclus.

Une agence francophone spécialisée dans l'écotourisme et le rafting, située en bordure de l'Amazonie, lieu de départ idéal pour de belles aventures. L'agence organise des circuits d'aventure en Amazonie avec pour priorité le respect de l'environnement et des communautés indigènes. Forts de nombreuses années d'expérience, Emmanuelle et Estuardo vous conseilleront au mieux en fonction de vos envies. Vous pourrez visiter la réserve de Limoncocha ou même découvrir le territoire des Waoranis, communauté de guerriers vivant en paix, très loin de la civilisation.

RIOS ECUADOR

Tarqui 230 y Días de Pineda
✆ +593 99 680 4045
www.riosecuador.com

Agence spécialisée dans les sorties kayak et rafting. A partir de 65 US$ par personne et par jour.

L'un des grands spécialistes du rafting et du kayak sur les rivières Napo, Anzu et Misahuallí. L'agence propose plusieurs formules selon le niveau, de débutant à expert. Tout le matériel est fourni et l'agence assure le transfert depuis Tena. Conditions de sécurité garanties, avec de vrais professionnels agréés par les plus grands organismes équatoriens et américains. L'agence propose aussi des formules de découverte de la forêt et des communautés, combinées selon vos souhaits, avec une journée de descente en rafting. Superbe expérience pour les amateurs de rios.

RIVER PEOPLE ECUADOR

Via a Inchillaqui ✆ +593 99 234 9333
www.riverpeopleecuador.com
Rafting à partir de 65 US$ la journée, « Kayak with River People » 160 US$ la journée par personne.

Cette agence qui existe depuis 2002 est spécialisée dans le rafting et le kayak, mais propose également diverses découvertes autour de Tena. Au programme, des circuits sur un ou plusieurs jours pour profiter d'activités variées : rafting, canyoning, découverte des cascades, excursions dans la jungle... Les tours s'effectuent par groupes de 2 personnes minimum et sont tous accompagnés d'un guide professionnel. Depuis peu, River People vous propose également l'hébergement dans un lodge composé de petits bungalows bien sympathiques, mais que nous n'avons pu tester.

LA GALLERA

Av. Federico de Orellana
✆ +593 99 777 7352
Discothèque. Ouvert le vendredi, le samedi et les jours de match de foot. Entrée libre.

La meilleure boîte pour danser sur des rythmes merengue, salsa, cumbia et internationaux. La Gallera a réussi à survivre pendant ces longs mois de pandémie et programme de nombreux DJ équatoriens qui viennent de tout le pays pour faire danser la jeunesse de Tena. Les soirs de foot, en particulier lorsque l'équipe d'Equateur est en lice, la discothèque se transforme en sport-bar où se retrouvent les aficionados pour célébrer ou pleurer ensemble, tout dépend bien entendu du résultat ! Restauration rapide et bière au programme ces soirs-là.

HAKUNA MATATA €€

Vía Chaupi Shungo (km 3,9) ✆ +593 2 256 2823
www.hakunamatata-ecuador.com
Comptez 74 US$ par personne en cabane, 80 US$ en lodge et 90 US$ en chambre « Supreme ». Demi-pension incluse.

Dans les environs d'Archidona, sur les bords du rio Inchillaqui, au sein d'une propriété privée de 200 ha. A disposition, six bungalows en bois et des chambres plus luxueuses dans un grand bâtiment de style lodge. Toutes en bois, les chambres sont très agréables et fonctionnelles (salle de bains privée, eau chaude), les plus chères étant plus modernes avec un petit supplément de charme. Les activités sont variées, excursions à cheval, baignades dans les eaux claires de la rivière, excursions dans la forêt amazonienne, rafting...pas le temps de souffler !

HUASQUILA AMAZON LODGE €€

✆ +593 2 2376158
www.huasquila.com
Forfait traditionnel à partir de 280 US$ pour 3 jours/2 nuits. Logement seul : 69 US$ par personne.

Bienvenue au cœur de la vallée de Cotundo ! Entre la cordillère des Andes et la jungle amazonienne, le lodge de Huasquila est un éco-lodge facilement accessible depuis Quito puisque situé à seulement 4 heures de route. Il s'agit d'un des lodges les mieux adaptés pour un séjour de courte durée en Amazonie tout en profitant de tout ce que cette dernière a à offrir. Le lodge peut accueillir jusqu'à 40 personnes et propose un large choix d'activités. C'est un des rares lodges à proposer un forfait spécifique pour les personnes en fauteuil roulant.

ARCHIDONA

Cette bourgade assoupie par la chaleur amazonienne est la première ville fondée, au XVIe siècle par les Espagnols, dans l'Oriente. Elle fut la première capitale de l'Amazonie de 1868 à 1900, mais ne présente aujourd'hui pas d'intérêt majeur. Seuls la petite église et le parc municipal aux plantes exotiques méritent un coup d'œil. A seulement 3km de la bourgade, les cavernes de Jumandy valent quant à elles le détour. Elles portent le nom d'un ancien cacique qui résista à l'envahisseur espagnol. Des trois galeries, une seule a été explorée. Une jolie petite rivière la parcourt et on atteint un lac encadré de stalactites et de stalagmites.

PUERTO NAPO

A 7 km de Tena, sur la rive du Napo. Ancien port fluvial, aujourd'hui, ce village ne déborde pas d'activité. C'est, d'une part, le point de départ de la route vers Misahuallí et, d'autre part, l'embarcadère vers Ahuano, situé de l'autre côté du pont, où se trouvent plusieurs lodges. On y vient donc principalement en escale, mais on peut en profiter pour découvrir une ville calme dans laquelle moins de 10 % des actifs se consacrent au tourisme. La ville n'a en effet aucune infrastructure d'information ni de développement touristique, mais ceci devrait changer dans les années à venir, car la région est riche en activités culturelles et sportives.

MISAHUALLÍ

Puerto Misahualli est le principal port fluvial sur les rives du *río* Napo à la confluence du Misahuallí. C'est un joli et paisible village qui constitue l'un des principaux points de départ pour une excursion dans la forêt amazonienne, il est très fréquenté par les touristes. Vous aurez vite fait le tour, puisque le village se résume aux rues qui encadrent le parc central. Le tourisme communautaire est très répandu dans le coin, de belles opportunités se présentent à vous si vous souhaitez vivre comme un véritable local.

Se loger

Les offres d'hébergement sont variées (compte tenu de la taille du village), car le tourisme se développe rapidement à Misahualli. C'est devenu une étape véritablement incontournable.

Bon à savoir : des lodges plus luxueux sont installés dans les environs de Misahualli, vers Punta Ahuano (ou La Punta). On peut généralement s'y rendre en bateau depuis Misahualli, mais c'est plus cher (comptez 55 US$).

Se restaurer

Autour du parc central, des restaurants populaires sont propices aux rencontres et l'on y sert généralement une bonne cuisine locale, bon marché. Les hébergements servent également de la nourriture, notamment le petit déjeuner (et parfois le dîner).

Tourisme

Les hôtels organisent des excursions au cœur de la forêt. Sinon, quelques agences de Misahualli en proposent avec déplacements en pirogue, hébergements dans les communautés indigènes, participation à la vie quotidienne et activités variées (pêche, observation des animaux, découverte des plantes médicinales, de fabriques de cacao, etc.). Vous pourrez aussi personnellement faire appel aux services d'un guide indépendant (comptez 40 US$ par jour et par personne, en haute saison). Il est important de comparer les prix et les prestations, qui varient beaucoup, et de se méfier des propositions les plus avantageuses qui se révèlent parfois bien décevantes...

Accompagné d'un guide qualifié, vous irez à la découverte de ce monde extraordinaire qu'est la jungle. Et si ce n'est pas dans cette région mais plutôt vers Cuyabeno que l'on peut observer le plus d'animaux, votre séjour promet tout de même d'être mémorable. Au programme : marches dans la forêt ou balades en pirogue sur le fleuve Napo, rafting (voire parapente et kayak), pêche, visite de villages indigènes dans une démarche de tourisme solidaire...

Transports

En bus. On y arrive en bus depuis Tena (escale obligatoire) après une demi-heure de route ; départ toutes les 30 minutes environ. Chaque jour un bus direct relie Quito (via Tena) en 6 heures (arrivée au terminal terrestre de Quitumbe au sud de Quito).

En pirogue. Avec la construction de la route, le transport régulier de passagers par voie fluviale a été interrompu. Vous pourrez toutefois louer une pirogue à plusieurs ou passer par une agence pour vous déplacer en pirogue (comptez 5 US$ par pirogue pour une traversée de 15 à 20 minutes). Si vous séjournez dans un lodge, les transferts sont prévus par celui-ci.

CASCADE LATAS

A environ 15 minutes de route de Misuahallí, sur la route de Tena.

Cette jolie chute d'eau est un agréable lieu de pique-nique très prisé des locaux comme des touristes de passage. De la route, une balade d'une petite heure vous y conduira par un sentier boueux et glissant longeant la rivière. Prévoyez une bonne paire de botte ou de chaussures ouvertes adaptées. Tout au long du chemin, il est possible de se baigner (faire trempette en réalité) dans plusieurs petites piscines naturelles bien agréables. Les bus, au départ de Misahualli, vous y déposeront pour un prix dérisoire. Il y a même une zone de camping où planter la tente.

COMMUNAUTÉ SHIRIPUNO

Ce projet de tourisme communautaire géré par l'association des femmes Amukishmi (femmes quichuas de Shiripuno) permet d'allier découverte et bonne action. Les visiteurs sont accueillis dans les *cabañas* de Shiripuno, à 3 km de Misahualli. On y accède par le fleuve (3h de pirogue) ou par la route en traversant le pont au-dessus du *río* Napo. Hébergement en cabanes écologiques, repas traditionnels, balades dans les plantations, pêche, vannerie, poterie, artisanat, fabrication et dégustation du chocolat, marches nocturnes... avec des guides natifs bien sympathiques.

ECOSELVA

En face du Parque central
✆ +593 98 228 6182
ecoselvapepetapia.wordpress.com/
Agence locale spécialisée dans l'écotourisme. A partir de 40 US$ par jour. Minimum 2 personnes.

Cette agence qui a plus de 30 ans d'expérience et a été créée par José Elias Tapia Gonzales, dit Pepe, propose des excursions d'un à plusieurs jours pouvant mener jusqu'à la frontière péruvienne. Les activités sont variées, de l'observation des oiseaux aux sorties nocturnes en passant par la pêche aux piranhas, sans oublier la découverte de projets communautaires au sein de villages. L'hébergement se fait en bungalow rustique. L'agence est impliquée dans des projets pour la protection de l'environnement (ferme aux papillons, par exemple).

SELVA VERDE

C/ Napo y José Tandalia
✆ +593 99 821 5710
www.selvaverde-misahualli.com
Agence de tourisme locale. Boutique ouverte de 15h à 18h.

A l'instar des autres agences de Misahualli, Selva Verde propose des excursions dans la forêt amazonienne à la découverte des villages (Huaorani, entre autres), de la faune et de la flore, des balades en pirogue et à pied et des circuits dédiés au rafting. Camping, nuits dans des lodges, etc. Les formules sont diverses. Fort de son expérience, Luis Zapata vous accompagnera même à Cuyabeno ou au fin fond du Yasuni si vous le lui demandez. Il est très compétent et particulièrement sympathique, vous pouvez lui faire une totale confiance.

EL ALBERGUE ESPAÑOL €

José Antonio Santander s/n y Juan Arteaga
✆ +593 98 262 6284
elalbergueespanol.com/
Chambre double environ 25 US$, triple 35 US$. 5 US$ le petit déjeuner.

Situé à l'entrée du village en arrivant de Tena, l'hôtel-restaurant El Albergue Español est baigné d'une ambiance conviviale et cosmopolite, avec ses chambres confortables et son restaurant (au rez-de-chaussée) servant de bonnes spécialités espagnoles, pizzas, plats locaux et internationaux. Certaines chambres ont même une agréable vue sur le río Napo. L'auberge est en cheville avec un lodge dans la forêt, le Ceibo lodge, connu auparavant sous le nom de « Jungle lodge » et peut vous y organiser un séjour avec visites de la forêt. Une adresse vivement recommandée.

CEIBO LODGE €

✆ +593 95 882 3263
https://ceibolodge.com/
Divers forfaits disponibles pour ce lodge parmi les moins chers de la région. Forfaits avec el Albergue Español.

Connu auparavant sous le nom de « Jungle lodge del Albergue Español », le Ceibo lodge est un excellent choix pour découvrir la forêt qui entoure Misahualli. Situé à quelques minutes en pirogue de Puerto Misahualli, vous serez séduits par son côté naturel et écolo. Le lodge dispose de 4 chalets avec chambres privées et sanitaires privés, une grande salle à manger avec un bar, plusieurs espaces de repos et un grand chalet sur le lagon naturel du lodge où vous pourrez vous détendre dans des hamacs, observer les oiseaux, les singes et la nuit voir des alligators.

CABAÑAS VISTA HERMOSA LODGE €€

✆ +593 62 890 165
Passez par l'agence Selva Verde pour la réservation d'un séjour tout compris dans ce lodge. A partir de 25 US$ par jour.

A 35 minutes du port, accessibles principalement par bateau mais aussi par la route, les cabanes de ce joli hôtel sont situées au cœur de la communauté cachiwañuska. Pour les clients de ce lodge, une petite plage privée vous permettra de vous baigner. Jusqu'à 32 personnes peuvent être hébergées sur les lieux, au cœur de la forêt. Le tout de manière confortable et à moindre coût. C'est d'ailleurs principalement pour cette raison que vous y rencontrerez de nombreux *backpackers*.

EL JARDÍN MISAHUALLÍ LODGE €€

✆ +593 95 929 3594
eljardinmisahualli.com/restaurante/
A partir de 189 US$ la double en semaine. Plus cher les fins de semaine. Restaurant autour de 15 US$ par repas.

De l'autre côté du pont, au bord de la rivière, dans un très joli cadre, très romantique, El Jardín propose de jolis bungalows au cœur de la forêt, avec chacun sa petite piscine ou son bain à bulles. Confort garanti. Spa sur place en option. De plus, le restaurant, apprécié de tous, propose une cuisine régionale élaborée avec des produits de qualité. Les plats sont parfaitement saucés. Il y en a pour tous les goûts (viandes, fruits de mer, plats végétariens) avec un service souriant.

FRANCE AMAZONIA €€

A 400 m avant l'entrée du village en venant de Tena ✆ +593 98 023 6364

Comptez de 15 à 20 US$ par personne pour une chambre, et 30 US$ par personne pour une suite, petit déjeuner inclus.

Tenu par Antuan, un Français, c'est une excellente adresse nichée dans le village. Les chambres, toutes confortables, sont aménagées dans des paillotes de différente capacité (jusqu'à 4 personnes), décorées dans un style rustique. Elles sont nichées dans un joli jardin tropical fleuri, avec un mirador surplombant la rivière, où l'on peut se reposer dans une chaise longue en admirant la vue. Piscine agréable, un vrai luxe ! L'accès direct à la rivière vous permettra également de vous rafraîchir. Les petits déjeuners sont délicieux. Cuisine commune à disposition.

EL JARDIN ALEMAN €€

Pununo, à 2 km de Misahuallí
✆ +593 99 981 2139
www.eljardinaleman.com

Compter 35 US$/pers. en chambre double. Petit déjeuner 7 US$. Repas 15 US$. Tarifs des excursions sur demande.

Cette grande propriété dispose d'une végétation tropicale exubérante et au milieu, dans des bungalows en dur, se cachent 20 chambres simples mais confortables, avec salle de bains, terrasse, ventilateur, hamacs. Une petite plage privée au bord du río permet de se relaxer. Le spacieux restaurant ouvert s'abrite sous un toit de palmes et sert une cuisine copieuse. Petit bar convivial pour une soirée détente. Soucieux de l'environnement, l'hôtel a obtenu la certification de l'association Rainforest Alliance. Halte reposante où confort et authenticité font bon ménage.

HAMADRYADE LODGE €€€

Puerto Misahualli
✆ +593 98 096 9518
www.hamadryade-lodge.com

Bungalow : 136 US$ pour 2 personnes. Forfait pension complète 3J/2N avec excursions à partir de 280 US$ par personne.

Ce lodge est constitué de quatre magnifiques bungalows alliant luxe, sérénité et respect de l'environnement. Situés sur les hauteurs, en pleine forêt amazonienne, le cadre est exceptionnel. Les infrastructures sont écologiques, on apprécie la belle piscine d'eau de pluie. Vos hôtes, sont aux petits soins et ne lésinent ni sur la qualité de la cuisine (excellente !), ni sur celle des prestations. Diverses activités sont proposées et intégrées dans les forfaits. Un lodge luxueux pas comme les autres où l'on se fait chouchouter en vivant coupé du monde.

PUNTA AHUANO – LA PUNTA

A proximité de Misahualli, sur l'autre rive du rio Napo. Punta Ahuano est l'embarcadère d'où vous prendrez une pirogue pour gagner votre lodge (notamment pour le Sinchi Sacha Lodge ou l'un des lodges de Ahuano). La piste se termine au bord du Napo et quelques huttes marquent l'embarcadère. De là, le village d'Ahuano est à 10 minutes de navigation de l'autre côté du fleuve (comptez 10 US$ par pirogue pour une traversée, quel que soit le nombre de passagers). Possibilité de garer votre véhicule près de l'embarcadère ou au parking de la Casa del Suizo. Chaque vendredi, un marché de fortune pour les habitants de la région se tient sur la rive.

Transports

- **En taxi**. Pour rejoindre la ville de Tena depuis l'embarcadère, comptez au moins 15 US$.
- **En bus**. C'est plus compliqué, vous pourrez prendre un bus qui part régulièrement de Punta Ahuano, mais ils ne vont pas jusqu'à Tena, ils vous déposeront à 2 km du centre. De là, vous devrez marcher ou faire du stop (une bonne option, les pick-up ont l'habitude de prendre des passagers dans leur coffre).
- **En voiture**. Avec votre propre véhicule, l'accès est facile depuis Tena, comptez une petite demi-heure et vous pouvez le garer près de l'embarcadère.

ARAJUNO LODGE €€

Sur la route Tena-Ahuano, juste après les bâtiments de la fondation Jatun Sacha, sur la rive du Rio Forestal. On peut également prendre un bateau depuis Misahualli (55 US$).
✆ +593 9 8268 2287 - www.arajuno.com

Différentes formules 2 jours/1 nuit (260 US$ par personne), 3 jours/2 nuits (à partir de 390 US$)

Des guides natifs encadrent les excursions, à la découverte des insectes et de la faune locale. L'entrée à la réserve de la fondation Arajuno est comprise dans le prix. Des pirogues sont à la disposition des clients, on peut également nager dans la rivière. Une tour d'observation permet de photographier les oiseaux. Une partie des fonds est reversée à la fondation pour la préservation de la forêt. Sur place, le lodge offre un confort simple : grandes chambres en bois avec lits superposés ; grande terrasse avec hamacs et superbe vue sur la forêt verdoyante !

AHUANO

Ahuano est un bourg qui sommeille paisiblement au bord de l'imposant rio Napo, à la fois source de vie et voie de communication. Le village est un des plus développés de la région, il compte plusieurs écoles, un dispensaire et une mission de l'ordre des Josefinos. Elle a toujours pour vocation l'évangélisation des communautés originaires de la région, dont certaines se trouvent à plusieurs journées de pirogue, l'alphabétisation et le suivi médical des populations. Ahuano vit de la pêche, de l'agriculture et du tourisme qui s'est récemment implanté dans la région et se développe assez rapidement par la création de nouveaux lodges en pleine nature.

Se loger

Divers lodges appartenant à des fondations, souvent implantés dans des réserves protégées, accueillent les visiteurs en quête d'authenticité, de calme et de nature. La plupart proposent des formules incluant hébergement, repas, guide, transferts et activités.

Tourisme

- **Les Yachaj sont des chamans,** des sorciers, à la fois guérisseurs et désenvoûteurs, sages, conseillers, et voyants. Dépositaires d'une culture, de croyances et de pratiques ancestrales, ils sont considérés comme des saints hommes par les communautés locales. Ils vous feront volontiers une démonstration de leurs talents (contre quelques dollars).
- **Une promenade en pirogue** sur le fleuve et ses affluents est l'activité incontournable de votre séjour ici. C'est d'ailleurs le seul moyen de locomotion... Les lodges organisent aussi de nombreuses excursions. Dans le coin, plusieurs haltes sont possibles, et notamment à la réserve Sela Verde et à l'Amazoonico (refuge pour animaux).
- **El arbol del Diablo.** Il s'agit d'une curiosité du village d'Ahuano. Un arbre immense à l'intérieur duquel se retrouvent les esprits des disparus, les génies de la forêt... Les villageois vous raconteront toutes sortes d'histoires intéressantes sur cet arbre légendaire et sacré.

Transports

L'accès se fait en pirogue. Pour y accéder, il faut traverser le rio Napo en pirogue depuis Punta Ahuano. Le trajet dure une vingtaine de minutes et coûte 10 US$ / pirogue. Attention, après 18h, les pirogues ne naviguent généralement plus !

AMAZOONICO ★★

Depuis Puerto Barantilla (Santa Rosa del Napo), prendre une pirogue sur 1,3 km.
✆ +593 9 991 43395
www.amazoonicorescue.org
Refuge pour animaux au sein de la réserve protégée Selva Verde. Visites guidées. Entrée : 4 US$

Ici, on vit en harmonie avec la nature et les animaux ! Ce refuge pour animaux maltraités ou victimes de trafic, véritable centre de réhabilitation, a été créé à l'initiative de deux Suissesses ; l'une d'elles, Angelika, gère l'opération sur place avec son mari, Remigio, originaire de la région. Avec l'aide d'une poignée de volontaires, principalement des étudiants de toutes nationalités, ils recueillent les animaux victimes de la chasse, du braconnage, de mauvais traitements ou abandonnés, et les réadaptent à leur milieu naturel. Ils travaillent en collaboration avec le vivarium de Quito, qui leur envoie à l'occasion des animaux. La réserve s'étend sur 200 ha de forêt vierge. Sur place, à l'entrée du refuge, on est accueilli par les chiens, les singes (araignée, écureuil, tamarin sapajou, laineux), le toucan et l'ours à nez, parfaitement domestiqués. Les animaux les plus dangereux tels que les ocelots sont soignés dans de vastes cages, tandis que les autres, comme les coatis ou les singes (entre autres), évoluent en liberté dans la forêt environnante. A signaler, une cascade d'eau fraîche où l'on peut se baigner, ainsi qu'une minuscule plage de sable pour ceux qui seraient tentés par une baignade dans le Napo. Accueil chaleureux et visite sur mesure. A proximité d'Amazoonico, une famille indigène vous accueillera et vous proposera de loger sur place si l'aventure amazonienne vous tente. Et si vous souhaitez faire du volontariat, toutes les informations sont disponibles sur le site internet de la fondation.

SELVA VIVA - RUNA HUASI LODGE €

✆ +593 63017702
www.selvaviva.ec/eco-lodge-runa-huasi/
Tourisme communautaire. Pack 2 nuits avec un journée complète d'activités 199 US$ (taxes comprises).

A 10 m au-dessus du rio Arajuno. Vous pourrez dormir en pleine forêt au sein de la communauté quichua des Runa Huasi. Les cabanes sont construites dans le style des maisons locales, avec en plus une grande terrasse, depuis laquelle on peut apercevoir le fleuve Arajuno et l'île Anaconda. Les visiteurs prennent leurs repas dans une vaste salle à manger ouverte et dégusteront une bonne cuisine typique de la région. Diverses activités sont organisées. Une escale vivement conseillée !

LIANA LODGE €€

Au bord du rio Arajuno
(compter 5 heures depuis Quito).
✆ +593 99 104 0715
www.selvaviva.ec/liana-lodge/
Fondation Selva Verde. Compter à partir de 199 US$ par personne pour le pack 2 nuits.

Ce lodge est niché sur la rive du rio Arajuno, un bras du rio Napo, à 1 heure en pirogue depuis Misahuallí. Appartenant à la même fondation que Amazoonico, il a été entièrement construit avec des matériaux locaux dans un esprit très écologique. Le lodge compte 9 bungalows de 2 chambres décorés dans un style très brut, couleur locale. Ici, on vit au rythme du soleil, car il n'y a l'électricité qu'en cuisine. Les chambres avec salle de bains privée, comme le restaurant s'éclairent à la lueur romantique de la chandelle. Accueil francophone.

YACUMA LODGE €€

Parroquia Chontayacu
✆ +593 98 418 0009
yacuma.travel
Au sein de la réserve protégée de Yacuma. Comptez environ 390 US$ par personne pour un forfait 3 j/2 n, tout compris

Deux types de logements : 15 cabanes doubles en bois de style rustique, avec salle de bains et WC partagés, et 2 dortoirs de 10 lits qui conviendront aux groupes ou aux familles. La cuisine et la salle du restaurant sont abritées dans une autre hutte. Les 10 km de sentiers permettent de découvrir la faune et la flore locales. L'observation des oiseaux, la découverte des plantes médicinales, les balades en pirogue, la pêche et même la recherche de poudre d'or dans le fleuve sont autant d'activités qui ponctuent le séjour. Les guides naturalistes parlent anglais.

CASA DEL SUIZO €€€

A côté de Ahuano – Rio Napo
✆ +593 99 396 9835
www.casadelsuizo.com
Parmi les packs « all-inclusive », formule 3 jours/2 nuits et formule 4 jours/3 nuits.

L'hôtel, bâti sur pilotis, surplombe la rive du fleuve. L'ensemble qui comporte 75 chambres est bien tenu et très agréable, tous les bâtiments sont reliés les uns aux autres par des passerelles en bois. Les confortables chambres possèdent toutes une terrasse avec hamac et vue splendide sur le fleuve Napo ou les jardins. Les repas (buffets de cuisine locale) sont pris dans une salle à manger conviviale. La piscine, un vrai luxe dans cette région, est vaste et agrémentée d'une terrasse solarium au-dessus du Napo. Un véritable havre de paix où il fait bon vivre.

COCA ★

Officiellement baptisée Puerto Francisco de Orellana, du nom du découvreur de l'Amazone, la ville est connue sous le nom de Coca (ou El Coca). Elle doit ce nom à l'ancienne coutume des indigènes qui mastiquaient les feuilles de la coca (une plante qui n'est plus répandue en Equateur). La ville de Coca fut fondée en 1949. Après la découverte d'un important gisement de pétrole dans les années 1970, Coca, qui n'était alors qu'un village, s'est développée anarchiquement, entraînant une série de malédictions engendrées par l'exploitation pétrolière : infrastructure bâclée, déforestation, acculturation, prostitution et trafics en tout genre... Capitale de la dernière province équatorienne à avoir vu le jour (Orellana), Coca est une ville animée d'environ 70 000 habitants, qui connaît aujourd'hui la déferlante du tourisme. Son aéroport, desservi quotidiennement depuis Quito en 25 minutes, décharge les groupes de touristes qui partent d'ici à la découverte de la forêt amazonienne, dans les lodges ou sur des bateaux-hôtels. En ville, l'atmosphère est cosmopolite et l'effervescence commerciale, incessante. Cependant, la chaleur moite et le manque d'esthétisme de Coca freinent les touristes.

Se loger

A Coca, vous trouverez quelques hôtels en centre ville, mais les logement les plus intéressants sont ces logements insolites qui permettent de dormir dans un lodge au cœur de la jungle ou naviguer sur les fleuves de l'Amazone à bord d'un bateau-hôtel...

Transports

- **En avion.** L'aéroport le plus proche est l'aéroport Francisco Orellana (+593 6 288 0185). LATAM (pour le moment) dessert Quito en 50 minutes (plusieurs vols réguliers par semaine).
- **En bus.** Le terminal terrestre de Coca est situé au nord-ouest du centre-ville (et du río) à une demi-heure de marche du centre. Nombreux bus pour Quito (8h), Tena, Lago Agrio (2h), Puyo (7h), Santo Domingo, Guayaquil et toutes les grandes villes du pays. Les bus possèdent souvent un bureau en ville, d'où ils peuvent partir. La compagnie Transesmeraldas (+593 6 286 2017 - www.transesmeraldas.com) propose un bus de nuit pour Quito.
- **En bateau.** Le transport régulier de passagers a été suspendu après la construction de la route entre Coca et Tena. Il reste toutefois possible de louer une pirogue pour environ 250 US$.

Découverte de la réserve de Rio Napo, environs de Coca.

MUSEO ARQUEOLÓGICO Y CENTRO CULTURAL DE ORELLANA ★★

9 de Octubre y Eugenio Espejo
✆ +593 6 230 0277
macco.ec
Ouvert du mardi au dimanche de 9h à 17h20. Entrée : 3 US$ (étudiants 1,50 US$).

Le musée de Coca est une immersion dans l'histoire archéologique de l'Amazonie et des Indiens Omaguas, peuple millénaire du bassin amazonien (on les surnommait les « pirates du Napo » !). Ouvert en 2016, il expose dans un bâtiment moderne des plats, des statuettes, des objets anthropomorphiques, des urnes funéraires et autres *artefact* en céramique polychrome. Plus de 300 pièces composent les collections permanentes. Leur état de conservation est remarquable.

HOTEL RIO NAPO €

Bolívar 76-06
✆ +593 6 288 0872
Chambre double autour de 40 US$ avec le petit déjeuner.

A deux pas du port, entouré de petits commerces, voici un petit hôtel propre et abordable situé en plein centre-ville. Au total, une trentaine de chambres simples, doubles ou triples, équipées de la télévision et de la climatisation. Elles disposent toutes de leur salle de bain privée. L'hôtel dispose de sa propre laverie ainsi que d'un espace de stationnement. Le petit déjeuner est copieux, les œufs sont cuits à la demande et les jus de fruits sont frais. Avec son confort en amélioration à chacune de nos visites, il conviendra aux budgets moyens.

EL MARQUEZ HOTEL €

Av. Napo y juan Montalvo
✆ +593 6 288 0323
www.elmarquezhotelcoca.com
Chambre double autour de 40 US$. Petit déjeuner compris.

Près de tous les services, au cœur de la zone commerçante de Coca, voici un hôtel proposant 30 vastes chambres carrelées sans grand charme, mais confortables, allant de la single à la triple. Elles sont équipées d'un frigo et de la climatisation et disposent toutes de leur salle de bain privée. Les matelas sont orthopédiques et récents, gage de bonnes nuits ! L'hôtel dispose d'une cafeteria, d'une laverie et d'un stationnement. Essayez d'éviter les chambres qui donnent sur la rue, elles peuvent être bruyantes. Une bonne option en ville.

MANATEE AMAZON EXPLORER €€

Gaspar de Villarroel 11-00 y 6 de Diciembre (à l'angle de la Ritz Plaza) ✆ +593 2 336 0887
www.manateeamazonexplorer.com
Bateau-hôtel. Croisière 4 jours/3 nuits à partir de 2 070 US$ (du vendredi au lundi).

Ce bateau-hôtel tout confort permet de découvrir l'Amazonie de manière itinérante. Très attentionné, l'équipage vous prend en charge dès votre arrivée à Coca. Sur le navire (30 passagers max.), un ponton permet de regarder défiler le paysage. Chambres confortables équipées de la clim et d'une douche avec eau chaude. Des guides naturalistes passionnés auront à cœur de vous raconter l'histoire de la région. Le séjour débute par une navigation sur le río Napo, jalonnée d'excursions en forêt et de rencontres avec les communautés du Yasuní. Un vrai bonheur.

LA SELVA AMAZON ECOLODGE €€

Mariscal Foch 265 y Leonidas Plaza
✆ +593 2 3827 490 - www.laselvajunglelodge.com
Propose notamment des formules 4 jours/3 nuits (à partir de 1 350 US$ par personne) et 5 jours/4 nuits (1 670 US$).

Ce complexe hôtelier situé en bordure de fleuve a été conçu avec des matériaux naturels qui se fondent dans la nature. Vous dormirez dans des chambres très confortables, joliment aménagées (moustiquaire, sol carrelé, déco moderne et salles de bains bien équipées), qui disposent toutes d'un balcon offrant une superbe vue sur le fleuve. Les tarifs incluent la pension complète avec les excursions en forêt, en pirogue, tours d'observation de la faune et excursions de nuit. Service de blanchisserie, massages et retraite de yoga sont proposés. Cuisine Bio de qualité.

YARINA ECOLODGE €€

Av. Amazonas N24-240 y Av. Colon
✆ +593 99 993 5322
www.yarinalodge.com
Dans la réserve biologique Yuturi. 3 jours/2 nuits 499 US$. 5 jours/4 nuits 699 US$ par personne.

Ce lodge, plus près de Coca que les autres, est l'un des plus économiques de la région. La trentaine de bungalows offrent un confort correct (douche, eau chaude, moustiquaire). La propriété possède une tour d'observation, depuis laquelle on peut voir singes, reptiles, tapirs, oiseaux et tortues. La réserve Yuturi abrite un refuge de réhabilitation pour animaux qui seront ensuite remis en liberté. Diverses activités sont prévues, dont la visite de l'île aux singes, une zone protégée appartenant à la réserve, mais aussi des initiations au tir à la sarbacane.

SACHA LODGE €€€

Julio Zaldumbide 397 y Valladolid
✆ +593 99 415 2811
www.sachalodge.com
Formules 4 jours/3 nuits (1 390 US$) et 5 jours/4 nuits avec pension complète, activités et transport depuis Coca.

Dans une réserve privée de 2 025 ha se trouve un lodge luxueux. Conçu comme un village lacustre, il comprend un hôtel de charme avec des passerelles reliant bungalows et parties communes, restaurant et bar. Chambres rustiques et confortables avec salle de bains privée, terrasse et hamac. Service de laverie. Excursions en petits groupes en compagnie de guides indigènes anglophones qualifiés. Elevage de papillons sous serre pour observer les fameux « morpho » d'Amazonie. Sans conteste l'un des lodges les plus luxueux qui promet un séjour inoubliable !

LA CASA DEL MAITO €

Espejo 70-02
✆ +593 98 235 8835
Compter autour de 5 US$ le repas.

On se donne rendez-vous à la maison du « maito » pour déguster cette spécialité typique de l'Amazonie équatorienne, le « *Maito de pescado de agua dulce* » : du poisson d'eau douce frais (aujourd'hui, c'est généralement du *tilapia*) enroulé dans une feuille de bananier que l'on fait cuire sur le gril. Le tout accompagné de yucca et de bananes plantain. Le lieu est très simple, mobilier en bois rustique et terrasse entourée de grilles comme c'est souvent le cas dans les villes et villages reculés du pays. Délicieux, typique et très économique !

PAPEES GRILL €

A la fin d'Espejo
✆ +593 99 137 1233
Compter à partir de 15 US$.

C'est ici que vous dégusterez le meilleur *asado (grillade)* de la ville. Au menu, bonnes viandes, grillées avec attention, dont un très bon *lomo* (filet de bœuf) qui dore sur la pierre chaude. Frites et yuca en accompagnement. C'est un endroit très apprécié des habitants de la ville, l'ambiance est sympathique et la viande délicieuse. Chaque table dispose d'un chauffe-plats bien pratique pour garder les grillades à température. Compter une dizaine de minutes à pied pour rejoindre le restaurant depuis le centre, mais le repas vaut l'effort.

POMPEYA

Le seul intérêt du village de Pompeya, près de Limoncocha, est son musée archéologique, le CICAME. Ce musée rassemble une collection de poteries de la civilisation Omagua, l'une des principales civilisations précolombiennes de la région. Egalement de nombreuses statuettes au crâne aplati, témoignage d'une coutume ancestrale, des urnes funéraires, des vases aux motifs amazoniens. Le musée est né il y a 30 ans grâce au soutien de la Suisse. Les visites se font en général avec des guides naturalistes qui ont aussi une bonne connaissance des civilisations anciennes. Une boutique permet en outre d'acheter des livres et un peu d'artisanat de la région.

AMAZONIE

AMAZONIE

RESERVA BIOLÓGICA LIMONCOCHA ★

Située dans la province de Sucumbíos, sur les rives nord du río Napo (1h30 depuis Coca), elle fut déclarée zone protégée en 1985. Ces espaces naturels humides que sont les lagunes de Limoncocha et de Yanacocha, combinées aux zones adjacentes recèlent une flore et une faune typiques des milieux où l'eau et la forêt forment une symbiose remarquable, en particulier un grand nombre d'oiseaux aquatiques. Au fil de la balade, on y observera martins pêcheurs, aras, hérons, perroquets... mais aussi des caïmans (plus facile à observer de nuit !). La communauté Kichwa de Pompéi occupe la région, aux portes de la réserve, sur une île du *río Napo*. Une immense partie de cette réserve biologique de 5 260 ha est couverte par la lagune de Limoncocha, véritable sanctuaire pour les animaux et les oiseaux (environ 400 espèces y ont été recensées). La lagune de Limoncocha abrite des colonies de singes, ainsi qu'une grande concentration de caïmans noirs d'Amazonie, que l'on observe à la tombée de la nuit. On les approchera silencieusement en pirogue après les avoir localisés avec une lampe torche, leurs pupilles reflétant la lumière comme des phares. La lagune est alimentée par un bras du Rio Napo, qui permet une circulation de l'eau de la faune sous-marine. Ainsi, on y titillera le piranha en l'aguichant avec des morceaux de viande. Après avoir créé la sensation dans le bateau, les bestioles seront évidemment très rapidement relâchées. Des agences proposent cette excursion d'une journée au départ de Coca.

BOSQUE PROTECTOR PAÑACOCHA ★

La communauté quichua Pañacocha peuple ce territoire de 50 000 ha. Cette forêt tropicale humide abrite des singes hurleurs et des tapirs. La rivière Pañayacu, dont le nom signifie « rivière des piranhas », permet d'observer ces poissons mythiques et angoissants. Vous verrez peut-être aussi l'un des mammifères aquatiques endémiques de l'Oriente : le dauphin rose. Le clou de la navigation est la baignade dans le lac Pañacocha, « le lac des piranhas ». Ses eaux, plus claires, vous permettront de les observer dans leur élément naturel. En fait, les piranhas se révèlent parfaitement inoffensifs, tant qu'ils ne perçoivent pas de goutte de sang…

PARQUE NACIONAL YASUNI ★★★★

Ce parc national de 10 227 km2 qui occupant des zones de forêt tropicale humide, renferme l'une des plus grandes diversités biologiques du monde. Du río Napo, on naviguera en pirogue sur les étroits cours d'eau plus sombres (*aguas negras*) couleur de thé, et on s'enfoncera dans les mangroves. L'épaisse forêt est un terrain d'observation unique : singe-araignée, oiseau tisserand noir et jaune vif, Oropendola au sifflement grave, hHatzin (ou hoazin), grand oiseau brun huppé, toucan, martin-pêcheur, loutres, voire même discrets jaguars... Et offre un véritable spectacle sonore ; les bruits de la forêt sont incessants, de jour comme de nuit. Les zones de *terra firma*, situées au-dessus du niveau de l'eau, permettent d'explorer plus en profondeur la forêt, en allant à la rencontre des diverses variétés d'insectes, de plantes et arbres géants et des villageois installés à proximité de la rivière. Reconnu par des scientifiques comme étant l'une des plus grandes réserves de biodiversité au monde, le parc naturel Yasuní regroupe plus de 640 variétés d'arbres. Ce parc a été déclaré Réserve Mondiale de la Biosphère par l'Unesco. C'est aussi la terre natale du peuple Huaorani, d'authentiques guerriers qui vivent en auto-suffisance. Ils sont restés en isolement relatif jusqu'au début du siècle dernier.

Le parc Yasuni est un rempart contre les entreprises pétrolières qui ont obtenu des concessions d'exploitation au nord de Coca, mais la région est encore aujourd'hui menacée par l'extraction pétrolière qui se développe toujours et approche des zones protégées par la loi. Diverses associations ainsi que les représentants des Huaoranis se battent sans relâche pour éviter que la quête de l'or noir ne sonne la fin de la biodiversité comme c'est le cas dans de trop nombreux endroits paradisiaques de la planète. Les différents gouvernements se sont succédés depuis plus de 20 ans sans jamais arriver à obtenir une aide internationale permettant de compenser la perte des profits d'une exploitation pétrolière encore plus intense et qui pourrait être dévastatrice pour la planète.

Un référendum salvateur - Heureusement pour le Yasuni, le peuple équatorien, appelé à se prononcer au sujet de son exploitation par les entreprises pétrolières à l'occasion des élection présidentielles d'août 2023, s'est opposé à plus de 59 % à la poursuite de ces activités. Toute exploitation pétrolière voire minière doit prendre fin au plus tard le 31 décembre 2024. Une victoire à mettre au profit des communautés autochtones qui ont porté ce projet de référendum à bout de bras depuis plusieurs années.

Transports

On accède au Yasuni par voie aérienne ou terrestre. Vous devez rejoindre la ville de Puerto Francisco de Orellana (Coca) et de là, selon la destination, il existe plusieurs itinéraires, principalement fluviaux. Si vous arrivez par l'intermédiaire d'une agence, le transport fluvial sera organisé en amont mais si vous arrivez seuls vous trouverez facilement les contacts nécessaires à Coca pour rejoindre votre destination finale dans la forêt. On ne s'aventure bien entendu pas sans un guide local dans cette région tropicale humide qui peut s'avérer dangereuse pour ceux qui ne la connaissent pas.

Parque Nacional Yasuni.

NAPO WILDLIFE CENTER €€€

Edificio Las Carabelas, bureau 101
✆ +593 99 275 0088
www.napowildlifecenter.com
4 Jours / 3 nuits : 1 350 US$. 5 jours / 4 nuits : 1 650 US$.

Le Napo Wildlife Center est situé dans le parc national Yasuní, près d'Añangu. Sur place, 10 huttes sur pilotis de très grand confort et de toute beauté. Une spacieuse et élégante salle à manger fait aussi office de bibliothèque et de bar. Parfaitement intégré à la nature environnante, ce projet qui a reçu plusieurs prix (un prix du Tourisme Responsable étant le dernier en date) est une référence dans la région. Ne pas oublier appareil photo et caméra (téléobjectif nécessaire)... Par temps dégagé, on peut même apercevoir les Andes. C'est le must du Yasuni !

LAGO AGRIO - NUEVA LOJA

De son vrai nom Nueva Loja, mais celui-ci figure à peine sur les cartes routières. La capitale de la jeune province de Sucumbios renferme le gisement pétrolier le plus important de l'Equateur. C'est de là que part l'oléoduc trans-équatorien qui traverse le pays pour acheminer l'or noir jusqu'au port de Balao, dans la province d'Esmeraldas. Des colons y ont afflué de tout le pays, en particulier de la lointaine Loja au sud du pays, à la frontière péruvienne, ce qui a valu à la ville son nom officiel. Fondée le 20 juin 1979, la ville a grandi rapidement et de façon anarchique, sans urbanisation réfléchie, en fonction des besoins de l'industrie pétrolière toute puissante. Il en résulte une ville sans charme, débordante d'activités (pas forcément légales), où se côtoient fermiers, communautés indigènes, Colombiens, ouvriers du pétrole et quelques gringos en partance pour la forêt amazonienne. Les touristes y font escale pour gagner la réserve de Cuyabeno, véritable sanctuaire animalier et végétal.
Sa réputation de bourgade frontalière sulfureuse s'est en revanche beaucoup atténuée ces dernières années. Le centre-ville reste sûr en journée. Côté gastronomie, la cuisine régionale tire profit des richesses de la région : les restaurants servent du cochon sauvage, de la viande de *guanta*, du poisson d'eau douce, mais aussi des plats à base de *yucca* (manioc), de banane... L'artisanat local est quant à lui axé sur la fabrication d'objets réalisés par les indigènes : lances, céramiques, sarbacanes, hamacs et *shigras*, couronnes et coiffes de plumes...

Tourisme

Pas de réelles curiosités dans les environs. Lago Agrio a pour seul intérêt d'être le point de départ d'une excursion dans la forêt amazonienne, du côté de la réserve de Cuyabeno. Pour en profiter au maximum, nous vous conseillons une immersion totale d'au moins 3 jours. Par ailleurs, il faut savoir que la communauté des Cofán vit dans la région ; on estime leur population à environ 1 500 personnes. Leur mode de vie est resté traditionnel, et ce peuple tente tant bien que mal de préserver ses coutumes, et ce malgré le développement industriel et l'arrivée des colons. Vous aurez sûrement l'occasion de les rencontrer lors de votre séjour dans la jungle.

▶ **Puerto Aguarico.** A 3 km de la ville en direction de Coca se trouve le village de Puerto Aguarico (le long du *río* Aguarico). C'est de là qu'on prend le bac pour traverser le fleuve et poursuivre la route.

▸ **San Pablo.** Un village Secoya à découvrir ! On peut s'y rendre par voie terrestre en allant jusqu'à Chiriza (comptez 1h30 depuis Lago Agrio), et là, prendre une pirogue (comptez 1h). Il est également possible de faire tout le parcours en longeant le fleuve (il faut alors compter 4h).

Transports

Depuis la disparition de la compagnie aérienne TAME, Lago Agrio n'est plus accessible en avion, si ce n'est en avion privé. Cette situation pourrait évoluer au cours de l'année 2022.

▸ **En bus.** Le terminal terrestre se situe à 2 km au nord-ouest du centre. De là, des bus partent pour Quito (7h), Tulcan (7h), Guayaquil (14h), Tena, Puyo, Ambato, Riobamaba, Cuenca et Machala. A l'intérieur de la province, des bus desservent Dureno, Tarapoa et l'entrée de la réserve de Cuyabeno. Depuis Lago agrio, des bus partent toutes les demi-heures pour Coca (3h).

▸ **Route Coca-Lago Agrio.** La route qui relie les deux grandes villes pétrolières de l'Amazonie équatorienne est bordée par le long et sinistre serpent noir de l'oléoduc transéquatorien. Désormais intégré au panorama, il fait office à la fois de terrain de jeu pour les enfants, de séchoir pour le linge, de support pour affiches publicitaires ou la propagande politique... Les paysages, quoique très verts, montrent un aspect malheureusement déboisé. La route est jalonnée de maisons et de petites exploitations agricoles de colons qui ont été attirés par le mirage de l'économie pétrolière naissante. Au-dessus du río Coca, le pont du Cañon de los Monos offre une belle vue d'ensemble. On traverse diverses localités à vocation commerciale, comme La Joya de los Sachas, grosse bourgade boueuse hérissée d'antennes de télévisions qui s'étire le long de la route.

La ville aujourd'hui

La proximité de Lago Agrio avec la Colombie (la frontière se trouve à une quinzaine de kilomètres) a motivé la prolifération de commerces illégaux et autres activités criminelles dans la région. Cette ville-frontière a en effet longtemps servi de base arrière aux FARC (Forces Armées Révolutionnaires Colombiennes) et affiché l'un des taux de criminalité et de prostitution les plus élevés de la région. Cependant, ces dernières années, le gouvernement équatorien a pris des initiatives afin de sécuriser la zone et le centre-ville est désormais relativement calme.

PARQUE TURISTICO NUEVA LOJA

Av Amazonas
✆ +593 99 748 2049
Entrée gratuite. Ouvert tous les jours de 9h à 16h30.

Si vous devez passer quelques heures à Lago Agrio, comme c'est souvent le cas en attendant de partir pour Cuyabeno, n'hésitez pas une seconde et sautez dans un taxi pour vous rendre à ce parc, au cœur de la ville, dans lequel vous aurez un premier aperçu de ce qui vous attend dans la jungle. Ce parc inauguré en 2015 par Rafaël Correa accueille au cœur d'une forêt naturelle, vestige du passé de la ville, de nombreux animaux rescapés et soignés par des professionnels dévoués.

HOTEL ARAZÁ €€

Av. Quito y Narvaez ✆ +593 6 283 0223
araza-hotel.com
Chambre double autour de 50 US$. (40 US$ le WE) Petit déjeuner compris. Climatisation, TV, Wi-fi, restaurant.

Dans un grand building blanc, assez proche du centre-ville, l'hôtel Araza est un logement soigné. On ne peut pas réellement parler de charme, mais le confort est tout de même au rendez-vous et l'établissement a le mérite d'être bien tenu. Sans compter que les chambres sont bien équipées (salle de bains privée, eau chaude, air conditionné, téléphone et télévision câblée). Piscine agréable lors des grosses chaleurs habituelles dans les environs. C'est une bonne option si vous souhaitez vous écarter du tumulte de la ville tout en étant proche des centres d'intérêt.

FREEDOM €

Av. Quito y Circubalcaion
✆ +593 99 582 7978
Cuisine locale et grillades. Compter de 7 à 15 US$.

Vous mangerez ici de la viande grillée servie avec des produits locaux : bananes, yucca, maïs ou pommes de terre vapeur... Idéal pour être bien rassasié avant d'entamer le trajet vers Cuyabeno si c'est votre destination. Le propriétaire propose également une large gamme de cocktails et de bières, à consommer bien entendu avec modération... Le Freedom est un endroit où le foot tient sa place et les jours de match, on se serre ici pour assister aux meilleures parties, chacun supportant son équipe dans la bonne humeur et sans aucune animosité.

RESERVA DE CUYABENO ★★★

Cuyabeno est l'une des réserves les plus riches du pays en terme de biodiversité (avec le Parc national du Yasuní), et un territoire encore sauvage.

Au sein de cet écosystème, on recense 14 lagunes, dont la Laguna Grande, reliés par des canaux et des bras de fleuves et plus de 500 espèces d'oiseaux, 450 espèces de poissons, 12 000 espèces végétales, 160 espèces de mammifères, 54 espèces de reptiles et 84 espèces d'amphibiens. Les animaux y vivent en totale sérénité, et l'on peut y croiser caïmans, anacondas, boa, tatous, tapirs, dauphins roses d'eau douce, singes (laineux, araignée, etc.), toucans, perroquets, insectes (araignée-scorpion, tarentule, conga, etc.), pumas, paresseux, grenouilles... La réserve est aussi le berceau de huit communautés indigènes de cinq nationalités différentes (Siona, Secoya, Cofán, Kichwa – ou Quichua – et Shuar), que vous aurez peut-être la chance de croiser. Ces populations vivent en harmonie avec la nature en tentant de pérenniser leurs traditions séculaires. Pour elles, la forêt est un territoire sacré, les animaux sont considérés comme des esprits protecteurs et les plantes ont des vertus médicinales. Dans les villages, les chamans sont dépositaires d'un savoir-faire et de pratiques ancestrales (guérison, voyance, entre autres), ce qui leur vaut le plus profond respect de la population. Ils connaissent tous les secrets de la forêt et parviennent à entrer en contact avec ses esprits ; ils sont le lien entre elle et ses habitants. Lors de cérémonies chamanique, ils utilisent l'*ayahuasca* (ou *yajé*), une plante sacrée avec laquelle ils préparent une boisson leur permettant de « voyager dans le cosmos » et ainsi guérir, conseiller et transmettre leurs connaissances autour d'eux.

Se loger

Au vu de la hausse de la demande touristique en faveur de la réserve de Cuyabeno, de plus en plus de lodges voient le jour chaque année à Cuyabeno. Puisqu'on ne peut pas s'y rendre seul, ce n'est pas toujours facile de choisir son hébergement en amont. Nous recommandons ici les lodges qui respectent au mieux l'environnement tout en offrant un très bon rapport qualité-prix. Côté activités, les prestations sont généralement les mêmes (balade en forêt, pirogue, observation nocturne des caïmans, des insectes, *birdwatching*, escale dans un village indigène...).

Tourisme

Cuyabeno est une réserve protégée, aussi est-il indispensable de s'y rendre en passant par une agence professionnelle et responsable, dont la plupart sont basées à Quito. Les agences ont souvent leurs lodges dans la forêt.

La meilleure période pour s'y rendre s'étend de mars à septembre, pendant la saison des pluies (pluies maximales en avril mai, puis en octobre novembre). Pendant la saison sèche (décembre et février), certaines zones uniquement accessibles par voie fluviale sont donc fermées (les canaux étant parfois asséchés). Toute l'année, les températures oscillent entre 23 et 34 °C et le taux d'humidité peut varier entre 85 et 100 %.

Transports

Pour accéder à la réserve de Cuyabeno, il faut prendre un bus public au départ de Lago Agrio (comptez 2h). D'une manière générale, tous les lodges donnent rendez-vous au même endroit, il s'agit souvent d'un hôtel ou restaurant dans Lago Agrio. C'est là que l'on vient vous chercher et vous prendrez le bus avec le reste de votre groupe. Le bus vous déposera à « El Puente », d'où vous prendrez une pirogue pour rejoindre votre lodge. Il est indispensable de passer par une agence pour séjourner dans cette gigantesque réserve. Généralement, un trajet en pirogue motorisée jusqu'au lodge dure entre 1h et 3h (selon la faune ou la flore visible, on peut parfois rester admirer un paresseux pendant plusieurs minutes !).

AMAZONIE

© JEAN-BAPTISTE THIBAUT

Les chamanes sont encore extrêmement respectés dans les communautés.

CUYABENO RIVER LODGE

+593 98 462 0846
www.cuyabenoriver.com
A partir de 110 US$ par personne et par nuit pour un bungalow.

Ce lodge qui travaille dans une optique de tourisme éco-responsable et solidaire se situe dans un coin peu exploré de Cuyabeno où sont recensés des milliers d'espèces. On y accède en canoë depuis le pont de Cuyabeno (40 minutes). Celui-ci dispose de 9 bungalows en bambou rustiques. La cabane centrale abrite une salle à manger, le bar et la cuisine et à l'étage un mirador. Excursions d'observation des oiseaux et des singes, marches d'observation nocturnes pour voir reptiles et insectes, balades en pirogues, visite de communautés, baignades dans les lagunes...

GUACAMAYO LODGE €€

Reina Victoria N24-151 between José Calama and Mariscal Foch
+593 939 062 779
www.guacamayoecolodge.com
A partir de 250 US$/personne pour un séjour de 3 jours/2 nuits. Tout inclus depuis Lago Agrio.

Créé en 2010 par un groupe de jeunes Equatoriens, ce lodge est bien situé au bord de la rivière, juste avant d'arriver au grand lac. La vue est exceptionnelle depuis la tour d'observation. C'est de là que l'on peut admirer les différentes espèces de singes ainsi que les oiseaux. Le lodge est composé de grandes cabanes comprenant chacune environ 6 chambres avec salle de bain privée. Tous les jours, des activités sont organisées : tour dans la forêt, balades diurnes et nocturnes en canoë à la rencontre de la faune, baignade dans le lac.

CUYABENO LODGE €€

+593 99 980 3395
www.cuyabenolodge.com.ec
Ouvert toute l'année. Séjour de 4 à 5 jours, de 410 à 635 US$/personne. Tout inclus depuis Lago Agrio.

Le Cuyabeno Lodge est le plus ancien lodge de la réserve. Construit selon les normes écolos les plus strictes et dans un respect maximum de l'environnement, le Cuyabeno Lodge est un endroit tout simplement incroyable. Au départ de El Puente, comptez 2 heures de pirogue (en fonction de la faune visible) le long de la rivière avant de rejoindre le grand lac « laguna grande » où se situe le Cuyabeno Lodge. Le lieu, le confort, l'ambiance, le guide, les repas, les activités rendent le séjour magique. Tour de 15 m de haut pour observer la faune. Notre coup de cœur !

JAMU LODGE €€

Calama E 6-19 y Reina Victoria, La Mariscal
+593 2 222 0614
www.jamulodge.com
Compter 262 US$/pers. pour 3 jours/2 nuits, 334 US$/pers. pour 4 jours/3 nuits, 406 US$/pers. Tout inclus.

Sur la rive du fleuve Cuyabeno, à 15 minutes en pirogue de la Laguna Grande : une dizaine de bungalows construits sur pilotis dans un style rustique local. Ils abritent chacun 2 chambres confortables de différentes capacités, (lits superposés pour les groupes ou les familles), avec salle de bains privée. Côté cuisine, on privilégie la tendance végétarienne et les ressources du cru ; fruits et légumes sont à l'honneur. Baignades dans la lagune, marches diurnes et nocturnes dans la forêt, rencontres avec les Siona-Secoya pour se familiariser avec leurs coutumes.

GREEN FOREST ECOLODGE €€

+593 99 543 3293
www.greenforestlodge.com
Tour de 3 jours/2 nuits : 250 US$ (275 US$ en bungalow privée). 4 jours/3 nuits : à partir de 290 US$.

Depuis un ponton, vous accédez aux différents lodges surélevés construits en 2016. Pas de prises électriques dans les chambres, c'est donc dans la salle commune que vous pourrez recharger vos appareils photo et autres téléphones. Les repas se prennent en commun et permettent de nouer rapidement des contacts avec les autres touristes de passage. Un échange culturel enrichissant. Un séjour riche en savoirs également grâce aux très bons guides spécialistes. Les guides parlent espagnol et anglais pour la plupart. Une vraie bonne adresse, au cœur du Cuyabeno.

SIONA LODGE €€

+593 99 843 0679
www.sionalodge.com
4 jours/3 nuits : 360 US$ en base double. 5 jours/4 nuits : 450 US$. Tour inclus depuis Lago Agrio.

Le Siona lodge peut recevoir jusqu'à 20 personnes réparties dans 4 bungalows constitués de deux chambres doubles chacun. Chaque chambre dispose de sa propre salle de bain. Petites terrasses avec hamacs pour se reposer au son de la jungle. Ce lodge est très bien situé près de la grande lagune et on peut y capturer des couchers de soleil époustouflants. Dans le lodge principal se trouve la grande salle à manger où vous pourrez déguster de bons repas avant d'aller par exemple, découvrir la jungle de nuit, une des excursions que nous vous recommandons.

PUYO ★★

Située à 237 km au sud-est de Quito et comptant près de 40 000 habitants, Puyo est la Capitale de la province de Pastaza. Comme bon nombre de villes d'Amazonie, Puyo fut fondée par des missionnaires dominicains (en 1899). La ville est prospère et les petites rues pavées, bordées de maisons en bois, témoignent d'une douceur de vivre rare dans les autres villes amazoniennes. En mai, un grande foire s'y déroule sur quatre jours. Porte d'entrée de l'Amazonie, Puyo est indéniablement une étape touristique. Carrefour routier entre la Sierra et l'Oriente, de nombreux touristes y transitent. Pourtant, la ville en elle-même ne présente pas grand intérêt pour le voyageur.

Tourisme

Artisanat. Beaucoup de villages des environs se consacrent à la production d'objets décoratifs, et notamment des animaux, en balsa (bois léger) qui iront achalander les boutiques de souvenirs des principales villes touristiques. A Puyo, un peu à l'écart du centre, le populaire barrio Pindo regorge d'ateliers. Les artisans travaillent le plus souvent chez eux et la qualité est très variable ; chacun a tendance à se spécialiser dans un type de motif : oiseaux, fruits, fleurs.

Ruta de las Cascadas. La route asphaltée qui relie Baños à Puyo est spectaculaire, mais attention car les éboulements sont fréquents. Celle-ci serpente dans une végétation exubérante qui devient, au fur et à mesure de la descente, tropicale ; coincée entre des cascades impétueuses dévalant les flancs de la montagne et un précipice qui domine le puissant río Pastaza. On l'a d'ailleurs surnommée « la Ruta de las cascadas », la Route des cascades. Sa descente en VTT constitue l'une des activités favorites des touristes.

Transports

En bus. Pour relier Quito et Puyo (environ 210 km), il faut compter environ 6 heures de route (via Baños). Les bus sont quotidiens et fréquents. Différentes coopératives assurent la liaison. Pour rejoindre le centre-ville depuis le terminal, il faut prendre un taxi (2 US$) ou marcher 15 à 20 minutes.

1 km avant Puyo, sur la route menant à Baños, le grand hall bétonné du terminal de bus centralise tous les départs vers les différentes villes du pays. Quito (5h), Baños (1h30), Tena (3h30), Macas (5h), Ambato (2h) et Riobamba (3h30) sont desservies régulièrement toute la journée. Quelques départs par jour pour Coca (9h) et Guayaquil (8h).

La ville aujourd'hui

C'est en partie grâce aux communautés indigènes de la province Pastaza et à leur lutte menée contre l'implantation d'importants groupes pétroliers (Argentine, Etats-Unis et France) que Puyo arbore un visage serein. Comme ailleurs dans la forêt amazonienne, les gisements de pétrole suscitent la convoitise des plus grandes compagnies pétrolières.

Le gouvernement équatorien, jusqu'en 2006, plus soucieux de ses intérêts économiques que du bien-être des communautés indigènes, était prêt à signer des accords pour concéder des morceaux de terre, sans l'accord des peuples qui les habitaient. Aussi, le village de Sarayaku (« Madre Tierra » pour ses habitants), qui rassemble six communautés quichuas, soit environ 2 000 habitants, a décidé d'entamer sa propre lutte et de s'opposer aux forages afin de préserver l'environnement. Avec l'appui de la Cour interaméricaine des droits de l'Homme, cette communauté mène un combat quotidien pour sauver sa Terre Mère. L'association Amnesty International a, quant à elle, déploré l'augmentation les violences exercées envers les leaders indigènes de ce projet. En 2006, au moment de la campagne présidentielle, le candidat Rafael Correa (ancien président) avait publiquement soutenu leur combat, promettant de ne pas exploiter le sol. Grâce à l'action tenace des Sarayaku, les nappes de pétrole du Pastaza sont longtemps restées inexploitées. Entre autres projets, les Sarayaku ont développé le tourisme communautaire.

JARDÍN BOTÁNICO LAS ORQUIDEAS ★★

Via San Jacinto
✆ +593 98 725 0300
www.jardinbotanicolasorquideas.com
Tous les jours de 8h30 à 16h (jusqu'à 13h le dimanche). Entrée : 5 US$ par personne.

Situé juste à l'extérieur de la ville, il renferme une superbe collection de quelque 200 espèces d'orchidées. Le sympathique couple tenant les lieux, passionné d'environnement, participe activement depuis maintenant 40 ans à la sauvegarde de la biodiversité amazonienne. Leur immense jardin mérite une longue visite. Il est d'ailleurs difficile d'imaginer le travail qu'il a fallu pour transformer un pâturage déforesté en centre de sauvegarde d'orchidées sauvages ! A voir.

FUNSSIF ★

village de Tanguntsa
✆ +593 9815 6132

La FUNSSIF, Fundación Shiwiar Sin Fronteras, est une ONG dont la mission est de revitaliser la culture shiwiar et de promouvoir l'éducation à l'environnement au sein de cette communauté.

Le peuple shiwiar d'Equateur a les mêmes traditions culturelles et linguistiques que les Achuars et Shuars. Leur territoire est situé le long de la rivière Pastaza, près de la frontière péruvienne, dans le bassin amazonien. C'est l'un des plus préservés et isolés de tout l'Oriente ; il est composé uniquement de forêt primaire et n'est accessible qu'en avion. Au total, il y a 727 personnes vivant dans 9 villages. Les Shiwiars parlent le shiwiar shicham et le quichua ; ils ne sont entrés en contact avec le monde occidental qu'en 1941, au moment de la guerre entre le Pérou et l'Equateur. Du pétrole a été trouvé sur leur territoire, mais pour l'heure il n'a pas encore été exploité. Le gouvernement leur a accordé 89 337 hectares de terrain en 1992, et a reconnu la « nationalité Shiwiar ». L'organisation politique ONSHIPAE (Organizacion de la Nacionalidad Shiwiar de Pastaza Amazonía Ecuatoriana) travaille en collaboration avec la Pachamama Alliance pour récupérer une partie du territoire. L'écotourisme devrait générer des fonds et stimuler la prise de conscience pour permettre à ce peuple de remporter son combat face au gouvernement. Le concept de ce projet écotouristique est simple : le touriste devient réellement l'acteur de sa propre aventure. Cette vision est fondée sur des principes d'équité et de solidarité. Le but étant de développer une source de revenus alternative et de maintenir les traditions de la communauté. Tous les bénéfices servent à financer les projets des associations pour protéger le territoire et préserver l'environnement. Une telle aventure est l'occasion de découvrir une région intacte de la forêt amazonienne, de sortir des sentiers battus et de vous immerger dans une culture à part. Deux maisons typiques ont été construites pour accueillir les visiteurs au sein du village de Tanguntsa. Sur place, les déchets sont triés, puis brûlés ou renvoyés à Puyo ou utilisés pour le fumier organique. Les activités proposées : excursions dans le parc national, participation aux tâches quotidiennes (récolte de *yucca*, confection d'artisanat...). Pour y accéder depuis Quito, il faut d'abord se rendre à Puyo, soit en bus (5 heures environ), soit en avion (40 minutes). Depuis Puyo, prendre un avion jusqu'à Shiona (1 heure, compter 200 US$ par personne) et de là on vous mènera au village de Tanguntsa en canoë (1 demi-heure).

PARC ETHNOBOTANIQUE OMAERE ★★

Quartier ouvrier de Puyo (barrio Obrero)
✆ +593 98 525 0864
www.omaere.wordpress.com
Du mardi au dimanche de 9h à 17h. Durée de la visite (guidée) : 2 à 3 heures. Adulte : 3 US$, Etudiants : 1,50 US$.

Un parc qui permet de mieux comprendre la relation unissant l'Homme à la Nature. Accompagnés d'un guide indigène natif de la région, les visiteurs sillonnent les sentiers de la réserve, découvrant ainsi fleurs, arbres et plantes médicinales. Des huttes de bois typiques de différentes communautés ont été reconstruites pour rendre compte de l'habitat et de la vie quotidienne de ces populations. Les us et coutumes locaux sont expliqués sans mise en scène. Volontariat possible.

PASEO DE LOS MONOS ★★

Via 10 de Agosto, au km 2 depuis Puyo
✆ +593 99 399 1527
www.losmonos.org
Tous les jours 9h à 17h. Entrée : 4 US$. Possibilité de volontariat.

Ouvert depuis 2005, ce refuge a été créé pour l'accueil et le soin des primates victimes de la déforestation et du braconnage dans la région, malheureusement de plus en plus nombreux. Installé dans un parc immense, en plein cœur de la forêt vierge, vous y croiserez notamment différentes espèces de singes dont certains, en liberté, viennent à votre rencontre, mais également des tortues, des perroquets... Le prix d'entrée, en plus de donner droit à une excellente visite, permet de contribuer à la future réinsertion de tous ces animaux. Une belle initiative !

RESERVE BOTANIQUE LOS YAPAS ★★

carretera hacia Fatima Parish km7
✆ +593 99 284 6834
www.losyapas.org
Ouvert du lundi au samedi, de 9h à 17h et le dimanche, de 10h à 15h. Entrée : 4 US$.

Située au cœur d'un parc de 15 ha, cette *finca botanica* est un centre de conservation et de restauration de la flore amazonienne. Elle abrite de nombreuses espèces végétales, de plantes tropicales, d'orchidées, d'arbres fruitiers... Elle est gérée par Gabriela, biologiste et écologiste francophone passionnée, qui se donne à la cause botanique en compagnie de Yolanda. La *finca* propose des chambres doubles ou multiples. La cuisine de Gabriela, aux saveurs thaïlandaises, est excellente.

MADRE SELVA

Ceslao Marín 668 y 9 de Octubre (2e étage)
✆ +593 98 447 2374

Agence locale dédiée à l'écotourisme. Tour « Puyo Selvatico » 2 jours/1 nuit : 119 US$ par personne.

Cette agence composée de guides locaux, souvent indigènes, très expérimentés et tournée vers l'écotourisme propose différentes formules (de 1 à 5 jours), comprenant des visites de communautés indigènes, une découverte de la forêt et du Rio Puyo, avec observation de la flore et de la faune, et également des formules pour les amateurs de rafting, de canyoning et de tubing (descente de cours d'eau sur une grosse bouée). Ils peuvent également vous emmener dans le Yasuni ou à Cuyabeno, n'hésitez pas à comparer les prestations proposées avec celle des grosses agences.

PAPANGU TOURS

27 de Febrero y Sucre
✆ +593 983 292 734
www.papangutours.com.ec

Agence locale dédiée au tourisme communautaire.

Cette agence gérée par des indigènes propose un bon rapport qualité-prix pour ses excursions de 1 à 7 jours dans la forêt, au contact des communautés qui y vivent. Une approche écologique et solidaire est donc garantie et vous pourrez découvrir la culture et les coutumes des peuples ancestraux (quichuas et shuars) : médecine traditionnelle, pratiques de chasse et de pêche, danses, rites et spiritualité… Marches dans la jungle et balades en canoë sont aussi au programme. Les conditions sont parfois spartiates, mais l'expérience toujours inoubliable.

CABAÑAS ECOIWIA

✆ +593 96 959 4325
www.carlosiwia.wixsite.com

Immersion au sein d'une communauté Shuar.

Après des années à offrir ses services comme guide pour des agences, Carlos Warusha, membre de l'ethnie des Shuar, a décidé de monter ses propres cabanes pour accueillir les touristes au sein de sa communauté, à San Jacinto. Après avoir traversé la rivière en barque, vous serez reçus dans cette famille dont vous partagerez le quotidien, dans des conditions d'hébergement assez sommaires mais authentiques. En plus de découvrir les différentes composantes de la culture Shuar, vous pourrez partir un ou plusieurs jours en forêt accompagné d'un des meilleurs guides.

HOSTAL LAS PALMAS €

20 de Julio y 4 de Enero
✆ +593 3 288 4832

Comptez de 15 US$ à 20 US$ par personne suivant le type de chambre, petit déjeuner compris.

La structure initiale propose une douzaine de chambres confortables mais sans charme ; à côté, dans le jardin, se trouvent quelques bungalows, pour un séjour encore plus relaxant. Briques, bois, baies vitrées, et quelques hamacs suspendus sous le patio caractérisent ces cabanes fonctionnelles avec salle de bains privée. Cafétéria attenante pour le petit déjeuner ou un en-cas dans la journée (jus de fruits frais, cocktail, gâteau maison). Accueil en français. Le propriétaire possède aussi un autre endroit un peu en dehors de la ville, la finca Las Palmas.

HOSTERIA TURINGIA €

Marín 294 y Francisco de Orellana
✆ +593 3 288 5180
www.hosteriaturingia.com

Comptez 35 US$ pour une chambre simple, 55 US$ pour une double, 80 US$ pour une triple et 110 US$ pour une quadruple.

Le plus vieil hôtel de la ville a ouvert ses portes en 1955 et a bien été rénové au fil du temps. Il constitue invariablement une bonne option avec ses 40 chambres en bungalows dans un jardin fleuri. Calme et confort à 15 minutes à pied du centre. Piscine (pas géniale), bar et restaurant sont à votre disposition. Des paniers-repas sont préparés pour vous si vous choisissez d'aller faire une balade ou préférez tout simplement dîner dans votre chambre. Les chambres ont toutes l'air conditionné et un parking est disponible sur place. Une bonne option à Puyo.

HOSTAL EL JARDÍN €€

Paseo turistíco del Río
✆ +593 96 843 1880
www.eljardinpuyo.com

Comptez autour de 40 US$ par personne en chambre simple, et autour de 90 US$ pour une chambre double. Petit-déj inclus.

Un petit complexe tout en bois bordé par la rivière, au milieu de jardins luxuriants. Le restaurant sert une cuisine de qualité, dans un cadre très accueillant. Les plats sont variés (pâtes, poulet, salades, poissons et fruits de mer, plats végétariens, jus de fruits frais, desserts et cocktails). Nous vous conseillons de goûter le *pollo al ishpingo* (cannelle d'Amazonie), la spécialité de la maison ! Chambres en bois (murs et parquet), simples, confortables et douillettes, et également des espaces communs où se reposer et profiter du calme environnant.

EL JARDIN €

Paseo Turístico del Río Puyo
✆ +593 32892253
www.eljardinpuyo.com/restaurante/
Ouvert tous les jours, sauf dimanche, midi et soir. Plats à partir de 9 US$.

Situé au cœur du jardin tropical de l'hôtel éponyme, ce restaurant charmant est réputé pour servir une cuisine équatorienne de qualité, teintée de spécialités d'Amazonie. Un cadre chaleureux et une super terrasse pour une déclinaison de crevettes, truites et viandes, pâtes et salades, à accompagner de vin chilien. Ne manquez pas la truite au gingembre. La viande est également excellente et cuite comme demandé, ce qui est assez rare. C'est un lieu bien agréable pour se détendre après déjeuner en profitant de la forêt tropicale qui vous entoure.

O'SOLE MIO €€

Pichincha y Guaranda
✆ +593 32893310
Pizzeria. Tous les soirs, sauf le lundi. Plats à moins de 10 US$.

Près de l'hôtel El Jardin, un peu à l'écart du centre-ville, voilà un établissement où vous dégusterez certainement de vraies pizzas napolitaines voire les meilleures de la région dans un agréable cadre moderne et très bien entretenu (salle à l'étage). La carte est variée et on apprécie la recette originale de certaines (avec épinards, ricotta entre autres). Les pâtes sont également au menu. A noter les lasagnes à la délicieuse bolognaise et un tiramisu à tomber par terre. Un très bon choix à Puyo que nous vous recommandons sans hésiter !

WAORANI HECHO A MANO

Atahualpa y Gnral. Villamil
✆ +593 99 422 1992
amwae.org
Association de femmes Waorani. Tourisme communautaire. Vente d'artisanat. Du lundi au vendredi de 9h à 19h.

Sacs, corbeilles, hamacs ou bijoux... sont autant d'objets fabriqués par les femmes Waorani et qui feront la joie de vos proches. Grâce aux fonds récoltés, la communauté développe le tourisme communautaire et tend à préserver sa culture, ses traditions et son mode de vie traditionnel. L'association AMWAE qui les regroupe est un moteur de développement régional, créé en 2005 et reconnu par le Conseil national des femmes (CONAMU). Se renseigner sur place si vous êtes intéressé par un séjour au sein du village, expérience inoubliable s'il en est.

MACAS

La capitale de la province Morona-Santiago, 24 000 habitants, n'est pas aussi développée touristiquement que d'autres villes comme Puyo ou Tena. En effet, le voyage jusqu'à Macas est réservé aux aventuriers... Au loin, on peut parfois apercevoir les fumées du volcan Sangay qui domine cette province du haut de ses 5 250 m. Après 6 heures de piste au départ de Puyo, très souvent interrompues par des éboulements, vous arrivez dans cette ville dont le seul intérêt touristique est d'être une porte d'entrée peu fréquentée de la forêt amazonienne. On y trouve peu de possibilités de logement et de restauration, mais les débrouillards s'en sortiront avec les moyens du bord. Macas a l'avantage de jouir d'une tranquillité rare dans les villes amazoniennes, et de s'élever au beau milieu d'un superbe panorama naturel. Le traité de paix signé en 1998 entre l'Equateur et le Pérou, 3 ans après la guerre du Cenepa, a totalement sécurisé la région qui était autrefois le siège de combats récurrents entre les deux pays. La cathédrale de la Purísima, achevée en 1992, renferme une peinture célèbre de la Vierge de Macas, La Purísima de Macas. Derrière la cathédrale, un beau panorama sur la vallée du río Upano.

Se restaurer

Le long de la calle Domingo Comín et autour de la Soasti, vous trouverez plusieurs petits restaurants populaires prisés des locaux pour leurs almuerzos économiques. Ce sera pour vous l'occasion de goûter au plat traditionnel des Shuar, le succulent *ayampaco*, composé de viande ou de poisson bien assaisonné et cuit dans une feuille de bananier.

Tourisme

- **Les parcs et jardins de Macas.** Par sa position géographique, Macas est en plein cœur de la nature et ses parcs et jardins ne sont pas inintéressants à visiter. A noter le Parque recreacional depuis lequel on a une vue imprenable sur la vallée de l'Upano. Le Parc Ecologique La Cascada, situé à 3 kilomètres de Macas sur la rive de la rivière Upano, abrite une belle cascade et est très fréquenté par les locaux comme par les touristes qui viennent y chercher la fraicheur et profiter de son agréable piscine à toboggan. Le Parque Civico, offre quant à lui un excellent point de vue sur la ville.

- **La rencontre avec les communautés shuar (jivaro)**, un peuple très accueillant malgré l'image sinistre de réducteurs de têtes que l'Occident a gardée de leurs ancêtres, est une expérience inoubliable. Pour cela, prenez contact avec les agences de tourisme locales qui sauront vous orienter en fonction de vos exigences de confort et du temps dont vous disposez.

Transports

En bus. Au départ du terminal terrestre implanté entre 10 de Agosto y Guamote et que vous pouvez rejoindre à pied en 3 minutes depuis le centre, des bus assurent quotidiennement la liaison Macas-Quito (durée : 8h). Egalement de nombreuses liaisons vers Puyo (2h30/3h), Cuenca (6h), Riobamba (4h) et quelques bus par jour vers Guayaquil (8h).

ORIENTRAVEL

10 de Agosto y Soasti
✆ +593 99 735 4086
Agence de tourisme locale. Fermé le dimanche et le samedi après-midi.

Une agence de voyages classique qui pourra vous donner d'excellents renseignements sur la région. Cette agence locale peut réserver vos billets d'avion nationaux comme internationaux au besoin et organise des tours de 3 à 6 jours dans la jungle. Organise également vos voyages à l'international et peut s'occuper pour vous de tous les problèmes de visas et même de tests médicaux qui pourraient vous être demandés pour passer les frontières. L'équipe est sympathique, dynamique et très compétente. Point besoin de monter à Quito pour peaufiner votre voyage.

TSUIRIM VIAJES

Calle Don Bosco y Sucre
✆ +593 99 737 2538
www.tsuirimtravel.weebly.com/
Ouvert tous les jours de 8h à 18h. A partir de 50 US$ par jour de découverte.

Nous vous recommandons vivement cette agence pour vos excursions dans la forêt amazonienne, du rafting et autres visites culturelles. L'agence a de très bons contacts également pour vous organiser un séjour en immersion au sein de la communauté Shuar. Les guides sont locaux et très compétents. Le tour de la ville, de la forêt et des berges du rio est un must. Il dure 8 heures et vous fera découvrir la communauté Shuar et ses coutumes ainsi que les petits secrets de la ville, tout en laissant une bonne part à la baignade dans l'après-midi.

HOSTAL CASA BLANCA €

Soasti y Sucre
✆ +593 7 270 0195
Comptez 35 US$ la chambre double, petit déjeuner inclus. Piscine.

Ce petit hôtel de deux étages dans un bâtiment moderne qui offre 13 chambres est le meilleur rapport qualité-prix de la ville. Certaines chambres, les plus calmes, donnent sur le jardin, elles seront à privilégier. Elles ont toutes leur salle de bain privée et sont équipées de l'air conditionné. L'emplacement de l'hôtel est très central, un parking est disponible sur place et le restaurant est correct. C'est un hôtel fréquenté par les Equatoriens et où on se sent tout de suite à l'aise, un peu comme à la maison, la chaleur amazonienne en plus.

AMAZONIE

© AMMIT JACK - SHUTTERSTOCK.COM

La rivère Upano, dans les environs de Macas.

CHIFA PAGODA CHINA €

Amazonas y Comín
✆ +593 7 270 0280
Restaurant chinois. Tous les jours de 11h à 22h. Comptez de 4 à 10 US$ par plat.

Depuis plus de 30 années, ce bon restaurant chinois propose une carte à rallonge dans une belle et très grande salle rouge avec de larges fenêtres. Les plats les plus typiques sont au menu : fried noodles, crevettes, bœuf mariné dans une sauce aigre-douce. Le Tout-Macas se retrouve ici pour déjeuner ou dîner dans une ambiance décontractée. Depuis la pandémie, le service de livraison s'est développé et vous pouvez bien entendu commander depuis votre hôtel, mais nous vous recommandons de venir sur place pour profiter au mieux de ce restaurant.

LA MARAVILLA €€

24 de mayo y Juan de salinas
✆ +593 93 923 2046
Café, bar, restaurant. Ouvert du mardi au jeudi de 11h à minuit et du vendredi au lundi à partir de midi.

L'endroit incontournable pour une sympathique virée nocturne à Macas. La Maravilla bénéficie d'un nouveau local depuis 2021, moderne et confortable, même s'il n'a pas encore le charme qu'avait la maison d'avant. On s'y installe devant une planche de fromage ou un plat de viande accompagné de yucca. On peut aussi y siroter une bière, un cocktail avec du rhum... ou la préparation maison, la Guayusa, à base de plantes et qui aurait des vertus aphrodisiaques ! La musique est bonne et il y a souvent des groupes qui viennent jouer en live. Karaoké certains soirs.

CUEVA DE LOS TAYOS ★

À 150 km au sud de la capitale de la province de Morona Santiago (prendre la route de Santiago), se trouve la caverne de Los Tayos. Dans cette immense caverne, d'une profondeur de 85 m, qui doit son nom à un oiseau nocturne frugivore, se trouve un ensemble de galeries, de salles et de murs constitués de blocs superposés ornés de pétroglyphes et de peintures rupestres. L'ensemble aurait été une sépulture et aurait abrité une bibliothèque rupestre. Les indigènes continuent d'alimenter la légende : au fond de la caverne se trouveraient des statues en or ; l'Eldorado hante toujours les esprits. La plupart des agences de Macas proposent des excursions.

GUALAQUIZA

Au sud, sur la même route de Zamora, à 200 km de la capitale, le village de Gualaquiza est coincé entre les fleuves Zamora et Bobonaza. C'est une étape pleine de charme et assez peu fréquentée par les touristes est connue comme Le Paradis de l'Amazonie équatorienne. Rios, cascades et nature exubérante en sont la raison. L'église, située sur la place centrale, présente toutes les caractéristiques d'une église baroque à l'architecture capricieuse, propre au style populaire colonial. On peut également visiter le jardin botanique, ainsi que les ruines del Remanso et Nueva Tarquí. Gualaquiza est également le point de départ de diverses activités d'aventure.

RESERVA ECOLÓGICA KAPAWI ★

La réserve écologique de Kapawi a été initiée en 1993 en collaboration avec la FINAE (Fédération du peuple indigène Achuar d'Equateur). Depuis 2011, la gestion touristique est du ressort du peuple achuar. Une boutique vend de l'artisanat produit par la communauté. Le visiteur séjourne au cœur de cette réserve de 5 000 km² qui renferme une vaste forêt tropicale pluvieuse. Une des caractéristiques les plus distinctives de forêts tropicales humides est leur richesse biologique, en particulier par le nombre d'espèces. La réserve offre aux visiteurs une immense diversité d'espèces animales et végétales. Une expérience unique, ne serait-ce que pour accéder à ce lieu éloigné de tout !

ECOLODGE KAPAWI

En territoire Achuar, à une demi-heure en pirogue de la frontière avec le Pérou, à proximité de la rivière Pastaza, au sud de l'Amazonie équatorienne et à 160 km du premier centre urbain.
✆ +593 980589333 - www.kapawi.com
Tourisme communautaire et volontariat (renseignements en ligne). Tarifs sur demande.

L'écolodge Kapawi a été construit selon l'architecture achuar et peut accueillir jusqu'à 50 personnes dans des chambres doubles ou triples. Les 22 huttes en bambou et toit de palme s'organisent autour d'une lagune située au cœur de la forêt. Les repas sont un mélange de cuisine internationale et équatorienne. Les activités tendent à minimiser l'impact sur l'environnement et à travers ce projet, tous les systèmes de recyclage des déchets et de préservation des zones écologiques sont mis en œuvre. De multiples activités sont proposées dans la forêt environnante.

CÔTE PACIFIQUE

La côte Pacifique ou Costa, l'une des quatre grandes régions du pays, s'étend des pentes occidentales des Andes aux rives du Pacifique, entre la province d'Esmeraldas au nord et la province d'El Oro au sud. Vous allez entrevoir un autre Equateur, où populations, paysages et gastronomie sont d'une immense variété. Partout, on y profite d'une chaleur tropicale qui tranche avec le climat rude de la Sierra.On aborde souvent la Costa par Guayaquil, l'opulente et nerveuse capitale économique du pays qui offre un nouveau visage, avec son Malecón et le quartier de la Peñas ainsi que sa vie culturelle et sociale. Même si l'on y est souvent en transit. On partira en excursion sur l'île de la Plata dans le parc national de Machalilla, au large de Puerto López, pour observer les baleines à bosse (juin-septembre) et découvrir les fous à pattes bleues ou rouges que l'on retrouve aux Galápagos. Puis direction les vagues de Montañita, appréciée de tous les amateurs de surf… et faire la fiesta !

Guayaquil et la côte sud
Farmagro
GUAYAQUIL
BOSQUE PROTECTOR
CERRO BLANCO
Durán
Simón Bolívar
PUERTO HONDO
E 25
ISLA SANTAY
Chongón
E 40
Don Lucas
Puerto De Ébano
Cerecita
Carrizal
Puerto La Seca
Gómez Rendón
Gazar
La Flora
Sabana Grande
Puerto Bellavista
San Lorenzo
PUERTO ENGABAO
ENGABAO
Île Escalante
Playas
Naranjal
Puerto Chojo
PLAYAS
Posorja
Puná Nueva
BALAO CHICO
6 De Julio
Cauchiche
Jaime Roldos
Río Hondo
La Ciénaga
Zhagal
Océan Pacifique
Balao
Aguada
Tenguel
Bajo Alto
REFUGIO DE VIDA SILVESTRE
ISLA SANTA CLARA
El Guabo
MACHALA
ARCHIPEL DE JAMBELI
Progreso
Buenavista
Salinas
Île Pongal
El Bendito
Santa Rosa
HUAQUILLAS
Zarumilla
Cuca
Arenillas
PÉROU
Milagro
Saracay
PIÑAS
Palmales
ZARUMA
20 KM

Esmeraldas et la côte nord
COLOMBIE
Océan Pacifique
SAN LORENZO
Valdez
Ricaurte
LA TOLA
Cacagual
Urbina
Tobar Donoso
Lagarto
San Pedro
Guembí
La Guaña
ESMERALDAS
Chumundé
Anchayacu
La Sabalera
ATACAMES
TONSUPA
SAME
SÚA
Galera
TONCHIGUE
La Victoria
Lita
La Linea
Telembí
Chaflu
Quingüe
Capuli
Cafetal
Pueblo Viejo De Cayapas
Viche
MUISNE
Pambilar
Cube
Chura
RESERVA ECOLÓGICA COTACACHI-CAYAPAS
MOMPICHE
La Yuca
Chinchiví
Daule
La Cuna
Malimpia
La Te
Plaza Gutiérrez
COTACACHI
Quinindé
Las Golondrinas
LAGUNA CUICOCHA
San José De Chamanga
PEGUCHE
Quince De Mayo
Garcia Moreno
OTAVALO
LAGO DE SAN PABLO
Chemere
Celica
La Unión
San Antonio De Pichincha
San Vicente De Andoas
VOLCÁN PULULAHUA
PEDERNALES
VERS MINDO
20 KM

Côte centrale
Océan Pacifique
CANOA
SAN VICENTE
BAHÍA DE CARÁQUEZ
Cristobal Colon
Tosagua
Salinas
Paja Colorada
CRUCITA
Rocafuerte
MANTA
SANTA MARIANITA
El Milagro
PORTOVIEJO
PLAYA DE SAN LORENZO
San Lorenzo
MONTECRISTI
Santa Rosa
Santa Ana
San Jose
Membrillal
Jaboncillo
La Boca
PUERTO CAYO
Jipijapa
Bellavista
Noboa
Machalilla
Paniagua
Las Pajitas
PUERTO LOPEZ
SALANGO
PARQUE NACIONAL MACHALILLA
San Pablo
Paján
Las Guabas
PUERTO RICO
AYAMPE
Pedro Pablo Gómez
Guale
Prócel
La Entrada
Potrerillo
OLON
El Mono
MANGLARALTO
MONTAÑITA
San Jerónimo
Simón Bolívar
VALDIVIA
Jambelí
Los Ceibitos
San Miguel
SALINAS
BALLENITA
La Libertad
Baños De San Vicente
20 KM

PAGES

308 ## ●● GUAYAQUIL ET LA CÔTE SUD

Guayaquil est la première ville d'Equateur en termes de population. C'est la capitale de la province de Guayas. Dans les environs de Guayaquil, Salinas, bien que bétonnée, est une station très fréquentée par la population locale pendant les périodes de vacances scolaires et les week-ends. Au sud, la province d'El Oro va de Guayaquil à la frontière du Pérou. Quelque peu négligée dans les circuits touristiques, elle n'en est pas moins étonnante et présente une autre facette extrêmement riche du pays. Son économie est basée sur l'élevage des crevettes et la culture de la banane, qui pousse sur des exploitations à perte de vue. Sur la côte, la province offre une passionnante incursion dans des paysages de mangroves. À partir de Machala et de Puerto Bolívar, on rejoint l'archipel de Jambelí et l'île Santa Clara où les palétuviers sont rois. On y observe aussi les baleines et une faune similaire à celle des Galápagos avec ses fous à pattes bleues, frégates et otaries. Enfin, dans les terres, le bourg de Zaruma, avec ses maisons anciennes, est une plongée dans l'histoire de la ruée vers l'or avec un réseau de mines désaffectées que l'on peut visiter.

GUAYAQUIL ★★

308 Avec environ 3 millions d'habitants, Santiago de Guayaquil est la ville la plus peuplée du pays. La capitale économique du pays et la capitale de la province de Guayas est située à l'intérieur des terres, à 58 km de l'embouchure du fleuve Guayas dont elle occupe la rive droite.

ARCHIPEL DE JAMBELI ★

333 Côté océan, l'île de Jambelí dévoile une longue plage de sable gris, et une forêt de palétuviers côté continent. Son chef-lieu, le village de Santa Rosa, vit exclusivement du tourisme. Entre restaurants, bars et discothèques, des maisons en bois sur pilotis sont alignées le long de la plage.

336 ## ●● RUTA DEL SOL - CÔTE CENTRALE

En remontant vers le nord-ouest, entre Guayaquil et la province de Manabí, la Ruta del Sol (littéralement « la Route du Soleil ») nous dévoile les riches terres agricoles, les parcs nationaux et d'agréables stations balnéaires. Les paysages sont diversifiés : côtes et falaises découpées, plages isolées et mangroves, forêt tropicale humide ou sèche hérissée de cactus et de ceibos aux troncs dodus. Le climat y est agréable toute l'année, chaud et humide de décembre à mai, plus doux et sec le reste de l'année, mais souvent sous les nuages en juillet et août.

PAGES

La Costa centrale, de Montañita à la Isla de la Plata, offre un panel mêlant longues plages et villages de pêcheurs, et notamment la réserve écologique de Machalilla avec sa faune et sa flore abondantes et ses vestiges archéologiques. L'élégante Bahía de Caraquez se présente comme la ville écolo de la côte. De son côté, Montañita est devenue une halte « sea, surf and sun » où la fiesta bat son plein le soir venu. Les citadins quiteños ou guayaquileños viennent y vivre la dolce vita et fuir le stress et la pollution de la ville. Cette portion de la Costa est aussi le lieu de pèlerinage des baleines, qui migrent de l'Antarctique vers les eaux tropicales, et longent la côte de juin à septembre pour se reproduire.

●● ESMERALDAS ET LA CÔTE NORD

La Costa, c'est enfin, au nord, la province d'Esmeraldas que l'on appelle aussi la Province Verte (Provincia Verde) et qui offre un visage radicalement différent, luxuriant, du fait d'une chaleur et d'une humidité permanentes. Esmeraldas est affairée, bruyante et vivante. L'héritage africain y est marqué, par sa population, sa cuisine tropicale, ses couleurs et fêtes comme le festival de Marimba.

Parmi les stations balnéaires qui jalonnent la côte, Mompiche reste l'une de nos favorites avec ses maisonnettes en bois et son ambiance de bout du monde. Mais la province conserve aussi une nature exubérante. Il semblerait que la chaleur ait contribué à forger une atmosphère locale joyeuse, plus désinvolte et plus chaleureuse que dans les autres régions du pays. Le climat tropical humide, avec une température moyenne de 25 °C sans grande variation tout au long de l'année, est tempéré par la brise venue de la mer. Les eaux du Pacifique sont tièdes et propices à la baignade (attention toutefois aux courants) de janvier à décembre, et les plages, parfois ombragées de palmiers, étirent à l'infini leur sable gris.

L'élevage de crevettes est devenu l'une des plus importantes ressources locales ; les *camaroneras* (fermes crevettières) se multiplient et déploient leurs bassins rectangulaires dont les eaux sombres miroitent sous les feux d'un soleil implacable en bord de mer. Les spécialités gastronomiques régionales s'inspirent de ces richesses naturelles. Les *encocados* (poissons, fruits de mer ou crevettes, cuits dans une sauce savoureuse au lait de coco) sont à découvrir, ainsi que le *tapao* de viande, ou poisson, cuit à la vapeur dans des feuilles de banane, la *cazuela de pescado* (avec cacahuète et banane), le *tumbacatre* (coques cuites dans le lait de coco), le *silencio* (poisson fumé cuit dans l'inévitable lait de coco), et pour finir, une petite douceur faite de riz, coco, cannelle, miel et cacahuètes : la *cocada*.

Histoire. Selon la légende, la province d'Esmeraldas doit son nom aux émeraudes que les Espagnols trouvèrent à leur arrivée en Equateur au XVIe siècle. On l'appelle aussi la Province verte de l'Equateur à cause de la couleur tendre de sa végétation touffue couvrant ses collines et ses vallées. Parmi les populations indigènes d'Esmeraldas, il faut citer la communauté des Cayapas (ou Chachis) qui compte environ 4 000 membres et peuple la forêt tropicale protégée (*selva*), située à l'extrême nord de la côte, où coulent les fleuves Santiago et Cayapa. Grands artisans, ils construisaient autrefois des pirogues, et vivaient de pêche et de chasse. A présent, ils travaillent surtout comme ouvriers agricoles et tirent de très maigres ressources de leur artisanat. La réserve bio-anthropologique de la communauté Awa et la réserve Cotacachi-Cayapas, à l'est de la province, débordent sur la province voisine d'Imbabura. Et là aussi vivent les Chachis (mieux vaut s'y rendre depuis Ibarra).

La région compte la population noire la plus importante du pays, héritage des siècles d'esclavage. Selon l'histoire populaire, la présence des Noirs date d'un naufrage sur les côtes d'un bateau négrier transportant des esclaves. Cela a contribué, depuis le XVIe siècle, à la naissance d'une culture unique, la culture afro-équatorienne, qui est célèbre pour ses traditions musicales. Cette culture s'exprime, entre autres, à travers le marimba, sorte de xylophone de bambou géant monté sur pieds, que les Cayapas manient avec brio. Le chamanisme, la médecine parallèle, la danse en sont autant de facettes.

Mompiche est un petit village de pêcheurs très apprécié pour ses vagues puissantes, ses longues étendues de sable et son ambiance détendue.

CÔTE PACIFIQUE

GUAYAQUIL ★★

Le plus grand port du pays, et probablement d'Amérique du Sud en général, est bordé à l'est par la ville de Guayaquil et à l'ouest par l'estuaire du Salado. Si Quito est la capitale administrative et historique du pays, celle que le journaliste (et non moins poète) Juan Batista Aguirre surnomme la « Perle du Pacifique » est la capitale économique de la République de l'Equateur. Près des 3/4 des exportations quittent le pays depuis son port et près de 90 % des produits importés en Equateur transitent par la ville.

De nombreux cargos et bateaux circulent constamment dans le delta boueux, transportant produits industriels, produits agricoles, poissons ou passagers. La culture est aussi présente à Guayaquil, avec un certain nombre de cinémas, de musées d'art colonial, religieux ou contemporain, ou encore d'histoire de la ville. L'occasion de découvrir que la première ville d'Equateur, par sa taille, entretenait à la belle époque du cacao des relations privilégiées avec le royaume de France, et que la classe moyenne conserve encore aujourd'hui une certaine francophilie.

Côté gastronomie, la cuisine locale est influencée par la proximité de la mer. Le crabe du golfe, une variété endémique de la région, est à la base de nombreux plats dont raffolent les Guayaquileños : fruits de mer, coquillages, huîtres, crustacés, crevettes, langoustines, langoustes… Les tripes à la sauce cacahuète font aussi partie des spécialités locales. Les fruits exotiques sont variés : mangues, papayes, ananas, *naranjilla*, banane déclinée sous toutes ses formes (plantain vert ou mûr, *bolones, patacones, chifles*…).

Climat

Le rythme de vie y est fébrile malgré la chaleur humide. Le climat de la ville résulte de plusieurs facteurs. De par sa situation géographique, Guayaquil jouit d'un climat chaud toute l'année (température moyenne de 25 °C). Cependant, sa proximité avec l'océan Pacifique engendre deux saisons, sous l'influence du courant de Humboldt (froid) et de El Niño (chaud). L'hiver, saison pluvieuse et humide avec une chaleur tropicale, s'étend de mi-décembre à avril ; l'été, saison sèche et un peu plus fraîche, s'étend de mai à décembre.

Histoire

Santiago de Guayaquil a été fondée en 1537 par Francisco de Orellana, le découvreur de l'Amazone. Le cacique Guayas, chef des Huancavilca, et son épouse Quil, qui préférèrent périr plutôt que se soumettre à l'envahisseur espagnol, sont à l'origine du nom de la ville. Etablie sur les rives du fleuve Guayas, elle servit de port à San Francisco de Quito. En 1547, après avoir subi les attaques, les sièges et les incendies des Indiens, elle fut transférée sur une petite colline, le quartier actuel de Las Peñas, d'où l'on pouvait surveiller l'éventuel envahisseur.

Pendant la période coloniale, Guayaquil développa une formidable activité de chantier naval, grâce aux compétences d'armateurs des Indiens ; on y fabriquait les navires les plus prestigieux de la marine impériale à l'aide de bois tropicaux de grande résistance qui poussent dans la région. Plus tard, cette main-d'œuvre fut remplacée par les esclaves noirs, puis par les indigènes de la Sierra. Le métissage qui en résulte est le *montubio costeño*, un métis typique de la région. La ville dut résister aux débarquements des pirates, dont Francis Drake et Thomas Cavendish. En 1590, à la suite d'un grave incendie, elle fut transférée dans la plaine voisine de la colline d'origine.

Au cours du XVIIe siècle, d'autres pirates français, anglais, hollandais, viendront incendier et rançonner Guayaquil. Il en résultera de nombreuses reconstructions. En 1783, la libération du commerce instaurée par Charles III donna à cette importante capitale régionale un nouvel essor économique, grâce notamment à l'exportation du cacao.

Le 9 octobre 1820, le premier cri de l'indépendance est lancé de la demeure du maire. La province de Guayas sera la première province libre du pays. En 1868, la première banque nationale - Banque de l'Equateur - fut créée à Guayaquil. La fin du *boom* du cacao redonnera la suprématie économique à Quito, sa grande rivale. Mais à partir de 1950, le commerce de la banane assurera la nouvelle prospérité de la côte et de son port. L'importance économique de Guayaquil ne s'est jamais démentie depuis. Et malgré leur réputation (vérifiée !) de bons vivants, les Guayaquileños n'en sont pas moins de vaillants travailleurs.

Le 25 juillet, la ville fête sa fondation et, le 9 octobre, son indépendance, dans une ambiance chaude, chaude, chaude !

Pratique

▶ **Sécurité.** Plus qu'ailleurs, nous vous conseillons de redoubler de vigilance, de jour comme de nuit, dans les rues de Guayaquil. Restez sur les sentiers battus et surveillés (vous serez sûrement surpris par le nombre de policiers et d'agents de sécurité que vous croiserez !). Et on le répète encore, ne montez que dans les taxis officiels ou les VTC commandés par vous même. Le soir, mieux vaut demander à l'hôtel ou au restaurant où l'on se trouve d'appeler un taxi plutôt que de héler un véhicule au hasard des rues. Par ailleurs, ne laissez pas traîner vos verres en soirée... Comme partout. Enfin, on évite la paranoïa, cela n'arrange pas les choses ! La ville a fait de gros progrès en matière de sécurité et dispose d'une brigade de police touristiques efficace, discrète et sympathique.

Quartiers

Centre-ville. Autour de la plaza San Francisco, Downtown Guayaquil rappelle clairement les villes américaines avec ses feux et ses noms de rues suspendus, son mélange de gratte-ciel et d'immeuble coloniaux, ses taxis jaunes et sa population cosmopolite. Ce quartier moderne renferme des sites touristiques et de beaux monuments architecturaux. C'est loin d'être la partie la plus jolie de la ville mais un effort est fait pour la rendre plus agréable et c'est certainement la partie la plus riche en bâtiments historiques et la plus animée durant la journée.

Malecón 2000. Lasse de sa réputation de ville dangereuse, Guayaquil s'est résolument tournée vers le tourisme en développant le colossal projet du Malecón 2000. La promenade, aussi appelée Malecón Simón Bolívar ou Paseo de las Colonias, plantée d'amandiers et de palmiers, s'étend sur 3 kilomètres. On longe ainsi les rives du fleuve Guayas (embarcadère de nombreux bateaux-restaurants) jusqu'au pied de la colline Santa Ana où se trouve le quartier de las Peñas. Désormais entièrement refait, joliment illuminé, ponctué de jardins exotiques, de fontaines, de parcs et jeux pour enfants, de bars et restaurant, d'un cinéma panoramique d'un musée résolument moderne (MAAC) et même grande roue d'où l'on peut admirer les environs, le Malecón est sous bonne garde et on peut s'y promener sans crainte. Le soir, il attire une foule hétéroclite qui mélange familles jeunes, couples, touristes et Guayaquileños. Le matin, ce sont plutôt les *joggers* qui l'investissent.

Barrio Las Peñas. C'est ici même, sur le site que l'on appelait autrefois le Cerrito verde (la petite colline verte), qu'ont été posées les premières fondations de la ville, en 1547. Le quartier le plus ancien de Guayaquil, se situe sur sur les pentes de la colline Santa Ana, au pied du Cerro del Carmen, sur la rive du fleuve Guayas et à l'extrémité nord du Malecón. Las Peñas a abandonné sa mauvaise réputation pour faire peau neuve en même temps que le Malecón. Les petites rues étroites, escarpées et pavées, ont gardé quelques maisons en bois aux balcons et fenêtres typiques de l'époque coloniale, restaurées et peintes de couleurs vives, même si pour la plupart, seule la façade a été refaite et qu'elles ne sont pas habitées. La rue principale, la Numa Pompilio Llona, a été restaurée et elle est particulièrement bien conservée. Quelques artistes qui l'habitent y ont ouvert des galeries d'art, et l'on peut visiter certains ateliers.

Cerro Santa Ana. En grimpant les marches numérotées (au nombre de 456 : leur numéro sert ici d'adresse), on arrive à une première place puis à un petit musée à ciel ouvert, conçu autour des ruines des anciens remparts de la ville. Car en effet, aux XVIe et XVIIIe siècles, les attaques de pirates menaçaient constamment la ville. A côté des fondations entourées de gros kapokiers, un navire (galion) impérial, le Jesus María de la limpia y pura Concepción de Nuestra Señora (rien que ça !) a été reconstitué, et des instruments de mesure pour l'orientation et la navigation sont exposés à l'air libre.
Au sommet de la colline, se dresse le phare de Guayaquil, récemment rénové, ainsi que la chapelle de Santa Ana, bâtie en l'honneur de la Vierge Marie. Depuis le mirador, on a d'un côté une vue splendide sur le Malecón et la ville, et de l'autre le fleuve qui s'étend au nord-est de la ville, avec ses grands ponts surchargés de voitures.

Puerto Santa Ana. Au pied du Cerro Santa Ana, il se veut être un vaste complexe de détente et de divertissements, pensé comme la promenade Coconut Grove de la ville de Miami : promenade, phare en verre, musée, installations nautiques, restaurants... Ce quartier abrite aussi l'église Santo Domingo (Rocafuerte et Coronel), la plus vieille de Guayaquil, fondée en 1548, détruite, puis restaurée en 1938 (en béton armé, coulé sur les murs de l'époque coloniale). Ce n'est pas la partie la plus charmante de la ville mais de très nombreux jeunes s'y retrouvent le soir venu pour profiter des établissements nocturnes, particulièrement animés.

Au nord se trouvent Urdesa et Samborondón. Le premier quartier regorge de bars, cafés et restaurants sympathiques, où se retrouvent les habitants. Le second est une zone résidentielle, exclusive et « fermée » (*urbanizacion cerrada*), située à proximité de l'aéroport mais indépendante de Guayaquil. C'est en réalité une péninsule, blottie entre les rivières Babahoyo et Daule (d'où part le *río* Guayas). Le fameux Parque Histórico (jardin botanique, zoo et parc culturel) se trouve à Samborondón. Il y a également de vastes centres commerciaux (Riocentro Entrerios, Village Plaza, Bocca, La Piazza, La Torre et Las Terrazas), et un boutique-hôtel, Orilla del Rio (situé à Entrerios, à 5 minutes de Guayaquil en voiture), très pratique si vous n'êtes qu'en transit.

CÔTE PACIFIQUE

Par ailleurs, cette zone comprend des complexes très modernes avec cafés, restaurants (bonnes tables et établissements de luxe, cuisine fusion pour la plupart) et discothèques. C'est là que se donne rendez-vous la jeunesse branchée et aisée de la ville.
Il est cependant à noter que la sécurité à Guayaquil s'est nettement détériorée depuis 2020 et que la plus grande prudence s'impose quelque soit le quartier.

Se loger

Véritable carrefour commercial, Guayaquil offre un large panel d'hébergements (luxe, confort ou charme). Ces dernières années, le renouveau touristique de la ville a créé une nouvelle demande et des hôtels réservés aux petits budgets et aux *backpackers* ont vu le jour, bien que Guayaquil reste une ville où les visiteurs ne font souvent qu'une escale, en début ou fin de séjour en Equateur, ou avant de se rendre sur la Costa ou dans les Galápagos. Si vous souhaitez passer quelques jours à Guayaquil, pourquoi ne pas envisager un hôtel hors du centre-ville afin d'être plus tranquille ?

Se restaurer

Beaucoup de bonnes tables se trouvent à Urdesa, un quartier tranquille au nord de la ville de Guayaquil, qui vit le jour dans les années 1950. La principale artère de ce quartier est l'avenue Víctor Emilio Estrada, qui regroupe restaurants, agences bancaires, magasins, discothèques et bars.

Shopping

Quelques boutiques d'artisanat dans le centre, mais rien de spécifique à la région. Les prix peuvent être plus élevés que dans les autres villes, mais si vous n'avez pas l'occasion de passer par Quito ou la région d'Otavalo...
Les férus de mode se rendront dans le centre, autour de l'artère 9 de Octubre. La ville compte par ailleurs pléthore de centres commerciaux à l'américaine, un peu excentrés, la plupart d'entre eux dans le quartier Kennedy, au nord de la ville. Les Guayaquileños aisés y font leur shopping. Parmi les plus importants, citons Policentro (Cdla. Kennedy, Av. del Periodista) et Plaza Triangulo (Av. Víctor Emilio Estrada y Dátiles).

Sortir

Dans le centre-ville, plusieurs bars s'alignent le long de la rue Rocafuerte, plus connue comme étant la « zona rosa ». C'est l'un des foyers de la vie nocturne. La sécurité rôde. Quelques bonnes adresses et de nombreux bars jalonnent les escaliers de las Peñas. C'est dans ce secteur que se retrouve la jeunesse locale pour festoyer.

Quartiers nord. L'activité nocturne se concentre aussi dans le quartier moderne de Urdesa, à l'écart du vieux centre. Les bars et restaurants se succèdent dans la rue Estrada, où règne une ambiance jeune et branchée (clientèle huppée). La nuit, il est vivement recommandé de prendre un taxi pour se déplacer.

Transports

Avion. L'aéroport de Guayaquil José Joaquin de Olmedo (Av. Las Américas - Tél. +593 4 216 9000 - www.tagsa.aero) est implanté à environ 5 km au nord de la ville. Les compagnies Avianca ou LATAM assurent notamment plusieurs vols quotidiens vers Quito. L'aéroport de Guayaquil dessert Esmeraldas, Quito, Cuenca, Loja, Baltra (Galápagos). Iberia assure un vol direct avec l'Espagne. Il bénéficie de nombreux services, restaurants et autres points de vente de souvenirs du pays.
Plusieurs solutions possibles pour rejoindre le centre-ville: en bus, prendre le « Metrovia downtown » en face de l'aéroport. Compter environ 45 minutes. En taxi : depuis l'aéroport ou le terminal des bus, il vous en coûtera environ 5 US$ pour rejoindre le centre-ville en une quinzaine de minutes.

Bus. Le Terminal Terrestre Jaime Roldos Aguilera (Av. las Américas - Tél. +593 4 213 0166) dessert les principales villes du pays et le Pérou. Le terminal est voisin de l'aéroport (environ 2 km). C'est un gigantesque édifice moderne. Chaque coopérative y a son guichet où l'on peut acheter les billets (au rez-de-chaussée). Veillez à vos effets personnels et ne vous laissez pas distraire, sans toutefois tomber dans la paranoïa ! Plusieurs comedores et cafés-restaurants proposent des menus bon marché et des snacks.
Pour Quito - départ toutes les heures (durée : 8h ; privilégiez Transportes Ecuador ou Flota Imababura). Service 24h/24h. Pour la Costa : Playas, Península de Santa Elena, Salinas (2h30), plusieurs départs par heure. Machalá (3h30), plusieurs départs par heure, mais nous recommandons les taxis collectifs qui partent du centre-ville. Des bus longent la Ruta del Sol : Olón, Montañita, Puerto López (3h), attention, certains bus ne sont pas directs, il faut alors changer à La Libertad. Porto Viejo (4h) ; Manta (3h30) une quinzaine de départs par jour. Pour la Sierra : Ambato (6h30) et Riobamba (5h), départs toutes les heures ; Cuenca (4h) ; Loja (8h), départs toutes les heures pendant la journée, possibilité d'effectuer le voyage de nuit (peu recommandé). Pour l'Amazonie : Lago Agrio via Quevedo et Santo Domingo (13h, Transportes Occidentales et Transportes

© JESS KRAFT - SHUTTERSTOCK.COM

Guayaquil.

Loja) ; Puyo et Tena (9h, coopérative Touris san Francisco Orienta) ; Coca, plusieurs départs par jour (coopératives Zaracay et Baños pour Puyo, Flota Pelileo et Baños pour Tena, 9h).

Transesmeraldas (Tél. +593 4 2130146 - www.transesmeraldas.com) dessert Esmeraldas (7h), Atacames, Muisne et San Lorenzo. Bus modernes et très confortables. Facilement reconnaissables grâce à leur couleur orange, c'est l'une des compagnies les plus sûres du pays.

Transportes Ecuador (Tél. +593 4292 5228 - transportesecuador.com.ec) dessert Quito, départ toutes les heures environ. Premier départ à 5h30, dernier départ à 1h. Durée : 8h. Peut-être les bus les plus luxueux et modernes du pays. Compagnie très sûre.

Turismo Oriental (Tél. +593 95 886 2341 - www.turismooriental.ec) dessert Cuenca, un départ toutes les heures environ. Très bonne compagnie. Les bus sont en revanche plus ou moins confortables en fonction de l'âge de ces derniers.

Flota Imbabura (Tél. +593 2256 5620- assure des départs vers Otavalo et Tulcán (à la frontière colombienne), et des liaisons quotidiennes vers Quito (durée moyenne du trajet : 8h).

Ormeño, à côté du terminal terrestre (bureau C 34 - Tél. +593 4 214 0487 - www.grupo-ormeno.com.pe) assure des départs quotidiens pour Lima. Comptez environ 70 US$ l'aller. Durée moyenne : 24h.

Taxis. Ils sont reconnaissables à leur couleur jaune. Il suffit de les héler comme dans n'importe quelle ville du monde, sans manquer de vérifier que l'on monte bien dans un taxi officiel (reconnaissable à sa couleur jaune et à son numéro d'immatriculation). La nuit, mieux vaut se déplacer uniquement en taxi, même pour couvrir une courte distance. Notez que rares sont les taxis qui utilisent leur taximètre.

Bus urbains. Le réseau de bus urbains, très fortement emprunté par les Guayacos pour se rendre au travail en raison de son faible coût, a longtemps été un vrai casse-tête pour les touristes. Mais ces dernières années, la municipalité a inauguré un nouveau système : le Metrovia (Tél. +593 4 213 0402 - www.metrovia-gye.com.ec), dont les 3 grandes lignes (troncal 1, 2 et 3) desservent notamment les lieux touristiques du centre-ville, le long du Malecón. Stations tous les 400 m.

Opère du lundi au samedi de 5h à 23h et le dimanche de 6h à 22h. Possibilité de paiement par CB ; coût à l'unité : 0,30 US$. En dehors de cet itinéraire limité, et compte tenu de la taille de la ville, le plus simple est encore de prendre le taxi.

Téléphérique. Depuis 2021, le réseau a été complété par un télécabine, l'Aerovia, qui permet de rejoindre Duran en traversant le fleuve après avoir survolé la ville (1,50 US$).

La ville aujourd'hui

Le nouveau millénaire a servi de prétexte à Guayaquil pour se refaire une beauté, se débarrasser de sa réputation de ville portuaire canaille et regagner ses lettres de noblesse perdues au détour du XXe siècle. Cosmopolite, très peuplée, Guayaquil est aussi réputée pour sa vie nocturne qui est la plus remuante du pays, en particulier dans le quartier d'Urdesa. Ici chaleur tropicale rime avec fiesta et salsa. Attention toutefois : Guayaquil reste la ville la plus dangereuse du pays, surtout la nuit.

CÔTE PACIFIQUE

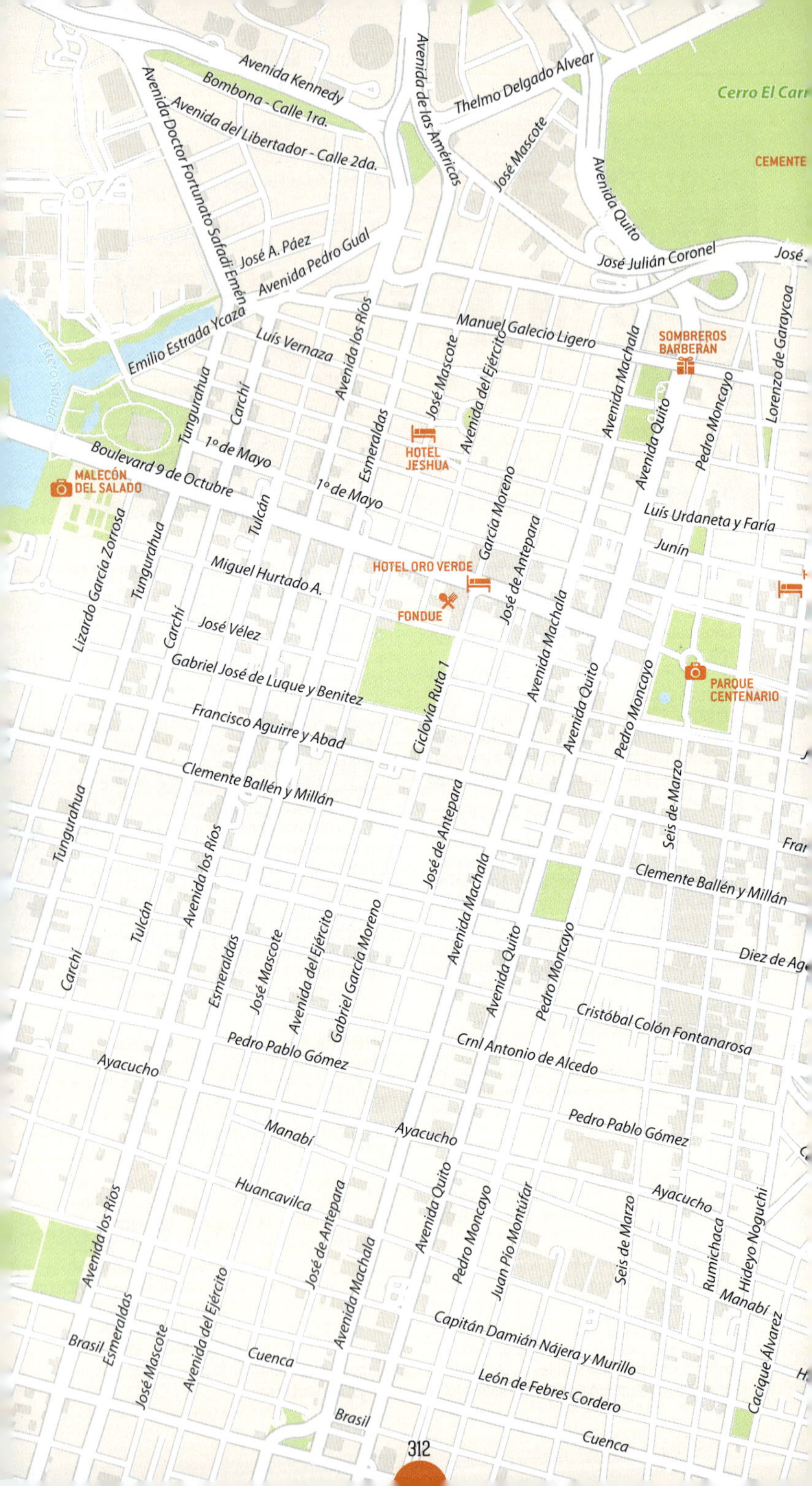

Avenida Kennedy
Bombona - Calle 1ra.
Avenida del Libertador - Calle 2da.
Avenida Doctor Fortunato Safadi Emén
Avenida de las Américas
Thelmo Delgado Alvear
José Mascote
Avenida Quito
Cerro El Carr
CEMENTE
José A. Páez
Avenida Pedro Gual
José Julián Coronel
José
Emilio Estrada Ycaza
Estero Salado
Luís Vernaza
Avenida los Ríos
Manuel Galecio Ligero
Avenida Machala
SOMBREROS
BARBERAN
Lorenzo de Garaycoa
Tungurahua
Carchi
José Mascote
Avenida del Ejército
Avenida Quito
Pedro Moncayo
1° de Mayo
Esmeraldas
HOTEL
JESHUA
Boulevard 9 de Octubre
MALECÓN
DEL SALADO
1° de Mayo
García Moreno
Tulcán
Luís Urdaneta y Faría
Junín
Lizardo García Zorrosa
Tungurahua
Miguel Hurtado A.
HOTEL ORO VERDE
José de Antepara
FONDUE
Carchi
José Vélez
Avenida Machala
Gabriel José de Luque y Benitez
Ciclovía Ruta 1
Avenida Quito
Pedro Moncayo
PARQUE
CENTENARIO
Francisco Aguirre y Abad
Clemente Ballén y Millán
Seis de Marzo
Tungurahua
Avenida los Ríos
José de Antepara
Fran
Clemente Ballén y Millán
Avenida Machala
Tulcán
Esmeraldas
José Mascote
Avenida del Ejército
Gabriel García Moreno
Avenida Quito
Pedro Moncayo
Diez de Ag
Carchi
Cristóbal Colón Fontanarosa
Pedro Pablo Gómez
Crnl Antonio de Alcedo
Ayacucho
Manabí
Ayacucho
Pedro Pablo Gómez
Huancavilca
Ayacucho
Avenida los Ríos
José de Antepara
Avenida Quito
Pedro Moncayo
Juan Pío Montúfar
Seis de Marzo
Rumichaca
Hideyo Noguchi
Avenida Machala
Manabí
Brasil
Esmeraldas
José Mascote
Avenida del Ejército
Cuenca
Capitán Damián Nájera y Murillo
León de Febres Cordero
Cacique Álvarez
Brasil
Cuenca

Guayaquil
MONUMENTO AL SAGRADO CORAZÓN DE JESÚS
CERRO SANTA ANA
IGLESIA SANTO DOMINGO DE GUZMAN
EL FARO
BARRIO LAS PEÑAS
MANSIÓN DEL RÍO
MUSEO DEL BOMBERO
DIVA NICOTINA CAFE HABANO
MUSEO ANTROPOLÓGICO Y DE ARTE CONTEMPORÁNEO (MAAC)
MAAC CINE
MUSEO EN MINIATURA - GUAYAQUIL EN LA HISTORIA
PICANTERIA LA CULATA
EL COLONIAL
FRUTABAR
EL MONO GOLOSO
HOTEL LAS PEÑAS
BASÍLICA DE NUESTRA SEÑORA DE LA MERCED
YOGOURT PERSA
IGLESIA DE SAN FRANCISCO
EL CARACOL AZUL
MALECÓN 2000
HEMICICLO DE LA ROTONDA
RESACA
HOTEL PALACE GUAYAQUIL
EL MANSO BOUTIQUE HOSTAL
UNIPARK
EDIFICIO MARTÍN AVILÉS ANTIGUO HOTEL CRILLÓN
PALACIO DE LA GOBERNACIÓN
MUSEO NAHIM ISAIAS
PLAZA DE LA ADMINISTRACIÓN
PALACIO MUNICIPAL DE GUAYAQUIL
PARQUE SEMINARIO (DE LAS IGUANAS)
MUSEO MUNICIPAL DE GUAYAQUIL
TORRE MORISCA
Parque Juan Montalvo
BLACK CASTLE GUESTHOUSE
PLAZA OLMEDO
PALACIO DE CRISTAL
Túnel Cerro del Carmen
Azuay
Vilcabamba
12 de Octubre
Del Tesoro
Numa Pompilio Llona
Cornelio Vernaza Carbo
José Julián Coronel
Juan Montalvo
Loja
Boyacá
Padre Aguirre
Vicente Rocafuerte
Tomás Martínez
Juan de Mendiburu
Simón Bolívar Palacios
Rafael Ximena
Teniente Gregorio Escobedo
Francisco Maria Roca
Panamá
Junín
Pedro Carbo Noboa
Chile
José de Luque y Benitez
Pichincha
Chimborazo
Antonio Jose de Sucre Alcala
José Joaquín de Olmedo
Ayacucho
Manabí
Guayas
300 M

Sachez enfin qu'en vertu d'une très ancienne rivalité, les Quiteños ou les Serranos (habitants des montagnes), gens de tradition, surnomment les trop modernes Guayaquiléens los *monos* (« les singes ») ; vous l'aurez compris, ici, on est loin de la Sierra...

Sécurisation. Ville la plus peuplée du pays, elle était également la ville qui connaissait le plus haut taux de criminalité en tout genre ces dernières décennies. Afin de faire face à ce phénomène, l'Etat a mis en place un système de surveillance accrue. Ainsi, ne vous étonnez pas si vous croisez à peu près un policier tous les 30 mètres dans le centre de Guayaquil (Malecón et quartiers touristiques). Si cela rassure, il est important de rester vigilant.

Modernisation. Ces changements radicaux en font désormais une destination touristique significative de l'Equateur. Un centre-ville assaini et modernisé, et aussi plus sécurisé, a peu à peu vu le jour. Montré du doigt il y a encore quelques années pour sa précarité et les dangers qu'il présentait, le cœur de la ville peut se targuer d'être l'un des plus modernes d'Amérique latine. La réalisation emblématique de cette vague de rénovation est sans doute le Malecón 2000, nom donné à la promenade de plusieurs kilomètres édifiée le long du fleuve. Un havre de fraîcheur et de calme grâce aux nombreux jardins tropicaux qui la ponctuent.

En 2021, le téléphérique reliant le centre de Guayaquil à Duran est venu compléter le réseau urbain et apporter une nouvelle attraction touristique involontaire.

En outre, le berceau de Guayaquil, Las Peñas, ancien quartier bohème s'étalant sur les pentes du Cerro Santa Ana a, quant à lui, fait l'objet d'une restauration réussie. Les couleurs variées de ses maisons et ses escaliers étroits en font l'une des attractions touristiques phare de la ville.

Dans le prolongement du projet Malecón 2000, un port de plaisance de l'autre côté de la colline Santa Ana a vu le jour, il s'agit du Puerto Santa Ana. Au pied de Las Peñas, l'idée étant d'aménager un espace ouvert sur le fleuve et niché dans la baie, où balades sur le front de mer et sports nautiques sont possibles.

Parmi les centres d'intérêt touristiques, il convient de citer le musée de Barcelona y Emelec, le musée Julio Jaramillo et celui de la Bière.

BARRIO LAS PEÑAS ★★

Le Barrio Las Peñas est le plus ancien quartier de Guayaquil. Il renferme de belles maisons centenaires. Chacune d'entre elles a sa propre histoire. Par exemple, c'est ici que vivait le célèbre musicien Antonio Neumane, ainsi qu'Alfredo Baquerizo Moreno, Eloy Alfaro, l'écrivain Enrique Gil Gilbert, l'historien Rafael Pino Roca, le peintre Manuel Rendón Seminario, Juan Montalvo, et même Ernesto Che Guevara. Au XVIIIe siècle, ce quartier abritait la classe moyenne moyenne de la population. Détruit par l'incendie de 1896, le quartier a été reconstruit au XXe siècle.

© STÉPHAN SZEREMETA

Le monument « La Fragua de Vulcano » commémore les premiers soubresauts de l'Indépendance à Guayaquil.

BASÍLICA DE NUESTRA SEÑORA DE LA MERCED

Victor Manuel Rendón y Pedro Carbo

L'église de la Merced date de 1927. Elle présentait les caractéristiques du style néogothique-byzantin. Autrefois l'église et sa façade étaient en bois. Aujourd'hui se trouve une imposante basilique en l'honneur de la Vierge, sainte patronne des Forces armées et de la côte équatorienne. L'architecture intérieure, moderne, est sans véritable surprise ; l'autel de style baroque est en revanche magnifique et les peintures et sculptures de l'époque coloniale, intéressantes.

CEMENTERIO GENERAL ★

Julián Coronel y Av. Pedro Menéndez Gilbert

Il s'étend quasiment à perte de vue. L'entrée majestueuse s'ouvre sur une allée blanche plantée de palmiers aux troncs peints, eux aussi. L'un des plus beaux cimetières d'Amérique du Sud, en service depuis 1843, est aussi appelé la Ciudad Blanca (ou « Cité Blanche »). Ses mausolées en marbre de Carrare et ses sculptures sont des œuvres d'art où les connaisseurs retrouveront les influences du cimetière italien de Gênes. On y verra la tombe de Rocafuerte, ancien président du pays, ainsi que le mausolée d'Eloy Alfaro et un monument érigé à sa mémoire. La végétation se mêle poétiquement aux tombes. La majorité des sépultures sont des casiers alignés situés en hauteur et fermés par une grille. On considère ici que les défunts continuent à vivre après leur mort et qu'il leur faut une demeure. Par respect, il est interdit de prendre des photos et le gardien saura vous le rappeler. Prévoyez une bonne heure pour visiter le site et n'hésitez pas à demander au gardien de vous indiquer les plus belles œuvres. Pour une question de sécurité, il est recommandé de ne pas s'isoler dans le cimetière et de ne pas s'y rendre après 16h (des vols ont été signalés). Aujourd'hui, un nouveau point de vue sur cet impressionnant cimetière nous est offert par l'Aerovia, cette télécabine qui relie le centre de Guayaquil à Duran en passant au-dessus du fleuve Guayas après avoir survolé le cimetière dans sa totalité, c'est probablement le meilleur moyen de le prendre en photo d'autant que le billet aller-retour pour Duran ne coûte que 1,5 US$.

CERRO SANTA ANA ★★

Cerro Santa Ana, Guayaquil

© JESS KRAFT - SHUTTERSTOCK.COM

Il couvre une superficie d'environ 13,50 ha, et connaît un développement de restructuration urbaine, sa population est estimée à 5 000 personnes. Le Cerro, anciennement appelé Cerrito Verde, est le site à partir duquel la ville a été fondée en 1547. Aujourd'hui, on y trouve des restaurants, cafés, galeries d'art et boutiques d'artisanat et son attrait principal est la vue qu'il offre sur la ville. Parmi les autres points d'intérêt, citons le Mirador el Fortín, point culminant del Cerro, où est construit le Faro, ainsi que la chapelle de Santa Ana et le musée.

EL FARO

Sur le Cerro de Santa Ana

Construit en 2002, ce phare est le symbole de Guayaquil, une ville à plusieurs facettes qui se prétend à la fois la lumière et le guide de l'Equateur. Ce joli phare mesure 86 m de haut et on atteint sa terrasse en empruntant des escaliers. C'est évidemment un point stratégique pour observer la ville. Le premier phare de la ville fut édifié sur l'île de Santa Clara (Isla del Muerto) au XIXe siècle. A cette époque, le fleuve était la principale voie d'accès à Guayaquil ; le phare servait à observer les allées et venues des navires.

IGLESIA DE SAN FRANCISCO ✝ ★

Av. 9 de Octubre y Rocafuerte

C'est la troisième église qui vit le jour à Guayaquil, sa fondation originelle date du début du XVIIe siècle. Elle fut reconstruite en1663, en même temps qu'un couvent qui fut dans un incendie quinze ans plus tard. Elle connut d'autres périodes de destruction et de reconstruction, notamment en 1687 à cause d'un incendie. Les franciscains entamèrent de nouveau sa construction en 1710. L'église actuelle date de 1932 et renferme des éléments de style classique, tant à l'intérieur qu'à l'extérieur. Elle donne sur une belle place animée, la plaza San Francisco.

CÔTE PACIFIQUE

IGLESIA SANTO DOMINGO DE GUZMAN

Rocafuerte y Moran d'Buitrón

Située à côté du Barrio de las Peñas, c'est la plus ancienne église de la ville. Sa construction originale remonte à 1548, puis elle fut détruite dans des incendies qui ont ravagé la ville et a ensuite été restaurée à maintes reprises. En 1575, les dominicains, représentés par le père Téllez, ont fondé le couvent et l'église. Santo Domingo a de nouveau disparu sous les flammes du grand incendie de 1899. Elle abrite des œuvres du peintre Salas et d'autres de l'époque coloniale.

HEMICICLO DE LA ROTONDA

Malecón 2000

Au centre du Malecón, le monument immortalise la rencontre historique du 26 et 25 juillet 1822 entre Simón Bolívar et San Martín qui, à eux deux, libérèrent l'Amérique latine. Cette rencontre dont l'objet était de réfléchir à l'avenir d'une Amérique libérée, eut pour conséquence l'annexion de Guayaquil (et de l'Equateur) à la Grande-Colombie, l'ambitieux projet de Bolívar. Pour autant, la ville de Guayaquil et sa province furent les premières à se libérer de la Couronne espagnole le 9 octobre 1820, en s'autoproclamant indépendantes avec une armée de 1 500 soldats.

JARDÍN BOTÁNICO ★

Cuidadela Las Orchideas

✆ + 593 4 2899689

Tous les jours de 8h à 16h. Entrée : 3 US$.

On y découvrira la flore de la forêt tropicale sèche, palmiers et cactées… soit quelque 500 espèces botaniques présentes dans la région. On pourra également y trouver un bel orchidearium avec plus de 50 espèces d'orchidées, des expositions de Valdivia (minéraux, roches et pierres précieuses) et de plantes médicinales. C'est aussi l'endroit idéal pour observer plus de 73 espèces d'oiseaux et 60 espèces de papillons et autres animaux tels que des tatous, des iguanes, des lapins et les oies. Beau point de vue sur les ríos Daule et Babahoyo.

MUSEO ANTROPOLÓGICO Y DE ARTE CONTEMPORÁNEO (MAAC) ★

Malecón 2000 y Loja

✆ +593 4 230 9383

Ouvert du mardi au vendredi de 9h à 16h30 et le week-end de 10h à 17h. Entrée gratuite.

Son architecture moderne s'inspire d'une embarcation précolombienne de la côte équatorienne élaborée en *balsa*. Le musée dispose de 5 000 pièces archéologiques et d'une collection de 3 000 œuvres d'art moderne. Les espaces dédiés à l'anthropologie s'organisent par ethnie précolombienne, exposant notamment des céramiques, des bijoux, des objets rituels et des statuettes. Dans les immenses salles consacrées à l'art contemporain, les expositions, temporaires, sont régulièrement renouvelées

MALECÓN 2000 ★★

La promenade, entièrement sécurisée, ferme le soir (accès de 7h à minuit).

La promenade du Malecón 2000, surplombant sur la rivière Guayas sur 2,5 km, est l'un des endroits les plus agréables de Guayaquil. Les jardins du Malecón, qui succèdent à la Rotonda, se parent d'une flore tropicale répartie autour d'agréables points d'eau et de 3 places isolées : la Plaza Precolombiana, la Plaza Neoclásica et la Plaza de las Bromelias. Vous y trouverez aussi des restaurants dotés de terrasses qui s'ouvrent sur le fleuve, des musées et commerces. Elle s'achève après la superbe structure du Palacio de Cristal imaginée par Gustave Eiffel.

MUSEO EN MINIATURA - GUAYAQUIL EN LA HISTORIA

Av. Malecón y Loja

✆ +593 4 256 3078

Musée ludique. Tous les jours, sauf le lundi, de 9h à 13h30 et de 16h à 20h. Entrée : 3 US$.

Voici un musée original destiné aux adultes comme aux enfants, où l'histoire de Guayaquil vous est relatée à travers de petits personnages. Ici, vous verrez l'architecture et les personnages importants de Guayaquil en miniatures. Est également projeté un film sur l'histoire de la ville. Plusieurs thèmes pour tout savoir sur : les origines, la fondation, le chantier naval, la venue des pirates dans le golfe, la vieille ville et la ville nouvelle, le cacao, le Grand Incendie... Amusant.

PABELLON DE LOS DONANTES

Malecón 2000

Pavillon des donateurs.

On commémore ici les donateurs qui ont financé le projet du Malecón 2000 grâce à l'affectation de 25 % de leurs impôts au projet. Ce sont 32 grandes plaques de verre érigées en hommage aux personnes physiques et juridiques ayant participé financièrement à la réalisation du Malecón 2000. D'innombrables colonnes de noms y sont inscrites en blanc. Au total plus de 48 000 donateurs dont une majorité d'habitants de Guayaquil. La nuit, les panneaux de verre, disposés les uns derrière les autres, sont éclairés et laissent deviner un joli monument.

MONUMENTO AL SAGRADO CORAZÓN DE JESÚS

Sur le Cerro del Carmen

Sur la colline, ce belvédère, couronné par le monument du Sagrado Corazón de Jesús, offre une jolie vue panoramique sur la ville, sa périphérie et la confluence des fleuves Daule et Babahoyo qui forment l'immense fleuve Guayas. Des actes de délinquance envers les touristes ont été rapportés sur le Cerro del Carmen (et surtout des vols) ; il est conseillé d'être vigilant et ne prendre avec vous que le strict nécessaire. L'idéal est de se faire accompagner d'un guide.

PLAZA DE LA INTEGRACIÓN LATINOAMERICANA

Malecón 2000

Sur cette place située à l'extrémité sud du Malecón, deux monuments notables : la plaza de las Banderas, qui réunit les drapeaux des vingt-quatre provinces de l'Equateur et au centre celui du pays, et le Palacio de Cristal. On y trouve aussi un petit marché d'artisanat composé de 24 petites boutiques représentant l'artisanat de chaque province. La place tient son nom de la première réunion des présidents d'Amérique du Sud qui eut lieu ici en 2002.

MUSEO DEL BOMBERO

Antigua Plaza Colón y Callejón Vernaza (à côté de Las Peñas)

✆ +593 4 230 3572

www.bomberosguayaquil.gob.ec

Ouvert du mardi au dimanche de 10h à 17h.

Entrée gratuite.

Guayaquil a beaucoup souffert des incendies au cours des deux derniers siècles et il est légitime que la ville dédie un de ses musées au corps des pompiers. Et pas n'importe quel musée. Celui-ci est un des plus complets qu'on puisse imaginer sur ce thème. A noter la salle Bomberitos qui est un espace dédié aux filles et garçons de 3 à 12 ans, afin qu'ils apprennent par stimulation sensorielle et de manière ludique, les conseils de prévention prodigués par les pompiers.

MALECÓN DEL SALADO

A l'opposé du Malecón 2000, au bout de l'Av. 9 de Octubre

Conçu dans le cadre du projet touristique Malecón 2000, le Malecón del Salado offre une autre promenade (familiale et dominicale) dans un environnement urbain totalement repensé et renouvelé, avec des espaces culturels, de vie et de jeux pour les enfants ainsi qu'un grand nombre de restaurants, bars et de magasins d'artisanat. Il est particulièrement agréable de s'y promener le soir pour profiter des jeux de lumière sur l'eau. A noter également, la citadelle Railway Park, la plaza Barquerizo Moreno et la société de l'estuaire (Compañía del Estero).

MUSEO MUNICIPAL DE GUAYAQUIL ★

Sucre, entre Chile et Pedro Carbo

✆ +593 42594800

Du mardi au samedi de 9h à 17h. Entrée libre. Visites guidées possibles en espagnol ou en anglais.

Le musée de la ville de Guayaquil comporte autant de salles que d'époques retraçant l'histoire de la cité, de l'ère précolombienne de la région, qui fut la première à utiliser la céramique, aux grands hommes qui marquèrent le XXe siècle du nouveau Guayaquil en passant par la construction coloniale de la ville. Sur un mur du musée est par ailleurs inscrit le poème *La Perla del Pacífico*, du journaliste-poète Juan Batista Aguirre en l'honneur de Guayaquil.

MUSEO NACIONAL DEL CACAO

Calle Panama y Imbabura
www.museocacao.com/
De 9h à 17h du mardi au dimanche. Entrée : 5 US$.

C'est dans la superbe maison de Walter Guzman Aspiazu, entrepreneur dans le cacao à la fin du XIXe siècle qu'a pris place ce nouveau musée, inauguré en juillet 2021. Le rez-de-chaussée abrite une petite fabrique de cacao didactique, mise en place grâce aux donations de Jean-Paul Burrus, un industriel alsacien professionnel du chocolat. Cette belle demeure a été restaurée à l'identique de ce qu'elle était dans les années 30. On retrouve ici toute l'histoire et la tradition agricole de la région qui produit un des meilleurs cacaos du monde. A ne pas rater !

PARQUE CENTENARIO

Parque Centenario

Au milieu de ce joli square implanté en plein cœur de la ville, s'élève la colonne de la Liberté, créée par le sculpteur espagnol Agustín Querol en l'honneur des artisans de l'Indépendance. La place a ainsi été inaugurée le 9 octobre 1920, date à laquelle s'est impulsé le processus indépendantiste de Guayaquil. Elle est encadrée par des figures allégoriques en bronze représentant la Justice, l'Héroïsme, le Patriotisme. C'est un espace aéré où les citadins aiment se poser après le déjeuner et où il règne une atmosphère de calme relatif au milieu du brouhaha urbain.

MUSEO PRESLEY NORTON

Av. 9 de octubre y Carchi
✆ +593 4 229 3423
Du mardi au vendredi de 8h30 à 16h30. Samedi et dimanche de 10h à 16h. Entrée gratuite.

Situé dans l'ancienne Villa Rosa Herlinda sur l'Avenida 9 de Octubre, ce musée possède une importante collection d'archéologie composée d'environ 8 000 objets en céramique, en os et en pierre de la côte pacifique équatorienne qui appartenaient à Presley Norton. La visite permet de découvrir l'évolution de la céramique depuis la période formatrice (3900 av. J.-C.) à nos jours. Cet élégant musée, le plus beau de la ville, présente également les modes de vie, les relations avec la nature et la vision du monde des anciens habitants de cette région.

PARQUE SEMINARIO (DE LAS IGUANAS)

Clemente Ballén y Chile
Tous les jours de 6h à 23h.

Agréable lieu de détente, ce petit parc a pour particularité d'être habité par une grande colonie d'iguanes terrestres en liberté. Tous les jours, vers midi, ces reptiles au physique de monstres préhistoriques descendent des arbres pour profiter de la générosité des promeneurs qui déjeunent d'un sandwich et pour paresser au soleil. Il est aussi fréquent de les voir se pourchasser entre eux à vive allure. En son centre, une statue équestre de Simón Bolívar, inaugurée le 24 juillet 1889.

CÔTE PACIFIQUE

Stars du parc Seminario, les iguanes règnent dans le centre ville de Guayaquil.

PARQUE HISTORICO GUAYAQUIL ★★

Via Samborondón – Av. Centrale y av. Esmeraldas
✆ +593 4 283 2958

Ouvert du mercredi au dimanche de 9h à 16h30. Entrée gratuite.

Le parc historique de Guayaquil est un bien agréable espace récréatif dans le centre de la ville. Il a été inauguré fin 1999 et s'étend sur 8 hectares. Il permet de découvrir la faune et la flore équatoriennes et en particulier celle qui peuplait la zone où s'est développée la ville. Alligators, tapirs, singes, daims, oiseaux aquatiques et terrestres sont au rendez-vous. Le parc est divisé en 3 zones : la vie sauvage, les traditions et enfin l'urbanisation et l'architecture. Dans la première zone, on suit un parcours le long d'une passerelle en bois surélevée : les animaux ne sont donc pas en cage, mais à l'air libre dans leur environnement naturel. L'idée était en effet de simuler la vie sauvage telle qu'elle était avant l'apparition de la ville. Vétérinaires et biologistes travaillent à l'unisson pour sauvegarder des espèces endémiques en voie de disparition, en favorisant leur reproduction au sein du parc. Le deuxième volet de la visite est de nature purement historique : reconstitution de maisons coloniales à partir de matériaux récupérés sur quelques maisons d'époque (dont la plupart ont disparu dans des incendies), maison rurale en canne à sucre (avec les animaux de la ferme) qui jouxte une hacienda. Dernière partie du parque histórico, une promenade ponctuée de jolis petits jardins avec des thématiques précises : plantes médicinales, potagers avec les légumes de la côte, fleurs... Globalement, ce parc-musée est une vraie réussite, tant pédagogique qu'esthétique.

PLAZA DE LA ADMINISTRACIÓN ★★

Plaza de la Administración

© UWE BERGWITZ - SHUTTERSTOCK.COM

Sur cette superbe place piétonne jalonnée d'édifices historiques, on remarquera d'abord l'imposant Palacio Municipal de Guayaquil. Construit en 1929, l'édifice de style néoclassique, de plan carré, s'organise autour d'une galerie centrale en verre et en fer forgé flanquée de quatre coupoles.

Attenant, le Palacio de la Gobernación, plus sobre, se caractérise par son mélange de styles en vogue dans les années 1920. De l'autre côté de la promenade, on pourra admirer l'édifice Martín Avilé.

CATEDRAL METROPOLITANA DE GUAYAQUIL ✝

Chimborazo y Clemente Ballén
✆ +593 4 251 2865

Ouverte aux visites du lundi au samedi de 8h à 18h. Evitez les horaires de messes.

La cathédrale est plus belle de l'extérieur qu'à l'intérieur. De style néogothique, elle offre un bel arrière-plan pour des photos du parc Seminario où s'ébattent les Iguanes et de la statue de Simón Bolívar, El Libertador. L'abside de la cathédrale borde la piscine du Gran Hotel de sorte que les vitraux surplombent les baigneurs. Cette cathédrale fut construite sous les ordres de Francisco Xavier de Garaicoa, le premier évêque de Guayaquil qui devint ensuite archevêque de Quito.

EDIFICIO MARTÍN AVILÉS - ANTIGUO HOTEL CRILLÓN

Calle 5 SE 211

L'édifice Martín Avilés accueillait autrefois l'un des établissements les plus prestigieux de la ville, l'hôtel Crillón. Construit entre 1927 et 1930 par la compagnie italienne de construction, il a été réalisé et décoré par un architecte et un sculpteur italiens. De style moderniste, il exhibe sa façade verticale surmontée par une série d'arcs reposant sur des pilastres aux chapiteaux sculptés de feuilles d'acanthe. Une tour carrée s'élève au coin de l'édifice.

MUSEO NAHIM ISAIAS

Pichincha y Clemente Ballen 500
✆ +593 42324182

Ouvert du mardi au vendredi de 8h30 à 16h30 et le samedi de 10h à 16h. Entrée libre.

Ce musée fut celui de l'ex-banque Filanbanco qui fit faillite. Il s'adresse avant tout aux amateurs d'art sacré. Sa collection d'art religieux colonial et républicain (environ 2 500 pièces) occupe désormais tout l'espace, avec des expositions temporaires rassemblant des œuvres du monde entier. Les collections (notamment celles de l'Ecole coloniale quiteña) se savourent dans une ambiance feutrée, au son d'une musique classique en harmonie avec les œuvres présentées. La collection d'archéologie autrefois exposée appartient désormais au fonds du MAAC.

PALACIO DE CRISTAL ★★

Malecón Simón Bolivar et Av Jose Joaquin de Olmedo

Le Palacio de Cristal, situé sur les rives du fleuve Guayas est un ancien marché dont la structure, en fer apporté d'Italie, aurait été dessinée par les ingénieurs de Gustave Eiffel à Guayaquil. Jusqu'à la fin des années 90, c'était le lieu d'un marché alimentaire haut en couleur, et en odeurs. Aujourd'hui, le marché s'est transformé en palais. Sa structure de verre est désormais au service des œuvres d'art que l'on expose en son sein. Picasso, Rembrandt, Guayasamín figurent dans la liste des grands artistes qui ont eu cet honneur. Superbe, illuminé la nuit.

PALACIO DE LA GOBERNACIÓN ★

Malecón y Clemente Ballén

En première ligne sur le Malecón, cet immeuble habite l'administration de la province de Guayas. L'édifice actuel, qui date de 1923, a été réalisé par l'architecte allemand Augusto Ridder selon les plans de l'ingénieur italien Mario Gherardi. On y retrouve une galerie centrale en forme de croix surmontée d'un toit en verre et en fer forgé. Son style néoclassique s'affirme dans les arcs de triomphe soutenus par quatre colonnes, élevés aux entrées de la galerie.

PLAZA OLMEDO

Malecón 2000

Cette belle place est située sur le Malecón Simón Bolívar, là même où est érigée la statue à l'effigie du poète José Joaquín de Olmedo, premier maire de la ville qui impulsa la révolution du 9 octobre 1820. C'est l'un des lieux les plus appréciés des touristes et des Guayaquileños qui, en plus d'admirer la statue, viennent se promener sur l'esplanade en fin de journée pour profiter de la fraîcheur dégagée par le Guayas qu'elle domine. De petits stands de « streetfood » se tiennent juste à côté de la place, vous n'aurez pas à aller bien loin en cas de fringale.

PALACIO MUNICIPAL DE GUAYAQUIL ★

Malecón y Clemente Ballén

Le Palacio Municipal, dessiné par l'architecte italien Francesco Maccaferri et inauguré en 1929, exhibe un style Renaissance moderne, avec des touches gothiques. L'actuel palais de la mairie fut construit sur les restes de l'ancien bâtiment municipal que l'on brûla en 1908 lors de l'épidémie de peste. Dans les années 1990, il fut rénové sous le mandat de León Febres Cordero, ce même maire qui impulsa la modernisation de la ville depuis son entrée dans le XXIe siècle.

TORRE MORISCA

Malecón y 10 de Agosto

Tour de l'Horloge.

Cette belle et haute tour à l'allure mauresque servait à surveiller les environs, et à donner l'alerte en cas d'attaques pirates (très fréquentes). Détruite par les raz-de-marée successifs, reconstruite en 1930, aujourd'hui elle se contente de donner l'heure… et une touche andalouse à la promenade. Cette horloge date de 1842, époque à laquelle elle fut importée d'Angleterre pour être installée en lieu et place de l'horloge des jésuites, sur la façade du Cabildo. La Torre Morisca est aujourd'hui un des symboles de la ville, reconnu dans tout le pays.

OFFICE DE TOURISME

Calle 10 de Agosto y avenida Malecón Simón Bolívar

Ouvert du lundi au vendredi de 9h à 17h.

Le bureau du ministère du Tourisme de Guayaquil est très actif ; on peut y obtenir de nombreux renseignements, plans et adresses. L'accueil est très avenant et les employés du ministère très compétents, sauront vous donner les meilleurs conseils pour découvrir les nouveautés de cette ville qui évolue très rapidement.

▸ Autres adresses : Direction du tourisme, en face de la mairie (municipio), ouvert aux mêmes heures. Et également un kiosque d'information dans la tour située sur le Malecon, non loin de l'hémicycle de la Rotonda. (Torre Morisca)

ECUADORIANBUS-CHARTER

✆ +593 98 481 0295

www.ecuadorianbuscharter.com

Circuits touristiques sur mesure. Prix sur demande.

Cette agence réceptive possède sa propre flotte de véhicules, du plus petit jusqu'à l'autocar de grande ligne, tous très récents, et propose de nombreuses excursions dans tout le pays ainsi que bien entendu de simples transferts routiers. C'est une agence habituée à travailler avec une clientèle internationale, elle est en effet dirigée par Wim, un Belge expatrié en Equateur depuis de nombreuses années. Les circuits proposés peuvent être accompagnés par un guide francophone. Nous vous recommandons de contacter Wim avant votre arrivée, il est de très bon conseil.

HOLA FRANCE

✆ +593 99 391 0343

holafrance.com/fr

Ouvert de 10h à 13h et de 16h à 19h du lundi au vendredi.

Située dans le quartier de Urdesa, cette école de langues qui fait office d'espace culturel franco-équatorien à Guayaquil fut créée par trois jeunes Françaises expatriées à Guayaquil. Elles organisent des événements bi culturels et bilingues dans un agréable patio et proposent, en plus de leurs cours de français, des cours d'espagnol pour les visiteurs. L'école partage le siège d'une école de danse, En Avant, ce qui donne un certain charme musical aux cours. D'autre part, Alice et ses associées proposent des visites guidées de Guayaquil en français. Contactez-la.

EMETEBE

Boyaca 916 y Victor Manuel Rendon

✆ +593 04 230 1277

www.emetebe.com.ec

Vols domestiques au sein des Galápagos à partir de 150 US$ l'aller simple interîles.

Cette petite compagnie aérienne locale exploite une flotte de bimoteurs Islander, réputés pour leur fiabilité. Comptez 35 minutes pour un vol Baltra-Isabela et Baltra-San Cristóbal, 45 minutes pour un vol San Cristóbal-Isabela. C'est une bonne option en particulier si vous devez aller de Isabela à San Cristóbal (ou l'inverse), car vous évitez ainsi deux voyages en bateau et une journée de perdue. Si vous êtes chanceux, les nuages vous laisseront découvrir les couleurs de l'archipel des Galápagos depuis les cieux, spectacle inoubliable.

AEROVIA

✆ +593 4 501 5800

1,50 US$ l'aller/retour du centre-ville à Duran.

Cette télécabine qui relie le centre de Guayaquil à Duran, de l'autre côté du fleuve a été inaugurée en 2020 et est destinée au transport interurbain, permettant de délester, du moins est-ce l'idée, le trafic automobile. Duran a en effet vu sa population tripler en 20 ans et la majorité de celle-ci vient au centre-ville pour travailler. Côté Guayaquil, les trois stations sont implantées sur des sites stratégiques : sur le Malecon, sur le parc Julian Coronel, plaque tournante pour les bus de l'agglomération, et enfin, au parc du Centenaire, en plein centre-ville.

HOTEL JESHUA €

Padre Solano 1501 y Jose Mascote

✆ +593 99 232 0918

Chambre double autour de 40 US$. Petit déjeuner inclus. Laverie, Wi-Fi.

Cette adresse familiale offre un très bon rapport qualité-prix pour Guayaquil : toutes les chambres sont dotées de l'air conditionné, d'une salle de bains privée et de la télévision câblée. Elles sont très bien tenues. Décoration joyeuse avec dessus de lits bariolés. Il est de plus situé dans un emplacement pratique et sûr, proche des commerces et lieux touristiques. N'oublions pas de citer la gentillesse des propriétaires, serviables et souriants. Le petit déjeuner est copieux et composé de produits frais. Bref, une bonne option dans sa catégorie.

YU SMARTHOTELS €

Vicente Rocafuerte y Manuel de J.Calle
✆ +593 4 2597850
www.yuhotels.com/
Chambre double à partir de 59 US$.

Un hôtel de 20 chambres identiques aménagées de façon très moderne, destiné à ceux qui souhaitent être dans le centre historique avec un confort dernier cri. Prises USB et wifi à très haut débit plairont aux cyber-nomades. Les lits sont tous de taille king size et les fenêtres couvrent tout le mur de façade apportant beaucoup de luminosité à cet hôtel. Situé entre la fin du Malecón et le musée des pompiers, il est accessible depuis le centre historique en quelques minutes. Le quartier n'est pas forcément rassurant le soir, privilégiez le taxi.

BLACK CASTLE GUESTHOUSE €€

Malecón 2102, entre Olmedo Y Colon
✆ +593 998396043
A partir de 55 US$. Petit déjeuner continental. WiFi. Réception ouverte 24h/24.

Un établissement flambant neuf installé à 700 mètres du Malecón 2000. Fonctionnel, impeccable et à taille humaine. Les chambres présentent une déco assez classique et sont équipées de la télévision câblée et d'un frigo. Petit déjeuner continental servi chaque matin. Une adresse moderne et propre à laquelle on ajouterait bien un brin d'originalité, mais très recommandable pour ceux qui fond du confort leur priorité.

EL MANSO BOUTIQUE HOSTAL €€

Malecón 1406 y Aguirre ✆ +593 4 252 6644
www.manso.ec
Comptez 15 US$ pour un lit en dortoir, et à partir de 63 US$ pour une chambre (base double). Petit déjeuner compris.

Une adresse originale, formidablement située face au Malecón. Au 1er étage d'un petit immeuble, les chambres portent des noms de couleurs et affichent un look ethnique très réussi. Les plus chères disposent de l'air conditionné et d'un balcon. Canapés, coussins, teintes naturelles, musique lounge et lumières tamisées caractérisent ce lieu hippie chic agréable. L'espace entre les chambres est confiné, parfois bruyant, et hormis le balcon donnant sur la rue, on déplore l'absence d'un patio intérieur ou d'une terrasse. Le restaurant sert de très bons burgers veggies.

HOSTAL MACAW €€

Cdla. Guayaquil. Calle Victor Hugo Sicouret.
✆ +593 04 2296 799
hostalmacaw.com
A partir de 60 US$ la chambre double, 95 US$ la triple. Petit déjeuner compris.

Ce petit hôtel de 13 chambres réparties sur 2 étages est idéal pour une escale avant ou après les Galápagos. Il est en effet à seulement 10 minutes de l'aéroport et tout près d'un grand centre commercial, idéal si vous devez faire quelques achats avant d'aller aux Galápagos ou de repartir en Europe. Fanny, la propriétaire, vous accueille avec le sourire et vous conseille avec plaisir. Les chambres sont simples, mais impeccables et les lits confortables. Petit déjeuner copieux au top avec jus de fruits frais faits à la demande. Une bonne option d'escale.

HOSTAL SUITES MADRID €€

Quisquis 305 y Rumicacha
✆ +593 42307804
www.hostalsuitesmadrid.com
Chambre double Deluxe à 50 US$. Chambres familiales. Parking gratuit.

Ce petit hôtel est situé non loin du *parque del Centenario*. Les couloirs de la bâtisse sont ornés de mosaïque bleue et de briques. Les 32 chambres sont spacieuses et propres, équipées de sanitaires, de la télé câblée et de l'air conditionné. On y trouve une belle cafétéria, un garage et une chouette terrasse pour prendre le soleil au-dessus de la ville. Réduction possible pour les groupes. Les propriétaires de l'hôtel sont également agents de voyages et pourront vous proposer des circuits bien organisés à prix particulièrement attractif.

HOTEL CITYPLAZA €€

Boyacá 922 Y Víctor Manuel Rendón
✆ + 593 4 2309209
A partir de 60 US$ la chambre double. Petit déjeuner buffet inclus. WiFi. Restaurant. Parking gardé.

A 200 m du Malecón 2000, le Cityplaza est un établissement moderne et fonctionnel de 43 chambres avec des chambres bien équipées. Elles disposent toutes de leur salle de bain privée, d'un minibar ainsi que d'un coffre-fort. Le service est impeccable et le petit déjeuner complet. Les propriétaires sont également impliqués dans la compagnie aérienne locale des Galápagos, EMETEBE, et pourront vous guider dans votre préparation si vous allez aux Galápagos. On appréciera surtout son emplacement central, bien que relativement bruyant.

HOTEL LAS PEÑAS €€

Escobedo 1215 y Av. 9 de Octubre
✆ +593 4 232 3355
www.hotelpen.com.ec/
Chambre double autour de 50 US$. Petit déjeuner inclus. Wi-fi, parking, clim.

Ce vieil hôtel, très bien entretenu et parfaitement situé dans le centre, à mi-chemin entre le Malecón et le parc Centenario, propose 28 chambres confortables et propres (avec salle de bains et télévision). Il y a 6 types de chambres, de la simple à la quintuple, à vous de choisir ! Les petits déjeuners sont très copieux et satisferont les plus difficiles, car le choix est grand. Ils sont servis dans le restaurant-cafétéria adjacent. Bon service. Dommage que la déco manque un peu de charme ! On retiendra cette adresse pour passer quelques jours dans la ville.

MANSIÓN DEL RÍO €€

Numa Pompilio Llona 120
✆ +593 4 256 5827
www.mansiondelrio-ec.com
A partir de 70 US$ la chambre simple, 85 US$ la double et 95 US$ la suite. Petit déjeuner compris.

En face du río Guayas et à 5 minutes du Malecón Simón Bolívar, voilà certainement l'une des plus authentiques et charmantes adresses de la ville. Construite en 1920 sous le nom de Villa de San Antonio, elle appartenait à un noble anglais, Sir George Alexander Ashton. Aujourd'hui, c'est un bed & breakfast sophistiqué, élégant et confortable. Les 11 chambres décorées dans un style Renaissance se mêlent au mobilier, plus moderne. Lits king size, TV, salle de bains. Très belle vue sur le fleuve pour les chambres les plus chères !

ORILLA DEL RIO €€

Cdla. Entrerios, Calle 7ma 8 y Ave. Río Guayas
✆ +593 4 2833075
www.orilladelrio.com.ec
A partir de 100 US$ la chambre double. Petit déjeuner compris. Piscine. Restaurant.

Ce charmant boutique-hôtel est situé dans l'une des zones les plus sûres de Guayaquil, à Sam, non loin de l'aéroport. Une zone un peu excentrée du centre-ville (5-10 min en voiture) où sont implantés de grands centres commerciaux (avec cafés, magasins, restaurants, cinémas, salles de sport, etc.). Orilla del Río propose des chambres confortables, bien équipées (salle de bains privée, air conditionné, téléphone, minibar, TV HD, lit *king size*...) et soigneusement décorées dans des tons sobres. L'agréable patio fleuri invite quant à lui à la détente.

GRAND HOTEL GUAYAQUIL €€€

Boyacá y 10 de Agosto ✆ +593 99 909 0138
www.grandhotelguayaquil.com
Comptez de 75 à 160 US$ pour une chambre double, petit déjeuner inclus. Hors taxes. WiFi.

Un classique à Guayaquil. Fort bien situé, non loin du Malecón, il compte 180 chambres, confortables et vastes, avec téléviseur câblée, air conditionné et *room service*. La piscine est agréable et, originalité, elle jouxte l'abside de la cathédrale : vous pouvez en admirer les vitraux tout en nageant. Squash, sauna, bain turc et salle de sport en étage donnant sur une grande terrasse où vous pourrez aussi prendre le soleil. Parking. Service parfait et personnalisé. Restaurant buffet, avec excellent petit déjeuner. Bar ouvert toute la nuit !

HOTEL DEL PARQUE €€€

Parque Historico Guayaquil
✆ +593 4 372 5260
www.hoteldelparquehistorico.com/
Relais & Châteaux. A partir de 409 US$ la chambre double. 1 609 US$ la suite.

Nous voici dans ce qui est incontestablement le plus bel hôtel de Guayaquil. Au cœur du superbe parc historique, sur la presqu'île de Sanborondon, cet hôtel luxueux du groupe Oro Verde installé dans un superbe bâtiment du XIXe siècle parfaitement restauré vous accueille pour un séjour de rêves. Restaurants gastronomiques au bord du fleuve, salle de sport haut de gamme et spa sont à votre disposition dans cette oasis tropicale au cœur de la ville. La ligne de chemin de fer séculaire a même été mise en valeur, élément de décoration très original. Superbe !

HOTEL ORO VERDE €€€

9 de Octobre 414 y García Moreno
✆ +593 43811000
www.oroverdeguayaquil.com
A partir de 90 US$ la chambre double, petit déjeuner inclus. WiFi, salle de sport et restaurant. Parking gratuit.

Cet hôtel est l'un des plus agréables de la ville. Très bien placé, il se trouve à trois rues du parc del Centenario et comporte 236 chambres et suites lumineuses qui allient confort et modernité, pas moins de 5 restaurants (Le Gourmet, la Fondue, el Patio, le Gourmet Deli et le Capitan bar), une salle de sport avec spa... Pour les cyber-nomades, un point important, le wifi est à très haut débit. L'hôtel propose également un service de transport gratuit vers l'aéroport. C'est le choix idéal pour ceux qui souhaitent rester quelques jours et en ont les moyens !

HOTEL PALACE GUAYAQUIL €€€

Chile N 214 y Luque ✆ +593 4 232 1080
www.hotelpalaceguayaquil.com.ec
Chambre double à partir d'environ 85 US$. Petit déjeuner compris. Restaurant.

Considéré comme patrimoine national pour son architecture, l'hôtel Palace Guayaquil offre tout le nécessaire pour un séjour de qualité à Guayaquil. Les chambres sont confortables et bien équipées. Un brin luxueux sans excès, on s'y sent bien. Son histoire, son authenticité et la gentillesse de son personnel font de votre séjour une expérience reposante et enrichissante. On y trouvera bien entendu tous les services attendus dans ce standing : taxis privés, salle de sport, laverie, etc. Bon rapport qualité-prix au regard de sa localisation.

UNIPARK €€€

Clemente Ballén 406 y Chimborazo
✆ +593 4 232 7100
www.uniparkhotel.com
A partir de 100 US$ pour une chambre double.

L'Unipark, un des hôtels les plus réputés de la ville qui fait aujourd'hui partie du groupe Oro Verde, est idéalement situé sur la place de la cathédrale (Parque del Seminario où se prélassent les iguanes), à quelques pas du Malecón. Cet édifice moderne abrite 140 chambres tout confort et offre les prestations d'un hôtel haut de gamme. Salle de sport, navette aéroport gratuite, laverie, internet à très haut débit... A noter un excellent brunch équatorien les dimanches et jours fériés. Un hôtel parfait pour partir à la découverte de la ville.

FRUTABAR €

Malecón 504, entre Tomás Martinez et Imbabura
✆ +593 4 230 0743
frutabar.com
Tous les jours à partir de 11h. Jusqu'à minuit sauf le dimanche, fermeture à 23h30.

Le paradis du fruit sous toutes ses formes : jus frais, milk-shakes, glaces, salades. Un vrai bonheur d'y faire une pause rafraîchissante : le cadre est acidulé, aux couleurs des fruits tropicaux, et tout y est divin. Les meilleurs fruits du pays sont coupés au fur et à mesure des consommations : papayes, bananes, tomates de arbol, ananas, naranjillas et bien d'autres. Les amateurs y feront une véritable cure d'autant plus que la plupart des fruits sont issus de l'agriculture organique, gage de bonne santé ! Deux autres adresses en ville.

YOGOURT PERSA €

Boyaca y 9 de Octubre
frutabar.com
Ouvert de 8h à 21h (jusqu'à 22h le vendredi et le samedi).

On vient ici déguster – sans modération ! – des petits pains de farine de yucca au fromage, rappelant un peu la gougère, avec du yaourt glacé préparé à base de fruits frais mixés. Un vrai délice, très rafraîchissant. Cette chaîne a désormais franchi les frontières de l'Equateur (Pérou, Colombie, Costa Rica, etc.). L'enseigne propose aussi quelques plats salés : pain de Yucca au bacon, au bœuf ou au poulet, servis dans de petits pots, comme les yaourts sucrés. Idée originale, tarifs très raisonnables. Plusieurs adresses en ville.

PA'LO CEVICHES €

Juan León Mera Martínez 50
✆ +593 99 080 3147
Ouvert tous les jours de 9h à 17h, sauf le lundi. Ceviches autour de 10 US$.

Vous voici à la maison du Ceviche de Guayaquil. Qu'il soit à base de crevettes, de poisson ou de poulpe, le ceviche est ici toujours délicieux. C'est la spécialité de cette table installée en centre-ville depuis quelques années et disposant d'une jolie terrasse extérieure. On accompagnera volontiers son ceviche de calamars façon *tempura* ou encore de chips de bananes plantains. Quelques plats de viande sont aussi proposés au menu. Le restaurant est resté longtemps fermé pendant la pandémie, espérons qu'il saura se remettre de cette difficile épreuve.

PICANTERIA LA CULATA €

General Cordova y Mendiburu
✆ +593 99 580 8005
Ouvert tous les jours sauf le dimanche. Compter entre 10 et 20 US$.

Ce restaurant typique de Guayaquil, ouvert il y a déjà 9 ans et très bien situé dans le centre de la ville, est une excellente adresse pour s'essayer à la cuisine équatorienne, et plus particulièrement aux spécialités de la côte, tels que le délicieux *ceviche* (on ne s'en lasse pas !), les plats en sauce baignés dans le lait de coco ou encore les *arroces* agrémentés de produits de la mer. Poissons, crevettes et autres crustacés garnissent ici généreusement les assiettes. C'est bon et coloré. Et l'ambiance est chaleureuse à la façon costeña ! On recommande.

LA SUCULENTA €

callejón Magallanes y Rocafuerte
✆ +593 99 229 4051
Du mercredi au dimanche : 12h-22h et le WE jusqu'à 18h. Comptez 7,50 US$ le menu du jour, entrée, plat, dessert, jus.

Cet endroit est le produit d'un rêve qu'a fait Erika Garaicoa il y a 25 ans. Après 14 années en tant qu'hôtesse de l'air, expérience qui lui a permis de s'inspirer des cuisines du monde entier, elle a posé ses valises dans la zona rosa et ouvert ce restaurant végétarien que l'on peut qualifier de gastronomique. L'endroit est charmant, une petite impasse où il fait bon se poser, à la sortie du théâtre *Muegano*, et la cuisine est délicieuse et très saine. Le menu différent chaque jour et très inspiré. Mention spéciale pour l'escabèche d'aubergines, un délice.

EL CARACOL AZUL €€

Av. 9 de Octubre y Av Los Rios Esquina
✆ +593 4 228 0461
Fruits de mer, poisson et steak house. Comptez entre 15 et 25 US$. Du lundi au samedi, de midi à 15h et de 19h à 23h.

Clientèle distinguée dans ce fameux et élégant restaurant qui sert une délicieuse cuisine de fruits de mer et de poisson. Le restaurant est aussi réputé pour ses viandes et sa belle carte des vins. Depuis plus de 30 ans (il a ouvert en 1975), ce lieu est tenu par une charmante Péruvienne qui parle le français. L'adresse est également excellente pour le déjeuner. Un *ceviche* divin et un poisson *a la plancha* feront votre bonheur. Ou pourquoi ne pas vous laisser tenter par les différentes formules de langoustes. Service impeccable.

EL FORTIN €€

Chile 512 y 10 de Agosto
✆ +593 42329270
Cuisine internationale moderne. Tous les jours de 12h30 à 23h30. Comptez 30 US$ par repas.

Le restaurant chic de l'Hotel Continental sert de savoureux plats gastronomiques axés sur une cuisine moderne et fusion. C'est d'ailleurs le rendez-vous des classes aisées de la ville, hommes d'affaires et politiques. Assiettes joliment dressées et les papilles se régalent. Cadre formel. L'autre restaurant de l'hôtel, La Canoa, sert une cuisine équatorienne plus typique, de très bonne qualité également. L'hôtel Continental est resté fermé jusqu'en octobre 2021, gageons que les restaurants se surpasseront dans les mois à venir pour retrouver leur clientèle.

LA FONDUE €€

9 de Octobre y García Moreno
✆ +593 43811000
www.oroverdeguayaquil.com
Cuisine suisse. Tous les soirs de 19h à minuit.

Dans une atmosphère *cosy* agréable, on déguste une variété de spécialités suisses typiques et notamment fondues et raclettes. C'est assez surprenant dans une région aussi chaude, mais de nombreux Guayaquileños y viennent pour connaître une expérience différente dans un endroit bien agréable.

- **Le Gourmet,** restaurant situé au sein du même hôtel, propose de la gastronomie française dans un cadre élégant et raffiné. Large sélection de plats. Pour ceux qui ont le mal du pays. Du mardi au vendredi de 12h à 15h et de 19h à minuit et le samedi de 19h à minuit.

LO NUESTRO €€

Víctor Emilio Estrada 903 e Higueras
✆ +593 44627233
www.lonuestro.com.ec
Cuisine régionale typique. Ouvert tous les jours de 12h à 23h. Plats à partir de 15 US$.

Une des meilleures adresses de la ville où poisson et fruits de mer sont bien entendu à l'honneur : langouste, crabe, poisson (à l'ail, à la coco, grillés, en soupe, etc.), et les viandes ne sont pas en reste non plus (seco de chivo, viande de bœuf, poulet au fruit de la passion, etc.). Le *Locro de camarones*, sorte de soupe de crevettes avec de l'avocat en tranches et du maïs sous forme de *Choclos* est particulièrement réussi et nous vous le recommandons. Décor ancien dans une demeure typique ; service professionnel, mais un peu trop formel.

OUI BISTROT €€

506 panama ✆ +593 98 007 2240
oui-bistrot-frances.business.site/
Du mercredi au vendredi de 8h30 à 17h. Ferme à 16h les samedis et dimanches. Plat principal de 10 US$ à 16 US$.

C'est juste à côté du nouveau musée du Cacao, sur la calle Panama, que Romain vous reçoit dans ce joli petit restaurant français au cœur de Guayaquil bénéficiant d'une sympathique terrasse dans un patio bien agréable. Après avoir fait ses armes équatoriennes à Salinas, Romain de Lamar, qui a également travaillé en France dans diverses cuisines de restaurants gastronomiques, propose aujourd'hui une cuisine inspirée à base de produits frais. Poulpe en persillade, médaillons de poulet à la moutarde ou crème brûlée maison raviront les papilles des plus exigeants.

LA RESACA €€

Malecón
✆ +593 99 942 3390
www.resaca.ec
Spécialités latino-américaines et mexicaines. Ouvert tous les jours. Menu « crabe et bière à volonté » env. 20 US$.

Ouvert depuis près de 20 ans, ce bar-restaurant, surtout animé le soir, propose un *almuerzo* (déjeuner) et des « combos » à un prix raisonnable. A noter qu'on y déguste de délicieux crabes, la spécialité de la ville dans une formule à volonté particulièrement intéressante. On s'y rend pour le cadre, ressemblant à l'intérieur d'un navire flottant sur le fleuve, que l'on aperçoit voguer depuis les hublots. Le soir, il est agréable d'y boire un verre. Musique live et karaoké certains soirs, particulièrement pendant les fins de semaine.

TRATTORIA PICCOLO MONDO €€

Bálsamos 504 e/. Las Monjas y Ebanos
✆ +593 4 238 7079 - www.latrattoria.com.ec
Restaurant italien. Du lundi au samedi de 12h30 à 23h30 et le dimanche jusqu'à 22h. Plats à partir de 12 US$.

Cette *trattoria* a aussi bien les faveurs des Guayaquilenos que des touristes de passage. Depuis près de 35 ans, dans un cadre singulier, à la fois convivial et élégant, les gens se pressent ici pour déguster spaghetti, gnocchi, minestrones, ravioli, fettucine, risotto (*al funghi*, par exemple). Piccolo Mondo est aujourd'hui considéré par beaucoup comme l'un des 10 meilleurs restaurants italiens de la ville. Tout est plutôt bon dans l'ensemble, avec pour petit plus le cadre original qui ravira les adeptes du kitsch. A découvrir.

EL COLONIAL

Av. Vicente Rocafuerte Bejarano
✆ +593 96 774 6535
Bar peña ouvert les vendredis et samedis à partir de 19h.

Depuis près de 40 ans (il fut fondé en 1982), c'est une véritable institution de la « zona rosa ». Dans une grande salle au décor tropical, on vient boire une bière ou un shot en écoutant de la musique live (salsa ou merengue) les vendredis et samedis. La fête peut durer jusqu'à 3h du matin si les clients le souhaitent, prévoyez un taxi pour rentrer. Possibilité d'y dîner (viandes grillées et plats typiques). Un bar traditionnel où la fête est au rendez-vous. Après avoir été fermé à cause de la pandémie, il a rouvert, aux mains de ses fondateurs, en octobre 2021.

EL GALEON DE ARTHUR

Numa Pompilio Llona 127
✆ +593 4 231 2230
Ouvert à partir de 18h30, tous les jours sauf le dimanche.

Ouvert il y a 20 ans par Arturo Zea, qui possédait un petit bar nommé Arthur's café, cette enseigne est vite devenue bien connue des touristes en raison de sa situation idéale (surplombant le fleuve, avec une très belle vue sur la ville), pour aller prendre un verre ou s'offrir un repas typique (rien d'exceptionnel niveau resto, hélas). Le bar se loge sous de hauts plafonds dans une maison ancienne pleine de charme et de recoins, décorée sur le thème de la marine. On se sent bien ici, entre terre et mer, au cœur de la ville.

EL MANANTIAL

Victor Emilio Estradas y Las Monjas
✆ +593 98 194 4910
Du lundi au vendredi de 16h à 1h du matin et le samedi de 17h à 2h du matin.

Nous voici dans un lieu emblématique des soirées de Guayaquil. El Manantial est un bar typique dans l'un des quartiers les plus animés de la ville une fois la nuit tombée. On y sirote une bière et on peut y grignoter des encas. Les hamburgers se démarquent du lot, ils sont copieux et très bien assaisonnés. Des karaokés sont organisés toutes les semaines et de nombreux artistes viennent se produire ici en live les vendredis et samedis. C'est un lieu très fréquenté, il faut savoir être patient. Les soirs de match de football, l'endroit est assailli.

HELADOS FRAGOLA

Av. 26 ✆ +593 99 344 9176
Glacier. Ouvert tous les jours.

Depuis 1997, les meilleures glaces de la ville sont élaborées ici ! Bien crémeuses et confectionnées avec des fruits frais, de nombreux parfums au choix. Les cookies valent également le détour, bref, voici une adresse pour les gourmands qui est en train de faire des émules, car déjà 3 autres établissements ont ouvert sous cette marque à Guayaquil.

- Et voici la liste des autres adresses actuelles : Quartier Urdesa (Av. Las Lomas y Calle Primera), Ceibos (Centre commercial La Vista de San Eduardo)

et sur la presqu'île de Samborondón (Centre commercial Plaza Batán)

PARADA CAFÉ

Frente al Malecón Abel Gilbert 3
✆ +593 96 132 7717
Du lundi au jeudi de 8h à 22h30, vendredi et samedi jusqu'à 23h30. Environ 10 US$ le repas complet. 4 bières : 10 US$.

Si l'envie vous prend de traverser le fleuve, ce que nous vous conseillons d'ailleurs depuis qu'a ouvert l'Aerovia qui vous propose un véritable voyage en soi, voici une petite adresse à l'entrée de Duran, quartier qui s'ouvre petit à petit au tourisme. Ouvert du matin tôt au soir tard, ce sera l'étape idéale à votre arrivée de ce côté du Guayas. Vous pourrez y manger de la bonne cuisine locale ou simplement y boire une petite *cerveza* en prenant conseil auprès du patron pour votre visite de ce quartier qui recèle encore des petits secrets ! On recommande.

EL MONO GOLOSO

Manuel Luzariaga 202 y panama
✆ +593 97 903 6785
Ouvert du lundi au vendredi de 8h à 18h. Samedi de 11h à 17h. Fermé les dimanches.

Dans ce pâté de maisons complètement rénové en 2021, qui abrite également le tout récent musée du Cacao ainsi que le restaurant français Ouibistrot cité dans ce guide, vous attend une boulangerie à la française au cadre moderne proposant de bonnes viennoiseries, des pâtisseries et autres douceurs. Tartelettes, croissants et sandwiches de qualité pour vous requinquer au cours des longues marches dans la ville. Du pain également (bon pain de campagne). Quelques tables pour se poser. Les prix en revanche, sont un peu plus élevés qu'ailleurs.

LA TABERNA

Cerro Santa Ana
✆ +593 42310797
Bar à bières, vins. Ouvert tous les jours jusque tard le soir.

Le drapeau de l'Equateur décore la jolie façade de ce bar rustique. A l'intérieur, il y a de tout, on sent le vécu de l'endroit. De nombreux vinyles rappellent que cet endroit est un lieu de musique depuis de nombreuses années au point qu'en octobre 2021, pour le redémarrage du quartier, qui avait beaucoup souffert du manque de touristes pendant la pandémie, les vinyles furent à l'honneur une soirée entière pour le plus grand bonheur des amateurs de platines. La Taberna est également un des bars favoris des locaux le soir de match de foot ! Ambiance garantie.

MERCADO ARTESANAL DE GUAYAQUIL

Baquerizo Moreno, entre Loja et Juan Montalvo
✆ +593 4 230 6266
Du lundi au samedi de 9h à 19h et le dimanche de 10h à 16h.

Nous voici dans le plus grand marché artisanal de la province de Guayas. On y trouve de l'artisanat de tout le pays, voire de plus loin. Chapeaux, bijoux, tissages, sculptures et babioles en tout genre. Ce marché couvert est composé de plus de 170 stands de souvenirs, proposant malheureusement tous plus ou moins la même marchandise. Vous y dégoterez bien un ou deux cadeaux à rapporter si vous n'avez encore rien acheté et que vous quittez le pays.

ECUA-ANDINO HATS

28 Sl. 4 Ciudadela Albatros Mz.
✆ +593 4 228 2500
www.ecua-andino.com
Ouvert du lundi au vendredi de 8h à 17h.

Ecua-Andino se positionne comme l'exportateur numéro un de chapeaux en fibres naturelles dans le monde. L'une des grandes réussites d'Ecua-Andino est le travail social qui relance l'économie des villages de la côte et des Andes de l'Equateur. L'entreprise est à l'origine de la Ruta del Sombrero, qui commence à partir de Barcelona et Sinchal jusqu'à Montecristi. Dans le *showroom* de Guayaquil, les touristes pourront voir le processus de manufacture des chapeaux *panamas*. Une belle sélection de chapeaux est mise en vente. Il y en a pour tous les budgets.

SOMBREROS BARBERÁN

Primero de Mayo 114 y Av. Quito
✆ +593 4 256 3369
www.robinsonbarberan.com
Chapeaux de paille toquilla. Fermé le dimanche. A partir de 20 US$ le chapeau.

Depuis 1942, cette entreprise locale vend des chapeaux de paille toquilla (ou panamas) confectionnés à Montecristi, sur la côte Pacifique. Aujourd'hui, Jouberth Barberan, fils du fondateur, mais déjà âgé de 81 ans, est à la tête de cette chapellerie emblématique de Guayaquil. Il se fera un véritable plaisir de vous expliquer les méthodes de fabrication et surtout de vous raconter de nombreuses anecdotes sur ses voyages à la recherche des meilleures tisserandes de la région de Manabi. Les chapeaux sont de qualité et les prix peuvent s'en ressentir.

DIVA NICOTINA CAFE HABANO

Cerro Santa Ana
✆ +593 99 909 9208
Bar et jazz club. Ouvert tous les soirs à partir de 19h.

Dans ce lieu culte au décor rustique (tables en bois, ambiance taverne), aussi apprécié des touristes que des locaux, on écoute de la musique jazz et blues. La programmation est très vaste et un groupe différent vient chaque soir jouer ici. Les tarifs dépendent de l'événement programmé. En guise de repas, vous découvrirez le fameux hamburger de la maison : *La Hamburguesa Campeona*, 180g de délicieuse viande et une sauce à base de yaourth surprenante de légèreté. Très bon endroit.

MAAC CINE

Sur le Malecón 2000
✆ +593 42309400
2 US$ la séance.

Le musée d'Anthropologie et d'Art contemporain de Guayaquil (MAAC) comprend une salle de cinéma d'art et d'essai installée dans l'auditorium Simon Bolivar, qui diffuse des œuvres sur l'histoire du cinéma, vues nulle part ailleurs à Guayaquil. Des festivals thématiques sont aussi organisés. La programmation est notamment diffusée sur les réseaux sociaux. Le lieu est fréquenté par toute la jeunesse passionnée de Guayaquil et les événements organisés attirent les amoureux du cinéma de tout le pays. Un endroit immanquable pour tous les aficionados.

TEATRO DEL ANGEL

Bálsamos 620 y Las Monjas
✆ +593 42380585
Le soir les vendredis et samedis.

Bien que les installations ne soient pas aussi confortables et modernes que les plus grands théâtres de la ville, ce petit théâtre offre d'excellents moments de rire avec les œuvres de la compagnie théâtrale « La Mueca », qui reflètent dans certaines de ces œuvres l'idiosyncrasie du Guayaquileño et du peuple équatorien ; un bon endroit pour partager un moment agréable entre amis ou en famille. Facile d'accès en voiture ou par les transports en commun, il est situé dans un quartier résidentiel traditionnel de la ville. Concerts et spectacles contemporains.

BOSQUE PROTECTOR CERRO BLANCO ★

Cette forêt tropicale sèche de 3 490 ha renferme des arbres caducs qui perdent leurs feuilles à la saison sèche. C'est l'un des milieux naturels les plus menacés du monde. Cette réserve ne concentre pas moins de 850 espèces végétales, 215 espèces d'oiseaux, 54 espèces de mammifères : tigrillo, singe-hurleur, puma, jaguar dans les hauteurs (le parc a une altitude de 100 m à 600 m), chauve-souris, raton-laveur (*osito lavador*)... Selon la saison, le bois est entièrement vert, conformément à l'idée que l'on se fait d'une forêt tropicale (de janvier à mai) ou complètement aride. Les arbres perdent leurs feuilles puis se mettent à fleurir en fin de saison (de juin à décembre). D'autres, comme les kapokiers, revêtent leur écorce de vert (chlorophylle) : dépourvus de leurs panneaux solaires que sont les feuilles, ils peuvent à nouveau effectuer la photosynthèse et respirer avec leur tronc !

Pratique

Pour parcourir la zone protégée, des sentiers plus ou moins longs ont été aménagés. Il est vivement recommandé de contacter un guide de la réserve, faute de quoi on risque de ne pas voir l'intérêt de la visite. Possibilité de camper sur place. Le Cerro Blanco travaille aussi en collaboration avec la communauté de Puerto Hondo, qu'il borde. Un membre de la communauté peut vous emmener faire un tour en pirogue dans les mangroves, avec en prime des informations sur les espèces aperçues. Ces palétuviers qui poussent dans l'eau saumâtre représentent un écosystème unique, et sont le lieu de nidation de certains poissons marins ou l'habitat d'oiseaux rares. Il est aujourd'hui gravement menacé par l'élevage intensif de crevettes, très répandu dans la région.

- **Entrée :** 6 US$. Guide obligatoire sur les sentiers. Maximum 10 personnes par guide. Compter 12 à 45 US$ (moins cher si la visite est en espagnol, mais possibilité de faire la visite en anglais). Trois sentiers : le Sendero Buena Vista (1h), le Sendero Higuerón (3h) et le Sendero Mono Aullador (4h). Observation des oiseaux : 70 US$ la demi-journée et 100 US$ la journée complète. Réserver au moins deux jours à l'avance en semaine (fundacionprobosque@ymail.com - +593 09 8622 5077). Le week-end, ce n'est pas nécessaire de réserver.
- **Camping :** 4 US$ la nuit, avec guide à 28 US$ incluant une randonnée sur le sentier Buena Vista. Sur réservation.

BALAO CHICO

A 16 km après Naranjal. (Puerto) Balao Chico abrite une réserve faunistique dont la mission est de soigner et réhabiliter les animaux blessés, maltraités, abandonnés. Vous pourrez visiter cette fondation qui se trouve sur une grande propriété agricole où poussent bananes et cacao. Outre la visite du refuge, vous pourrez visiter la hacienda Jambeli dont les terres s'étendent sur plus de 2000 hectares avec beaucoup de mangrove, découvrir les plantations, vous baigner dans un lac et profiter du cadre. C'est un endroit idéal pour passer quelques heures sur le chemin de Machala, vous trouverez les détails sur ce site dans les lignes qui suivent.

HACIENDA Y FUNDACIÓN JAMBELÍ

Km 105 vía Guayaquil – Machala
© +593 4 220 1652
www.fundacionjambeli.org
Centre de réhabilitation de la faune, ouvert du mardi au dimanche de 9h30 à 16h (sans réservation).

Cette hacienda située à la limite de la province du Guayas et de El Oro, est un bel exemple d'agro-tourisme qui se développe depuis quelques années dans certaines régions du pays. Autour de Guayaquil s'étend une vaste zone de culture de bananes destinées à l'exportation vers l'Europe, l'Amérique du Nord, le Japon ; ainsi que de cacao, une plante qui a particulièrement marqué l'histoire du pays (qui fut longtemps le 1er fournisseur mondial de la fève d'or, tel qu'on l'appelait alors. La cour de France était l'un de ses clients). Cette exploitation agricole propose aux touristes de découvrir la Ruta del Cacao et les revenus servent à financer un centre de secours pour animaux en danger. Ce fut le premier centre de ce type en Equateur, inauguré en 1995. Il est également possible de visiter la hacienda et de faire, soit un simple parcours au cœur d'une plantation de bananes, soit une visite complète (1 journée). Celle-ci comprend : la visite du Centro de Conservación de Vida Silvestre (Fundación Jambelí), de la plantation de bananes et de cacao et l'observation d'étangs d'aquacultures, la possibilité de se baigner dans la Gran Laguna, de faire une balade à cheval. Parmi les animaux blessés, abandonnés, malades... reccueillis par la Fondation, on peut citer caïmans, singes-araignées et perroquets originaires de la Costa.

Volontariat. Si vous êtes intéressé, vous pouvez contacter la Fondation et proposer votre aide. Demande d'informations par mail.

PUERTO HONDO

A 18 km de Guayaquil, sur la route côtière allant à Salinas. Puerto Hondo, que l'on voit à peine de la route, abrite 70 familles de pêcheurs indigènes, vivant dans des maisons traditionnelles adossées à la forêt de manglares (mangrove). Cette précieuse végétation est à la fois refuge de crustacés, de poissons et de oiseaux. Les mangroves sont accessibles et on peut louer une pirogue et naviguer à la découverte de ce paysage typique. Possibilité également de se baigner dans une eau parfaitement propre car filtrée par les palétuviers.
Face à la forêt, le site archéologique Palobamba garde les traces visibles de la très ancienne culture huancavilca.

VINCES

A 37 km de Babahoyo. Cette petite ville était connue au XIXe siècle sous le nom de Paris Chiquito (« Petit Paris »). Les riches propriétaires terriens des producteurs de banane et de cacao pour la plupart, voyageaient régulièrement en France et envoyaient leurs enfants dans les collèges réputés. Aujourd'hui, ils se sont repliés sur leurs terres, abandonnant les somptueuses maisons en bois à la ruine. Le principal centre d'intérêt est le Malecón et sa balustrade blanche rappelant les bords de la mer du Nord ou du Danube. Au bout du quai, on découvre, sur les bancs de sable, des colonies de grues, hérons et vautours qui y nichent par centaines, voire milliers.

Tourisme

La petite ville s'anime tous les jours autour de son marché central. Le 12 octobre, le grand rodéo attire les habitants de toute la région, tout comme les grandes régates sur le Babahoyo en mars, entre Vinces et la capitale provinciale. Une curiosité sur le Malecón : une sorte de château tout droit sorti de Disneyland. Il s'agit en fait d'une prison. Les cellules donnent directement sur le Malecón. Sans oublier la petite reproduction de la Tour Eiffel édifiée sur la place centrale, symbole de l'âge d'or de Vinces. Sur place, on grimpera dans un *tricimoto* multicolore (Genre de *tuk-tuks* présents sur toute la côte!) pour faire le tour de la ville.

BABAHOYO

A 87 km au nord de Guayaquil, à l'intérieur des terres. *A priori*, vous n'aurez aucune raison de passer ou de séjourner à Babahoyo. Cependant cette ville sans histoire est typique de l'Equateur tropical. Babahoyo est la capitale de la province de Los Ríos, province qui fait partie de la région de la Costa bien qu'elle n'ait aucun débouché sur le Pacifique.

La province a été créée le 6 octobre 1860 par le président García Moreno après la victoire des troupes commandées par le général Flores, premier président de l'Equateur, sur les troupes péruviennes. La ville de Babahoyo vit alors le jour sur les terres de l'hacienda que possédait ici Flores à la confluence des ríos San Pablo et Caracol formant le Babahoyo, du nom de la tribu des communautés Babahuyu qui peuplaient cette contrée depuis des siècles, comme en témoignent les vestiges des cultures les plus anciennes du pays. La cité s'est développée autour du commerce, trouvant dans le fleuve un débouché naturel vers Guayaquil. Babahoyo, cernée par les bananeraies et les plantations de cacao, garde peu de chose de sa grandeur passée. Elle présente de ce fait peu d'attraits touristiques, parfait pendant d'Esmeraldas, l'Afrique en moins. Babahoyo mérite toutefois une visite : on y découvre un autre aspect du pays. Ici, il fait chaud et humide, la vie est grouillante autour du marché quotidien qui occupe les rues du centre. C'est l'Equateur tropical avec ses maisons en bois et bambous et ses cases sur le fleuve peuplant les deux rives. On peut, partant du Malecón en barque, remonter le fleuve ou aller à la maison d'Olmedo, sur la rive droite.

CASA DE OLMEDO

Située sur la rive droite du fleuve, entre les arbres
✆ +593 5 202 0364
Renseignements à la maison de la culture.

Cette maison a appartenu au poète José Olmedo, auteur du *Chant à Bolívar*. De style « virginien », en adobe et en bois, elle abrite des souvenirs ayant appartenu au Libertador, Simon Bolivar, et une collection de répliques de meubles d'époque. De la véranda, on a une vue imprenable sur les baldas et les cahutes qui flottent le long du Malecón. Pour s'y rendre, prendre un canot sur le Malecón, s'adresser à n'importe quel habitant des baldas ou y accéder en voiture par la parroquia El Salto. Cette maison vaut le détour pour les passionnés d'histoire.

CERRO CACHARI

Situé à 1h de marche du centre.

Ce mystérieux caillou de quelques centaines de mètres de hauteur situé à quelques centaines de mètres du centre de Babahoyo, alimente les légendes. Seul promontoire de toute la plaine, il permet de découvrir les bananeraies, les étendues vertes piquées de flamboyants en fleur. Les légendes populaires attribuent à ce rocher des pouvoirs maléfiques : les disparitions y seraient fréquentes. Méfiance donc… On s'y rend par un chemin à la sortie de Babahoyo en direction Quevedo (non indiqué) ou en canot avec un guide, beaucoup plus simple et instructif.

MALECÓN

Le long du fleuve aux eaux ocre, une promenade (à éviter la nuit à cause des possibilités d'agressions) permet de découvrir le village de maisons de bois flottantes. La Balsa Blanca est un exemple des maisons flottantes construite en 1895 et rénovée par la municipalité dans un effort de commémoration. Au bout du quai, vous découvrirez un abattoir à ciel ouvert qui vous permettra de voir les centaines de vautours (gallinazos reales) qui s'acharnent sur les carcasses. Deux passerelles en bois permettent de franchir le Babahoyo.

GRAND HOTEL EMPERADOR €

Gral. Barona y 27 de Mayo
✆ +593 52731373
A partir de 25 US$. Parking.

Le choix n'est pas très vaste pour se loger à Babahoyo, mais cet hôtel bien situé est à votre disposition depuis plus de 30 ans et son offre est très correcte. C'est un immeuble moderne construit dans le style des hôtels du XXe siècle. Il comprend 32 chambres disposées autour de coursives cernant le patio central. Toutes les chambres disposent de la télévision, de l'air conditionné et du téléphone. Ne vous fiez pas à son nom, cet hôtel n'est pas un grand hôtel, mais le service est très professionnel et les employés de bon conseil. Bien pour une nuit d'escale.

PLAYAS

Bordé par une immense plage de sable gris, Playas offre l'apparence d'un village de pêcheurs quelque peu délaissé. Des barques aux voiles de fortune, parfois barrées d'inscriptions publicitaires, reposent sur le sable dès le retour de la pêche, vers 16h, moment idéal pour aller négocier un bon poisson pour le soir. C'est alors que les parties de foot ou de volley animent la plage. Si en semaine c'est le calme total, le week-end, de nombreux Guayaquileños viennent se reposer à Playas. Pendant les grandes vacances (janvier), le village devient un cauchemar pour le touriste en quête de sérénité.

Se loger

Pas de raison majeure de passer une nuit à Playas... Certains établissements sont fermés en semaine pendant la basse saison, d'autres pratiquent parfois des prix plus élevés le week-end et en haute saison (de mai à décembre).

Se restaurer

Vous trouverez de nombreux et bons *comedores* entre les rues Paquisha et Roldos Aguilera, juste à côté de l'hôtel Arena Caliente. Ici, on mange les bons produits de la mer : fruits de mer, crevettes, poissons, crabes, calamars, *ceviches*... Sur la plage, quelques petits restaurants offrent une nourriture simple. Des stands vendent, quant à eux, des *conchas negras* (coquillage ressemblant à une palourde) à la saveur particulière.

Transports

- **En bus.** Nombreux départs quotidiens depuis le terminal terrestre de Guayaquil la Cooperativa de Transporte Villamil et la compagnie Posorja C.T.P.

HOSTERIA PARAISO €€

Av. 14 De Septiembre, Calle K
✆ +593 95 991 7320
https://hosteriaparaiso.negocio.site

Bar, restaurant, bains bouillonnants, tout est à votre disposition dans ce petit hôtel proche de la plage à Engabao, ce petit village hors du temps tout près de l'hyperactive Playas. Les chambres sont bien équipées, disposent toutes de l'air conditionné et sont décorées avec soin. Doubles, triples et suites satisferont tous les types de groupes. Un copieux petit déjeuner est inclus dans les tarifs et permettra aux sportifs de tenir le coup jusqu'à la pose de demi-journée. On apprécie l'ambiance jeune et sportive de l'endroit. Idéal pour les amateurs de kitesurf.

DOS HEMISFERIOS

✆ +593 99 179 9282
https://doshemisferios.com/
21 US$ la bouteille d'entrée de gamme. 67 US$ le haut de gamme. A partir de 135 US$ la visite avec dégustation.

Situé entre Guayaquil et Playas, ce vignoble unique par sa localisation et son ampleur (plus de 360 ha) a été créé en 1999 et a commencé à produire un excellent vin en 2006. Abel furian, un œnologue argentin réputé a élaboré les premiers vins après avoir conseillé les propriétaires sur les cépages à implanter. C'est ainsi qu'est née la première cuvée du Paradoja (paradoxe en français), assemblage de cabernet-sauvignon et de malbec. Une large gamme de vins de qualité, en vente partout et particulièrement dans les deux boutiques de la marque à Guayaquil et Quito.

MACHALA

À 176 km de Guayaquil, à 520 km au sud-ouest de Quito, Machala fut fondée en 1824 : son architecture moderne et bétonnée ne lui confère aucun charme exotique, mis à part l'originale cathédrale trônant sur le Parque Central d'où s'érige, entre deux dômes bleus, une tour tranchant le ciel. En fait, la ville n'est qu'une étape sur la route de la côte Pacifique et de Guayaquil. Grouillante d'activité sous une chaleur moite, Machala est connue comme la capitale mondiale de la banane. Ce statut est proclamé par la statue d'un homme portant un régime de bananes, le *bananero* ; elle se trouve à un carrefour stratégique de la ville.

Chaque année, début septembre, la Foire internationale de la banane se tient à Machala et un jury d'experts élit la reine mondiale de la banane parmi les beautés latines produites sur le sous-continent. La spécialité gastronomique de Machala, le *tigrillo*, est un plat de banane plantain servie avec des œufs, du fromage et des grillades de porc. Enfin, la production de cacao est un autre pilier de l'économie locale.

Sortir

Ceux qui veulent aller boire un verre ont plutôt intérêt à se rendre à Puerto Bolívar, animé surtout les week-ends et les soirées d'été.

Tourisme

Au Ministerio de Turismo (Juan Montalvo - Tél. +593 7 293 2106), on distribue un dépliant sur toute la Costa et les Galápagos. N'hésitez pas à grimper les marches et à pousser la porte si vous avez des questions sur la ville ou sur toute la province.

Transports

En bus. Le nouveau Terminal terrestre de Machala se trouve à environ 7 km au sud-est du centre-ville, sur l'Avenida Ferroviaria. De nombreux départs vers Guayaquil, notamment avec les compagnies Ecuatoriana Pullman et Panamericana. Compter environ 3h de route. Egalement des liaisons vers Quito (11h), Loja (6h), Cuenca (4h), Zaruma (3h) ou vers le Pérou.

Cifa Internacional (✆ +593 72930260 - www.cifainternacional.com) dessert Guayaquil, plusieurs départs quotidiens entre 3h et 19h30. Durée : 3h30. Egalement des liaisons directes vers Huaquillas, entre 6h et 20h, toutes les 20 minutes, et vers Alamor.

Cooperativa Ecuatoriana Pullman (Av. 25 de Junio y Colón - ✆ +593 99 398 8427 - ecuatorianopullman@hotmail.com) dessert Guayaquil (départs quotidiens et réguliers) et également Huaquillas, à la frontière péruvienne (1h).

Transportes Azuay (Sucre s/n, entre Junín et Tarqui - ✆ +593 7 293 0539 - transportesazuay.com)
dessert Cuenca : départs quotidiens et réguliers entre 1h et 22h45. Durée : 5h.

Transportes Panamericana (✆ +593 2551839 - www.panamericana.ec) propose notamment une dizaine de liaisons quotidiennes vers Quito.

En taxi. Pour un voyage plus confortable vers Guayaquil, on peut aussi prendre un taxi collectif pour environ 12 US$ par personne, par exemple avec Oro Guayas (Pichincha e Arízaga - ✆ +593 7 293 4382).

CASA DE LA CULTURA ECUATORIANA

Juan Montalvo
✆ +593 7 293 0711
https://cceeloro.gob.ec

Ouvert en semaine de 8h à 17h. Entrée gratuite.

La Casa de la Cultura de Machala regroupe trois musées : le Musée marin (flore et faune de la côte en aquariums et vivariums), le Musée paléontologique (fossiles issus de la région notamment de la forêt pétrifiée de Puyango, mais pas uniquement) et le Musée archéologique (objets de la culture Machalilla, Valdivia et Jambelí). Les trois établissements peuvent faire l'objet d'une seule visite, mais sont très intéressants et bien entretenus. Mérite le détour.

GRAND HOTEL AMERICANO €€

Tarqui y Av. 25 de Junio ✆ +593 7 296 6400
www.hotelesmachala.com

Chambre double à partir de 47 US$, chambre triple à partir de 59 US$, J.suite à partir de 75 US$. Petit déjeuner compris

Un hôtel aux prestations de qualité, avec une trentaine de chambres réparties sur deux étages et comprenant salle de bains, eau chaude, télévision et coffre-fort sur demande. Il est bien situé, dans la meilleure zone de Machala, proche des accès routiers pour aller vers la mer. Les chambres n'ont pas de charme, mais sont confortables. L'hôtel fait souvent des promotions pour les jours de fin de semaine, car il est bien occupé en semaine par les cadres des entreprises du secteur de la banane, première ressource de la région. Pensez-y pour prévoir votre itinéraire.

HOTEL ORO VERDE €€€

Calle Telmo Sandoval y Av. Edgar Cordova
✆ +593 2 980 074
www.oroverdemachala.com

Chambre double à partir de 120 US$. Petit déjeuner compris. Transfert aéroport sur demande et parking privé.

Un peu excentré, à 10 minutes de l'aéroport, et donc à l'abri de l'agitation estivale, le dernier-né des hôtels haut de gamme de cette chaîne, auréolé de jardins tropicaux et d'une piscine, comporte 70 chambres (dont 12 suites) modernes et soignées. L'ensemble est bien équipé (air conditionné, mini bar, Wi-Fi, coffre, TV câblée), et le restaurant sert une cuisine internationale et des spécialités équatoriennes. Un bon choix si vous êtes en quête de confort, mais les prix sont un peu excessifs au regard du réel standing de l'hôtel.

WAIKIKI €€

Malecón Manuel Encalada 313 y Rocafuerte
✆ +593 99 935 8322

Ouvert tous les jours de 10h à 22h (20h le dimanche, 23h le vendredi et le samedi). A partir de 10-15 US$.

Le choix est assez large pour déjeuner ou dîner à Machala, mais nous avons sélectionné le restaurant Waikiki qui est un peu plus cher que les autres, mais vaut vraiment le coup. Sa terrasse sous un toit de paille est l'endroit idéal pour savourer un bon dîner. La courbine gratinée accompagnée de sa sauce crabe est excellente comme tous les plats que nous avons essayés. Le slogan du Waikiki étant « l'authentique saveur de notre côte » on pourrait croire qu'il n'y est servi que des fruits de mer, mais ne vous y trompez pas, la carte est très complète. Coup de cœur.

ARCHIPEL DE JAMBELI ★

On va à Machala pour gagner l'île de Jambelí en bateau, ou pour faire une excursion autour de la Isla del Amor et observer ses palétuviers exubérants. Nous vous conseillons de vous renseigner au port pour plus de détails sur les horaires. Plus au large, la Isla Santa Clara est en train de devenir une destination touristique prisée. De juin à septembre, on y observe les baleines à bosse venant de l'Antarctique pour se reproduire. L'île abrite fous à pattes bleues, frégates, etc. Ce chapelet d'îlots est caractéristique de l'écosystème menacé de la côte : mangroves, tortues, crevettes sauvages, dauphins... Santa Rosa s'anime en fin de semaine.

Sortir

Ceux qui veulent aller boire un verre ont plutôt intérêt à se rendre à Puerto Bolívar, animé surtout les week-ends et les soirées d'été.

Transports

- **En bateau.** Au départ de Puerto Bolívar, l'île Jambelí est desservie par un service régulier d'embarcations à moteur. Compter une quinzaine de minutes. En réalité, les bateaux quittent le quai dès qu'ils sont au complet (25 passagers). Du coup, le week-end, les départs sont plus fréquents, car les îles sont très fréquentées par les habitants de Machala. Comptez 5 US$ de traversée aller-retour (plus 0,25 US$ de taxe municipale en débarquant sur l'île). On peut aussi louer un bateau à l'heure pour se promener dans le dédale de palétuviers et observer la faune (se renseigner au port).

HUAQUILLAS

A 73 km de Machala. Huaquillas est la ville frontière avec le Pérou, située sur la Panamericana, face à Túmbez, son homologue péruvienne. Son principal attrait est le commerce. On y trouve de tout à des prix défiant toute concurrence. A part cela, Huaquillas ne présente aucun intérêt. Ne s'y rendre que si l'on doit se rendre au Pérou (la frontière est ouverte 24h/24h). Si l'on peut éviter d'y dormir... La ville n'est pas très nette, comme les lieux d'hébergement. Si vous passez la frontière, n'oubliez pas de faire tamponner votre passeport !

Pratique

- **Passage de la frontière.** Pas besoin de visa pour un séjour court au Pérou (jusqu'à 183 jours sur un an). Il suffit d'être muni d'un passeport valable au moins 6 mois à compter de votre arrivée sur le territoire. Votre passeport doit être tamponné directement à la frontière (bien vérifier que le tampon a été apposé, au risque d'être considéré comme étant en situation irrégulière !). Le poste frontalier côté Equateur se situe 5 km avant la frontière (c'est indiqué !).
- **Attention,** depuis la pandémie de Covid-19 la frontière terrestre est souvent fermée, renseignez-vous bien car la frontière à été très militarisée afin d'empêcher l'arrivée massive de Vénézuéliens en exil vers le Pérou et la situation n'est plus aussi simple que ces dernières années.

BOSQUE PETRIFICADO DE PUYANGO

A l'extrémité ouest du pays. A 150 km de Loja, 110 km de Machala et 70 km de Huaquillas, à la frontière péruvienne. C'est probablement l'une des réserves de bois pétrifié (ou fossilisé) les plus importantes au monde. Le Bosque Petrificado de Puyango a été déclaré trésor appartenant au patrimoine national en 1988 et demeure depuis une zone protégée. L'intérêt majeur de ce site réside dans ses fossiles de l'arbre *Araucarioxylon genus*, une espèce éteinte appartenant à la famille des Araucaria et ressemblant à de très grands pins. Les fossiles de cet arbre pouvant atteindre 2 m de diamètre et 15 m de haut, ont environ 100 millions d'années.

PIÑAS ★

Les Equatoriens continuent d'appeler « Costa » la région continentale installée sur les contreforts andins, entre Machala et Loja. Les principaux intérêts touristiques de cette région sont les petits villages de Portovelo, Piñas et Zaruma, dont l'architecture témoigne d'une époque dorée où les mines étaient généreuses, ainsi que la forêt pétrifiée de Puyango, plus à l'ouest.
A 65 km de Machala (2 heures de bus environ), situé sur la route de Loja, Piñas a fait de la culture de l'orchidée sa principale activité. « L'Orchidée des Andes », comme est surnommé ce gros bourg, secoue chaque année sa langueur aux sons des musiques du carnaval.

Transports

▸ **En bus.** Il faut prendre le bus en direction de Machala. A 30 km de Puyango, on traverse une zone militaire où se trouve un *checkpoint* (le Pérou étant limitrophe). Vous devrez alors présenter votre passeport. La route de Loja à Vilcabamba est pratiquement un cul-de-sac ; il faudra retourner à Loja pour poursuivre vers Machala et remonter ensuite la côte Pacifique, ou alors bifurquer vers Macara pour entrer au Pérou. Le village de Zumba, poste-frontière au sud de Vilcabamba, péniblement accessible, est réservé aux plus aventureux.

RESERVE BUENAVENTURA ★

✆ +593 99 244 0038
www.jocotoco.org
Pour visiter la réserve, rendez-vous sur le site Internet de la Fundación de Conservación Jocotoco.

La réserve de Buenaventura a été initialement créée pour protéger l'habitat de la perruche Oro (Pyrrhura orcesi), découverte en 1980 par Robert Ridgely. Dans les années 1990, la couverture forestière de cette zone a été réduite et considérablement dévastée par de la création de vastes pâturages. La réserve protège l'une des plus vastes parcelles de *bosque nublado* dans les contreforts occidentaux des Andes. Un paradis de 1 500 ha pour les passionnés d'ornithologie et de botanique (la fondation Jocotoco protège une superficie de 12 000 ha au total). Cette réserve protégée depuis juillet 1999 se trouve à côté des villes de Piñas et de Zaruma dans la province d'El Oro. C'est l'une des zones andines qui abrite la plus grande diversité d'oiseaux. Elle abrite une vaste superficie de forêt de nuages et de forêt sèche. La Fundación Jocotoco travaille en collaboration avec les autorités locales, et notamment la municipalité de Piñas, pour reboiser les zones défrichées. Sa mission globale aujourd'hui est de protéger toutes les espèces d'oiseaux menacées dans leur propre habitat naturel et pas uniquement la perruche Oro ; elle agit d'ailleurs au sein de seize réserves réparties sur tout le territoire. Elle se tourne davantage vers les espèces et les habitats non protégés des parcs nationaux et les réserves écologiques administrées par le gouvernement national. A Buenventura, la Fondation tente de valoriser la biodiversité par l'écotourisme et les visites éducatives aux enfants, tandis que la recherche et le reboisement continuent.

CÔTE PACIFIQUE

Reserve Buenaventura.

ZARUMA ★

Cette cité très espagnole - dont le nom en quichua signifie « tête de maïs » - s'accroche à 1 200 m d'altitude aux monts aurifères de la cordillère de Vizcaya, au sud-ouest de la province d'El Oro. La ville est connue pour avoir été l'une des cités minières les plus importantes d'Amérique latine, fondée au XVIe siècle. Ses façades colorées et son passé aurifère combinés, Zaruma figure sur la liste indicative de l'Unesco pour être déclaré Patrimoine mondial de l'Unesco. Voici donc une halte pittoresque où l'on pourra en apprendre plus sur l'histoire minière de la région, notamment en visitant la *Mina el Sexmo*, une ancienne mine transformée en musée.

Se balader dans les rues escarpées du village permet d'observer les maisons centenaires (période républicaine et non coloniale), faites de bois et d'une sorte de torchis : le *bareque* (fumier d'âne avec de la paille) complétant une structure en bambou. Remarquer les piliers des maisons, troncs d'arbres extrêmement durs (le Guayacán est l'essence utilisée) et souvent sinueux, les volets des fenêtres en bois et, au-dessus, les aérations joliment ajourées dans le bois. Cette architecture particulière d'inspiration néoclassique est qualifiée de vernaculaire. L'entrée se fait en général au premier étage. Ces maisons sont en cours de restauration, aussi peut-on en voir certaines à l'abandon et d'autres qui distillent de nouveau leur charme d'antan.

La plaza de la Independencia (parque central) se situe en haut de la rue principale de la ville. Agrémentée de petits jardins, d'une fontaine avec un Mannekenpis et d'un kiosque, la cathédrale trône à son extrémité. Datant du siècle passé, l'église de Zaruma possède une architecture à part ; le maître d'œuvre aurait vu une église en France (on ne sait laquelle) et tenté de la reproduire. Toujours est-il que sa structure est de bois, et le plan de ses fondations pour le moins insolite (faire le tour pour s'en rendre compte). L'autel est couvert de feuilles d'or.

Les environs de Zaruma recèlent des paysages naturels d'une grande beauté (forêt de nuages, lagunes, sources thermales, etc.). Renseignez-vous auprès de l'office de tourisme pour des excursions guidées.

Histoire

Voici une cité coloniale qui fut établie grâce à (ou à cause de) la proximité de gisement du métal précieux (l'autre cité connue est Potosi en Bolivie). Mais l'or fut découvert avant l'arrivée des colons puisque les Cañaris qui habitaient les lieux le filtraient déjà pour en faire des parures. A la fin du XVe siècle, la région fut conquise par les Incas pour ses ressources naturelles et écologiques, et les Cañaris assujettis à l'empire. L'extraction de l'or commence alors. Vinrent ensuite les Espagnols (1536) et un pont d'or s'établit entre Zaruma et la Couronne, au prix de l'esclavage de milliers d'indigènes qui furent déportés de tout le pays, du Pérou et de Colombie, et réduits à leur seule force de travail. La fondation officielle de la Villa de San Antonio del Zerro de Oro de Zaruma date du 8 décembre 1595. Le 26 novembre 1820, le vent de l'indépendance de Guayaquil et Cuenca gagne Zaruma qui se proclame libre. Puis le Chili s'intéresse aux mines de la région (Zaruma, Portovelo, etc.) : en 1880 naît la Golden Mining Company, vouée à la faillite 15 ans plus tard. C'est l'époque de la ruée vers l'or, qui ne prendra fin qu'en 1950 lorsque l'Etat équatorien met à la porte la compagnie minière américaine présente. La ville crée alors sa propre entreprise d'exploitation, mais n'a pas les moyens pour survivre. En 1978, les mines sont rendues libres d'exploitation. Depuis, l'abandon des terres nourrit l'illusion d'un lendemain meilleur, au fin fond des galeries. Vidée de ses entrailles, Zaruma est retombée dans l'anonymat. Reste un joli village au fort potentiel touristique qui souhaite faire partager ses richesses présentes.

Transports

- **En bus.** Depuis Machala (Trans TAC, 3h) ou via Piñas. Depuis Zaruma, bus pour Guayaquil fréquents (6h30).

LA MINA EL SEXMO

Ouverte en 1539, il s'agit de la plus ancienne mine d'or connue d'Amérique du Sud. L'or de Zaruma qui abondait jadis, était d'ailleurs réputé auprès de la cour d'Espagne et a fait couler beaucoup de sang autrefois. La mine du Sexmo désormais épuisée, a été agencée pour recevoir les touristes. On vous prête des bottes et un casque de mineur et la visite commence. Le parcours se fait à plat, ce n'est pas une descente dans les entrailles de la Terre, mais l'on peut imaginer ce qu'était la vie à la mine au cours des siècles passés.

SALINAS

A 150 km à l'ouest de Guayaquil. Environ 50 000 habitants. Fondée en 1918 par le commandant Villacres, Salinas a été construite le long d'une large baie de sable blond. Elle est devenue l'une des stations balnéaires les plus fréquentées du pays, surtout par les Equatoriens. Hélas, les maisons de bois aux couleurs vives ont cédé la place aux tours démesurées, le bord de mer est bétonné d'immeubles dont les hautes silhouettes se découpent dans le bleu du ciel. L'engouement local des promoteurs pour une architecture moderniste a donné à Salinas un air de station balnéaire sans grand charme. La ville est très fréquentée pendant les vacances scolaires et les week-ends. En dehors de ces périodes, on peut s'y retrouver très seul. L'été est animé, la plage grouille de monde, on y pratique tous les sports nautiques, voile, planche à voile, pêche au gros. La nuit, bars et discothèques s'étirant le long du Malecón ne désemplissent pas. Mais Salinas est surtout un lieu d'observation des baleines à bosse qui, chaque année entre mi-juin et fin septembre, remontent de l'Antarctique pour atteindre des eaux tropicales, de l'Equateur au Costa Rica, afin de se reproduire. Elles repartent quatre mois après pour revenir l'année suivante donner naissance à la future génération (gestation de douze mois). Se trouvant à l'extrémité occidentale du sous-continent sud-américain, la station balnéaire constitue un parfait observatoire pour admirer ces mastodontes marins. Des agences proposent des sorties en mer pour tenter de les approcher. L'autre avantage de Salinas est qu'ici on ne doit pas s'acquitter d'une taxe d'entrée comme au parc national de Machalilla dans la province de Manabí. Il ne s'agit pas là d'un parc décrété national, même si les mesures nécessaires sont prises pour protéger les baleines à bosse qui nagent au large de la baie.

Tourisme

Si ce n'est pas la période d'observation des baleines à bosse, un musée de la baleine conçu par la FEMM (Fédération pour l'Etude des Mammifères Marins) animé par des bénévoles présente un squelette de baleine et d'autres informations sur ces animaux.

Transports

En bus. Le terminal terrestre de Salinas (Terminal Terrestre Regional Sumpa) se trouve à côté du marché. Pour rejoindre Guayaquil, compter 2h30 (bus directs avec Libertad Peninsular ou Liberpresa toute la journée entre 3h et 22h, depuis/vers le terminal terrestre de Guayaquil).

MUSEO DE LAS BALLENAS

Av. General Enríquez Gallo, entre les calles 47 et 50
✆ +593 98 674 7607
www.museodeballenas.org
Visite sur rendez-vous uniquement, tous les jours de 7h à 20h.

Le musée des baleines présente une collection privée de spécimens de mammifères marins. On doit son ouverture à deux passionnés, Ben Haase et Fernando Félix. Ils ont collectionné, pendant plus de 20 ans, avec l'aide de membres de la FEMM (Fondation Equatorienne d'Etude des Mammifères Marins), de nombreux restes de baleines échouées, ce qui leur a permis la création de ce musée ainsi que la publication de divers ouvrages spécialisés. On pourra voir les restes de mammifères marins retrouvés dans les provinces de Santa Elena, Guayas et Manabí.

CHESCOS €

Avenida Malecón de Salinas
✆ +593 99 160 6612
www.chescos.com
Dortoirs à partir de 10 US$, double à partir de 25 US$.

Une auberge de jeunesse récente, cool et pleine de couleurs stratégiquement implantée sur le Malecón. Si l'extérieur est un peu trop tape à l'œil à notre goût, la vue panoramique sur la mer est très appréciable. Le confort reste celui d'une auberge de jeunesse aux tarifs abordables, c'est-à-dire relativement simple, mais les chambres sont généralement bien tenues et le ménage est impeccable. L'adresse est appréciée par les jeunes voyageurs qui participent à l'ambiance festive des alentours (pour un séjour au calme, on repassera !).

HOSTAL FRANCISCO II €€

Malecón, entre les calles 17 et 18
✆ +593 4 277 3751
Comptez environ 45-55 US$ pour une chambre simple ou double, et 80 US$ pour 5 personnes. Laverie, piscine, restaurant.

Ce petit hôtel est situé en plein centre de la station balnéaire, sur le Malecón. Les chambres sont assez confortables et bien équipées (climatisation, TV, câble, salle de bains). Certaines ont même vue sur la mer. Une petite piscine vous attend pour vous rafraîchir après une dure journée de soleil. L'accueil est chaleureux. C'est un choix correct pour une halte. Par contre, si l'hôtel est complet, nous vous déconseillons d'accepter d'être relogés au Francisco I dont les prestations et la propreté ne sont pas à la hauteur....

HOTEL MARVENTO II €€

General Enrique Gallo y Digno Muñez
✆ +593 98 796 3042
https://hotelmarventoii.negocio.site/
Compter moins de 30 US$ par personne, petit déjeuner et taxes incluses. Piscine et restaurant.

Un hôtel récent à quelques pas du Malecón. Si celui-ci est complet, essayez l'autre, le Marvento I, similaire. Les chambres sont vraiment confortables, aménagées de façon simple avec du mobilier en bon état. Equipées d'une salle de bains privée, de la clim, d'une télévision et d'une connexion WiFi. Les quadruples sont dotées de lits superposés. La petite piscine est sur le toit. Ce n'est pas le grand luxe non plus, mais bien pour passer quelques jours à Salinas à moindre frais. Les propriétaires ont également ouvert un troisième hôtel, le Marvento Suites.

HOTEL MIRAMAR COLÓN BARCELÓ €€€

Malecón, entre les calles 38 et 40
✆ +593 4 509 4000
https://www.colonsalinas.com
Chambre double à partir d'environ 180 US$ la double. Sauna, salle de fitness, restaurant (dont un japonais), piscines.

Cet hôtel moderne comprenant 129 chambres est bâti au début du Malecón. Deux piscines (une chauffée), deux restaurants (dont le Sushi Bar), un bar installé au bord de la piscine extérieure, une salle de sports, un sauna, hammam... Une passerelle enjambe la route pour rejoindre directement la plage. La formule la plus intéressante consiste à prendre un forfait journée comprenant la nuit, les trois repas, les activités et des boissons illimitées au bar pendant la journée.

BIG RALPH'S HOSTAL AND RESTAURANT €

Avenida 15-A y calle 53
✆ +593 43127120
Comptez de 10 US$ à 20 US$ pour un repas complet.

Une adresse originale où l'on se régale d'une cuisine subtile, presque gastronomique. Crevettes dans leur sauce tartare, *corvina* au parmesan avec épinards, pommes de terre, courgettes et sauce tomate sont autant de plats savoureux que vous préparera Big Ralph, le chef et propriétaire des lieux. Souvenir de ses origines, le poisson du jour pané est un véritable *fish and chips* à la façon britannique. Sans oublier le poulet grillé et les salades qui font partie du menu. Recommandé !

HOTEL MIRAMAR COLÓN BARCELÓ €€

Malecón, entre les calles 38 et 40
✆ +593 4 509 4000
https://www.colonsalinas.com
A partir de 20 US$ par personne.

L'hôtel Colón Barceló propose deux restaurants et un bar. Le café Colón propose un buffet à volonté, le matin, le midi ou le soir : multitude de salades, plats chauds, fruits et desserts dans l'agréable salle du restaurant agrémentée d'une terrasse extérieure. Le Sushi bar propose pour sa part des plats japonais de qualité (ouvert du mercredi au dimanche, principalement le soir). Un bar installé en bord de piscine permet aussi de manger sur le pouce.

LUI E LEI €€

Malecon de Salinas
✆ +593 99 957 8101
Compter à partir de 10-15 US$. Ouvert tous les jours en haute saison, déjeuner et dîner.

Sans aucun doute une des meilleures adresses de la ville. Dans un cadre enchanteur, sur le front de mer, vous voilà en Italie dans une salle joliment décorée. On peut y venir pour le petit déjeuner : pancake, toasts et déjeuners complets sont excellents. Mention spéciale pour le petit déjeuner de la maison, très complet, pour 5 dollars. Le choix est également vaste pour le déjeuner ou le dîner. Au menu : des plats de fruits de mer et des spécialités transalpines dans une ambiance romantique. Egalement un grand choix de cocktails sans alcool maison.

SAILING ECUADOR

Puerto Lucia
✆ +593 99 579 4364
A partir de 30 US$ par personne pour une petite navigation de 2 heures. Maximum 10 personnes à bord.

C'est Arnaud, un jeune belge qui vit sur son beau voilier depuis plus de 7 ans à Salinas, qui vous recevra à bord et vous emmènera naviguer le long de la côte, à la recherche des baleines en saison, ou tout simplement pour profiter d'un moment paisible en mer. Il parle 5 langues et propose des balades de 2 à 4 heures sur son voilier en bois vernis de 18 m. Arnaud a même installé un moteur électrique de fabrication maison afin de se déplacer silencieusement même lorsque le vent, son énergie favorite, fait défaut. Les baleines sont là de juin à août environ.

BALLENITA ★

On apprécie la tranquillité de ce port de pêche doté d'une plage de plusieurs kilomètres depuis laquelle on peut apercevoir à la bonne saison (de juin à octobre environ) le ballet des baleines et de leurs petits. Devenue une petite station balnéaire aujourd'hui, playa Ballenita est l'endroit idéal pour découvrir la côte Sud. Salinas, plus active, est à deux pas et on peut rejoindre l'aéroport de Guayaquil en un peu plus de deux heures, rendant l'endroit idéal pour passer les derniers jours de votre séjour au bord du Pacifique. Le *ceviche* est à l'honneur ici et divers petits stands vous en proposent sous toutes ses formes, avec vue sur mer en prime !

FARALLON DILLON €€

Lomas de Ballenita
✆ +593 99 522 2222
www.farallondillon.com/
61 US$ la chambre double standard. 100 US$ la suite vue mer.

Accroché sur la falaise, cet endroit insolite qui tient tant de l'hôtel-restaurant que du musée vous attend à Ballenita pour un voyage dans le temps sur les mers du monde entier. Son créateur, aujourd'hui décédé, Alberto Dillon était en effet capitaine de navire et avait une âme de collectionneur. Aidé par son épouse, Yolanda de Dillon, décoratrice d'intérieur de renom, il a aménagé cet endroit en mettant en valeur les trésors découverts lors de ses aventures. Le résultat est stupéfiant et de plus les chambres sont très agréables. Une escale de choix.

CASA KOKOPELLI €

Lomas de Ballenita
✆ +33 6 19 72 61 57
Chambre double à partir de 15 US$ la nuit et grande chambre familiale à partir de 35 US$. Petit déjeuner compris.

© OLIVIER ANÉ

A 150 mètres de la superbe plage de Ballenita se niche une jolie petite maison d'hôtes tenue par Marie-Charlotte, une Française arrivée en Equateur il y a quelques années. Amateurs de coins paradisiaques introuvables, bienvenue à casa Kokopelli ! On s'y sent immédiatement en vacances, ambiance tropicale garantie. Les chambres sont simples mais très agréables et la chambre double offre une vue mer imprenable. Les petits déjeuners sont servis au dernier des 3 étages dans une belle salle commune propice à la détente après la baignade. Une très bonne adresse.

VALDIVIA

Ce village est le berceau de la culture valdivia, l'une des plus anciennes du pays (de 3500 à 1500 av. J.-C.). Il y a 6 000 ans, les potiers de Valdivia faisaient preuve d'un sens artistique et d'une technique indéniables. Le site de Real Alto a révélé des vestiges de la ville la plus ancienne de toute l'Amérique du Sud. Il resterait des objets de céramique à déterrer, mais les fouilles sont interdites. Près du village, de nombreux panneaux indiquent « antiguedades » (antiquités). Les céramiques que vous y trouverez, habilement présentées comme des pièces rares récemment découvertes, sont en fait fabriquées en série par des artisans locaux.

MANGLARALTO ★

Quelques kilomètres avant Valdivia, au Sud. Le village de Manglaralto n'offre d'autre intérêt que d'être une porte d'entrée de la superbe Playa Rosada. Cette plage de sable rose (comme son l'indique) est l'une des plus belles de la région. Difficile d'accès, elle est très peu fréquentée. Il faudra donc, plutôt deux fois qu'une, se renseigner auprès des autochtones pour la trouver. Mais les efforts consentis trouvent ici leur juste récompense : beauté et calme garantis. Sur place, vous trouverez quelques installation balnéaires pour passer la journée en toute tranquillité. Dommage qu'il n'y ait aucun arbre pour offrir une ombre naturelle.

ANGAUEL INN €€

Bus Guayaquil-Santa Elena (ou Guayaquil-Montañita), descendre à la « cruce de Palmar » (croix de Palmar) et prendre un taxi jusqu'à l'hostal. Depuis Santa Elena, un taxi coûte autour de 10 US$ jusqu'à Playa Rosada. ✆ +593 9 482 1171
www.playarosadaecuador.com
Compter à partir de 50 US$. Petit déjeuner compris.
Une maison bâtie au bord de la falaise, au milieu d'une forêt (*bosque seco*) de Palo Santo. Vous serez très bien accueillis et pris en main par les propriétaires. Au programme : promenades et « safari » photo, de bons repas, des sorties d'observation des baleines, la plage (à une dizaine de minutes) et des siestes dans le hamac... Le restaurant sert des plats à base de fruits de mer fraîchement pêchés. Attention toutefois, les chambres offrent un confort rustique qui ne conviendra pas à tout le monde, mais ravira les âmes d'aventurier.

MONTAÑITA ★★

Les surfers y viennent de loin car de décembre à avril, la longue plage de Montañita déroule un rouleau d'environ 200 m sur fond de récif (débutants, attention !). A cette période, l'eau est plus chaude et le vent quasiment absent. Des compétitions nationales et internationales de surf s'y déroulent chaque année en février.
Le village de pêcheurs a troqué son calme, contre une ambiance résolument touristique – et festive ! Hôtels, restaurants et bars poussent comme des champignons dans un style néanmoins rustique et local (bois, bambou et toits de palme) et offrent un confort souvent sommaire, à des prix modiques. Les pris y sont plus modérés que ceux d'autres plages de la côte. La clientèle y est plutôt routarde, internationale, jeune et sportive (ou pas !). L'ambiance du village est conviviale, et chaque soir l'heure est à la fête. Les rues de terre ne portent pas de nom et se transforment vite en bourbier lorsque tombe la pluie. Du matin au soir, des étals d'artisanat en tout genre envahissent le village ; la nuit tombée, les terrasses se remplissent, le volume musical enfle, chaque bar augmentant le son pour attirer la clientèle. Sachez cependant que l'ambiance n'est plus aussi bon enfant que naguère ; le tourisme de masse entraîne en effet certaines dérives liées à l'excès de fête : drogues et alcool viennent désormais ternir la carte postale. Pour plus de tranquillité, direction la Punta, à 1 km de la rue principale.
La route qui remonte vers le nord en longeant le Pacifique traverse des petits villages traditionnels de pêcheurs. Quand les barques reposent sur le sable sous leur auvent de palmes, les pêcheurs s'occupent à réparer les filets, tandis que les femmes vendent poissons, crabes et crevettes sur des étals de fortune. Sur toute la côte se succèdent villages de pêcheurs, belles plages et hôtels.

Se loger

Etant donné son succès, Montañita s'est développée à vitesse grand V. Les *hostals* y poussent comme des champignons. La plupart des hébergements sont des pensions et des *hostals* bon marché, il y a peu d'offres de charme. Oreilles sensibles, attention, mieux vaut ne pas séjourner au cœur de la fête, en plein centre de Montañita. Le secteur de la Punta offre plus de tranquillité, mais des prix un peu plus élevés que dans les pensions du centre. Pas de soucis en revanche, si on prévoit de s'encanailler toute la nuit...

Se restaurer

Bon nombre de restaurants et de cafés bordent les rues principales de Montañita, et la plupart des hébergements propose un service de restauration. La station balnéaire étant en plein développement touristique, les adresses changent régulièrement de propriétaire (et de nom). A noter que les cartes offrent plus souvent une cuisine internationale (française, argentine, espagnole, israélienne, italienne, arménienne, etc.) que locale.

Shopping

Vous dénicherez toutes sortes de babioles sur les étals de fortune répartis dans le centre. Beaucoup de jeunes (souvent sud-américains, du Pérou, d'Argentine, de Colombie...) fabriquent et vendent leurs objets : colliers de perles, boucles d'oreille, bracelets brésiliens, statues... Des magasins de souvenirs et de vêtements de plage (maillots de bains, jupes, robes, pantalons en toile...) longent la rue principale. Beaucoup de vendeurs ambulants sur la plage également.

Sortir

En haute saison (de mai à décembre), la fête bat son plein à Montañita, et le village retrouve un certain calme de janvier à avril. Le soir venu, l'animation commence dans les deux rues principales. Les bars attirent une clientèle de fêtards à coup de décibels et de cocktails exotiques. Généralement, l'ambiance s'échauffe autour de 1h et se veut a priori bon enfant, mais la vigilance est de mise, comme partout. Surveillez vos verres et ne sortez pas avec toute votre fortune sur vous !

Sports / Loisirs

Hôtels et magasins louent du matériel de surf. Les planches sont faites la plupart du temps en *balsa* (bois) ou en foam (mousse) ; pas forcément de très bonne qualité. Précaution : bien vérifier les conditions de location et assurances, ainsi que l'état du matériel. Les prix sont quasiment identiques dans toutes les boutiques : comptez 12 à 15 US$ par jour.

CÔTE PACIFIQUE

Transports

En bus. Montañita étant une destination très touristique auprès des visiteurs étrangers, des Guayaquileños et des Quiteños, les bus sont fréquents. Des bus réguliers desservent cette station balnéaire soit depuis le nord, soit depuis le sud de la Ruta del Sol. Les autres étapes touristiques les plus proches sont Puerto López (au nord, 1h) et Santa Elena (au sud). Plusieurs bus quotidiens directs. Depuis Guayaquil, les bus de la compagnie Libertad Peninsular assurent une dizaine de liaisons directes par jour. Durée : 3h30. Sinon, faire un changement à Santa Elena ou Salinas (2h30). Pas de bus direct depuis/vers Quito. Il faut d'abord se rendre à Portoviejo (comptez 10h) et de là, prendre un autre bus pour Montañita. Sinon, on pourra également passer par Guayaquil.

En avion. Les aéroports les plus proches sont ceux de Manta et de Guayaquil. De là, il faudra prendre un bus pour rejoindre Montañita. Depuis/vers Quito ou Guayaquil, comptez 80 US$ l'aller et 110 US$ l'aller-retour, en moyenne.

En taxi. Le trajet Guayaquil-Montañita coûte entre 100 et 120 US$. Voyez par exemple Montañisol (WhatsApp : +593 96 891 1333).

LA CASA DEL SOL €

En face de Hanga Roa, à 20 m de la route et face de la plage. ✆ +593 98 070 8208
casadelsolmontanita.com

De 20 à 25 US$ par personne en chambre simple avec salle de bains privée, et de 25 à 30 US$ pour une double.

Vous apprécierez l'ambiance zen dans ce lieu construit en bambou et pierres de quartz. Le slogan de l'hôtel est clair : manger, dormir, yoga, surf. Ce rendez-vous des surfeurs comporte 12 chambres agréablement aménagées et de différentes capacités. Service de petit déjeuner. Laverie et parking, salle télé et Internet. L'hôtel organise également des excursions dans les environs ainsi que des cours de surf. Parfait pour les surfeurs, car l'hostal se trouve face au meilleur spot de surf (la Punta) ! Ne ratez pas les cours de Yoga ! Une adresse très appréciée.

HOSTAL KUNDALINI €

Après le pont, 100 m et ensuite sur la gauche
✆ +593 9 5950 5007
www.hostalkundalini.com.ec

De 40 à 60 US$ pour une double, de 60 à 90 US$ pour une triple. Taxes, petit déjeuner et Wi-Fi inclus.

Un endroit au calme, à l'écart de l'agitation de Montañita pour ceux qui recherchent un peu de tranquillité. Les 21 chambres sont simples et cosy, bâties en bambou avec vue sur l'océan. Elles disposent toutes de l'air conditionné. Un grand jardin pour se prélasser, des hamacs pour se reposer, la mer juste en face… Que demander de plus ? Sans compter que le Kundalini vous propose un transfert privé depuis l'aéroport de Guayaquil pour 85 dollars pour 1 à 4 personnes. Le Kundalini est un excellent choix pour des vacances Zen sur la côte.

HOSTERÍA HAPPY HILL €

Ruta del Spondylus km 697
✆ +1 386 507 6128

A partir de 30 US$ pour une chambre double (en semaine, en basse saison) jusqu'à 80 US$. Restaurant et snack-bar.

Cet établissement n'est pas exactement situé à Montañita, mais à San José, au nord d'Olon, la nouvelle plage à la mode, moins bruyante que Montañita, à 5 km plus au Nord. Happyhill offre un cadre très agréable, avec piscine, jardin tropical et terrasses ombragées. Les chambres (3 catégories) sont spacieuses et aérées, aménagées simplement et disposent de l'air conditionné. Superbe vue sur l'océan. Le restaurant sert une bonne cuisine internationale (snacks et delicatessen également), et dans le bar lounge, on sirote volontiers un cocktail maison.

NUNKAI ECOHOSTAL €

Av. Blanca Estrella de la Mar
✆ +593 96 908 8340
https://www.nunkailapunta.com/es/

A partir de 14 US$ pour un lit simple en dortoir et de 24 US$ pour une chambre double aves sdb partagée.

Situé à Punta, la pointe séparant Montañita d'Olon, Nunkay Ecohostal est un petit hôtel de charme où il fait bon vivre qui a ouvert ses portes au dernier trimestre 2021. A proximité du meilleur spot de surf, dans la zone la plus appréciée de Montañita pour sa tranquillité, vous y trouverez diverses catégories de chambres dont certaines ont vue sur l'Océan. Elles n'ont pas toutes une salle de bain privée, mais sont toutes aménagées avec goût. Sur place, vous trouverez un bon restaurant et un parking privé si vous avez un véhicule.

BALSA SURF CAMP €€

Barrio La Punta
✆ +593 98 971 4685
www.balsasurfcamp.com
Chambre double à partir de 50 US$ avec le petit déjeuner. Combi VW au même prix.

Un charmant ensemble de bungalows en bambou couverts de toits en chaume compose ce surf camp décontracté, coloré et confortable tenu par des Français. Outre les cours de surf qui y sont proposés, on pourra se détendre pleinement en profitant du spa (massages) et du bain bouillonnant. Le tout enveloppé de verdure et à deux pas de la plage. Un vrai petit paradis pour les surfeurs et pour tous ceux qui veulent se reposer un peu loin de l'agitation qui baigne le centre du village. Depuis quelque temps on peut même louer une chambre aménagée dans un combi VW.

BOUTIQUE HOTEL ROCIO €€

Calle 10 de Agosto y Av. Segunda
✆ +593 4 206 0181
www.rocioboutiquehotel.com
Chambre double à partir de 30 US$ la nuit.

Dans le centre du village. Hôtel à la façade empierrée décoré aux couleurs des Cyclades. On se croirait presque en Grèce. Un établissement avec un certain charme et de jolies chambres (surtout celles avec carrelage décoratif et balcon), bien que peu spacieuses. Elles disposent toutes de l'air conditionné et de l'eau chaude. Un restaurant au cadre sympa sur place, le Kapadokia, servant des spécialités méditerranéennes allant du houmous aux falafels en passant par la salade grecque. On pourra donc aussi y venir pour casser la graine.

MONTAÑITA CABAÑAS €€

Barrio El Tigrillo
✆ +593 9 8979 1305
www.montanitaspanishschool.com
Chambre double à partir de 35 US$. Les prix grimpent en saison. Tarifs spéciaux pour les locations à la semaine.

Cet hôtel est situé un peu en retrait du centre-ville, dans le quartier tranquille de El Tigrillo (à 5 minutes à pied de la rue principale) un peu sur les hauteurs, dépend d'une école d'espagnol très prisée. Chambres et cabanes sont réparties autour d'un joli jardin avec piscine. Ambiance décontractée. Les chambres sont propres et assez spacieuses. La plupart des résidents séjournent ici plusieurs jours, voire plusieurs semaines, soit pour apprendre le surf, soit pour prendre des cours d'espagnol, soit pour télétravailler. Une bonne adresse conviviale.

JAJA EN BALSA €

Balsa Surf camp
✆ +593 99 090 8591

Maxi, un chef argentin, et Oriana en salle, font de ce restaurant un endroit où on revient forcément. Les pizzas sont excellentes, mais les plats à la carte méritent une attention toute particulière. Niché au cœur de Balsa Surf Camp, Jaja en Balsa est en effet un véritable restaurant gourmet. Maxi est très inventif et sa cuisine vous surprendra autant que son petit paradis tropical. Les hamburgers, tacos et plats de poisson mariné vous séduiront sans aucun doute. Pour agrémenter le tout, vous pourrez choisir dans une bonne carte de boissons variées. Recommandé !

DHARMA BEACH €€

A 100 m au nord du fleuve, face à la mer.
✆ +593 93 960 0426
Hôtel et restaurant. Tous les jours, du petit déjeuner au dîner. A partir de 10 US$.

Le restaurant de l'hôtel du même nom, au style exubérant imitant un palais des Indes, jouit d'un emplacement privilégié, les pieds dans l'eau, sur la plage. En terrasse (ombragée), vous dégusterez les spécialités de la maison : ***tequeños de ají de gallina*** (rouleaux péruviens fourrés à l'aji), nachos au poulet, à la viande et au fromage ou un ceviche, et d'autres plats à base de poisson ou de fruits de mer. Le service est impeccable, tout en douceur. La carte est originale et vaut le détour, de même que l'ambiance générale du lieu.

EL TIBURÓN €€

Rocafuerte (rue principale)
✆ +593 95 928 7526
Cuisine internationale et locale. Tous les jours de 11h à 22h. A partir de 10-15 US$.

Ce restaurant ne paye pas de mine et pourtant on y mange vraiment bien. La carte propose une sélection éclectique de plats classiques, mais aussi thaïs. Pâtes, empanadas maison, risotto, plats de poisson et de fruits de mer... Il y en a pour tous les goûts. Côté thaï, le Piña Thaï Bowl a retenu notre attention. Une belle salade thaïe servie dans un demi-ananas, un mélange de saveurs aigres-douces particulièrement réussi. A noter également les excellents ceviches, préparés sur le moment et très bien assaisonnés. Bref, une jolie petite adresse.

MAREA PIZZERIA BAR €€

Las Palmeras

✆ +593 99 961 2387

Pizzeria. Tous les jours de 19h à minuit (à partir de 13h le samedi et le dimanche). A partir de 6 US$ la pizza.

Etabli depuis 2004, stratégiquement situé, au début de la rue des lumières (calle de las luces), Marea est un bon restaurant installé sous une paillote en palme où les pizzas sont cuites au feu de bois. A la carte, une quinzaine de pizzas, des pâtes maison et des desserts (croquant à la pomme et brownie au chocolat avec glace). Cadre convivial et tranquille. Côté bar, un vaste choix de boissons locales et de cocktails et surtout, une particularité notable : chez Marea, c'est Happy hour en permanence ! Et depuis janvier 2020, Marea est aussi à Olon.

TAMBO SABORES PERUANOS €€

Montañita y Olón

✆ +593 98 476 7294

Ouvert tous les jours de 13h à 23h, sauf le jeudi. Plats autour de 10 US$.

Cette table concocte de bonnes spécialités péruviennes à déguster sur des tables en bois. Difficile de passer à côté du *ceviche,* frais et goûteux, mais n'oubliez pas de tester le délicieux poisson mariné proposé à la carte. A noter un intéressant plat type fish&chips, la Jalea Marina, poulpes, crevettes, calamars et poisson du jour, panés et servis chauds sur un lit de salade, maïs et tomates, un délice pour les gourmands. Tout est très frais et les légumes sont en général produits localement sans pesticides. Plats végétariens également.

PIGRO €€

Calle de los Cockteles

✆ +593 98 000 7904

www.pigrolover.com/ristorante

Ouvert tous les jours sauf le mardi. Plats à 10-15 US$.

Tout au bout de la rue principale, ce restaurant ouvert en 2013, propose des spécialités italiennes réussies (pâtes aux fruits de mer, risotto, lasagnes...). Garniture généreuse, produits frais. Le matin, vous pourrez choisir entre 4 types de petits déjeuners, et pour déjeuner ou dîner, la carte est très complète. Belles salades, excellentes pâtes et risotto maison sauront combler vos envies. Si vous aimez le sucré, commandez un Tiramisu. On peut aussi venir siroter un cocktail tout en regardant les passants attablés à l'extérieur du restaurant. Une bonne option !

TIKI LIMBO €€

Chiriboga 2 y Costanera

✆ +593 99 954 0607

www.tikilimbo.com/es

Tous les jours, toute la journée. Comptez à partir de 10 US$ par plat.

Un endroit branché au décor tahitien et la musique jamaïcaine, spécialisé dans les fruits de mer où les surfeurs de Montañita se donnent rendez-vous. Tables hautes en bois, totem et planches de surf à l'entrée donnent le ton. Les plats sont très variés, alliant les spécialités locales aux meilleures recettes internationales. De bons plats végétariens également. Du coup, ce resto constitue une bonne option si vous ne savez pas de quoi vous avez envie. La cible de clientèle étant exclusivement touristique, les prix sont assez élevés.

SHANKHA SUSHI N'THAI €€

Tres Palmas - La Punta

✆ +593 95 887 9040

Menu du jour pour moins de 10 US$. Sushis à partir de 5 US$.

Les Sushis du Shankha sont tout simplement excellents. Préparés sur le moment bien entendu, souvent avec du poisson qui sort de l'eau, car les pêcheurs ne sont pas loin, la carte est longue et le choix difficile. Nous vous recommandons particulièrement le Spicy Tuna roll qui est à tomber. Le grand plus c'est évidemment l'emplacement, juste extraordinaire. Les pieds dans le sable, face à la mer, vous dégusterez votre repas au son des vagues dans une ambiance Zen qui dénote avec l'ambiance survoltée du centre du village. Nous sommes à la punta !

LOST BEACH CLUB

Malecon Montañita

✆ +593 93 960 0426

Entrée à partir de 20 US$. VIP 30 US$. 4 jours VIP pour 50 US$.

L'un des clubs les plus prisés de Montañita avec ses Dj sets qui enflamment le *dancefloor.* Sur la plage, on fait la fête presque les pieds dans l'eau ! Les plus grosses soirées se déroulent ici (musique électronique). Pensez à suivre la programmation en ligne. Lorsque vous optez pour l'entrée VIP, elle comprend une place avec vue directe sur la mer, un accès à la salle privée VIP derrière les DJ et des toilettes séparées sans compter l'accès aux meilleurs espaces pour s'asseoir. Le Lost Beach Club est un incontournable pour les fêtards !

AYAMPE

A environ 18 km au sud de Puerto López (environ 20 minutes en bus). Ce petit village côtier, au sud de Puerto López, à la limite des provinces de Manabí et Guayas, est situé au milieu de la Route du Soleil, au niveau du km 86. Il est de plus en plus prisés des étrangers installés sur la côte et qui souhaitent vivre en dehors des zones touristiques. C'est un tranquille village de bord de mer qui vaut le détour. C'est le premier village (en venant du sud) sur la fameuse Ruta del Sol, aussi appelée Ruta del Spondylus, du nom de ce coquillage trouvé sur les côtes équatoriennes. Un coquillage qui avait beaucoup d'importance aux yeux des peuples ancestraux de la Cordillère des Andes, non seulement car il était offert en offrande à Pachamama, mais aussi parce qu'il avait valeur de monnaie. Ayampe est aussi le dernier village renfermant une forêt tropicale humide à proximité de la mer, où vivent de nombreuses espèces d'oiseaux. Propice au farniente et à de sympathiques activités balnéaires, Ayampe est un spot de surf incontournable. Le panel d'hébergements est complet. La plupart d'entre eux proposent des excursions dans la région pour profiter de ses plus beaux atouts. Enfin, la station jouit aussi d'une position stratégique pour aller à la découverte du parc national Machalilla. Un endroit préservé du tourisme de masse où il ne faut surtout pas manquer le fabuleux coucher de soleil sur la plage...

LA BUENA VIDA HOTEL €€

Km 86 Ruta del Spondylus - Ayampe
✆ +593 98 662 0819
www.surflabuenavida.com

Pour une nuit, hors formule, comptez à partir de 30 US$ la nuit. WiFi et restaurant. Massages.

L'endroit adéquat pour se reposer, se détendre et surfer. Les propriétaires, Marylin et Keith Keller, sont très accueillants, et Keith est une mine d'informations pour les surfeurs, en herbe ou avertis. Marilyn, elle, s'assurera que votre séjour se déroule à la perfection. La jolie maison en dur, avec véranda, fait face à l'océan ; les chambres sont propres, modernes, et les lits confortables. Toutes sont équipées d'une salle de bains privée, d'un ventilo et de la connexion wi-fi. Délicieux petits déjeuners américains avec des jus de fruits frais de saison.

CABAÑAS LA TORTUGA €€

Ruta del Spondylus km 86
✆ +593 99 383 4825
www.latortuga.com.ec

Comptez à partir de 40 US$ pour une double, de 60 US$ la triple. Wi-Fi, parking, laverie, bar et restaurant.

Une dizaine de bungalows rustiques et confortables installés face à l'océan (capacité jusqu'à 5 personnes), sur la *ruta del Spondylus*. Un lieu en dehors des sentiers battus, pour se reposer et pratiquer tout un panel d'activités : cours de surf, observation des baleines (de juillet à octobre) et des oiseaux, balade à cheval, excursion sur l'île de la Plata ou dans le Parque Nacional Machalilla. Les bungalows sont mignons et bien décorés. L'aération est naturelle et très efficace, aucun besoin de climatisation, les lits sont équipés de moustiquaires.

CÔTE PACIFIQUE

FINCA PUNTA AYAMPE €

✆ +593 9 9189 0982
www.fincapuntaayampe.com

Pack 2 nuits/3 jours à 285 US$ pour deux personnes, 4 nuits/ 5 jours à 535 US$ pour 2, 6 nuits/7 jours 785 US$ pour 2.

Une des haltes les plus originales et les plus belles de la région. Le lodge, tout en bois, est construit en hauteur, au cœur de la forêt. Du mirador, on domine la forêt et le regard porte jusqu'à la mer. La nuit crépite du bruissement des insectes et l'hôtel prend alors des allures magiques. Les quatre chambres confortables se partagent les salles de bains. Salon, TV, cheminée, bar. Le lodge organise des excursions à la carte : plongée, observation des baleines et des oiseaux, visites de la Isla de la Plata, randonnées à cheval... Bonne cuisine.

EL CAMPITO ART LODGE €€

Via Principal (pas de numéro)
✆ +593 9 449 5228
www.elcampitoayampe.com

A partir de 90 US$ pour une nuit en chambre double. Petit déjeuner compris. TV, WiFi, laverie et parking.

El Campito se prête à un tas d'activités : observation des oiseaux (colibri estrella esmeralda), des baleines (de juin à fin septembre), mais aussi surf, snorkeling, plongée et pêche. Vélos et kayaks sont à la disposition des résidents. On séjourne dans une belle maison faite de briques et de bois, dans un style ethnique moderne et raffiné. Les chambres possèdent la climatisation et de la TV. Très beau jardin où sont réparties des plantations de bananes, de cacao, de fruits de la passion, de café, d'oranges... Un lieu de détente où l'on se sent bien !

PUERTO RICO

Située à 17 km de Puerto López et 31 km de Montañita, Puerto Rico est une petite ville qui borde la Ruta del Sol, à proximité de Las Tunas, Ayampe et Montañita, et plus au nord, Puerto López (comptez 25 minutes de bus). C'est une étape authentique où le tourisme ne s'est pas encore développé et c'est là tout son intérêt. Cette bourgade offre des possibilités d'hébergement où le voyageur pourra se reposer et profiter de la quiétude du lieu. La plage de Las Tunas, grande étendue de sable gris est encore sauvage et très peu fréquentée. Puerto Rico est l'étape idéale entre Montañita et Puerto Lopez si vous aimez flâner et cherchez l'authenticité.

SALANGO

A côté de Puerto Lopez, Salango était une colonie pré-colombienne installée juste en face de l'île éponyme. Ce petit village est connu pour sa conserverie de poissons, laquelle dégage parfois des fumets redoutables. Un plage de 5 km s'étire face à l'océan Pacifique. De là, on peut organiser des excursions sur la Isla Salango, même si les visiteurs préfèrent souvent partir de Puerto Lopez (comptez 30 minutes de bateau). Les habitants de Salango cherchent à consolider leur développement économique en promouvant l'écotourisme communautaire et quelques projets verront sans doute bientôt le jour, offrant de nouveaux choix de logement et activités.

AZULUNA ECO LODGE €€

Ciudadela 12 de Octubre ✆ +593 5 234 7093
www.azuluna-ecolodge.com

Comptez de 79 à 149 US$ pour une chambre simple ou double, petit déjeuner inclus. Déjeuner ou dîner : 17 US$.

Bois, bambous et feuilles de palmes caractérisent cette belle construction sur 2 étages dans laquelle se répartissent des chambres colorées très chaleureuses. Certaines sont dotées de salle de bains privée. Le lodge est entouré de balcons avec hamacs, d'où l'on peut admirer l'océan (la plage se trouve à 150 m). Azuluna soutient des projets communautaires et organise des excursions dans la région : Agua Blanca, playa de Los Frailes, San Sebastian, Isla de la Plata. Une belle adresse pour refaire le plein d'énergie. Le restaurant sert une bonne cuisine maison.

LA BARQUITA BEACH HOSTEL €€

Ciudadela 12 de Octubre ✆ +593 98 742 0564

Comptez à partir de 50 US$ pour une chambre double, 69 US$ pour une triple, et 120 US$ pour l'appartement vue mer.

Un gros navire en bois au cœur d'un jardin coquet signale cette insolite hôtel où le propriétaire vous accueille avec une gentillesse sans pareille. Les 20 chambres, dont 16 avec salle de bains privée et eau chaude, s'abritent sous des bungalows de bois avec toit de palme et terrasse agrémentée de hamacs. Le restaurant sert une bonne et copieuse cuisine internationale avec des spécialités de la mer. Juste derrière un bar-piscine et un accès direct à la plage. Vous dégusterez un bon cocktail ou jouerez au billard au bar à l'étage du navire avec vue sur la mer.

ISLA SALANGO ★

Au large de Salango

Le proximité de l'île de Salango avec le continent la rend très accessible ; il faut compter environ 30 minutes de bateau pour la rejoindre depuis la côte. Lors d'une excursion, on pourra apercevoir ses falaises abruptes et, au pied de l'une d'elles, une petite plage. Des colonies d'oiseaux vivent là en toute quiétude, notamment des frégates, des cormorans et des fous à pattes bleues. Le site est propice au snorkeling. Sur la plage de Salango, vous trouverez sûrement un pêcheur qui vous y emmènera ; sinon, des excursions sont organisées au départ de Puerto Lopez.

MUSEO ARQUEOLÓGICO SALANGO

✆ +593 98 135 6698

Le Musée archéologique de Salango, fondé par l'anthropologue Preston Norton, est situé dans le bâtiment dédié au centre de recherches, le CIMS, sous un toit pyramidal élevé. On y présente une belle collection de 245 pièces de céramiques qui relatent la vie et l'histoire des cultures ancestrales de la région, notamment Valdivia et Chorrera, reproduisant des scènes de la vie quotidienne. Ces céramiques ont entre 3500 et 5000 ans et ont été déclarées patrimoine culturel de l'Equateur.

OLON

Olon jouit d'une plage de presque 8 km, une des plus longues du pays ! Elle est bordée tout le long d'une flore bien préservée et d'une mangrove dont les racines sortent d'une eau cristalline et servant de nurserie pour de nombreuses espèces marines. Les oiseaux se régalent au dessus des petits cours d'eau qui traversent la mangrove et hébergent de nombreuses petites crevettes dont ils raffolent. Ce petit village de 6 rues par 5 est l'endroit idéal pour passer des vacances reposantes, en bord de l'océan pacifique, tout en étant à quelques minutes de Montañita, capitale de la fête sur la côte. Depuis quelques années, divers petits hôtels ont ouvert ici.

PUERTO LÓPEZ ★

Tandis que les barques multicolores se balancent gaiement au mouillage, pélicans et frégates survolent les flots en quête de nourriture ou fondent sur les restes abandonnés par les pêcheurs qui vendent leurs prises chaque matin sur la plage. Des maisons traditionnelles en bois avec galerie bordent le Malecón. Quelques rues de terre remontent vers la route principale. Ici pas de stress, on vit paisiblement au rythme des marées… et des nombreuses fêtes de la ville. De prime abord Puerto Lopez ne semble pas forcément attirante, et pourtant les touristes ont du mal à la quitter. Cette ville empreinte d'authenticité, comparé à sa voisine Montañita, et bien plus tranquille que Manta, se révèle vraiment attachante. Ses habitants sont chaleureux, il y règne une douce atmosphère de vacances et on apprécie son dépaysement. La proximité du Parc national de Machalila draine les touristes, qui viennent ici observer les baleines à bosse entre juin et septembre, mais aussi découvrir la plage de Los Frailes et la Isla de la Plata, île protégée au large de Puerto Lopez et qui fait aussi partie du Parc national.
Seule industrie de la ville, l'usine de poissons se repère facilement au panache noir qui se dégage de ses cheminées. Chaque matin, les pêcheurs reviennent de leur nuit en mer, et déchargent leur butin. Un spectacle à ne pas rater. Si vous souhaitez partir en mer de nuit, c'est possible : adressez-vous au chef de l'exploitation qui supervise chaque jour l'arrivée de ses pêcheurs, ou à un pêcheur sur la plage.
En 2013, la zone de Puerto López (jusqu'à Ayampe) fut déclarée « Área Turística Protegida » (Aire Touristique Protégée) par le gouvernement. Cette zone englobe 15 200 ha (dont 770 ha de zone marine) et comprend le Parque Nacional Machalilla.
Le 24 septembre, le port honore la Vierge de Las Mercedes et le 8 décembre, la Vierge de La Inmaculada. La municipalité revêt alors ses plus beaux atours.

Se loger

Un grand choix d'hébergements à Puerto López. Mais attention, les adresses se remplissent vite de juillet à septembre, et les prix montent en flèche ; pensez à réserver à l'avance.

Se restaurer

Dans cette ville maritime, la gastronomie locale est surtout constituée de produits de la mer. On y mange bien et les amateurs de poisson, crevettes, calamars et coquillages se régaleront. Pour un *almuerzo* plus typique (viande de bœuf ou de poulet, *patacones*, riz et salade), allez au restaurant Lismar. Les gargotes qui bordent la plage préparent de bons petits déjeuners pour 3 à 4 US$, et de succulents jus de fruits frais ou *batidos*.

Sortir

Ville authentique où règne une indéniable tranquillité, Puerto Lopez vit en musique, ses habitants aussi. Peut-être aurez-vous la chance d'assister à une fête municipale - tout le monde se réunit pour danser la salsa jusqu'au milieu de la nuit -, sinon allez dans les bars en bordure de plage (ouvert jusqu'à minuit, un peu plus tard en fin de semaine). Des transats sont installés sur le sable et chacun peut se laisser aller aux sons de la musique salsa, merengue et cumbia. Mesdemoiselles, si vous ne savez pas (encore) danser, vous devriez vite trouver un galant cavalier...et messieurs, rassurez-vous, vous ne serez pas en reste !

Tourisme

Pour visiter la région, découvrir le parc national de Machalilla, la Isla de la Plata, observer les baleines à bosse, pêcher, faire du snorkeling ou de la plongée avec des bouteilles... s'adresser à l'une des agences de notre sélection ou directement à votre hôtel.
Le Parc national de Machalilla s'étend autour de Puerto Lopez et comprend la isla de la Plata, d'où l'on peut observer baleines à bosse de juin à fin septembre, et le reste de l'année, observer sa faune (frégates, fous à pattes bleues et rouges) ou faire de la plongée sous-marine pour voir des tortues. On s'y rend en bateau (comptez 3h aller-retour) depuis Puerto Lopez ; des agences proposent cette excursion ou vous pourrez aussi vous adresser à votre hôtel.
Au large de Puerto Lopez, il est possible de découvrir une autre île : la Isla Salango, plus proche que la précédente (1h de bateau aller-retour). Impossible d'y faire escale, mais elle constitue un bon spot de snorkeling, et du bateau, on peut observer les colonies d'oiseaux.

Enfin, à ne manquer sous aucun prétexte : les plages de Los Frailes, Playita et Tortuga (20 minutes de bus depuis Puerto Lopez).

Transports

En bus. Le terminal terrestre se situe à 2 km du centre-ville, vers le nord en direction de Manta. Plusieurs bus pour Quito. Durée : 11h. Des liaisons toutes les heures vers Guayaquil. Durée : 4h.
Egalement de nombreuses liaisons quotidiennes vers Manta (2h à 2h30 en fonction de la trajectoire choisie), Canoa (avec changement à Manta) et Montañita (1h30).

En avion. A proximité du terminal terrestre. L'aéroport de Manta a été fortement endommagé lors du tremblement de terre de 2016. Si des bâtiments provisoires ont été aménagés pour permettre au service aérien de continuer à fonctionner depuis, le nouveau terminal a été inauguré en février 2021. Les compagnies Avianca et LATAM opèrent des vols vers Quito.

En ville. Le *mototaxi* (*moto-rickshaw* ressemblant à un *tuk-tuk* asiatique) est le moyen le plus pratique et le plus économique pour se déplacer en ville. La course dans Puerto López coûte en moyenne de 1 US$ à 1,50 US$. Par ailleurs, quelques agences louent des vélos, un autre moyen de transport idéal.

Le ballet des baleines à ne pas manquer !

MACHALILLA TOURS

Malecón Julio Izurieta y Alfaro
✆ +593 99 492 5960
www.machalillatours.org

Excursions sur la Isla de la Plata (bateau, pique-nique, entrée du parc, snorkeling et randonnée sur l'île inclus).

Cette agence fiable propose des sorties en mer pour observer les baleines et pêcher au gros. Egalement des excursions sur la Isla de la Plata, des randonnées à cheval ou à vélo dans le parc national, des journées de surf et kayak de mer. En plus des traditionnelles sorties, cette agence est spécialisée dans la plongée, notamment aux Galápagos. Fausto vous accueillera toujours avec sa bonne humeur légendaire et vous racontera ses années d'expérience de cette côte proche de Puerto Lopez. Ne rien payer d'avance afin d'éviter tout problème en cas d'annulation.

LUZ DE LUNA TOURS

General Cordoba y Cristo del consuelo
✆ +593 99 199 5387

Comptez 45 US$ par personne pour aller visiter la Isla de Plata en excursion avec pique-nique.

Notre coup de cœur pour organiser vos excursions en mer autour de Puerto Lopez. Annibal Ponce, natif de la région possède ses propres bateaux, embarquant un maximum de 16 personnes et vous emmène en toute sécurité à la Isla de Plata pour une journée d'observation des oiseaux, des baleines à la bonne saison et de belles balades aquatiques en PMT. Les guides parlent anglais et espagnol. L'agence est soumise à une capacitation annuelle, gage de son expertise. Des sorties sont organisées tous les jours. Cette agence est vivement recommandée.

NATURIS TOURS

Juan Montalvo y Gral Codova
✆ +593 98 495 1841
naturis.com.ec/

A partir de 25 US$ pour l'observation des baleines et de 45 US$ le tour à Isla de Plata.

Cette petite agence dirigée par Pedro, natif de la région facilement reconnaissable à son beau Panama vissé sur la tête, est la meilleure spécialiste des baleines et plus particulièrement de la Isla de Plata. Que vous souhaitiez aller faire un tour en mer au moment de la saison des baleines pour aller les observer avec leur baleineau ou tout simplement aller découvrir la Isla de Plata à 1 heure de navigation du port, c'est avec Naturis que vous serez le mieux informés et découvrirez une qualité de service irréprochable ainsi que du matériel très bien entretenu.

CASITA MADAME €

Malecon Extremo Norte
✆ +593 97 870 1633
https://cafemadame.com/index-fr.php
A partir de 40 US$ par chambre matrimoniale avec le petit déjeuner.

Parfaitement située, un peu en dehors du centre et quasiment sur la plage, la Casita Madame est un petit établissement de 3 chambres doubles ressemblant à de petits bungalows dans un charmant jardin tropical entretenu de main de maître par Sophie, une Française établie à Puerto Lopez depuis quelques années. Les chambres sont charmantes, jouissent de l'air conditionné, d'un petit bureau permettant de travailler à distance et bien entendu d'une salle de bains privative. Un excellent choix pour passer quelques jours hors du temps dans une ambiance zen.

HOSTAL MACHALILLA €

Julio Izurieta y Alejo Lascano
✆ +593 99 157 7406
www.hostalmachalilla.com
Compter entre 20 et 25 US$ la chambre double. Cuisine, WiFi, TV, hamacs.

A deux pas du Malecón, en plein centre actif du village, cet hostal propose des chambres très sommaires, assez grandes et bien tenues. Le cadre est tranquille, on peut se détendre dans un hamac installé dans la cour intérieure ou profiter de la superbe vue sur la terrasse. Il conviendra parfaitement à ceux qui recherchent un peu de tranquillité, hors des endroits bruyants de Puerto Lopez. Chambres doubles, triples et quadruples satisferont tous les types de groupes ou familles désireux de rester quelques jours dans ce charmant port touristique.

HOSTAL MAXIMA €

Gonzales Suarez y Machalilla
✆ +593 5 23 00 310
https://hostal-maxima.business.site
Chambre double autour de 35 US$. WiFi, parking gratuit.

Un petit hôtel en dur très bien tenu par un couple américano-équatorien toujours disponible. Les chambres sont vastes et possèdent toutes une moustiquaire ainsi qu'une salle de bain avec eau chaude. La cuisine collective se trouve dans le petit jardin. Elle est équipée d'une grande TV sur laquelle on peut regarder un film à n'importe quelle heure (liste à disposition) ou un documentaire sur le parc Machalilla et les activités possibles. Les propriétaires sont des sources précieuses d'informations et sont toujours heureux de guider les visiteurs.

HOSTERIA MANDÁLA €€

Julio Izurieta
✆ +593 99 951 3940
www.hosteriamandala.info
A partir de 55 US$ en Bungalows doubles pour une personne, 70 US$ pour deux. Petit déjeuner compris. CB acceptée.

Cette charmante adresse gérée par Maja et Aurelio, un couple suisse-italien, offre des chambres et de jolis bungalows avec salle de bains privée, douche avec eau chaude, ventilateur, moustiquaire et terrasses aménagées avec hamacs. L'ensemble, niché dans un jardin enchanteur, est caractérisé par une déco artistique typique de la région. Les chambres sont très soignées et ne manquent pas de cachet. Accès direct à la plage. Coin salon avec lecteur DVD, bibliothèque et échange de livres, et salle de musique. Un très bon rapport qualité-prix.

HOTEL PACIFICO €€

Malecón Julio Izurieta - alado de Exploramar Diving, Puerto López ✆ +593 99 399 5977
www.hotelpacificoecuador.com
A partir de 55 US$ pour une chambre double avec petit déjeuner. Excursions possibles. WiFi, piscine.

Très central, dans une rue perpendiculaire au Malecón, voici un petit hôtel confortable bien agréable. Les 24 chambres sont simples et lumineuses, avec ventilation, sol carrelé, salle de bains privée et eau chaude toute la journée. Certaines, plus chères et avec vue sur la mer, sont nichées dans un petit jardin qui cache piscine et bain bouillonnant. Le restaurant de l'hôtel donne sur le Malecón ; un peu cher, il sert une bonne cuisine locale. On y prend également les petits-déjeuners, copieux et savoureux. Encore une belle option pour des vacances au goût local.

HÔTEL VICTOR HUGO €€

malecon Norte
✆ +593 95 909 0875
www.victorhugohotel.com.ec/
Chambre matrimoniale : 56 US$ sur le jardin et 75 US$ avec vue sur la plage.

Voici un hôtel très bien placé, sur le Malecón, avec vue mer pour certaines chambres. Le bois est à l'honneur dans ce joli hôtel et donne une ambiance très agréable aux lieux. Un patio entoure la piscine, on peut s'y relaxer tout en restant à l'ombre des toits de chaume. Les chambres sont grandes et très bien entretenues, elles disposent toutes de l'air climatisé. Le restaurant n'est pas en reste, outre les copieux petits déjeuners, vous pourrez y savourer une bonne cuisine locale sans chichis souvent à base de produits de la mer bien entendu. Une bonne adresse.

MANTARAYA LODGE €€

Situé à 5 minutes en voiture de Puerto Lopez, à 3 km de la plage.
✆ +593 9 9404 4050
www.mantarayalodge.com

15 chambres pour une capacité maximale de 50 personnes. Compter autour de 100 US$ la double.

Un peu en retrait de l'activité de la côte, le Mantaraya lodge est une charmante demeure déroulant 15 chambres joliment décorées de couleurs pimpantes (bleu, jaune, orange). Toutes ont un balcon ou une terrasse avec un hamac ainsi que l'air climatisé. Une superbe piscine est à votre disposition, ainsi qu'un restaurant offrant de délicieux mets équatoriens et internationaux. En plein cœur du Parc national de Machalilla, c'est détente assurée dans cette adresse coup de cœur, point de départ de belles excursions vers Isla Salango ou Isla de Plata par exemple.

NAUTILUS LODGE €€

Calle Juan Montalvo y Maria Immaculada Concepción ✆ +593 99 732 2741
nautilus-lodge.com

Suites, villas et appartements à partir de 90 US$ pour deux personnes. Hors taxes. Petit déjeuner compris.

Dans un cadre enchanteur, le Nautilus hotel vous propose une halte très reposante. Un mot d'ordre semble guider les équipes de cet hôtel : votre bien-être ! Vous profiterez d'un espace salon/séjour avec sofa, table basse, salle à manger ainsi que d'une cuisine entièrement équipée. Les logements proposés sont confortables et donnent sur un jardin luxuriant où les colibris viennent butiner les fleurs. Au petit matin, un petit déjeuner délicieux vous sera offert. Enfin, avant de partir, profitez de la piscine paradisiaque dans l'espace commun. Un lieu sublime !

LA TERRAZA €€

Cdla. Luis Gencón – Calle San Francisco s/n
✆ +593 5 230 0235
www.laterraza.de

Cabine simple avec salle de bains privée à partir de 63 US$, double à 96 US$, triple 129 US$ avec petit déjeuner.

Situé sur les hauteurs de Puerto Lopez, on y accède en 10 minutes à pied et bien plus vite en moto-taxi, ça grimpe ! De là-haut, la vue sur la mer est à couper le souffle. La terrasse d'où l'on déjeune nous donne l'impression de dominer le village. A peine sommes-nous arrivés que l'on ne veut plus s'en aller. Loin de nous les soucis, ici on est coupé du reste du monde. Les 12 cabanes éparpillées dans le jardin tropical sont bien aménagées dans un style épuré, tout est apaisant : profitez-en pour rêvasser au bord de la piscine, ici ça sent bon les vacances !

CAFÉ MADAME €

Malecón Julio Izurieta
✆ +593 98 079 6393
www.cafemadame.com

Spécialités franco-équatoriennes. Crêpes salées et sucrées. Jus, smoothies, bières, cocktails. Végan également.

Voilà un établissement ouvert depuis juin 2017 et tenu par une Française Valentine et son mari Yadin. Le décor est soigné et l'on se sent vite à son aise, la plage en point de mire. C'est l'endroit parfait pour y déguster un très bon café ou un jus de fruits. Les petits déjeuners servis y sont très bons. Pour les plus gourmands, vous pourrez aussi goûter aux crêpes préparées par l'équipe. Pour le reste de la journée, on y sert aussi des sandwichs ou d'excellents pains toastés ainsi que des plats végans. Une agréable adresse de choix, un peu à l'écart de la ville.

BLANCHE €

Malecon Julio Izurieta
✆ +593 98 004 3798

A partir de 10 US$ le repas.

Sur le Malecón, Blanche vous propose des plats de la mer faits avec passion. Aux manettes de l'établissement, Miguel Angel et Maria qui ont appris beaucoup de Nico, jeune homme de 20 ans sorti de l'école hôtelière de Lausanne et qui avait ouvert ici une boulangerie-pâtisserie qu'il opère dorénavant à distance pour les hôteliers et restaurateurs du secteur. Blanche propose également d'excellents petits déjeuners et de bons petits plats concoctés à base de produits locaux. Le pain est toujours aussi bon, il vient toujours de chez Nico !

LA CABAÑA DE CHUKY €

Malecon Extremo Sur

Ceviches de 4 à 10 US$. Plats chauds de 7 à 10 US$.

Si vous aimez les Cevihe Equatoriens, vous ne serez pas déçus ici. La cabane de Chuky est un incontournable restaurant de plage servant probablement les meilleurs ceviches de Puerto Lopez. Tour est préparé à la commande, ce qui laisse le temps de déguster un bon jus de fruits frais ou une bonne bière locale (attention elles sont souvent grandes) en admirant le spectacle de la baie. Ceviches de poisson, calamars, poulpes et surtout l'unique ceviche de conche, une spécialité à ne pas rater. Chuky et sa femme vous accueillent avec une bonne humeur communicative.

PATACÓN PISA'O €

General Cordova y Juan Montalvo

✆ +593 99 377 1915

Cuisine colombienne. A partir de 10 US$. WiFi.

Ce coquet petit restaurant décoré avec soin permet de varier les plaisirs puisqu'il sert des spécialités colombiennes. Le patacon, cet accompagnement de bananes plantain écrasées et frites est à l'honneur. Les plats sont, là aussi, préparés avec des produits de la mer, mais quelque peu différents de ce que l'on trouve dans les autres établissements (vous trouverez en effet ici la version colombienne des patacones). Les propriétaires eux-mêmes sont originaires de Cali, en Colombie, et vous feront aimer leur gastronomie. Bon choix de cocktails également.

RESTAURANT CARMITA €€

Malecón Julio Izurieta y General Córdova

✆ +593 9 372 9294

Tous les jours de 10h à 22h. Comptez 10 à 25 US$ le repas.

Carmita est un incontournable en ville. On y déguste ceviches à la façon équatorienne, crevettes à l'ail ou à la plancha, calamars, poulpe, poisson du jour... Sans oublier du bœuf et du poulet préparés selon des recettes bien locales. Beaucoup de choix à la carte. Les prix sont un peu plus élevés que dans les autres restaurants, mais la qualité est au rendez-vous et les portions sont généreuses. L'ambiance est détendue, mais l'endroit un peu bruyant parfois... On est au cœur du secteur le plus animé du village, toute médaille a son revers.

ETHNIAS NATURE

Calle García Moreno

✆ +593 98 687 6195

Epicerie zéro déchet.

Voici la jolie boutique d'Agnès, une biologiste française qui après 8 ans de recherches aux Galápagos en compagnie de son biologiste de mari, a décidé de s'installer à Puerto Lopez. Elle vient d'y ouvrir cette boutique spécialisée dans les épices en vrac. On y trouve de nombreuses épices ; poivres, curcuma, herbes de Provence, origan, curry, mais également des graines en tous genres ainsi que des olives et des cornichons préparés maison ! Agnès souhaite aider à l'éducation vers l'écoresponsabilité et ce magasin est une belle étape en ce sens !

EXPLORAMAR DIVING

General Córdova y Malecón

✆ +593 99 565 4970

www.exploradiving.com

Agence spécialisée depuis 1997 dans les sorties de plongée dans les environs de Puerto Lopez. Staff compétent et matériel de qualité. Michel Guerrero en tête, dont l'expérience ferait pâlir bon nombre de plongeurs. Les fonds marins de l'Isla de la Plata sont un cadre unique pour une plongée de qualité. Grâce à Exploramar Diving, il vous sera également possible de passer des cours pour devenir un professionnel dans le domaine de la plongée. C'est d'ailleurs la seule agence à être désignée officiellement PADI 5 étoiles en Equateur. Un bon choix.

NATIVE DIVING

Malecon Julio Izurieta y Alejo Lescano

✆ +593 96 716 2893

nativedivingcenterecuador.com

Plongée 1 journée/2 immersions à Los Ahorcados : 90 US$. Bajo Cope : 120 US$. Isla de la Plata : 145 US$.

Grâce à une équipe professionnelle qui connaît parfaitement les lieux, vous découvrirez dans une ambiance conviviale la richesse des fonds de cette partie de l'océan. A votre service, Aude, Française polyglotte, vous aidera à choisir le site le plus adapté à vos attentes. Jérôme, français également, dont la bonne humeur est communicative, enseigne pour sa part la plongée depuis de nombreuses années. Il a passé ses diplômes de plongée en Malaisie et en Equateur. Les autres guides sont tout aussi sympathiques et compétents. Vous serez entre de bonnes mains.

PADDLE ECUADOR

malecon

✆ +593 98 599 5736

2h de paddle guidé : 15 US$ par personne ou 25 US$ pour 2.

Mika, un sympathique Français connu à Puerto Lopez pour être un excellent DJ, vous propose diverses excursions en paddle dans les environs de Puerto Lopez. Il a investi dans du matériel neuf de qualité et dispose même du plus grand paddle du pays, il peut porter jusqu'à 8 adultes ! La sécurité est assurée dans la bonne humeur et le tour de 2 heures est déjà une belle expérience. Mika vous propose aussi d'aller découvrir les tortues marines et les raies en saison. La température de l'eau est idéale toute l'année, c'est le moment de se jeter à l'eau !

PARQUE NACIONAL MACHALILLA ★★

Depuis 1979, c'est l'un des rares endroits du pays où plages et forêts vierges se mêlent à l'histoire des civilisations précolombiennes. Le Parc national de Machalilla s'étend sur 55 000 hectares dans la province de Manabí, le long de la côte ouest, autour de Puerto Lopez. Et parmi eux, les primates carnivores (fourmiliers paresseux, pacas, agoutis, écureuils, singes…), oiseaux marins et terrestres (hérons, pélicans, albatros, frégates, hiboux…), reptiles, tortues terrestres et marines, serpents, lézards, et une multitude de poissons qui vivent dans les eaux du Pacifique, à la jonction du courant marin froid venant du nord (Humboldt) et du courant chaud venant du sud (El Niño). Ces deux courants marins se rencontrent à cet endroit même, d'où l'existence de deux saisons distinctes : une saison sèche de juin à décembre et une saison pluvieuse de janvier à mai.

Par ailleurs, les sites archéologiques sont légion dans cette région (Salango, Agua Blanca) qui revêt une importance capitale dans l'histoire précolombienne de l'Equateur (culture Valdivia). Partie intégrante du Parc, la Isla de la Plata est l'un des plus beaux sanctuaires marins du pays (à l'exception des Galápagos) et le paradis d'espèces rares comme le fou à pattes bleues et à pattes rouges, la frégate, l'albatros. Autre zone insulaire à découvrir, l'île Salango. Enfin les magnifiques plages du Parc dévoilent de magnifiques étendues de sable blanc, gris et même noir. La plus connue étant la plage de Los Frailes.

AGUA BLANCA ★★

Entrée : 5 US$. Comprend une visite en espagnol avec un guide sur le site. Tous les jours de 7h30 à 18h.

Ce petit village indigène doit son nom à source d'eau sulfureuse qui s'y cache et est un site archéologique très intéressant de l'époque Manteña. On accède à la commune d'Agua Blanca par une piste qui demande environ 45 minutes de marche (attention aux coups de soleil !) ou 15 minutes en voiture, au-delà de l'entrée du parc. Dans le village communautaire d'Agua Blanca, des guides officiels proposent leurs services pour quelques dollars (pourboires bienvenus). L'excursion dure environ 2 heures. Par ailleurs, une excursion de 5 heures permet d'atteindre San Sebastián, où un refuge sommaire est à la disposition des visiteurs. L'excursion peut également se faire à cheval.

- **Un petit Musée archéologique** présente une modeste collection de pièces datant de la civilisation Manteña, trouvées dans les environs : armes, bijoux, urnes... Mérite tout de même le coup d'œil !

- **Le site archéologique** contenant des ruines de la civilisation Manteña (ou Manta, datant de 800 à 1532) se découvre à 1 km du hameau. On y devine l'emplacement d'imposants édifices dont les pierres sont encore visibles à la surface du sol. Au cours de l'excursion, vous observerez les environs depuis un mirador et plongerez dans une lagune d'eau sulfureuse ; rien de tel pour se détendre avant de repartir.

- **Il est aussi possible de découvrir les alentours du village** et d'aller jusqu'à la lagune d'eau sulfureuse sans guide, à pied en passant par les petits sentiers. Au retour au village, vous trouverez facilement où déjeuner, les familles sont habituées et accueillantes.

Depuis le Mirador, une vue superbe sur les plages désertes de sable blanc du parc.

ISLA DE LA PLATA ★★

Au large de Puerto Lopez

Compter autour de 45 US$ tout compris. Des tours sont dédiés à l'observation des baleines (de juin à septembre).

Le parc national de Machalilla s'étend autour de Puerto López et comprend la Isla de la Plata (l'île de la Plata). Le pirate Francis Drake y cachait les butins volés aux galions espagnols au XVIe siècle, ce qui lui valut son nom. Certains prétendent que des trésors y seraient encore enfouis… Aujourd'hui, on peut y observer les baleines à bosse de juin à fin septembre (période de reproduction) et, toute l'année, y faire une excursion pour observer sa faune (frégates, fous à pattes bleues et rouges) et découvrir ses fonds marins peuplés de possons multicolores et de tortues marines. L'excursion, avec présence obligatoire d'un guide naturaliste, dure une journée (tour incluant aller-retour en bateau, guide, déjeuner et collation, matériel de plongée, randonnée sur l'île et entrée du parc). Sur l'île, on peut emprunter deux chemins de randonnée différents (le sendero Punta Machete fait 3,5 km, l'autre, le sendero Punta Escaleras fait 5 km, compter entre 2 et 3h30 de marche) : il faudra choisir en fonction des oiseaux que vous voulez voir : fous à pattes bleues et à pattes rouges, frégates...

Celle que l'on nomme souvent – à tort – « les Galápagos du pauvre » est certes beaucoup plus accessible que l'archipel, dont l'entrée coûte 100 US$ par personne, mais sa faune et ses paysages, en revanche, sont nettement moins variés. Cependant, une virée sur (et autour de) l'île vaut tout de même le coup. On s'y rend en bateau (comptez environ 3h aller-retour). De nombreuses agences proposent cette excursion

PLAYAS DE LOS FRAILES, PLAYITA ET TORTUGUITA ★★

Entrée du parc à 10 km au nord de Puerto Lopez à (25 minutes de bus qui va en direction de Puerto Cayo), juste avant d'entrer dans la ville de Machalilla.

Possibilité d'y accéder en bus, en mototaxi ou en taxi.

Les plages du Parc national Machalilla sont vraiment magnifiques. La plus connue est celle de Los Frailes, mais à côté, se trouvent aussi celles de La Tortuga et Playita, méconnues d'un bon nombre de touristes ; l'une possède du sable noir, l'autre du sable blanc. À l'entrée du parc, vous aurez le choix entre deux parcours : l'un (le plus court, il suffit de suivre la route goudronnée) mène directement à Los Frailes, tandis que l'autre est un sentier plus long, le sentier del Bosque del Sol, (prévoir environ 1h-1h30 de marche) permet de découvrir, tour à tour, les trois superbes plages. Dans l'ordre, le sentier mène d'abord à Playita, puis à la plage de Tortuguita, ensuite se trouve un mirador surplombant l'océan à 240 m de hauteur et enfin Los Frailes. de Des panneaux indiquant les deux itinéraires se trouvent à l'entrée du parc.

La Playita est une jolie plage de sable argenté souvent déserte. Vous pourrez vous y baigner en faisant toutefois attention aux courants marins. La Tortuguita, elle, est une plus grande plage de sable dorée, abritée dans une baie où vous verrez des milliers de petits crabes orange gigoter. Entre novembre et mars, en période de ponte des tortues, la plage est parfois fermée au public. Si vous avez un masque et un tuba, c'est là que vous pourrez faire du snorkeling et apercevoir des petits poissons. Enfin, la baie de Los Frailes, abritée sous de hautes falaises, est immense, elle offre des eaux claires et un sable blanc immaculé.

PUERTO CAYO

A 65 km de Manta. La route monte vers une zone de forêt tropicale, humide et luxuriante, dont la traversée est souvent rendue dangereuse par des nappes de brouillard. L'arrivée au village révèle le panorama serein d'une longue plage bordant un petit port de pêcheurs. Il s'étire nonchalamment le long de l'océan, et offre aux visiteurs une halte tranquille, en marge des circuits touristiques. Puerto Cayo est une excellente étape pour découvrir les environs de Manta et de Puerto Lopez sans être au milieu de la foule de touristes qui peuvent parfois envahir la côte, particulièrement les fins de semaine et durant les vacances scolaires. Un très bon refuge.

LAS TANUSAS RETREAT €€€

Ruta del Sol, 12 km Norte

✆ +593 98 832 5832

www.tanusas.earth

A partir de 170 US$ en Standard Suite Garden View. Petit déjeuner compris.

Une architecture moderne composée de matériaux naturels. Un emplacement idéal, sur la plage, face à la mer. Onze chambres réparties dans des bungalows très confortables - certaines ont même une piscine privée - et cinq dans le bâtiment principal. Des chambres très design arborant un style minimaliste contemporain, avec vue sur la mer (grandes baies vitrées). Enfin, une belle piscine, sauna, hammam, institut de massages sont à la disposition de tous. Sans oublier deux snack-bars et un restaurant qui sert des spécialités régionales. Un joli coin de paradis.

PLAYA SAN LORENZO

San Lorenzo est un tout petit village qui commence à s'ouvrir au tourisme, mais a gardé son authenticité forte. C'est d'abord une très belle plage terminant par un promontoire sur lequel trône le phare auquel on peut accéder par une volée d'escaliers récemment installés pour le tourisme. La vue est imprenable, au nord sur la Playa Botada très peu fréquentée et au sud sur la plage de San Lorenzo. A faire pendant votre séjour sur place : vous essayer au surf avec Yohan de Mambo, une balade dans la forêt tropicale de San Lorenzo pour y observer les singes, une excursion au village de Pile, foyer des meilleurs tisseurs de chapeaux de *paja toquilla*.

SANTA MARIANITA

A 30 minutes au sud de Manta, protégée par la punta de Jome, se cache une superbe plage de plus de 8 km ainsi qu'un petit village de pêcheurs hors du temps. Son orientation et sa géographie en font le lieu idéal pour pratiquer le Kitesurf et le Wingfoil, deux sports de glisse pour lesquels les aficionados se déplacent à l'autre bout du monde. Encore épargnée par le tourisme de masse, Playa Santa Marianita a gardé un charme authentique même si quelques hôtels y ont ouvert ces dernières années. Quelques centres de kitesurf installés sur la plage proposent des cours et de la location ainsi que d'agréables terrasses pour se reposer après l'effort.

MAMBO ECOHOSTAL €

Avenida San lorenzo

✆ +593 98 965 9007

10 US$ par personne par nuit environ.

Yohan, arrivé des Hauts de France et Diana, sa compagne équatorienne, ont ouvert cette petite maison d'hôtes afin d'y recevoir les surfeurs pendant la saison. Ils ont complètement rénové une maison locale en la surélevant d'un étage en bambou qui donne un charme particulier à l'ensemble. Les chambres du bas sont très correctes et disposent d'une salle de bain commune. A l'étage, ambiance surf, avec une belle vue sur la mer à 120 m... Demandez la chambre « pigeonnier » qui a été aménagée sous le faîte de la construction, nuit à la belle étoile unique !

SOGA HOSTAL €

malecon

✆ +593 99 798 5366

https://sogahostal.com

A partir de 35 US$ la chambre double.

Eloigné de seulement 200 mètres de la plage de Santa Marianita, le Soga Hostal propose une dizaine de chambres de divers types, un restaurant, une piscine extérieure, un bar et un salon commun. Une connexion Wi-Fi est disponible gratuitement dans l'ensemble de l'établissement. C'est un petit hôtel bien local, avec une structure en dur, mais une jolie superstructure en bambou dégage une ambiance sympathique dans laquelle il est bon de retrouver d'autres passionnés de glisse, raison pour laquelle la majorité des visiteurs viennent à Santa Marianita. Bon choix.

EL FARO ESCANDINAVO €€€

A 32 km de Manta.

✆ +593 99 112 2336

www.elfaroescandinavo.com

Compter à partir de 145 US$ en chambre double. Petit déjeuner et taxes compris.

Cet hôtel fraîchement bâti au bord de l'océan regroupe 8 bungalows indépendants et tout confort. Les chambres disposent de l'air conditionné, de l'eau chaude et d'une petite terrasse abritée. Elles sont aménagées avec soin dans des tons sobres et un style minimaliste. Le bâtiment principal a les pieds dans l'eau, tandis que les bungalows sont répartis dans le jardin (avec piscine). L'hôtel est un bon point d'observation des baleines en période de migration. On le trouve facilement car son phare, imitation d'un phare scandinave, domine le village.

HOTEL RISHUO €€

Principal y Av. Colón

✆ +593 98 118 7445

www.hotelrishuo.com

Matrimoniale à 75 US$ par jour avec le petit déjeuner.

Hôtel-restaurant de 8 chambres seulement, le Rishuo vous accueille dans une ambiance familiale, face à la mer. Une belle piscine d'eau douce est à disposition des hôtes et le restaurant complète le tout. Les chambres sont grandes et donnent toutes sur la mer. Elles disposent de l'air conditionné, de l'eau chaude et du wifi. Le restaurant quant à lui est spécialisé dans les fruits de mer et accueille une clientèle internationale et nationale qui vient profiter du superbe coucher de soleil depuis la terrasse en sirotant un verre au bord de la piscine.

KITE ECUADOR

Malecon
✆ +593 98 973 1480
kiteecuador.com/
8 à 10h de cours pour 290 US$ en cash ou Paypal et 320 US$ par carte.

Une école de kitesurf certifiée IKO vous attend sur la Playa Bonita. Elle a été créée par Javier, un des instructeurs de kitesurf les plus expérimentés du pays. Son établissement est charmant, face à la mer bien entendu, et dispose d'un grand local où se préparer et se retrouver après les sessions. Javier propose même à certains de dormir sur place, il dispose de quelques chambres de type dortoir assez basiques, mais suffisantes pour y passer la nuit. Le matériel de qualité, très récent est également à la location. Kite, SUP, Surf, Foil... que demander de plus ?

MONTECUADOR HATS

Calle 9 de julio entre Olmedo y Manta
✆ +593 52310209
www.montecuadorhats.com
Magasin de chapeaux de paille toquilla. « Panama » à partir de 60 US$.

Voici un joli magasin, en plein cœur du village de Montecristi, où vous pourrez acheter des chapeaux de qualités diverses (*fino*, *extrafino* et *superfino*), de différents styles et de différents coloris chez ce fabricant direct. Les prix sont en général calculés en fonction du temps de travail qu'a nécessité le modèle choisi, de quelques jours à plusieurs mois pour les plus fins, les Superfinos. Les chapeaux sont fabriqués sur place et sont 100 % « paja toquilla ». Vous pourrez également regarder les artisans en plein travail. Authenticité garantie !

MONTECRISTI ★★

Fondée en 1741, Montecristí fut brièvement la capitale de la province de Manabí. Aujourd'hui, ce gros bourg qui s'alanguit sous le soleil, se résume à quelques rues de part et d'autre de la route reliant Guayaquil à Manta. Accessible en une demi-heure de bus depuis Manta, le village est connu pour les chapeaux de paille *toquilla*, les célèbres Panamá qui ont couvert le chef de plus d'une illustre tête. Vous verrez d'habiles artisans les tresser sur place. Dans la rue montant jusqu'à l'église et la place centrale, les boutiques d'artisanat se succèdent, étalant sur les trottoirs leurs ouvrages de paille et d'osier (mobilier, paniers, chapeaux...)

Le village a d'ailleurs donné son nom à une qualité de chapeau Panamá, très fin, le Montecristi, l'un des plus onéreux de tous les chapeaux de paille qui nécessite parfois jusqu'à huit mois de tissage, souvent par des femmes. Pour découvrir les vrais panamas, de qualité *fino* et *superfino*, il suffit de se laisser conduire par les enfants ; ils vous guideront dès votre arrivée dans le village et vous feront découvrir l'un des derniers ateliers authentiques où se confectionnent ces fameux couvre-chefs. Attention, le monde entier vient visiter Montecristi pour ses couvre-chefs, les prix s'en ressentent forcément.

À quelques kilomètres de Montecristí, vers Manta, on arrive à La Pila, où sont fabriquées des copies de céramiques précolombiennes.

CRUCITA

Entre Manta et Bahía, à 20 minutes de Portoviejo. Le petit village de Crucita abrite des plages peu fréquentées par les touristes. Ce petit port de pêche est la capitale équatorienne du parapente. Chaque année, une manche du championnat du monde s'y déroule. On peut louer du matériel sur place et prendre des cours. Les écoles sont établies et les moniteurs aguerris. Idéal pour un baptême de l'air. Les baigneurs devront se méfier des courants marins fort traîtres à cet endroit. La mascotte du village est un petit pingouin perdu, surnommé el Bailoncito.

À une quinzaine de kilomètres de Crucita, San Jacinto et San Clemente sont deux petites stations balnéaires familiales où vous croiserez peu de touristes étrangers. Idéal pour un séjour relaxant loin de l'ambiance artificielle des stations plus développées.

Se restaurer

Le long du Malecón, vous trouverez des comedores bon marché où vous rassasier. Spécialités de poisson et fruits de mer : riz marinero (sorte de paella locale), crevettes à l'ail, au citron, beignets de crevettes, poisson à la plancha ou poisson frit, ceviche... De nombreux habitants de la ville se retrouvent ici les fins de semaines, ce sera l'occasion pour vous de faire connaissance.

MANTA

Manta demeure un centre commercial et industriel important, et le second port maritime du pays, malgré les dégâts causés par le tremblement de terre de 2016 qui emporta avec lui un grand nombre d'édifices, dont la tour de contrôle de l'aéroport international Eloy Alfaro qui vient d'être reconstruite.

La pêche y tient une place prédominante, comme en témoigne la statue du pêcheur *manabí* dressée sur le Malecón. C'est une localité appréciée des habitants de Guayaquil pour leurs vacances d'été (décembre et janvier). A l'instar des autres villes côtières, la vie nocturne est relativement animée. La ville s'étire sur le bord de mer où se trouve le Malecón. Deux plages, Tarquí et El Murcielago, séparées par une rivière, s'étendent de part et d'autre du port. Depuis 1999, Manta est également une base militaire de l'aviation américaine installée ici dans le cadre du plan de lutte régional contre le trafic de drogue.

Les principales fêtes qui donnent à la cité un grain de folie supplémentaire, ont lieu le 28 juin (San Pedro) et le 24 septembre (Virgen de la Merced).

Les spécialités gastronomiques régionales à ne pas manquer sont la soupe de crevettes aux cacahuètes, la soupe marinière et le ragoût de la mer. Contrairement aux Equatoriens, les touristes étrangers ne raffolent pas de cette ville, peu accueillante et assez hostile au premier abord. Elle ne représente généralement qu'une escale pour ceux qui longent la Ruta del Sol et veulent, soit gagner le sud (Puerto Lopez, Montanita), soit le nord (Bahia de Caraquez, Canoa, Pedernales, Mompiche, Muisne ou Atacames).

Pratique

La ville est coupée en deux par le *río* Manta et des ponts relient les deux quartiers : le centre de Manta, qui renferme les rues commerçantes, le terminal terrestre principal et les bureaux, et le quartier de Tarqui, plus à l'est. Celui-ci regroupe restaurants, bars, hôtels. Attention, il est déconseillé de se rendre à Tarqui la nuit (ou prendre un taxi), car l'insécurité est un fait avéré. Les plages les plus agréables se trouvent au nord-ouest de Manta (playa de Murciélago). Les meilleurs bars sont à Manta, tandis que les hôtels bon marché sont à Tarqui.

Se loger

Attention, les hôtels de Manta peuvent être complets en fin de semaine, et en particulier pendant les vacances scolaires. Comme dans toutes les grandes villes de la côte, il est difficile de trouver un hôtel vraiment bon marché.

Se restaurer

A l'extrémité est du Malecón de Tarqui, vous pourrez vous rassasier dans un petit restaurant populaire (*comedor*). Les prix sont bon marché et le poisson bien frais. Des bars bordent également la Playa Murciélago ; idéal pour se désaltérer (bons jus de fruits notamment).

Transports

En avion. L'aéroport Eloy Alfaro de Manta se situe à 5 km du centre-ville. Suite au séisme de 2016, l'aérogare, détruite, a été reconstruite et son nouveau terminal a été inauguré fin 2022. Les compagnies LATAM et Avianca y assurent des vols vers Quito.

En bus. La grande majorité des bus partent du terminal terrestre principal à proximité du port de pêche (quartier de Tarqui). Des bus desservent Montecristi (départ toutes les 30 min, compter 25 min), Crucita (départ toutes les heures, 1h30), Portoviejo (départs fréquents, 1h), Jipijapa (1h). Egalement des bus pour Montañita sur la Costa sud (3h30), La Libertad (5h), Puerto Lopez (2h30), Manglaralto (4h30), Esmeraldas (10h). La coopérative Coactur assure la liaison avec Pedernales, sur la Costa nord (6h30), Canoa (3h30). Pour Guayaquil (départ toutes les heures, 4h) prendre les coopératives Flota Imbabura ou Reina del Camino et pour Quito également (7h à 8h).

La coopérative Panamericana (Av. 4 y calle 12) assure aussi la liaison vers Quito.

MUSEO DEL BANCO CENTRAL

Malecón y Calle 20

✆ +593 96 068 2772

Gratuit.

Comme dans toutes les villes un tant soit peu importantes, la Banque centrale a son musée, l'ancien Musée municipal dont elle a repris la gestion et qui fut inauguré en 1995. Il est devenu depuis une référence concernant la culture de la région et nombre de donations lui ont été faites par de riches habitants de Manabi. On peut y admirer une très belle collection de sculptures et de céramiques anciennes de la culture Manta, mais la visite complète ne nécessitera pas plus d'une heure, sans se dépêcher. Seulement pour les amateurs d'histoire.

PLAYA DE TARQUI ★

Protégée du vent, elle constitue une balade pittoresque. Un petit marché artisanal se tient tous les jours sur la plage où est aussi installé un chantier naval. Les pêcheurs vendent leurs poissons dès leur retour de pêche. La plage est assez sale, envahie par des colonies de frégates, de mouettes et autres oiseaux qui se nourrissent des restes de poissons. En bordure de plage, kiosques en bois, bars et restaurants d'où s'échappent des flots de musique tropicale, offrent une halte agréable. La plage est le théâtre d'agressions, ne pas s'y rendre la nuit venue.

PLAYA MURCIÉLAGO

A environ 2 km au nord-ouest du centre-ville

Moins protégée que la plage de Tarqui, et donc plus venteuse (attention aux courants !), cette grande plage de la « chauve-souris » est très fréquentée le week-end par les Equatoriens, qui s'y rendent en famille ou entre amis, et bordée de bars et de restaurants. On prend un verre à l'ombre et on déguste grillade ou ceviche, accompagnés de *patacones* (rondelles de banane plantain frites). Sur la plage, on peut parfois observer la construction de bateaux en bois, à voile ou à moteur ; les ouvriers utilisent encore les méthodes artisanales ancestrales.

NARWELL ECOTOURS

620 Cdla. Barbasquillo

✆ +593 99 537 6249

www.narwelltours.com

Agence réceptive locale depuis 2012, de bon conseil. Environ 100 US$ par personne pour une journée.

L'esprit de cette agence : faire découvrir la richesse équatorienne, avec empathie et naturel. L'excursion phare de la route du café de Manabi est organisée comme suit : départ le matin, direction Jipijapa, ville totem du café ; visite d'une finca, promenade dans la caféière, rencontre avec le producteur ; torréfaction artisanale sous vos yeux, suivie d'une dégustation et d'un déjeuner typique équatorien. Dernière étape avant de rentrer : la visite d'une entreprise exportant le grain vert et prenant en charge la transformation des cerises.

HOTEL BALANDRA €€

Avenida 7 y Calle 20

✆ +593 5 262 0545

www.balandrahotel.com

A partir d'environ 130 US$ la nuit. Petit déjeuner compris.

Un complexe agréable comprenant 26 bungalows entourés de jardins, complété par une trentaine de chambres récemment installées face au jardin ou à l'océan. Services à la hauteur de sa catégorie (piscine, sauna, salle de sport...). Toutes les chambres sont équipées de l'air climatisé et de l'eau chaude. Le restaurant de l'hôtel, El Faro, concocte une cuisine gastronomique locale, plus particulièrement de la région de Manabi, et internationale dans un cadre chaleureux avec poutres apparentes et terrasse semi-couverte. Une bonne adresse.

BEACH COMBER €

Calle 20 y Flavio Reyes

✆ +593 99 307 1161

Grillades. De lundi à samedi de 17h à 23h et le dimanche de 16h à 22h. A partir de 10-15 US$.

Ce restaurant de grillades, situé dans un quartier très animé de la ville, est très prisé des locaux, car la viande y est délicieuse. Vous pourrez vous asseoir sous la véranda (ouverte) ou dans le joli jardin fleuri, pour y déguster votre plat, souvent copieux. Le Beach Comber a ouvert en 1979 et a connu un franc succès depuis. La salle n'a rien d'exceptionnel, mais la cuisine ouverte vous permet de regarder le grillardin à l'œuvre. En accompagnement de votre repas, nous vous conseillons la très bonne sangria maison servie en jarres. Bon appétit.

CAPPERI RISTORANTE €€

Via a Barbasquillos – Ciudadela Universitaria

✆ +593 5 605 0956

Cuisine italienne. Plats de résistance : 12 US$. Pizza de 8 à 20 US$.

Restaurant spécialisé dans la cuisine italienne. Dans un cadre charmant, vous dégusterez des pâtes fraîches préparées à la main (notamment spaghetti et fettucine), mais aussi raviolis, risotto, lasagnes... Les pizzas ne sont pas en reste et sont proposées en 2 tailles, grande ou très grande ! Nous sommes ici dans un des meilleurs restaurants de Manta sans aucun doute et la clientèle locale ne s'y trompe pas, les habitués sont nombreux en ces lieux. On succombe enfin à un bon dessert. Les raviolis aux crevettes sont à tester.

RESTAURANTE MARTINICA €€

Via a Barbasquillo
✆ +593 52 669 035
www.martinica.com.ec

Poisson, fruits de mer et viande. Du mercredi au samedi de 12h30 à 23h. Le dimanche de 12h30 à 15h.

Une carte originale et élaborée qui donne l'eau à la bouche. On ne sait que choisir... En plus d'être très joliment dressé, chaque plat est savoureux, parfumé, et parfois étonnant de nouveauté. Le poisson est d'une fraîcheur indiscutable. Nous vous recommandons le thon (*atún*) à la parilla. Les viandes rouges sont importées des Etats-unis, un excellent Angus. Si la faim vous tenaille, la Picaña d'Angus importado (grillade de diverses pièces de bœuf) devrait vous satisfaire... Une très bonne adresse et un bon rapport qualité-prix.

PORTOVIEJO

A 355 km au sud-ouest de Quito, à 24 km de Montecristí. Capitale de la province de Manabí, Portoviejo est une grande ville industrielle et active, sans véritable intérêt touristique. Fondée en 1535 par le capitaine Francisco Pacheco sous le nom de San Gregorio de Puerto Viejo, l'une des plus anciennes villes d'Equateur est célèbre pour ses nombreux tamarindos qui ornent les parcs et les jardins. D'un point de vue touristique, nous vous déconseillons Portoviejo, car cette ville est surtout un carrefour routier important, tout comme sa voisine Manta. Elles sont d'ailleurs toutes deux encore en reconstruction suite au tremblement de terre de 2016.

BAHÍA DE CARÁQUEZ

Station balnéaire à la vie nocturne animée, elle a été fortement touchée par le tremblement de terre de 2016 et bon nombre d'établissements, restaurants, hôtels, commerces, ont du fermer leurs portes suite à la catastrophe. Si la ville s'est peu à peu reconstruite, surtout vers les bords de plage, elle porte encore les stigmates du séisme demeurant ça et là. Comme pour sa voisine, Canoa, l'une des stations balnéaires les plus fréquentées du pays, elle s'est vue désertée par les touristes (pour beaucoup de l'intérieur), ce qui a entraîné la fermeture de certains hôtels qui ont survécu au séisme, pas à la crise. Bref, la ville a repris des couleurs, certes, mais l'on avoue préférer Canoa et ses belles plages, qui ressemble à Montañita, la tranquillité en plus !

Se loger

Attention, en été (de juin à septembre) et pendant les week-ends, les hôtels sont souvent complets.

Transports

- **En bus.** Le terminal terrestre se trouve au sud du Malecón. Les compagnies Coactur et Reina del Camino opèrent quotidiennement. Départs pour Guayaquil (7h), Quito (7/8h), Esmeraldas (8h) et Santo Domingo de los Colorados (4h). Départs toutes les heures entre 4h et 20h pour Portoviejo (2h) via Jipijapa ; de là, possibilité de rejoindre Puerto López.
- **En ferry.** Pour rejoindre les communes voisines plus au nord, comme Canoa, il faut traverser le río Chone en ferry qui se trouve à l'est de la ville, près de Malecón Santos. Départ toutes les demi-heures ; comptez 10 minutes de traversée depuis et vers San Vicente, et 0,50 US$ par personne.
- **Vélo-taxis.** Comme dans plusieurs stations balnéaires, les vélo-taxis opèrent à Bahia de Caraquez. Il faut compter 1 US$ pour une course en ville. Un moyen de transport pratique, économique et écologique !

La ville aujourd'hui

Comme une bonne partie de la région nord de la côte, la ville est devenue dangereuse et les échanges de tirs ne sont plus rares le soir en particulier. Il est recommandé de rester vigilant et de ne pas s'éloigner des lieux animés car l'insécurité est en forte augmentation ces dernières années.

ISLA CORAZON ★

A 8 km de Bahía de Caráquez.

Située entre Bahía de Caráquez et San Vicente dans l'estuaire du río Chone, la Isla Corazón, une belle île en forme de cœur, dans ses meilleurs moments, car la marée peut modifier son contour, renferme un dédale de mangroves. Un sentier serpente à travers la mangrove. Cette visite est le fruit d'un projet écotouristique communautaire visant à informer les visiteurs sur la biodiversité de cet endroit. Vous serez accompagné d'un guide naturaliste. C'est aussi le sanctuaire de nombreux oiseaux que l'on peut observer du haut d'un mirador de plus de 20 m.

ISLAS FRAGATAS

Les cinq minuscules îlots abritent une impressionnante colonie de frégates, comme leur nom le laisse supposer. La meilleure période de visite s'étend entre août et décembre, période de l'accouplement et des rites nuptiaux. L'excursion dure 3 heures et inclut la randonnée jusqu'à un promontoire d'où l'on peut voir l'estuaire.

Les plages alentour de Crucita, San Jacinto et San Clemente, qui s'enchaînent sur plus de 10 kilomètres vers le Sud, sont autant de haltes agréables, ponctuées de petits hôtels très convenables. On s'y sent un peu hors du temps.

BAHÍA BED AND BREAKFAST €

Avenida Velazco Ibarra y Calle Primera

✆ +593 93 905 0717

Comptez 40 US$ pour une chambre double, petit déjeuner inclus.

Sur la ruta del Spondylus, Bahia B&B est un hébergement assez récent qui propose de vastes chambres modernes, avec vue sur la mer. Les propriétaires sont canadiens et se démènent pour satisfaire leurs clients. Ce petit bâtiment de deux étages est idéalement situé pour profiter des loisirs de la région et il s'en dégage une ambiance de surfcamp très sympathique. Les chambres sont grandes et disposent de la climatisation. Délicieux petit déjeuner maison. Un point de chute idéal pour explorer la région ! Terrasse sur le toit avec vue à 360° sur l'île de Corazón.

LA PIEDRA €€

Av. Circunvalación Virgiolio Ratti 802

✆ +593 99 767 2783

A partir d'environ 100 US$ la double. Petit déjeuner en sus. Restaurant, piscine.

Au bord de la plage, La Piedra est l'un des hôtels les plus agréables de la baie. Il fait d'ailleurs partie de la chaîne d'hôtels de charme Cialcotel, gage d'un service de qualité. Il compte une quarantaine de chambres vastes et lumineuses, avec air conditionné, télévision et téléphone, et vue sur l'océan. Une piscine fait face à l'océan et on peut se reposer autour, sur une chaise longue. Privilégiez une chambre avec vue sur la mer. Restaurant et cafétéria, avec une carte de plats typiques de la région (du petit déjeuner jusqu'au soir).

SAIANANDA €€

Av. Sixto Durán Ballén (km 6)

✆ +593 99 737 4765

www.saiananda.com

De 70 à 90 US$ pour une chambre double avec ventilateur et de 90 à 110 US$ pour une double avec air conditionné.

Saiananda signifie « béatitude de la Mère Divine » en sanskrit. Voici un parc de 37 ha d'une tranquillité abolue, où l'on vit en harmonie totale avec la faune et la flore (animaux, oiseaux, poissons, fleurs, arbres, etc). Dans ce milieu où la nature est reine, le visiteur est amené à mieux comprendre ce qui l'entoure et à prendre conscience de certaines valeurs humaines, culturelles, écologiques. Les visiteurs sont logés dans un lodge construit à partir de matériaux naturels, confortable et accueillant, à la décoration sobre et élégante.

PUERTO AMISTAD €€

Malecón Santos

✆ +593 93 340 9900

www.puertoamistad.com

A partir 10-15 US$.

Le restaurant de cet hostel géré par Martin et Maye Baldovino est une bonne surprise. Non seulement le lieu jouit d'une belle vue sur le port de Bahia, mais en plus la nourriture est très satisfaisante. Au menu, des plats typiques, du poisson et des fruits de mer, frais et bien assaisonnés. Simple et efficace. Lors de notre passage en mai 2021, les installations étaient fermées, mais gageons qu'elles rouvriront très vite car l'endroit est très apprécié des locaux comme des touristes, un repreneur devrait être rapidement intéressé...

CHIRIJE

A 15 km de Bahia et à 3 km de San Clemente. Chirije (prononcez « chi-ri-hé ») abrite un très beau parc écologique et archéologique. Créé en 1996, il comprend 238 ha de forêt tropicale sèche et des kilomètres de plages immaculées. La colline a abrité divers peuples durant l'époque précolombienne. On pourra ainsi faire une visite vers du site archéologique de Chirije, ancien port de la culture Bahia. Sur place, on peut visiter le musée et y voir les pièces remontées des fouilles par les archéologues mais aussi celles rapportées par le personnel du parc ainsi que celles trouvées par les touristes au gré de leurs balades sur les plages.

SITIO ARQUEOLÓGICO DE CHIRIJE

A 15 km au sud de Bahia et à 3 km au nord de San Clemente.

Découvert par l'archéologue Emilio Estrada dans les années 1950, on y a déterré des vestiges de la culture Chirije. Autrefois, Chirije était un ancien port de la culture Bahia (500 av. J.-C. à 500 apr. J.-C.). Du Mexique au Chili, les marchands échangeaient le fameux coquillage *spondylus* contre de l'or et autres métaux précieux. On peut admirer des vestiges - céramiques, pierres et coquillages - des cultures Bahia, Jama Coaque, Chirije et Manteña (de 500 av. J.-C. à 1534 apr. J.-C.).

PALMAZUL HOTEL & SPA €€€

Av. Quito s/n y Secundaria © +593 99 142 9548
www.palmazulecuador.com

A partir de 150 US$ la nuit en chambre double. Petit déjeuner inclus. Piscine, restaurant, spa.

Charmant boutique-hôtel moderne abritant des chambres et des appartements confortables, avec balcon, parfaitement équipés et décorés avec attention. Une piscine se prolongeant dans l'océan. Une scène parfaite pour des couchers de soleil mémorables. L'hôtel est également doté d'un bon restaurant (Cocomar) et d'un spa (Arena). Une adresse incontournable dans la région. Une adresse qui bénéficie, chose insolite, d'une garantie beau temps. Vous bénéficierez ainsi d'un bon équivalent à la durée de votre séjour si l'ensemble de votre séjour a été nuageux.

SAN VICENTE

San Vicente se trouve en face de Bahía, sur la rive nord du fleuve Chone. On y est plus au calme qu'à Bahía. On peut se promener à travers les canaux du delta et se familiariser avec les faune et flore locales. Ce parcours de 6 heures offre la possibilité d'admirer les dizaines d'espèces d'oiseaux et de se familiariser avec le style de vie des autochtones : ainsi peut-on, comme eux, essayer de pêcher à la main. Pas acquis d'avance ! En poursuivant la route vers le nord, on traverse des paysages de campagnes somptueux, tandis que de belles échappées sur l'océan se dessinent à chaque virage.

Se restaurer

Le plat typique du coin est la tonga, un poisson cuit dans une feuille de bananier. Un régal ! Le long du Malecon, vous trouverez des restaurants et des échopes qui vendent du viche de cangrejo (crabe), autre plat traditionnel, et du riz aux coquillages (arroz con cocha).

Transports

- **En bateau**. On peut rejoindre San Vicente depuis Bahia de Caraquez en prenant un ferry (plusieurs traversées par heure, comptez 1 US$ et 10 minutes) ou en barque de pêcheur, à la demande jusqu'à 23h.
- **En bus**. La station se trouve près du quai des ferries (et du marché). On peut facilement se rendre à Canoa depuis San Vicente (environ 15 km, 30 minutes). Des bus partent toutes les demi-heures. Des bus également toutes les heures pour Pedernales, sur la Costa nord (3h). La coopérative Reina del Camino dessert Santo Domingo et Guayaquil (6h) et Quito (départ matin ou soir, 8h).

MARINERO INN €€

© +593 98 322 5470

Comptez 82 US$ pour une chambre double, 115 US$ pour une triple, 149 US$ pour 4 personnes. WiFi, parking, restaurant.

Chambres spacieuses, propres et agréables dans cet hôtel niché sur la baie, à 50 m de la plage de San Vicente. Ces dernières sont équipées d'un téléviseur écran plat, de l'air conditionné et de salles de bains privées. Parmi les prestations proposées : des excursions en bateau et en kayak. Possibilité de se restaurer sur place (cuisine internationale) et des soirées musicales et karaokés sont organisées ; les gens en quête de calme ou à l'ouïe délicate ont tout intérêt à choisir une autre adresse ! Accueil très agréable et soigné.

CANOA ★

En 2016, la ville a perdu la grande majorité de ses infrastructures hôtelières (pour ne parler que du secteur du tourisme). Le gouvernement a toutefois lancé une campagne de reconstruction massive au lendemain de l'événement, malgré les difficultés économiques actuelles du pays. Alternative entre la citadine Bahía de Caráquez et à la fêtarde Montañita, Canoa préserve sa longue et belle plage de sable, que certains considèrent comme l'une des plus jolies du pays, tout en dégageant une ambiance tranquille de station balnéaire à taille humaine. C'est un spot apprécié des surfeurs toute l'année où les vagues sont tout de même moins spectaculaires qu'à Montañita. Baignade, surf et *chill* au rendez-vous, sans oublier de s'aventurer jusqu'à la Isla Corazón envahie par la Mangrove.

Argent

Attention, lors de notre dernière visite, il n'y avait ni banque, ni distributeur de billets à Canoa. Prenez vos précautions sur la route !

Se restaurer

Pendant la journée, vous trouverez sur la plage quelques gargotes où l'on se régale de savoureux *ceviches* aux crevettes, au poisson et mixtes (comptez de 4 à 5 US$). On peut aussi se restaurer dans la plupart des hébergements.

Sortir

Touristes et surfeurs réunis, les soirées de Canoa sont assez animées, mais l'ambiance reste plus sage qu'à Montañita.

Sports / Loisirs

Outre la détente et le farniente, Canoa est un spot de surf par excellence. Il se pratique ici tout au long de l'année. Amateur débutant ou confirmé, vous pourrez louer une planche auprès de votre hôtel et même prendre des cours. Il est aussi possible de faire une excursion en kayak vers la Isla Corazón, paradis de mangrove.

Tourisme

▶ **La route menant à Jama,** un petit village de pêcheurs, offre un beau panorama sur les élevages de crevettes qui jouxtent l'océan.

▶ **A Punta Palmar,** un monument immortalise le passage de la mission géodésique française, qui était en route pour effectuer les mesures de la ligne équatoriale, en 1736. Le botaniste Jussieu faisait partie de l'équipe. De ses explorations péruviennes, il nous rapporta l'héliotrope. Mesure universelle, le mètre a vu le jour sur ces plages désertiques.

Transports

Canoa étant une destination touristique, est elle correctement desservie. L'aéroport le plus proche est celui de Manta (61 km).

▶ **En bus.** Il n'y a pas de terminal terrestre à Canoa, les bus partent de la rue Javier Santos (rue principale), au niveau du parc central. Pour se rendre à Quito, pas de bus directs. Il faut faire un changement à Tosagua (compagnie Express Tosagua). Même topo pour se rendre à Guayaquil (nombreux bus quotidiens vers Tosagua, compter 5h de route). Depuis Tosagua, on pourra aussi prendre un bus direction Montañita et Puerto Lopez.

▶ **En taxi.** Pour rejoindre San Vicente, comptez autour de 8 US$.

RIO MUCHACHO ORGANIC FARM

J. Santos y Av. 30 de Noviembre
✆ +593 99 617 8025
www.riomuchacho.com

Programme 2 jours avec balade à cheval 120 US$ par personne (145 US$ pour une personne seule).

La ferme organique Rio Muchacho sétend sur 10 ha. Plusieurs actions sont mises en œuvre : compostage, énergies alternatives et renouvelables, permaculture et agriculture bio… Circuits proposés (de 1 à 4 jours) selon divers thèmes : écosystèmes, archéologie, éco-aventure et découverte culturelle. Chacun inclut une visite de la ferme, la découverte d'une fabrique de chocolat, de café ou de fromage, et diverses balades. Logement et repas sur place dans une ferme rustique.

© STRUCTURED VISION - SHUTTERSTOCK.COM

Canoa.

CÔTE PACIFIQUE

VERDETUR DAY TOURS

Malecon de Canoa

✆ +593 98 471 0814

Ouvert du lundi au samedi de 8h à 18h30 et le dimanche de 9h à 16h.

C'est à notre avis l'agence à contacter si l'on souhaite réserver activités et tours guidés dans la région. Au programme : activités nautiques, excursion sur l'île Corazón, randonnée à cheval... L'équipe est efficace et disponible. Tour en kayak à L'Isla Corazón, excursion de 2 jours et 1 nuit dans le parc Machalilla ou excursion à l'isla de la Plata ne sont que les produits d'appel de cette petite agence qui peut surtout vous concocter une ou plusieurs belles journées consacrées à ce qui vous intéresse réellement tellement la compétence est au rendez-vous.

HOTEL BAMBU €

Malecón

✆ +593 98 411 0020

hotel-bambu-canoa.com/

Comptez 65 US$ pour une chambre double, 70 US$ pour une triple et 100 US$ pour la quadruple.

Un grand édifice aux murs de plâtre et de bambou et au toit de palmes, qui abrite 16 chambres agréables et fraîches, dont 8 avec salle de bains privée. Les salles de bains communes sont très propres. Possibilité de camper dans le joli jardin. Sur place, un billard, une table de ping-pong et un restaurant où l'on sert d'excellents hamburgers bio. Le cadre est calme et relaxant. Hôtel militant pour l'écologie qui s'applique à recycler et à motiver les troupes pour nettoyer la plage. Très bons jus de fruits frais et copieux petits déjeuners.

CASA SHANGRI LA €

Antonio Aveiga 8

✆ +593 991468470

Tarifs sur demande. Piscine, WiFi, restauration.

Une de nos adresses préférées à Canoa. C'est simple, ici on vient pour se détendre à quelques mètres sur les hauteurs et du bruit de l'activité touristique. On aime se relaxer dans un hamac après la plage et lire un livre au bord de la piscine. A la Casa Shangri La, vous serez accueillis comme à la maison par ce couple équatorien-hollandais qui se rend toujours disponible et avec le sourire ! Les salles de bain viennent d'être rénovées et sont très modernes, offrant même une douche multijets. La maison est toujours en évolution, pour le mieux. Une bonne option.

POSADA OLMITO €

Sur le Malecón

✆ +593 98 824 7122

www.olmitocanoa.com

Comptez de 12 à 18 US$ par personne avec salle de bain privée ou non. Excursions, et transferts (sur demande).

Une jolie cabane-hôtel d'adobe et de bambou en bordure de plage, tenue par un Néerlandais. Les 8 chambres de cet « éco-hostel » portent le nom d'arbres équatoriens : Guadua, Huayacan ou encore Papiro. Les chambres sont simples, mais bien décorées et très aérées, la climatisation ne manque en rien. Le staff est très accueillant, les résidents aiment d'emblée cet endroit. Très agréable terrasse d'où on ne se lasse pas d'admirer le coucher du soleil. On prendra son petit déjeuner dans le jardin. Encore une adresse vivement recommandée.

HOSTAL AMALUR €

Calle San Andrés s/n y Francisco Aveiga

✆ +593 98 021 4048

A partir de 25 US$ la chambre matrimoniale.

Les propriétaires, Lorena et Diego, sont espagnols, installés en Equateur depuis nombre d'années. La grande maison est construite en bois et en bambou, et très joliment décorée. Les 6 chambres sont propres et soignées, avec salle de bains privée et matelas douillet. Agréable patio intérieur où l'on peut se relaxer, et une terrasse avec des hamacs où il fait bon admirer le panorama sur le village et l'océan. Très bons petits déjeuners, et les autres plats savent également flatter les papilles. Excellent rapport qualité-prix ; encore vivement recommandé !

RESTAURANTE AMALUR €

San Andrés

✆ +593 98 303 5039

Spécialités espagnoles. A partir de 10-15 US$. Bons petits déjeuners.

Le restaurant de l'hôtel sert une bonne cuisine qui sort de l'ordinaire. On aura le choix, notamment, entre une salade de pâtes, des aubergines au fromage avec une sauce à la tomate, des calamars a la romana, des gambas grillées ou encore de la sèche à la galicienne. Alléchante sélection de sandwiches avec du pain fait maison. Quelques desserts et carte de vins. Le cadre aussi est très agréable : tables en bois espacées dans une salle, lumineuse la journée et tamisée le soir, décorée dans un style bohème raffiné. On se sent bien ici, on y revient.

SAN LORENZO

A 165 km de Esmeraldas, 285 km de Quito et 583 km de Guayaquil. La route est longue jusqu'à San Lorenzo ! Depuis Ibarra, c'est une piste en mauvais état qui nous y conduit (5h de 4x4), une autre option consiste à prendre le bateau à la Tola, sur la côte au nord d'Esmeraldas (compter une journée de voyage jusqu'à Esmeraldas). Le petit port de San Lorenzo vivote du transport de bois et de la fabrication de pirogues. Isolé du reste du pays en raison des moyens de communication peu développés, on a soudainement le sentiment d'avoir changé de continent à peine arrivé. San Lorenzo ne vit pas à l'heure de la mondialisation et tout concourt à cette impression d'un voyage express dans l'espace et dans le temps : l'architecture des baraques de bois sur pilotis souvent bancales, surplombant une rivière aux eaux saumâtres ; les rues de terre défoncées, transformées en bourbier aux premières pluies ; la chaleur parfois suffocante, et un certain laisser-aller ambiant. Mais pourtant, San Lorenzo offre une atmosphère intéressante, singulière et nous dévoile encore une autre facette du pays. Pour ces raisons, San Lorenzo mérite vraiment une visite. Ceux qui font route vers la Colombie y passeront à coup sûr !

A noter que la région est infestée de moustiques et que le paludisme y est présent, prenez vos précautions en conséquence...

Se loger

Nous vous conseillons de privilégier les chambres avec ventilateur et moustiquaires.

Tourisme

Bien que la région soit fort intéressante, tant au niveau de la culture indigène que des paysages et de la faune, les structures touristiques font défaut. Malgré quelques projets de développement écotouristiques qui voient le jour peu à peu, cette région reste difficile à visiter. La réserve écologique Cayapas-Mataje est particulièrement passionnante. Les Indiens Chachis y vivent de la pêche dans un territoire de marécage et de mangroves.

Transports

En bus. Les différentes flottes partent du Parque central. Départ toutes les heures pour Esmeraldas (4h30) via Borbón. La compagnie Transesmeraldas dessert notamment Quito et Guayaquil. Panamericana effectue le trajet vers Quito avec des bus très confortables, moyennant quelques dollars de plus. Les bus Aerotaxi (Imbabura y 26 de Agosto) desservent Ibarra (4h) et continuent vers Quito.

RESERVA ECOLÓGICA DE MANGLARES CAYAPES MATAJE ★

Accessible en bateau. Possibilité de séjourner dans des cabañas sommaires, près de Palmareal.

Cette réserve s'étend sur 51 350 ha et abrite cinq espèces de palétuviers (manglares). Et parmi elles, se trouve la plus haute forêt de palétuviers au monde : Manglares de Majagual (près de La Tola et de Olmedo). Aux mois de juin et juillet, de nombreuses espèces d'oiseaux migrateurs traversent ce territoire. Vous pourrez vous rendre sur la jolie plage de San Pedro, non loin de la frontière colombienne ; il faut donc se renseigner sur les conditions de sécurité avant d'y aller.

LA TOLA

Au départ d'Esmeraldas, la piste est mauvaise, il faut compter 2-3h pour arriver à La Tola où elle se termine. Ensuite, la traversée en pirogue dure 2 heures jusqu'à San Lorenzo. La Tola est un petit village tranquille qui s'anime à l'arrivée et au départ des bus et des bateaux, les uns attendant les autres pour partir vers Esmeraldas ou San Lorenzo. Tola est le nom que les populations indigènes donnaient aux amoncellements de terre qui couvraient les anciennes sépultures. En venant de San Lorenzo, vous pourrez peut être vous arrêter à Limones, ce bourg sur pilotis est uniquement desservi par les bateaux et sert d'étape entre San Lorenzo et La Tola.

Se loger

Si vous passez la nuit à La Tola, vous serez sans doute le seul *gringo* et ajouterez ainsi une touche exotique au décor. La pension Arist propose quelques chambres spartiates, pas toujours nettes, pour une somme modique.

Tourisme

Une excursion en canoë à La Tolita (site qui doit son nom à une culture pré-incasique) est à envisager si l'on se trouve dans la région. On y a trouvé nombres de pièces archéologiques provenant de la culture Tolita, pueple qui habitait cette zone de 500 avant à 500 après Jésus christ. Le symbole de la banque centrale d'Equateur, un masque funéraire en forme de soleil, appartient à cette culture.

ESMERALDAS

Cette capitale de province qui a été fortement touchée par le tremblement de terre de 2016 est redevenue une ville affairée, bruyante, vivante et colorée. Elle est gouailleuse comme seules le sont les villes des côtes tropicales. Cependant, Esmeraldas offre en elle-même peu d'intérêt pour le visiteur. On recommande de ne pas y circuler à pied dès la tombée de la nuit, car des agressions y sont régulièrement recensées. Elle constitue davantage une ville-étape sur la route menant au sud de la Costa (ou une ultime étape avant Quito si l'on vient du sud). C'est l'un des ports les plus importants du pays car elle abrite le terminal de l'oléoduc qui achemine le pétrole extrait en Amazonie.

Le 21 septembre, la ville célèbre sa fondation avec force démonstrations. Cette fête est renommée dans tout le pays pour son ambiance très chaude. La célébration de l'indépendance de la ville, le 5 août, donne lieu à une fête tout aussi endiablée.

▶ **Sécurité** - Esmeraldas et sa région sont aujourd'hui gangrénées par les rivalités entre gangs liés au narcotrafic et il est recommandé de ne pas y séjourner sans bonne raison et de ne pas trop s'y attarder.

Se loger

Il n'y a pas grand intérêt à séjourner dans la ville d'Esmeraldas d'autant plus que l'insécurité y est en forte croissance. Préférez plutôt les plages voisines : Atacames (21 km), Súa (22,6 km) et Same (37,3 km), plus calmes mais où il faut également rester vigilant.

Transports

▶ **En avion.** L'aéroport se trouve à 25 km de la ville, de l'autre côté du fleuve Esmeraldas. Le compagnie LATAM dessert Quito régulièrement (il faut compter 40 à 50 minutes de trajet).

▶ **En taxi.** Pour relier le centre-ville et l'aéroport (15 minutes), un taxi vous coûtera environ 15 US$.

▶ **En bus.** Iil y a un terminal terrestre un peu en dehors de la ville, au croisement de avenida Universitaria et Manabí. Liaisons vers Quito, notamment avec Trans Esmeraldas (soit vers le terminal de Quitumbe via Santo Domingo, soit vers le terminal de Carcelén via Los Bancos), Panamericana Internacional ou la Cooperativa de Transportes Aerotaxi. Durée : 8h avec Panamericana Internacional (direct). Egalement des liaisons directes vers Guayaquil et les principales localités de la région, dont Manta.

Reina del Camino (reinadelcamino.ec - +593 98 530 1777) dessert Manta plusieurs fois par jour (durée : 8h).

Transesmeraldas (Avenida Universitaria y Manabí - Terminal Terrestre Esmeraldas - Tél. +593 6 2 705 318 - +593 6 2 702 198) dessert Guayaquil (une quinzaine de départs entre 7h05 et 23h45, durée : 8h, 464 km), Quito (19 départs par jour, durée : 6h30), Machala (2 départs par jour), Cuenca (1 départ par jour), Manta (1 départ par jour), Salinas (1 départ par jour). Les cars Transesmeraldas sont confortables. Ne soyez cependant pas étonnés si l'on vous réveille en pleine nuit pour vérifier vos papiers (qu'il faut toujours avoir sur soi !) et que l'on fouille vos sacs. C'est la proximité avec la frontière colombienne et les nombreux trafics qu'elle génère qui veulent cela.

© STÉPHAN SZEREMETA

L'aji, le maïs et le citron sont sur toutes les tables d'Esmeraldas.

MERCADO DE ESMERALDAS

Tous les jours, le long du Malecón et dans les rues adjacentes, se tient un marché haut en couleur, attirant une foule immense. Dans une ambiance matinale afro-équatorienne qui rappelle les Caraïbes, on y déniche profusion de poissons fraîchement pêchés, fruits tropicaux multicolores et légumes bigarrés. Dans de sombres échoppes aux étals étranges, vous trouverez des plantes médicinales et des mélanges mystérieux qui assurent bonheur, chance, amour, amitié et argent, ou plus prosaïquement qui chassent les effets de la gueule de bois.

LA CASCADA DE TONI €

Av. Kennedy e Hilda Padilla
✆ +593 99 092 4210
https://linktr.ee/Lacascadadetoni
Bar et pizzeria. Compter à partir de 10 US$.

Ce restaurant qui sert une bonne cuisine italienne est très connu à Esmeraldas. Et pour cause, Toni régale les clients depuis de nombreuses années ! Murs rouges et plafonds en bois, ambiance familiale et plats variés : pizzas cuites au feu de bois, pâtes, lasagnes, salades et boissons alcoolisées. Musique live le samedi soir, et parfois le vendredi. Possibilité de s'asseoir dehors, autour d'une table installée sur le trottoir. A noter qu'à partir de deux plats commandés à la carte, une demi-jarre de sangria vous est offerte.

PARILLADAS EL TORO €

9 de Octubre 4-23, entre Av. Olmedo et Colón
✆ +593 99 239 8631
Grillades et viandes. Fermé le dimanche. Environ 15 US$ le repas.

Un restaurant de grillades comme on les aime et on ne s'y trompe pas, nous ne sommes pas les seuls. Vous retrouverez ici de nombreux habitués, souvent de grandes tablées, qui savent que la viande est excellente. On peut y manger en terrasse ou dans une grande salle ornée de tableaux, mais peu chaleureuse. On vous servira de la viande – steak, saucisses, chunchullo (Chinchulines), foie et cœur de bœuf, etc. – accompagnée de pommes sautées, de salade, de frites. Les portions sont copieuses, et la qualité est au rendez-vous. Une des meilleures adresses d'Esmeraldas.

PARRILLADAS LOS HELECHOS €€

Av. Kenedy y Antonio Guerra
✆ +593 96 019 2101
Cuisine traditionnelle de la région. A partir de 8 US$ par personne.

Dans une vaste salle éclairée, vous dégusterez ceviches, grillades de viande ou de poisson, fruits de mer, *chuletas* et de bons *almuerzos*. On vient ici pour le déjeuner comme pour le dîner, le tout est d'avoir bon appétit, car les portions sont copieuses ! Nous vous recommandons la *parrilla mixta* pour goûter un peu de tout. Et n'hésitez à préciser que vous souhaitez la viande saignante si tel est votre goût, le grilladin est expérimenté, cela fait 30 ans qu'il officie ici. Une bonne adresse, très appréciée par la population locale.

TONSUPA

À 26 km au sud-ouest d'Esmeraldas (45 minutes en bus) et à 5 km d'Atacames. Cette petite station offre des plages de sable fin d'autant plus agréables qu'elles sont moins fréquentées que celles d'Atacames. C'est avant tout un lieu de villégiature qui s'anime en période de vacances scolaires et les week-ends (au mois de décembre et pendant la Semaine sainte). C'est surtout une destination familiale appréciée des Équatoriens, et un spot d'observation des baleines entre fin juin/début juillet et septembre. La moto-taxi est le moyen à privilégier sans hésiter pour se déplacer dans le village. Un moyen de transport pratique, efficace et économique.

HOSTERIA PLAYA DEL SOL €

Villa Rica s/n
✆ +593 6 246 4361
www.hosteriaplayadelsol.ec
Comptez de 17 à 25 US$ la nuit par personne, petit déjeuner inclus (avec ou sans clim).

Un joli ensemble coloré donnant directement sur la plage de Tonsupa, comprenant un ensemble de bungalows et appartements pouvant accueillir jusqu'à 7 personnes. Tous les logements disposent de l'air climatisé et de l'eau chaude. L'ensemble est très propre. Vous aurez même accès à une jolie salle de sport à l'air libre, dans une structure en bambou et sous un toit de paille. Le bar et le restaurant vous accueillent les pieds dans le sable et la grande piscine invite à une petite baignade après la plage ou les excursions du jour.

MUSIQUE MARIMBA

Le folklore d'Esmeraldas se manifeste dans sa musique aux sonorités claires et sa danse sensuelle et entraînante. La musique *marimba* et les chants traditionnels de la région sud du Pacifique colombien ont été inscrits au patrimoine culturel immatériel de l'Unesco en 2010. La *marimba* est aussi un xylophone traditionnel répandu dans toute l'Amérique latine. Le *cununo* et la *guaza* sont les autres instruments utilisés. La danse traditionnelle, le *currulao*, est frénétique. Les femmes portent de larges jupes, de grands anneaux aux oreilles et agitent des mouchoirs de couleur ; les hommes sont pieds nus, chemises nouées à la ceinture, pantalons blancs et chapeaux de paille.

HOTEL PUERTO BALLESTA €€

Vía Atacames (km 20) © +593 99 255 8071
www.puertoballesta.com

Comptez autour de 50 US$ pour une chambre simple, 70 US$ pour une double (en haute saison), petit déjeuner inclus.

Le toit rouge de ce bâtiment blanc, situé à l'entrée nord de Tonsupa, en direction d'Atacames, se repère de loin. Agréable et paisible, l'hôtel compte une trentaine de chambres assez spacieuses, de différentes capacités et catégories, avec salle de bains et ventilateur (ou air conditionné), téléphone, réfrigérateur, bar et télévision. La terrasse donne sur une piscine agréable et une volée de marches permet d'accéder à la plage qui se trouve juste en face. Le restaurant propose une cuisine classique et des petits déjeuners copieux. Accueil et service sympathiques.

ATACAMES

Atacames fut elle-aussi impactée par le séisme de 2016 et ses répliques. De nombreux établissements durent en effet fermer leurs portes... Et pour certains ne les ont jamais rouvertes. Son immense plage de sable gris s'étend sur 4 km, invitant à la pratique décomplexée du farniente.

En haute saison (de juillet à mi-septembre, entre Noël et le jour de l'an, en février au moment du Carnaval et à Pâques), la fête bat son plein toute la nuit, jusqu'au petit matin et on y consomme du Cocoloco, un cocktail local.

Atacamès attire à la fois les Equatoriens venus faire la fête pendant leurs week-ends ou vacances, ainsi que les étrangers. Le restant de l'année, Atacamès est très calme. Beaucoup d'adresses n'ouvrent seulement qu'en saison.

La journée, on bronze, on profite des plaisirs de la plage dans une ambiance tropicale, mais qui n'a rien de typiquement équatorien. Atacames s'étire le long du Malecón (front de mer) et compte quelques rues perpendiculaires à la plage ; il est facile de se repérer. L'animation est concentrée sur le Malecón. Et puis comme beaucoup de lieux touristiques, Atacames connaît son lot de petite délinquance. Au risque de décevoir les romantiques, la nuit il est préférable d'éviter les endroits non éclairés et à l'écart de la plage. L'artisanat local comprend des bijoux de corail noir et rouge, ou fabriqués avec l'écorce de noix de coco. Les villages côtiers environnants, plus calmes et plus authentiques comme Sua, Same ou Mompiche (notre coup de cœur sur la côte !), méritent une visite.

Se restaurer

Outre les restaurants mentionnés ci-dessous, on n'oubliera pas le restaurant Shamu du confortable hôtel El Marqués. Celui-ci sert de bons plats de poisson et de fruits de mer.

Shopping

Le week-end, un petit marché d'artisanat se tient sur une dizaine de mètres sur le Malecón (extrémité ouest). La production artisanale équatorienne classique côtoie les articles *made in China*. La pacotille des bords de mer du monde entier et notamment des bijoux (coquillages, perles, graines...). Depuis quelques années, la mode est au tatouage temporaire au henné, aux tresses africaines et aux coiffures afro réalisées sur le trottoir par des mains plus ou moins expertes.

Sortir

Le Malecón, c'est-à-dire le front de mer, est sans conteste l'endroit incontournable pour toute soirée à Atacames. Des écrans géants déversent les images des derniers clips à la mode, tandis que la musique déverse de toutes parts les derniers succès latinos. Les multiples bars qui se succèdent le long de la plage se ressemblent tous : une grande hutte de palmes avec un immense bar en bambou autour duquel s'alignent des sièges en bois, tandis qu'un écran vidéo projette soit les derniers clips, soit un film américain derrière le comptoir. Certains disposent d'une piste de danse, d'autres d'une terrasse à même le sable, face à la mer. Seule la musique varie, de la salsa au reggae en passant par le rap et la musique romantique sud-américaine. Les cocktails aux noms aussi évocateurs qu'alléchants sont partout identiques et au même prix. En début de soirée, pour attirer le maximum de clients, les bars pratiquent l'happy hour et proposent souvent deux verres pour le prix d'un. Le choix est vaste, et les soirées s'enchaînent et se ressemblent à Atacames.

Tourisme

Durant l'été (de juin à septembre), les baleines à bosse envahissent les eaux de la côte Pacifique pour venir s'ébattre, s'accoupler et mettre bas. Mais ces mammifères géants sont cependant moins nombreux ici qu'à Puerto López. Le départ des excursions se fait depuis Súa. Renseignement à la mairie d'Atacames (*municipio*).

Transports

Vous utiliserez de préférence la version écologique du taxi : la moto-taxi ou vélo-taxi, qui sillonne la ville pour une somme modique (comptez 1 US$ par personne en moyenne, pour la plupart des courses).

CASA EL MORRO €

✆ +593 99 790 9100

Selon la saison compter de 18 à 24 US$/personne.

A quelques minutes à pied du Malecón. Cette maison d'hôtes accueille ses visiteurs comme il se doit, mais ces derniers apprécient aussi leur indépendance. On s'y sent comme à la maison ! Possibilité de se restaurer sur place (commander les repas à l'avance). Sur 3 étages, la maison peut héberger jusqu'à 36 personnes (chambres de 2 à 4 personnes). Les chambres sont modernes, avec télévision câblée, A/C, wifi. Certaines offrent une belle vue sur l'océan. Les propriétaires possèdent aussi des appartement pour 4 à 8 personnes (Punta Arena), très confortables.

COSTA BRAVA HOTEL €€

Zone hôtelière ✆ +593 99 970 7086

www.hotelcostabrava.ec

Comptez autour de 50 US$ pour une chambre double en saison, petit déjeuner inclus. Restaurant.

Un peu à l'écart de l'animation, voici un établissement au style méditerranéen, avec un joli jardin, entièrement restauré en 2018 et doté de 30 chambres avec air conditionné, eau chaude, TV et WiFi. Cet hôtel est simple et très bien tenu. Le personnel est agréable, aux petits soins. Les petits déjeuners sont pris sur la terrasse, à l'ombre, au son des oiseaux qui ne manquent pas de venir grappiller quelques miettes. On appréciera également la piscine pour faire trempette. Le Costa Brava est la bonne option pour les familles qui passent quelques jours sur la côte.

DE MI NATI €

Barrio Granada

✆ +593 62731271

Comptez autour de 10/15 US$ par personne.

Ce tout petit hôtel, un des plus anciens du village, est tenu par une famille équatorienne. Il est construit sur la plage, un peu à l'écart du centre du village. Les 14 chambres sont simples, pour 2 à 8 personnes. Service de petit déjeuner et de cafétéria. L'hôtel vient d'être rénové et dispose d'une jolie petite piscine pour ceux qui n'ont pas le courage de faire les 50 m qui les mèneraient à la mer ou tout simplement préfèrent surveiller les enfants qui jouent dans l'eau en sirotant un bon jus de fruits frais. L'endroit est attachant.

HOTEL CIELO AZUL €€

Av. 21 de Noviembre

✆ +593 99 466 2783

www.hotelcieloazul.com

De 75 à 100 US$ pour une chambre double, de 115 à 150 US$ pour une triple. Petit déjeuner et taxes inclus.

Un hôtel au cadre exotique et aux couleurs locales, reconnaissable avec sa façade jaune soleil. Il est dirigé par un couple germano-équatorien très sympathique. Les tarifs comprennent le petit déjeuner qui est servi dans l'agréable restaurant El Pandao qui dispose d'une belle terrasse sous un toit de pagode en bambou. Les 22 chambres et suites sont confortables avec mobiliers en bois et décoration sans fioriture, mais avec l'air conditionné. La plupart des chambres ont vue sur la mer. A l'extérieur, quelques transats sont alignés autour de la piscine.

CÔTE PACIFIQUE

La belle plage d'Atacamès sur la Côte Pacifique.

HOTEL CLUB DEL SOL €€

21 de Noviembre s/n
✆ +593 99 524 9099
www.hotelclubdelsol.com

A partir de 110 US$ pour une chambre double, petit déjeuner inclus. Grande piscine, aire de jeux.

Une fois n'est pas coutume en Equateur, voici un hôtel récent façon club de vacances. Quasiment sur la plage et à 100 m du Malecón, il conviendra donc aux familles avec enfants qui cherchent une solution pour les faire garder dans de bonnes conditions. Face à l'océan Pacifique, les pieds dans l'eau, il offre des prestations de bon niveau et le personnel est particulièrement attentionné. Architecture moderne, une grande piscine au centre du complexe, solarium, chambres confortables et bien équipées (air conditionné, TV, mini bar). Un endroit agréable à vivre.

HOTEL EL MARQUÉS €€

Malecón y Los Crotos
✆ + 593 6 273 1560
www.elmarqueshotel.com

172 chambres. Chambre double à partir de 85 US$. WiFi, climatisation, Restaurant.

Un grand complexe organisé autour d'une très belle piscine et proposant des chambres classiques, sans grand charme, mais avec tout le confort qu'on attend d'un des plus grands hôtels du coin. Air climatisé, eau chaude, coffre-fort, rien ne manque. Les pieds dans l'eau. Son restaurant, le Shamú, réputé auprès des Equatoriens qui viennent ici en vacances, sert une cuisine typique de la région. Nous vous recommandons le ceviche El Marques qui regroupe tous les ingrédients essentiels d'un ceviche équatorien avec sa sauce aux cacahuètes. La plage est à deux pas !

PIZZERIA DA GIULIO €€

Malecón
✆ +593 62731603

Ouvert tous les jours à partir de 17h30 (à partir de 13h le samedi et le dimanche). Pizza de 8,5 US$ à 24 US$.

Directement sur le Malecón, voici une pizzeria authentique dont le propriétaire a officié plusieurs années à Milan et y a appris les meilleures techniques. Les produits sont choisis avec soin et l'on profite de l'agréable vue sur l'océan. Egalement à la carte, des plats à base de poulet et de poisson très réussis. Mais si vous venez ici, c'est d'abord pour les très bonnes pizzas cuites au feu de bois, avec une pâte super fine ! Depuis la pandémie, Da Giulio propose aussi la livraison à votre hôtel si vous n'avez pas envie de sortir.

SÚA

A quelques kilomètres d'Atacames, après avoir dépassé le Peñon del Suicida (ou « Rocher du suicide »), extraordinaire belvédère naturel d'une centaine de mètres de haut plongeant dans l'océan, on atteint le petit village de pêcheurs de Súa. Il s'étire le long d'une plage de sable clair aux eaux tranquilles. A marée basse, on peut se promener au pied de la falaise entre Acatames et Súa (attention à ne pas se faire piéger par la marée !). A noter qu'une partie de la promenade qui longe la plage a été détruite par des fortes houles en 2019 et est en attente de reconstruction.

L'activité principale de Súa est la pêche. Les bateaux colorés se reposent sur la plage entre deux sorties en mer. Langueur du Pacifique oblige ! De toutes les stations balnéaires de la province, c'est l'une de nos favorites (avec Mompiche). Frégates et pélicans y ont élu domicile en nombre et de juin à septembre, on pourra observer des baleines à bosse au large de ses côtes. Súa est le port de départ des bateaux proposant un tour d'observation des baleines à bosse. Les excursions sont encadrées par des guides naturalistes spécialisés. Les départs ont lieu exclusivement le matin à 8h (durée : 3 heures). Des sorties de pêche sont également proposées. Rendez-vous sur le Malecon.

Se restaurer

Quelques restaurants populaires, ou comedores, sont installés face à la mer. Ils offrent un choix limité en matière de restauration (cuisine de la mer), mais jouissent d'un emplacement idéal. La plupart d'entre eux sont installés dans des gargotes en bois et en bambou.

Transports

- **En bus.** Départ toutes les 45 minutes environ depuis et vers Atacames (comptez 10 minutes) et Esmeraldas (entre 45 minutes et 1h). Pour Muisne, il faut attendre sur la nationale et héler un bus en provenance d'Esmeraldas.
- **En bateau-taxi.** Vous pouvez aussi demander à un bateau de vous y emmener. Prix de la course discutable.
- **A pied.** A marée basse, il est possible de rejoindre Súa en longeant la côte. Attention aux rochers relativement dangereux. Demandez aux locaux si vous avez le temps ou non de traverser sous peine de vous retrouver piégé par la montée des eaux.

Súa.

CHAGRA RAMOS €

✆ +593 98 012 7240

A partir de 15 US$ par personne. Petit déjeuner compris. WiFi, parking.

Au nord de la baie et, comme il convient, face à la plage, cet hôtel, pionnier du tourisme à Sua (il a ouvert en 1964) est l'un des plus appréciés en ville. Les chambres, bien que correctes, mériteraient un petit coup de fraîcheur, certaines étaient déjà en cours de rénovation lors de notre dernier passage. Sa position privilégiée face à la plage reste l'un de ses meilleurs atouts. Le restaurant de l'hôtel est également très prisé, on y mange très bien une cuisine traditionnelle de la région. C'est donc globalement une bonne option.

TONCHIGUE

A 3 km à l'ouest de Same. On bénéficie d'une belle vue panoramique en arrivant dans ce minuscule village de pêcheurs encore préservé du tourisme de masse. Les barques multicolores qui se reposent sur la plage (longue de 2 km) ne sont pas là que pour le décor, Tonchigüe est un authentique village de pêcheurs. Ici, toute l'activité tourne autour de la mer. Allez faire un tour sur la plage tôt le matin, à l'heure où les pêcheurs déchargent leurs marchandises. Ce village se trouve dans une zone de forêt tropicale sèche. On y trouve quelques sympathiques comedores. Quasiment pas de possibilité de logement, il est conseillé de séjourner à Same.

PLAYA ESCONDIDA ECOLOGICAL REFUGE & LODGE €

Taxi depuis et vers Atacames : 20 US$.

✆ +593 9 9650 6812

playaescondidaec.com

Comptez 25 US$ par nuit et par personne, taxes incluses. Petit déjeuner inclus en basse saison uniquement. Restaurant.

Vous voilà dans une réserve de 100 ha dédiée à la protection de la faune et de la flore semi-tropicales. Situé en bordure de plage, le refuge peut héberger jusqu'à 40 personnes et dispose d'un campement. Construites avec des matériaux naturels, les chambres sont spacieuses et bien équipées (douche, WC écologiques, moustiquaire, balcon avec hamac). L'endroit se prête à des activités nature : observation des oiseaux, plage, balades... On aime tout particulièrement le cadre et la vue.

SAME

A 7 km au sud-ouest de Súa et à 9 km d'Atacames. Same possède une très longue plage bordée de palmiers, mais n'a pas le charme de ses voisines. Le village est quasi inexistant et de grands immeubles d'appartements haut de gamme dénaturent le paysage (Casablanca se trouve juste à côté). Les Equatoriens aisés ont jeté leur dévolu sur ce village et envahissent la plage durant les périodes de vacances scolaires (en décembre et janvier, notamment). Mais les tremblements de terre de 2016 ont fragilisé certains projets immobiliers, stoppant net toute construction. Si la vie a peu à peu repris son cours, Same n'en reste pas moins un brin moins charmant que certains de ses voisins.

Se restaurer

En bord de mer, laissez-vous tenter par un bon ceviche d'*ostiones* (grosses huîtres) ! Bonnes pizzas à la Terraza, sur la plage.

Transports

- **En bus.** Depuis/vers Atacames, les bus sont fréquents mais les horaires sont variables (comptez 0,50 US$). Rendez-vous un peu plus dans les terres, sur la route, pour arrêter les bus qui passent.
- **Vélo-taxi/moto-taxi.** Pour se déplacer dans le village, nous vous recommandons d'emprunter ces moyens de transport. Economique et pratique !

EL ACANTILADO BEACH HOTEL €€

Playa de Same
✆ +593 98 931 1847
www.elacantilado.net
Comptez de 75 à 120 US$ pour 2 personnes, de 95 à 120 US$ pour 3 personnes et de 95 à 120 US$ pour 4 personnes.

Située entre la station balnéaire de Casa Blanca et le village de pêcheurs de Tonchigüe, la propriété prend place sur une falaise qui surplombe l'océan ; une étape de charme où règne une ambiance familiale. L'hôtel est composé d'un petit édifice de 12 chambres avec salle de bains, ventilateur, terrasse, hamac... et vue sur la mer. Il y a aussi des bungalows totalement équipés (pour 6 personnes). Un escalier dévale la falaise jusqu'à la plage en contrebas.

GREEN 9 SAME BEACH RESORT €€

Via a Tonchigue, Av. Principal. Urb. Casablanca
✆ +593 98 902 5837
https://www.green9hotel.com
A partir de 89 US$ pour une suite pour 2 personnes. Restaurant. Piscine.

A l'entrée du village, voici un complexe d'une quarantaine d'appartements familiaux tout équipés avec salle de bains, cuisine, terrasse, qui s'éparpillent sur une petite colline, avec palmiers et piscine, en bordure de plage. Celle-ci est agrémentée de chaises longues et de parasols. En bref, c'est la détente intégrale dans un cadre tranquille, dédié à une clientèle aisée. Celle-ci est principalement constituée de Quiténiens qui se donnent rendez-vous ici pour les vacances de Noël.

SEAFLOWERS €€

Same
✆ +593 62470369
A partir de 20 US$ le repas.

A proximité immédiate de la plage, le Seaflower Lateneus est un restaurant goûteux et élégant qui se niche dans une jolie maison de bois. Le chef équatorien est allé en Europe pour se former avant de revenir au pays et proposer sa cuisine raffinée que l'on vient de loin pour goûter. Poisson frais et fruits de mer à déguster sans modération ! Le Seaflower se double du meilleur bar de Same avec un vaste choix de cocktails et d'alcool divers. Et si vous le souhaitez, vous pouvez même y dormir dans une grande et belle chambre pour une cinquantaine de dollars.

MUISNE

Hors des sentiers battus, Muisne se compose d'une partie continentale et d'une île qu'on atteint en traversant le fleuve à bord d'un canoë. Elle fut l'une des localités les plus touchées par le tremblement de terre de 2016. Son port défraîchi et ses constructions délabrées lui confèrent un aspect négligé. Mais son immense plage de sable gris, frangée de cocotiers, ainsi que la belle mangrove constituent ses attraits principaux. A marée basse, d'innombrables crabes rouges envahissent le sable, donnant à la plage un ton orangé. Toutefois, mieux vaut prévoir parapluie et K-way, car ici il pleut très souvent.

Se loger

Malheureusement, la plupart des hôtels de l'île ont été rayés de la carte lors du séisme de 2016.

Se restaurer

Parmi les spécialités locales, poissons grillés, *ceviche* et *encocado* sont rois et servis à très bons prix. Sur la plage, ne manquez pas de faire escale à Las Palmeiras pour déguster du poisson frais !

Tourisme

A Muisne, vous pourrez profiter de la plage (qui n'est toutefois pas la plus remarquable de la côte), mais aussi explorer les mangroves (manglares). Rendez-vous sur le dock et demandez directement à un pêcheur de vous y emmener (environ 10 US$ par personne).

Transports

- **Bus.** Depuis Esmeraldas, on pourra prendre le bus pour rejoindre l'embarcadère où l'on pourra grimper dans une pirogue et traverser le fleuve jusqu'à l'île de Muisne. Liaisons quotidiennes et fréquentes entre Esmeraldas et Muisne (toutes les 30 minutes environ). Les bus passent également par Atacames, Súa et Same. Les compagnies Transportes Occidentales et Trans Esmeraldas proposent par ailleurs des liaisons vers Quito et Guayaquil.
- **Bateau.** L'embarcadère d'El Relleno se trouve au bout de la route principale. C'est ici qu'il faut vous rendre pour naviguer jusqu'à l'île en pirogue, pour un prix dérisoire. Notez qu'il est également possible de faire la traversée avec sa voiture (horaires à vérifier !).
- **Vélo-taxi (ecovía).** L'un des moyens les plus pratiques pour rejoindre la plage. Ils attendent les voyageurs qui débarquent à El Relleno pour les emmener au bout de la rue principale.

MOMPICHE ★★

Enveloppé dans un écrin de végétation tropicale, Mompiche est un petit village de pêcheurs très apprécié pour ses vagues puissantes, ses longues étendues de sable et son ambiance détendue. Il se niche dans une baie abritée reliée au monde moderne par la route depuis une dizaine d'années seulement. Ici encore, le séisme de 2016 a frappé fort et emporté sur son passage les fragiles constructions de bord de mer. Heureusement, le temps est passé par là et la vie a repris son cours au fil des mois qui suivirent. De passage dans le coin, on ne manquera pas de visiter l'île Portete et de se prélasser sur sa belle plage de sable blanc située à quelques kilomètres au sud du village. Mompiche offre aussi la possibilité de s'évader en mer pour observer les cétacés, de pratiquer la randonnée en forêt, de s'offrir une balade à cheval ou bien sûr, de surfer la vague !

Argent

Attention, il n'y a pas de distributeur de billets ni de banque à Mompiche. Mieux vaut prévoir le coup !

Se loger

Ce petit village encore sauvage dispose d'établissements tout à fait convenables. Vous pourrez séjourner dans des hôtels en dur ou des bungalows en adobe ou bambou, souvent situés en bordure de plage. Vous trouverez également de quoi vous loger sur la rue principale et la rue parallèle au malecón.

Se restaurer

Les menus sont quasiment identiques, mais tout de même assez complets (poisson, fruits de mer, spécialités de la côte, plats végétariens, etc.). Des restaurants (gargotes en bois) sont situés au bord de la plage, le long du Malecon.

Tourisme

- **Observation des baleines.** Agréable lieu de villégiature encore sauvage, Mompiche attire les surfeurs, et les touristes qui souhaitent voir les baleines à bosse. Entre juin et septembre, le village devient le théâtre de leur migration (de l'Antarctique aux côtes tropicales, où elles vont donner naissance pendant l'hiver austral). Vous y serez plus tranquilles qu'à Puerto Lopez ou à Atacames.

- **Prendre la vague.** La meilleure période pour surfer s'étend entre novembre et fin février (les meilleures vagues étant généralement au mois de décembre). Hors saison, le village est très, très calme. On vous conseille de vous rendre vers La Punta, tout au bout de la plage, ou sur la plage noire, derrière la pointe sud.

Transports

- **Bus.** Depuis Esmeraldas, des bus relient régulièrement Mompiche (toutes les heures environ). Durée : 3h30. Ils marquent l'arrêt à Atacames et Same. Pas de Terminal de bus ici, les bus se prennent directement dans le centre du village. Pour se rendre vers le sud, il faut généralement faire un changement à Chamanga. Pour rejoindre Quito, on pourra faire le changement à Esmeraldas. Pour Guayaquil, d'abord se rendre à Puerto Viejo.

- **Isla Portete.** L'embarcadère se trouve à environ 2 km du village, mieux vaut s'y rendre en taxi.

ISLA PORTETE

Située à 4 km au sud de Mompiche, cette île idyllique est séparée de la terre par quelques mètres d'eau que l'on pourra éventuellement traverser à la nage, selon la marée. Pour se rendre à l'embarcadère et prendre le bateau, il faut monter dans un taxi ou marcher 2 km depuis le village. L'île est courue pour sa plage de sable blanc frangée de palmiers qui lui confère sa beauté de carte postale. On déplorera toutefois la construction d'un *resort* gigantesque au nord de l'île (le complexe hôtelier Royal Decameron). Quelques gargotes pour se restaurer sur place.

© KSENIA RAGOZINA - SHUTTERSTOCK.COM

Mompiche.

CABAÑAS LAS PIGUALAS - IRUÑA €

Las Pigualas

✆ +593 99 497 5846

A partir de 50 US$ pour une cabine double, petit déjeuner inclus. Parking, bar-restaurant. Moustiquaire, ventilo.

Iruña (qui s'appelait auparavant Las Pigualas) est l'endroit idéal pour qui veut se ressourcer quelques jours. Les 6 bungalows sont très simples, mais confortables. L'accueil est chaleureux et l'on a vite fait de se sentir chez soi ; sans compter que la gérante prépare de bons petits déjeuners. Possibilité de faire du kayak et d'aller observer les baleines (de juillet à septembre). L'endroit est toutefois isolé, il faut compter 45 minutes à pied depuis le village en longeant la plage.

LA FACHA HOSTEL €

Au bout la rue principale, vers le nord

✆ +593 99 804 4604

www.lafachahostel.com

Dortoirs à partir de 15 US$. Doubles 25/40 US$.

Une très bonne adresse pour séjourner à Mompiche dans un cadre fait de bambou et de feuilles de palme, mais sans lésiner sur le confort. Les chambres sont rustiques, mais dotées d'un sol carrelé, de bonnes literies et d'une salle de bain privée. Quelques chambres seulement offrent une magnifique vue sur l'océan, vous les privilégierez lors de la réservation. Cours de surf et activités sont proposés dans les alentours. Le restaurant situé sur place est aussi une table très appréciée à Mompiche et fréquentée par les touristes comme par les Equatoriens en vacances.

CHIVO'S PIZZERIA €

La Fosforera

✆ +593 98 601 7892

Ouvert tous les jours de 18h à 22h. Pizzas à partir de 8 US$.

Une sympathique pizzeria tenue par le jeune Chivo. Les spécialités italiennes sont à l'honneur, dont de bonnes pizzas à la pâte fine, mais bien garnies. La salle est sympathique et propose de belles tables en bois où se réunissent souvent les jeunes de Mompiche. Pour ceux qui auront surfé toute la journée, nous recommandons les plats de spaghettis avec une sauce maison au choix, (la bolognaise est excellente), ils sont gargantuesques ! A noter que l'endroit est accessible en bus depuis le terminal d'Esmeralda, un arrêt est prévu juste devant la pizzeria.

LA FACHA €

De la calle principal, tourner à droite et prendre la calle La Fosforera (une rue avant le Malecón) sur une quinzaine de mètres. A 100 m de la mer.

✆ +593 99 804 4604 - www.lafachahostel.com

Plats à partir de 5 US$. L'établissement propose également des chambres avec vue sur la mer.

Ce bar-restaurant sert une cuisine plus originale que ses voisins. La carte mixe les saveurs péruviennes, argentines et équatoriennes pour un résultat tout à fait satisfaisant. Les plats sont parfumés et certains sont réservés aux végétariens. A noter, de très bons burgers également. On se donne parfois rendez-vous ici pour boire un verre entre amis. La Facha est un de ces endroits où l'on pense surf à 100 %, idéal pour rencontrer d'autres aficionados de ce sport si vous le pratiquez. L'hôtel est également sympathique et le magasin de surf bien achalandé.

PEDERNALES

Pedernales est une station balnéaire à l'ambiance locale et populaire, quasi grouillante le week-end, notamment les dimanches et les jours de marché. Le bourg fut l'une des localités les plus dévastées par le séisme de 2016. Mais la ville s'est peu à peu reconstruite. Tôt le matin, les pêcheurs débarquent leur marchandise sur la longue plage de sable gris, qui, il faut le dire, manque un peu de charme (et parfois d'entretien !). En bordure de plage, quelques restaurants accueillent le client sous de grands toits de palmes ; de petites gargotes en bois ornent le Malecón et offrent fruits et cocktails tropicaux. Le dimanche, on vient y manger en famille et entre amis pour déguster un *ceviche* face à l'océan. Si l'on est loin des plages de rêve du Pacifique, l'endroit demeure néanmoins une halte agréable pour les visiteurs qui souhaitent se plonger dans une ambiance *muy locale*.

Se restaurer

Gargotes de bord de mer proposent plats de poisson et de fruits de mer (et notamment des langoustines !), accompagnés de riz et de *patacones* ainsi que des *ceviches*. La plupart sont installées sur le Malecón.

Transports

- **Bus.** Le nouveau Terminal terrestre Manuel Cedeño Loor a été inauguré en 2019 (María Luisa II Etapa). C'est désormais l'un des plus modernes de la région. Vous y trouverez des bureaux pour chaque compagnie, plusieurs points de restauration et un bureau d'informations. Il dessert les principaux villages des alentours. WiFi.

Les Galápagos, archipel mythique s'il en est, rêve éveillé de tous les amoureux de la nature et de tous les plongeurs du monde, situé à plus de 1 000 km à l'ouest des côtes équatoriennes, au beau milieu du Pacifique, est un véritable paradis pour les animaux. Ils en sont d'ailleurs les premiers occupants et sont extrêmement protégés ici. Le lion de mer qui se prélasse au beau milieu de la rue aura toujours le dernier mot, soit on le contourne à plus de deux mètres de distance, soit on attend qu'il décide de s'en aller, telle est la loi de Galápagos. On y vient justement pour cela, pour observer sans les perturber ces créatures rares que sont les otaries, les iguanes ou encore les énormes tortues terrestres qui occupent le territoire. Que vous les visitiez en croisière ou en séjournant dans les îles, vous reviendrez changé de ce petit paradis que nous devons contribuer à préserver pour qu'il reste un sanctuaire de biodiversité.

Galápagos
ISLA DARWIN - CULPEPPER
ISLA WOLF - WENMAN
Océan Pacifique
ISLA PINTA - ABINGDON
ISLA SANTIAGO
ISLA FERNANDINA - NARBOROUGH
ISLA RÁBIDA – JERV
ISLA FERNANDINA
PARQUE NACIONAL GALÁPAGOS
ISLA ISABELA
ISLA PI
DUN
SANTO TOMÁS
PUERTO VILLAMIL
Océan Pacifique
20 KM

COLOMBIE
ÉQUATEUR
GALÁPAGOS
PÉROU
LA MARCHENA - INDLOE
ISLA GENOVESA - TOWER ★★
A SANTIAGO - SAN LVADOR - JAMES
ISLA BARTOLOMÉ ★★
ISLA SEYMOUR NORTE
ISLA BALTRA - SEYMOUR SUR
SLA DAPHNE ★ MAYOR - MENOR
ISLA SANTA CRUZ
ISLA PLAZA SUR
SANTA ROSA
PUERTO AYORA ★★
ISLA SANTA FÉ – BARRINGTON
ROCA LEÓN DORMIDO - KICKER'S ROCKPUERTO VILLAMIL ★★
PUNTA PITT ★★
PLAYA OCHOA ★★
ISLA SAN CRISTOBAL
ISLA LOBOS ★★
EL PROGRESO ★
EL JUNCO ★
PUERTO BAQUERIZO MORENO ★★
PLAYA PUERTO CHINO ★★
Puerto Velasco Ibarra
ISLA FLOREANA - SANTA MARÍA ★★
ISLA ESPAÑOLA - HOOD ★★

PUERTO AYORA ★★

Puerto Ayora est la ville principale de Santa Cruz et la ville la plus développée et peuplée de l'archipel (12 000 habitants). Ses habitants vivent du tourisme, de la pêche, du commerce et de l'agriculture. L'avenue principale, Avenida Charles Darwin, part du port et se termine à la station de recherche Charles Darwin. Vous trouverez sur cette île des banques, des hôtels et *hostels*, des restaurants, des magasins de vêtements, des supérettes, des magasins de souvenirs, des bars et des discothèques. La température moyenne à Puerto Ayora est de 24°C, gage de séjours agréables. Le marché au poisson est un véritable spectacle à lui tout seul, les otaries et les pélicans s'y disputent les restes toute la matinée, photos inoubliables garanties !

Se loger

Pléthore d'adresses accueillent le visiteur, mais attention, les prix ont flambé ces dernières années aux Galápagos.

Se restaurer

Puerto Ayora offre à ses visiteurs de quoi satisfaire toutes les envies culinaires, à tous les prix, même si en moyenne, il est assez cher de se nourrir ici.

Shopping

Boutiques propres aux stations balnéaires : articles de plage, artisanat, vêtements, souvenirs estampillés « Parque Nacional Galápagos » bordent les rues du centre-ville. Assez cher comparé aux prix pratiqués sur le continent.

Sortir

Puerto Ayora est une ville relativement calme, mais vous trouverez tout de même quelques endroits où boire un verre ; ses habitants - et les touristes - sont aussi là pour profiter du bon temps ! Les restaurants sont autant d'endroits où boire un verre après le dîner (qui se prend tôt, autour de 19h ou 20h). Signalons aussi quelques bars et glaciers locaux. Il existe également quelques bars dansants sur l'avenida Darwin.

Tourisme

Il y a un droit d'entrée au Parc national des Galápagos. L'attente est souvent longue à l'arrivée. Il vous faudra vous acquitter ici d'un droit d'entrée sur le territoire du parc national (100 US$ payables en espèces uniquement) à l'arrivée à l'aéroport.

Transports

▶ **Avion**. Les compagnies Avianca et Latam désservent les Galapagos. On atterrit à l'aéroport Seymour, sur l'île voisine de Baltra. De là, il faut emprunter une navette (gratuite) pour rejoindre le canal Itabaca et prendre une embarcation (1 US$) qui vous conduira sur Santa Cruz. Une fois sur l'île, il faut compter 45 minutes (en bus ou en taxi) pour rejoindre Puerto Ayora. Attention au départ de Puerto Ayora, pour rejoindre l'aéroport, quelques bus seulement (partant tôt le matin). Le trajet coûte 2 US$. Départ depuis la gare routière CITTEG (av. Baltra). L'autre option consiste à prendre un taxi-camionnette depuis l'embarcadère de Puerto Ayora et coûte 20 US$. Ensuite on prend l'embarcation pour rejoindre l'aéroport (1 US$). Le trajet dure environ 1h-1h20 (porte à porte). Enfin, il est demandé d'arriver 2h avant l'heure de départ du vol !

▶ **Transport inter-îles**. Pour se déplacer entre les îles, il faut prendre les embarcations ou petits avions (compagnies Emetebe et ESAV) assurant des liaisons domestiques. Horaires et tarifs fluctuants. Se renseigner sur place, à Puerto Ayora ou à San Cristóbal. En bateau, comptez 30 US$ par personne pour un trajet simple entre deux îles (mieux vaut acheter son billet à l'avance, mais ce n'est pas une obligation).

▶ **Bus**. Depuis le terminal terrestre Indefatigable, comptez 45 minutes pour rejoindre le canal d'Itacaba d'où vous prendrez un bateau pour Baltra. Bus à 7h, 7h30 et 8h30 (2 US$). Horaires donnés à titre indicatif.

▶ **Taxi**. Les camionnettes taxis assurent des courses sur l'île de Santa Cruz ; comptez 1 US$ minimum. Elles se prennent sur le port de Puerto Ayora.

▶ **Bateau**. Pour rejoindre Punta Estrada en water-taxi, par exemple, entre 0,80 et 1,20 US$ par personne. Départs très fréquents entre 6h et 18h.

CANALES DE LOS TIBURONES Y DEL AMOR ★

Accessibles uniquement à pied, ces deux canaux sont généralement visités l'un après l'autre. *El canal de los tiburones*, autrement dit le canal des requins, est un petit repaire où il vous sera possible d'admirer des requins de récif à pointes noires. Ils sont totalement inoffensifs mais cela reste tout de même assez impressionnant à photographier. Un peu plus loin, le canal de l'amour est une fissure au milieu de laquelle vous pourrez apprécier une eau d'une couleur bleu turquoise.

ORGANISER SON SÉJOUR AUX GALAPAGOS

PAS DE PLACE À L'IMPROVISATION

Transports

Avion. Comptez de 400 à 800 US$ pour le vol depuis le continent.

Croisière. Réserver sa croisière ou son séjour au préalable pour une durée de 4 jours (minimum). Tous types de bateaux sont disponibles, des plus luxueux aux embarcations les plus sommaires. C'est la meilleure option si vous voyagez en haute saison. Les formules tout compris incluent en général les prestations suivantes : hébergement, repas, visites, guides et matériel de plongée et ne comprennent ni l'aérien ni la taxe d'entrée.

Attention aux options les plus économiques. En effet, des groupes de voyageurs se sont plaints : pas de responsable de bateau à l'arrivée à l'aéroport, cabine commune pour cause de *surbooking*, équipage peu professionnel, cabines sales et malodorantes, guides naturalistes non expérimentés, etc. Bien entendu, il s'agit d'une minorité de prestataires. L'option économique sur un petit bateau permet souvent de sympathiser avec une clientèle internationale et les éventuels désagréments minimes sont largement tempérés par l'émerveillement du lieu. Interrogez bien l'agence sur le type de prestations offertes pour tester son sérieux et celui de son équipage.

Se joindre à une croisière au départ de l'archipel est une option plus risquée car les bateaux sont souvent pleins et retenus à l'avance. Dans ce cas, optez pour une excursion à la journée. Les nombreuses agences locales vous proposeront de partir en mer aux côtés d'un guide. Cette option peut s'avérer plus coûteuse au final, comptez de 80 à 150 US$ par jour et par personne, selon le type d'excursion.

Choisir son île de départ

C'est de ce choix initial que dépendra votre séjour sur les îles Galápagos. Bien choisir son île de départ permettra d'optimiser son séjour. Certaines îles ne sont accessibles que depuis certaines îles. Il vous faudra même monter à bord de bateau de croisière si vous espérez voir toutes les îles. Voilà néanmoins quelques clés selon les îles que vous souhaitez voir en priorité.

Atterrir à l'aéroport Seymour de Baltra. Un aéroport unique au monde de par sa conception écologique. En atterrissant sur Baltra, vous pourrez séjourner sur l'île Santa Cruz, toute proche, au cœur du village de Puerto Ayora. L'île est bien plus vivante (et commerciale) que sa voisine Isabela. Depuis l'île Santa Cruz, vous pourrez aller sur les îles de Bartolomé, Floreana, Santa Fé, Española, Pinzón ou encore San Cristobal parmi les principales (www.ecogal.aero).

Atterrir à San Cristóbal. Un aéroport beaucoup plus modeste que celui de Baltra et qui vous permettra de découvrir une autre partie de l'archipel. L'île vaut bien quelques heures voire quelques jours de visite. Vous pourrez ensuite envisager des excursions vers les îles Santa Fé, Española ou quelques autres îles aux alentours.

Atterrir à Baltra puis reprendre un avion ou un bateau vers Isabela. L'île Isabela est une autre façon d'envisager le séjour avec une atmosphère bien plus calme et paisible que sa consœur Santa Cruz. Les îles Fernandina, Santiago, Rapida ou Tortuga sont à quelques milles de là.

Pratique

L'entrée du parc. Pour les étrangers, le droit d'entrée au parc national des Galápagos s'élève à 100 US$ par personne, payables uniquement en espèces dès la sortie de l'avion à l'aéroport Seymour de Baltra ou à celui de San Cristobal. S'ajoutent à cela 20 US$ de taxe migratoire à payer au départ.

Cette politique de prix, qui peuvent paraître élevés, permet notamment de réguler les entrées et, ainsi, de protéger l'écosystème. Mais contrairement aux idées reçues, un séjour sur place n'est pas réservé qu'aux plus fortunés, les îles abritent aussi des hébergements et des restaurants bon marché. Et sachez que vous vivrez une expérience unique et inoubliable qui compensera largement le coût élevé de votre séjour.

Quelques règles à respecter. Des règles très strictes sont à appliquer par tous les visiteurs afin de protéger l'environnement et l'écosystème, et limiter les dégradations liées au tourisme. Il est, par exemple, impossible de visiter les îles non habitées sans la présence d'un guide naturaliste du parc national. Voici des règles élémentaires à respecter lors de votre passage : ne pas sortir des sentiers balisés et tracés, ne laisser aucun détritus, ne jamais toucher ou effrayer les animaux (pas de flash), contourner assez largement les animaux présents sur votre chemin et ne pas les déranger, ne jamais nourrir les animaux, ne prélever aucune espèce végétale. Votre bagage sera dans tous les cas fouillé à la sortie du territoire.

Vous trouverez toutes sortes d'informations utiles sur le site : www.galapagostour.org

CHARLES DARWIN AUX GALÁPAGOS

C'est en 1809 que le futur célèbre naturaliste et paléontologue Charles Darwin voit le jour au Royaume-Uni. Il étudie tout d'abord la médecine en Ecosse. Il va vite devenir l'élève de Robert Edmond Grant, partisan de la théorie de l'évolution du naturaliste français Jean-Baptiste de Lamarck. En 1827, il réalise ses premières découvertes. Après un passage par Cambridge sur demande de son père, il part en excursion sur l'île de Tenerife, fasciné qu'il est par le journal de voyage du naturaliste allemand Alexander von Humboldt. En 1831, il obtient un poste d'assistant naturaliste auprès de Robert FitzRoy, capitaine du *HMS Beagle*, navire utilisé pour des voyage d'exploration scientifique. Alors qu'il doit partir pour 2 ans, il partira finalement 5 ans. L'expédition longe d'abord la côte est de l'Amérique du Sud, du Brésil jusqu'à la Terre de Feu. Empruntant le détroit de Magellan, le navire remonte ensuite les côtes chiliennes et péruviennes, fait une escale aux Galápagos, avant de continuer son tour du monde par le Pacifique. Darwin enverra de nombreuses notes détaillées accompagnant ses découvertes, à Cambridge. Il achève son voyage en 1836 et est alors accueilli comme une célébrité à son retour.

En 1835, Charles Darwin explore donc l'archipel des Galápagos. Bien que son passage devait marquer l'histoire de ces îles (et de la science) à jamais, il n'y restera en réalité que cinq semaines. Cette visite historique permet au savant britannique de se familiariser avec la faune locale, et notamment les treize espèces de pinsons endémiques de l'archipel, chez lesquels il observera une adaptation de la taille du bec en fonction de la nourriture disponible sur les différentes îles (graines ou insectes). Certaines espèces comme le Pinson ont la capacité d'évoluer en seulement deux générations, ce qui facilite les constatations scientifiques en ce sens. Cet exemple frappant, ainsi que toutes les découvertes qu'il a pu relever lors de son expédition, lui permettront au fil des ans de mettre au point sa célèbre théorie de l'évolution des espèces par la sélection naturelle, connue aujourd'hui sous le nom de darwinisme. Il exposera cette théorie en 1859 en publiant l'essai *L'Origine des espèces*, qui confère une célébrité définitive aux Galápagos et au naturaliste anglais.

EL GARRAPATERO ★★

Via Playa El Garrapatero

A environ 25 km au nord. Compter une trentaine de minutes en taxi.

A une demi-heure de voiture de Puerto Ayora, vous attend une superbe plage de sable blanc où vous pourrez vous baigner dans des eaux cristallines aux tons turquoise. Un peu en retrait de la plage, une jolie lagune se cache et est le refuge de colonies de flamants roses. On y voit aussi de nombreux pinsons des Galápagos, ceux-là mêmes qui ont servi à Darwin dans l'élaboration de la théorie de l'évolution. La route qui vous mènera à ce petit paradis traverse de très beaux paysages photogéniques. Flamants roses et iguanes se prélassent et font de bons sujets.

LAS GRIETAS ★

En continuant le sentier de Punta Estrada à Playa Los Perros, on atteint Las Grietas où le paysage a été formé par des fissures de lave. Deux grands « murs » taillés dans la roche, et au milieu, une piscine naturelle d'eau de mer. L'eau y est claire et vous pourrez y plonger pour une session de snorkeling. La profondeur de cette faille est telle que vous y verrez certains poissons au gabarit conséquent, parfois impressionnant. Une faune marine vraiment différente de ce que l'on peut voir ailleurs. L'endroit est bordé de cactus caractéristiques de cette zone.

PUNTA ESTRADA - PLAYA LOS PERROS

De l'autre côté de la baie de Puerto Ayora

Punta Estrada est une petite et paisible plage où l'on peut profiter du soleil et plonger avec masque et tuba. On peut déjà y apercevoir quelques petits requins voire quelques tortues. Un peu plus loin se trouve une autre petite plage, de 75 mètres de sable blanc, la playa Los Perros. Pour y accéder, il est conseillé de porter pantalon et manches longues afin d'éviter de se blesser sur les nombreux cactus. S'y languissent de très nombreux iguanes marins ainsi que quelques lions de mer.

FUNDACIÓN CHARLES DARWIN - ESTACIÓN CIENTÍFICA ★★

Avenida Charles Darwin ✆ +593 5 252 6146
www.darwinfoundation.org
Ouvert de 8h à 12h30 et de 14h30 à 17h30. Visites guidées uniquement. 10 US$ par guide.

La fameuse Fondation Charles Darwin a vu le jour en 1959 sous le patronage de l'UNESCO et de l'IUCN (Union mondiale pour la conservation de la nature). Bénéficiant de fonds de l'UNESCO et du gouvernement équatorien, la construction de la fondation a débuté en 1960 et elle fut inaugurée officiellement en 1964. Ses principales fonctions sont l'information scientifique, la conservation des espèces marines et végétales, des reptiles et oiseaux grâce à la recherche scientifique et à des actions complémentaires, le développement de programmes éducatifs, de développement agricole et d'utilisation des ressources locales, la formation d'étudiants équatoriens et de guides naturalistes pour le parc. La fondation travaille aussi, main dans la main avec la population locale, pêcheurs, agriculteurs et professionnels du tourisme. Elle participe également à l'élaboration des règlements et lois qui protègent l'archipel. Elle veille notamment à la sauvegarde des dix espèces de tortues géantes des Galápagos.

L'outil opérationnel de la fondation est la station scientifique Charles Darwin établie au même endroit à Puerto Ayora. Une équipe internationale de quelque 200 chercheurs, éducateurs et volontaires œuvre au bon déroulement de ce vaste programme. Les salles d'exposition fournissent de nombreuses explications sur les îles tout en restant compréhensibles par les visiteurs de tous âges. Dans le centre d'élevage et les parcs, vous découvrirez les plus grosses tortues du monde, dont la fameuse tortue Galápagos, dont il ne reste aujourd'hui que 60 000 individus. Un programme de protection et d'élevage de la race se poursuit à la station Darwin : les œufs récoltés dans les différentes îles y sont incubés et les jeunes tortues y sont élevées jusqu'à l'âge de 4 ans. Elles sont ensuite ramenées sur leur île d'origine. Vous verrez aussi des colonies d'iguanes. Il est obligatoire depuis 2020, de faire la visite avec un guide. Une visite indispensable pour connaître en détail le travail des scientifiques du monde entier qui viennent ici pour étudier la faune et la flore sur les îles. Pour l'anecdote, il est assez drôle de savoir que le centre s'appelle Darwin et qu'il a laissé une trace si importante sur l'archipel alors qu'il n'aura passé au total que... cinq semaines seulement dans ces îles lors de son tour du monde ! C'est d'autant plus drôle lorsqu'on sait que des biologistes y vivent eux depuis plusieurs dizaines d'années...

Le guide qui vous accompagnera dans la station, qui ressemble plus à un parc, vous fera également découvrir nombre de plantes endémiques dans lesquelles s'ébattent de nombreux oiseaux.

Le 7 novembre 2021, le nouveau centre de recherches marines a ouvert ses portes dans un beau bâtiment totalement rénové. La conception de ce nouveau complexe baptisé Inspiration aura pris 5 années de travail acharné des équipes locales soutenues par un des plus importants donateurs de la fondation, une fondation de protection de la nature néerlandaise, la COmON Foundation. Ce nouveau centre de recherche va servir à étudier, mais surtout à protéger la faune et la flore sous-marine des Galápagos dont la réserve sous-marine s'étend d'année en année au fil des décisions ministérielles souvent initiées grâce aux efforts de la fondation Charles Darwin.

La saga Lonesome George. Dans une salle de conservation à température contrôlée, vous pourrez admirer la tortue solitaire George, embaumée. Il s'agit de la dernière tortue de son espèce, qui est devenue un véritable mythe dans l'archipel. George le solitaire a été découvert en 1971 sur l'île Pinta. Après étude, on découvre qu'il est le dernier spécimen de l'espèce *Chelonoidis abingdonii*, une des dix espèces de tortues géantes de l'archipel. Il est alors transféré à la station de recherche Charles Darwin où les scientifiques ont tout tenté pour sauvegarder l'espèce, en le faisant notamment s'accoupler avec les neuf autres sous-espèces locales de tortues géantes. Malgré plusieurs pontes, il n'en résulta finalement que des échecs à chaque tentative. Lonesome George quitta finalement ce monde en 2012, malheureusement sans descendance. On fit congeler des tissus ainsi que des gonades pour une éventuelle insémination artificielle future qui assurerait la survie de l'espèce. Aujourd'hui, grâce à la science, les espoirs sont encore permis de voir son espèce renaître un jour, mais en attendant, on peut venir admirer ici le vrai et unique George le Solitaire dont la dépouille a été embaumée. Elle est exposée au sein d'un bâtiment dédié, au cœur de la réserve et du centre scientifique.

A noter que fin 2012, on a cru en la réapparition de cette espèce puisque 17 tortues repérées sur l'île Isabela présentaient un ADN similaire à notre cher George. Des études ont finalement prouvé que ces tortues n'étaient en réalité que des hybrides et qu'elles ne possédaient que 50 % des gènes de *Chelonoidis abingdonii*.

Plus récemment encore, en 2019, une espèce que l'on pensait disparue depuis un siècle a été découverte sur l'île de Fernandina, elle a d'ailleurs été baptisée Fernanda et les scientifiques se préparent à une nouvelle expédition sur cette île afin d'essayer de trouver d'autres membres de cette espèce en espérant pouvoir la sauvegarder par la reproduction. Nul doute que cette découverte ne sera pas la dernière, observez bien autour de vous !

TORTUGA BAY ★★

Prendre la direction de Bella Vista et tourner à gauche, à 400 m de Puerto Ayora.

Ouvert tous les jours de 6h à 18h (site du parc national). Prévoir de l'eau et de la crème solaire !

© NODRAMA_LLAMA - SHUTTERSTOCK.COM

Au bout d'un sentier à parcourir à pied (compter environ 40 minutes de marche), cette belle et longue plage de sable blanc s'étend sur 1 km. On peut aussi y accéder en bateau depuis Puerto Ayora pour quelques dollars. Elle hérite son nom de sa fréquentation régulière par les tortues marines que vous aurez probablement l'occasion de voir si vous mettez la tête sous l'eau. Vous pourrez aussi y croiser iguanes marins, flamants et pélicans ainsi que de nombreux oiseaux assez rares. Cette plage mérite d'y passer une journée, prévoyez les vivres et l'eau.

DIRECCIÓN DEL PARQUE NACIONAL GALÁPAGOS

Avenida Charles Darwin

✆ +593 5 252 6189

www.galapagos.gob.ec

Entrée au parc : 100 US$ auxquels s'ajoutent 20 US$ de taxe migratoire. Prévoir des espèces.

C'est le bureau officiel du parc national des Galápagos. Vous y trouverez de nombreuses informations sur les excursions ainsi que sur la faune et la flore des îles. Le Parc des Galápagos a été créé le 14 mai 1936 puis classé parc national en 1959. Le souhait du Gouvernement est alors de préserver la faune et la flore de l'archipel, d'actions néfastes qui pourraient être menées par l'homme. Il est décrété que 97 % des terres de l'archipel seraient protégées, soit un total de 800 000 ha.

BED AND BREAKFAST LA PEREGRINA €

Indefatigable y Charles Darwin

✆ +593 5 252 6323

www.laperegrinagalapagos.com.ec

Chambre double à partir de 100 US$, la triple à 110 US$ et la quadruple à 130 US$, petit déjeuner inclus.

Dans la maison d'une famille bien sympathique, quelques chambres avec salle de bains privée, certaines avec air conditionné. De la single à la triple, vous avez le choix. Cette guesthouse a récemment été reprise par ses propriétaires qui l'ont rénovée et aménagée à leur goût. Le petit déjeuner inclus est copieux et savoureux. Propreté impeccable et ambiance conviviale. Une très bonne adresse bien située à 5 minutes de l'embarcadère, des plages et de la station Darwin.

ESTRELLA DEL MAR €

Av. Charles Darwin y 12 de Febrero

✆ +593 5 252 6427

www.estrellademarhotel.jimdofree.com

A partir d'environ 60 US$ pour une chambre double.

Cet hôtel assez récent et bien tenu est situé en bord de mer ce qui en fait un choix intéressant, même pour les petits budgets. Il propose des chambres spacieuses et bien équipées (salle de bains, réfrigérateur, ventilateur et air conditionné). Une belle terrasse commune domine la mer, un salon TV convivial pour se tenir au courant des dernières nouvelles est à disposition et propice aux rencontres entre les voyageurs. L'accueil est familial et sympathique. Une bonne adresse, malgré la hausse récente des tarifs. La chambre n° 9 offre la plus belle vue.

HOSTAL ESPAÑA €

Tomas de Berlanga e Islas Plazas

✆ +59352526108

www.hotelespanagalapagos.com

Chambre double basique autour de 45 US$. Petit déjeuner en sus (7 US$).

Un hôtel très bien situé en plein centre de Puerto Ayora avec une terrasse panoramique au dernier étage permettant de prendre de superbes photos à 360°. Une quarantaine de chambres réparties sur 3 étages permettent de loger jusqu'à 4 personnes par chambre. Wifi gratuit dans les parties communes. Cet hôtel appartient à une des familles pionnières de Santa Cruz et Esther, sa directrice, est très soucieuse des détails. Une très bonne option pour ceux qui souhaitent découvrir les merveilles de Santa Cruz pendant quelques jours sans y laisser tout leur budget vacances.

© STÉPHAN SZEREMETA

Tortue terrestre dorlotée au centre de la Fondation Darwin à Puerto Ayora.

HOSTAL GARDNER €

Av. Tomas de Berlanga e Islas Plazas
✆ +593 99 919 8588
www.hostalgardner.com

A partir de 25 US$ pour une chambre simple, et de 35 US$ pour une chambre double, petit déjeuner inclus.

Un chaleureux et grand hôtel qui se fond dans le paysage hôtelier de l'île et dont les chambres sont propres et confortables, avec air conditionné, télévision, salle de bains privée et connexion wifi. Certaines sont un peu sombres, mais toutes viennent d'être rénovées et ont beaucoup gagné en clarté grâce à la couleur blanche des murs et aux parquets aux tons clairs. A noter que son nom lui vient d'une belle et peu connue baie sur la côte Nord de l'île d'Epañola. Dans la même catégorie, l'Hotel España, situé juste à côté, vaut lui aussi le coup.

CUCUVE €€

Charles Binford 083
✆ +593 99 082 8266
www.hotelcucuve.com/

A partir de 180 US$ la nuit pour une chambre double.

Le *cucuve* des Galápagos est un petit oiseau endémique qui a donné son nom à ce nid douillet qui pourrait être le vôtre pendant votre séjour dans l'archipel. On se sent en effet ici comme dans un nid, les chambres sont grandes et très bien décorées. L'entretien est digne des meilleurs hôtels suisses, pays dont les propriétaires de Cucuve sont d'ailleurs originaires. Si vous souhaitez de bons plans d'excursions, vous trouverez aussi votre bonheur en demandant à la réception. Une plage privée est également à disposition des clients en bord de mer bien entendu.

GALAPAGOS COTTAGES €€

Binford ✆ +593 99 973 7573
https://galapagoscottages.com.ec/wp/

Cottage deux étages (4-5 personnes) à 220 US$ la nuit et 340 US$ pour un cottage à 3 étages (5-6 personnes).

Idéalement située à Puerto Ayora à deux minutes de l'embarcadère, Galapagos Cottage se révèle être une option intéressante pour celles et ceux qui voyagent en famille ou entre amis. Duplex ou maison sur 3 niveaux, vous avez le choix en fonction de votre groupe de voyageurs. La piscine, option pas si fréquente sur l'île, ne gâte rien, surtout au retour d'une journée d'excursions. On se sent comme à la maison avec les avantages de l'hôtel, mais sans y être vraiment (services, laverie, conciergerie, nettoyage journalier de la chambre). Très bon rapport qualité-prix.

HOTEL FERNANDINA €€

Av. 18 de Febrero y Seymour
✆ +593 98 115 4370
www.hotelfernandina.com.ec

Comptez 80 US$ pour une chambre occupation simple ou double, et 115 US$ pour une triple. Taxes comprises.

Un hôtel familial au décor simple, mais confortable. L'hôtel Fernandina est situé un peu en retrait de l'agitation de Puerto Ayora, mais à quelques minutes à pied seulement du Malecon, l'idéal. Les lits sont très grands en comparaison de beaucoup d'hôtels des Galapagos. Les 22 chambres cosy sont dotées de salles de bains (avec eau chaude) et peuvent accueillir jusqu'à 5 personnes. Elles encadrent une piscine complétée d'un bain bouillonnant et ornée de palmiers. Le restaurant sert une cuisine internationale et locale de bonne tenue.

GALÁPAGOS

HOTEL LA CASA DE JUDY €€

Calle No. 10, Barrio del Eden Avenida Fragatas y Escalecia. ✆ ++593 98 785 5122
www.hotellacasadejudy.com
Chambre double standard à partir de 95 US$, chambre double supérieure avec vue sur mer à 150 US$. Petit déjeuner inclus.

Un peu à l'écart du centre de Puerto Ayora (compter 5 bonnes minutes de marche depuis l'embarcadère), nous voici dans la maison de Judi. L'endroit est très beau. Les 21 chambres sont réparties sur trois étages. Certaines, de type supérieur, offrent une vue magnifique sur la baie. Toutes les chambres sont très propres, bien équipées et confortables, avec salle de bain privée, lit king size, air conditionné. Il y a une belle petite piscine et un bain bouillonnant très agréable que l'on apprécie après une journée bien remplie. On conseille vivement !

HOTEL PALM GARDEN €€

C/ Thomas de Berlanga s/n y Islas Plazas
✆ +593 98 554 9063
Comptez 69 US$ pour une chambre simple, 79 US$ pour une double, petit déjeuner inclus. Restaurant. Piscine.

Anciennement baptisé Palmeras, le Palm Garden est situé à 200 m du Malecón de Puerto Ayora. Il dispose de 30 chambres confortables et fonctionnelles, à la déco très simple, mais soignée (tons clairs, cadres aux murs, carrelage au sol), dans un petit édifice récent sans charme particulier. Le plus ? Une piscine et des chaises longues pour se détendre. Un restaurant-réfectoire sert, sous forme de buffet, une cuisine internationale correcte. Depuis qu'il a changé de propriétaire, les prix ont baissé et il est devenu un bon rapport qualité-prix pour l'île.

HOTEL PELICAN BAY INN €€

Avenida Floreana y Adolfo Hanny
✆ +593 98 532 8764
Comptez à partir de 100 US$ par nuit, pour une chambre double / matrimoniale. Petit déjeuner compris, WiFi, laverie.

L'hôtel Pelican Bay n'est pas le plus luxueux des hôtels mais c'est certainement l'un des mieux situés sur Puerto Ayora. Un peu à l'écart du bourdonnement urbain, l'hôtel dispose de chambres de qualité, sans fioriture au niveau de la décoration. L'air conditionné équipe toutes les chambres. La piscine (et l'orque dessiné qu'on peut y voir au fond de l'eau) est très agréable en fin de journée. L'accueil n'est pas des plus chaleureux et moins familial que dans beaucoup d'hôtels de l'archipel, mais cela reste une bonne adresse, pour des tarifs plutôt raisonnables.

JEAN'S HOME €€

Punta Estrada
✆ +593 999313812
www.jeans-home.com
Air conditionné, Wifi, cuisine partagée, télévision dans l'espace commun.

Il vous faudra prendre un petit *water-taxi* depuis le port de la ville afin d'arriver sur la Punta Estrada. C'est là que vous pourrez découvrir ce petit coin de paradis. Gundi vous accueillera et vous proposera l'une des six chambres (trois dans la maison principale et trois autres en bungalows). La maison est particulièrement bien soignée et dispose d'un charme non négligeable. La maîtresse des lieux ne manquera pas de vous renseigner sur l'ensemble des sorties possibles dans la ville. Une adresse simple mais de choix, à l'écart de l'agitation du port.

VILLA LAGUNA HOSTAL €€

Calle Moises Brito y Juan Montalvo
✆ +593 99 020 3927
www.galapagoshotelvillalaguna.com
A partir de 134 US$ la nuit pour une chambre simple, 174 US$ pour une chambre double, petit déjeuner et taxes inclus.

Ce charmant hôtel 4 étoiles est idéalement situé près de la lagune de Las Ninfas, dans un quartier à la fois central et tranquille de Puerto Ayora. Il offre des chambres confortables avec salle de bains privée, climatisation, télévision câblée, WiFi (pour les catégories standard, supérieure et de luxe) et une piscine avec petit jardin et terrasse. Un endroit parfait pour se reposer après des excursions journalières. Sur demande, possibilité d'organiser vos transferts depuis ou vers l'aéroport, et des excursions journalières sur les îles.

ANGERMEYER POINT €€€

✆ +593 96 989 1181
www.angermeyer-waterfront-inn.com
Compter autour de 200 US$ la double standard, petit déjeuner inclus. Transfert de et vers l'aéroport, restaurant et bar.

Ce très bel hôtel haut de gamme est géré par les Angermeyer, et bâti là où les célèbres frères allemands de cette même famille se sont installés avant la Seconde Guerre mondiale pour faire fortune. Les 16 chambres sont spacieuses, très lumineuses et toutes personnalisées (chacune porte le nom d'un oiseau de l'archipel). La déco est soignée et tout le confort est à la disposition du client qui apprécie la tranquillité du lieu. Très bon restaurant avec vue sur la mer où les non-résidents sont admis. Agréable jardin fleuri et bien entretenu.

GALAPAGOS SAFARI CAMP €€€

Finca Palo Santo, Salasaca ✆ +593 9 371 7552
www.galapagossafaricamp.com
« Classic Safari » 4 nuits/5 jours : 4 360 US$ par personne en double.

Au cœur de l'île, sur le modèle des plus beaux lodges africains, des tentes de safari luxueusement aménagées (tapis, lit douillet et mobilier stylé) et un lodge design superbement décoré de façon design-chic assurent un séjour inoubliable aux amateurs de calme et de grands espaces. Une piscine à débordement et toutes les merveilles naturelles de l'archipel sont à la disposition des invités. Les safaris incluent l'hébergement, les repas et de nombreuses excursions, c'est une alternative à la croisière en étant basé à terre. Une belle réussite !

ROYAL PALM HOTEL €€€

Km. 18 Via Puerto Ayora
✆ + 593 97 996 2801
www.royalpalmgalapagos.com
Compter à partir de 360 US$ pour une suite et de 470 US$ pour une villa.

Le Royal Palm Hotel est un îlot de tranquillité et de luxe installé sur une grande propriété entourée d'une végétation tropicale au cœur des Miconias Robinsoniana, ces arbustes envahissants dans le reste du monde, mais originaires de l'île. L'hôtel propose une vingtaine de chambres réparties dans des mini-villas et aménagées dans un style classique et douillet. Toute une gamme d'excursions à la journée est proposée sur Santa Cruz et les îles alentour, incluant de la plongée avec masque et tuba ou en bouteilles. Il abrite un bon restaurant et une belle piscine.

EL MUELLE DE DARWIN €€

calle Charles Darwin
✆ +593 98 092 5998
www.elmuelledelarwin.com
Ouvert tous les jours de 8h à minuit. Environ 20 US$ le plat et 10 US$ le cocktail.

Vous voici dans un beau restaurant, plutôt gastronomique, proposant une inventive cuisine équatorienne et un bar très bien achalandé, sans compter une vue dégagée sur la baie depuis la salle à l'étage. Dégustez-y la pêche du jour ou si vous êtes lassé du poisson, n'hésitez pas et commandez un superbe T-Bone cuit au gril à votre souhait. Le service est impeccable, les employés souriants et le goût est au rendez-vous. On peut aussi y venir pour le petit déjeuner ou simplement pour boire un verre au coucher du soleil. Ambiance détendue.

ISLA GRILL €€

Av. Charles Darwin y Charles Binfort – Pelican Bay
✆ +593 984627240
www.islagrillgalapagos.com
Compter autour de 30 US$ pour un repas. Ouvert du mardi au dimanche de midi à 22h.

Installé sur la terrasse du Angermayer waterfront Inn, de l'autre côté du port, le Isla Grill est une institution à Santa Cruz. Viande (steak) et poissons grillés, à la plancha, voici ce que l'on mange dans ce chaleureux restaurant. La vue sur le mouillage des bateaux locaux et sur le port de Santa Cruz est imprenable. A la carte également, des burgers, des pizzas et des salades, mais régalez-vous plutot avec les spécialités de la maison. Les cuissons sont parfaitement maîtrisées et le service chaleureux. Nous vous conseillons le homard : délicieux !

LEMON & COFFEE

Av. Charles Darwin y 12 de Febrero
✆ +593 98 927 9311
Bar-restaurant. Fermé le mercredi. Plats végétariens entre autres.

Un endroit populaire où siroter un cocktail dans une ambiance conviviale, assis sur un tabouret au bar. On peut également y déguster un succulent poulpe grillé par exemple. Ce lieu est autant apprécié des locaux que des touristes. On y écoute de la musique moderne et au fil de la soirée on se déhanche sur la piste au son des rythmes de la musique salsa. Chaque match de foot auquel participe l'équipe de l'Equateur est retransmis en direct, une bonne occasion de sympathiser avec les locaux. Les prix sont raisonnables et le personnel courtois.

THE ROCK

Islas Plaza y Av. Charles Darwin (à l'angle)
✆ +593 99 712 4934
www.therockgalapagos.com
Bar et restaurant. Happy hour à partir de 17h. Musique live.

On y vient pour prendre son petit déjeuner, boire un verre tout en consultant ses mails (connexion wifi), passer un bon moment entre amis après une journée d'excursion ou dîner. La carte est complète : pâtes, salades, sandwiches... et spécialités maison comme les quesadillas ou les wraps ou, plus local, le Pulpo the rock (du poulpe accompagné d'une tapenade aux olives). Alléchante sélection de cocktails, parmi lesquels l'Orgasmo Galapágos, The Rock Tropical Shake ou le Blue Boobies Margarita. Ne manquez pas l'happy hour, si vous arrivez à trouver une place.

EAGLERAY TOURS GALAPAGOS DIVING

Isla Plaza 065 and Thomas de Berlanga
✆ +593 99 159 9892
www.eagleraytours.com.ec/
225 US$ les 2 immersions avec matériel.

Un beau centre PADI qui fait aussi office d'agence pour les plongeurs qui souhaitent découvrir d'autres immersions que ce soit depuis la terre comme en croisière. Les moniteurs sont certifiés et très qualifiés, on se sent en confiance ici. Le matériel est récent et bien entretenu. Vous pouvez également compléter votre formation, vous êtes entre de bonnes mains. L'ambiance du centre est détendue et les sorties variées. Requins, raies et lions de mer au programme !

MACARRON SCUBADIVER

Avenida Charles Darwin
✆ +593 99 479 3364
macarronscubadiver.com.ec
Centre PADI. Ouvert de 7h à 21h. Tous les jours.

L'agence Macarron Scubadiver propose des sorties en mer pour plonger au large des îles. Les guides sont sérieux, calmes et rassurants en dehors comme dans l'eau. Avant toute plongée, le matériel est vérifié avec sérieux. Puis sous l'eau, grâce à l'expérience des guides, vous pourrez profiter pleinement des sites d'une richesse incroyable. Les sorties proposées sont : Mosquera, Pan de Azucar, Seymour Norte, Pinsón ou encore Beagle. Au menu : requins marteau, requins Galapagos, requins à pointe blanche, raies manta, tortues, barracudas, etc.

SCUBA IGUANA

Av. Charles Darwin
✆ +593 5 252 6497
www.scubaiguana.com
Centre PADI. Cours tous niveaux proposés. 2 immersions 270 US$ sur réservation.

Agence sérieuse de Puerto Ayora, qui possède deux bateaux et propose des excursions à la journée vers les plus beaux spots de plongées et des formules de plusieurs jours à travers les Galápagos. Pour les plus férus des fonds marins, des packages sont aussi proposés sur plusieurs jours avec des sorties à la journée. Les formations PADI sont assurées en espagnol ou en anglais par des moniteurs qualifiés. Avec Scuba Iguna, vous êtes sûr de ne pas en manquer une seule miette. Moins cher sur place, mais il n'y a pas toujours... de la place !

SANTA ROSA

Santa Rosa ne présente que peu d'intérêt en soi. C'est un petit village qui rassemble toutefois quelques villageois et permet de voir qu'on peut vivre normalement sur ces îles incroyables. L'intérêt majeur de ce village réside dans le fait qu'il s'agit d'un bon point de départ pour visiter trois sites touristiques de Santa Cruz réputés et souvent fréquentés par les circuits guidés à l'arrivée à l'aéroport : Los Gemelos, El Chato et le tunnel de lave souterrain. Si vous aimez les tortues des Galapagos, ne ratez pas la réserve El Chato, vous pourrez y voir et photographier de belles dames dans leur milieu naturel.

LOS GEMELOS

Sur la route menant à Baltra.
Ouvert tous les jours de 6h à 18h (site du parc national).

Ce sont deux cratères « jumeaux » formés lors d'éruptions volcaniques quand les volcans étaient encore en activité. Séparés aujourd'hui par la route, on s'y arrête lorsqu'on vient de l'aéroport et qu'on va à Puerto Ayora (ou l'inverse). On y aperçoit une espèce de forêt endémique de cette zone : escalesia. Les pinsons des Galápagos sont des habitués des lieux. On s'y baladera en compagnie d'un guide naturaliste local comme dans grand nombre de sites de l'archipel. La plupart des agences de Santa Cruz proposent une excursion au départ de puerto Ayora.

RESERVA EL CHATO ★

Prendre un bus jusqu'à Santa Rosa et de là, prendre un taxi ou marcher (5 km).
Ouvert du lundi au dimanche de 6h à 18h (site du parc national).

L'endroit, spécialement conçu pour les touristes (restaurant et bar attendent les visiteurs !) permet de voir des tortues, en liberté dans leur habitat naturel et il est très fréquenté. C'est une parfaite sortie pour débuter votre séjour en douceur. Vous pourrez y comprendre leur mode de vie et prendre des photos au plus près (toujours à plus de 2 m). Au même endroit, vous aurez aussi la possibilité de plonger dans des tunnels de lave aux dimensions impressionnantes. L'occasion de voir éventuellement quelques chauves-souris, endémiques des îles.

ITK
Equateur
Galapagos

ISLA BALTRA - SEYMOUR SUR

Baltra est une petite île de 27 km². Au nord de l'île Santa Cruz et au sud de l'île Seymour Norte, c'est la principale porte d'entrée de l'archipel. Dans le sud de l'île se trouve le plus important aéroport des Galápagos, l'aéroport Seymour, qui permet de rejoindre facilement l'île centrale de Santa Cruz voisine. Pour rejoindre Santa Cruz, il faut traverser le canal de Itabaca à l'aide de navettes fluviales qui font le trajet en permanence. Paradoxalement, c'est la seule île de l'archipel à ne pas faire partie du parc national des Galápagos. Les iguanes marins et terrestres y prolifèrent en toute liberté, ils y sont d'ailleurs protégés.

AEROPUERTO SEYMOUR - AEROPUERTO ECOLÓGICO

Aeropuerto Seymour de Baltra
✆ + 593 5 253 4004
www.ecogal.aero

Incroyable aéroport vert ayant obtenu la plus haute classification en ce qui concerne les constructions à vocation durable. Un prix remis en 2014 par l'organisme américain U.S. Green Building Council faisant de cet aéroport le seul au monde à avoir engagé un tel processus. Ici, tout est pensé dans une optique environnementale : des matériaux utilisés, aux lumières en passant par la consommation d'eau et la ventilation naturelle des lieux. Latam et Avianca desservent l'aéroport.

ISLA SEYMOUR NORTE

Petite île de 1,9 km², située au nord de l'île de Baltra. Elle porte le nom d'un noble britannique, Lord Hugh Seymour, officier de la Royal Navy. Cette île plate renferme une basse végétation (*túpida*). Cette petite île riche en faune est habitée par des fous à pattes bleues, des mouettes à queue fourchue, des otaries, des frégates et des colonies d'iguanes terrestres. Elle est d'ailleurs surnommée l'île aux oiseaux dans le sens où vous pourrez très facilement admirer près du sentier la nidification des fous à pattes bleues et des frégates. Le goitre rouge de ces dernières n'aura plus de secret pour vous non plus.

ISLA DAPHNE MAYOR - ISLA DAPHNE MENOR ★

Les visites de ces îlots sont limitées, les autorités préférant réserver cette zone à la recherche scientifique. C'est ici que les chercheurs Peter et Rosemary Grant ont pu étudier le pinson endémique de l'archipel. Leurs découvertes sont rapportées dans un livre *Le bec du pinson* de Jonathan Weiner qui a gagné le prix Pulitzer en 1995. Le titre fait référence aux observations de Darwin sur les becs des pinsons des Galápagos, qui ont contribué à forger sa théorie de l'évolution des espèces. L'étude des pinsons de cette île, a permis d'observer une évolution beaucoup plus rapide que celle imaginée par Darwin, presque en temps réel.

ISLA PLAZA SUR

0,13 km² (13 hectares). Altitude : 23 m. Elle a été nommée ainsi en l'honneur d'un ancien président équatorien, le General Leónidas Plaza. L'île est idéale pour une excursion d'une journée au départ de Santa Cruz puisqu'elle se trouve en face de sa côte est ; elle est d'ailleurs très visitée. Les iguanes terrestres et marins et les otaries y sont présents, mais on y voit beaucoup d'autres espèces d'oiseaux. Sa flore est aussi remarquable, on notera la présence d'arbres épineux, de cactus. En fonction de la saison, la couleur de la végétation change et passe du vert intense, pendant la saison des pluies, à l'orange en saison sèche.

ISLA SANTA FÉ - BARRINGTON

Contrairement à d'autres îles (ou îlots), Santa Fé, également nommée Barrington par certains cartographes, est relativement plate ; son point le plus haut s'élève à 260 m seulement. Elle fait 24 m² et possède une belle végétation formée de Palo Santo (celui dont le bois fait office d'encens) et du cactus géant Opuntia orné souvent de superbes fleurs d'un orange éclatant. Elle offre aussi de belles plages de sable blanc, peuplées d'otaries, de tortues marines, d'iguanes terrestres, du faucon et du moqueur des Galápagos. Au nord de l'île, une lagune invite au snorkeling. Elle se trouve à 2h30 de navigation de Santa Cruz et 3h de San Cristobal.

ISLA PINZÓN - DUNCAN

18 km². Altitude maximum : 458 m. L'île de Pinzón est parfois surnommée « île de Duncan », d'après le premier vicomte Adam Duncan. Pinzón est le foyer de tortues géantes (de l'espèce endémique *Chelonoidis nigra duncanensis*) et de lions de mer, entre autres. Un permis spécial est requis pour visiter l'île, qui marque le point central de l'archipel. Ce permis est en général remis uniquement aux scientifiques et aux chercheurs. Pour en faire la demande, il faut s'adresser à la station de recherche Darwin. Dans la zone humide, on notera la présence d'une espèce d'arbre : le *Scalesia*.

ISLA SANTIAGO - SAN SALVADOR - JAMES

L'île de Santiago est une île centrale de l'archipel, située entre Santa Cruz et Isabela, et c'est la quatrième île en termes de superficie (585 km²). Appelée aussi officiellement Isla San Salvador ou plus rarement James, elle est inhabitée, mais quelques brèves tentatives de colonisation au siècle dernier ont laissé sur l'île de nombreuses espèces animales domestiques, cause de la disparition de nombreuses espèces endémiques. Elle culmine à 900 m d'altitude et le courant froid de Humboldt longe sa côte ouest. C'est pourquoi les principales colonies de l'île sont celles des otaries à fourrure. De nombreux flamants roses se sont établis autour du lac Flamingo. L'île est couverte dans ses hauteurs d'une végétation abondante, ses côtes sont formées par les coulées de lave de ses deux volcans. La baie Sullivan, la plage Espumilla, Calate Bucanero et Puerto Egas sont les plus jolis coins de l'île. Des sessions de snorkeling y sont bien souvent proposées également. Nous vous recommandons pour cela le site Sombrero Chino (chapeau chinois) où l'on nage dans un étroit canal d'eaux peu profondes, nurserie de nombreuses espèces et lieu de vie d'une colonie de manchots des Galápagos. Des pingouins, des tortues marines, des lions de mer, ou des bancs de poissons multicolores pourraient bien venir nager avec vous.

BAHIA JAMES

Située à l'ouest de l'île, à l'opposé de la baie Sullivan, cette baie qui porte le nom du roi James d'Angleterre, est l'un des sites les plus visités de Santiago, anciennement nommée île James. Les grottes marines abritent une importante colonie d'otaries à fourrure. Un sentier mène à une ancienne mine de sel où l'on peut découvrir les vestiges des installations de la compagnie minière. Un autre chemin conduit au Pan de Azucar où se trouvent les sources d'eau douce. L'endroit est proposé par plusieurs agences de plongée pour la richesse de ses fonds.

BAHIA SULLIVAN

Sur la côte est de Santiago, cette baie est d'un grand intérêt géologique et vous en apprendra beaucoup sur la formation des Galapagos. Les formations volcaniques y sont étonnantes. Il y a peu de vie sauvage ici, mais l'étrange paysage, formé il y a seulement 150 ans vaut le détour à lui tout seul. Le sentier de randonnée traverse des champs de lave solidifiée qui donnent l'impression d'être à la surface de la lune. Il mène ensuite à l'intérieur des terres qui commencent à être colonisées par la nature vivante prenant petit à petit le dessus sur le minéral.

CALETA BUCANERO

En continuant l'exploration de Santiago en bateau vers le nord, on arrive à la crique des Boucaniers. Cette baie était appréciée des pirates, corsaires et boucaniers, car elle permettait un accès facile à l'eau douce, au bois et à la viande. (De tortue bien sûr...) Les boucaniers venaient s'y alimenter en eau douce comme en témoignent les amphores qu'on a retrouvées sur place. De cet endroit magique se dessinent de belles vues sur la côte accidentée dans les falaises desquelles nichent de nombreux oiseaux marins au-dessus d'une étonnante plage de sable rose foncé.

PLAYA ESPUMILLA

Au nord de la baie James, la plage Espumilla est l'une des plus belles de l'île. Elle est bordée de palétuviers où se réfugient de nombreux oiseaux, canards, échassiers et flamants roses. Cette plage est le lieu de vie de nombreux iguanes marins qui se dorent au soleil. Si vous mettez la tête sous l'eau, vous découvrirez un joli site de balade aquatique où l'on peut croiser requins, raies et poulpes. Un sentier permet l'accès à une colline, après une lagune d'un vert très vif. On peut y observer de nombreux pinsons, mais aussi les très colorés tyrans (passereaux).

PINNACLE ROCK - PLAYA DORADA ★★

Sur la péninsule ouest de l'île de Bartolomé, deux criques de sable blanc, cernées par une mer translucide, s'opposent. Elles sont reliées par un étroit chenal de terre au bout duquel, tel un phare dans la baie, trône un grand rocher pointu, le Pinnacle Rock. (Rocher pinacle) Une formation qui aurait en réalité, selon les dires des locaux, été formée suite à l'explosion d'une bombe lors d'essais effectués par les Américains pendant la Seconde Guerre mondiale.

ISLA BARTOLOMÉ ★★

Un sentier mène au sommet du volcan, où un mirador naturel offre un panorama incroyable sur les îles, d'ailleurs immortalisé sur carte postale et dans le film *Master and Commander*. Ses cratères gris naturels lui confèrent un charme particulier. Sa flore est composée de palétuviers rouges et de cactus. L'île de seulement 1 km² est peuplée par une colonie de manchots des Galapagos et des lézards des laves gris. Les bancs de requins qui patrouillent le long de ses plages peuvent refroidir les ardeurs des prétendants à la baignade. Mais de nombreuses agences proposent du snorkeling. Visite à combiner avec celle de la baie Sullivan de l'île Santiago.

ISLA RÁBIDA - JERVIS

Flamants roses, pinsons de Darwin, pélicans, canards et éperviers composent la faune volante de cette île de 4,9 km², et iguanes de mer se prélassent sur ses plages de sable rouge foncé dont la couleur provient du fer contenu dans la roche. En 1971, le service des parcs nationaux de l'Equateur est parvenu à éradiquer les chèvres de l'île. Cette espèce introduite par l'homme a dégradé l'environnement naturel et causé la disparition de certaines espèces natives comme le gecko, l'iguane terrestre. C'est un site de plongée réputé où l'on croise diverses espèces de requins, de grands raies Manta ainsi que, bien entendu, les lions de mer omniprésents.

GALÁPAGOS

Bartolomé, Galápagos.

GALÁPAGOS

PUERTO BAQUERIZO MORENO ★★

L'île de San Cristóbal est la 2e base navale de la marine équatorienne, et Puerto Baquerizo Moreno, la capitale, est le centre administratif des Galápagos ; le port s'abrite dans l'anse de Wreck Bay, (baie du naufrage). De nombreux habitants de Quito ou de Guayaquil ont fuit la ville et sont venus s'établir ici, au bout du monde, pour vivre en harmonie avec la nature, à un rythme insulaire. Les rues portent de jolis noms d'oiseaux des Galápagos et il fait bon vivre dans cette petite ville beaucoup moins fréquentée que puerto Ayora sur l'île de Santa Cruz, si ce n'est par les lions de mer qui peuplent son port ainsi que tous les pontons, étonnants et attachants voisins de touristes et habitants. C'est l'île idéale pour ceux qui découvrent les Galapagos pour la première fois.

Sports / Loisirs

La pratique de la plongée et de la pêche sportive se sont beaucoup développées ces dernières années. La balade aquatique (plongée en surface avec masque, tuba et palmes) se pratique facilement. Les vagues de San Cristóbal ont une belle réputation dans le monde du surf, et quelques avant-gardistes tentent de les apprivoiser. Les meilleurs spots sont (toute l'année) : Tongo et El Canon, mais aussi La Loberia et Punta Carola, pour les surfeurs expérimentés. Les plus férus pourront se rendre en bateau à Manglecito ou Punta Pitt, moyennant un coût élevé (de 200 à 300 US$ par jour).

Transports

- **Avion.** L'île abrite un aéroport et on peut la rejoindre depuis Quito ou Guayaquil. LATAM (au sein de l'hôtel Miconia - www.latamairlines.com) et Avianca (Tél. +504 25708222 - www.avianca.com) font une escale dans cette ville et de nouvelles compagnies devraient bientôt les rejoindre. C'est la deuxième porte d'entrée de l'archipel par voie aérienne et l'on s'acquittera du droit d'entrée au parc national des Galápagos (100 US$ payables en espèces uniquement). La compagnie Emetebe (Tél. +593 04 230 1277 - www.emetebe.com.ec) propose des vols inter-îles. Une fois sur place, il faut prendre un taxi jusqu'au centre-ville tout proche (comptez 5 minutes).
- **Taxi.** A l'intérieur de l'île, la course en taxi coûte minimum 1 US$.

CENTRO DE INTERPRETACIÓN ★★

Au nord de la ville, après la Playa Mann.

Ouvert tous les jours de 8h à 17h.

Ce lieu d'information sur les Galápagos a été financé par l'Espagne avec le soutien de la fondation Charles Darwin. Y sont présentées diverses informations sur l'histoire naturelle et l'origine des îles, la place de l'Homme depuis la découverte de l'archipel, une exposition sur la biodiversité de l'île et une salle de conservation dans laquelle sont exposés les grands enjeux du futur des Galápagos ainsi que les moyens mis en place pour la protection de l'archipel. Les trois bâtiments sont reliés par des passerelles et des sentiers. Visite très intéressante.

MIRADOR CERRO TIJERETAS ★

Au nord de Puerto Baquerizo Moreno. Entrée depuis le centre d'interprétation.

Circuit de 2,5 km environ, durée de la visite : 2h.

Un sentier monte sur une colline d'où l'on peut observer les deux espèces de frégates (*tijeretas*) des Galápagos, la frégate suprême et la frégate du Pacifique. Très belle vue panoramique sur la baie de Wreck au sud et le rocher du León Dormido à l'ouest. Il y est également possible de voir les baleines entre juin et octobre. Sur le troisième mirador, on pourra voir une grande statue de Darwin, flanquée d'une otarie. La plage au pied de la colline est l'endroit idéal pour se rafraîchir après la balade, les eaux y sont sûres et poissonneuses.

PLAYA LOBERÍA ★

Au sud de la ville.

La Playa Loberia (référence aux lions de mer, les « *lobos* ») est une plage à 2,5 km au sud-ouest de puerto Baqueriso Moreno. D'où que vous arriviez, vous devrez suivre un petit sentier qui passe entre les arbres et débouche sur une petite plage rocheuse. C'est l'endroit idéal pour observer les lions de mer dont on peut sentir l'odeur avant même de les voir tellement ils sont nombreux ici. C'est aussi un spot de surf réputé. La période pour s'adonner à ce sport s'étend de juin à novembre. Pour les surfeurs avertis, car les vagues peuvent atteindre 4 m.

PLAYA MANN

A 10 minutes du port.

Située tout près du port, il est facile de se rendre sur cette plage de sable blanc. Ses eaux claires en font un spot de balade aquatique très prisé. Le revers de la médaille est qu'elle est souvent pleine de monde. C'est d'ailleurs l'un des seuls lieux en dehors de la ville, où il soit possible d'acheter quelque chose à manger ou à boire. Bon à savoir pour les longues sorties. C'est un endroit parfait pour profiter d'un cadre idyllique à moindre coût, il n'est en effet pas nécessaire de prendre une excursion auprès d'un opérateur pour en profiter.

SHARKSKY

Avenida Charles Darwin

✆ +593 99 472 5272

sharksky.com

Tenue par Aline Louvet, une Française installée aux Galápagos depuis plusieurs années, l'agence SharkSky propose plusieurs tours et excursions sur les îles. Aline saura vous conseiller en fonction de vos envies de découvertes tout en respectant votre budget et en restant toujours très sympathique. Son agence est devenue une référence aux Galápagos, surtout pour les francophones ! Très engagés dans la protection de l'environnement unique dont dispose l'archipel, les tours se veulent plus respectueux de la nature. Le tout avec un professionnalisme sans faille !

PLAYA PUNTA CAROLA ★★

Au nord de la ville

Si vous souhaitez voir des tortues marines, des otaries qui nagent et des raies sans apprendre à plonger, voici l'endroit où aller sans hésiter. Pour la rejoindre depuis le centre ville, continuer la route après le Gran Hotel San Cristóbal et poursuivre sur un petit sentier de pierre jusqu'à la plage corallienne, bordée de pierres volcaniques. Comme presque partout à San Cristóbal, on peut y voir à terre, des colonies de lions de mer et de nombreux oiseaux, pélicans et frégates en particulier. Spot de surf réputé, la meilleure saison s'étend de janvier à mars.

CABAÑAS DON JORGE €

Au-dessus de Playa Mann

✆ +593 96 885 8670

Comptez environ 25-35 US$ par personne, selon la cabine.

Un peu à l'écart de la ville et tout près de la jolie Playa Mann, voici un ensemble de petites maisons rustiques toutes différentes dans un jardin tropical face à la mer, tenue par une famille locale. De la grande chambre à la véritable maisonnette équipée pour un groupe ou une famille (avec coin salon-cuisine et chambre), chacune offre un décor personnalisé et une salle de bains privée ; l'architecture respecte les aspérités du terrain. Des vélos sont à disposition des clients sur place. Un logement original pour un coût tres raisonnable.

GALÁPAGOS

© ALBERTO LOYO - SHUTTERSTOCK.COM

Playa Punta Carola.

CASA DE HUESPEDES PIMAMPIRO €

Avenida Quito y calle tulcan ✆ +593985216519
www.hotelcabañaspimampiro.com

Chambre double 60 US$, Triple 80 US$. Maison complète pour 8 à 10 personnes : 20 US$/pers. Hors petit déjeuner.

Les propriétaires des Cabañas éponymes, Alejandra et Fernando, vivent en face dans une grande maison et y louent un bel appartement pouvant accueillir jusqu'à 10 personnes. On peut également leur louer uniquement une chambre double, les prix varient juste en fonction du nombre de voyageurs. C'est une excellente solution pour se sentir un peu comme un habitant des Galápagos et sortir des sentiers touristiques classiques, d'autant plus de Fernando est de bon conseil.

LA CASA DE LAURA €

Callejon 2 y Av. Armada Nacional
✆ +593 98 771 4689
www.hostalcasadelaura.com

Comptez 25 US$ pour une chambre simple, 40 US$ pour une double et 50 US$ pour une triple (hors taxes). Sdb privées.

Située à 10 minutes à pied du port, cette pension compte 15 chambres confortables avec salle de bains privée et ventilateurs de plafond. Les logements sont articulés autour du beau jardin tropical et la tranquillité y est ainsi garantie. La gérante de l'endroit est une dame charmante qui sait rendre l'accueil très chaleureux et Jennifer, la jeune femme qui vous accueillera probablement, propose également des excursions de un à plusieurs jours autour de l'île. Le cadre est très soigné (jardin luxuriant, coin de vie commune, hamac, etc.), et très propre !

HOSTAL LEON DORMIDO €

Jose de Villamil y Malecon
✆ +593 5 252 0169

Comptez 40 US$ la chambre matrimoniale, 50 US$ la double, 60 US$ la triple, 80 US$ la quadruple.

Voici un bon pied-à-terre sur l'île pour ceux qui souhaitent rester un peu plus longtemps que la moyenne. Géré par la famille Sanchez, ce petit hôtel familial propose des chambres confortables et propres avec salle de bains privée et eau chaude, clim et télévision. Vous trouverez plusieurs restaurants dans les parages, et les pièces communes – notamment le patio intérieur où il fait bon se relaxer – sont agréables à vivre. N'hésitez pas à négocier le tarif si vous restez plus d'une semaine, le patron est très gentil et ne s'en offusquera pas.

CASA IGUANA MAR Y SOL €€

✆ +593 5 252 1788
www.casaiguanamarysol.com

De 135 US$ à 285 US$ la nuit en chambre double. 60 US$ par personne supp. Taxes non incluses. Petit déjeuner inclus.

La Casa Iguana est une belle maison de bois, composée de 4 suites et une chambre double indépendantes, très bien aménagées et toutes dotées d'une belle vue sur mer. Les suites sont très grandes et bien décorées, on s'y sent à l'aise, comme à la maison. Les hôtes Patricia et Luis sont d'une grande gentillesse et d'une grande aide quant à l'organisation de votre séjour sur les îles. Le matin, un délicieux petit déjeuner préparé par Luis est servi. On recommande vivement à ceux qui ont le budget, ce n'est pas une des solutions les moins chères de l'île.

CASABLANCA €€

Malecón, en face du quai touristique
✆ +593 5 252 0392

A partir d'environ 90 US$ la chambre double. Petit déjeuner compris. Climatisation et WiFi.

Difficile de louper cette grande bâtisse blanche sur le front de mer. Jacqui et ses trois filles vous y accueillent dans une ambiance très zen. La maison dispose de chambres au goût quelque peu original ornées de fresques, mais propres et confortables. On aime le balcon avec jolie vue sur l'eau, surtout en fin de journée ainsi que la chambre nuptiale sous la coupole, unique aux Galápagos. Au pied de l'hôtel, un bar-restaurant attire une large clientèle de touristes. Musique et cocktail à volonté, bonne ambiance. Bref, une adresse à retenir.

GRAND HOTEL PARAISO INSULAR €€

Av. Alsacio Northia y Esmeraldas
✆ +593 5 252 0091

Comptez de 50 à 110 US$ pour une chambre simple, et de 80 à 170 US$ pour une double. Restaurant sur place.

Ce grand hôtel moderne et bien équipé est situé à 5 minutes à pied du port, dans une rue très calme. C'est l'ancien Gran Hotel Mar Azul. Il offre une trentaine de chambres fonctionnelles de différentes catégories réparties dans deux édifices, propres et lumineuses mais dénuées de charme. Toutes sont équipées d'une salle de bains privée. Les meilleures sont celles du 2e étage avec vue sur l'océan (les plus chères) ! Très grande terrasse où l'on peut se reposer.

HÔTEL CABANAS PIMAMPIRO €€

Calle Quito y Tulcan ✆ +593985216519
www.hotelcabañaspimampiro.com
Chambre single 47 US$, double 85 US$, triple 108 US$, avec petit déjeuner, hors taxes locales.

Un peu à l'écart du centre, à 15 minutes à pied du port, cette charmante maison d'hôte vous accueille dans de belles et grandes chambres/appartements réparties dans 4 petits bâtiments discrets autour d'une jolie piscine. L'accueil est personnalisé par les propriétaires, Alejandra et Fernando, respectivement chilienne et équatorien. Chaque logement dispose d'une petite ou d'une grande cuisine et de grands ventilateurs de plafond efficaces. Les petits déjeuners sont pris dans une salle commune, très copieux et à volonté. Une bonne adresse.

MICONIA €€

Av. Charles Darwin
✆ +593 5 252 0608
hotelmiconia.com/hotel-miconia/
A partir de 95 US$ la nuit. Junior suite à partir de 220 US$. Petit déjeuner inclus, WiFi, piscine et bain bouillonnant.

Le meilleur hôtel de l'île propose un ensemble de suites et bungalows joliment décorés et confortablement équipés. Avec murs blancs et meubles en rotin, les bungalows sont particulièrement agreables et suffisamment grands pour accueillir une famille. Le Miconia offre par ailleurs les services d'un hôtel haut de gamme avec piscine (très petite !), salle de fitness, bain a bulles ainsi qu'un bon bar restaurant (poisson, pâtes, pizzas, etc.). Nombreuses possibilités d'excursions. Les propriétaires ont ouvert un nouvel hôtel, le Seaside Inn, plus cher.

GOLDEN BAY HOTEL & SPA €€€

Calle Charles Darwin ✆ +593 52520069
www.goldenbay.com.ec
Restaurant, bar et snack bar. Tours proposés. Wifi. Chambres à partir de 280 US$.

Certainement un des plus beaux hôtels de l'île, voire de l'archipel. L'hôtel Golden Bay propose une qualité de service vraiment impressionnante et appréciable au milieu de ce paradis. Le luxe est partout. Autant dans les chambres et le confort proposé que dans le service attentionné du début à la fin. La terrasse supérieure propose une vue incroyablement belle. Situé directement sur la playa de Oro où se prélassent les lions de mer. Parfait pour le coucher de soleil, en sirotant un cocktail au bar. Nous n'oublions pas la piscine, parfaite elle aussi.

MIDORI SUSHI €€

española y darwin
✆ +593 99 185 4942
www.midorigalapagos.com
Environ 10 US$ par personne le repas hors boissons.

Vous aimez les Sushis ? vous allez adorer Midori Sushi. Ici, le poisson est frais et il est pêché dans les eaux des Galápagos ! Le thon est exceptionnellement fondant, et son Tataki aux graines de sésame très réussi. Si vous souhaitez varier les plaisirs, vous vous laisserez peut-être tenter par un ceviche, n'hésitez-pas, ils sont tous au niveau. La variété de rolls est impressionnante et le chef étant inventif, on peut revenir sans se lasser dans ce charmant restaurant, de première ligne où nombre de locaux ont leurs habitudes d'ailleurs !

PATIO DE COMIDA DE PLAYA MANN €€

Playa Mann
De 5 US$ à 10 US$ le repas de midi complet.

Si vous cherchez où déjeuner dans un cadre naturel à San Cristóbal, vous pourrez venir ici déguster toutes sortes de plats locaux, soupes, *encocados*, poissons sous toutes leurs formes, mais aussi quelques plats bien typiques des Galápagos comme par exemple *l'encocado de langosta*, une délicieuse langouste à la sauce noix de coco à se damner ! L'ambiance générale est très sympathique et on croise de nombreux locaux qui viennent se détendre ici à l'heure de la pause déjeuner.

EL BARQUERO

Ignacio Hernandez y Manuel J. Cobos
✆ +593 99 086 4915
2 cocktails pour 12 US$.

El Barquero, ouvert il y a 20 ans, a été le premier bar de l'île de San Cristóbal. L'établissement est devenu un très agréable lieu de divertissement. On s'y retrouve autour de bons cocktails pour écouter la musique variée et parfois live. Toutes les célébrités qui viennent à San Cristóbal passent par ici et laissent leur empreinte au sein d'une vaste collection de photographies. L'ambiance est sympathique et cosmopolite, favorable aux rencontres entre les habitants et les touristes, car tout le monde passe par El Barquero en fin de soirée.

WRECK BAY DIVING

Av. Charles Darwin y Teodoro Wolf
✆ +593 5 252 1663
www.wreckbay.com/
A partir de 175 US$ les deux immersions aux Leon Dormido par exemple. Matériel fourni.

Pour vos plongées autour de San Cristóbal, nous vous recommandons ce centre de plongée bien équipé et situé en plein centre du village. David vous y reçoit avec le sourire et vous aide à organiser vos journées en fonction de la météo et des immersions programmées. Le matériel Scubapro est récent et très bien entretenu. Les guides sont en général également moniteurs de plongée ou au moins divemaster. Ils connaissent les sites comme leur poche et sont toujours prêts à vous donner un coup de main en cas de besoin. Ils s'occupent des images, ouvrez les yeux !

EL PROGRESO ★

Ce petit village à l'intérieur des terres abritait une hacienda de 3 000 ha et une raffinerie sucrière dont le produit était vendu à Guayaquil, fondées en 1888 par Manuel Cobos, un homme cruel et despotique. Il fut assassiné par ses esclaves en 1904. Le village renferme des vestiges de maisons anciennes et la zone possède des plantations de café cultivées en agriculture biologique. El Progreso fut le premier village des Galapagos et a gardé un caractère nonchalant typique des villages de l'intérieur des îles. Il fait frais et le brouillard y est très présent de mai à novembre mais chaud et pluvieux le reste de l'année. Un village qui mérite le détour.

PLAYA OCHOA ★★

Cette plage située sur la côte nord-ouest de l'île, composée de corail blanc et longue de 160 m de long, est réputée pour ses fonds marins très riches. On y accède exclusivement à l'occasion d'excursions organisées à l'île Lobos. Equipé d'un masque et d'un tuba, vous découvrirez une multitude de poissons dans quelques centimètres d'eau cristalline. On trouve ici un grand nombre de *Matazarnos*, les arbres endémiques dont le bois très dur servait à la construction des premières grues de chargement des navires. Pour l'histoire, c'est l'une des plages où Darwin est passé en septembre 1835. En effet, c'est sur San Cristóbal qu'il débarqua en premier lieu.

LA CASA DEL CEIBO

Isla San Cristóbal- Puerto Baquerizo
Visite : 1,50 US$. Nuitée : 25 US$ par personne. Ouvert de 9h à 12h30 et de 13h30 à 17h30.

La curiosité principale est une hutte construite dans un arbre à quelque 20 m de haut que l'on atteint par un pont suspendu. Cet arbre (Ceibo) a la réputation d'être le plus vieux de l'île, il doit avoir environ 300 ans ! Vous pourrez la louer pour quelques jours si vous voulez jouer les Tarzan modernes. Elle est parfaitement équipée : cuisine, salle de bains, télévision. On peut se contenter de la visiter. On trouve également une chambre souterraine originale et un bar/restaurant sur place. Voilà une expérience bien originale pour l'archipel !

© SUNSINGER - SHUTTERSTOCK.COM

El Junco.

EL JUNCO ★

A 19 km de Puerto Baquerizo Moreno, sur les hauteurs, à 2 heures de marche après El Progreso, vous découvrirez cette lagune d'eau douce de 273 m de diamètre et d'une profondeur de 6 m, nichée dans le cratère d'un volcan inactif, à 650 m d'altitude. Son nom provient du nom de la Sauge (Junco) très présente ici. C'est la source d'alimentation en eau douce de l'île (la seule réserve de l'archipel). On peut faire le tour du cratère à pied en 30 minutes environ, et y observer des frégates et de nombreuses autres espèces d'oiseaux qui nidifient sur ses rives (pinsons, canards…). On y jouit de plus d'une belle vue sur l'océan et les autres îlots alentour.

PUNTA PITT ★★

Cette pointe rocheuse se trouve à l'extrême Nord-Est de l'île. Bienvenue dans l'antre des lions de mer aussi appelés otaries ! Il est recommandé de ne pas déranger ces dames qui se dorent au soleil avec leurs petits, elles sont ici chez elles ! Un petit sentier s'éloingne de la plage et du bruit de la mer pour mener à la falaise, haut lieu de la reproduction des fous. On y trouve de nombreux fous à pattes bleues mais aussi à pattes rouges ainsi que des fous de Nazca. C'est d'ailleurs l'un des seuls endroits où l'on puisse voir ces trois espèces de fous nichant côte à côte C'est aussi un spot de surf de plus en plus réputé, réservé aux plus aguerris.

PLAYA PUERTO CHINO ★★

A 45 minutes de Puerto Baquerizo Moreno, sur la côte sud de l'île. C'est une très belle plage de sable blanc. On y accède en longeant un sentier pendant 10-15 minutes. Parfait pour se relaxer, se baigner et faire bronzette. On peut y observer des oiseaux typiques dont l'emblématique Fou au pieds bleus qui s'y reproduit. Son sable blanc comme neige et son eau turquoise font de Puerto Chino un endroit idéal pour profiter des couleurs et des sons du Pacifique. Si vous avez emporté palmes, masque et tuba vous pourrez peut-être voir des tortues vertes ou des raies pastenagues, visiteurs réguliers de l'endroit. Les lions de mer seront là, c'est sûr !

ISLA LOBOS ★★

Pour se rendre sur cette île, située au large de la côte ouest de San Cristobal et habitée par une grande colonie d'otaries (*lobos de mar* en espagnol) et de nombreux fous à pattes bleues qui viennent ici élever leurs poussins, il vous faudra louer les services d'une agence locale. Compter 1h de bateau environ. Divers sentiers sillonnent l'île pour le plus grand bonheur des randonneurs. De retour à la plage la baignade et la balade aquatique sont fabuleuses. Le canal entre San Cristobal et Isla Lobos est abrité et l'eau y est cristalline. A signaler de beaux paysages et une lumière exceptionnelle en fin de journée. N'oubliez pas votre appareil photo.

OTOY RESTAURANT €€

Cerro Verde
✆ +593 53010058
Ferme organique. Plats végétariens. Comptez 15 US$.

Un lieu unique vous attend ici, près de la superbe plage de Puerto Chino, seule occasion de se restaurer en dehors du village. Au milieu d'une ferme organique de plus de 30 ans, un restaurant proposant une cuisine fraîche et des produits sains. Pendant qu'on préparera vos plats, vous pourrez visiter la ferme, guidé par la passion des maîtres des lieux. De retour à votre table, vous pourrez déguster une cuisine extrêmement nourrissante et attachante. On y sert beaucoup de plats de la mer, délicieusement préparés. Un lieu à visiter encore et encore.

ROCA LEÓN DORMIDO - KICKER'S ROCK ★★

On aperçoit cet îlot depuis la partie haute de San Cristobal, au large de Puerto Grande, côte ouest de San Cristobal. Il est composé de deux gros rochers, dont l'un a une forme d'obélisque, entre lesquels il y a un canal. La formation rocheuse rappelle aussi la silhouette d'un lion de mer, d'où son nom. On ne l'atteint qu'en barque. Elle abrite d'impressionnantes colonies de fous à pattes noires et d'albatros. C'est un spot de plongée incontournable. On peut y nager au milieu d'une multitude de poissons multicolores, de tortues marines, d'otaries, de requins (des Galápagos et marteau, notamment), de raies manta...et parfois de dauphins !

PUERTO VILLAMIL ★★★

Paisible village de pêcheurs fondé à la fin du XIXe siècle, Puerto Villamil est le seul coin habité de l'île Isabela, c'est donc son centre administratif. Le tourisme s'y développe, mais Puerto Villamil présente encore aujourd'hui le visage d'une bourgade typique préservée. Sa plage principale est longue avec du sable blanc et des eaux très claires. On s'y déplace à pied ou à vélo, point n'est besoin de voiture, les distances sont courtes. Il est possible de louer des vélos pour la journée ou toute la durée de votre séjour. Puerto Villamil est le point de chute idéal aux Galapagos pour ceux qui aiment être indépendants et prendre leur temps.

CENTRO DE CRIANZA ARNALDO TUPIZA

A 1,5 km de Puerto Villamil.
Visite gratuite de 8h à 17h.

Isabela est le seul site au monde où sont recensées 5 espèces différentes de tortues géantes. Dans cet élevage, on peut observer des tortues de tout âge, le centre ayant pour objectif la protection de ces reptiles en voie de disparition. Une vocation mise à mal en 2018 lorsque 123 bébés tortues ont été dérobés dans le centre sans jamais être retrouvés. A noter qu'en mars 2021, 185 bébés tortues ont été saisis à l'aéroport de Santa Cruz dans une valise à destination de Guayaquil...

BAHIA ELIZABETH

Côte ouest d'Isabela.

On atteint la baie d'Elizabeth en bateau, mais les débarquements y sont interdits. Ce sont sur les îlots que vivent les manchots des Galápagos. Cette baie est un véritable refuge pour les animaux, terrestres ou sous-marins. D'un côté la mangrove, et de l'autre les nombreux récifs, sont autant de cachettes propices à la reproduction. Les oiseaux y sont omniprésents, en particulier les fameux cormorans aptères qui ne peuvent plus voler. La faune sous-marine y est abondante : tortues marines, raies et requins. Excursion à organiser via une agence locale.

LAS TINTORERAS

Au large de la côte sud d'Isabela.

A une courte distance de Puerto Villamil, accessible en Kayak par exemple, se trouve cet îlot appelé ainsi à cause des requins des Galápagos à queue banche qui vivent dans ses eaux et qu'on appelle ici les Tintoreras. L'eau y est si claire, qu'on a parfois l'impression que les requins qui passent sous nos yeux sont en train de voler plutôt que de nager ! On y aperçoit également des manchots, des Iguanes marins et bien sûr, les omniprésents lions de mer. Il est possible de s'y rendre en bateau et d'y faire de la plongée sous-marine (zone délimitée).

CALETA TAGUS

Sur la côte nord-ouest d'Isabela.

Un lieu mythique des Galápagos. Les pirates se réfugiaient dans cette crique qui représentait un abri idéal après leurs méfaits. Ils y ont laissé de nombreuses inscriptions sur les rochers, peut-être y découvrirez-vous un trésor… La lagune d'eau salée, entourée de végétation verdoyante, et l'ascension vers l'arête du volcan Darwin, d'où l'on observe une immense étendue de lave noire, sont des spectacles à ne pas manquer. La faune locale y est intéressante : tortues géantes, iguanes terrestres, pinsons de Darwin, pélicans et fous. On y accède en bateau.

LOS TÚNELES

Pour une journée d'excursion en bateau dans les alentours de Isabela, vers Los Tuneles par exemple, comptez environ 100 US$ par personne (transport et guide inclus). Le coin est magnifique et les animaux nombreux ; avec de la chance, vous apercevrez même des raies mantas ! Attention par ailleurs à emprunter des bateaux qui ont bien obtenu les autorisations d'entrée sur les sites protégés du parc. Si beaucoup d'agences travaillent avec ces bateaux, toutes ne le font pas, faites bien attention, au risque de ne pas voir ce qu'il y a de plus intéressant.

MIRADOR DEL MANGO

Au nord de Puerto Villamil.

Ce mirador est situé à 9km de Puerto Villamil. Il tient son nom des manguiers présents su le site depuis des centaines d'années. Pour y accéder depuis Puerto Villamil, vous traverserez une zone de végétation aride et une zone de transition. Le site fut aussi le siège de la carrière d'où les premiers habitants ont extrait les matériaux nécessaires pour construire toutes les routes de l'île. Du haut de la colline, si le ciel est suffisamment dégagé, on peut avoir une superbe vue du sud de l'île, apercevoir ses îlots et même voir Floreana et Santa Cruz.

PLAYA DEL AMOR

Au sud de l'île, 3 km à l'ouest de Puerto Villamil.

3 km à l'ouest de Puerto Villamil.

Un bien joli nom pour cette petite plage de sable blanc et aux eaux cristallines. Elle borde une lagune peu profonde. Lieu propice au farniente et au snorkeling pour les humains, c'est un haut lieu de reproduction des iguanes marins, raison pour laquelle elle porte ce nom. Les iguanes aiment en effet s'y reposer de longues heures au soleil, se remettant peut-être de leurs ébats amoureux ? La playa del Amor est une des préférées des habitants d'Isabela, idéale pour se mêler à la population et faire des rencontres authentiques. On y revient.

MURO DE LAS LÁGRIMAS

A une dizaine de kilomètres à l'ouest de Puerto Villamil.

Le mur des larmes est situé à 6 km de Puerto Villamil et un agréable sentier, riche en histoire y mène depuis le centre. Entre 1946 et 1959, il existait sur l'île une colonie pénitentiaire. Comme punition, les prisonniers devaient construire un mur de pierres volcaniques, de 100 m de long et 7 m de haut qui est devenu une attraction touristique de l'île. En grimpant quelques marches, vous aurez une vue panoramique du mur des Larmes. La légende veut qu'en écoutant le mur des larmes, on entende les gémissements des prisonniers qui l'ont construit.

POZA DE LAS DIABLAS

Après le sentier reliant Puerto Villamil et le Mur des larmes.

Ces petites étendues d'eau salée se sont formées suite à l'effondrement de la lave sur les zones côtières, qui a permis l'arrivée d'eau de mer à l'intérieur des terres ainsi que la formation de bancs de sable qui servent aujourd'hui de barrière entre l'océan et les lagunes. Les palétuviers se sont alliés à diverses espèces de plantes herbacées pour stabiliser le substrat et conserver ces retenues d'eau. C'est l'un des principaux sites d'observation et de reproduction des flamants roses. Un sentier contourne cette lagune où ils vivent tranquillement.

PERLA CONCHA

Accès libre.

A distance de marche de Puerto Villamil, en suivant la route principale en direction de l'Est, après un petit ponton en bois, vous arrivez dans une petite crique où il est possible, et même recommandé, de faire du snorkeling. Tout dépendra de la chance que vous aurez, mais de nombreux lions de mer et iguanes marins sont souvent là pour nager. Une multitude de poissons est également présente à une faible profondeur. Certainement l'un des sites de snorkeling les plus facilement accessibles depuis la ville, où que ce soit dans l'archipel.

PUNTA MORENO

Côte ouest d'Isabela.

Au sud de la baie Elizabeth se trouve Punta Moreno ; des cuves naturelles sont creusées dans la lave et abritent flamants roses, canards Bahamas, hérons bleus et pélicans. Le plus simple est d'y aller en bateau, mais il est aussi possible d'y accéder en passant par les terres. Elle est l'aboutissement sur la mer d'un immense champ de lave qui provient du lointain volcan Cerra Azul. C'est une excursion très appréciée, car elle combine la découverte d'espèces côtières avec une belle randonnée au milieu d'incroyables paysages d'un autre monde.

PAHOEHOE GALAPAGOS TOURS

Ave. Antonio Gil s/n y Escalesias St
✆ +593 99 722 0874
https://pahoehoegalapagos.com/
Los Tuneles 145 US$ par personne, Volcan Sierra Negra 60 US$ par personne, Tintoreras 60 US$ par personne.

Que vous souhaitiez découvrir le site de Los Tuneles, celui de la Tintorera ou aller vous balader sur les pentes du volcan Sierra Negra, vous trouverez les meilleurs spécialistes dans cette petite agence bien locale, mais qui a tout compris aux besoins de visiteurs. Accueil charmant, matériel (snorkeling par exemple) en très bon état, et surtout un état d'esprit proche de la nature qui incite le visiteur à respecter le milieu. Il est à noter que l'agence ayant ses propres bateaux, elle peut organiser les tours sur mesure à la demande également. Très recommandée !

GALAPAGOS BIKE & SURF

Escalecias y Tero Real
✆ +593 5 2529 509
www.galapagosbikeandsurf.com
Location de vélos, de planches de surf et cours de surf. Vélo : 15 US$ par jour, VTT : 20 US$ par jour.

Emilie, qui parle français car elle est canadienne, et Junior, professeur de surf équatorien, vous recevront avec sympathie dans ce centre/école où vous pourrez prendre des cours de surf, mais également louer votre surf si vous êtes autonome. Le centre propose également de la location de vélos, en très bon état et tous équipés de protections internes anti-crevaison pour les pneus, ce qui justifie le tarif légèrement plus élevé que chez d'autres loueurs de bicyclettes de l'île. Des paddle boards sont également disponibles à la location pour les amateurs.

HOSTAL VILLAMIL €

16 de Marzo
✆ +593 98 981 8898
www.gruposanvicentegalapagos.com
Chambre double autour de 40 US$.

A 5 minutes de la plage principale. Dans une maison habitée par toute une famille locale, vous trouverez 5 chambres, petites mais très bien tenues. Carrelées, avec salle de bains, télévision et ventilateur. La maison étant bien conçue, l'air conditionné n'est pas indispensable, même si les nuits sont parfois un peu chaudes. On s'y sent comme à la maison, le couple qui gère les lieux est très gentil. Si vous souhaitez un ou plusieurs repas sur place, il suffit de le demander la veille et la famille se chargera de vous préparer de bons petits plats.

LA JUNGLA €

Dernier hôtel sur la plage
✆ +593 99 670 6678
Chambre double économique à partir d'environ 50 US$. Climatisation et Wifi.

Bienvenue dans la jungle ! La Jungla est une très belle adresse. Depuis une dizaine d'années, ses propriétaires tiennent ce bel hôtel pour le plus grand bonheur des touristes. La Jungla est le dernier hôtel de ceux situés le long de la plage. On compte 10 chambres, toutes bien équipées, simples, mais propres. 8 d'entre elles sont équipées de l'air conditionné. Toutes ont l'eau chaude et toutes portent le nom d'une plante des Galápagos ! Depuis les chambres, la vue sur mer est superbe. Le simple fait de se réveiller là est un vrai luxe.

LAS GARDENIAS €

Tero Real y Escalecias
✆ +593 96 013 8828
https://lasgardeniasgalapagos.com
Comptez 15 US$ pour une chambre simple, et 30 US$ pour une double, petit déjeuner inclus.

Dans une petite rue calme, à l'écart des bruits de la nuit, cette agréable pension de famille offre 7 chambres équipées de salle de bains privée avec eau chaude, une salle commune avec télévision et une cuisine où l'on pourra préparer ses repas. Les chambres sont très propres et l'attention particulièrement discrète et douce. On est ici un peu en famille et on s'y sent bien. Si vous souhaitez découvrir les secrets méconnus de l'île, n'hésitez pas à poser des questions, les propriétaires sont une mine d'or. Une bonne adresse familiale et sans prétention.

LA CASA DE MARITA €€

Entre l'embarcadère et le centre de Puerto Villamil
✆ +593 5 252 9301
www.galapagosisabela.com
Comptez 60 US$ par personne, petit déjeuner inclus. Restaurant ouvert à tous. Clim, WiFi, bibliothèque et laverie.

Bordé de palmiers, la casa de Marita est un petit hôtel-boutique qui donne sur la mer et propose 12 chambres (et 7 suites) lumineuses, fraîches et colorées, à la décoration moderne personnalisée. Une belle terrasse commune avec hamacs, salon, bain à bulles, bar et restaurant. Joyeuse ambiance familiale orchestrée par Marita, toujours active. L'hôtel organise excursions et randonnées à cheval. Un lieu vraiment charmant où l'on se verrait bien rester plusieurs nuits. Voire plus ! C'est sans conteste un des meilleurs choix d'Isabela pour ceux qui ont le budget.

HOTEL SAN VICENTE €€

Cormorant y Scalecias
✆ +593 99 137 2405
hotelsanvicentegalapagos.com/
Chambre standard double à partir de 65 US$. Petit déjeuner compris.

Gérée par l'une des premières familles installées sur l'île, cette propriété toute blanche dotée d'une agréable cour dispose de chambres confortables à la déco un brin kitsch avec salle de bains, télévision câblée, air conditionné et mini bar dans chaque chambre. Les chambres sont grandes. L'hôtel gère sa propre agence de voyages, proposant des excursions sur l'île et dans l'archipel. Location de matériel de snorkeling, de vélo, de kayak... Le personnel est sympathique et compétent, demandez conseil pour vos sorties en solo. Attire surtout les groupes.

THE WOODEN HOUSE LODGE €€

Avenida Conocarpus
✆ +593 99 414 6421
thewoodenhouselodge.com
A partir de 105 US$. Petit déjeuner compris.

« La maison en bois » est un hôtel très agréable situé à 2 minutes seulement de l'embarcadère et à 5-10 minutes du village Puerto Vallamil. L'hôtel situé sur le bord de la route à quelques mètres des plus belles plages de l'île vous accueille toute l'année. Au total, 12 chambres et une capacité d'accueil de 35 personnes. Les chambres sont confortables, propres et dotées de l'air conditionné, de salle de bain privée avec eau chaude. En saison, on peut également profiter de la modeste piscine et du bar. Personnel sympathique parlant l'anglais et le français !

HOTEL ALBEMARLE €€

Sur la plage de Puerto Villamil
✆ +593 99 555 3718
www.hotelalbemarle.com
Comptez de 180 à 260 US$ pour une chambre double, selon la vue sur mer ou piscine. Petit déjeuner inclus. Wifi.

© DARWOLF

Une adresse de charme blottie dans une jolie villa blanche qui borde la plage. Les 16 chambres élégantes de style classique ont, pour la plupart, une porte vitrée s'ouvrant sur un balcon avec vue sur l'océan. Salles de bains luxueuses. Air conditionné bien qu'il ne soit pas nécessaire avec l'air marin. Les chambres les moins chères ont vue sur le jardin et sont aussi confortables que les autres qui sont plus chères pour la vue, il est vrai, imprenable. Jolie petite piscine. Le service est vraiment excellent et attentif à vos moindres demandes.

IGUANA CROSSING €€€

Av. Antonio Gil
✆ +593 5 252 9485
www.iguanacrossing.com.ec
Comptez de 280 à plus de 500 US$, hors taxes, petit déjeuner inclus. Piscine, bain bouillonnant, restaurant.

Cet imposant boutique-hôtel est le plus cher et le plus récent de l'île. Bâti en retrait du centre de Puerto Villamil, sur la plage, il offre un confort dernier cri. L'ensemble est très luxueux, décoré dans des tons clairs et un style moderne-chic épuré. Chambres douillettes à la déco épurée, avec vue sur l'océan ou la lagune. Tout le confort est au rendez-vous pour un établissement de ce type. Très belle piscine et restaurant chic. Si vous préparez un séjour très haut de gamme aux Galápagos, cet hôtel est le bon choix à Isabela.

ISAMAR HOTEL €€€

Av. Conoparcus
✆ +593 98 767 4608
isamarhotelgalapagos.com/
A partir d'environ 150 US$ la chambre double. Petit déjeuner compris. WiFi, service de laverie, restaurant.

Cet hôtel joliment aménagé propose quelques chambres à la déco soignée installées face à la mer (lits king size, mobilier raffiné, terrasse en bois, etc.). Si possible, demandez celle avec vue sur la mer, sinon vous vous consolerez depuis la terrasse. Les chambres sont très grandes, disposent d'un coffre-fort et bien sûr de l'air conditionné. La plage devant l'établissement est superbe, et dispose d'une extrémité protégée des vagues par une grande digue. Accueil et service aux petits soins. Une adresse de charme à taille humaine... les pieds dans l'eau !

THE ISABELA BEACH HOUSE €€€

Conocarpus S/N ✆ +593 5 252 9303
theisabelabeachhouse.com

A partir de 150 US$ la chambre double vue jardin et de 180 US$ la double vue mer. Petit déjeuner inclus.

Les pieds dans le sable, au bord d'une belle plage, voici un des endroits les plus charmants de l'île pour un petit séjour en amoureux par exemple. Jaci, qui parle français et Ramon, un Equatorien inventif, vous reçoivent dans ce joli petit bâtiment, à 20 mètres de chez eux. Les chambres sont superbes et la mer est quelques mètres, laissant entendre son chant jusqu'à votre lit. Le petit déjeuner est servi les pieds dans le sable, à l'heure qui vous conviendra le mieux. Vous êtes en vacances et vos hôtes, prévenants, respectent votre rythme avec délicatesse.

BOOBY TRAP €€

Antonio Gil
✆ +593 5 252 9500

Midi et soir. A partir de 15-20 US$.

Une adresse appréciée où il vous est conseillé de réserver car c'est très souvent complet. Parmi les spécialités de l'établissement : un délicieux pavé de thon au risotto (riz ou quinoa) et le succulent *brownie con helado*. La maison est séparée en deux étages. Un lieu très favorable à la détente ! Depuis quelques années, le premier étage accueille un bar très fréquenté le soir au moment du coucher du soleil. On s'y retrouve pour boire un bon cocktail et échanger sur les découvertes de chacun. Un bon moyen de trouver de bons et récents tuyaux pour le lendemain !

IGUANA CROSSING €€€

Av. Antonio Gil
✆ +593 5 252 9485
www.iguanacrossing.com.ec

A la carte, à partir de 20/25 US$.

Le restaurant de ce superbe hôtel de luxe sert, dans un cadre à la fois splendide et reposant, de bons plats modernes à base de produits de la mer. Délicieux ceviche et thon parfaitement cuisiné. On peut également y déguster de très bons *sancochos del mar* (plats typiques équatoriens à base de poisson et de yucca). A noter un gril taillé dans la lave pour donner un côté authentique aux délicieuses grillades qui y sont préparées et accompagnées de légumes bio provenant de l'hacienda. Le service est à la hauteur du cadre, parfait. Idéal pour un dîner romantique.

BAR DE BETO

Sur la plage de Puerto Villamil
✆ +593 05 252 9015

Bar-restaurant et hôtel. Ouvert tous les jours en haute saison, du milieu de l'après-midi jusque tard dans la nuit.

Sur le bord de plage, ce resto-bar-discothèque en plein air (et hôtel) est très sympa. Les pieds dans le sable, assis autour d'une barrique faisant office de table, vous vous délecterez d'un bon cocktail maison en profitant de la bonne musique. L'atmosphère est détendue et les gens s'y retrouvent pour écouter de la musique live toutes les fins de semaine. Le patron est très chaleureux et la barmaid au top. (On la surnomme *la Gata*) On peut aussi y déguster de bons plats de lasagnes veggie, de poulet et de crevettes. Happy hour en fin de journée.

IGUANA POINT

Au bout de la jetée, sur la plage de Puerto Villamil
✆ +593 98 931 2034

Bar de plage. Coucher de soleil. Repas de midi à 6 US$.

Depuis 2009 ce bar fait fureur sur Isabela. Noralma et Ché vous y accueille le midi pour déjeuner et le soir pour boire un verre et faire la fête les pieds dans le sable. C'est le point de rendez-vous de la jeunesse locale qui se mêle ici aux touristes. Ambiance festive, décontractée et propice aux rencontres avec les habitués comme avec les visiteurs. On peut s'installer dehors sous l'auvent ou boire un verre à l'intérieur. Petite piste de danse où passent à fond des rythmes latinos (et variété internationale) lors des soirées organisées très régulièrement.

GALAPAGOS ISABELA DIVE CENTER

Escalecia y Avenida Antonio Gil
✆ +593 99 210 9158

Visite requins bleus : 45 US$ par personne.

Sourire, professionnalisme, sécurité sont les mots d'ordre de ce centre de plongée à partir duquel vous pourrez découvrir les plus beaux spots de l'île Isabela. Les moniteurs sont parfaitement qualifiés et savent mettre les plongeurs à l'aise. Ils connaissent parfaitement leur terrain de jeu et adorent leur boulot. Aux découvertes sous-marines : requins bleus, tunnels de lave... vous pourrez ajouter de nombreuses découvertes terrestres avec des guides très agréables.

SANTO TOMÁS

À 1 370 m d'altitude, le volcan Sierra Negra possède un cratère de 10 km², un des plus larges du monde, qui constitue la principale attraction de l'île. On y accède depuis Santo Tomás par un chemin de terre de 9 km. Depuis le cratère, on peut aussi continuer vers les volcans Chico (8 km) ou Azufre (10 km). Possibilité de louer du matériel de camping au village, attention toutefois aux brumes et aux pluies fréquentes. On vous proposera également de faire l'ascension à cheval ; vérifiez que l'animal est en bonne santé, car des voyageurs ont signalé la faiblesse de certains chevaux. On s'y rend en bus depuis Puerto Villamil 2 fois par jour.

VOLCÁN ALCEDO

Au centre de Isabela.

Le volcan Alcedo qui culmine à 1 000 m est accessible depuis la partie Est de l'île, en bus, au départ de Puerto Villamil. Arrivé au poste de contrôle, vous trouverez un sentier qui mène à travers les épineux jusqu'au bord du cratère ; prévoir 4 heures de marche assez éprouvante avec un guide, obligatoire comme partout ou presque. C'est dans ce cratère de 7 km² que se concentre la plus importante colonie de tortues terrestres de l'archipel (plus de 4 000). Possibilité de camper sur l'arête du volcan ; les feux sont interdits. Prévoir de l'eau potable.

VOLCÁN WOLF

Avec 1 710 m d'altitude, il est le point culminant de l'archipel. Il est nommé en l'honneur d'un géologue et botaniste allemand qui a étudié l'archipel au XIXe siècle. Ce volcan dispose d'une richesse qui intéresse les scientifiques ; une faune importante puisque c'est sur ses versants qu'on a découvert une espèce d'iguanes endémique : l'iguane terrestre rose des Galápagos. C'est également ici qu'on a retrouvé 17 tortues qui semblaient de la même espèce que la mythique tortue Lonesome George mais qui n'était que des hybrides au caractère toutefois exceptionnel.

ISLA FERNANDINA - NARBOROUGH ★★

Egalement appelée Narborough, c'est la 3e île de l'archipel par la surface (642 km²) et l'une des plus jeunes. C'est la plus occidentale des îles et la plus proche d'Isabela. Elles sont séparées par le canal Bolívar. Fernandina a la particularité de posséder l'un des volcans les plus actifs de la planète, le volcan La Cumbre (1 463 m) qui domine l'île. Ses champs de lave sont spectaculaires et des colonies d'iguanes vivent là, sur les rochers noirs. L'île renferme une végétation aride, composée d'épineux et de cactus. Peu visitée, Fernandina est accessible en bateau ; excursion d'une journée au départ d'Isabela ou lors d'une croisière dans l'archipel.

PUNTA ESPINOSA

Face à la crique de Tagus (Caleta Tagus) de l'île Isabela.

L'accès se fait uniquement par bateau, lors d'une visite à Caleta Tagus (Tagus Cove), sur l'île voisine d'Isabela.

Depuis punta Espinosa (la point épineuse) la vue sur le volcan *La Cumbre*, qui a formé l'île tout entière, est absolument spectaculaire. Cette pointe est l'unique site de l'île Fernandina où les visites soient autorisées. On y accède bien entendu par la mer et un étroit sentier serpente à travers les palétuviers, les coulées de lave et les lagunes ; c'est le domaine des cormorans aptères, des manchots des Galápagos, des otaries et des iguanes marins. C'est un des meilleurs endroits de l'archipel pour rencontrer la plus vaste gamme d'espèces endémiques.

VOLCÁN LA CUMBRE

Le volcan La Cumbre (1 463 m), qui domine l'île, est l'un des volcans les plus actifs de la planète. En 2009, une forte éruption a détérioré la faune locale. Les lacs de son cratère de 6 km de large disparaissent au gré des éruptions fréquentes ces vingt dernières années. Le 12 janvier 2020, le volcan s'est à nouveau animé. Une colonne éruptive, composée de vapeur d'eau et de gaz magmatiques, s'est formée suite à cet événement géologique. Une actualité qui rappelle combien la nature est fragile et sujette à de profondes modifications sur ces îles.

ISLA MARCHENA - BINDLOE

D'une superficie de 115 km² et culminant à 340 m d'altitude Isla Marchena est une île très peu visitée. Principale île de la partie nord de l'archipel, Marchena, en effet, est inhabitée et ne présente pas un grand intérêt au niveau de la faune. Seuls y volent quelques éperviers et des colonies de lion de mer s'y sont établies comme dans tout l'archipel et s'y reproduisent. Cependant ses paysages semi-désertiques et ses plages de sable noir lui donnent un aspect singulier. Les débarquements y sont assez difficiles et se font en général sur les plages du sud-ouest qui sont mieux abritées des vagues. L'île habitée la plus proche est celle de Santa Cruz.

BAHIA DARWIN ★★

Située au sud de l'île

Cette baie permet un débarquement aisé. Le long de la falaise, un escalier abrupt permet d'accéder au sommet de l'île, qui forme un grand plateau. Un sentier mène à une colonie de plus de 200 000 fous à pattes rouges. L'intérieur de l'île est habité d'autres espèces comme les les pinsons de Darwin. De plus c'est ici que se concentrent de nombreux oiseaux marins, mouettes à queue d'aronde, frégates, fous à pattes rouges, fous masqués, phaétons et pétrels. De l'autre côté de la baie, on débarque sur une jolie plage où l'on rencontre beaucoup d'otaries endormies.

ISLA GENOVESA - TOWER ★★

Appelée aussi Dowes of Tower, elle a la forme d'un sabot de cheval. Inhabitée, c'est la plus visitée des îles nordiques de l'archipel. Elle est la moins accidentée et la plus basse des Galápagos. Formée par l'ancien cratère d'un volcan, elle est aujourd'hui en partie inondée. Le lac salé Arcturus se déploie en son centre et offre un joli paysage. La faune y est abondante, mais cette île est surtout connue comme l'île des oiseaux par excellence. On y observe les espèces les plus rares : fous masqués, frégates et fous à pattes rouges, dont c'est l'un des rares endroits de nidification… De type aride, la végétation est essentiellement composée d'épineux.

ISLA PINTA - ABINGDON

Pinta (60 km²) tient son nom d'une des caravelles de Colomb. Elle a été découverte au XVe siècle par l'évêque Tomas de Berlanga. Totalement isolée, cette île inhabitée est rarement visitée. Elle fut autrefois peuplée de chèvres qui provoquèrent la disparition des tortues qui y vivaient. Un seul spécimen fut sauvé, le fameux Lonesome George, transféré à la station Darwin de Puerto Ayora. Plus que centenaire, il était une star locale jusqu'à sa mort en 2012. On lui présenta désespérément des femelles pour assurer sa descendance, sans succès… Sinon, l'île est connue pour les parois abruptes de ses falaises s'élevant à près de 100 m au-dessus de la mer.

GALAPAGOS

Fou à pattes bleues nichant sur l'île Genovesa.

ISLA WOLF - WENMAN

Wolf est une île très prisées des plongeurs et visitée par de nombreux bateaux dédiés aux croisières plongée, pour lesquels elle sert d'abri pour la nuit. Avec Darwin, ce sont les plus éloignées du continent. Il faut une bonne nuit de navigation pour les atteindre au départ de Santa Cruz. Wolf, comme Darwin est le repaire de centaines de requins de diverses espèces, de raies Manta et d'une faune sous-marine impressionnante. Wolf est la deuxième plus septentrionale des îles de l'archipel. Elle doit son nom au géologue allemand Franz Theodor Wolf. On y recense un grand nombre d'oiseaux. Au large, baleines, requins et dauphins se partagent les eaux.

Plongée sous-marine dans les eaux de l'île Wolf.

ISLA DARWIN - CULPEPPER

Darwin, aussi appelée aussi île Culpepper, est l'île la plus septentrionale de l'archipel. Elle est complètement inhabitée. Il faut dire que son littoral composé de falaises rend l'accès particulièrement difficile pour les scientifiques qui viennent étudier son environnement. Seuls frégates, iguanes marins, otaries, baleines, tortues marines, dauphins et fous à pattes rouges sont habitués des lieux. Au sud-est de l'île, l'arche de Darwin était une spectaculaire arche naturelle qui s'est effondrée, du fait de l'érosion naturelle, en 2021, après avoir été, pendant des générations, un symbole de la plongée aux Galapagos pour les plongeurs du monde entier.

ISLA FLOREANA - SANTA MARÍA ★★

Cette île de 150 habitants, aussi appelée Santa María ou isla Charles, est d'un grand intérêt d'un point de vue botanique. Les espèces sont variées et sa végétation lui confère l'aspect d'un paradis tropical. Cette île, la plus méridionale de l'archipel à 4h de bateau de Santa Cruz a connu un début de colonisation digne d'un roman d'aventure à la fin tragique. Deux couples de colons allemands s'installent successivement en 1929 et 1932 dans cet Eden inhabité. Ils sont vite rejoints et troublés par l'arrivée de l'excentrique « Baronne » Eloise von Wagner-Bosquet, flanquée de ses deux amants. Elle et l'un d'eux seront bientôt portés disparus et le mystère n'a jamais été élucidé. Cette « affaire des Galapagos » a même inspiré le roman *Ceux de la soif*, de George Simenon.

On aperçoit sur Floreana la première boîte aux lettres des Galápagos, un tonneau placé au XVIIIe siècle à Post Office Bay par les baleiniers. Les marins de passage y déposaient/prenaient le courrier. Depuis, symboliquement, la tradition se perpétue et vous pourrez vous aussi déposer vos cartes postales dans le tonneau ! La tradition veut que vous piochiez une autre carte que vous posterez à votre retour.

Lagunes et flamants roses sont les principales curiosités. Puerto Velasco Ibarra, un village sur la côte ouest, est l'endroit habité de l'île. Ce sera certainement en bateau de croisière que vous l'aborderez. En général, la découverte commence de Punta Cormorán, au nord de l'île.

CORONA DEL DIABLO

La couronne du diable est un groupe d'îlots formé par un cône volcanique à demi submergé, distant de 250 m de la côte nord de Floreana. Le centre du cratère a vu le développement d'un magnifique récif corallien qui attire les plongeurs du monde entier et les bateaux y font une halte pour profiter des excellentes conditions de visibilité pour la plongée sous-marine. Les formations coralliennes et les oursins crayons en sont les principales attractions. La balade en palmes, masque est tuba y est sportive à cause de la houle, mais le spectacle en vaut l'effort.

GALÁPAGOS

PUNTA CORMORAN

La « pointe des Cormorans » est en réalité le lieu idéal pour observer les… flamants roses ! Après le débarquement sur une plage tranquille, souvent peuplée d'otaries, un petit sentier longe une lagune bordée de palétuviers. C'est le refuge favori des flamants qui y trouvent les crustacés nécessaires à leur alimentation. Les colonies d'oiseaux évoluent sereinement dans un chatoiement de nuances incroyables. La lagune est aussi le refuge de courlis, canards, échasses et tourne-pierres. Au-delà, il mène à Playa Blanca, une belle plage de sable blanc, d'où son nom.

ISLA ESPAÑOLA - HOOD ★★

Une végétation basse composée en majorité d'épineux recouvre l'intérieur de cette île de 60 km^2 tandis que les rochers et les plages de galets forment la partie côtière. On y accède en accostant sur une plage par le côté nord, à Punta Suárez. Ensuite un sentier de 3 km permet de découvrir les oiseaux : fous à pattes bleues et albatros (d'avril à novembre), faucons, oiseaux moqueurs, pinsons des Galápagos… Prévoir de bonnes chaussures de marche car la majeure partie du circuit se fait sur des rochers. Autre site d'intérêt de l'île : la baie Gardner et les îles alentour du même nom où l'on peut faire de la plongée sous-marine dans un véritable aquarium.

BAHIA GARDNER - ISLAS GARDNER ★★

Situés au nord de l'île Española

Non loin de la côte, ces îlots sont surtout appréciés et prisés par les amateurs de plongée. Les eaux claires permettent une observation parfaite des fonds marins et de belles découvertes. Les parois rocheuses des falaises abritent quelques oiseaux marins comme les frégates. Sur l'île, la baie de Gardner est bordée d'une longue et belle plage où s'ébattent en toute insouciance les otaries et leurs petits. Un lieu à ne pas manquer donc, surtout si vous êtes plongeur !

PUNTA SUAREZ ★★★

Voici le lieu de nidification de grandes colonies de fous masqués et de fous à pattes bleues. Les albatros d'Española, eux, nichent ici d'avril à fin novembre. L'île est aussi peuplée de merles moqueurs, dont une espèce spécifique à l'île qui se distingue par un bec plus long et plus recourbé que celui des autres îles ; et également buses, colombes, pinsons, mouettes et hérons. Une promenade sur le sentier longeant les falaises vous mènera au « trou souffleur », une formation naturelle qui crée un geyser d'eau d'une hauteur impressionnante quand la mer est forte.

Punta Suarez.

ORGANISER SON SÉJOUR

On arrive en général par avion en Equateur, en atterrissant à Quito ou Guayaquil. Quito est la base de départ idéale pour ceux qui comptent découvrir les Andes et faire la route des volcans vers le Sud ou encore pour ceux qui partent à la découverte de l'Amazonie. Guayaquil, quant à elle, est le point de chute parfait pour un départ vers les Galápagos, car la plupart des avions font escale à Guayaquil avant de mettre le cap vers l'archipel. Mais Guayaquil est également un excellent point de départ pour découvrir la côte pacifique en remontant jusqu'à Manta. Ne soyez pas trop ambitieux dans votre programme, l'Equateur est un pays qui se découvre à un rythme nonchalant quand on veut vivre comme un local et les distances qui paraissent courtes peuvent parfois demander plus longtemps que prévu pour être parcourues. Si vous prévoyez d'aller aux Galápagos, gardez cette étape pour la fin de votre voyage et essayez de partir de Guayaquil.

ORGANISER SON SÉJOUR

ARGENT

▶ **Monnaie.** Le dollar américain (USD ou US$). Depuis 2000 et la disparition du sucre (l'ancienne unité monétaire), la monnaie en circulation est le dollar américain, mais l'Etat frappe ses propres pièces de 1, 5, 10, 25 et 50 cents. Les pièces américaines sont toutefois valides. Les coupures au-dessus de 20 US$ ne sont généralement pas acceptées, par méfiance vis-à-vis des faux billets.

▶ **Taux de change.** Selon les cours en novembre 2023 : 1 € = 1,05 US$; 1 US$ = 0,95 €. Le taux de change réel est toujours plus intéressant en payant par carte qu'en retirant des espèces au distributeur.

BUDGET / BONS PLANS

La dollarisation (qui date de mars 2000) a causé une augmentation du coût du niveau de vie en Equateur, mais la destination reste encore assez bon marché. Les idées de budget ci-dessous sont par jour et par personne et prennent en compte repas, hébergement et transport.

▶ **Petit budget** : 25 à 40 US$ par jour (nuit en dortoir, resto sur le pouce, transport en commun, excursions non payantes).

▶ **Budget moyen** : 50 à 70 US$ par jour (nuit en chambre privée, restaurant bien et pas cher, sorties, cafés, musées, excursions peu chères).

▶ **Gros budget** : à partir de 100 US$ par jour (nuit en hôtel de charme ou luxe, restaurant bonnes tables, taxis et sorties cafés, bars, excursions (il faut compter jusqu'à 150 US$ pour certaines excursions à la journée : volcans, plongée...).

▶ **Marchandage.** Le marchandage est une pratique courante sur les marchés d'artisanat et dans les petites boutiques à destination des touristes. S'il est agréable d'obtenir une petite ristourne sur ses souvenirs, un marchandage trop acharné serait déplacé.

▶ **Billet international** : Compter entre 800€ et 1.500€ suivant la saison.

▶ **Lodges** : Que ce soit aux Galapagos ou en Amazonie, comptez un minimum de 250€ par personne en pension complète pour passer une nuit en lodge haut de gamme.

PASSEPORT ET VISAS

▶ **Tous les passeports** délivrés en France sont désormais biométriques. Ils comportent votre photo, vos empreintes digitales et une puce sécurisée. Pour l'obtenir, rendez-vous en mairie muni d'un timbre fiscal, d'un justificatif de domicile, d'une pièce d'identité et de deux photos d'identité. Le passeport est délivré sous trois semaines environ, voire plus en cas d'embouteillage administratif. Il est valable dix ans. Les enfants doivent disposer d'un passeport personnel (valable cinq ans).
Conseil. Avant de partir, pensez à prendre une copie de tous les documents que vous emportez avec vous. En cas de perte ou de vol, les démarches de renouvellement seront ainsi beaucoup plus simples auprès des autorités consulaires.

▶ **Pour les ressortissants français,** belges, suisses et canadiens, un passeport en cours de validité et valable 6 mois après la date de retour est nécessaire pour se rendre en Equateur. Aucun visa n'est nécessaire pour un séjour touristique égal ou inférieur à 90 jours (3 mois). En cas de dépassement du temps de séjour autorisé, le ressortissant peut se voir placé en rétention administrative dans un centre de détention provisoire (conditions d'emprisonnement). Il est recommandé de respecter le temps de séjour et, le cas échéant, de demander auprès du service d'immigration une extension de durée de séjour (les citoyens de l'Union européenne, des Etats-Unis ou du Canada peuvent demander un visa 12-X d'une validité de 6 mois sans avoir besoin de quitter le pays). Attention, il faut faire la demande au moins 30 jours avant expiration du tampon T3).

▶ **Pour les ressortissants des autres territoires** (hors UE, Etats-Unis et Canada), l'extension du visa n'est pas possible sur place, une autre solution consiste alors à franchir la frontière, quelques jours avant la fin du visa et de revenir par voie aérienne, on pourra ainsi bénéficier de trois mois supplémentaires (attention à vérifier ces informations au moment de votre départ ou de votre séjour sur place car les conditions peuvent changer).

▶ **Attention !** Une grande partie des vols pour l'Equateur au départ de l'Europe passe par les Etats-Unis, et les Européens doivent donc être munis des nouveaux passeports biométriques et avoir impérativement rempli le formulaire ESTA sur le site internet (https://esta.cbp.dhs.gov), assorti d'une taxe de 21 US$, même pour un simple transit par les Etats-Unis.

▶ **Taxes.** Pour les touristes étrangers non résidents en Equateur, la taxe d'entrée aux Galápagos est de 100 US$ par personne (50 US$ - 12 ans) + 20 US$ de taxe d'aéroport.

Enfin, si vous voyagez avec votre chat ou votre chien, il lui faut un passeport également (une période de quarantaine est aussi souvent obligatoire et vous devrez remplir des formalités spécifiques).

PERMIS DE CONDUIRE

Les non-résidents peuvent conduire en Equateur avec leur permis national pendant toute la durée de leur séjour autorisé (3 mois sans visa et jusqu'à 6 mois avec visa). Le permis international, autre option, permet de conduire 6 mois dans le pays. Quoi qu'il en soit, veillez à toujours avoir avec vous une copie de votre passeport montrant votre date d'entrée sur le territoire.

SANTÉ

Sur le plan sanitaire, les situations sont très différentes entre la zone côtière, les grandes villes, les régions centrales montagneuses et la forêt amazonienne. Un trekking en haute montagne nécessite une préparation spéciale.
Les médicaments sont accessibles dans les pharmacies locales, mais il vaut mieux se munir du minimum indispensable avant le départ.

En forêt. Il est fréquent de se faire piquer par des insectes dont certains transmettent des maladies de peau (leishmaniose, pucechique...) qui peuvent se révéler après le retour. De plus, les piqûres d'insectes se surinfectent facilement en milieu tropical et il faudra être attentif aux petits bobos. Veillez à éviter les piqûres principalement par une couverture vestimentaire correcte et un bon produit anti-moustiques. Prévoir éventuellement avec votre médecin un traitement antipalu. Le Zika a quant à lui disparu d'Equateur.

Altitude. En montagne, il faudra se méfier du mal de l'altitude. La meilleure prévention est de ne pas monter trop haut, trop vite. En général, il faut compter quelques jours pour s'habituer à l'altitude. Les personnes souffrant de problèmes cardiaques devront être particulièrement vigilantes. Il faut noter que la consommation d'alcool accentuera l'effet de l'altitude. Les pharmacies françaises vendent des pastilles qui permettent de remédier aux éventuels maux de tête et nausées. Mais elles n'auront aucun effet sur l'essoufflement lors d'efforts !

VACCINS OBLIGATOIRES

Aucun vaccin n'est obligatoire pour entrer dans le pays en provenance d'Europe ou du Canada (hors pandémie spécifique).

La vaccination contre la fièvre jaune est obligatoire quand on vient d'un pays d'Amérique (ou d'Afrique) où la maladie est présente (Pérou, Brésil, Bolivie...). Elle est également indispensable (même si elle n'est pas toujours obligatoire) pour tous les voyageurs allant dans les régions d'Amazonie. Elle doit être faite au moins 10 jours avant le départ. Les vaccins contre le tétanos, la diphtérie et l'hépatite A (à moins d'être immunisé) sont recommandés. Les plus prudents et les plus aventureux devront y ajouter l'hépatite B, la rage ainsi que la fièvre typhoïde. Planifiez vos vaccinations plusieurs semaines avant le départ.
Renseignez-vous impérativement avant votre départ en consultant le site de l'Institut Pasteur (www.pasteur.fr).

SÉCURITÉ

L'Equateur était encore récemment un des pays les plus sûrs de l'Amérique latine mais il faut comme toujours faire preuve de discernement et ne pas être ostentatoire. Moins vous porterez de bijoux, moins vous risquez d'être importuné. Les *pickpocket* sont nombreux sur les sites touristiques des grandes villes mais tant à Quito qu'à Guayaquil, la police touristique veille et n'est jamais bien loin. Dans ces deux grandes villes comme sur la côte pacifique, la sécurité s'est détériorée ces dernières années et il convient d'être vigilant, car les vols et agressions deviennent monnaie courante. Une attention particulière à la sécurité doit être portée lors de vos déplacements en bus dans le pays car les agressions violentes y deviennent fréquentes.

Pour connaître les dernières informations sur la sécurité sur place, consultez la rubrique « Conseils aux voyageurs » du site du ministère des Affaires étrangères: www.diplomatie.gouv.fr/voyageurs. Sachez cependant que le site dresse une liste exhaustive des dangers potentiels et que cela donne parfois une image un peu alarmiste de la situation réelle du pays.

DÉCALAGE HORAIRE

L'Equateur est situé sur le fuseau horaire GMT -5. Heure d'été : 7 heures de moins qu'en France (8 heures de moins aux Galápagos). Heure d'hiver : 6 heures de moins qu'en France (7 heures de moins aux Galápagos). Exemple : quand il est midi à Paris, il est 6h du matin à Quito en hiver, et 5h en été.

LANGUES PARLÉES

L'espagnol est la langue officielle du pays, mais les langues indigènes sont encore très pratiquées (quichua, shuar...). Toutefois, il est extrêmement rare de rencontrer une personne qui ne soit pas bilingue. L'anglais est généralement pratiqué dans les zones touristiques. Quant au français, quelques membres des classes sociales élevées le parlent, mais il sera de peu d'utilité en dehors des mots proches de l'espagnol.

COMMUNIQUER

La couverture des réseaux cellulaires est excellente dans tout le pays, sauf bien entendu au cœur de l'Amazonie ou dans certaines zones isolées des Galápagos. Dans les grandes villes, la 4G (parfois déjà la 5G) est efficace. Il est très facile d'acheter une carte SIM avec un forfait pour 1 à 4 semaines. Demandez au vendeur de vous expliquer les méthodes de rechargement car elles diffèrent beaucoup de celles auxquelles nous sommes habitués en occident. On peut en général recharger son forfait dans de nombreuses pharmacies et épiceries du pays.

ELECTRICITÉ ET MESURES

- **Electricité.** Standard américain : 110 volts, 60 hertz, prises à fiches plates. On peut se procurer un adaptateur pour brancher des appareils français, mais ceux-ci ne modifient pas le voltage ! Il convient donc de vérifier sur vos appareils qu'ils sont bien compatibles avec du 110 V, au risque de les endommager à jamais !
- **Poids et mesures.** L'Equateur fonctionne avec un étrange mélange de système métrique et de système américain. On achète l'essence en *gallons* (4 litres), mais on roule en kilomètres.

BAGAGES

Un voyage en Equateur, c'est toujours plusieurs voyages en un. En conséquence, il faut prévoir une garde-robe diversifiée. Elle sera légère pour la côte et l'Amazonie avec des vêtements de pluie (les cirés sont souvent prêtés par les lodges en Amazonie mais mieux vaut prévoir...). Pour la Sierra, il est impératif de prévoir pulls et polaires (et éventuellement gants, écharpe et bonnet), notamment si vous envisagez un trek pour lequel l'équipement de haute montagne est indispensable. Pour les nuits *quiteñas*, souvent fraîches, une tenue chaude sera également appréciée. Selon les activités sportives, prévoyez des tenues adéquates (chaussures de rando notamment). Sachez que les laveries sont légion et que vous pourrez facilement faire laver vos tenues vestimentaires. Attention toutefois à la surcharge de bagages !
A prévoir également : produit anti-moustiques, casquette, lunettes et crème solaire (le soleil tape fort au milieu du monde !).

LES PHRASES CLÉS

Bonjour, je voudrais réserver un billet aller/retour pour...
Hola, me gustaría reservar un billete de ida y vuelta para....

J'ai raté mon avion. Je voudrais échanger mon billet s'il vous plaît.
He perdido el avión. Me gustaría cambiar mi billete, por favor.

Mon vol est très en retard. Ma correspondance sera bien assurée ?
Mi vuelo llega con retraso. ¿Llegaré a tiempo para coger el próximo vuelo?

Mes bagages ont été égarés, à qui dois-je m'adresser ?
Han perdido mi equipaje, ¿a quién debo dirigirme?

Louez-vous des voitures avec chauffeur ?
¿Alquilan coches con chófer?

Je n'ai presque plus d'essence. Où se trouve la station-service la plus proche ?
Apenas tengo gasolina. ¿Dónde está la gasolinera más cercana?

INTERVIEW

L'ASSURANCE VOYAGE, LE MEILLEUR MOYEN POUR PROTÉGER SA SANTÉ À L'ÉTRANGER

avec le DR CÉDRIC RAMAUT, directeur médical d'Allianz Travel

En cas de souci de santé sur place, que faut-il faire ?

Si l'on se trouve dans une situation urgente (accident grave, morsure d'animaux...), il est conseillé d'appeler les numéros d'urgence locaux. Une fois à l'hôpital, appeler son assisteur pour déclencher les procédures de prise en charge.

Est-il possible d'entrer en contact avec un professionnel de santé en cas de besoin ?

Allianz Travel dispose d'un service de téléconsultation médicale accessible en visio qui permet de s'entretenir avec un médecin 24h/24, 7 jours sur 7. La consultation se fait en français et des conseils sont donnés sur les démarches à effectuer. Une ordonnance peut également être délivrée.

S'agissant des frais médicaux, est-on forcément couvert par son assurance maladie et sa mutuelle à l'étranger ?

La sécurité sociale fonctionne uniquement dans les pays avec lesquels la France a passé des accords. Il faut pour cela demander sa carte européenne d'assurance maladie (CEAM). La sécurité sociale et la mutuelle couvriront alors les frais médicaux à l'étranger à hauteur de leur propre barème sous certaines conditions. Il est malgré tout conseillé de souscrire une assurance voyage, car la prise en charge des frais ne sera pas la même qu'en France.

Quel est le meilleur moyen de voir ses frais médicaux pris en charge ?

Dans les pays hors Europe, il est recommandé de souscrire à un contrat d'assistance avec un bon niveau de couverture des frais médicaux. Il est également important de choisir un assureur disposant d'un important réseau international dans le domaine médical.

En cas de problème médical, le rapatriement est-il prévu dans le contrat d'assurance ?

Oui, la majorité des contrats d'assurance voyage prévoit le rapatriement mais il n'est toutefois pas systématique. L'état de santé du patient peut nécessiter une hospitalisation / une immobilisation sur le lieu de séjour. Si le patient peut être traité sur place, l'assisteur l'orientera vers un médecin ou une structure médicale adaptée localement, et ce jusqu'à ce qu'il puisse à nouveau de voyager et rentrer chez lui.

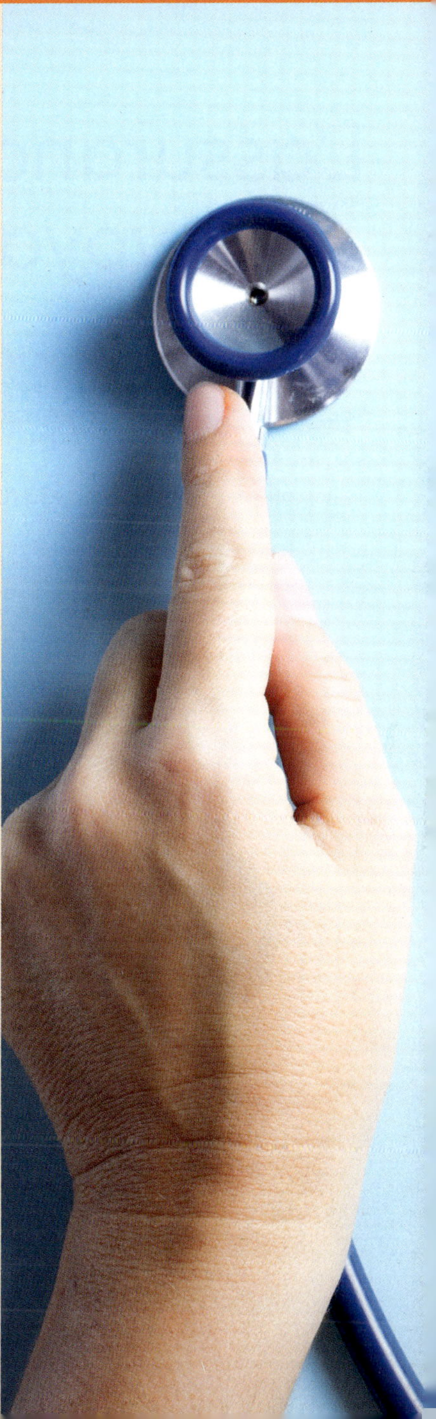

© NEIRFY

S'Y RENDRE

Se rendre en Equateur au départ d'Europe ou du Canada est aisé. De nombreuses compagnies proposent des vols directs pour Quito qui font souvent escale à Guayaquil au retour. Depuis la France, vous privilégierez AIR FRANCE/KLM ou IBERIA afin de n'avoir qu'une seule escale, mais depuis le Canada il vous faudra probablement passer par les Etats-Unis. SI vous venez de plus loin, d'Afrique, voire même d'Asie, il est à noter que la compagnie nationale panaméenne, COPA, dessert Quito plusieurs fois par jour au départ de Panama, escale idéale d'où que l'on arrive et où qu'on aille sur la planète. Il est également envisageable que vous arriviez par la route, depuis la Colombie ou le Pérou, les formalités sont réduites au minimum, mais il faut bien se renseigner avant de prendre la route, car les axes de connexion sont souvent fermés pour des raisons politiques ou sanitaires. Si vous arrivez en bateau, ce qui est rare, demandez au capitaine !

AIR FRANCE-KLM

Av. 12 de Octubre N2627 y A. Lincoln
QUITO
✆ +593 2 294 3280

La compagnie aérienne française proposait un vol direct depuis Paris à destination de Quito en 2019, mais le vol n'a pas encore repris du service depuis la pandémie de Covid-19. Pour le moment, la compagnie Air France/KLM propose donc de passer par Amsterdam pour rejoindre Quito ou Guayaquil, et pratique des prix très intéressants. Le vol retour, particulièrement si vous repartez de Quito, est cependant assez long, car il comprend une escale à Guayaquil. La solution idéale est probablement d'arriver à Quito et de repartir de Guayaquil.

AVIANCA

4, rue Gramont
PARIS (2e)
✆ 01 44 50 58 60

Avianca est la nouvelle identité du groupe qui réunit les compagnies aériennes Avianca (Colombie), Taca (Amérique Centrale) et Aerogal (Equateur). Avianca assure la desserte de toute l'Amérique Latine et plus particulièrement de l'Equateur via Lima, Bogota et Madrid, Barcelone ou Londres. Les vols pour Quito sont quotidiens. Ils passent par Madrid et Bogota, mais vous pouvez aussi atterrir à Guayaquil. Egalement des possibilités de départ de Lyon, Toulouse et Bordeaux. Les tarifs sur Avianca sont souvent intéressants, particulièrement si on arrive d'Amérique.

AMERICAN AIRLINES

✆ 08 21 98 09 99
www.aa.com/fr-fr/vols

Réservations en ligne ou par téléphone. Comptez 75 US$ de plus pour un bagage en soute.

Plusieurs vols hebdomadaires vous permettent de rejoindre l'Equateur depuis l'Europe ou le Canada en utilisant la compagnie American Airlines. Généralement avec une escale à Miami ou bien New York (n'oubliez pas de remplir le formulaire ESTA sur Internet avant votre départ si vous n'avez pas de visa pour les États-Unis). Compter 16 heures de voyage minimum si vous arrivez d'Europe. Ce n'est en général pas la solution la moins coûteuse, intéressante principalement pour ceux qui font un voyage passant par les États-Unis et cherchent à rejoindre l'Equateur.

IBERIA

✆ +34 915 23 65 68
www.iberia.com

La compagnie Iberia assure quotidiennement un aller-retour Madrid-Quito, permettant un pré-acheminement au départ de la plupart des grandes villes d'Europe. Bruxelles, Paris, Marseille, Toulouse, Lyon, Bordeaux, Luxembourg et Genève par exemple sont des villes depuis lesquelles Iberia peut être la meilleure solution pour rejoindre l'Equateur. En incluant le pré-acheminement et l'escale à Madrid, comptez environ 16 heures de voyage. Les tarifs du voyage sur Iberia sont très concurrentiels avec ceux de KLM, comparez bien les prix avant de vous décider.

SÉJOURS ET CIRCUITS

Le voyage organisé par une agence locale ou par un tour-opérateur spécialisé est une excellente option pour découvrir ce petit pays riche en diversité. Certains opérateurs vous proposeront même des séjours à thèmes, comme « le tourisme communautaire » ou encore « l'Equateur à moto », expériences difficiles à préparer seul sans l'aide d'un local. Ces séjours organisés et circuits pourront se faire en groupe, mais aussi en individuel, les agences équatoriennes travaillent en effet avec de nombreux guides officiels qui parlent souvent français et disposent parfois d'un véhicule leur permettant de vous présenter le pays tout en étant votre solution de déplacement. Pour le moment, les guides doivent impérativement être contractés au travers d'une agence de voyages, mais la loi est en train d'évoluer afin de permettre aux guides de vendre directement leurs prestations aux visiteurs. Le réseau de guides en Equateur est particulièrement dense.

ALMA VOYAGES

573, route de Toulouse
VILLENAVE-D'ORNON
© 05 56 87 58 46
www.alma-voyages.com
Ouvert du lundi au vendredi de 8h à 19h et le samedi de 9h à 18h.

Chez Alma Voyages, les conseillers connaissent parfaitement les destinations proposées. En effet, ils ont la chance de se rendre sur place plusieurs fois par an et donc, bien vous conseiller. En plus, chaque client est suivi par un agent attitré ! Une large offre de voyages avec devis pour les voyages sur mesure vous sera proposée. Alma Voyages pratique les meilleurs prix du marché et travaille avec Kuoni, Beachcombers, Jet Tour, Marmara, Look Voyages... Plusieurs séjours sont proposés, qui combinent les Galápagos, la côte, la Sierra ou l'Amazonie.

ALTIPLANO VOYAGE

Route de la Bouvarde, Park Nord, les Pléiades n° 35 - **EPAGNY METZ-TESSY**
© 04 50 46 90 25 - www.altiplano-voyage.com
Ouvert du lundi au vendredi de 8h à 13h et de 14h à 18h.

Cette agence spécialisée dans les voyages sur mesure en Équateur se démarque par sa créativité et sa capacité à offrir des expériences uniques. Découvrez des circuits excitants, dont « Trésors d'Équateur », révélant les plus beaux sites du pays. Parmi ces trésors, les Galápagos se distinguent, un paradis pour les amoureux de la nature exotique. Altiplano s'adapte à vos préférences, que vous soyez passionné de faune, amateur d'histoire, ou aventurier. Des circuits combinent aussi la Colombie et le Pérou.

Plus d'infos : equateur@altiplano-voyage.com - 04 50 32 83 89

AMERIK AVENTURE

© 09 75 17 11 30
www.amerikaventure.com
Plusieurs agences au Québec, en France, en Belgique et en Suisse.

Amerik Aventure vous propose à travers les Amériques, des circuits d'écotourisme et de découvertes culturelles accompagnés de guides naturalistes (francophones) parmi les meilleurs du pays. Ils offrent des départs réguliers en petits groupes tout au long de l'année. Ils proposent également des voyages autotours et des circuits guidés privatifs développés sur mesure, selon les critères des voyageurs. En Equateur, plusieurs circuits d'écotourisme culturel et d'aventure sont possibles ainsi qu'une grande aventure combinant les pays voisins, Pérou et Bolivie.

ANAPIA VOYAGES

5, Oletako Bidea
ASCAIN / AZKAINE
© 06 88 62 62 66
www.anapiavoyages.fr
Sur rendez-vous uniquement. Aix-en-Provence, Lyon ou Ascain.

Anapia voyages, basée à Aix-en-Provence et Saint-Jean-de-Luz, a été créée par Sylvia, une Péruvienne vivant depuis plus de trente ans en France. La richesse de ses programmes, à dominante culture et nature, s'appuie sur l'expérience de ses collaborateurs, notamment en Amérique latine, mais aussi en Asie et en Afrique. En Equateur, on hésitera entre le circuit équitable proposant d'aller à la rencontre des communautés dans les Andes et en Amazonie, ou un séjour sur la route des *haciendas* avec une escapade dans l'archipel des Galápagos.

ATALANTE

36, quai Arloing
LYON (9e)
✆ 04 72 53 24 80
www.atalante.fr
Ouvert du lundi au vendredi de 9h à 18h et le samedi de 10h à 13h et de 14h à 18h.

Atalante est spécialisée dans les voyages à pied. Trekking de haut niveau ou simples promenades dans les campagnes, il y en a pour toutes les conditions physiques. Ils s'attachent à faire découvrir à leurs clients des régions du monde aux modes de vie préservée, riches de traditions et de cultures uniques. Les volcans des Andes équatoriennes, les Galapagos, la côte pacifique ou l'Amazonie sont un vaste terrain de jeu pour les guides de cette agence, qui ont concocté toute une série de randonnées pour tous niveaux.

LES ATELIERS DU VOYAGE

54-56, avenue Bosquet
PARIS (7e)
✆ 01 40 62 16 79
www.ateliersduvoyage.com
Ouvert du lundi au jeudi de 10h à 18h.

L'agence propose de découvrir le monde à travers des voyages insolites et culturels en petits groupes. Les itinéraires proposés permettent la découverte de régions totalement hors des sentiers battus, d'ethnies et de fêtes traditionnelles. Tous ces voyages sont accompagnés par des guides francophones expérimentés et tous passionnés de leurs destinations. Le séjour en Equateur peut être augmenté d'une extension de 5 jours aux Galapagos, de 3 jours à la découverte de l'avifaune du Mindo ou d'une immersion de 4 jours en Amazonie.

AVENTURE ET VOLCANS

73, cours de la Liberté
LYON (3e)
✆ 04 78 60 51 11
www.aventurevolcans.com

Cette agence a été créée en 1983 par Guy de Saint-Cyr – l'un des plus grands chasseurs de lave au monde – avec sa femme et ses enfants, tous des fondus de volcan. Le concept d'Aventure et Volcans est simple : l'agence organise sur les cinq continents des circuits axés sur les volcans actifs et la marche, émotions et dépaysement assurés ! Le séjour « Galapagos mystérieuses » se consacre presque exclusivement à l'archipel et permettra de visiter 8 îles et îlots, dont des volcans très rarement arpentés.

DOUBLE SENS

24, rue de l'Est
PARIS (10e)
✆ 01 48 03 92 38
www.doublesens.fr

Double Sens est un concepteur de voyages, créé en avril 2006, qui propose une autre manière de voyager, au gré d'un tourisme solidaire. Il s'inscrit dans une logique de développement durable où l'homme et la rencontre sont au cœur des séjours. Pour chaque voyage, 3 % du montant facturé sont dédiés au financement de projets d'aide au développement identifiés et gérés par les partenaires locaux. 70 % de ce qui est facturé par l'agence bénéficie directement à l'économie locale du pays d'accueil. En Equateur, on pourra choisir un circuit de 12 à 15 jours en immersion.

ESCURSIA

8, rue Mayence - **NANTES**
✆ 02 53 35 40 29
www.escursia.fr
Ouvert du lundi au vendredi de 9h à 12h30 et de 14h à 18h.

Escursia propose des séjours authentiques, pour découvrir la nature et les hommes, en compagnie de personnages rares et passionnants. Week-ends, courts séjours en France ou longs séjours à l'étranger, l'esprit commun à tous leurs voyages est l'immersion, hors des sentiers battus, dans des sites naturels préservés, accompagnés de guides naturalistes passionnés. On ira en Équateur pour découvrir la faune néotropicale ou participer à un voyage botanique au pays des orchidées. Une croisière ornithologique, photographique et naturaliste aux Galapagos est aussi proposée.

ESPACES ANDINS

35, rue de la Tombe Issoire
PARIS (14e)
✆ 01 45 65 58 37
https://espaces-andins.com

Ce voyagiste spécialiste de l'Amérique Latine – Argentine, Bolivie, Chili, Équateur, Pérou, Colombie – propose des voyages en groupe ou en individuel, avec ou sans guide, sur terre ou en mer (croisières). Plusieurs séjours sont proposés pour partir découvrir les richesses de l'Equateur, sa biodiversité, ses communautés ou son héritage inca, avec des extensions possibles au Pérou, aux Galapagos ou à l'île de La Plata pour observer les baleines.

GALAPEOS.COM €€

✆ +33 6 40 92 94 95
galapeos.com
Centrale de réservation de croisières aux Galápagos.

Galapeos.com est la seule plateforme francophone regroupant toutes les croisières disponibles aux îles des Galápagos. En quelques clics, Galapeos permet de réserver la croisière de votre choix. Cette plateforme innovante vous fera gagner un temps précieux dans la conception de votre circuit personnel en Equateur, l'organisation du séjour aux Galápagos étant souvent la partie la plus délicate. Galapeos.com étant développée et gérée par l'agence locale ITK voyage, Pierre et Antoine assurent un suivi en français et répondent à toutes vos questions.

MAKILA VOYAGES

4, place de Valois - **PARIS** (1er)
✆ 01 42 96 80 00
www.makila.fr
Ouvert du lundi au vendredi de 9h à 19h (sur rendez-vous uniquement).

Que signifie Makila ? C'est le nom du bâton traditionnel des bergers basques, autrement dit leur compagnon de route. Si Sylvie Pons, la directrice de Makila, a choisi ce nom, c'est bien pour que son agence devienne votre compagnon de route, celui sur lequel vous pouvez vous reposer en toute confiance. En Equateur, ce spécialiste de voyages sur mesure vers l'Amérique latine, propose un séjour faune et flore entre la forêt amazonienne du Parc National Yasuni et la faune unique des Galápagos, ou des séjours consacrés intégralement à l'archipel ou aux Andes.

IMAGES DU MONDE

14, rue de Siam - **PARIS** (16e)
✆ 01 42 88 31 32
www.images-du-monde.com/
Devis disponible sur demande via leur site internet.

L'équipe de spécialistes d'Images du Monde vous recevra sur rendez-vous dans son Espace Voyage avec projection sur grand écran des sites incontournables de l'Equateur & des Galápagos ainsi que des différentes possibilités d'hébergement. Votre conseiller « construira » votre voyage selon vos envies : découverte des villes coloniales à partir de boutique-hôtels de charme, journée route des volcans à combiner avec un bain dans les sources thermales, safaris en Amazonie avec guides naturalistes, découverte des Galápagos en catamaran privé ou en bateau de croisière.

NOSTALATINA

19, rue Damesme - **PARIS** (13e)
✆ 01 43 13 29 29 - https://ann.fr/
Ouvert du lundi au samedi de 10h à 13h et de 14h à 18h.

NostaLatina, fidèle à sa tradition depuis 1994, met tout en œuvre pour trouver les meilleures solutions adaptées aux voyageurs individuels en Amérique latine. Ses formules s'adaptent au rythme et au style de chaque voyageur pour apporter exactement la « dose » d'organisation qu'il lui faut : Estampe vous propose les grands transferts de ville en ville et quartier libre, tandis qu'Aquarelle le renforce avec guides et visites. En Equateur, aucune région n'est oubliée, des volcans andins à la côte Pacifique, en passant par les incontournables Galápagos.

MELTOUR

103, avenue du Bac - **LA VARENNE-SAINT-HILAIRE**
✆ 01 73 43 43 43
www.meltour.com
Ouvert du lundi au vendredi de 9h à 19h.

Ce tour-opérateur, véritable spécialiste du voyage sur-mesure, concocte tous les types de voyages vers les Amériques, et notamment l'Equateur.

Tous guidés en français, les circuits privatifs sur-mesure ou les circuits regroupés proposent de découvrir toutes les facettes du pays, de l'Amazonie à l'archipel des Galapagos. Un séjour avec hébergement en *haciendas* et hôtels coloniaux haut de gamme met l'eau à la bouche.

N'hésitez pas à confier votre projet à cette équipe de spécialistes, pour préparer avec eux le voyage qui vous ressemble.

VOYAGES DE RÊVE

Chemin de Plan-Soleil 3 - Crissier
✆ +41 78 613 91 71
www.voyagesdereve.ch

Elizabeth, votre interlocutrice unique, vit en Suisse depuis 35 ans, mais vient d'Equateur où elle a suivi une formation de guide national de tourisme ; c'est dire si elle sait guider les voyageurs européens dans son pays d'origine ! Elle donne aussi des formations de finances dans les thématiques du voyage. Les circuits qu'elle conçoit sont axés sur un tourisme vert et durable, authentique, à la rencontre des communautés locales avec au choix un séjour aventure, ornithologie, bien-être, cours d'espagnol, culture et patrimoine, un voyage de noces ou d'affaires.

OBJECTIF NATURE

1, impasse de la Forêt - **LA MÉNITRÉ**
✆ 01 53 44 74 30
www.objectif-nature.fr
Ouvert du lundi au jeudi 9h30-13h et 14h-18h30, vendredi 9h30-13h et 14h-17h30.

Objectif Nature est LE spécialiste du voyage d'observation de photographie de la nature et de la faune sauvage. En effet, chez Objectif Nature, ce sont des femmes et des hommes de terrain (photographes animaliers, naturalistes, ornithologues…) qui conçoivent, organisent, accompagnent les safaris dans une trentaine de pays sur tous les continents. En Equateur, c'est la croisière qui est privilégiée par Objectf Nature pour vivre au plus près de la faune locale. Au choix : croisière d'exploration en Amazonie équatorienne ou croisière dans l'archipel des Galápagos.

ADVANTAGE TRAVEL

Av. Gaspar de Villarroel N40-143
QUITO
✆ +593 2 336 0887
advantage-travel-ecuador.com
Agence de voyages et tour-opérateur.

Cette agence de voyages, active depuis plus de 20 ans en Equateur, est également le propriétaire et l'opérateur du *Manatee Amazon Explorer* ainsi que de *l'Anakonda Amazon Cruise*, les deux uniques bateaux-hôtels à naviguer dans la région amazonienne, et du *Mantaraya Lodge*, dans le parc national Machalilla qui est considéré comme l'endroit le plus stratégique pour observer les baleines, pêcher et plonger sur le continent. De plus amples informations concernant *l'Anakonda*, le *Manatee* et le *Mantaraya* sont disponibles dans les régions correspondantes.

TERRE VOYAGES

28, boulevard de la Bastille
PARIS (12e)
✆ 01 44 32 12 80
www.terre-voyages.com
Ouvert du lundi au samedi.

Terre Voyages est un tour-opérateur de référence qui mise sur des circuits en dehors des sentiers battus. Dédié aux circuits sur mesure, ce voyagiste vous invite à l'aventure et à l'émerveillement tout en respectant l'environnement, les peuples locaux et leur culture. Ce voyagiste permet notamment de découvrir l'Equateur et les Galápagos à travers une dizaine de circuits. Au programme : Quito, capitale coloniale, le Cotopaxi, éminence volcanique en activité, Quilotoa et ses eaux turquoise, ainsi qu'une croisière dans les Galápagos.

AVENTURECUADOR

OE12-132 Avenida Amazonas y Tiputini
VALLE DE LOS CHILLOS ✆ +593 99 921 7122
www.aventurecuador.com
Tour-opérateur réceptif francophone spécialisé dans les séjours d'aventure.

Née de l'union d'un couple franco-équatorien passionné de montagne et d'aventures, Aventurecuador est une agence réceptive spécialisée dans les voyages d'aventure en Equateur depuis 2001. Elle propose une grande variété d'activités pour découvrir la diversité du pays : trekking, trail, alpinisme, VTT, parapente, yoga, cheval, rafting, canyoning, 4x4, etc. Leur philosophie : le voyage est une expérience authentique et unique qui nous permet de nous ouvrir au monde et à autrui, de prendre le temps de vivre et de profiter pleinement de chaque instant.

CAPAC ÑAN

Flores Jijón E17-74 y Sotomayor
QUITO
✆ + 593 997711383
www.capacnan.com
Agence locale francophone basée à Quito. Ouvert 7j/7 de 8h à 22h.

L'agence Capac Ñan Equateur vous accueille dans sa maison d'hôtes exclusive, en plein cœur du Quito colonial, et propose des circuits privés et insolites à travers tout le pays et aux Galápagos. Philippe et Marie, les créateurs de l'agence, vous offrent un suivi ultra personnalisé, la découverte de lieux secrets ainsi qu'un accueil chaleureux dans leurs maisons d'hôtes. Aux Galápagos, l'agence a sélectionné pour ses clients les meilleures croisières et excursions de plongée et snorkeling, pour une découverte approfondie de la faune de l'archipel.

CARPEDM ADVENTURES

Francisco de Caldas E1-106 y plaza San Blas
QUITO ✆ +593 98 738 2070
www.carpedm.ca
Agence de voyages pour backpackers présente sur les 4 régions du pays. Identifiant Skype : Carpedm Adventures.

Paul, un Canado-équatorien, et sa jeune et dynamique équipe proposent des séjours aux *backpackers* du monde entier. Sa palette est variée : immersion en Amazonie dans la réserve de Cuyabeno, séjour aux Galápagos pour toutes les bourses, excursion d'une journée dans la Sierra (Otavalo, Latacunga, Quilotoa, Cotopaxi) ou dans la vieille ville de Quito... Et pourquoi pas une expérience culturelle (et solidaire) au sein d'une communauté indigène ? Une bonne adresse si vous êtes jeune (de préférence), curieux et ouvert. Les clients viennent du monde entier.

LA CASA DEL SUIZO

QUITO
✆ +593 99 414 8930
www.casadelsuizo.com
Agence locale propriétaire de 2 lodges, spécialisée dans les séjours en Amazonie.

Cette agence possède deux des propriétés les plus connues de l'Amazonie : la Casa del Suizo à proximité de Tena (Rio Napo) et le Sacha Lodge dans la région de Coca. Ses lodges, qui sont parmi les plus anciens de l'Oriente, organisent toutes sortes d'excursions et d'activités en forêt. Les prestations sont de qualité, ce qui permettra de passer un séjour très confortable. A savoir : la Casa del Suizo possède une belle piscine, chose rare dans la région. Si vous souhaitez enchaîner vos découvertes, l'agence vous propose également d'autres destinations dans le pays.

CHAQUINIAN TOURISME COMMUNAUTAIRE EN EQUATEUR

E5-33 Vicente Ramon y Juan Leon Mera
QUITO
✆ +593 98 713 9894
Ouvert du lundi au vendredi de 10h à 17h. Samedi et dimanche fermé.

Chaquinian est une agence de voyages réceptive spécialisée dans le tourisme communautaire et solidaire. Cette agence vous fera découvrir le mode de vie des indigènes en vous y intégrant tout au long de votre voyage. Les voyages sont proposés sur mesure suivant votre programme. Si vous choisissez un itinéraire de 21 jours, vous pourrez vivre en compagnie des peuples karanqui, kichwa, puruha, cañaris et jipijapa et même terminer votre voyage aux Galápagos si le cœur vous en dit.

COLUMBUS TRAVEL

Mariscal Foch 265 y Av. 6 de Diciembre
QUITO
✆ +593 95 893 6549
www.columbusecuador.com
Agence généraliste. Bureau ouvert du lundi au vendredi de 8h30 à 18h.

L'agence anglophone Columbus Travel vend des séjours à la carte aux Galápagos, dans les Andes, en Amazonie et même au Pérou... Il y en a pour tous les goûts et tous les budgets. L'équipe est jeune et dynamique, leur motivation à toute épreuve. Leur point fort : les îles Galápagos ! Plusieurs circuits disponibles (voir site Internet), ainsi que de nombreuses promotions pour des départs de dernière minute. Le circuit de 15 jours propose tous les immanquables de l'Equateur, de Quito aux Galápagos en passant par les Andes, l'Amazonie et la Sierra.

ECUADOR ECO ADVENTURE

Calle Viena y Roma
RIOBAMBA
✆ +593 99 831 1282
www.ecuadorecoadventures.com
Excursions en montagne et dans le reste du pays.

Si vous cherchez une agence professionnelle proposant tous types d'excursions dans la région, voire dans le pays, vous avez trouvé ! Cette jeune et dynamique agence fondée par Wlady, un Equatorien qui a beaucoup voyagé et co-dirigée par Kayla, vous propose de découvrir les sommets d'Equateur avec des guides de haute montagne qualifiés, l'Amazonie avec Geranio, un expert local, ou tout simplement d'aller découvrir les contreforts du Chimborazo à cheval avec un guide local indigène. L'agence privilégie l'éco-responsabilité et s'implique beaucoup en ce sens.

ECUADOR FREEDOM

calle Finlandia N35-06 y calle Suecia - **QUITO**
✆ +593 2 600 4459
www.freedombikerental.com

A partir de 1 175 US$ pour un tour de 4 jours et 3 nuits et 3.000 US$ pour le tour de 12 jours. Nuits incluses.

Cette agence très pro tenue par Sylvain, un Français passionné de moto, saura satisfaire tous les motards, débutants ou chevronnés. Ecuador Freedom Bike Rental répondra à la moindre de vos attentes grâce à des tours magnifiques. Au total, 40 motos haut de gamme vous sont proposées, toutes parfaitement entretenues grâce aux mécaniciens expérimentés. Les circuits passent par les plus beaux lieux et les étapes sont faites dans de très beaux hôtels. Les briefings sont de qualité et vous bénéficierez de la très bonne organisation de Sylvain et de son associé Court.

ÉQUATEUR VOYAGES PASSION

Gran Colombia N15-220 y Yaguachi - **QUITO**
✆ + 593 98 250 2214
www.equateur-voyages.com

Tour-opérateur spécialisé dans la montagne (trek et haute montagne, randos découverte, tour de Cotopaxi).

Cette agence francophone est tenue par Gérald et José, qui proposent des séjours de 3 à 15 jours à la découverte du pays : croisières dans les Galápagos avec un large choix de bateaux, ascensions de volcans (Chimborazo et Cotopaxi, notamment), trekkings dans les Andes, VTT et randonnées équestres, visite de marchés traditionnels et séjours en Amazonie. L'agence organise aussi des séjours au Pérou et en Bolivie. Promotions de dernières minutes pour les Galápagos. Une agence de professionnels à votre écoute afin de vous préparer le voyage sur mesure.

GASTON SACAZE

Calle Gregorio Munga N39-249 y Gaspar de Villarroel - **QUITO**
✆ +593 99 930 6775
www.gaston-sacaze.com

Produits sur mesure à tarifs adaptés.

Gaston Sacaze Equateur est une agence de voyages installée dans 6 pays d'Amérique du Sud depuis plus de 20 ans. Son équipe franco-équatorienne basée à Quito et spécialiste du voyage sur mesure vous fait voyager dans tout l'Equateur et les Galápagos de manière classique, mais aussi, insolite et personnalisée en fonction de vos intérêts. Des parcours et visites culturels entre Quito et Cuenca, des treks sur l'Avenue des Volcans, une immersion en Amazonie, la rencontre des communautés locales ou encore une croisière inoubliable dans les îles Galápagos.

GO GALAPAGOS

Av. Eloy Alfaro N34-111 y Catalina Aldaz - **QUITO**
✆ +593 2 226 7000
www.gogalapagos.com/

Agence spécialiste des croisières aux Galápagos, séjours aventure, culturels, gastronomie et tourisme responsable.

Agence pionnière en Equateur ; tourisme responsable de l'environnement et des communautés locales. Tous les tours ont un départ garanti. Des guides naturalistes francophones sont là pour vous orienter. Possibilité de combiner croisières et excursions à terre. L'agence organise des circuits de plusieurs jours à travers l'archipel et propose de combiner un séjour aux Galápagos et un séjour sur le continent. L'agence participe aussi à divers projets sociaux. Le site web est très bien construit et vous permet d'entrer directement avec les agents locaux..

HIGH SUMMITS

E5-29 Joaquin Pinto, Edificio Peter Illi, 2e étage
QUITO ✆ +593 2 290 5503
www.climbing-ecuador.com

Agence spécialisée dans l'andinisme et l'alpinisme. Dates et tarifs sur leur site web.

High Summits est une agence spécialisée en aventure en haute montagne. A sa tête, deux passionnés : Isabel Sanchez dotée de 20 ans d'expérience dans le management touristique et Ismael W. Janisch, guide de montagne avec plus de 35 ans d'expérience. High Summits offre plusieurs voyages incluant l'ascension de tous les volcans et montagnes d'Equateur, tels que le Cotopaxi, Cayambe, Chimborazo, Ilinizas, Pichincha, Pasochoa, etc. Pour une sécurité maximale, l'agence travaille uniquement avec des guides de montagne ASEGUIM. Certains d'entre eux parlent même français.

ITK VOYAGE EQUATEUR

Rio Chinchipe y General Enriquez
QUITO
✆ +33 9 70 40 68 62
www.incatrek-ecuador.com

Agence de voyages 100 % francophone.

ITK Voyage Equateur & Galapagos, créée en 2010 et basée à Quito, est l'agence spécialiste des voyageurs francophones souhaitant découvrir les richesses d'Equateur. Entourés de leur équipe locale, Vanessa et Antoine sauront vous conseiller et vous faire découvrir des sites magnifiques, souvent isolés et hors des sentiers battus. Séjour dans une hacienda à la recherche du condor, découverte d'un marché indien fréquenté par les locaux, trek au milieu des volcans, immersion à la rame en forêt amazonienne et croisière aux Galápagos sont au programme.

JULIO VERNE TRAVEL

22-40 Calle Brasil
RIOBAMBA
✆ 593 3 296 3436
www.julioverne-travel.com
Agence de voyages réceptive pour tout l'Equateur.

Julio Verne Travel est une agence de voyages hollando-équatorienne. Dotée d'une expérience de plus de 20 ans, elle travaille dans le but d'offrir aux touristes le meilleur service possible pour la visite du pays. L'agence est située à Riobamba mais organise des séjours aux 4 coins de l'Equateur : des Galápagos à l'ascension du Chimborazo ou du Cotopaxi, en passant par des journées escalades, VTT ou encore des treks à travers le pays, l'agence se sert de son expérience pour fournir aujourd'hui un service très professionnel. Prix attractifs.

LATITUD 0°

Valladolid N24-353 et Vizcaya,
QUITO
✆ + 593 2 254 7921
www.latitud0.com
Agence généraliste (voyages d'aventure) et réceptif local.

Depuis 1989, Latitud 0° est spécialisée dans le tourisme d'aventure (randonnées pédestres, équestres, à vélo, ascensions...) et organise des voyages pour les personnes à mobilité réduite. Cette agence francophone créée par Etienne Moine, un Français arrivé en Equateur à la fin des années 1970, propose aussi des séjours classiques, culturels ou à thème pour des groupes ou en individuel. Faire appel à Latitud 0°, c'est adhérer à un état d'esprit, des valeurs éthiques et responsables, voyager en respectant l'environnement et ses habitants.

METROPOLITAN TOURING

Av. de las Palmeras N45-74 y de las Orquídeas
QUITO ✆ +593 99 738 3883
www.metropolitan-touring.com
Tour-opérateur spécialisé dans les croisières aux Galápagos, séjours en Equateur, Pérou et Colombie.

Ce tour-opérateur est le plus important du pays. Les prestations sont très complètes et haut de gamme : réservations aériennes et hôtelières, excursions en tous genres sur place et dans les pays voisins. On peut toutefois déplorer le côté impersonnel de cette grosse entreprise. Les prix sont à la hauteur du standing : élevés. Les tours thématiques de la capitale (*city tours*) sont bien organisés et permettent de gagner du temps à Quito. Une bonne adresse qui présente un panel complet des options de séjours et circuits en Equateur.

NATURE EXPERIENCE

Gregorio Munga N38-09 y Portete - **QUITO**
✆ +593 2 243 0494
www.nature-experience-group.com
Tour-opérateur réceptif francophone spécialisé dans les séjours naturalistes et le tourisme scientifique.

Cette agence francophone montée par Xavier, un Catalan français amoureux de la nature et guide ornithologue vivant en Équateur depuis plus de vingt-cinq ans, est spécialisée dans les séjours naturalistes les voyages scientifiques et le tourisme participatif. Elle propose de nombreux séjours aux thématiques rares comme l'observation de reptiles ou d'orchidées, des voyages photographiques, stages aquarelle, trekkings naturalistes et plongées aux Galápagos. Leur point fort reste les voyages ornithologiques, dont ils sont les pionniers dans la langue de Molière.

POLYLEPIS TOURS

4-70 Hermano Miguel y Honorato Vásquez
CUENCA
✆ +593 99 255 7648
www.polylepistours.com
Agence locale.

Cette agence est gérée par une équipe jeune, dynamique et professionnelle sous la baguette d'Edison, le gérant de l'agence. Au programme : des excursions de un à plusieurs jours à travers les Andes (Otavalo, Cotopaxi, Quilotoa, Baños, Chimborazo, Guaranda), dans le reste du pays (Galápagos, Kapawi, Jamu et Cuyabeno Lodges, réserve de Napo ou Cotococha) et les villages alentour (Chordeleg, Parc de Cajas, Gualaceo). Circuits à thème et guides anglophones. Des offres de dernière minute à prix cassés sont en outre proposées sur le site.

QUIMBAYA TOURS

Av. Diego de Almagro y av. de los Shyris
QUITO
✆ +593 22520801
www.quimbaya-tours.com
Tour-opérateur présent dans tout le sous-continent.

Créée il y a bientôt 25 ans ; cette agence réceptive s'adresse en priorité aux professionnels. Elle est dirigée par une équipe franco-colombienne et a essaimé dans tous les pays d'Amérique latine, du Mexique à l'Argentine. En Equateur, elle organise tous types de circuits, de l'excursion en Amazonie aux croisières dans les Galápagos, sans oublier la découverte des Andes. A noter : un site web très bien fait et traduit en français ! Depuis cette année, on peut même y trouver des visites virtuelles en direct avec un guide local. Beau produit !

SURTREK SOUTHAMERICAN TRAVEL

E10-114 San Ignacio and Placido Caamaño
QUITO
✆ +593 999 735 448
www.surtrek-adventures.com
Tour-opérateur. Bureau ouvert tous les jours en semaine de 9h à 18h.

Surtrek Tour Operator est une entreprise responsable, tant au niveau social qu'environnemental, spécialisée dans l'organisation de voyages « à la carte » individuels ou en groupe. Grâce à son expérience et à la passion de ses concepteurs de voyages, ce tour-opérateur basé à Quito réalise tous vos souhaits, dans les Andes, aux Galápagos et dans le reste de l'Amérique latine : trek, randonnée, croisière, plongée, andinisme, Amazonie, visites culturelles…

TERRA ECUADOR

Av De Los Shyris N37-313 y N39 El Telegrafo. Edificio Rubio - **QUITO**
✆ +33 9 77 21 80 37
www.voyages-equateur.com
Agence réceptive francophone en Equateur faisant partie du réseau Terra.

Une agence qui vous proposera des rencontres authentiques dans des communautés où l'agence s'engage socialement, vous montrera les secrets des cultures millénaires, vous invitera à découvrir les paysages magiques des Andes avec ses volcans enneigés ou encore la faune amazonienne dans sa région la plus sauvage au monde et pourquoi pas découvrir au mieux les Galapagos, paradis naturel. Elle fait partie d'un réseau qui saura vous proposer des programmes à cheval sur plusieurs pays, au travers d'un unique interlocuteur à votre écoute.

TIERRA DE FUEGO ECUADOR

N23-23 Amazonas y Veintimilla - **QUITO**
✆ +593 99 593 5823
www.ecuadortierradefuego.com
Agence généraliste et tour-opérateur possédant son propre lodge dans la réserve de Cuyabeno.

Le point fort de cette agence de voyages ? Ses tarifs, vraiment accessibles. Rendez-vous sur le site web pour voir les promos (de dernière minute également) pour une excursion dans la jungle ou les Andes, aux Galápagos. Le staff est très sympathique et si vous êtes déjà sur place, allez directement à l'agence pour un meilleur aperçu des prestations. Lorena, la gérante de l'agence est une véritable experte du tourisme en Equateur comptant plus de 25 ans dans le métier et saura vous concocter le voyage sur mesure dont vous avez rêvé, à un tarif abordable.

WANDERBUS ECUADOR

✆ +593 9 9875 1533
www.wanderbusecuador.com
Pass 1 jour : 159 US$. Quito Guayaquil en 7 jours : 719 US$. Tour du pays en 11 jours au départ de Quiro : 1 199 US$.

Un service de bus « hop on hop off ». On réserve son *pass* en ligne, selon les points d'intérêt que l'on souhaite visiter, on monte dans le bus, et c'est parti ! Parmi les *pass* proposés, le *Wander pass* offre un tour complet de l'Equateur en desservant les principales villes du pays, de Quito à Cuenca en passant par Guayaquil ou Montañita, avec au programme, 10 activités incluses et pas moins de 20 stops sur la route. Pratique pour les plus pressés et ceux qui veulent se simplifier la vie tout en découvrant les recoins du pays grâce aux guides à bord.

JETCOST

www.jetcost.com

Jetcost compare les prix des billets d'avion et trouve le vol le moins cher parmi les offres et les promotions des compagnies aériennes régulières et *low cost*. Le site est également un comparateur d'hébergements, de loueurs d'automobiles et de séjours, circuits et croisières. L'interface du site Internet est très simple d'utilisation. Après avoir lancé la recherche, on peut affiner les résultats en fonction de ses choix afin de trouver le vol le plus intéressant, la durée du trajet, les éventuelles escales ou encore l'aéroport d'arrivée.

QUOTATRIP

www.quotatrip.com
Tarifs : devis sur demande en ligne.

QuotaTrip est une nouvelle plateforme de réservation de voyage en ligne qui met en relation des voyageurs à la recherche d'expériences authentiques et uniques, et des agences de voyages locales sélectionnées pour leurs compétences et leur sérieux. Le réseau de QuotaTrip couvre près de 200 destinations dans le monde entier. Le but de ce rapprochement est simple : proposer un séjour entièrement personnalisé aux utilisateurs. QuotaTrip promet ainsi l'assurance d'un voyage serein, sur mesure, sans intermédiaires et sans frais supplémentaires.

INTERVIEW

LE VOYAGE-SUR-MESURE

AVEC STEVEN LE CHEVALIER ET MATHIEU VALLY DE QUOTATRIP

Quel est le concept de l'agence QuotaTrip ?

Quotatrip est la première plateforme de mise en relation entre voyageurs et agences locales. Grâce à elle, les voyageurs peuvent enfin échanger en direct avec des agences qui sont sur place et concevoir un voyage unique, au meilleur prix et 100% personnalisé.

Pourquoi voyager avec des agences locales ?

À l'inverse des agences traditionnelles, les agences locales sont des expertes de la destination choisie. Ce sont aussi les mieux placées pour concevoir des séjours qui sortent des sentiers battus. Elles sont ainsi en mesure de répondre à l'ensemble des envies, le voyageur rentre dans l'univers de l'equi-tourisme = le tourisme sans intermédiaire.

Quels sont les autres avantages pour les voyageurs ?

Il y a une multitude d'avantages. Cela permet notamment de ne pas voyager comme tout le monde, d'organiser de manière simple et rapide un séjour sur mesure et au meilleur prix. Fini les mauvaises surprises, les voyageurs posent toutes les questions qu'ils souhaitent et bénéficient d'un accompagnement sur mesure, de la conception du projet jusqu'à sa réalisation en toute sécurité car les agences référencées sont sélectionnées et recommandées par les journalistes des guides du Petitfute en toute impartialité.

Les démarches sont-elle simples à effectuer ?

Les sites de voyage en ligne font perdre beaucoup de temps aux internautes sans pour autant répondre entièrement à leurs désirs. QuotaTrip propose un formulaire simple et rapide qui permet de décrire les souhaits, les envies et les besoins. L'internaute reçoit aussitôt gratuitement et sans engagement les offres de trois ou quatre agences locales avec qui il peut ensuite échanger afin de personnaliser son projet grâce à la messagerie mise en place.

Quelles sont les destinations proposées ?

Notre plateforme propose plus de 21 000 projets de voyage sur plus de 100 destinations à travers le monde. De l'Amérique latine en passant par l'Asie et l'Afrique, nos mille agences partenaires sont là pour répondre à vos projets de voyage.

Décrivez votre projet de voyage. Échangez en direct avec les agences locales et partez au meilleur prix.

***Plus d'informations** : quotatrip.com*

© D.R

© D.R

© D.R

SE LOGER

Afin de ne pas avoir de surprise sur place, il est toujours recommandé de réserver ses hébergements avant le voyage, particulièrement pour les fins de semaine pendant lesquelles nombre d'Equatoriens quittent leur ville de résidence pour visiter le pays ou juste se reposer. De nos jours, la réservation sur les grandes centrales de logements touristiques sur internet est une bonne solution particulièrement pour ceux qui cherchent à loger chez l'habitant ou dans une ferme écologique et parfois même à donner un coup de main. On trouve assez facilement à se loger en Equateur, l'offre est large, particulièrement dans les villes comme Quito ou Cuenca, ville qui a très fortement diversifié son offre touristique et vu l'ouverture de très (voire trop) nombreux hôtels et *hostals*. Pour les Galápagos, ces conseils sont encore plus importants, car les remplissages sont souvent proches de 100 % pratiquement tout au long de l'année.

BOOKING €€

www.booking.com

L'un des meilleurs sites de réservation d'hôtels, mais aussi de chambres d'hôtes ou d'appartements en ligne où les frais d'annulation sont gratuits la plupart du temps suivant certaines conditions. La sélection est fiable et vous pourrez y trouver un large choix d'hébergements avec bon wifi pour télétravailler. Cependant, regardez bien les photos et lisez attentivement les commentaires pour les logements aux petits prix. Cela vous permettra d'éviter les pièges côté tarifs. Les prix peuvent parfois être allèchants, mais le confort moins bon qu'annoncé...

HOSTELWORLD €

www.hostelworld.com

Depuis 2005, cette centrale de réservation en ligne permet de planifier son séjour à prix corrects dans le monde entier. Afrique, Asie, Europe, Amérique... Hostelworld est spécialisé dans les logements peu onéreux (auberges de jeunesse ou hostels...) mais proposant des services et un cadre plutôt soignés. Pour chaque grande ville, le site propose une sélection pointue d'enseignes partenaires et vous n'aurez plus qu'à choisir l'adresse la plus pratique, la mieux située, ou tout simplement la moins chère. Une plateforme bien pratique pour les baroudeurs.

HOME EXCHANGE €€

www.homeexchange.fr

Abonnement annuel 149 €.

Et si vous échangiez votre maison avec d'autres pour partir en vacances ? HomeExchange est une plateforme d'échange de maisons et d'appartements entre particuliers. L'idée : un site Internet pour échanger son logement (studio, appartement, villa...) moyennant un abonnement annuel à l'agence en ligne, qui se charge de la présentation du bien et de la mise en contact des intéressés. Un excellent moyen de faire des économies pour partir en vacances et réduire ainsi les frais d'hébergement sur place. Le choix est large, avec plus de 450 000 offres dans 159 pays.

TOUT EQUATEUR

QUITO

✆ +593 968341440

https://www.toutequateur.com

Carte premium : 60 US$.

Grâce aux conseils et bons plans de l'équipe du Réseau Solidaire, découvrez plus de 150 hôtels et activités en Equateur à prix réduit, louez votre véhicule en toute confiance et réservez vos séjours en Amazonie et aux Galápagos en quelques clics. Il vous suffit d'acheter la carte Premium pour bénéficier de l'assistance francophone sur place ainsi que de réduction sur une gamme d'hôtels et d'activités. La carte de Tout Equateur est vite remboursée grâce aux réductions qu'elle procure aux voyageurs qui en sont munis.

SE DÉPLACER

Pour se déplacer en Equateur, la route est essentielle car le réseau ferroviaire est à l'arrêt depuis 2020, période pendant laquelle Tren Ecuador, la compagnie ferroviaire nationale, a été mise en liquidation. Heureusement, le réseau routier est globalement en bon état et le pays dispose d'une colonne vertébrale routière grâce à la fameuse Panaméricaine, cette route qui va du Panama à l'Argentine en passant par la Colombie, l'Equateur, le Pérou et le Chili. En Equateur, cette belle route est connue sous le nom de « route des volcans » car elle passe au pied d'une bonne dizaine d'entre eux, offrant des points de vue uniques sur leurs sommets si le temps est au beau. Cotacachi, Cotopaxi, Altar, Chimborazo, autant de sentinelles majestueuses qui jalonnent cette route. Que ce soit en voiture ou en car, vous pourrez accéder sans difficulté aux coins les plus reculés du pays, en toute sécurité, souvent à faible vitesse.

EMETEBE

Boyaca 916 y Victor Manuel Rendon
GUAYAQUIL
✆ +593 04 230 1277
www.emetebe.com.ec
Vols domestiques au sein des Galápagos à partir de 150 US$ l'aller simple interîles.

Cette petite compagnie aérienne locale exploite une flotte de bimoteurs Islander, réputés pour leur fiabilité. Comptez 35 minutes pour un vol Baltra-Isabela et Baltra-San Cristóbal, 45 minutes pour un vol San Cristóbal-Isabela. C'est une bonne option en particulier si vous devez aller de Isabela à San Cristóbal (ou l'inverse), car vous évitez ainsi deux voyages en bateau et une journée de perdue. Si vous êtes chanceux, les nuages vous laisseront découvrir les couleurs de l'archipel des Galápagos depuis les cieux, spectacle inoubliable.

TREN ECUADOR

QUITO
La ligne Alausi-Nariz del diablo est la seule à avoir repris pour le moment, depuis la faillite de l'entreprise d'Etat.

Pour la petite histoire, la présence du chemin de fer en Equateur date de 1873, et la présidence de Gabriel García Moreno ; la première ligne couvre alors 41 km entre Yaguachi et Milagro, sur la côte. En 1895, avec le triomphe de la *Revolución Liberal* du dirigeant Eloy Alfaro Delgado, les travaux reprennent. En 1897, la Guayaquil and Quito Railway Company est créée pour construire la ligne de chemin de fer du Sud (Ferrocarril del Sur). En 1902, sur la colline surnommée Cóndor Puñuna (« le nid du Condor ») est construite la fameuse ligne de la Nariz del Diablo.

AVIS RENT A CAR

Avenida de los Granados E11-26 y 6 de Diciembre
QUITO ✆ +593 2 225 9333
www.avis.com
Du lundi au vendredi de 7h à 22h, le samedi de 9h à 18h et le dimanche de 9h à 18h. à partir de 35 US$ la journée.

Avis est un loueur présent dans toute l'Amérique latine comme la plupart des grands loueurs. En Equateur, l'agence propose une belle flotte de véhicules récents et est présente dans sept villes du pays : Quito, Esmeralda, Manta, Guayaquil, Santo Domingo, Cuenca et Ambato. Vous pourrez ainsi louer votre véhicule pour les déplacements entre les villes et le restituer à la ville suivante, c'est bien pratique et plus économique dans un pays où le stationnement dans les grandes villes est en général payant. Les meilleurs tarifs sont sur le site internet.

BSP AUTO

✆ 01 86 26 90 80
www.bsp-auto.com
Site comparatif accessible 24h/24.

Il s'agit là d'un prestataire qui vous assure les meilleurs tarifs de location aux conditions les plus avantageuses auprès des grands loueurs de véhicules dans les gares, aéroports et les centres-villes du monde entier. Le kilométrage illimité et les assurances sont souvent compris dans le prix. Avec BSP Auto, vous pouvez réserver dès maintenant et payer seulement cinq jours avant la prise de votre véhicule. Autre bonus du courtier BSP : pas de frais de dossier ni d'annulation (jusqu'à la veille). La moins chère des options zéro franchise.

BUDGET RENT A CAR

Avenida Eloy Alfaro S40-153
QUITO
✆ +593 2 3822340
www.budget.com
Ouvert du lundi au vendredi de 7h à 21h, samedi et dimanche de 8h à 16h.

Une chaîne de location de voitures internationale bien connue qui dispose d'une flotte de qualité, tant au départ de l'aéroport que du centre-ville de Quito. En louant auprès d'un tel opérateur, vous vous assurez de la possibilité de louer votre véhicule à un point du pays et de le laisser à un autre endroit, vous évitant ainsi de fastidieux kilomètres inutiles. Vous obtiendrez facilement un surclassement si vous louez le même véhicule pour tout votre séjour. Attention, pensez à louer un tout-terrain si vous comptez vous écarter des grands axes.

ECUADORIANBUS-CHARTER

GUAYAQUIL ✆ +593 98 481 0295
www.ecuadorianbuscharter.com

Cette agence réceptive possède sa propre flotte de véhicules, du plus petit jusqu'à l'autocar de grande ligne, tous très récents, et propose de nombreuses excursions dans tout le pays ainsi que bien entendu de simples transferts routiers. C'est une agence habituée à travailler avec une clientèle internationale, elle est en effet dirigée par Wim, un Belge expatrié en Equateur depuis de nombreuses années. Les circuits proposés peuvent être accompagnés par un guide francophone. Nous vous recommandons de contacter Wim avant votre arrivée, il est de très bon conseil.

SIMON CAR RENTAL

Avenida Amazonas y Río Curaray
QUITO
✆ +593 243 1019
www.simoncarrental.com
Livraison gratuite du véhicule à l'aéroport et à votre hôtel. Catégorie A à partir de 30 US$ par jour.

Simon car rental est une entreprise de location de voitures 100 % équatorienne, bonne alternative aux chaînes internationales. Dotée d'une flotte de véhicules récents et bien entretenus, l'entreprise vous propose des tarifs très compétitifs et un service personnalisé bien appréciable. Une ligne téléphonique d'assistance 24h/24 est à votre disposition pendant toute la durée de votre location. Simon car rental dispose de 2 établissements dans le centre de Quito et propose un service de dépose du véhicule dans d'autres villes du pays.

TOUR TAXI

QUITO
✆ +593 99 878 1430
Centre ville-Aéroport : 20 US$. 5 US$ de supplément au départ de l'aéroport sur commande.

Une compagnie de taxis et de véhicules avec chauffeurs basée à Quito et qui propose, en plus des services de taxi, des transports sur commande dans tout le pays en véhicules confortables. 32 véhicules disponibles et prix intéressants par rapport aux agences de transport classiques. Cette compagnie est une sorte de coopérative dont la plupart des véhicules sont basés à l'ancien aéroport, au centre de Quito. Le personnel est très professionnel et sympathique. WhatsApp recommandé pour les réservations. Les factures sont envoyées par email sur demande.

TOUT EQUATEUR

QUITO
✆ +593 968341440
https://www.toutequateur.com
Carte premium : 60 US$.

Grâce aux conseils et bons plans de l'équipe du Réseau Solidaire, découvrez plus de 150 hôtels et activités en Equateur à prix réduit, louez votre véhicule en toute confiance et réservez vos séjours en Amazonie et aux Galápagos en quelques clics. Il vous suffit d'acheter la carte Premium pour bénéficier de l'assistance francophone sur place ainsi que de réduction sur une gamme d'hôtels et d'activités. La carte de Tout Equateur est vite remboursée grâce aux réductions qu'elle procure aux voyageurs qui en sont munis.

GALAPAGOS BIKE & SURF

Escalecias y Tero Real
PUERTO VILLAMIL
✆ +593 5 2529 509
www.galapagosbikeandsurf.com
Location de vélos, de planches de surf et cours de surf. Vélo : 15 US$ par jour, VTT : 20 US$ par jour.

Emilie, qui parle français car elle est canadienne, et Junior, professeur de surf équatorien, vous recevront avec sympathie dans ce centre/école où vous pourrez prendre des cours de surf, mais également louer votre surf si vous êtes autonome. Le centre propose également de la location de vélos, en très bon état et tous équipés de protections internes anti-crevaison pour les pneus, ce qui justifie le tarif légèrement plus élevé que chez d'autres loueurs de bicyclettes de l'île. Des paddle boards sont également disponibles à la location pour les amateurs.

S'INFORMER

Même si aujourd'hui l'information passe de plus en plus par internet, il existe encore de nombreux magazines intéressants à consulter pour préparer son voyage ainsi que divers quotidiens nationaux à lire pendant celui-ci pour se tenir informé comme un local. (El Comercio, El Universo, El Telegrafo et La Hora sont les plus connus) Une autre solution pour bien s'informer sur la destination avant le départ consiste à fouiller les réseaux sociaux à la recherche de groupes basés en Equateur en tapant par exemple « Français en Equateur » dans le champ de recherche. Ces groupes sont des mines d'information en temps réel sur les conditions de transport, les nouveaux hébergements ou les derniers événements méritant un détour. Comme avec tout réseau social, il faut toujours contre-vérifier les informations. Enfin pour les hispanophones, citons radioturismoecuador.com, une radio en ligne consacrée au tourisme.

ÑAN - CUENTOS DEL CAMINO

✆ +593 2 322 7464

www.nanmagazine.com

6,50 US$ l'exemplaire. Bimestriel.

Voici un des plus beaux magazines sur les voyages que vous pourrez trouver dans le monde entier. Grand format, photos pleine page et articles variés et très bien documentés sont le lot de cette revue d'apparence luxueuse que vous trouverez dans les librairies, mais également disponible pour lecture dans la plupart des hôtels du pays. Tous les deux mois, *Ñan* décortique une partie de l'Equateur en suivant un fil conducteur. Equateur en famille, les légendes du pays, etc. En espagnol et en anglais, c'est un magazine à ne pas rater, bonne source d'inspiration.

CARNETS DE VOYAGE

M° Bastille.

vivamedias.com

Publié par la société éditrice Vivamedias, qui compte plusieurs revues à son actif, ce trimestriel est consacré aux voyages avec des focus dédiés à la découverte d'une ville, d'une région, que ce soit en France, en Europe ou dans le monde. *Carnets de Voyage*, un magazine utile pour nous faire découvrir sur papier ou en format numérique la destination et nous faciliter le voyage. Pour de grandes ou petites escapades, des textes vivants, des reportages sur place complétés de conseils pratiques, d'un agenda, de bonnes adresses et de superbes photos.

OFFICE DE TOURISME DE QUITO

Palacio Municipal – Plaza Grande

QUITO

✆ +593 2 257 2445

www.quito-turismo.gob.ec

Ouvert tous les jours de 9h à 18h, le dimanche de 10h à 16h.

L'office de tourisme de la ville sera en mesure de vous fournir toutes sortes d'informations sur les activités, les musées, les incontournables. Accueil en espagnol et en anglais. Le personnel se tient disponible avec une bonne documentation. Une boutique attenante vend de l'artisanat local. C'est ici que vous aurez de plus amples informations sur les visites guidées de Quito.

Autres adresses : Reina Victoria y Foch (plaza El Quinde) et à l'aéroport Mariscal Sucre.

ECUADOR TRAVEL

Avenida Gran Colombia y Briceno

www.ecuador.travel

Site officiel du ministère du Tourisme. En espagnol, français, anglais, allemand et portugais.

Un site utile et très bien construit, fournissant des informations sur la destination, les moyens de transport, les régions, sites, villes à voir et les activités à faire. Il est rare qu'un site officiel soit aussi bien documenté et mis à jour. Le blog est en effet également très intéressant et riche en informations récentes sur le pays. Que vous cherchiez comment faire du snowboard sur les pentes du sommet le plus proche du soleil ou encore où rencontrer les Ours à lunettes, vous trouverez probablement la réponse sur cet excellent site.

RESTER

Quand on quitte l'Equateur, c'est toujours à regret car ce pays offre tant de facettes attractives que chacun peut y trouver le petit paradis recherché. N'hésitez pas à sauter le pas de rester si vous êtes décidé et bien préparé. Immigrer en Equateur pour un Européen ou un Américain du Nord n'est pas très compliqué. L'essentiel est d'avoir un contrat de travail déjà confirmé ou un projet de création cohérent. De nombreux retraités se sont également installés en Equateur, souvent dans la région de Cuenca ou de Vilcabamba, où les terrains et maisons étaient très bon marché et restent abordables. Les conditions favorables offertes par le gouvernement équatorien pour les retraités y sont pour beaucoup, les retraités ne payent en effet pas d'impôts sur leurs revenus à l'étranger et bénéficient de nombreuses réductions sur les services publics, sans compter que les soins y sont moins chers qu'en Amérique du Nord pour ceux qui sont concernés.

UNE OPTION DE PLUS

54, rue Jean-Baptiste Pigalle
PARIS (9e)
www.uneoptiondeplus.org

Une Option de Plus est une ONG franco-équatorienne qui a pour objectif de soutenir des initiatives associatives locales agissant dans le domaine de la santé, de l'éducation ou de la promotion économique en Equateur. Plateforme de professionnalisation auprès de ces associations équatoriennes, Une Option de Plus analyse et répond à leurs besoins en formation et en bénévoles, tout en leur offrant un support technique permanent. Elle recrute des bénévoles dans de nombreux domaines afin d'organiser des ateliers de formation ou pour répondre à des besoins de terrain.

WEP FRANCE

43, Rue Beaubourg
PARIS (3e)
✆ 01 48 06 26 26
www.wep.fr

WEP propose plus de 50 projets éducatifs et séjours linguistiques dans une trentaine de pays pour une durée allant de une semaine à 18 mois. Quel que soit votre projet d'études ou de volontariat à l'étranger, vous trouverez sur le site de WEP une rubrique qui y sera consacrée : étudier au lycée, dans une université, partir en séjour linguistique, faire une expérience professionnelle dans le cadre d'un stage ou vivre en immersion dans une famille. Possibilité également de planifier des programmes combinés (études et projet humanitaire par exemple).

MINISTÈRE DE L'EUROPE ET DES AFFAIRES ÉTRANGÈRES

www.diplomatie.gouv.fr

Site Internet officiel pour connaître les formalités d'entrée et séjour dans le pays. Dans la rubrique « Services aux Français », vous trouverez un guide de l'expatriation, les modalités de demandes de documents officiels. Sur la page d'accueil en sélectionnant le pays, vous obtenez les contacts des ambassades. Dans l'espace Politique, Économie et Socio-culturel, quantité d'informations et de communications utiles pour qui s'intéresse aux réalités du pays.

BUSINESS FRANCE

77, Boulevard Saint-Jacques
PARIS (14e)
✆ 01 40 73 30 00
https://www.businessfrance.fr/
Ouvert en semaine de 8h30 à 18h30.

L'Agence pour le développement international des entreprises françaises travaille en étroite collaboration avec les missions économiques. Le site Internet recense toutes les actions menées, les ouvrages publiés, les événements programmés et renvoie sur la page du Volontariat International en Entreprise (VIE). Fondée en 2015, cette structure est née de la fusion entre Ubifrance et l'Agence française pour les investissements internationaux. Elle est affiliée au ministère de l'Europe et des Affaires étrangères et au ministère de l'Economie et des Finances.

INDEX

I

J

K

L

M

N

O

EDITION
Directeurs de collection et auteurs : Dominique AUZIAS et Jean-Paul LABOURDETTE
Auteurs : Olivier ANE, Anne-Sophie LAMOTTE, Priscilla PARARD, Baptiste THARREAU, Mathias DESHOURS, Amandine GLEVAREC, Romain RISSO, Corentin LAPLANCHE-TSUTSUI, Sylvie DEL COTTO, Juliette COURTOIS, Jean Baptiste THIBAUT, Camille RENEVOT, Mélanie DES MONSTIERS, Stéphanie POLI, Stéphane SAVIGNARD, Jean-Paul LABOURDETTE, Dominique AUZIAS et alter
Directeur Editorial : Stéphan SZEREMETA
Rédaction Monde : Laure CHATAIGNON, Morgane VESLIN, Pierre-Yves SOUCHET, Clémence HUBERT
Rédaction France : Briséis TEMPLE-BOYER, Désirée DEBANT, Emilie SAINT-PASTOU, Nicolas WODARCZAK

FABRICATION
Maquette et Montage : Romain AUDREN, Julie BORDES, Delphine PAGANO
Iconographie et Cartographie : Anne DIOT, Julien DOUCET

WEB ET NUMERIQUE
Directeur Web : Louis GENEAU de LAMARLIERE
Technical Project Manager : Hervé MARION
Développeurs : Guillaume BARBET, Adeline CAUX, Bastien MOINET
Intégrateur Web : Mickael LATTES, Antoine DION
Webdesigner : Caroline LAFFAITEUR
Responsable Communication Digital WEB : Alice BARBIER
Community Traffic Manager : Shirley NDEMA-KINGUE, Camille LE PROVOST
Content Manager : Aliénor de PERIER

DIRECTION COMMERCIALE
Directeur commercial : Guillaume VORBURGER
Coordinatrice des Régies commerciales : Manon GUERIN
Responsable Régies locales : Michel GRANSEIGNE
Responsables Développement régie inter : Jean-Marc FARAGUET, Guillaume LABOUREUR et Camille ESMIEU
Assistante commerciale Régie internationale : Leila ANTRI-BOUZAR
Responsable commercial Régies et Formateur : Kévin FLAVIGNY
Chefs de Publicité Régie nationale : Caroline AUBRY, François BRIANCON-MARJOLLET, Perrine DE CARNE MARCEIN, Jonathan TOUTOUX, Fouzia CHAOUI
Régie EQUATEUR : Laurent GALILAK

DIFFUSION ET PROMOTION
Directrice des Ventes : Bénédicte MOULET assistée d'Aissatou DIOP
Responsable des ventes : Jean-Pierre GHEZ assisté de Nelly BRION

ADMINISTRATION
Président : Jean-Paul LABOURDETTE
Directeur général : Louis AUZIAS
Directrice des Ressources Humaines : Dina BOURDEAU assistée de Sandra DOS REIS et Eva BAELEN
Directrice Administrative et Financière : Valérie DECOTTIGNIES
Comptabilité : Guillaume PETIT, Aminata BAGAYOKO et Touria ZENASNI
Recouvrement : Fabien BONNAN assisté de Sandra BRIJLALL
Responsable informatique : Elie NZUZI-LEBA
Relations Presse-Partenariats : Christophe SALES

PETIT FUTÉ ÉQUATEUR
LES NOUVELLES EDITIONS DE L'UNIVERSITE
18, rue des Volontaires - 75015 Paris.
✆ 01 53 69 70 00 - Fax 01 42 73 15 24
Internet : www.petitfute.com
SAS au capital de 1 000 000 € - RC PARIS B 309 769 966
Couverture : Tortue des Galapagos © FOTOGRIN - Shutterstock.com
Impression : CORLET IMPRIMEUR - 14110 Condé-en-Normandie
Achevé d'imprimer : janvier 2024
Dépôt légal : 20/02/2024
ISBN : 9782305102832

Pour nous contacter par email, indiquez le nom de famille en minuscule suivi de @petitfute.com
Pour le courrier des lecteurs : info@petitfute.com

FABRIQUÉ EN FRANCE